HISTOIRE

DE

LA PARTICIPATION DE LA FRANCE

À L'ÉTABLISSEMENT

DES ÉTATS-UNIS D'AMÉRIQUE

Callet pinx. Vangelisti sculp.

Charles Gravier  Comte de Vergennes

Conseiller d'État Ordinaire, Ministre et Secretaire d'État
et Chef du Conseil Royal des Finances

HISTOIRE

DE

LA PARTICIPATION DE LA FRANCE

À L'ÉTABLISSEMENT

DES ÉTATS-UNIS D'AMÉRIQUE

CORRESPONDANCE DIPLOMATIQUE ET DOCUMENTS

PAR

HENRI DONIOL

CORRESPONDANT DE L'INSTITUT, DIRECTEUR DE L'IMPRIMERIE NATIONALE

TOME PREMIER

PARIS

IMPRIMERIE NATIONALE

—

M DCCC LXXXVI

IMPRIMÉ POUR L'EXPOSITION UNIVERSELLE DE 1889.

Décision de M. le Garde des Sceaux Martin-Feuillée,
Ministre de la Justice et des Cultes,
approuvant les propositions du Directeur de l'Imprimerie nationale
en date du 8 juin 1884.

AVANT-PROPOS.

En décidant, l'année dernière, qu'à l'occasion de l'Exposition universelle de 1889 l'Imprimerie nationale exécuterait un labeur typographique justifiant de nouveau le rang que cet établissement s'est acquis dans les mêmes solennités antérieures, M. le Garde des Sceaux voulut bien agréer la proposition que j'eus l'honneur de lui faire, de publier les pièces diplomatiques et les documents relatifs à l'intervention de la France en Amérique sous le premier ministère de Louis XVI. Ce sera un travail étendu, bien qu'il ne porte pas sur une longue période de temps. Il se légitime de lui-même et il a un lien visible avec le centenaire que l'Exposition doit consacrer.

L'œuvre accomplie par le cabinet Maurepas, d'abaisser la Grande-Bretagne en assurant le triomphe de l'insurrection des États-Unis, n'a pas encore eu d'historien. Sur les tables de nos annales sont bien gravés le départ soudain du marquis de la Fayette pour l'Amérique, le traité de commerce et d'amitié de

1778, l'envoi de la petite armée de Rochambeau et des flottes combinées de la France et de l'Espagne, la capitulation infligée aux Anglais, la paix finale de 1782; mais on ne sait pour ainsi dire plus le pourquoi de tout cela ni comment l'entreprise fut conçue. On connaît cette entreprise dans son ensemble; en tant qu'affaire politique on ignore à peu près de quelle manière elle fut commencée, conduite et terminée. Elle souleva l'enthousiasme, fut admirée partout, il en résulta un moment plein d'éclat. Nous reprîmes en Europe la situation et le prestige perdus dans les défaites de la guerre de Sept ans, défaites telles que la France en subit peu d'autres qui la déprimèrent davantage. Les faits de ce moment mémorable ne sont pas moins comme sous un voile, pour l'histoire. Le retentissement en a été couvert par celui de la Révolution française et leurs détails se trouvent effacés ou dans l'oubli. Presque tous les survivants se sont tus sur la part qu'ils y avaient prise; ceux qui en ont parlé ne les ont guère rappelés que comme des circonstances diminuées, dans leurs souvenirs, par des choses dont ils furent beaucoup plus émus; les œuvres d'art commandées pour en consacrer la mémoire n'ont pas été finies ou se sont vu disperser; par suite on a sommairement écrit, jusqu'à présent, la page qui retrace cet instant glorieux et elle est vide en beaucoup d'endroits.

La participation de notre pays à l'établissement de la République américaine passe pour être étroitement liée à la Révolution française. L'aurore de la France moderne luit donc déjà sur cette page, éclairée par le dernier lustre de l'ancienne monarchie. C'était un motif de plus pour en combler les lacunes. L'occasion s'en présentait d'elle-même dans la célébration de l'anniversaire de 1789.

AVANT-PROPOS.

Que l'on me permette de le dire : les historiens ont répété successivement une légende et les publicistes n'ont guère avancé que des conjectures, touchant l'intervention armée du cabinet de Versailles en faveur des colonies anglaises de l'Amérique septentrionale; mais après ce qui vient d'être expliqué, il ne peut y avoir là ni une critique ni un reproche. La légende, c'est La Fayette entraînant subitement tout le monde en se jetant en mer au mois d'avril 1777, c'est l'élan qu'il suscita obligeant soudain à tout concerter, à tout résoudre. Les sentiments qui inspirèrent ce coup de tête de jeune homme ont paru propres à produire un effet aussi considérable. On l'a trouvé naturel; on n'a point recherché si c'était une cause suffisante, s'il n'avait pas été besoin d'une complicité supérieure, de la prévoyance ou de la direction de ceux qui présidaient à la politique. Quelques-uns, par regret des suites qu'a eues cet entraînement, représentent encore le départ de La Fayette comme un acte de légèreté pure ou d'amour-propre, même comme l'effet d'un dépit que la reine avait provoqué en riant un jour de la gaucherie du héros. Ils ont attribué ainsi d'autant plus d'importance à ce départ qu'ils souhaitaient davantage de le blâmer et n'ont fait que confirmer la supposition de son influence irrésistible. A la vérité, ils ajoutent pour expliquer les faits l'action de facteurs secondaires : Franklin, dont la présence à Paris aurait transporté les salons, fasciné les politiques et le ministre lui-même; Beaumarchais, gouvernant dans son intérêt l'esprit frivole de M. de Maurepas en l'amusant et, par là, s'imposant à M. de Vergennes; enfin l'adresse et la ténacité de ce dernier, à qui serait dû tout le reste. D'un point de vue où l'esprit de parti et de polémique occupe beaucoup de place, une autre cause aussi conjecturale a été indiquée : les ministres auraient abusé du roi, trop jeune pour gouverner lui-même ou impuissant à défendre les impulsions de sa conscience. Les écrivains qui parlent ainsi pensent que la Révolution découla de l'intervention aux États-Unis, qu'il se trouvait des esprits pressentant cette conséquence et s'efforçant d'en dissuader Louis XVI; ce serait mal éclairé ou la main forcée que le jeune monarque aurait conclu le traité de 1778 avec la nation nouvelle, et décidé après, par une suite fatale, l'expédition militaire et navale sous laquelle l'armée de lord Cornwallis succomba[1].

Assez récemment, des livres ont été composés avec une certaine étude des sources, mais ils n'instruisent pas beaucoup plus. Les pièces publiées par M. Cornélis de Witt dans l'Appendice de son volume intitulé : *Thomas Jefferson, étude historique sur la démocratie américaine*[2], ont été un premier élément. Dans son ouvrage : *La France sous Louis XVI*, M. Jobez a fait connaître, il y a quelques années, des documents sur lesquels on avait encore très peu jeté les yeux[3]. Un Américain habitué aux chancelleries et versé dans leurs archives, M. George Bancroft, en achevant son *History of the United States*[4], a édifié pour son pays un de ces monuments d'histoire se rapprochant, par leur ampleur, de ceux dont le vieux continent abonde; malgré le parti pris germanique qui

---

[1] Un article du *Correspondant* (n^os de juillet et d'août 1876 : *La Fayette et le traité de 1778*) peut être indiqué comme présentant l'expression la plus complète, la plus vive encore, de ces manières de voir. Elles reposent sur une notion des faits très inexacte, mais très répandue dans la littérature historique recherchée par les lecteurs de ce recueil.

[2] Paris, Didier, in-8° et in-12, 1861.

[3] Paris, Didier (2 vol. in-8°), 1877.

[4] Dix volumes grand in-8° (Londres et Boston); une nouvelle édition en quatre volumes vient de paraître.

vient, à la fin, troubler la vue de l'auteur, il a eu à peu près l'idée des choses telles qu'elles furent. Aussi un esprit distingué, diplomate français de carrière, a-t-il traduit les chapitres de l'ouvrage qui se rapportent au rôle de la France et il les a accompagnés de considérations nouvelles [1]. Ces livres ont fait entrevoir qu'il y eut, dans l'entreprise du gouvernement de Louis XVI, des éléments différents de la légende de La Fayette ou des autres interprétations émises. C'est le service qu'on leur doit. Ni l'un ni l'autre, toutefois, n'ont donné, même à titre de bref résumé, une histoire proprement dite de la participation de la France à l'établissement des États-Unis d'Amérique.

C'est dans les correspondances diplomatiques et dans les pièces émanées du cabinet de Versailles qu'il faut chercher cette histoire. Les faits n'y apparaissent pas comme on les a généralement retracés, et leurs motifs se montrent autres que ceux auxquels on les a quelquefois attribués. Quand on prend le champ qu'il faut pour en voir tout le cours, ces documents rendent la réalité présente. L'origine et la complication des évènements s'y révèlent, les mobiles, le caractère, l'influence des hommes y sont visibles. Le départ de La Fayette ne s'y voit plus que comme un épisode, un grand épisode répondant à l'impression publique; il accroît

---

[1] C'est le tome X de cet ouvrage. M. de Circourt l'a traduit sous le titre de : *Histoire de l'action commune de la France et de l'Amérique pour l'indépendance des États-Unis* (3 vol. in-8°; Paris, Vieweg, 1876). Ce titre est propre au traducteur, mais étranger à M. Bancroft. L'étude personnelle que M. de Circourt a jointe à sa traduction porte uniquement sur l'opportunité de l'intervention du gouvernement de Louis XVI en Amérique; c'est une dissertation politique, l'examen critique du fait, ce n'est pas une histoire de cette intervention.

cette impression et en donne la mesure, il fait entrer dans une longue existence de popularité l'enfant qui en est l'acteur chevaleresque, mais il cesse de sembler la cause qui détermina l'entreprise. Le roi s'y montre un monarque de volonté molle; néanmoins il préside en toute liberté aux délibérations, aux actes, écoute de la part de ses ministres ou parle de concert avec eux le langage que commandent l'honneur de son pays et le sien; il n'est prince bien faible que lorsqu'il s'agit des personnes, et n'a ni à combattre les perspectives de révolution, ni à subir les sacrifices de conscience dont quelques esprits voudraient qu'il ait été la victime. Ces perspectives-là ne furent alors aperçues et ces sacrifices signalés par personne qui en ait laissé un témoignage sérieux à l'histoire. Les ministres, eux, sont tels qu'ils devaient et pouvaient être, à côté d'un roi de vingt-deux ans chez qui rien n'avait signalé des facultés éminentes et dont le règne s'ouvrait après des années d'effacement qui avaient affaissé les esprits. Des visées d'éclat, on ne le sent que trop, auraient jeté l'émoi au sein de la cour de Versailles. Le génie résidait dans le patriotisme contenu, réservé, patient. M. de Maurepas, M. de Vergennes, tous leurs collègues, servent le descendant de Louis XIV en politiques vraiment imbus du passé de leur pays, mais pénétrés aussi des nécessités que le moment leur imposait.

Le plan autrefois suivi par M. Mignet dans la publication des *Négociations relatives à la succession d'Espagne* m'était naturellement indiqué, pour grouper et présenter les matériaux du présent travail. C'est ce plan-là que j'ai dû prendre. Il ne fallait pas croire que par lui-même il ferait approcher du modèle; mais les textes seraient mieux dans leur jour, rattachés les uns aux autres par un récit marquant leurs rapports et appelant les documents accessoires, que simplement transcrits dans leur succession chronologique. Les documents en eux-mêmes ne constituent pas l'histoire, leur lien seul la donne.

Il convenait ici de chercher les documents à diverses sources; toutefois, c'est principalement dans les archives du ministère des affaires étrangères qu'il y avait à puiser. La plus grande partie des pièces et la correspondance s'y trouvent. Tout est sorti de ce ministère et tout y a été concentré. M. de Vergennes fut le véritable artisan de l'œuvre. A elles seules ses dépêches, avec les mémoires et les pièces de son secrétariat, suffiraient à l'historien. La correspondance des ambassadeurs d'Espagne à Londres et à Versailles avec leur gouvernement doit renfermer des indications ou des éléments qu'il pourra devenir curieux de connaître, si elle est un jour tirée des archives de Madrid; y trouvera-t-on rien de propre à modifier les notions que fournissent nos registres des Affaires étrangères? Je n'hésite pas à ne le point penser. Les archives du ministère de la marine contiennent en outre certains détails et les Archives nationales quelques indications qui manquent au quai d'Orsay; j'ai mis les unes et les autres à profit. L'historien Bancroft a publié beaucoup d'extraits ou de textes fournis par les archives anglaises et allemandes; je n'ai pas cru devoir m'abstenir de prendre, dans la reproduction qu'en a faite M. de Circourt, tous ceux qu'il était utile d'emprunter. Enfin, j'ai considéré comme des documents de quelque prix et fait reproduire par les moyens que la photographie procure aux œuvres typographiques les portraits, faits à l'époque même, des hommes en qui s'est personnifiée cette grande affaire d'Amérique, et quelques œuvres d'art par lesquelles on voulut en rappeler le souvenir.

Les documents fondamentaux seront intercalés textuellement dans le récit, mais non les pièces d'une importance secondaire; on trouvera celles-ci soit en annexes à la suite de chaque chapitre, soit à la fin de l'ouvrage, et quelques-unes, plus accessoires ou simplement occasionnelles, en note au bas des pages. Quant à celles qui sont émanées des ministres ou des ambassadeurs étrangers, je me suis souvent borné à les résumer. Une observation est ici nécessaire. Lors de leur classement aux Affaires étrangères, les pièces ont été reliées en volumes et rangées toutes : minutes, rapports, documents, à leur date écrite ou supposée suivant un numéro d'ordre à l'encre rouge dans chaque registre. Récemment, il a été décidé de substituer à cet état primitif une pagination par folios. La mesure s'exécute actuellement, effaçant parfois l'ancien numérotage. Elle est loin d'être achevée. A la date où le présent volume s'imprime, quelques-uns seulement des registres dont j'ai à me servir y ont été soumis. Il importait cependant d'adopter une méthode uniforme pour les renvois aux textes cités. Je continuerai de suivre le système ancien par tome et par numéro de classement dans les tomes.

Les mémoires ou les correspondances privées manquent encore à la bibliographie de la participation de la France à l'établissement des États-Unis d'Amérique. Dans les écrits de ce genre que l'on possède, tels que les *Mémoires et correspondances du général La Fayette*[1], la *Biographie du général de Kalb*[2], *Les Français en Amérique*

---

[1] Six volumes in-8° (Paris, Fournier, éditeur, 1838). — [2] Par F. Kapp, texte allemand; un volume in-8° (Stuttgard, Cotta, éditeur, 1862).

AVANT-PROPOS.

pendant la guerre de l'indépendance des États-Unis, de l'Américain Balch [1], les *Mémoires du comte de M...* (Moret de Pontgibaud) [2], les *Mémoires militaires, etc. du Comte de Rochambeau* [3] et les *Souvenirs du Lieutenant-général Comte Mathieu Dumas, etc.*, son aide de camp [4], on a relevé ici plus d'un détail. Sur presque tous les points, toutefois, ces détails ont besoin d'être expliqués ou complétés, redressés même à l'aide des documents officiels. Du reste, on peut tenir pour probable que si d'autres correspondances ou des notes privées viennent ultérieurement au jour, elles n'apprendront rien que l'on ne sache lorsqu'on a lu les documents publics, rien d'essentiel, au moins. En voyant les faits se dérouler, on pensera peut-être que le portefeuille du comte de Broglie, celui du ministre de la guerre comte de Saint-Germain, celui de M. de Sartines [5], s'ils en ont laissé un, celui de M. de Maurepas (je parle du vrai, car il en a été publié un sans valeur) et plus encore celui du comte de Vergennes préciseraient avec avantage ce qui est relatif aux premières menées en 1775, aux enrôlements d'officiers pour l'Amérique et aux envois de matériel de guerre en 1776, aux projets propres du comte de Broglie et au départ de La Fayette. Des notes des deux Gérard de Rayneval, l'un chef de bureau des affaires politiques, l'autre qui fut intimement associé, comme premier commis, au travail et aux efforts du ministre, fourniraient aussi, pour élucider certains faits, des indications précieuses. Il

---

[1] Un volume in-8° (Paris, Sauton, éditeur, 1872).

[2] Un volume in-8° (Paris, V. Thiercelin, éditeur, 1828).

[3] Deux volumes in-8° (Paris, Fain, imprimeur, et Magimel, libraire, 1809).

[4] Publiés par son fils : trois volumes in-8° (Paris, 1839).

[5] Nous écrirons ainsi ce nom, cette orthographe lui étant donnée le plus souvent par les textes. L'orthographe exacte est cependant : Sartine.

faut souhaiter que l'histoire ait un jour à sa disposition ces sources accessoires[1], mais on peut prédire qu'il n'en sortira rien de nature à infirmer, sur aucun point de fond, les faits dont on va voir se dérouler le tableau. Ceux de la guerre en elle-même y tiendront peu de place : ils sont connus. Ce sont les faits politiques que ce tableau doit mettre en relief. Il a été entrepris afin de retracer pourquoi et comment le gouvernement de Louis XVI est allé aux États-Unis, pourquoi, comment il a conclu la paix qui l'en a fait revenir.

Paris, octobre 1885.

H. DONIOL.

---

[1] M. le comte de Rayneval, ministre plénipotentiaire, a bien voulu me faire connaître qu'aucun papier des deux Gérard n'avait été transmis à sa famille.

HISTOIRE

DE

LA PARTICIPATION DE LA FRANCE

À L'ÉTABLISSEMENT

DES ÉTATS-UNIS D'AMÉRIQUE.

CHAPITRE PREMIER.

LE GOUVERNEMENT FRANÇAIS ET LES COLONIES ANGLAISES.

Impression produite en France par le soulèvement des colonies anglaises, sentiments qui la motivaient. — Efforts qu'avait faits le duc de Choiseul pour aider à ce soulèvement. — Sa correspondance à cet effet, résultat qu'elle avait eu. — État des choses à l'ouverture du nouveau règne. — Le comte de Vergennes, ministre des affaires étrangères. — Le comte de Maurepas, les autres ministres, le roi. — Caractère et qualités du comte de Vergennes; esprit d'État que le moment comportait.

La résistance opposée par les colonies anglaises de l'Amérique aux mesures fiscales de la Grande-Bretagne commença à occuper la cour et les esprits, en France, presque à l'avènement de Louis XVI. L'intérêt qu'on y prenait s'accrut rapidement pendant l'année 1775 et ne cessa de grandir après. Tout le monde suivait les péripéties de la lutte engagée par les *insurgents* de Boston contre l'autorité du roi George. On était avide de détails, on supputait à l'envi les éventualités, on souhaitait de les voir contraires à l'Angleterre.

Les blessures de la guerre de Sept ans, en effet, les humiliations de la paix qui l'avait close, l'abaissement qui en était résulté, se

1774.

montraient alors dans toute leur étendue. On en avait un signe vivant dans le commissaire anglais qui gardait Dunkerque, nous défendant de remettre en place une seule pierre des bastions ou du port. Ce surveillant, arrogant, difficultueux, semblait placé à ce seuil de la France pour nous rappeler la honte des défaites, les pertes subies, l'impuissance trop certaine. Le comte de Vergennes, à la fin de sa carrière, jetant dans un mémoire au roi un dernier regard sur la politique qu'il avait fait suivre, disait de ce moment-là au monarque : « La « paix déplorable de 1763, le partage de la Pologne et bien d'autres « causes également malheureuses, avaient porté les atteintes les plus « grandes à la considération de votre couronne[1]. » Et ce n'était que l'expression adoucie de la pensée du ministre. Pour retrouver cette pensée dans sa force, prendre l'idée de l'impression produite par la profondeur de notre déchéance, il faut lire le premier projet de ce mémoire, rédigé à côté de lui sinon sous sa dictée[2]. On y voit tout d'abord ces premiers mots, déjà significatifs :

> La paix humiliante de 1763 a été achetée au prix de nos établissements, de notre commerce et de notre crédit dans l'Inde; au prix du Canada, de la Louisianne, de l'isle Royale, de l'Acadie et du Sénégal. Elle a établi chez toutes les nations l'opinion qu'il n'y avait plus en France ni force ni ressource; l'envie qui jusque-là avait été le mobile de la politique de toutes les cours à l'égard de la France dégénéra en une sorte de mépris; le cabinet de Versailles n'avoit plus ni crédit ni influence dans aucune cour; au lieu d'être comme autrefois le centre de toutes les grandes affaires, elle en devint le paisible

---

[1] Archives des Affaires étrangères, *Inventaire sommaire*, t. 446, n° 33, de la main de M. de Vergennes.

[2] Ce mémoire, lors de son classement, a été indiqué à tort comme rédigé en 1774. — Le style et l'orthographe le feraient croire de M. de Vergennes; cependant, la minute est de la plume de Gérard, qui, premier commis, avait été un confident pour le ministre. Cette minute, très hâtée, mal lisible, indique une dictée rapide. Elle servit au ministre pour en écrire une autre dont il fit le commencement deux fois. Ce n'est pourtant pas celle du mémoire remis au roi; M. de Vergennes en composa un troisième, de quelques pages, dont l'expédition, de sa main, se trouve aux Archives nationales, dans la *Correspondance de Vergennes* (série K 164, n° 3, pièce n° 3 des lettres sans date).

spectateur; on ne le consultait plus; on ne comptait même plus pour rien son suffrage ou son improbation; en un mot la France, c'est-à-dire l'État le plus puissant de l'Europe, était devenu d'une inutilité absolue; elle était sans crédit auprès de ses alliés, et sans considération auprès des autres puissances. Tel était notre triste et humiliante situation à l'avènement de V. M^{té} au trône.

Passant en revue, après cela, les différents États de l'Europe et arrivant à l'Angleterre, le projet portait ce qui suit :

Il suffit de lire le traité de Paris et surtout les négociations qui l'ont précédé, pour connoitre l'ascendant que l'Angleterre avoit pris sur la France, pour juger combien cette arrogante puissance savouroit le plaisir de nous avoir humiliés; pour aquérir de nouvelles preuves de l'injustice systématique du cabinet de Saint-James; enfin pour y puiser un sentiment d'indignation et de vengeance que le seul nom anglois doit inspirer à tout Francois patriote.

Je n'analyserai point le traité que je viens d'indiquer, je me bornerai à observer qu'il renferme les stipulations les plus dures comme les plus injustes, et que la cour de Londres, au moment ou la force des circonstances les luy procuroit, étoit bien persuadée que leur observation ne dureroit qu'autant que nous serions dans l'impuissance de nous en affranchir. Oui, Sire, telle est l'opinion qu'ont du avoir de leur propre ouvrage les ministres anglois qui ont négocié la d^{re} paix, tel a du être et a été en effet le sentiment et le but des ministres à qui le feu Roi avoit confié l'administration de ses affaires politiques; tel a été constamment l'objet principal de mes vœux et de mon zèle depuis que V. M. m'a honoré de sa confiance. Je ne crains point de le dire, Sire, une nation peut éprouver des revers et elle doit céder à la loi impérieuse de la nécessité et de sa propre conservation; mais lorsque ces revers et l'humiliation qui en a résulté sont injustes, lorsqu'ils ont eu pour principe et pour but l'orgueil d'un rival influent, elle doit pour son honneur, pour sa dignité, pour sa considération, elle doit s'en relever lorsqu'elle en trouve l'occasion. Si elle la negligeoit, si la crainte l'emporte sur le devoir, elle ajoute l'avilissement à l'humiliation, elle devient l'objet du mépris de son siècle comme des races futures.

Ces importantes vérités, Sire, n'ont jamais quitté ma pensée, elles étoient deja profondément gravées dans mon cœur lorsque V. M. m'appela dans son

1774. Conseil et j'attendis avec une vive impatience l'occasion d'en suivre l'impulsion. Ce sont ces mêmes vérités qui ont fixé mon attention sur les Américains; ce sont elles qui m'ont fait épier et saisir le moment ou V. M. pourroit assister cette nation opprimée, avec l'espoir bien fondé d'effectuer leur délivrance. Si j'avais eu, Sire, d'autres sentiments, d'autres principes, d'autres vues, j'aurois trahi votre confiance et les intérêts de l'État, je me voirois indigne de servir V. M., je me voirois indigne de porter le nom de François.

Affaires étrangères, *Mémoires et Documents*, t. 410, n° 11.

Ce mémoire est une justification politique, la chaleur est venue après coup y colorer les sentiments : chaleur de souvenir précieuse, en tout cas; elle révèle leur intensité. L'idée qu'une guerre nouvelle mettrait fin à cette situation déprimée occupait nombre d'esprits rassis, elle travaillait à plus forte raison les jeunes têtes. La Fayette, qui a cru devoir le dire pour expliquer ce qu'il avait fait, a parlé comme M. de Vergennes : « On concevrait difficilement aujourd'hui le peu « de considération politique et militaire à laquelle ce pays et ce gou- « vernement avaient été réduits par la guerre de Sept ans, et surtout « depuis le partage de la Pologne[1]. » Ceux que cette obsession ne poursuivait pas étaient rares et l'on entrevoyait, dans les évènements qui venaient de surgir de l'autre côté de l'Atlantique, le jour où naîtrait un conflit destiné à relever le royaume.

Ces évènements surprirent moins le Gouvernement que l'opinion. Il était depuis longtemps en éveil et les attendait. Presque aussitôt après la paix de 1763, il avait cherché dans les propensions des colonies anglaises à se soulever contre leur métropole l'occasion de nous venger de l'Angleterre et de déchirer le traité de Paris. Interrompue par l'exil du duc de Choiseul, la préoccupation en restait latente. Choiseul avait prévu des premiers que ces colonies s'affranchiraient. Il n'est pas probable que la conviction d'en hâter le moment en si-

[1] T. I, p. 68, de ses *Mémoires*, édition in-8° de 1837.

gnant le traité ait affermi sa main, comme on l'a dit quelquefois
pour lui en faire honneur; mais, dans le mémoire si libre d'allure et
de ton, si juste et si élevé de vues qu'il adressa à Louis XV en 1765,
il annonçait que cela serait. Il le comptait dans les calculs politiques,
tout en en rejetant loin la date, pour convaincre le souverain que
c'était une erreur de se battre sur le continent, que la mer était
le seul champ de bataille propice contre l'Angleterre[1], et qu'il fallait
chercher dans une étroite alliance avec l'Espagne la garantie d'y rester
vainqueur. Dès le milieu de 1766, Choiseul épia le moment. Le froid
s'accusait déjà fortement entre les Colonies et l'Angleterre : le duc
déploya une telle ardeur à l'augmenter; l'apparence de sincérité qu'il
mit à son œuvre suscita, chez les auxiliaires qu'il y employait, tant
de soins et de sagacité, que cette œuvre n'aurait pu être servie par
plus d'avantages; elle ne pouvait cependant avoir aucune suite et il vit
très vite qu'elle ne devait pas être continuée. Espérer la naissance des
États-Unis et tâcher que la France y fût pour quelque chose ne lui
suffisait pas; tout préparer avec détail comme si le fait allait se produire et afin qu'il se produisît resta, quatre années durant, pour nos
agents diplomatiques à Londres, sous son impulsion, l'objet d'études,
d'attention, d'agissements dévoués, et la correspondance d'État qui en
témoigne atteste chez ceux qui y furent occupés une passion de servir
leur pays dans laquelle le parfum du sentiment français remonte le
cœur, au milieu de l'affaissement général, en ces dernières années de
Louis XV[2].

Jeune, le duc de Choiseul n'avait malheureusement pas laissé que

---

[1] Ce mémoire, imprimé à diverses reprises plus ou moins exactement, a été publié par M. Ch. Giraud dans le *Journal des Savants* (mars-avril 1881), d'après un texte ayant appartenu jadis au chancelier Pasquier et que son exactitude avait fait particulièrement rechercher des connaisseurs.

[2] Cette correspondance a été publiée par M. C. de Witt, en appendice à son étude sur *Jefferson* (Paris, Didier, in-12, 1861). Elle se trouve aux Affaires étrangères, dans le tome 3 des *Mémoires et Documents relatifs aux États-Unis de 1765 à 1780*; elle a été traduite par Kapp en allemand et insérée dans l'appendice de sa biographie de Kalb, que nous aurons ultérieurement l'occasion de citer.

de concourir à lier trop étroitement la France aux intérêts de l'Autriche; la pensée de racheter cette erreur le passionnait. Il a dépensé, dans l'idée d'obtenir ce résultat par la révolution des colonies anglaises, un feu qui, étant resté sans effet, peut faire ressortir en lui l'esprit d'agitation plus que la consistance. Ses détracteurs l'ont jugé et le jugent encore de cette manière. Il poursuivit l'illusion de son désir, c'est vrai. Avoir en Amérique des agents à ses gages le berçait de succès imaginaires qu'il se complut à caresser. Les Colonies, alors, n'étaient pas prêtes pour l'indépendance. Leur métropole ne les avait point assez maltraitées, elles ne se seraient pas réunies dans un sentiment solide de résistance. La France, d'ailleurs, était trop affaiblie; l'Angleterre, maîtresse de se tourner subitement contre elle, aurait trop vite rendu vain un concours que nous aurions de nouveau chèrement payé. Les dépêches du duc laissent penser qu'il discerna cela de bonne heure. Dès les premiers mois de 1769, sa correspondance prit un autre courant et la toile tomba sur cette négociation sans issue. Mais un résultat considérable était acquis. La question de l'Amérique se trouvait élucidée dans ses moindres parties, pour le jour où l'opportunité viendrait de la reprendre. Les motifs qu'il y avait de la suivre et de s'y jeter étaient rendus palpables, l'entreprise éclairée tout entière, les objections résolues, les voies déblayées, toutes les combinaisons faites, si bien l'état des Colonies et leurs ressources, les moyens de les aider, les manières de s'y prendre, avaient été étudiés, examinés, débattus sous la critique du ministre, par nos ambassadeurs à Londres, le comte de Guerchy, le comte du Châtelet, par leurs premiers secrétaires, MM. Durand et Francès, non moins dévoués qu'eux, par leurs agents secrets ou par ceux que le duc avait envoyés lui-même, par une foule de plans, de propositions d'agir successivement produits, discutés, écartés avec une sûreté de jugement et un sens d'État qui, chez lui, réduisait tout à la valeur exacte, à travers beaucoup d'emportement de langage et une ardeur qui dépassait souvent avec intention la mesure.

Le nouveau règne s'ouvrit et son gouvernement fut constitué au moment où il allait paraître évident aux cabinets de l'Europe que les prévisions de Choiseul étaient exactes, que les Colonies avaient l'union nécessaire et, au premier jour, se constitueraient en nation. Autant leur peu de cohésion était visible quelques années auparavant, autant leur lien paraissait fort à cette heure. En s'asseyant au bureau où son arrière-prédécesseur avait tant écrit sur les affaires d'Amérique[1] et s'était tant fait écrire, le comte de Vergennes aurait vu les projets si bien mûris par la prétendue légèreté de Choiseul se poser comme d'eux-mêmes devant lui, si ses propensions personnelles, son éducation diplomatique et son passé ne l'avaient pas, d'avance, porté à les reprendre.

1774.

C'est dans le commencement de juillet 1774 que le ministère de Louis XVI avait été formé. L'ancien ambassadeur à Constantinople, appelé de Suède dans les conseils du roi lorsque la tentation d'engager la France contre l'Angleterre pouvait devenir décisive, n'avait rien du brillant, moins encore de la fougue du duc de Choiseul. Retenu, patient, propre aux détours, au besoin, autant que celui-ci était rapide, caractère élevé, d'ailleurs, âme honnête, que le dauphin avait apprécié et que le monarque considéra comme désigné par là à son choix[2], il avait les aptitudes secondaires, s'il n'est pas inexact de qualifier de ce nom celles qui s'attachent aux résultats sans regarder s'ils sont assez propres à frapper. Ces aptitudes-là, quand l'esprit est juste et a la portée qu'il faut, servent souvent à accomplir ce que de mieux doués ou de plus en situation se sont vus empêchés de faire. Elles ne vont guère sans un peu d'exagération de la prudence

---

[1] Presque tout de sa main, comme il le disait lui-même et comme fera d'ailleurs son second successeur.

[2] C'est ce qu'indique la notice rédigée par son ancien premier commis, Gérard, après la mort du ministre. (Affaires étrangères, *Mém. et Docum.*, t. 584, n° 10.) — Charles Gravier, comte de Vergennes, était né en Bourgogne, d'une famille du Bourbonnais qui n'est pas encore éteinte. La famille Gravier possédait il y a vingt ans l'ancien château de Vichy-les-Bains. Le nom patronymique était Gravier : les Gravier de Vergennes et les Gravier du Monceau; ceux-ci n'avaient pas quitté leur province.

1774. et c'était le cas chez M. de Vergennes. Mais aucun engagement antérieur ne le gênait. Il n'avait pas à pratiquer d'autres voies que celles de ses commencements. Sa carrière datait du changement qui s'était produit dans l'esprit de Louis XV pour retirer la France de l'influence de l'Autriche, et il avait grandi pour avoir deux fois répondu à ces vues en infligeant des échecs aux plans de Marie-Thérèse. A défaut d'un nom de cour ou d'une autorité personnelle, le comte de Vergennes apportait donc aux affaires les dispositions du moment. Relever la situation de la couronne et de la France en Europe, il le souhaitait d'ancienne date, il s'y était préparé et, fût-ce au prix d'une action militaire contre la Grande-Bretagne, il aspirait à y parvenir ou à y participer.

Le chef du cabinet, le comte de Maurepas, le mentor logé au-dessus de la pièce de travail de Louis XVI et qui sera son guide politique, celui sans le conseil ou l'avis de qui le jeune roi, de plusieurs années, ne résoudra rien, n'avait pas des dispositions différentes. Malgré son âge (73 ans) il restait l'homme par qui avait été opérée autrefois la reconstitution de la marine en vue de tenir tête à la Grande-Bretagne et de faire reprendre un jour ou l'autre à la France sa part de l'empire des mers. On voit reproduire encore comme certaines les données qui font de lui un esprit à toute époque frivole, et maintenant un vieillard fatigué sur qui l'on agissait aisément, abusé par l'esprit amusant de Beaumarchais et, à la fois, par l'art de M. de Vergennes à lui laisser croire qu'il avait conçu réellement et prescrit les idées que celui-ci suggérait lui-même. Les actes qui marquent les moments aussi sérieux que l'a été celui-là viennent de plus haut. L'intrigue, dans tous les temps, se sert des impressions qui règnent, mais ce n'est pas elle qui les crée. Le jour où Louis XV, rompant avec une politique funeste, s'était fait une diplomatie secrète et échappé jusqu'à laisser étudier dans le dernier détail une invasion en Angleterre, il avait cédé à un courant d'opinion qu'il sentait près de régner ou qu'il fallait établir. Ce courant avait amené de soi à

Louis XVI les hommes composant le cabinet nouveau. C'était, on l'a écrit avec fondement, la diplomatie secrète de Louis XV arrivée au gouvernement en ses principaux auxiliaires[1]. Chez ces hommes, des considérations accessoires pouvaient produire des hésitations ou des dissidences, mais les petites habiletés n'avaient pas de prise sur eux. La vie politique avait été fort dure au comte de Maurepas; les années s'ajoutant à une expérience pénible, il avait perdu de l'entrain. Il sentait tout ce qui était dû à son pays, mais craignait le mouvement. L'indifférence et les traits plaisants lui semblaient maintenant utiles pour dissimuler l'action; il les regardait un peu dès lors comme une partie de la sagesse, et il n'aurait pas accepté que l'on agît sans lui. Ce tempérament devait forcément influer sur la conduite des affaires, mais il a donné de l'homme une opinion que les faits ne justifient pas.

Les autres ministres n'avaient pas moins d'éloignement pour l'Angleterre, Turgot compris, bien que, pour restituer à la France son rang vis-à-vis de celle-ci, il plaçât sa confiance dans les choses du domaine économique et social, à l'exclusion de l'action politique. Quant au roi, fort jeune, à peine formé, intimidé par nature, intimidé d'autant plus par le fardeau dont il était l'héritier, il avait la droiture et la dignité qui pouvaient rendre fécond un règne auquel s'imposaient des devoirs si graves, si ces qualités avaient suffi. Les plus sincères intentions de bien, dans lesquelles les préjugés occupaient beaucoup de place, restaient impuissantes, toutefois, à remplacer le caractère et les vues. Il apporta du moins tout de suite aux affaires une attention et des soins qui furent remarqués. L'ambassadeur d'Espagne l'avait fait connaître à sa cour dès l'abord; le roi Charles III en félicita le représentant de la France à Madrid. Celui-ci écrit à M. de Vergennes, le 15 août :

Monsieur,

Je n'ai été honoré d'aucune de vos lettres par le dernier courrier; mais

[1] Le duc de Broglie, *Le Secret du Roi.*

celles de M. le comte d'Aranda à sa cour, venues par un exprès qu'il a dépêché le 5 de ce mois, ont porté les nouvelles les plus satisfaisantes sur la précieuse santé de Sa Majesté et de toute la famille royale, sur la grande application du Roi aux affaires, sur son amour et son discernement pour le mieux, sur le zèle et la parfaite harmonie avec laquelle ses ministres concourent à ses vues salutaires. Le roi d'Espagne, Monsieur, a daigné me le dire et me témoigner qu'il en ressentait la plus grande satisfaction.

A St Ildefonse le 15 août 1774.

Affaires étrangères, *Espagne*, t. 574, n° 24.

Harmonie complète, en effet; les ministres ne cessèrent pas un seul jour d'être respectueusement soumis au jeune roi, de n'agir qu'avec lui, de personnifier en lui la France avec une abnégation entière. Ce fut le cachet de son gouvernement, la suite le fera reconnaître. Le cabinet avait été composé pour être très sage tout en répondant aux sentiments qui régnaient; sans qu'on y eût compté, peut-être, M. de Vergennes, appuyé sur M. de Maurepas, s'y montra vite l'homme d'État que le moment demandait. Il possédait la connaissance des faits, cette mémoire raisonnée des évènements qui établit le lien dans les actes, et il avait les vues qu'elle procure, indépendamment de l'amour longtemps cultivé de son pays. Assez jeune, avec cela, pour penser encore fortement et pour mettre de la vigueur à l'action, il avait la précaution dans l'action. Obligé de s'élever peu à peu, comme les inférieurs en naissance étaient alors contraints de le faire, à force de se montrer à propos sagace, sensé, utile, il s'était rendu familières la retenue et la souplesse; voire des facultés de biais avaient pris quelque place en lui. La justesse et la persistance y étaient, toutefois, une grande probité aussi : il en résultait des qualités marquantes, on pourrait dire les plus marquantes si elles allaient, pour un politique français, sans une certaine ampleur visible ou sans un peu des apparences chevaleresques dont l'auréole a paré un moment la physionomie du duc de Choiseul et la rend attrayante aux yeux de l'histoire.

Mais était-ce l'heure des grands côtés de l'esprit d'État? Le malheur des défaites décisives, quand elles proviennent de l'affaiblissement des ressorts dans le gouvernement d'une nation et dans les régions où son gouvernement se forme, est de répandre pour longtemps l'idée de l'impuissance. Elles font de la crainte de toute hardiesse une sorte de morale publique qui revendique les proportions de l'amour de la patrie et parvient à se les donner. On en était là à cette date, tant les désastres de la dernière guerre avaient frappé un milieu gouvernemental incapable de s'en relever autant que fait pour les subir. Ceux mêmes qu'un patriotisme véritable animait, voyaient sous un grossissement inquiétant les éventualités pouvant en naître; ils se sentaient ramenés aux voies détournées ou qui excluent l'audace comme aux seules voies habiles et qu'admît la raison. Autant on avait d'inimitié pour l'Angleterre, autant on s'effrayait d'y songer. Le souvenir de sa soudaine attaque de 1755 paralysait tout le monde. C'était un fantôme dont on se grandissait mutuellement l'apparence en exagérant le prix qu'il y avait à s'en garder. Le moral des gouvernements, une fois perdu, ne se rétablit qu'à la longue. Les politiques rendus soucieux de l'avenir par l'étude du passé peuvent bien voir pour ceux qui n'osent pas le faire, mais non agir selon leur gré. Les plus portés à l'action ne trouvent qu'empêchements. Il n'y a place que pour des natures dévouées au souverain et pleines de l'amour de leur pays au point de ne se rebuter ni devant le peu d'ampleur des choses et des moyens, ni devant l'insuccès des tentatives.

CHAPITRE II.

LA SITUATION DE L'EUROPE ET LES ALLIANCES DE LA FRANCE.

Les affaires d'Amérique à l'arrivée de M. de Vergennes; peu de place qu'il leur accorde. — Il est fixé à la politique du Pacte de famille. — Exposé au roi de la situation politique de la France et du parti à prendre; instructions remises à notre ambassadeur à Vienne. — L'éventualité de la guerre.

1774. M. de Vergennes arriva de Stockholm à la fin de juillet. Le premier commis, M. Gérard, Conrad Gérard de Rayneval, à qui les évènements de l'Amérique ont fait une carrière diplomatique presque à eux seuls, gérait en attendant les Affaires étrangères sous la signature du duc d'Aiguillon. Il écrivait, peu auparavant, au chargé d'affaires à Londres, M. Garnier :

Nous touchons au moment où le sort des Bostoniens doit se décider; il faudra au général Gage bien du talent, bien de la sagesse et bien de la patience pour réussir à calmer la fermentation et l'esprit d'insubordination qui a gagné presque toutes les colonies anglaises.

A Versailles le 3 juillet 1774.

C'est un des premiers mots touchés à l'ambassade sur les affaires de ces colonies. Ces affaires s'offraient ainsi au ministre dès son entrée. Mais il employa les commencements à se rendre compte, à demander des mémoires sur les relations antérieures avec les divers États, à les lire[1] et, probablement, à fixer avec M. de Maurepas la ligne que l'on

---

[1] Il trouva notamment, avec d'autres, un mémoire développé, demandé par son prédécesseur à Favier, présenté parfois, à tort, comme l'inspirateur de M. de Vergennes. C'est presque un volume, sous le titre de *Tableau historique des évènements politiques, militaires et intérieurs des différentes cours de l'Europe, depuis la paix de Paris, du 10 février 1703, jusqu'à la mort de Louis XV, du 10 mai 1774.* (Affaires étrangères, Mémoires et Documents, t. 584, n° 7.)

allait suivre. Gérard tient encore la plume en septembre. Notre chargé d'affaires envoyait avec soin les nouvelles d'Amérique qu'on recevait en Angleterre; M. de Vergennes n'y voyait alors rien de pressant ou n'y regardait pas beaucoup; il fait répondre par le premier commis à Garnier :

> La querelle entre les colonies et le gouvernement britannique paraît devenir de jour en jour plus sérieuse. Si l'association dont vous rendez compte prend quelque consistance, elle pourra porter les coups les plus funestes à l'autorité de la métropole et conduire les affaires d'Amérique à un résultat que ni le Ministère ni le Parlement n'ont sans doute pas prévu. Cet état de choses nous est le garant le plus assuré des sentiments pacifiques de S. M. Britannique et de ses ministres.
>
> A Versailles le 11 septembre 1774.

Du moins le ministre arrivait fixé à une idée, qui était de faire reposer sur l'alliance de l'Espagne toute la politique du roi. Il trouva sur son bureau les félicitations du marquis d'Ossun, représentant de la France à Madrid, le seul ambassadeur en titre qui fût à ce moment auprès des grandes cours[1]; il répond aussitôt de sa main à son ancien collègue de manière à lui marquer le prix qu'il attache à cette alliance, et celui qu'il mettra à y intéresser autant que lui le premier ministre de Charles III :

> Je compte M. le Marquis, sur votre zele si longuement eprouvé et aplaudi pour le bien des affaires, pour faire germer le sentiment où vous êtes. Soyez garant, je vous prie de ma cooperation et de mon empressement pour le maintien de l'union si desirable entre les deux monarques. Si M. le Mis de Grimaldi se rappelle l'époque a laquelle nous residions ensemble auprès du feu roy d'Angleterre, peut être se souviendra t'il que mon attachement

---

[1] A Londres et à Vienne, il n'y avait de présents que les premiers secrétaires. Le comte de Guines était en congé à Paris, engagé dans le procès le plus compromettant pour son caractère et le plus intempestif pour le Gouvernement; le prince de Rohan avait immédiatement quitté Vienne, lors de la formation du cabinet Maurepas.

a l'union ne date pas du Pacte de famille qui nous en fait désormais une obligation. Soyez je vous prie auprès de ce ministre l'interprete des sentimens que je lui ai voüés depuis si longtems et dont je serai très occupé de lui donner en toutes occasions, les preuves les moins equivoques. Je n'en perdrai aucune de vous faire remarquer le cas singulier que je fais de vos lumieres, de votre sagesse et de votre experience. C'est avec plaisir que j'en mettrai les preuves sous les yeux du Roy et que je me verrai autorisé à vous transmettre les temoignages de son estime et de sa satisfaction.

A Versailles le 22 juillet 1774.

Espagne, t. 573, n° 286.

En décembre, les partis sont arrêtés. Le ministre les fait connaître à Louis XVI dans un mémoire dont la minute et la seule copie existante sont de sa main; la minute, sans autre titré que cette vedette au haut de la marge : *P. le Roi, 8 décembre 1774;* la copie, qui porte en tête, de la main du roi : *1774, M. de Vergennes*[1]. La minute a été classée avec raison, aux Affaires étrangères, sous cette rubrique : *Exposé succinct sur la situation politique de la France relativement à différentes puissances.* Le cabinet y précise le point où il trouve les choses, l'esprit dans lequel il les envisage, la direction qu'il va imprimer au règne. Les dispositions de l'Europe se sont affirmées dans le partage de la Pologne; le mémoire juge et conclut sous l'impression émue de ce fait, qui avait consommé l'effacement de la France :

Le mépris absolu des principes de justice et de décence qui caractérise la conduite et les entreprises de quelques-unes des puissances contemporaines, doit être un sujet pressant de réflexions sérieuses et même de mesures de prévoyance pour ceux des États qui, se dirigeant par des maximes plus saines, ne placent pas sur une même ligne le juste et l'injuste.

La postérité aura peine à croire ce que l'Europe indignée voit avec étonnement, trois puissances d'intérêts divers et opposés s'unir entre elles par un

---

[1] Cette copie est aux Archives nationales (série K 164, n° 3), provenant des papiers du roi et écrite à mi-marge sur grand papier, les feuilles attachées avec un ruban de soie violette, presque noire par l'effet du temps. (Voir la minute aux *Mémoires et Documents*, t. 584, n° 9.)

abus criant; de la raison du plus fort, dépouiller de ses plus riches domaines un État innocent, contre lequel on n'a d'autre titre que celui de la faiblesse et de l'impuissance où il est de résister à la cupidité de ceux qui l'envahissent.

1774.

Ainsi commence M. de Vergennes. Visiblement porté par la pensée de faire reprendre à la France le ton que son passé lui commande, il ne retient pas ses sentiments; il continue sous leur inspiration :

Si la force est un droit, si la convenance est un titre, quelle sera désormais la sûreté des États? Si une possession immémoriale, si des traités solennels qui ont fixé les limites respectives ne servent plus de frein à l'ambition, comment se garantir contre la surprise et l'invasion. Si le brigandage politique se perpétue, la paix ne sera bientôt plus qu'une carrière ouverte à l'infidélité et à la trahison.

Il y a moins d'un siècle qu'on a vu l'Europe se liguer et inonder la terre de sang pour venger l'accaparement de quelques villages. L'Autriche, la Russie et la Prusse s'unissent pour démembrer un grand royaume et se partager ses provinces; le reste de l'Europe le voit, se tait et le tolère. L'Angleterre jadis si zélée et si ardente pour maintenir l'équilibre de la balance du pouvoir, semble même ne pas remarquer cette combinaison si propre à l'alarmer; le cri de son intérêt le plus chéri ne peut pas même la réveiller; elle voit son commerce avec la Pologne soumis au monopole du roi de Prusse et elle n'ose pas réclamer.

Examinant ensuite quel parti doit suivre la France en présence de ce droit public nouveau, obligé d'écarter celui qui serait le plus digne, parce que les circonstances interdisent d'y recourir, le ministre passe en revue les rapports des États du continent entre eux et à notre égard pour montrer les éventualités qui nous menacent :

Dans cette défection générale des vrais principes, quel parti pourrait prendre la France? Celui de se déclarer le vengeur des outrages faits aux droits sacrés de la justice et de la propriété serait le plus magnanime et le plus adapté à sa dignité, mais la situation intérieure ne peut pas lui permettre d'entrer dans un aussi grand engagement; le moment est passé où une déclaration ferme et vigoureuse aurait pu assurer l'intégrité des possessions de la Pologne. Une guerre longue et même heureuse ne changerait vraisemblablement plus le nouvel ordre de choses qu'on aura laissé établir.

Le roi de Prusse ne redoutoit pas moins la guerre que la cour de Vienne : mais plus adroit que le Ministère autrichien il a profité de la pusillanimité de celui-ci pour l'associer au pacte honteux de démembrer et d'anéantir en quelque sorte un État jadis utile et jamais nuisible à la maison d'Autriche, pour se procurer à lui-même un accroissement de puissance qui sera désormais très inquiétant pour cette même maison s'il ne lui devient pas funeste. Cette opposition d'intérêts entre deux puissances à peu près égales semble rendre moins inquiétants pour la France les empiètements qu'elles se sont permis et qu'elles pourront encore se permettre. Leurs vues d'agrandissement se bornant au nord et à l'orient de leurs États respectifs, nul motif imminent d'inquiétude et de crainte pour la France. Elle peut encore ajouter à ces motifs de sécurité que dans le besoin elle pourra toujours compter sur une des deux pour les balancer l'une par l'autre.

Voilà sans doute ce qu'une politique passive peut avancer de plus plausible pour se justifier à elle-même son inaction. Mais ce raisonnement qui emprunte toute sa force de la division supposée habituelle de ces puissances se trouve en contradiction avec l'histoire des faits les plus récents. Pendant le cours de près de deux siècles les grandes puissances ont dirigé toutes leurs vues et consacré jusqu'à l'épuisement tous leurs moyens pour empêcher qu'aucune d'elles ne pût devenir prépondérante. Une nouvelle combinaison prend la place de ce système d'équilibre général : trois puissances s'efforcent à en établir un particulier, elles le constituent dans l'égalité de leurs usurpations, c'est ainsi qu'elles font pencher éminemment de leur côté la balance du pouvoir. Rien ne dépose encore que leur cupidité soit pleinement satisfaite et par conséquent que leur monstrueuse union soit prête à se dissoudre ou ne puisse se ranimer.

Le roi de Prusse est aussi savant dans l'art de semer l'illusion et le prestige que l'Empereur est disposé à s'en laisser fasciner toutes les fois qu'on peut intéresser son amour-propre ou flatter son avidité. L'impératrice reine, qui pense avec plus d'équité et de modération, s'opposera tant qu'elle vivra à cette propension; mais elle peut manquer lorsqu'on s'y attendra le moins. Cette princesse porte en elle-même le germe d'une maladie redoutable; qui peut répondre si elle venoit à manquer que l'empereur son fils, dont le génie n'est pas moins romanesque que son caractère est ambitieux, ne voudroit pas réaliser les prétentions surannées de sa couronne et celles de sa maison sur l'Italie et peut-être revendiquer le patrimoine de ses pères? Vainement se flatteroit-on que le roi de Prusse y feroit obstacle. Que pourroit-il désirer de plus avantageux que de voir la cour de Vienne engager ses forces et les miner dans une entreprise de longue haleine dont le succès lui paraîtroit au moins incertain. Politique artificieux, il encourageroit plutôt une circonstance qui pourroit lui procurer à lui-même des conquêtes moins difficiles et tout aussi utiles. Ce prince satisfait pourroit revenir à la France; mais ce seroit trop tard et seulement lorsque la voyant prête à succomber, il auroit raison de craindre que la puissance autrichienne fortifiée par de grandes acquisitions ne vint à retomber sur lui avec tout le poids de sa masse.

Une considération non moins importante qu'il ne faut pas se dissimuler est que le jour que la cour de Vienne se séparera de la France, elle aura pour allié l'Angleterre. L'une et l'autre se tiennent en mesure de se retirer au moment où un intérêt quelconque les y conviera. L'Angleterre réunie à la maison d'Autriche et partageant ses projets et ses vues, la France ne pourra plus avoir de guerre qui ne soit de mer comme de terre.

Dirait-on que c'est mettre les choses au pis, envisager des hypothèses imaginaires? Hypothèses nécessaires, M. de Vergennes tient à le faire bien voir et à appeler les yeux sur leurs conséquences:

On peut objecter contre cette prévoyance qu'elle porte d'une part sur des objets au moins fort éloignés, et de l'autre que le roi de Prusse étant par sa position l'ennemi véritablement naturel de la maison d'Autriche, on ne doit pas supposer que celle-ci puisse vouloir rompre de gaieté de cœur une alliance dont tout l'avantage est visiblement pour elle; cette réflexion est exactement vraie, mais est-il donc sans exemple de voir des erreurs de calcul et de jugement? Ce qui se passe n'en est-il pas un monument également authentique et affligeant? D'ailleurs, si nous voulons nous attacher nos alliés et nous en assurer, leur confiance et leur fidélité tiendront toujours à l'utilité qu'ils pourront se promettre de notre alliance ou à la crainte de notre ressentiment s'ils venoient à nous manquer et, par conséquent, à l'idée plus ou moins avantageuse qu'ils auront de notre situation intérieure. La crainte et l'espérance furent et seront toujours les deux grands ressorts de l'ordre politique comme de l'ordre moral. Au reste, quelque éloignés que puissent paraître les objets de prévoyance dont on s'occupe ici, on ne doit pas se dissimuler que des causes indépendantes du pouvoir humain peuvent les rendre prochains. Il a déjà été remarqué que l'Impératrice Reine peut manquer au moment où on s'y attendra le moins. Avons-nous plus de sûreté que l'ouverture de la succession de Bergh et de Juilliers, et celle de Bavière ne devancera pas le cours ordinaire de la nature? Ce sont là des événements dont on n'envisage la possibilité qu'avec peine parce qu'il est difficile de se dissimuler qu'ils pourront être un sujet de guerre. Combien d'autres peuvent subvenir auxquels la prévoyance ne sauroit encore atteindre; les puissances de deuxième et de troisième ordre sont sans appui et exposées à se voir englouties par les puissances aujourd'hui prédominantes, lorsqu'il leur conviendra de se les partager. L'Allemagne peut-elle être sans inquiétude et le Nord sans alarmes? Dira-t-on que la France pourra se dispenser de prendre part aux troubles qui pourront s'y élever? Mais si elle s'isole, si elle renonce à ses anciennes maximes, si, sans égard pour ses obligations les plus sacrées, les traités les plus solennels et nommément celui de Westphalie, elle se montre indifférente au sort de ses alliés et des princes dont elle a garanti l'existence, elle devra nécessairement rester sans alliés. Inutile à tout le monde, abandonnée de tout le monde, cette manière d'être ne peut être le garant d'une tranquillité solide et permanente.

Jusque-là le ministre n'a parlé qu'accessoirement de l'Angleterre; elle est pourtant son objectif. Du côté de cette puissance réside à ses yeux le danger. C'est à son sujet qu'il y a lieu d'avoir des prévisions, de regarder quel sera notre allié essentiel, de régler notre conduite. Les conséquences à attendre et à faire découler du Pacte de famille, l'union avec l'Espagne, en un mot, et tout l'horizon de notre politique viennent prendre ici leur place :

Si après avoir parcouru le continent nous tournons nos regards du côté de la mer, y trouvons-nous de plus grands motifs de sécurité? Nous voyons à côté de nous une nation inquiète et avide, plus jalouse de la prospérité de ses voisins que de son propre bonheur, puissamment armée et prête à frapper au moment même où il lui conviendra de menacer. Ne nous y trompons pas : quelque parade que les ministres anglais fassent de leurs inclinations pacifiques, nous ne pouvons compter sur cette disposition qu'autant que leurs embarras domestiques se prolongeront. Ceux-ci peuvent cesser, ils peuvent même croître au point de déterminer le Gouvernement à diriger l'inquiétude des esprits contre les objets extérieurs. Il n'est pas sans exemple que le cri de la guerre contre la France a été le signal du ralliement des partis qui divisoient l'Angleterre. Ajoutons que nous pouvons nous trouver engagés dans une guerre de mer contre le vœu de la cour de Londres de même que contre le nôtre; nous avons un traité avec l'Espagne qui doit nous rendre commune toute guerre, soit qu'elle soit offensive ou défensive. A combien d'occasions de guerre les vastes possessions d'outre-mer de l'Espagne ne l'exposent-elle pas plus que la France. L'engagement est sans doute très onéreux; mais, tout onéreux qu'il paroit, peut-être cependant est-il plus avantageux à la France qu'à l'Espagne. Le commerce utile que l'Angleterre fait avec cette dernière où elle trouve avec le débouché de ses manufactures une source de travail et de richesse, la rend moins avide à lui ravir des propriétés qu'elle ne fertilise que pour les autres, tandis que, n'ayant rien à gagner avec la France par l'exploitation d'un commerce légitime, elle ne voit qu'avec une jalouse cupidité l'essor prodigieux de nos plantations en Amérique et de notre industrie en Europe. Si quelque chose la retient et lui impose, c'est la représentation de la France et de l'Espagne unie, c'est la certitude que le premier coup de canon qu'elle tirera contre l'une ou l'autre sera répondu par toutes les deux.

Si la représentation de ce pacte nous est utile, ce qui ne semble pas devoir être mis en question, il importe donc de pouvoir en remplir les obligations; que ce soit le défaut de volonté ou l'impuissance des moyens qui en interceptent l'exécution, celle-ci manquant, l'acte devient nul par le fait. A Dieu ne plaise que ce soit jamais le sort du Pacte de famille, la France seroit la première qui en ressentiroit le funeste contre-coup; mais s'il lui importe d'être fidèle et exacte aux conditions de cette alliance, il n'est pas moins essentiel de la maintenir avec égalité, en sorte qu'un des alliés ne se mette pas dans la possession abusive d'exiger tout de l'autre sans se croire tenu de compter avec lui.

Quelle doit être, pour la France, la conséquence de cette situation de l'Europe, sinon de s'assurer les moyens de se faire respecter? S'attendre à voir cesser la paix et se trouver prêt le jour où s'en produira l'évènement, donner à entendre qu'on sera debout si le moment le comporte, voilà la conclusion du mémoire, véritable programme d'avènement dont le langage seul atteste que l'inspiration de la politique est désormais changée :

> La considération et l'influence de toute puissance se mesurent et se règlent sur l'opinion sentie que l'on a de ses forces intrinsèques; c'est donc à établir cette opinion dans le sens le plus avantageux que la prévoyance doit s'attacher. On respecte toute nation qu'on voit en mesure d'une vigoureuse résistance et qui, n'abusant point de la supériorité de ses forces, ne veut que ce qui est juste et qui peut être utile à tout le monde : la paix et la tranquillité générale. Ici la politique s'arrête, contente d'indiquer le but vers lequel il est instant de tendre, elle ne se permet pas de fixer exclusivement le choix des routes pour y arriver. Mais une vérité qu'elle ne peut se dispenser de recommander quoique triviale, est que plus une paix a duré, moins il y a apparence qu'elle durera; la paix subsiste depuis 12 ans, c'est un grand préjugé contre sa stabilité ultérieure, ce n'est donc pas excéder les bornes d'une prévoyance légitime que d'insister sur la nécessité de se tenir prêt à tout événement; d'ailleurs, on n'est jamais plus assuré de la paix que lorsqu'on est en situation de ne pas craindre la guerre; l'opinion est, dit-on, la reine du monde. Le Gouvernement qui sait l'établir à son avantage double avec l'idée de ses forces réelles la considération et le respect qui furent et seront toujours le salaire d'une administration bien dirigée et le garant le plus certain de sa tranquillité.

Mémoires et Documents, t. 584, n° 9. (Minute de Vergennes.)

Ayant ainsi fixé les idées sur les éventualités qu'imposerait peut-être la politique, de certains côtés où l'on avait à craindre d'en voir naître, le cabinet s'empresse de marquer sa ligne d'un autre côté vers lequel les précédents pouvaient donner la tentation d'incliner. Dès que M. de Vergennes a écrit, probablement même au moment où il écrit, le premier commis compose un mémoire en vue de déterminer l'étendue et les conditions de l'alliance avec l'Autriche. Il s'agissait, en effet, de préciser la part que nous accepterions désormais dans les querelles ou les ambitions de cette puissance, pour qui nous avions perdu nos colonies et vu détruire notre ami le plus fidèle au centre de l'Europe. Les instructions du baron de Breteuil, nommé à l'ambassade de Vienne en remplacement du prince de Rohan, vont remplir cet office. La minute de ces instructions témoigne de la maturité qui fut mise à leur élaboration. Elle est surchargée de corrections, de renvois, de ratures entre les lignes desquelles la plume du ministre introduit çà et là des mots ou des changements[1]; il a fallu en retranscrire des parties entières, et, à la fin, quand le roi va la signer, elle est encore intervertie dans son ordre. A la vérité, c'est tout un livre, son éditeur récent l'a justement dit[2], un livre résumant la politique antérieure de la France et de l'Autriche en Europe et établissant dans le détail, en raison de chaque État, la conduite à tenir à l'égard de cette puissance, suivant la conception des affaires européennes que le Gouvernement s'est formée. Cette conception a le Pacte de famille pour fondement, et pour but de faire peser l'autorité de ce pacte sur les agissements ultérieurs de l'Autriche. L'alliance de 1756 avec la cour de Vienne sera maintenue, quoiqu'elle ne présente aucun profit à la France et lui coûte bien cher, mais maintenue dans le système du traité de Westphalie quant aux garanties de la constitution germanique, c'est-à-dire qu'on ne soutiendra plus les agressions de la cour de Vienne, dût-on par là les faire avorter. La minute des instructions posait ainsi qu'il suit ce système, dans un premier

---

[1] Aff. étrang., *Mémoires et Documents*, t. 584, n°ˢ 11 et 12 : la première moitié est de la main de Gérard, commis principal, frère du premier commis; la seconde est de la main de celui-ci.

[2] A. Sorel, *Recueil des instructions données aux ambassadeurs* (Paris, F. Alcan, in-8°, 1884).

chapitre sur les *Alliances du Roi*, qui est devenu le second à la rédaction définitive :

Le système que le Roi a trouvé établi à son avènement au trône consistoit :
1° Dans l'union étroite formée avec l'Espagne par le Pacte de famille;
2° Dans l'alliance défensive contractée avec la cour de Vienne par le traité du 1ᵉʳ mai 1756;
3° Dans des liaisons indéfinies avec la Suède;
4° On doit rappeler ici le système fondamental de la couronne de France depuis plus d'un siècle, celui de la garantie de la constitution et des libertés germaniques fondées sur les traités de Westphalie;
5° On peut aussi placer ici les engagements contractés pour la protection de la République de Gênes.

On va déduire succinctement ces différents objets en finissant par ce qui concerne l'alliance avec la cour de Vienne.

Espagne. — Le Pacte de famille est fondé sur les liens les plus indissolubles du sang, de l'amitié et de l'intérêt politique et il contribue réciproquement à les cimenter.

Il établit une indivisibilité de vues et de conduite qui remplit admirablement le double objet d'opposer à la marine anglaise des forces supérieures dans les forces réunies des deux monarchies et de tempérer le penchant que l'Angleterre a d'attaquer la France par sa répugnance à rompre avec l'Espagne. Cette répugnance n'est néanmoins pas réciproque, car l'Angleterre a toujours à gagner avec l'Espagne par son commerce licite ou illicite, et l'Espagne a tout à redouter de la supériorité des forces anglaises dans l'Amérique septentrionale.

Il résulte de là que l'ennemi le plus dangereux et le plus puissant des deux Couronnes est leur ennemi commun. Elles ont aussi un intérêt égal à maintenir les possessions des princes de France en Italie et la balance déjà si altérée de cette région. Si la France avoit des démêlés ou des intérêts isolés, l'Espagne seroit maîtresse de n'y entrer qu'autant qu'elle le voudroit, ainsi qu'elle l'a fait relativement à la Suède, à la Pologne et à la Porte Ottomane. Enfin la France lui servant de boulevard vis-à-vis des puissances du continent, hors le Portugal, il est sensible que cette union offre des avantages réciproques qui, malgré la contiguïté des possessions et quelques discussions de frontière, ne sont balancés par aucune opposition marquée de vues et d'intérêts.

Il est donc naturel que le Roi regarde le Pacte de famille comme la base de sa politique, et que tant que l'Espagne sera fidèle à l'esprit qui a formé leur union, Sa Majesté s'occupe avant tout du soin de la resserrer. Le ministère espagnol nous a quelquefois fait éprouver de la roideur dans les affaires de détail, mais ce sont de légers nuages, incapables d'altérer une union établie sur des bases aussi solides.

L'ambassadeur du Roi aura la plus grande attention à ne laisser porter aucune atteinte à l'opinion qu'il importe à Sa Majesté que la cour de Vienne surtout ait de son attachement au Pacte de famille, dont Leurs Majestés Impériales ont montré plus d'une fois de la jalousie... Il est de l'intérêt du Roi que, sans articuler jamais une comparaison désobligeante, son ambassadeur cherche à faire sentir que cette alliance suffiroit à l'intérêt politique essentiel de la France; qu'elle est aussi solide qu'avantageuse, et que toute autre alliance n'est pour le Roi qu'une affaire de choix, de sentiment ou de convenance.

Les faits viendront bientôt sanctionner cette résolution du cabinet de Louis XVI et resserrer l'Autriche dans les conséquences strictes du traité défensif de 1756. On verra ce cabinet s'y tenir avec une fermeté que le roi partagera à tout instant et à laquelle le roi d'Espagne donnera le poids de son appui. Les pièces qu'on vient de lire fixaient le terrain politique; les ministres y resteront cantonnés invariablement. L'hypothèse d'avoir à se battre n'y est point cachée; il est sensible, même, que déjà l'on envisage cette extrémité comme probable. L'absence de tout esprit de conquête s'affirme nettement, mais aussi l'absence de la peur de la guerre. Les ministres qui parlent au roi ne sont pas loin d'entrevoir un jour où l'honneur autant que l'intérêt politique commanderont de souhaiter cette guerre. Cet appel aux « anciennes maximes » de la France, cette nécessité, indiquée non sans éloquence, de ne plus l'isoler des intérêts généraux, de la faire participer aux évènements sous peine de se trouver « abandonnée de « tout le monde », parce qu'elle se sera rendue « inutile à tout le « monde », sont comme des avertissements flagrants. M. de Vergennes semble chercher les occasions de placer ces perspectives devant les yeux du monarque. Il s'était fait charger avec le ministre de la guerre, le comte du Muy, d'examiner en dernier ressort les papiers saisis du comte de Broglie et de mettre le roi à même de statuer sur la conduite de celui-ci dans la direction de la correspondance secrète de Louis XV; à cause de cette correspondance, les inimitiés de cour avaient si durement incriminé l'ancien confident du feu roi que Louis XVI même le tenait pour coupable. Rendant compte de leur appréciation, au mois de février 1775, M. de Vergennes ne se borne pas à faire l'éloge du but qu'avait eu cette diplomatie cachée, à appeler « louables et inté- « ressantes » les vues dans lesquelles le comte de Broglie avait agi et à mettre en relief « la prévoyance, la dextérité, la sagesse déployées « dans l'exécution »; il écrit dans son rapport au roi :

Nous osons supplier Votre Majesté de lire avec une attention particulière le mémoire cotté n° 2. Il renferme un plan bien combiné de débarquement en Angleterre; nous souhaitons que V. M. ne soit jamais dans le cas d'en faire usage; mais, dans le besoin, il pourroit être de grande utilité. C'est pour cet effet que, quoique V. M. nous ait donné l'ordre de brûler tous les monuments de la correspondance secrète, nous la supplions très humblement de nous permettre d'en excepter un travail dont on ne peut pas se flatter que l'application ne deviendra pas indispensable au moment peut-être où on s'y attendra le moins.

Archives nationales, K 164, n° 3; année 1775, n°ˢ 7 et 9.

CHAPITRE III.

L'UNION AVEC L'ESPAGNE.

Sentiments communs des cours de France et d'Espagne; pourquoi on les exprime plus chaleureusement à Versailles. — Agression des Portugais contre les possessions espagnoles d'Amérique. — M. de Vergennes et l'Angleterre. — Lord Stormont et lord Grantham représentants de l'Angleterre à Versailles et à Madrid. — Les dispositions de l'Espagne et la guerre générale. — M. de Vergennes s'explique sur le concours que la France peut prêter. — Effets immédiats qu'il demandait à l'alliance. — Idée des Anglais que le soulèvement des Colonies est le fait de l'opposition parlementaire. — Vœux formés à Versailles pour le ministère britannique, dans la même idée; perspective de la rentrée de lord Chatham aux affaires. — M. de Vergennes fait signaler à Charles III les forces que l'Angleterre envoie en Amérique. — Intérêt qu'en prennent les différends avec le Portugal. — Le marquis d'Ossun, notre ambassadeur à Madrid; étalage des forces de l'Espagne. — Les deux pays sont d'accord pour se précautionner; l'Espagne nous invite à remonter notre marine. — M. de Grimaldi propose de faire expliquer l'Angleterre; le comte d'Aranda, ambassadeur à Versailles. — Mémoire de M. de Vergennes en réponse; assentiment qu'il rencontre à Madrid. — Opinion du ministre sur la faiblesse que la guerre contre les Colonies causera à l'Angleterre. — Comment celle-ci justifie les préoccupations des deux gouvernements; son escadre du golfe de Biscaye. — Le prince de Masserano, ambassadeur de Charles III à Londres; son retour à l'ambassade. — Rentrée du comte de Guines à l'ambassade de France.

Le premier ministre d'Espagne n'avait été en reste ni de bons souvenirs ni d'assurances avec M. de Vergennes, ni de vœux pour l'alliance intime. L'ambassadeur les transmet le 8 août en disant :

1774.

Il n'a pas oublié votre ancienne façon de penser pour l'intime union des deux couronnes; il m'a chargé de vous assurer de sa gratitude et de la constance des sentiments de considération et d'amitié que vous lui avez inspirés lorsque vous résidiez ensemble auprès du feu roi d'Angleterre. J'avais déjà entendu ce ministre donner des éloges à la conduite que vous aviez tenue à Hanovre, dans des circonstances délicates et très embarrassantes; les dispositions réciproques entre vous ne pourront que concourir au bien des affaires et au maintien si désirable du système établi par le Pacte de famille. J'ai cru,

1774. Monsieur, ne devoir pas laisser ignorer à Sa Majesté Catholique vos sentiments à cet égard; Elle s'y est montrée fort sensible et Elle m'a dit que M. le marquis de Grimaldi l'en avait déjà informée.

Espagne, t. 574, n° 9.

Les deux cours ne vont plus négliger une occasion de se témoigner l'une à l'autre les meilleurs sentiments : respect et confiance entière de la part du jeune roi de France, tendre sollicitude de la part de Charles III, attachement réciproque aux vues du Pacte de famille; plus ardemment, toutefois, du côté de Versailles; à Madrid, la réserve était sensible. Les ministres de Louis XVI sentaient avec effusion le besoin d'avoir dans l'Espagne cet allié dont le « coup de canon » répondrait avec le nôtre au premier qui serait tiré sur nous. Il fallait aussi l'avoir non seulement lorsque la situation des colonies anglaises laisserait entrevoir qu'on pouvait se servir de leur soulèvement, mais pour un parti plus prochain d'où le reste devait dépendre, celui de refaire nos forces, de remonter la marine et l'armée, réduites au nécessaire d'une nation vaincue, humiliée, obérée, en face d'un vainqueur soupçonneux et hautain. Cependant, le soulèvement des Colonies ne fait alors penser qu'au danger des entreprises ou de l'agression soudaine dont il peut devenir le prétexte de la part de la Grande-Bretagne; le Ministre n'en est pas à y chercher un levier contre cette puissance. Il suspecte en tout celle-ci, dont l'intérêt était d'occuper l'Espagne afin de la séparer d'avec la France, de la détourner au moins d'une politique commune et, si le cas se produisait, de soutenir contre elle, contre nous par voie de conséquence, les adversaires qui lui surviendraient. M. de Vergennes devait supposer un peu, d'ailleurs, que l'Espagne aimerait à se laisser détourner.

Une querelle, déjà ancienne, entre cette puissance et le Portugal venait justement de se raviver et allait donner beaucoup de préoccupations. Le marquis d'Ossun avait écrit le 7 juillet aux Affaires étrangères :

On peut craindre, Monsieur, qu'il ne s'allume une petite guerre entre les

Espagnols et les Portugais par rapport aux limites de la province de Buenos-Ayres et de celles du Paraguay. Ces limites sont réglées par des traités; malgré cela il y a quatre ou cinq ans que les Portugais passèrent le Rio-Grande et établirent des postes sur le terrain qui appartient à l'Espagne; ils forcèrent quelques détachemens espagnols à se retirer et il y eut en cette occasion des coups de fusil tirés. La cour d'Espagne fit des plaintes et des représentations sur cette entreprise; celle de Lisbonne désapprouva la conduite de ses gouverneurs, promit de faire évacuer les postes occupés et a dit ensuite qu'elle avait expédié des ordres à cet effet. Son langage n'a pas été sincère, elle a non seulement conservé ses usurpations, mais elle les a étendues; cette Cour a tenu la même conduite sur les bords du Rio-Pardo dans le Paraguay et le roi d'Espagne prit enfin le parti, l'année dernière, d'ordonner au commandant général de Buenos-Ayres d'aller reconnaître avec un détachement les nouveaux établissemens des Portugais et, s'il le fallait, de les contraindre par la force à les abandonner. Ce commandant, Monsieur, vient d'informer sa cour que lorsqu'il s'était approché des postes des Portugais ils l'avaient reçu à coups de fusil; mais qu'ayant fait des dispositions pour les attaquer, ils avaient pris la fuite sans opposer aucune résistance.

Dans cet état de choses il paroît que la cour de Lisbonne se dispose à envoyer en Amérique un renfort de troupes et de munitions de guerre, et l'on sait que M. le marquis de Pombal s'occupe avec la plus grande activité de l'armement de deux vaisseaux de guerre et de quelques bâtimens de transport. Je présume, Monsieur, que l'Espagne ne négligera pas de son côté de pourvoir à la sûreté de ses frontières à Buenos-Ayres et au Paraguay et qu'elle se mettra en état de n'avoir pas le dessous dans cette petite guerre, si elle a lieu. Je tiens ce que j'ai l'honneur de vous mander de Sa Majesté Catholique même, et ce monarque a ajouté qu'il ne voulait que ce qui lui appartenait; *mais que si les Portugais attaquaient ses possessions ils trouveraient à qui parler.*

A St Ildefonse le 7 juillet 1774.

Espagne, t. 573, n° 274.

On crut d'abord qu'il y avait là de pures difficultés de frontières. M. de Vergennes présumait même qu'il s'agissait uniquement pour le Portugal de faciliter sous son couvert la contrebande aux Anglais. En

1774. tout cas, le gouvernement de Madrid se sentait assez armé. Mais, dès septembre, ce gouvernement eut moins de confiance; en octobre il avisa à se renforcer sans le dire, songea à attaquer le Brésil et se préoccupa de ce qu'en penserait l'Angleterre ou de ce qu'elle ferait. Les communications qu'il fit à cet égard à Versailles, par notre ambassadeur et par le sien, trouvèrent M. de Vergennes en éveil. Les démêlés entre Madrid et Lisbonne n'étaient pas d'hier; ils pouvaient renaître sans inquiéter, au premier abord. Mais la vieille ambition de l'Espagne de réunir le Portugal à la couronne pouvait aussi faire craindre une guerre bientôt générale. L'Angleterre y entrerait la première, en vue de soutenir un allié très important pour elle contre la maison de Bourbon, les autres puissances suivraient par le fait du changement d'équilibre que les conquêtes de la cour de Madrid entraîneraient. Le ministre a mis, dès le mois d'août, ses ambassadeurs à l'affût des informations. Il fait écrire le 22 septembre à Garnier que la cour de Lisbonne s'est ouverte à celle de Londres sur sa position en Amérique; celui-ci sera attentif à démêler, s'il le peut, la conduite que le ministère anglais tiendra, les principes qui le guideront; il n'est pas probable, suppose-t-il, « que le ministère se découvre actuellement pour soutenir les Portugais, mais il fera des vœux pour leur succès et cherchera à les favoriser sous main ». On écrit en même temps à Ossun de suivre avec soin ce qui se combine à Madrid, « Sa Majesté s'occupant essentiellement de tous les objets qui intéressent le roi son oncle »; et l'on ajoute qu'il peut « paraître problématique » si l'Angleterre, qui envisage jusqu'à présent ce qui arrive comme une dispute relative aux frontières incertaines des deux gouvernements dans cette partie du monde, mais ne doit pas s'étendre en Europe, « ne changerait pas sa façon de penser et de juger dans le cas où l'Espagne attaquerait le Portugal au Brésil [1] ».

Dans ces prévisions le ministre ne se trompait point. Presque

---

[1] Dépêches des 22 et 27 septembre 1774.

aussitôt le cabinet de Londres prenait position vis-à-vis des deux cours. Lord Stormont, son représentant à Versailles, le faisait avec le levain de l'inimitié intime qui l'avait fait particulièrement choisir afin de nous intimider, et lord Grantham, à Madrid, avec une politesse insinuante sur laquelle ce cabinet comptait pour retenir l'Espagne de venir trop à nous. M. de Vergennes avait éludé, vis-à-vis de lord Stormont, et celui-ci s'était rabattu à demander, au risque de faire deviner l'embarras actuel de son gouvernement, les bons offices du roi pour engager son oncle à n'avoir pas de desseins hostiles contre le Portugal. Le ministre mande à Ossun :

> Je lui ai objecté que ni la cour de Madrid, ni celle de Lisbonne, ne nous ayant encore parlé de leurs différents, il n'y avait pas lieu d'y intervenir. Au surplus, que nous n'avions aucune raison de penser que les intentions du Roi Catholique ne fussent aussi sincèrement pacifiques que celles de l'Angleterre peuvent être.
>
> A Versailles le 1er octobre 1774.
>
> *Espagne*, t. 574, n° 98.

Toutefois, M. de Grimaldi avait parlé assez ferme. Ossun était à Madrid depuis vingt ans[1]; il ne voyait guère que par ce ministre et par Charles III, disait exactement ce qu'ils voulaient lui faire dire. Il rend compte ainsi qu'il suit de l'entretien avec lord Grantham, en y ajoutant ses réflexions :

> M. le marquis de Grimaldi, Monsieur, a repondu à milord Grantham qu'il voyait avec surprise que sa Cour demandât au mois d'octobre des éclaircissements à celle d'Espagne sur les différents de Buénos-Ayres tandis que depuis le mois de mai dernier le Portugal n'avait pas discontinué d'envoyer successivement des troupes et des munitions de guerre au Brésil et qu'il préparait

---

[1] Pierre, Paul, Chevalier, marquis d'Ossun, baron de Heches, de Saint-Luc, seigneur de Bartraës, d'Azercix, de Montesquieu, grand d'Espagne de 1re classe, conseiller d'État d'épée de Sa Majesté Très Chrétienne, chevalier de ses ordres, maréchal de ses camps et armées : tels sont les titres que prenait dans les actes ce Béarnais. Il parait avoir été un des derniers membres de sa famille. Il avait une sœur et se retira bientôt auprès d'elle.

de nouveaux envois plus considérables; que Sa Majesté Catholique désirait sincèrement la continuation de la paix; qu'Elle était bien éloignée de vouloir envahir le bien d'autrui, mais qu'Elle saurait défendre ce qui lui appartenait; qu'au surplus M. le prince de Masseran serait en état d'informer exactement le Ministère britannique de toutes les circonstances de cette affaire, et qu'il avait ordre de le faire, au cas que ce ministère lui témoignât le désirer.

Sa Majesté Catholique et son Ministère, Monsieur, désirent la continuation de la paix, mais ils ne craignent pas la guerre pour une cause juste. Il est, à ce qu'il me semble, assez singulier que les cours de Madrid et de Lisbonne ne soient entrées dans aucune explication amiable à ce sujet. Celle de Portugal aurait dû par toute sorte de motifs, faire les premiers pas; mais elle a une hauteur et une morgue qui l'en ont sans doute empêchée, et celle de Madrid ne restera pas en arrière à cet égard. Je considère que le gouverneur de Buénos-Ayres a depuis longtemps l'ordre de chasser les Portugais des deux forts qu'ils occupent injustement sur le Rio San-Pédro; que ce gouverneur peut et doit exécuter cet ordre d'un moment à l'autre. Ces hostilités aigriront les choses. Les Portugais voudront prendre leur revanche ou repousseront les Espagnols et tout cela peut conduire insensiblement à une guerre sérieuse.

A St Ildefonse le 6 octobre 1774.

Espagne, t. 574, n° 102.

Il est assez probable qu'on avait soufflé à l'ambassadeur ces réflexions, en apparence personnelles. Peu de jours après, le 10, questionné sur son silence au sujet de préparatifs et d'envois de forces qu'a faits l'Espagne, il avoue qu'il s'est laissé voiler les yeux[1]. Le 13, il mande que le Portugal apporte « une ardeur et une vivacité extrêmes » à toute sorte d'apprêts de guerre, et qu'il semble que « la tête a tourné à M. le marquis de Pombal ou qu'il veut absolument allumer une guerre générale ». Le gouvernement de Louis XVI pressentit là des évènements de nature à en amener d'autres qui auraient des conséquences propres à l'entraîner peut-être loin. Il trouva donc opportun

---

[1] *Espagne*, t. 574, n° 103.

de donner à leur sujet le ton à son ambassadeur, jusque-là livré à lui-même et, par suite, aux seules inspirations de l'Espagne. M. de Vergennes lui adressa la dépêche qui suit, dont la minute, une des premières de sa main, commence la longue suite des lettres sorties de sa plume; le ministre ne laissera plus guère à personne, désormais, le soin d'écrire à ses représentants sur cette affaire du Portugal ou sur celle de l'Amérique[1], à moins d'être obligé au repos par l'excès du travail qu'il s'imposait ainsi :

1774.

A Fontainebleau le 31 octobre 1774.

M. jai differé jusqua present de mentretenir avec vous sur la discussion qui sest elevée et qui semble sechaufer entre lEspagne et le Portugal, au sujet de leurs limites sur le Rio St Pedro et vers l'Uruguay, parceque faute de connoissances topographiques je ne pouvois que me faire une idée imparfaite du veritable etat de la question. M. le Cte d'Aranda vient dy supléer en me procurant linspection de la carte des missions du Paraguay quil massure etre tres exacte.

Il resulte de lexamen que j'en ai fait que les Portugais sans considerér que le traité de léchange de la colonie du St Sacrement est devenû caduc du consentement des deux parties contractantes veulent se maintenir ou se remettre en possession des vastes territoires qui devoient faire le prix de leur cession quoiquelle leurs ait eté remise de bonne foi par l'Espagne d'abord

---

[1] M. de Vergennes, comme M. de Choiseul et d'autres grands ministres qui les avaient précédés, écrivait, « minutait » tout lui-même. Il n'y a guère, dans l'affaire d'Amérique, de dépêches aux ambassadeurs, d'instructions, de mémoires, il n'y a pas une note pour le roi ou pour le conseil, dont la minute ne soit de sa main. Son premier commis ne traitait que les affaires secondaires, la correspondance courante. Avec nos représentants à Madrid et à Londres, c'est de sa part un échange de lettres au moins hebdomadaire pour chacun d'eux, quand il ne se renouvelle pas plus souvent (et beaucoup sont des documents étendus), sans parler d'autres écrites à Vienne, à Saint-Pétersbourg, à la cour de Frédéric, en Hollande au même moment, ni de lettres ou de traductions de pièces pour le roi, d'une foule de lettres confidentielles à Ossun, à Guines, à leurs successeurs, à Beaumarchais, au marquis de Grimaldi, au comte d'Aranda, au comte de Floridablanca, etc. Sa santé n'y résista pas. — Nous reproduirons ici les minutes du ministre, conservées aux Affaires étrangères. Elles seront données, le plus souvent, telles qu'elles sont écrites, c'est-à-dire très irrégulièrement orthographiées et ponctuées. Il y indiquait par des crochets [ ] les parties à chiffrer.

1774. après la résiliation du traité et depuis la conclusion de la paix de Paris. Les Portugais empruntent de ce dernier traité un argument tout a fait captieux, quoiquil soit pris de la lettre meme du traité. Ils inferent de ce quil y est enoncé que sil est survenû quelque changement par raport aux Colonies en Amerique, en Afrique et en Asie les choses devront etre remises au meme etat ou elles étoient avant la guerre. Comme a cette epoque, les Portugais n'avoient point encore rendu les terrains qui leurs avoient eté donnes en equivalent de la cession de la colonie du St Sacrement et que cest pendant le cours de la guerre quils en ont eté depouillés, ils demandent, aux termes du traite de paix a y etre reintégrés. Sils ajoutoient : sauf en suite a faire droit sur le fond, leur pretention pourroit paroitre moins deraisonnable, mais il ne nous revient pas quils ajoutent cette clause; ce nest au reste qu'en Ang^{re} qu'ils sexpliquent, jusqua present ils ne nous ont fait aucune ouverture. Ils sentent aparament que dans une cause douteuse, nous ne pouvons etre des juges favorables a la leur. Celle ci ne lest pas, le fond est si evidement a lavantage de Sa M^{té} C$\widetilde{\text{que}}$ que les ministres b$\widetilde{\text{ques}}$, sils ne sont pas aveuglés par la passion seront forcés den convenir eux mêmes surtout si lon étaye la communication des faits par linspection de la carte. Celle ci seroit d'autant meilleure a produire quelle pourroit convaincre les Anglois que dans tout ce demeslé il ne sagit point dempietér ni denvahir le Bresil l'objet de la jalousie et la principale source des richesses de l'Angleterre.

Nous voyons avec beaucoup de satisfaction par ce que vous nous marqués, M. que l'intention de Sa M^{té} C$\widetilde{\text{que}}$ nest pas de donner plus détendue a son ressentiment que l'objet de la discussion nen a en lui même, et que se bornant à recuperér les terrains que les Portugais lui detiennent, elle nira pas au dela de l'objet reel de la querelle, en sorte quelle sera plus tost propre aux gouverneurs respectifs qu'aux souverains. Ce plan seroit très bon sil ne dépendoit que de la volonté de lune des parties, mais le Portugal qui sent quil auroit trop a y perdre met dans ses mesures de defense un eclat et un apareil qui ne peut quallarmér lEurope, et peut etre préparér les voyes a un embrasement plus general; on ne peut gueres se dissimulér que toute sa conduite ou plus tost celle du Mis de Pombal est motivée par le desir dexagerér le danger aux yeux des Anglois et de les entrainér par ce moyen dans des resolutions precipitées qui comprometroient la tranquilité de lEurope. Suivant les raports que nous recevons de Londres, les tetes des ministres bques semblent sexaltér, ils prevoyent, quoiqu'avec regret, que si les dissensions dans cette partie de lAmérique prennent plus de force, ils ne pourront se dispensér denvoyér une escadre pour veillér a la sureté dune colonie quil leurs importe de conservér comme un de leurs domaines. Une force navale stationnée dans cette partie ne pourroit qu'occasionnér de facheux accidens. On connoit le gout de la marine angloise pour la rapine, et je doute quelques rigides que fussent les ordres qui lui seroient donnés pour ne rien entreprendre dhostile, quil n'en résultat des entreprises qui meneroient a un engagement general.

Cest dans ce sens que le lord Stormont m'en a parlé, mais dun ton qui tenoit plus de linquiétude que de la menace; son vœu, celui du Roy de la G^{de} Bretagne et de son Ministere est que le demeslé puisse saccomodér a lamiable ou du moins se concentrér assez soigneusement dans linterieur de lAmérique pour que leclat nen retentisse pas au dehors. Je lui ai repondu sans touchér au fond de la question quil nous sembloit que l'Ang^{re} pouvoit plus que tout autre dirigér les choses aux voyes de conciliation, quil suffiroit quelle fit sentir a son allié quil est tems quil mette des bornes a des preparatifs et a des envoys de troupes et de munitions de guerre qui ne discontinuent pas, sans que rien en indique la necessité, lEsp^e naiant pas encore fait des envoys qui semblent devoir exigér et justifiér des precautions si nombreuses et par consequent surabondantes.

Si le vœu de l'Ang^{re} est pour une conciliation amiable, nous sommes ici dans le cas de la partager autant par necessité que par inclination. Mais quelques pacifiques que soient les vûes du Roi, Sa M^{te} nest pas moins ferme dans les principes de lunion la plus intime et de lalliance la plus étroite consolidés par le Pacte de famille entre les deux branches de son auguste maison; son cœur, bien plus encore que sa politique lui en relève les avantages, mais quelque determinée que soit Sa M^{te} a observér religieusement un engagement quelle regarde comme une partie pretieuse de lheritage quelle a recueilli, la volonté ne suffit pas si elle nest etayée par des moyens assortis. Il nest malheureusement que trop connû que ceux dont le Roi peut disposer actuellement sont tres limités. Le desordre des finances avoit precedé son avenement au trône, toutes les parties actives de l'administration sen sont ressenties et sen ressentent encore, et vous etes trop eclairé M. pour ne pas sentir que lorsquune machine aussi vaste que celle ci est ebranlée, ce nest pas dans le cours de peu de mois seulement quon peut lui rendre sa force et sa vigueur et cicatriser des playes profondes et inveterées. Le Roi sen occupe sans relasche; lobjet assidu de ses soins est de porter le remede partout ou il voit quil est necessaire; il combine les regles et le besoin dune œconomie austere avec cé que sa gloire personnelle et sa fidelité dans l'execution de ses engagemens exigent de lui; inexorable sur les depenses qui peuvent paroitre superflues, Sa M^{te} ne se refuse a aucune de celles qui peuvent la conduire en acquerant plus dinfluence dans le sisteme general a contribuer plus particulierement a assurér le bonheur de lhumanité qui ne peut etre independant de la conservation dune paix soutenüe avec dignite, et par la, secondér efficacem^t les vûes du Roi son oncle qui ne se propose pas un but different. Mais tout cela ne peut se faire qu'a l'aide du tems et meme d'un asses long tems : des finances a retablir, une marine a reprendre dans ses premiers fondemens, tout cela ne peut manquer dètre long et de demandér une certaine suite d'années.

Je mexplique franchement parceque cest avec un ambassadeur consommé, dont la sagesse égale le zele. Ceci nest pas une instruction que je vous adresse dont vous deviés faire un usage immediat; cest une confidence personnelle que je vous fais pour reglér votre langage dans loccasion et a proportion de l'impression que vous pourres vous en promettre; nous ne voulons point trompér lEsp^e, ce seroit nous abusér nous meme, et je pense quen vous mettant sans attendre la tournure que les affaires pourront prendre a portée de lui faire connoitre quoique de vous meme notre veritable situation cest lui donnér une marque de confiance qui doit lui etre d'autant plus agreable quen meme tems quelle peut lui etre utile par raport aux resolutions quelle pourra prendre, laveu de nos maux interieurs annonce le dessein bien formé d'y portér le plus prompt remede.

Vous nous aves marqué dernierem^t M. que le Roi C^{que}, en sexpliquant avec vous de lintention precise ou il est de ne point admettre la mediation de lAng^{re} dans les differens avec le Portugal, ne vous avoit laissé entrevoir aucune repugnance pour celle de la France. Quoique le marquis de Pombal parroisse setre collé invinciblement a l'Ang^{re}, ce pend^t il pourroit arrivér que n'y trouvant pas tout lapuy quil sen promet et seclairant sur les suites que pourroient avoir ses demarches trop precipitees, il se tourneroit de notre coté pour solliciter lintervention du Roi. Vous penses bien que Sa M^te ne peut etre tentée d'intervenir dans cette affaire qu'autant que ses offices pourroient etre agreables au Roi son oncle et il seroit interressant que vous vous missiés sans affectation sur la voye de penetrér avec certitude quelles peuvent etre les dispositions et les desirs de Sa M^te C^que a cet egard. Je men raporte bien a votre dexterité.

Je ne crois pas au reste devoir vous recommandér M. de gardér cette lettre pour votre direction particuliere et de ne la communiquer ni par copie ni meme par extrait.

Espagne, t. 574, n° 128.

A Versailles, on allait donc au-devant des obligations du Pacte de famille; on voulait pouvoir les réclamer pour soi dès qu'il en serait besoin. Mais à notre sujet, on s'empressait d'avertir, de faire connaître les moyens que nous avions, afin de n'être pas appelés hors de propos. Cette dépêche du 31 octobre posait des données que M. de Vergennes, un peu après, regretta d'avoir mis Ossun à même de trop laisser voir, craignant de nous avoir montrés plus affaiblis que de raison en esquissant ainsi l'état dans lequel le roi avait reçu la France[1]; mais il insistera d'autres fois sur cette situation, et non dans le cours de l'affaire portugaise seulement. Il ne négligeait pas d'ailleurs de

---

[1] En effet, sur le compte que l'ambassadeur lui rend de la communication qu'il a donnée, il juge que celui-ci a laissé tout lire et il lui écrit le 29 novembre : « Le Roi présume, M. « que vous ne vous serez pas mis à découvert « vis-à-vis de la cour d'Espagne... et que vous « n'aurez indiqué que vaguement et par ma- « nière d'insinuation notre désir pour la paix et « le besoin que nous en avons;... des ouver- « tures de ce genre ne se font que lorsque les « circonstances l'exigent absolument. » A cette date, M. de Pombal s'était ralenti, avisé sans doute par Londres des empêchements de l'Angleterre à le soutenir; M. de Vergennes regrettait, par suite, d'avoir montré la France aussi désemparée. Ossun le rassure le 12 décembre, et le ministre lui récrit à ce sujet le 3 janvier suivant : « Je ne puis, M. que rendre justice « à la manière circonspecte et mesurée avec « laquelle vous avez fait usage auprès du roi « d'Espagne et de son Ministère des notions « renfermées dans ma dépêche du 31 8bre d^er. « S. M. C^que ne saurait ignorer la position inté- « rieure de la France ni par-conséq^t le besoin « que nous avons de la paix; mais ce Prince ne « doit pas moins être certain que cette considé- « ration ne portera jamais le Roi à manquer à « la fidélité qu'il doit à ses alliés et surtout à un « Prince auquel il est attaché par les liens les « plus respectables. » (*Espagne*, t. 575, n° 96.)

ramener l'Espagne à la pratique de l'alliance, dans les objets propres à nous en faire sentir et à nous permettre d'en faire éprouver tout de suite les effets. Ç'avait été notamment le but de la première lettre à l'ambassadeur dont il avait écrit la minute, lettre dans laquelle on devine combien l'Espagne tâchait de se tenir à distance, sous l'apparence de l'amitié :

> Je sens tres bien M. quil nest pas dans votre pouvoir d'abregér la marche compliquée des affaires en Espagne; on pourroit se consolér de cette lenteur si lissûe en etoit heureuse, mais cest un avantage dont il ne paroit pas que nous aions souvent à nous felicitér. Je me propose de revenir avec vous par la suite sur cette matiere lorsque mes connoissances seront mieux digerées quelles ne peuvent lêtre encore. Ce que je me permettrai de vous dire en attendant est qu'aussi intimement unies que le sont les deux Cours, la reputation de cette intelligence si necessaire a leur sureté commune ne peut que soufrir et encourager ceux qui ne desesperent pas de linterrompre, si dans la discussion des affaires que leurs relations si immediates rendent tres frequentes elles se bornent a adoptér le sisteme dune justice defiante et rigoureuse sans jamais en temperér la marche par des facilités propres a faire connoitre aux nations jalouses de notre union que tous leurs efforts seront vains pour la troublér.
>
> Rien ne prouve mieux linterest véritable que le Roi Cq͠ue prend a la prospérité du Roi son neveu que la recommandation quil lui fait de soccuper assidument du retablissement de ses finances et de sa marine. C'est le vœu de Sa Majesté cest lobjet assidu de ses soins; mais avec toute la bonne volonté possible elle n'y atteindra pas ou du moins tres tard si les moyens les plus effectifs sur lesquels elle pourroit comptér lui manquent. L'industrie encouragée est sans contredit le moyen de restauration le plus assuré pour un État laborieux; si notre industrie devoit trouvér quelque faveur hors de nos frontieres, ce devroit etre naturellement en Espagne; personne ne sait mieux que vous ce qui s'y passe et combien nous y sommes le plus souvent barrés. Nous serions injustes si nous pretendions des faveurs particulieres prejudiciables a lindustrie espagnole; il nous suffit de leurs être assimilés, cest la loi du pacte de famille et la voix de la raison. Mais le meme pacte nous decerne tous les

avantages particuliers qui peuvent etre accordes aux nations les plus favorisées; et si ces memes nations les plus favorisées sont celles contre lambition desquelles nous ne pouvons trop nous prémunir les uns et les autres et dont nous ne pouvons trop soigneusement resserrér les moyens, la saine politique nexige telle pas autant que la justice qui nous ladjuge quon nous admette a partagér tous les privileges et avantages qui leurs sont acquis. Je ne recapitulerai pas ici tous les objets relativement auxquels notre condition est bien inferieure a celle des Anglois, je ninsisterai que sur un seul article qui est indiqué par le memoire ci joint du 4 7bre que je vous prie de prendre en consideration et d'apuyer de vos bons offices si la demande quil renferme est aussi juste quelle sannonce. Les Anglois introduisent leurs cuirs préparés dans les ports d'Espagne moyennant un droit de dix pour cent, et les notres sont assujetis a un droit de 20 p. c^t. Quel peut etre le principe de cette difference. Si lEsp^e peut se passer de cuirs etrangers rien de plus raisonnable que de prohiber limportation de tous ceux indistinctement quon prepare dans létranger, mais si elle est dans le besoin de la permettre pourquoi cette preference aux Anglois? Se flatteroit on a Madrid que cette nation par une revolution étonnante de principes seroit une amie zelée de lEspagne. Je me garderai bien de croire que Sa M^{te} Cath^{que} et son ministere donnent dans cet excès de confiance, mais vous deves sentir M. que la conduite que je releve n'y est pas conséquente. L'interet de lEspagne et le notre s'accordent à nous faire sentir la necessité indispensable de gener autant quil est possible toutes les sources dou l'Ang^{re} tire avec ses richesses les moyens de donnér le plus grand essor a une ambition qui ne veut rien souffrir autour delle, ce nest quen lafoiblissant insensiblement en lui retranchant successivement les occasions de nouveaux gains que nous en tirerons plus surement raison que par une guerre dun evenement toujours douteux et incertain.

Je mexplique confidement avec vous M. persuadé que vous saures rectifier ce que mes vûes peuvent avoir de defectueux et les dirigér vers le but le plus utile. Je n'en ai d'autre que la gloire et la prosperité des deux nations, nous y atteindrons si le concert le plus unanime et le mieux soutenû fait la baze de toutes nos opérations respectives.

A Versailles le 13 7bre 1774.

Espagne, t. 574, n° 74.

A Madrid, on prodiguait les protestations de bonne volonté. Le marquis d'Ossun s'était empressé de les transmettre, les trouvant très favorables, au risque de ne pas les voir suivies de beaucoup d'effet. Par le retour du courrier, M. de Vergennes s'en était autorisé pour exprimer de nouveau les sentiments d'union qu'on professait à Versailles, et il ne craignait pas de rappeler contre qui l'union était faite :

> J'ai mis sous les yeux du Roi et de son Conseil les explications dans lesquelles vous êtes entré, Monsieur, relativement à de plus grandes facilités que nous désirerions dans l'exploitation de notre commerce avec l'Espagne, et Sa Majesté a applaudi à la sagesse de vos vues. Nous sommes bien éloignés de nous laisser entrainer par les représentations de nos commerçants dont l'esprit, en général, est exclusif; nous ne jalousons point les progrès que les Espagnols font dans différents genres de manufacture, nous serions plutôt disposés à les encourager quoique ce soit en diminution de notre propre industrie, mais la prospérité de l'Espagne est un bien commun à la France. Tout ce qui fortifie l'une des puissances est un avantage réel pour l'autre; rien ne ferait plus leur force que l'affaiblissement de leur ennemi commun, le seul dont les deux puissances ne peuvent trop se défier, mais il a pour lui des traités dont assurément nous ne conseillerions jamais l'infraction, mais aux avantages desquels nous croyons pouvoir aspirer de participer sans devoir être taxés de former des prétentions trop ambitieuses.
>
> Fontainebleau le 17 8bre 1775.
>
> *Espagne*, t. 574, n° 116.

Le gouvernement de Louis XVI parlait exactement de ses forces et de sa situation, lorsque, par la dépêche du 31 octobre, il fixait son ambassadeur sur le concours que la France pouvait donner. A cette date, les évènements des colonies anglaises ne présentaient encore qu'un incident assez vague; si les indications du ministre étaient justifiées, elles ne tardèrent pas à emprunter plus de poids aux préoccupations que ces évènements éveillèrent. On s'était beaucoup trompé, à Londres, sur la portée du soulèvement : le roi et ses conseillers d'abord, en n'y voyant que des mutineries dont ils auraient raison et que l'appui de l'opposition, depuis Wilkes jusqu'à lord Chatham, grossissait à leurs yeux artificiellement[1]; cette opposition elle-même, tout aussi persuadée, au fond, que l'Angleterre après 1763 ne pouvait être sérieusement tenue en échec par des émeutes pour un impôt, à plus forte raison sa puissance recevoir une atteinte, et ne voyant dans l'insurrection des Bostoniens qu'un moyen de faire tomber ses adversaires et de reprendre le gouvernement. On se trompait dès lors naturellement à Versailles. Par échappées on essayait bien de voir au delà de cet horizon et de compter sur les circonstances qu'on souhaitait; mais comme la correspondance de l'ambassade reflétait l'opinion de Londres, on la suivait, somme toute, et l'on se berçait avec le chargé d'affaires de l'idée que les troubles de l'Amérique d'une part, les dissidences intérieures de l'autre, occupaient assez la Grande-Bretagne chez elle pour l'empêcher de méditer un mauvais coup. On avait les meilleurs rapports apparents, et l'on se sentait un peu remonter[2]. On s'efforçait de tirer des interprétations favorables du traité de Paris pour la pêche de Terre-Neuve, pour les réparations de Dunkerque, pour de non moins épineuses affaires qui existaient avec la compagnie des Indes. En tout cela on se heurtait à des faux-fuyants tenaces et l'on y montrait une patience méritoire, mais on espérait d'aboutir avec le cabinet en fonctions, tandis qu'on redoutait les refus, la rudesse, des intentions hostiles même de la part de ses adversaires politiques. En écrivant à Garnier, on formait donc des vœux pour ce cabinet, que l'on se figurait nous sauver de

---

[1] Lord Rochford, en particulier, le considérait comme un reste du feu républicain des anciens émigrés. Le comte de Guines écrit dans son rapport du 13 juin : « Milord Rochford ne « m'a parlé que des descendants de Cromwell, « aujourd'hui établis en Amérique et devenus, « à ce qu'il dit, les chefs de la rébellion ; enfin « il ne rêve que Cromwell et tout ce qui y a eu « rapport. Il m'a dit que c'étoit malgré lui qu'on « avoit envoyé des troupes de débarquement, « qu'il n'auroit voulu que des escadres, bloquer « les ports, empêcher tout commerce aux Colo- « nies; si cela est vrai, je crois effectivement « que Milord Rochford avoit raison. » (Angleterre, t. 510, n° 112.)

[2] « Je crois déjà entrevoir, écrivait Garnier « avec un peu d'illusion, que les effets de l'ad- « ministration intérieure du royaume commen- « cent à devenir sensibles ici par le respect « qu'elle impose. »

lord Chatham et nous assurer la paix[1]. Le 30 novembre, on répond au chargé d'affaires, qui, tout en relatant ce qu'il apprenait du progrès de la révolte, se tenait dans le même optimisme :

> Le désir de Sa Majesté Britannique de maintenir la paix en Europe nous est garanti par les embarras et par les soucis que lui donnent les affaires de l'Amérique, et ce prince doit sentir combien, dans une circonstance aussi critique, il est redevable aux sentiments de justice et de modération de Sa Majesté. Vous les avez très bien interprétés par les réponses que vous avez faites aux Anglais qui vous ont marqué quelque appréhension à cet égard, et vous tiendrez constamment le même langage dans toutes les circonstances où vous serez dans le cas de vous expliquer sur nos dispositions relativement à la Grande-Bretagne.

M. de Vergennes précise ces instructions en ajoutant sur la minute :

> Vous pouvez admettre comme base invariable de votre langage par ce qu'elle l'est de notre conduite, que Sa Majesté, fidèle aux sentimens de justice, de modération et de désintéressement qu'elle a déclarés à son avènement au trône, ne fera usage de sa puissance que pour contribuer autant qu'il peut dépendre d'Elle au maintien de l'ordre public et de la tranquillité générale, et que son vœu le plus cher est de voir régner entre toutes les puissances une intelligence aussi parfaite qu'Elle sera constamment disposée à l'entretenir avec ses voisins.
>
> *Angleterre*, t. 507, n° 102.

Avant 1775, toutefois, on avait vu avec un peu plus d'évidence chaque jour que l'Amérique n'était pas près de se soumettre et que l'Angleterre se trouvait engagée dans une affaire dont les éventualités ne devaient point être perdues de vue. Dans une dépêche du 19 décembre, où Garnier appelle cette affaire « la plus importante depuis « la Révolution », il donne à M. de Vergennes toutes les raisons d'ouvrir les yeux. Il y a plus : les amis des *insurgents* lui ont fait entrevoir,

---

[1] Dépêches du 27 septembre et du 2 novembre, notamment; dépêche du 26 décembre encore, quoique avec les yeux plus dessillés, déjà, dans cette dernière.

encore si près du commencement, quelque chose de ressemblant à une alliance, du moins à une assistance secrète :

J'ai ouï-dire, et vous pensez bien, Monseigneur, que ce n'est pas aux vains propos d'hommes légers que je m'en rapporte, mais j'ai ouï-dire que, quoique les Américains n'eussent pas encore développé aucune intention d'offrir leur commerce aux autres nations, on pouvait deviner ce que les circonstances pourroient leur faire faire à cet égard. J'ai aussi ouï-faire mention des secours de toute espèce que l'Angleterre avoit assez ouvertement donné aux Corses, lorsque nous militions contre eux, et citer cet exemple à l'occasion présente de la Grande-Bretagne et des Colonies.

Le chargé d'affaires ne vise pas si loin, n'en ayant point eu la moindre insinuation de la part du ministre; aussi continue-t-il :

Je ne prétends pas, Monseigneur, donner aucune extension à la portée de ces indices, et j'ai toujours soigneusement prévenu en conversation particulière tous ceux de cette espèce, en affirmant de la manière la plus positive que les Américains ne sauroient commettre une plus grande erreur que de compter sur le moindre secours ou le moindre encouragement de notre part, attendu que les deux Cours ne sont respectivement occupées qu'à cultiver entre elles la plus parfaite harmonie. Si la résistance des Américains ne dépendoit que des secours de leurs voisins, le ministère de Londres auroit lieu d'être bien tranquile.

Mais les troubles de l'Amérique ne tardent pas à perdre le caractère qu'on leur supposait et à laisser entrevoir leurs traits réels. Les informations recueillies font augurer que c'est bien une révolution qui commence. Le cabinet de Londres sait maintenant qu'il s'est trompé et qu'il ne s'agit pas d'émeutes passagères. Le 27 janvier, Garnier écrit que « le sort en est jeté », que « le Gouvernement paraît « déterminé à avoir raison des Américains », que l'on va mettre dans la main du général Gage 9,000 hommes, de l'artillerie, et que le *Foreign office* donne à lord Stormont la mission d'annoncer à Versailles le parti qu'on a pris « d'arrêter absolument le commerce des

Américains »; il indiquait même que tous les vaisseaux étrangers ou nationaux trouvés chargés de munitions de guerre pour ceux-ci ou faisant le commerce des colonies anglaises du continent seraient saisis comme ceux des Américains. Les hypothèses s'imposaient dès lors d'elles-mêmes aux ministres de Louis XVI. N'y avait-il pas à prévoir des entreprises de la part de la Grande-Bretagne, une fois ainsi en armes de l'autre côté de l'Atlantique : victorieuse, pour accroître aux dépens des Antilles les résultats de sa campagne; repoussée, pour s'indemniser de son échec? Et quelle ne serait pas la condition des puissances maritimes, quand la police des mers serait animée par l'esprit de domination aigri par les nécessités de la défense ou emporté par l'orgueil du succès! Le cabinet de Versailles ne se laissera pas surprendre. A Londres, il observera maintenant de plus près, avec une extrême recherche d'apparente confiance et d'intentions pacifiques, mais avec le vif désir de sauter sur l'occasion, et il appellera Madrid à la sollicitude, bientôt aux préparatifs communs que les intérêts des deux Couronnes lui semblent imposer. Le 5 février, il fait écrire à Garnier :

> Malgré l'appareil que le Ministère anglais met à sa disposition contre les Colonies, on est autorisé à croire que son intention n'est rien moins que de les traiter hostilement, qu'il bornera ses efforts à les diviser pour les affaiblir, et que s'il n'y réussit pas, il aimera mieux sacrifier une portion de sa gloire, que de courir le risque de perdre les Colonies sans retour, et d'ébranler par là la puissance britannique jusque dans ses fondements. Cependant il peut survenir des incidents capables de déranger ce plan de modération et de paix, et dans ce cas il seroit difficile de calculer les conséquences qui pourroient en résulter; la plus immédiate seroit sans doute la chute du ministère actuel, et le retour de son plus véhément ennemi, milord Chatham, renverseroit de droit l'ancien système, et cet événement amèneroit un nouvel ordre des choses. Je pense, Monsieur, que les débats qui vont s'ouvrir au Parlement sur les pièces qui lui ont été communiquées jetteront bientôt plus de lumière sur cette importante matière, et qu'ils nous mettront

à portée de connaître d'une manière plus précise les vues de la Cour et le plan définitif qu'elle sera dans le cas d'adopter pour sortir d'embarras.

Et M. de Vergennes, en revoyant la minute, y ajoute de sa main, soulignant les premiers mots :

Je *vous prie*, Monsieur, d'y donner l'attention la plus suivie; nous croyons bien que les forces qu'on assemble dans l'Amérique septentrionale ne cachent pas une destination mystérieuse, mais aussi nombreuses qu'elles commencent à le devenir, il est bien important de ne les pas perdre de vue et de veiller sur l'emploi qu'on pourroit en faire.

Angleterre, t. 508, n° 88.

A ce même moment, le ministre précisait davantage ses suppositions en écrivant au marquis d'Ossun :

Je pense que nous ne tarderons pas d'aprendre le véritable état des choses au Brésil. Je vous prie d'autant plus, M. de porter toute votre attention sur cet objet et d'y exciter la cour de Madrid que les Anglois envoient successivement en Amérique des forces qui méritent toute notre vigilance, quoiqu'elles n'aient d'autre but dans ce moment ci, que d'en imposer à leurs Colonies; d'autres circonstances, des évènemens imprévus ou un changement de système peuvent changer leur destination et rendre leur voisinage très dangereux, en sorte qu'il est de la prudence et d'une sage politique de se garantir d'avance de l'employ qu'on pourroit en faire contre les établissemens soit francois soit espagnols dans cette partie du monde. Nous sentons ici toute l'importance de cette réflexion; elle nous tient les yeux ouverts sur les démarches et les opérations des Anglais et si elle nous conduit à prendre des mesures de précaution, nous serons attentifs à en informer le Ministère espagnol; nous sommes très persuadés qu'il s'occupera, de son côté, des moyens de prémunir les possessions espagnoles en Amérique contre toute attaque imprévue et qu'il ne nous les laissera pas ignorer.

A Versailles le 7 février 1775.

Espagne, t. 575, n° 71.

Il revient sur ce sujet le 14, dans une dépêche toute de lui, relative aux limites entre l'Espagne et la France à Saint-Domingue, et, par occasion, aux agissements des Portugais. On était très peu fixé sur le plus ou moins d'appui que pouvait trouver à Londres M. de Pombal pour les agressions qu'il commettait. M. de Vergennes pensait, ce jour-là, que l'Angleterre avait assez affaire en Amérique pour ne pas se charger en outre de l'ambition des Portugais. Il mande à d'Ossun, au sujet de ceux-ci :

> Ils ne doivent pas y être encouragés par les Anglais, les démêlés qu'ils ont avec leurs Colonies de l'Amérique septentrionale deviennent trop sérieux pour qu'ils puissent s'occuper d'autres objets, mais plus leurs embarras se croisent et les obligent à de puissants efforts, plus il nous importe et à l'Esp^e de nous prémunir pour que le contre-coup n'en retombe pas sur nous au moment où nous y attendrons le moins. Je ne suis pas tranquille, je vous l'avoue, M. en voyant les Anglais porter en Amérique d'aussi grandes forces de terre et de mer.

A peu de jours de là, le 16, il ajoutait au bas d'une dépêche de son cabinet à Garnier, en soulignant encore :

> *Je compte sur votre exactitude,* Monsieur, à profiter de toutes les occasions pour m'écrire et pour m'informer de ce qui se passe où vous êtes; l'engagement est formé, quoique grand, il m'occupe moins dans ce qu'il est que dans ce qu'il peut être. C'est le cas d'avoir plus que jamais les yeux ouverts; nous ne voulons pas profiter en aucune manière des embarras de nos voisins, mais il importe de veiller à ce qu'ils ne puissent *refluer en aucune manière sur nous.*

Nous indiquions plus haut combien notre ambassadeur à Madrid parlait peu d'après lui-même. Quelqu'un qui avait récemment réglé pour la France la délimitation des deux Navarre expliquait, dans un mémoire confidentiel à M. de Vergennes, que le représentant du roi résidait depuis plus de vingt années auprès du roi d'Espagne sans interruption et sans être revenu en France, que, bien traité personnellement par celui-ci, qui avait, avec raison, bonne opinion de sa droiture, en ayant reçu des bienfaits, il regardait la protection particulière de ce monarque comme l'appui le plus sûr pour conserver son ambassade, qu'il était devenu par là « plus espagnol que français » et ne s'occupait essentiellement qu'à plaire aux Espagnols. « On ne « veut pas dire, continuait ce correspondant, observateur visiblement « très autorisé, que M. d'Ossun trahisse pour cela son ministère, il « en est tout à fait incapable; c'est un très honnête homme; mais le « désir de se rendre plus agréable, ou la crainte de l'être moins à une « cour où il compte finir ses jours, lui impose dans sa conduite et dans « les affaires qu'il a à y traiter une timidité, une humilité, une sorte « de déférence qui ne s'accordent pas toujours avec son zèle connu « et avec la dignité de son emploi, et qui ne font qu'encourager de « plus en plus la morgue espagnole. S'il a quelques représentations, « quelques offices à passer à la cour de Madrid, il borne les fonctions « de son ministère à lui remettre des copies des instructions et des « ordres qu'il a reçus; il en attend les réponses, il les fait passer à sa « cour pour y répliquer, et il fait repasser les répliques sans rien « discuter, sans rien prévenir de lui-même, appréhendant toujours « qu'on ne lui sache mauvais gré de toutes autres démarches qu'il « pourrait faire[1]. » La correspondance de l'ambassadeur, quand on la lit aujourd'hui, suggère en effet cette impression. En tout cas, les antécédents du marquis d'Ossun lui rendaient facile d'entretenir le roi et son ministre. Des négociations fort actives en ce moment au sujet de nos limites communes à Saint-Domingue, de l'introduction des vins d'Espagne à Marseille, d'un règlement en vue du for militaire des Français dans la Péninsule, le mettaient d'autant mieux à même de les aborder. Le 20 février, il répond de Madrid à la dépêche ministérielle du 7[2] :

Sa M^{té} Cath^e, Monsieur, après avoir entièrement approuvé la sage prévoyance

---

[1] *Espagne*, t. 574, n° 247 : *Observations particulières sur le ministère d'Espagne*.

[2] La plus grande partie des rapports, transcrits ici, des deux ambassadeurs, est en chiffres, que le cabinet du ministre a traduits dans les interlignes.

du Roi et de son Ministère, a extrèmement aplaudi aux mesures qu'il convènoit de prendre en conséquence, et m'a fait l'honneur de me dire qu'elle ne négligeoit rien de possible pour l'augmentation de sa marine et pour mettre ses possessions en Amérique dans un état de déffense respectable, qu'elle désiroit infiniment que la situation des finances de la France pût permettre qu'on s'y occupât sérieusement et efficacement des mêmes objets qui lui paraissoient très dignes de l'attention particulière et suivie de Sa M^{té} et de son Ministère.

La réponse, Monsieur, que M. le Mis de Grimaldi m'a faite a été à peu près la même; il est entré dans le détail des mesures que l'Espagne a prises depuis la dernière paix pour mettre ses possessions d'Amérique en bon état de déffense; il a d'abord parlé de l'augmentation considérable de sa marine, du grand ordre qui a été mis dans ses arcenaux, des fortiffications respectables faites à la Havanne, à Portorico et dans le royaume du Mexique, de la quantité immense d'artillerie et de munitions de guerre de toute espèce, qui ont été envoyées successivement, de près de quarante bataillons fixes qui ont été levés à la Havane, à Portorico, à Caracas, à Cumana, au Mexique, à Buenosaires et pour lesquels il a été envoyé un grand nombre d'officiers choisis dans l'armée d'Espagne, chargés de les commander et de les discipliner, qu'il y avait en outre deux bataillons de troupes d'Europe à Portorico, quatre au Mexique, deux à la Havane, quatre à Buenosaires et je crois deux autres à Carthagène, Panama et Portobello; que l'Espagne avait actuellement quarante-quatre batiments de guerre entre vaisseaux, frégates ou autres moindres en commission aux Indes espagnoles, qu'indépendamment de tout cela S. M. Cath. fait préparer au Ferrol, à Cadix et à Cartagène des trains d'artillerie de campagne, des tentes et toutes les autres munitions de guerre nécessaires pour un corps de dix à douze mille hommes; qu'elle prenoit des mesures justes pour pouvoir les faire embarquer dans l'un de ces trois ports au premier événement qui l'exigeroit sans aucun retard et pour qu'à cet effet les vaisseaux et les vivres ne puissent jamais retarder leur départ; M. le Mis de Grimaldi a ajouté qu'il pouvoit me répondre personnellement de l'exécution fidèle des intentions et des ordres du Roi son maître à cet égard, et que je pouvois le certifier à ma Cour.

Espagne, t. 575, n° 96.

M. de Grimaldi et le roi préparaient alors sous main, contre les Barbaresques, une expédition maritime dont ils se promettaient beaucoup d'effet au dehors; il souriait par suite au ministre de montrer ainsi la prévoyance et les forces de son souverain à l'ambassadeur tout disposé à y croire. Au fond, toutefois, ce ministre sentait le prix des avertissements de Versailles. Il n'était pas sans anxiété, en effet, du côté des Portugais en Amérique ni sur ce que pensait l'Angleterre à leur sujet. Ils en avaient délibéré, le monarque et lui, car, quelques jours après l'entretien dont sa dépêche du 20 rendait compte, Ossun le questionne pour aviser M. de Vergennes de ce qu'a pu trouver à dire le cabinet de Londres, et les termes de la réponse témoignent d'une résolution assez nette, du moins quant à l'intérêt espagnol. Ossun écrit à ce sujet le 24 :

J'ai demandé dernièrement, Monsieur, à M. le marquis de Grimaldi si Sa Majesté Catholique avoit jugé à propos de faire faire quelque démarche, néanmoins décente, pour que la cour de Londres ne prit pas de l'inquietude des grands preparatifs qui se font dans les ports d'Espagne; M. le marquis de Grimaldi m'a dit que le Ministère britannique s'étoit bien gardé de montrer de l'inquietude ni de faire la moindre question à cet égard et que vu l'embarras où les troubles des Colonies jettent l'Angleterre, Sa Majesté Catholique auroit répondu, si elle avoit adopté ses conseils, qu'elle n'étoit pas obligée de rendre compte de sa conduite ni de communiquer ses projets; M. le marquis de Grimaldi a ajouté qu'il convenoit de proceder selon les circonstances et que dans d'autres il penseroit differament; que l'assurance que lui inspiroit en ce moment la situation des affaires intérieures de l'Angleterre ne l'empechoit pas d'adopter entièrement les reflexions que contenoit une de vos depêches que je lui avois communiquée il y a quelque tems sur l'importance dont il croit que les deux couronnes eussent toujours les yeux ouverts sur les projets ambitieux des Anglois en Amérique et qu'elles s'occupassent sans relâche de tenir leurs marines en bon état, et même à les augmenter autant qu'il seroit possible; que l'Espagne y donnoit tous ses soins; qu'elle avoit deja fait des progrès; mais qu'il lui restoit beaucoup à faire; qu'il voyoit avec bien de la peine par les relations qui lui venoient de

France que nous étions encore arrierés à cet égard, malgré l'application et la bonne volonté du Roi et de son Ministère.

A Aranjuez le 24 avril 1775.

En effet, M. de Grimaldi s'était ému jusqu'à trouver opportun de faire expliquer l'Angleterre sur les intentions dans lesquelles elle envoyait tant de forces en Amérique, et d'obtenir d'elle une déclaration que ces forces ne resteraient pas dans le voisinage des possessions espagnoles au delà du temps qu'il fallait pour pacifier les Colonies. N'était-ce pas une manière de reculer un peu les engagements avec la France? Toujours est-il que le lendemain même, 25 avril, il adressait au comte d'Aranda, son ambassadeur à Versailles, une dépêche dans ce sens pour le chargé d'affaires d'Escarano, qui remplaçait momentanément l'ambassadeur espagnol à Londres. Le comte d'Aranda aurait à s'entretenir de la proposition avec la cour de Versailles et n'enverrait le pli à destination qu'après. M. de Grimaldi exposait à son représentant, comme l'avait fait M. de Vergennes à Ossun, « qu'il se trouvait déjà ou qu'il existerait bientôt dans les colonies anglaises une armée respectable et une force navale proportionnée; que ces préparatifs semblaient justes et nécessaires au roi et que Sa Majesté souhaitait qu'ils eussent incessamment l'effet désirable, confiante qu'elle était dans les vues pacifiques du Gouvernement anglais; mais que ce gouvernement étant sujet à des révolutions brusques, le voisinage des colonies des deux nations ne permettait pas de voir sans inquiétude tant de forces de mer et de terre rassemblées dans cette partie du monde, surtout si la réconciliation désirée les rendait inutiles; qu'il était d'ailleurs notoire que le roi d'Espagne n'y avait pas fait passer le plus petit transport de troupes et de vaisseaux, donnant à la cour britannique ce nouveau témoignage d'amitié et de confiance aux dépens de sa propre sûreté afin de ne pas détourner l'attention de cette cour; que S. M. britannique et son ministère comprendront donc qu'il n'est pas possible de se rassurer entièrement à moins qu'ils ne déclarent que ces forces si considérables ne subsisteront en Amérique qu'aussi longtemps que la révolte des Colonies les y rendra nécessaires et retourneront en droiture en Europe quand ce motif aura cessé. Animé d'un esprit pacifique envers l'Espagne, le ministère, continuait-il, doit saisir avec empressement l'occasion de donner une déclaration devant rendre inutiles les efforts du parti de l'opposition et soutenir les vrais intérêts de sa patrie; nous en fîmes une pareille à sa demande il y a quelques mois, quoique les armements dont on avait lancé le bruit ne fussent rien moins que certains et ne pussent en aucune manière être dirigés contre les possessions anglaises : il ne devra pas s'étonner que des forces de mer et de terre si considérables étant rassemblées près des possessions espagnoles, le roi exige une déclaration qui puisse le tranquilliser pour l'avenir; Sa Majesté Catholique ne se maintient dans l'inaction que pour rendre plus sensible au roi de la Grande-Bretagne sa cordialité et sa bonne foi. » En suite de ces considérations, « l'intention du roi était que le chargé d'affaires fît part de la dépêche à milord Rochford, en expliquant combien la demande était indispensable et protestant de la foi entière de S. M. dans la droiture des intentions du roi d'Angleterre et de son Ministère, comme de son sincère désir de voir ce ministère se soutenir pour le bien général de l'Europe[1] ».

Le comte d'Aranda, représentant de la cour de Madrid à Versailles, était l'ancien premier ministre de Charles III. Ses opinions, trop peu orthodoxes, et un caractère rude mal contenu l'avaient contraint d'échanger le pouvoir contre l'ambassade de France. Il souhaitait beaucoup de rentrer au gouvernement, tout au moins de jouer un autre grand rôle dans son pays; il espérait en trouver l'occasion dans un rajeunissement de la politique espagnole. A ce point de vue, il prisait l'alliance avec la France, pour conduire les deux maisons de

---

[1] *Espagne*, t. 575, n° 231. Il y a en marge, de la main de Vergennes : *Traduction de la lettre de M. le marquis de Grimaldi à M. d'Escarano, chargé des Affaires étrangères à Londres, communiquée par S. Excellence M. le comte d'Aranda le 5 may 1775.*

Bourbon à reconquérir dans un effort concerté leur ancienne puissance; mais il était avec les Espagnols qui pardonnaient mal l'œuvre de Louis XIV et aspiraient à voir leur souverain s'affranchir de l'influence française. Ces Espagnols-là formaient le parti des *Aragonais*. Ils se groupaient autour de l'héritier présomptif, le prince des Asturies, et M. de Grimaldi, étranger, ne parvenait qu'avec peine, malgré un esprit habile, plein de réserve, et malgré l'appui du roi, à se faire tolérer par eux. Le comte d'Aranda n'était pas moins un ambassadeur très correct, mais se laissant aller parfois à une manière dure et désobligeante de traiter les questions[1] et à manifester ses mauvaises dispositions d'*Aragonais* quand il s'agissait d'un intérêt qui nous était propre. Il vit et entendit M. de Vergennes. Comme il avait le sens politique, il envisagea tout de suite la situation à l'opposé du projet de dépêche au chargé d'affaires.

Le gouvernement de Charles III venait, sans s'en douter, de donner

---

[1] Il venait justement de céder à ce penchant avec M. de Vergennes, à propos de l'entrée des vins de la Catalogne à Marseille. Le ministre, impatienté de ses formes, l'avait choqué par un mot. L'ambassadeur, arrivant fort animé, avait dit : «Nous nous enivrons de vins de «Marseille,» à quoi le ministre avait répondu : «Je crois plutôt que c'est d'eau-de-vie d'Es-«pagne», ce qu'Aranda, fort sanguin, prit pour une allusion personnelle, et il s'en était plaint à Madrid. Ossun, à qui M. de Grimaldi en parla, écrit à M. de Vergennes, en réponse à quelques lignes de celui-ci, que M. de Grimaldi connaissait la chaleur et la dureté du caractère de M. d'Aranda, qu'il en avait fait l'expérience : «Vous avez la bonté, Monsieur, «d'entrer avec moy dans des details concer-«nant un propos que vous aviez tenu à «M. d'Aranda, faisant allusion aux eaux de vie «d'Espagne. J'en ay parlé à M. de Grimaldi «dans les termes que vous m'avez indiqués ; il «m'a dit que je pouvois vous assurer qu'il con-«noissoit la chaleur et la dureté du caractere «de M. d'Aranda et que le sien étoit bien diffé-«rent ; il a fait l'experience de cette vivacité «et de cette dureté lorsque M. d'Aranda étoit «gouverneur du Conseil de Castille; le Roy «d'Espagne même les a éprouvées, et vous pou-«vez regarder comme certain que c'est d'après «ces circonstances que cet ambassadeur s'est «démis de la plus éminente place qu'il y ait «dans ce royaume, qu'il a demandé l'ambas-«sade de France et qu'il l'a obtenue. A Aran-«juez, le 29 mai 1774. » (*Espagne*, t. 576, n° 59.) — Au début, M. de Vergennes avait trouvé le comte d'Aranda impossible (dépêche du 6 décembre 1774); après, il s'accommoda pourtant très bien de lui. Il le trouvait «bon homme «au fond». Il le défendra souvent contre Charles III et contre le successeur de M. de Grimaldi, M. de Floridablanca, qui tous les deux auront pour l'ambassadeur une antipathie croissante. — Voir l'annexe III du présent chapitre.

au secrétaire d'État du roi Louis XVI l'occasion de prendre tout d'un coup un incontestable empire, en traçant la conduite qu'il lui paraissait sage et utile aux deux pays de suivre. M. de Vergennes répondit à l'ambassadeur non en paroles seulement, mais par écrit. Voici sa lettre, où tout est, en effet, supérieurement raisonné :

Versailles le 9 may 1775.

M. la demande que V. E. a eté chargée de nous proposér de la part du Roi son maitre porte un caractere de prévoyance, de justice et de dignite qui ne peut trop la recommander. Le Roi toujours animé du desir de complaire a ceux du Roi son oncle, ne balanceroit pas a se rangér a son avis si lon pouvoit se promettre de la part des Anglois la même équité de principes, la meme noblesse de sentimens et le meme desinterressement de vûes : mais lexperience ne nous a que trop apris le peu de fond que lon doit faire sur les protestations et les assurances les plus affirmatives de la nation angloise lorsquelles se trouvent en opposition je ne dirai pas avec ses interets mais avec ses passions. Son sisteme jusqu'à present invariable est emprunté de sa haine contre la France et lEspagne, de la jalousie quelle a de leur prosperité et de son ardeur pour leurs nuire. Si elle paroit ralentie dans ce moment, c'est leffet des circonstances qui la troublent; tourmentée dans son interieur par la violence des factions, agitée au dehors par la resistance opiniatre de ses Colonies, elle craint que les deux Couronnes ne profitent d'une conjoncture aussi favorable pour lui faire tout le mal quelle ne negligeroit pas de leurs faire si les evenemens la servoient aussi bien, de la ces menagemens etudiés qui ne decelent que la defiance et la crainte et qui ne changent point le fond des dispositions. Dans cet etat de choses si la France et lEspagne demandent de concert la declaration que Votre Exc^e m'a notifiée, je ne fais pas de doute que le Ministère B$\tilde{q}$ue nous l'accordera facilement, mais il pourra bien arrivér quelle nous liera plus quelle ne le liera lui même, et par consequent que nous manquerons le point de sureté que nous cherchons a nous procurér. Je m'explique : si nous recherchons et acceptons une déclaration rassurante de l'Ang^{re}, nous nous engageons en quelque maniere a restér tranquilles sur la foi de ses assurances, et il faudra ou renoncér aux precautions que la prudence conseille pour

1775. pourvoir nos possessions d'outre mer de tout ce qui peut etre necessaire à leur conservation ou s'exposér a des reclamations sans fin toutes les fois que nous ferons la moindre disposition pour leur procurer une sureté moins precaire que celle qui peut dépendre de la bonne foi des Anglois. Je ne dissimule pas a cette occasion a V. E. que nous avons des precautions a prendre a cet egard qui doivent nous portér a conservér la plus grande liberté de faire passér dans nos Colonies tout ce qui est necessaire pour leur deffense.

Je ne recriminerai pas M. contre la bonne foi du Ministere anglois actuel; je le crois sinserement intentionné pour la conservation de la paix. Son existence en depend, mais elle tient aussi a lissue que pourront prendre les affaires du continent de lAmerique septentrionale, et il nest pas aisé de prevoir ce qui en arrivera. D'ailleurs serait il impossible que le meme ministere si pacifique, vainqeur de ses sujets americains, ne put etre seduit par lapas de quelques conquestes qui se presenteroient faciles à ses yeux. Il me semble M. que nous ne pouvons avoir de garant plus certain de sa bonne foi que la faculté de le faire repentir de ses infidelités sil osoit en commettre, c'est donc de notre maniere dêtre que nous devons emprunter notre sureté bien plus que de quelques vaines assurances; celles ci seroient infiniment plus frivoles encore si des evenemens probables, renversant le Ministere Bq̃ue actuel, portoient a sa place le lord Chatham ou les membres du parti qui lui adhere.

J'expose confidement nos doutes a V. E. non dans la vue de nous refusér a secondér la demarche que le Roi Cq̃ue nous propose, mais pour meclairér personnellement dans une discussion où V. E. voudra bien maidér de ses lumieres. Le Roi a tant de confiance dans celles du Roi son oncle, dans sa prevoyance et dans son experience, que S. M. nhesitera jamais a se joindre a lui autant par le sentiment de cette meme confiance que par le devoir de lalliance; mais considerés je vous prie M. la position presente; l'Ang[re], embarassée dans des demeslés avec lAmerique, a besoin que nous la rassurions. Voions la venir; cela me semble sans inconvenient. Si nous la recherchons elle exigera certainement quelque demonstration de reciprocité, elle pourra faire quelques ouvertures relativement a vos armemens qui pourroient ne pas convenir au Roi Cq̃ue et que donnera telle en échange. La promesse que les forces qu'elle a en Amerique ne seront employees qu'a lobjet pour lequel elles y ont ete envoyées et quelles en seront rapellées des quelles cesseront d'y etre utiles, mais le pretexte d'affermir une autorité ebranlée et chancellante ne sera til pas suffisant pour y perpetuér leur sejour jusqu'a ce qu'il convienne de leurs donnér une autre destination?

Suivant ma façon de penser, l'etat ou le Roi C$\widetilde{\text{que}}$ vient de se mettre me semble un garant bien plus assuré de la paix que toutes les assurances que le Roi d'Ang^{re} pourroit nous donnér eussent elles meme la sanction de son parlement.

Je prie V. E. de vouloir bien me faire connoitre ingenument ce quelle pense de ces observations que je soumets a son jugement.

J'ai l'h^{r} d'être avec un très parfait att...........................

Espagne, t. 576, n° 20. (Minute de M. de Vergennes.)

Cette lettre déchirait le voile derrière lequel les deux cours s'étaient caché jusqu'alors l'une à l'autre l'opinion qu'elles devaient avoir de l'Angleterre et les prévisions que cette opinion leur commandait. Elle faisait effectuer par là un grand pas à l'union. Le comte d'Aranda, convaincu aussitôt, avait retenu les instructions proposées pour d'Escarano, jusqu'à réception d'autres ordres de sa cour, à laquelle il envoyait le pli de M. de Vergennes[1]. Le ministre sut bientôt par son ambassadeur qu'il n'avait pas moins conquis à ses vues le roi et M. de Grimaldi que leur représentant à Versailles. Ossun leur avait communiqué cette pensée de son gouvernement, que l'Angleterre, si inquiète fût-elle des préparatifs maritimes de l'Espagne, avait trop de motifs de ne pas questionner cette puissance en ce moment. Il put écrire dès le 25 à son ministre :

M. le marquis de Grimaldi, Monsieur, a trouvé vos observations fort justes; il m'a parlé ensuite avec beaucoup d'éloge et d'approbation d'un mémoire que

---

[1] Il en informe celui-ci le 10 mai : « Les « observations que V. Ex^{ce} me communique « avoir été faites par S. M. T. C., d'après la « dépêche de M. le marquis de Grimaldi, que « je remis en original a V. Ex^{ce}, m'ont paru si « justes et si bien fondées que j'ai pris le parti « de retenir cette dépêche, jusqu'à ce que le « Roy mon maitre soit instruit de la façon de « penser du Roy T. C. et de son Ministère. « Dans cette intention, j'enverrai à ma Cour « par la premiere poste la reponse de V. Ex^{ce}. » (*Espagne*, t. 576, n° 21.)

L'UNION AVEC L'ESPAGNE.

vous lui avés fait parvenir en dernier lieu par M. le comte d'Aranda, dont un des objets est de faire connoitre qu'il ne convient pas que la France et l'Espagne demandent à l'Angleterre pourquoi elle prépare des armemens considerables; M. le marquis de Grimaldi m'a dit en propres termes qu'il etoit enchanté de ce mémoire, des principes et des vües que vous y developiés, et qu'il vouloit me le faire lire; mais qu'il étoit bien desirable que la France put mettre sa marine en bon état; que le seul moyen de conserver la paix et de se faire considerer au dehors étoit d'établir par les faits une opinion avantageuse sur sa situation et sur ses forces; il a ajouté qu'il étoit dans l'intention de proposer et de faire agréer à Sa Majesté Catholique qu'il y eut toujours a l'avenir douze vaisseaux de ligne armés à demi-équipage dans les ports d'Espagne prêts a mettre à la voile, en prenant des vivres et une augmentation de matelots, et cela à l'imitation des Anglois.

Espagne, t. 576, n° 52.

M. de Vergennes trouva l'occasion de prendre acte de cette opinion de M. de Grimaldi; quoique ce fût plusieurs semaines après, il s'empressa de la saisir et de dire à Ossun :

Le Roi a apris avec beaucoup de satisfaction, M., que le Roi son oncle a adopté sa facon de penser relativement à la demande que ce P^{ce} avoit l'intention de faire a la cour de Londres sur lobjet de ses armemens, S. M. persiste a croire que cette démarche eut tout au moins ete inutile, au lieu qu'en nous renfermant dans le silence, nous demeurons les maitres de notre conduite, et rien ne nous empêchera de la diriger selon les circonstances et les évenemens. Le projet de M. le Mis de Grimaldi d'avoir toujours dans les ports d'Espagne 12 vaisseaux à demi armés merite les plus grands éloges, et S. M. desire fortement qu'il ait son exécution. Vous pouvez assurer le Roi Catholique et son ministre que nous ferons les plus grands efforts pour imiter un aussi bel exemple, et pour concourir par là à assurer de plus en plus la paix et la tranquillité générale.

A Versailles le 20 juin 1775.

Ibid., n° 96.

Six mois avaient suffi aux deux Couronnes pour se convaincre chacune qu'elles pourraient avoir à se défendre. Leurs préoccupations à cet égard vont s'accroître tous les jours. M. de Vergennes était désormais persuadé que l'Angleterre, en poussant les choses, avec les Colonies, jusqu'à les soumettre militairement, se liait les mains, qu'à leur faire la guerre avec toutes ses suites elle se porterait à elle-même une atteinte dont la sensation irait en augmentant sans cesse et lui ôterait le loisir, comme les moyens, d'empêcher les deux pays de rétablir leurs forces et de les faire peser dans la balance. Plus les deux gouvernements seraient solidement unis et plus ils sauraient rendre cette union visible, « éclatante », mieux ils s'assureraient ce bénéfice. Le cabinet de Londres était fatalement conduit à justifier cette impression et à fournir à l'Espagne et à la France des motifs de s'appuyer l'une sur l'autre et de penser en commun. L'Espagne avait dans le roi du Maroc un voisin dont elle soupçonnait l'Angleterre de se servir pour l'inquiéter, que celle-ci voulait ménager pour le cas d'une guerre avec elle et à qui le cabinet de Londres envoyait secrètement des munitions[1]; d'autre part, Alger était un centre de piraterie dont souffrait son commerce comme celui de toute la Méditerranée. Charles III venait de réussir contre le premier, qui, après une déclaration de guerre inopinée, n'avait pu soutenir la campagne. Il dissimulait avec un soin extrême une expédition importante préparée contre le second, à la vive inquiétude de l'Angleterre, et il y attachait le prix d'un acte politique qui, en honorant son règne, serait précieux à l'amour-propre espagnol. Mais le soupçon était la vertu cardinale du gouvernement anglais; celui-ci questionnait donc avec instance sur les mouvements qu'il surprenait dans les arsenaux ou les ports[2] et laissait assez voir que les réponses ne le persuadaient pas, car à l'étonnement de Madrid, qu'il n'avait prévenu ni à Londres ni à l'Escurial, il envoyait en observation dans le golfe de Biscaye quatre vaisseaux de ligne et deux frégates, faisant ainsi supposer qu'il voulait suivre en Amérique des

---

[1] On peut voir, à cet égard, une dépêche du marquis d'Ossun à M. de Vergennes, à la date du 1ᵉʳ mai 1775. (*Espagne*, t. 576, n° 2.) — [2] *Idem*, du 25 mai, n° 52.

1775. opérations concertées avec le Portugal, peut-être défendre Lisbonne où il calculait que l'Espagne chercherait une revanche, et qu'il était complice d'une entreprise du côté de Buenos-Ayres[1]. Cette confirmation par les faits de la prévoyance de M. de Vergennes donnait à celui-ci, auprès de Charles III et de son premier ministre, une autorité que chaque jour augmentait.

L'Espagne avait hâte de voir le prince de Masserano, son ambassadeur à Londres, en état de reprendre son poste. Il relevait d'une maladie longtemps grave, qu'il avait dû faire traiter à Paris. Très apprécié à la cour d'Angleterre pour la distinction de sa personne et de son esprit, il était au nombre des Espagnols en qui la politique d'union avec la France avait des disciples convaincus; cette politique trouvait chez lui un auxiliaire sincère. M. de Vergennes souhaitait le premier de savoir le prince de Masserano à côté du représentant de la France. Dans son appréhension, on peut dire native, de quelque coup soudain des Anglais, il avait déjà écrit à Ossun : « Je regarderais « comme un véritable malheur si le Roi Catholique venait à perdre un « serviteur aussi loyal, aussi zélé et aussi intelligent, dans une cir- « constance surtout ou sa présence serait très nécessaire en Angleterre; « quelques réels que soient les embarras intérieurs de cette puis- « sance, on ne doit pas se dissimuler qu'une guerre lui a souvent fait « une ressource pour rendre le calme aux esprits[2] ». La personne de l'ambassadeur du roi de France à Londres, le comte de Guines, don-

---

[1] Dépêche du marquis d'Ossun, du 3 juillet 1775 (*Espagne*, t. 576, n° 115). Ossun, se faisant l'écho de Charles III et de son ministre, écrivait : « Il faut que les ministres An- « glois ayent bien de l'inquiétude à ce sujet, « puisqu'ils ont déterminé d'envoyer une Es- « cadre d'observation, pour suivre les mouve- « ments de la flote Espagnole; ne pourroit on « pas en inférer que l'Angleterre est informée « que les Portugais doivent former quelque « entreprise du coté de Buenos Aires ? En effet, « sans cela comment craindroit-elle que l'Es- « pagne pourra être dans le cas de chercher à « prendre sa revanche en Europe. Quoiqu'il en « soit M. le M¹⁸ de Grimaldi a paru surpris « de l'envoy d'une Escadre Angloise d'observa- « tion, et il m'a dit que le chargé des affaires « de sa Cour à Londres, et même M. le Prince « de Masseran n'avoient encore rien mandé à « cet égard. »

[2] A Versailles, le 29 septembre 1774. (*Espagne*, t. 574, n° 187.)

naît au Ministre des raisons de plus d'avoir ce sentiment à cette heure. Le prince rentra à l'ambassade le 26 mai, fut reçu par le roi le 28 et se trouva dès lors en situation d'être utile à la politique du moment. Le comte de Guines, tenu depuis deux années à Paris par des démêlés judiciaires trop retentissants avec son ancien secrétaire particulier, le sieur Tort, venait d'obtenir un arrêt favorable du Châtelet; il put faire aussi ses dispositions de départ. Il s'achemina le 6 juin vers la Tamise. Les deux cours se trouvèrent ainsi avoir auprès de celle de la Grande-Bretagne les interprètes à qui leur titre assurait l'accès et les égards qu'il fallait pour répondre à ce que chacune devait, maintenant, attendre de son représentant en Angleterre.

ANNEXES DU CHAPITRE III.

I

QUERELLE ENTRE LE PORTUGAL ET L'ESPAGNE.

1. GARNIER, CHARGÉ D'AFFAIRES, À M. LE COMTE DE VERGENNES.

A Londres, le 2 novembre 1774.

Monseigneur,

Les intentions du Roi telles que vous avez eu la bonté de me les signifier, relativement à l'affaire du Brésil, offrent deux objets à remplir : le premier consiste à découvrir le degré d'intérêt que les Anglais prennent à cette querelle et la part qu'ils pourroient y prendre en cas de besoin. Il m'est prescrit en même temps, au cas que le Ministère britannique m'entretienne de cette affaire, de lui insinuer comme de moi-même que la cour de Lisbonne met autant d'effervescence dans sa conduite à cet égard, que celle de Madrid met de modération dans la sienne, qu'en pareille circonstance il ne sauroit mieux faire pour le maintien de la paix que de porter tous ses soins à engager la première à des démarches plus mesurées et même de faire valoir son autorité auprès d'un allié qui seroit plus circonspect s'il ne croyoit pouvoir entraîner l'Angleterre dans la querelle.

Le second tend à me prêter aux ouvertures du Ministre portugais, uniquement pour les transmettre à Sa Majesté qui en fera l'usage qu'elle jugera convenable.

Je mettrai, Monseigneur, toute mon attention à suivre des instructions aussi claires et aussi sages, et je ne négligerai aucune occasion de les exécuter.

Les Anglais trop occupés de leurs propres affaires n'ont pas encore pris l'éveil sur celle du Brésil qui jusqu'à présent ne fait aucune sensation. Ils souhaitent sincèrement la continuation de la paix. Leur désir à cet égard est aussi réel que le besoin qu'ils en ont, et ce besoin est extrême. Il n'y aura donc que la nécessité la plus dure qui puisse les forcer à la guerre. Qu'on ne les mette pas dans cette nécessité, et nous pouvons répondre du rôle qu'ils joueront. Partant de ce principe que je crois, Monseigneur, être démontré par l'état des choses, il ne reste plus qu'à examiner le point où commencera pour eux l'obligation d'entrer en guerre indépendamment de toute autre considération.

Tant que la querelle des Espagnols et des Portugais ne s'étendra pas au-delà de la colonie du St Sacrement ou des limites réclamées par l'Espagne, il est tout-à-fait improbable que les Anglais prennent aucune espèce de parti dans cette affaire, si ce n'est par voie de négociation. Peu leur importe au fond que le Portugal ait un petit district de plus ou de moins, et comme ils sont bien loin de chercher des prétextes de guerre, cela se passera fort doucement.

Il n'en seroit pas de même si la querelle venoit à sortir de ces limites pour s'étendre sur la totalité du Brésil qu'on ne peut envahir sans attaquer essentiellement les intérêts de commerce de l'Angleterre. On verroit, dès lors, les négocians porter leurs plaintes au Ministère qui auroit peine à se défendre de secourir ouvertement les Portugais. L'espérance de voir les seules forces du Portugal au Brésil résister avec succès à celles des Espagnols ralentiroit sans doute les secours des Anglais. Ils attendroient du moins les premiers événements, et en prenant les choses au pis, ce ne seroit pas encore dans le cours de l'année prochaine qu'ils oseroient ouvrir la barrière.

Ce n'est cependant pas là, Monseigneur, le résumé des discours de milord Rochford. Ce Ministre me dit dans la dernière conférence, que le Brésil étoit de plus grande importance pour l'Angleterre que toutes ses possessions aux Indes, et que s'il falloit perdre les dernières pour conserver le Brésil au Portugal, elle en feroit le sacrifice; qu'il espéroit que la cour de Lisbonne ne réclameroit pas de secours des Anglais, mais que si elle le faisoit, l'Angleterre obligée par le traité de Paris de la secourir lui enverroit des vaisseaux au printemps; que de notre côté nous secourerions les Espagnols et que cela entraîneroit la guerre générale. Vous pouvez, Monseigneur, juger par ce discours décousu et qui ne porte que sur de fausses suppositions, que la cour de Londres n'a pas même encore délibéré mûrement sur cet objet. En premier lieu, le Ministre anglais ne met en question la nécessité des secours qu'en contemplation de l'envahissement du Brésil; il espère ensuite que le Portugal ne réclamera pas de secours de ses alliés; il part du traité de Paris pour reconnaître l'obligation d'en fournir au Portugal, tandis que ni le traité de Paris, ni aucun autre que je sache, n'oblige l'Angleterre à prendre parti pour le Portugal.

Si au lieu de ce discours, milord Rochford m'eut dit qu'il craignoit que la querelle entre les Espagnols et les Portugais ne s'engageât au point de mettre le Brésil en danger de tomber entre les mains des premiers, que l'intérêt le plus fort des traités faisoit à l'Angleterre une loi indispensable de s'y opposer, qu'il espéroit cependant que les alliés respectifs s'emploieroient de bonne foi et avec zèle à prévenir des démarches qui pourroient entraîner la guerre, tandis que nous souhaitons réciproquement la paix, j'aurois reconnu dans cette ouverture adaptée à la situation, l'effet d'une mure délibération. Mais que puis-je conclure des propos égarés de milord Rochford et de ses paroles sonnantes, sinon qu'il n'y a encore aucun système d'établi à cet égard dans le conseil de Londres et que nous ferons plus sûrement de nous attacher à ce qui dérive de la nature des choses sur lesquelles ils seront obligés par la suite de régler leur conduite.

Je n'en serai, Monseigneur, pas moins attentif à recueillir tout ce qui émanera de la bouche des ministres sur cette affaire délicate et surtout de celle de milord Suffolk qui commence à se rétablir de l'attaque de goutte qui nous prive de ses entretiens depuis plus de six semaines. Quoique plus réservé et moins ouvert que son collègue, ce qu'il dit est lumineux, et on peut y ajouter plus de foi. Je ne négligerai pas les occasions de leur faire sentir qu'ils ne sauroient trop convaincre le Ministère portugais que l'Angleterre ne se laissera pas entraîner par une querelle aussi peu importante, et qu'il feroit plus sagement de mettre plus de modération dans la poursuite de ses prétentions, quelles qu'elles puissent être.

Angleterre, t 507, n° 51.

II

SUR LE MINISTÈRE ANGLAIS, LORD CHATHAM ET LES ÉVÉNEMENTS DE L'AMÉRIQUE.

1. LE COMTE DE VERGENNES À GARNIER.

A Versailles, le 26 décembre 1774.

..... Il paroit que la conduite des Américains a fait baisser le ton de la plupart de ceux qui parloient si hardiment de les réduire à l'obéissance par les armes. On tient aujourd'hui un langage moins hostile et plus expressif du désir salutaire d'une prompte conciliation. Les amis de milord Chatham disent qu'il a un plan prêt pour tout rétablir sur un pied convenable aux deux partis, et par lequel la dignité de l'Angleterre ne serait nullement blessée; c'est l'objet qu'il se flatte de pouvoir remplir dès que Sa Majesté Britannique jugera à-propos de l'appeler à la direction d'un aussi grand ouvrage, ce qui n'arrivera probablement pas aussitôt qu'il l'espère. La vérité est que milord Chatham, le seul pour ainsi dire qui se soit déclaré en plein Parlement contre le droit de taxer les Colonies, est parfaitement bien instruit de ce qui s'y passe et que l'état des choses semble favoriser les projets de son ambition. Les démarches qui se préparent ici ne pourront que aider à les mener à maturité. Les anglicans américains doivent s'assembler incessamment tant à Londres qu'à Norwich, Liverpool et Bristol pour arrêter des pétitions au Parlement sur la conséquence des dissensions actuelles et la nécessité d'y apporter un prompt remède; il est à ma connaissance que des vaisseaux, en chargement dans divers ports pour le continent de l'Amérique, ont débarqué leurs marchandises et qu'aucun capitaine voudroit se charger seulement d'une pièce de soie qu'on enverroit en présent de ce pays-ci. En pareille circonstance parler d'ôter le commerce aux Américains, c'est les menacer de faire ce qu'ils ont arrêté eux-mêmes. Cependant le Ministère se trouve pressé entre les actes du Parlement qu'il ne peut mettre à exécution et ceux du congrès qui s'exécutent et dont il n'avoit prévu ni la force ni l'unanimité.

Je fais, en mon particulier, des vœux très-sincères pour qu'il sorte heureusement d'un défilé aussi étroit, car bien que les amis de milord Chatham affectent de parler de son attachement pour la paix, et du sentiment profond qu'il a et qu'il devroit en effet avoir de la nécessité de la maintenir, autant vaut que le soin de sa conservation soit en d'autres mains que les siennes. Il est vrai que son entrée dans l'administration n'effaceroit ni les dettes énormes qu'il a accumulées lui-même sur cette nation, ni la multiplicité des obstacles qui la mettent, aux yeux de tout homme sage, hors d'état de soutenir une guerre qui ne pourroit que devenir plus ou moins funeste sous peu d'années. Si, de l'examen de la situation intérieure de l'Angleterre, il jette un coup d'œil au dehors de Buenos-ayres à la Nouvelle-Orléans, de Dunkerque à Antibes, à l'exception du Portugal dont la défense n'est qu'un inconvénient de plus pour ce pays-ci, il ne voit que des ennemis; en France, un prince qui ne gouverne que par la justice, qui ne règne que pour le bien et dès lors le plus puissant souverain de la terre, une administration dont toute l'Europe parle avec respect; en voilà bien assez pour en imposer au Ministère le plus audacieux. Toutefois l'expérience que nous avons de son caractère entreprenant et ennemi du repos ne pourroit nous dispenser de redoubler de vigilance et la prudence exigeroit que nos soupçons précédassent ses actions plutôt que de les suivre. Si l'espoir de regagner son crédit au-dedans le déterminoit à tenter de nouveaux succès au-dehors, son génie violent, irrité de l'état des choses, n'hésiteroit pas à sacrifier tous les droits pour acquérir celui du plus fort. Nous ne sommes pas aujourd'hui à cette peine et nous avons dans la ferme résolution où est Sa Majesté Britannique, de ne retomber que le plus tard que faire se pourra sous la discrétion d'un ministre aussi impérieux, un sûr garant de ne pas le voir au timon des affaires, du moins, d'ici à quelque temps. C'est en vain, à mon avis, qu'on diroit que le roi d'Angleterre feroit mieux de l'attirer dès à présent, s'il prévoyait qu'il faille en venir à une extrémité, car d'après la connaissance de l'antipathie de ce prince pour cet ex-ministre, tout retour vers lui ne peut être attribué qu'à la raison de nécessité ; on allègue aussi contre lui l'éloignement de tous les partis auxquels il s'est rendu odieux par son caractère incompatible ; mais je ne pense pas que cette raison fût un obstacle auprès de Sa Majesté Britannique puisque elle lui assureroit un moyen de s'en defaire plus aisément quand le temps en seroit venu. Je joins ici, Monsieur, l'extrait d'un discours que je lui ai entendu prononcer il y a quelques années à la Chambre des Pairs et qui dans la circonstance me paraît digne d'être mis sous vos yeux ; vous jugerez si le roi d'Angleterre peut aisément oublier les termes, quoique indirects, dans lesquels milord Chatham en a parlé. Je n'ai plus qu'une réfléxion à présenter ; milord Chatham a un fils dans un des régiments employés en Amérique ; s'il s'y commettoit, — si le malheur vouloit que ce fils en fut la victime, quel rôle joueroit cet homme en venant au parlement demander raison du sang de son fils versé par ses compatriotes?

Angleterre, t. 507, n° 147.

2. GARNIER AU COMTE DE VERGENNES.

A Londres le 27 janvier 1775.

Monseigneur,

Le sort en est jetté. Le Gouvernement paroit déterminé à avoir raison des Américains. Outre les troupes de marine dont on a résolu l'envoi, ainsi que j'ai eu l'honneur de vous en donner avis, on envoya ordre mercredi dernier au vice-roi d'Irlande de tout disposer pour l'embarquement de trois régiments d'infanterie et d'un régiment de chevaux-légers. Chaque régiment d'infanterie consiste en un bataillon de 477 hommes ; le régiment de chevaux-légers, sur l'établissement d'Irlande, est composé de six compagnies et ne consiste actuellement qu'en 179 dragons. Mais on y fait une augmentation de 18 hommes par compagnie dont la moitié sera recrutée en Irlande et l'autre détachée des chevaux-légers d'Elliot et de Burgoyne, sur l'établissement de la Grande-Bretagne. Ces derniers faisant seulement 54 hommes, s'embarqueront sans leurs chevaux. Comme ils sont tous gens formés en bons cavaliers, on a jugé qu'ils pourroient aisément s'accommoder des chevaux qu'ils trouveront en Amérique. Ce renfort, en y incluant les soldats de marine, est de 2,418 hommes, et le Gouvernement fait état que le général Gage aura aux environs de 9,000 hommes à ses ordres. On doit lui envoyer en même temps un détachement additionnel d'artillerie. Les ministres mettent le plus grand éclat aux préparatifs de cet envoi, qui ne doit avoir lieu, quant aux troupes d'Irlande, que dans le mois de mars ou d'avril. Ils en parlent d'une manière triomphante, et à l'affectation qu'ils y mettent, on seroit presque tenté de croire que tout ce vain appareil n'est que pour la montre. Milord Rochford, en m'en parlant hier, eut la bonté de m'expliquer positivement que l'intention étoit moins d'agir hostilement contre les Américains, que d'encourager dans les Colonies les amis du Gouvernement qui n'avoient pas osé se déclarer faute de forces suffisantes pour les protéger. Si cependant ces troupes ne doivent servir que de sauvegarde aux gens bien intentionnés, en les repartissant dans les diverses colonies, elles courent risque de se trouver faibles partout.

De leur côté, les amis des Américains disent que voilà bien du bruit et bien de la dépense pour protéger 40 ou 50 personnes. Milord Chatham à leur tête prétend que peu importe ce que les ministres actuels pensent, ce qu'ils disent ou ce qu'ils font, qu'ils n'y peuvent plus rien, et toujours qu'ils sont échec et mat, quoique milord Rocheford lui ait déclaré à la Chambre qu'il seroit personnellement et conjointement avec les Américains responsables des conséquences fâcheuses que pourroit avoir l'affaire. Ce ministre m'a prévenu qu'il écriroit aujourd'hui à milord Stormont pour le charger de vous communiquer le parti qu'a pris le Gouvernement d'arrêter absolument le commerce des Américains, attendu qu'ils n'en veulent plus faire que par contrebande à laquelle on se propose de veiller plus attentivement que par le passé, et que tous les vaisseaux étrangers ou nationaux qui seront trouvés chargés de munitions de guerre pour les Américains ou faisant le commerce des Colonies anglaises du continent seront également saisis. J'ai lieu de croire, Monseigneur, que l'ambassadeur d'Angleterre ne vous en touchera qu'un mot et avec beaucoup de ménagement. J'ai répondu à milord Rochford que la cour de Londres pouvoit compter de notre part sur l'observation exacte des traités, et qu'en fait de justice, le Roi la suivant aussi fidèlement à l'égard de ses voisins qu'il l'attend de leur part, Sa Majesté en joindra toujours le précepte à l'exemple. Milord Rochford m'a dit aussi qu'on n'avoit nul dessein de taxer les Américains et qu'on se contenteroit des secours qu'ils pourroient au besoin donner au Gouvernement par des impôts dont ils fixeroient eux-mêmes et la nature et la répartition. Vous voyez, Monseigneur, que ces idées sont assez d'accord avec celles dont j'ai eu l'honneur de vous informer précédemment. Tout cet étalage se réduit donc jusqu'à présent à deux points, savoir : interruption de commerce avec l'Amérique et protection efficace aux partisans des mesures du Gouvernement. Le premier, si on pouvoit l'exécuter sur une côte de plus de 500 lieues, feroit la ruine de l'Angleterre et la richesse des Colonies du continent en les forçant à établir chez eux les articles de première utilité dont ils manquent et en les accoutumant à se passer des marchandises de luxe. On doit s'attendre en même temps que les manufacturiers anglais, du moment qu'ils cesseront d'être employés, iront d'eux-mêmes en Amérique y porter leurs bras et leur industrie. Le second point, qui a pour objet de créer et de faire éclater la division parmi les Colonies en favorisant le parti le plus faible, ne produira pas l'effet qu'on espère, du moins s'il en faut croire les gens les mieux instruits. Ils sont intimement persuadés que l'union des Colonies ne fera que se fortifier par toute mesure violente du Gouvernement, et qu'il faudra de toute nécessité révoquer les actes, ou perdre à jamais l'Amérique anglaise, perte qui entraîneroit en peu de temps celle de ce pays-ci.

Angleterre, t. 508, n° 61.

III

LE COMTE D'ARANDA.

1. LE COMTE DE VERGENNES À OSSUN.

A Versailles le 6 x^{bre} 1774.

Nous avons eu le 2 de ce mois une conférence avec M. le Cte d'Aranda au sujet des limites de St Domingue, le 9 nous en aurons une seconde, si elle doit être du ton de la première, très certainement nous ne terminerons pas, mais ce sera un miracle si nous ne nous brouillons pas; j'ai connu bien des hommes d'un caractère très difficile, j'ai manié dans ma vie plusieurs affaires épineuses, j'ai négocié avec les Turcs, c'est tout dire, mais je n'ai rien vu de pareil à cet ambassadeur. Gardés cette circonstance pour vous seul je vous prie, j'espère que le phlegme et la patience ne nous manqueront pas, et peut être lorsque M. d'Aranda aura bien jetté son feu il se montrera plus traitable. Le propre de la vivacité est de s'afoiblir par sa propre action.

Espagne, t. 574, n° 202.

ANNEXES DU CHAPITRE III.

2. OSSUN AU COMTE DE VERGENNES.

A Versailles le 1ᵉʳ may 1775.

Ce Ministre [le marquis de Grimaldi], Monsieur, m'a demande l'explication d'une expression dont vous vous étiez servie vis à vis de M. d'Aranda à l'occasion de la réponse sur l'affaire de Marseille. Le sens de votre discours a été, selon lui, qu'il paroissoit que ce n'étoit pas des vins de Catalogne dont il s'agit; mais des eaux-de-vie; j'ai repondu avec franchise à M. de Grimaldi qu'aparement vous aviez voulu faire entendre que les réponses de la cour d'Espagne avoient quelquefois une expression de secheresse qui aprochoient beaucoup de la dureté mais que je pouvois l'assûrer que vous etiez bien eloigné de lui attribuer cette conduite et que vous pourriez tout au plus croire qu'elle viendroit des Sécretaireries; M. de Grimaldi m'a repondu que si ces observations étoient fondées, ce qu'il ne croïoit pas, c'étoit bien contre ses intentions et qu'il étoit pret à se condamner.

Espagne, t. 576, n° 2.

3. LE COMTE DE VERGENNES À OSSUN.

A Versailles le 16 may 1775.

Vous n'aves pas repondu avec moins de justesse a l'explication qu'il vous a demandée touchant un propos que j'aurois tenu a M. d'Aranda, ou je faisois allusion aux eaux de vie d'Espagne. Vous connoisses cet ambassadeur et la chaleur de son caractere, mais peut etre naves vous jamais eprouvé combien il est dur et quelques fois meme desobligeant en affaires quoi que dans le fond il soit assez bon homme. Souvent j'ai dû temperer ses ardeurs bouillantes, et je le fais volontiers en peu de mots. Voici lintelligence dun propos qui netoit pas destiné pour Madrid. Dans le cours de nos discussions au sujet de Marseille, M. d'Aranda arrive chez moi, et d'un air moitié plaisant moitié faché me dit sans preparation quelconque je crois que nous nous enivrons de vin de Marseille, je lui repartis en riant, je craindrois plus tot que ce ne fut d'eau de vie d'Espagne, ce mot qui portoit sur sa secheresse et sur le montant de son caractère l'attèra, il ne trouva rien a me repliquer et il se retira apres quelques instans dune conversation indifférente. Il faut quil ait bien senti la pointe et quil en ait ete vivement piqué pour en avoir ecrit a sa Cour, jespère que celle ci ne me blamera pas, vous pouves meme si vous le voules communiquer confidentiellement cet article a M. de Grimaldi, mais assures le en meme tems que quoique je sois fort vif je suis cependant assez maitre de moi meme pour repondre que je ne me brouillerai point avec l'ambassadeur parce qu'il nest pas dans mon caractere de dire des choses personnellement desobligeantes.

Espagne, t. 577, n° 38.

CHAPITRE IV.

LE CABINET DE VERSAILLES VIS-À-VIS DE L'ANGLETERRE.

Langage rassurant qu'on faisait tenir à Londres par notre ambassade. — Garnier, chargé d'affaires. — Souhaits pour le ministère contre l'opposition. — Craintes que l'on avait de voir revenir lord Chatham. — La réciprocité des procédés. — Indifférence apparente pour les affaires des Colonies. — La question du Portugal et de l'Espagne. — L'ambassadeur comte de Guines. — Sentiments et craintes des ministres anglais; leur erreur au sujet de l'Amérique. — Nouvelles inquiétudes sur la rentrée de Chatham. — M. de Vergennes s'applique à rassurer l'Angleterre et à la fois à se garder. — Soins qu'il met à diriger le comte de Guines. — Comment il élève le ton à mesure que les affaires se compliquent. — Le Gouvernement sera amical et sincère si l'Angleterre l'est de son côté. — Concessions au sujet de Dunkerque. — Nouvelles appréhensions d'une agression soudaine. — Passage du duc de Gloucester en France; son dîner à Metz chez le comte de Broglie; le jeune marquis de la Fayette.

On tenait à notre ambassade à Londres, et l'on faisait tenir par elle au gouvernement du roi George, un autre langage qu'à l'Espagne. A ce gouvernement on prenait soin de laisser concevoir beaucoup d'assurances, espérant par là nous créer une situation morale qui l'obligeât à tenir plus de compte de nous, s'il n'en résultait pas de meilleures suites. L'intérimaire qui représentait la France auprès de lui avait les qualités que ce but exigeait. Chargé d'affaires depuis le mois d'août 1773 en l'absence du titulaire, M. Garnier s'était fait estimer au *Foreign office* autant qu'à Versailles par une grande convenance et un jugement très droit. Il datait de M. du Châtelet, c'est-à-dire du temps où la correspondance de Choiseul sur l'Amérique durait encore; les évènements de ce pays ne le trouvaient donc pas nouveau. M. de Vergennes, au reste, n'appelait alors le chargé d'affaires qu'à l'instruire des faits. Il ne lui parlait ou ne le faisait entretenir qu'à titre secondaire des affaires des Colonies et de leur cours, tandis qu'il communiquait à Madrid la pensée de les surveiller ensemble. Le 3 janvier 1775, le cabinet du ministre écrivait à Londres, comme une observation pure et simple :

> La vigueur que les Colonies manifestent a dû surprendre le Ministère anglais, et déconcerter ses mesures, car il est vraisemblable qu'il ne s'attendait pas à la résistance qu'il éprouve, et encore moins à la voir aussi unanime.
>
> *Angleterre*, t. 508, n° 1.

Dans une dépêche suivante, du 15, on raisonnait avec lui, comme on l'avait fait jusque-là, uniquement sur la crainte qu'on avait de lord Chatham et sur l'espoir que l'on caressait de voir le roi faire des concessions à la révolte afin de ne pas reprendre ce ministre :

> Il paroit M. que les affaires de l'Amérique ne font qu'empirer et qu'augmenter les embarras du ministère Britannique; il faut avouer qu'elles sont telles qu'il est difficile d'en prevoir ni la fin ni les effets, et si elles ne se civilisent pas bientôt, il y a bien de l'apparence que ceux d'entre les ministres qui les dirigent, n'en seront les premières victimes. Nous le desirons d'autant moins que leurs successeurs suivroient difficilement les principes de paix et de justice que nous éprouvons maintenant de la part de la cour de Londres; nous craindrions surtout le retour de M^d Chatham qui, sans doute, quoique en disent ses partisans, ne suivroit de nouveau que les mouvements de son effervescence et de sa haine contre nous. Heureusement S. M. B. a les raisons les plus graves pour ne pas rendre sa confiance à cet ancien ministre; pourvû que les circonstances et ses ennemis laissent les mains libres à ce prince, et qu'il demeure le maître d'amalgamer les différents partis sans en laisser prédominer aucun.
>
> Au reste, M., les délibérations des négociants anglais et les plaintes des fabriquants et des ouvriers offrent un vaste champ aux declamations du parti de l'opposition; et il est d'autant plus permis de supposer qu'elles frapperont les deux Chambres du Parlement, que le commerce avec les Colonies est la source la plus abondante et la plus sûre du bénéfice mercantile de la metropole; et que, si elle devoit se tarir, l'effet en seroit terrible et ne seroit

susceptible d'aucun remède. Cette considération doit influer essentiellement sur les déterminations ultérieures de la cour de Londres; et, nous ne serions pas étonnés qu'elle la portât à faire quelque sacrifice pour ramener les Colonies à l'obéissance par les voyes de la douceur. Il est possible que ce soit dans cette vüe que le roi d'Ang^{re} ait jugé devoir accepter la petition du congrès général de Philadelphie; cependant, il paroit plus vraisemblable que la condescendance de ce P^{ce} dans cette occurence n'a été quune suite du parti quil a pris relativement aux affaires des Colonies de tout communiquer au Parlement, et de n'agir que d'après ses résolutions, afin de n'être pas personnellement responsables des événements.

Angleterre, t. 508, n° 22.

Cette perspective du retour de Chatham tire un peu Garnier de son optimisme. Celui-ci voit des raisons bien fortes, pour le cabinet britannique, de tenir à paraître aux Américains en très bons termes avec nous; il présume en trouver la preuve dans des promesses qui lui sont faites d'enjoindre aux officiers de la marine anglaise le respect de nos navires de commerce; mais il ne contribue pas peu à inspirer à Versailles l'appréhension d'un changement de politique. Sa dépêche du 20 février résume tout ce qu'on imaginait alors au sujet de la rentrée possible de l'intraitable ministre :

Sùrs des dispositions du Ministère et que ses intérêts au maintien de la paix sont parfaitement analogues à ceux de l'Angleterre, il nous reste à considérer quel peut être l'effet de ses mesures internes. Si elles n'ont pas le succès le plus complet, la chute de l'administration en sera la suite immédiate, et le Roi sera forcé de céder aux circonstances, recevra milord Chatham à la tête des affaires. Il y viendra avec un pouvoir absolu. Son nom, le seul encore populaire en Amérique, reconciliera tout pour le moment et la révolte des Colonies, précédente à son administration, ne pouvant par conséquent la flétrir, sera facilement pardonnée. D'autres projets se présenteront à son génie pour faire diversion aux querelles intestines, réunir les passions divisées et effacer les insultes passées par des services à venir. Il trouvera dans les Colonies les milices sur pied, dix mille hommes de troupes réglées, nombre de vaisseaux sans emploi prêts à servir de transports, et une flotte considérable par le nombre de petits bâtiments les plus propres à faire des prises; en Europe, une marine dans le meilleur état, 17 vaisseaux de garde et environ 8,000 matelots employés. C'est une épée nue entre les mains d'un furieux. Nous ne pouvons du moins nous dissimuler que ce sont de puissants motifs pour réveiller l'ambition d'un homme disposé à tout sacrifier à la gloire du moment, et si nous considérons où ses premiers coups peuvent tomber, nous y verrons un champ ouvert à de vastes déprédations. Nos pêcheurs, l'élite de nos matelots, rassemblés à Terre-Neuve, en but à une escadre anglaise, et sans autre sauvegarde que la bonne foi de cette nation, le commerce de nos Colonies en proie aux vaisseaux de la Grande-Bretagne sont des objets bien dignes de l'attention du Roi et de son Conseil.

La politique qu'a l'Angleterre de tenir constamment des escadres en croisières dans toutes les mers où elle a des possessions, si elle n'est pas balancée par des mesures équivalentes, lui offre du premier abord des avantages sur nous bien capables d'ébranler les principes fragiles de sa justice et surtout ceux d'un Ministre plus connu par la témérité de ses entreprises que par les calculs d'une sage prévoyance. Il ne verroit pas sans impatience que tout est prêt pour commencer, et qu'il suffit de trois esquifs pour s'assurer la prise de 15,000 matelots et de 500 vaisseaux, même d'une colonie florissante; car quelle est celle qui dans l'état des choses pourroit résister aux forces qui se trouveront rassemblées en Amérique l'été prochain? Si à cette époque, les rênes du Gouvernement tombent entre les mains de lord Chatham, et qu'au bout de six semaines, à dater de son administration, les troupes dont il a lui-même proposé le rappel au Parlement, bien assuré sans doute qu'on ne suivroit point ses avis, n'aient pas ordre de revenir, cette circonstance seule, selon mes faibles lumières, me paraîtroit suffisante pour pourvoir dès lors à notre défense par les précautions les plus sages et les plus vigoureuses.

Quelque improbable que soit heureusement cette spéculation, je crois, Monseigneur, devoir soumettre à vos lumières tout ce qui me paroit possible dans l'état violent où va se trouver l'Angleterre, à la veille d'une secousse qui peut produire des circonstances aussi incalculables qu'inattendues. Rien ne seroit sans doute plus contraire aux intérêts et aux vœux de l'Angleterre en général, que d'entrer en guerre avec nous, même en débutant par de grands avantages. Mais les motifs personnels prévalent trop souvent sur l'intérêt des nations et la ruine de cette puissance ne nous dédommageroit pas des pertes inséparables de la guerre qu'il faudroit supporter pour la causer.

Angleterre, t. 508, n° 129.

C'étaient là des considérations très substantielles. Elles font juger aujourd'hui encore Garnier comme un intérimaire parfaitement digne d'un titre plus élevé. Elles trouvent le cabinet de Versailles d'autant mieux disposé en faveur de celui de Londres. M. de Vergennes ajoute de sa main à une minute écrite en réponse par Gérard, le 15 mars, le détail caractéristique qui suit :

> Le lord Stormond, ayant dû partir cette nuit pour l'Ang^{re} ou il va par congé, je lui ai renouvelle de la maniere la plus positive lintention sinsere et constante du Roi de maintenir la paix, lamitié et le bon voisinage avec Sa M. B$\widetilde{que}$ et de contribuér de tout son pouvoir a perpetuer la bonne intelligence qui subsiste entre leurs Etats. J'ai assuré cet ambass^r que nous ne voulions en aucune maniere profiter de leurs embarras pour les inquieter, mais je l'ai prevenu que nous avions droit d'attendre deux quils iroient au devant de tout ce qui pourroit donner lieu à des difficultes quil est toujours plus agréable et plus aisé de prevenir que d'assoupir.

Ibid., t. 509, n° 38.

Du reste le cabinet anglais faisait parfois profession tout haut de bon témoignage à notre égard. Lord North, peu après, trouva l'occasion de le montrer, à une séance du Parlement, et la saisit. Garnier en parle ainsi dans un rapport du 5 mai :

> Comme plusieurs membres affectoient de jetter des soupçons sur une prétendue intention des puissances voisines de profiter de l'état précaire où se trouve l'Angleterre pour lui faire la guerre, milord North, sans parler de l'Espagne, affirma dans les termes les plus forts que la France n'a nulle intention, ni nul intérêt de faire la guerre à l'Angleterre. Il convint que cette puissance n'est pas à mépriser, et qu'une grande nation comme la nôtre,

1775. féconde en richesses de tout genre, et en ressources immenses en hommes et en argent, mérite toute l'attention de l'Angleterre. Cet éloge donna lieu à quelques sarcasmes du gouverneur Johnstone qui compara ce qu'il appelloit des louanges pompeuses au langage un peu différent que tint le Ministre l'année dernière en pareille occasion, époque à laquelle il se permit de traiter la noblesse Française d'orgueilleux mendiants, de représenter son trésor dans un état d'insolvabilité et tout le pays dans une extrême misère.

Angleterre, t. 510, n° 9.

Il faut remarquer la stipulation d'une réciprocité positive, dans la dépêche précédente de M. de Vergennes. Il s'en fera de plus en plus une arme. Il veut qu'on nous donne au moins, à Londres, des motifs d'avoir confiance. On le verra insister avec force pour que les affaires soient traitées entre les deux cours sur le pied de la déférence due à qui ne demande qu'à croire à la sincérité dont l'Angleterre prétend se parer. Dans le moment où lord Stormont prenait son congé, Garnier venait d'obtenir une apparence de succès au sujet de la pêche de Terre-Neuve. Les Affaires étrangères s'en félicitent comme d'un bon augure (26 mars), et elles l'en complimentent :

Le Roi a vu avec plaisir, Monsieur, la suppression de la clause relative à notre droit de pêche sur les côtes de Terre-Neuve insérée dans le bill qui restreint la pêche des habitants de la Nouvelle-Angleterre et Sa Majesté a d'autant plus approuvé les moyens indirects que vous avez employés pour obtenir cette suppression que la matière n'étoit susceptible d'aucune démarche ministérielle de notre part. La condescendance que les ministres anglais ont marquée dans cette occasion est une nouvelle preuve de la sincérité de leurs sentiments pacifiques, et de leur désir d'écarter tout ce qui pourroit donner lieu à la moindre discussion entre les deux Cours; aussi ne nous reste-t-il pas le moindre doute à cet égard; et nous sommes persuadés de notre côté que le Ministère britannique est pleinement convaincu que nos dispositions correspondent parfaitement avec les siennes.

Cependant, la marche des faits commençait à rendre opportun d'instruire un peu l'ambassade des préoccupations qu'on avait alors jetées dans l'esprit de la cour de Madrid. La dépêche continuait ainsi :

Mais cette opinion, Monsieur, et l'espèce de sécurité qui en résulte naturellement, ne doit point diminuer notre attention à suivre les Anglais dans leurs opérations; un changement dans le Ministère entraîne communément et doit même entraîner un changement dans le système et dans les vues politiques de cette puissance; de manière qu'il seroit très imprudent de se reposer sur les principes et sur les assurances d'un Ministère dont l'existence est aussi précaire, et que le moindre évènement peut renverser. Ces considérations vous feront sentir, Monsieur, combien il est important pour le service du Roi que votre vigilance soit toujours active et que vous continuiez, comme vous avez fait jusqu'à présent, à observer et à suivre la marche de la cour de Londres, et surtout que vous nous préveniez, autant que cela sera possible, de la chute des ministres actuels dès que vous aurez sujet de la voir certaine.

A Versailles le 26 mars 1775.

Angleterre, t. 509, n° 74.

Dès la fin de l'année 1774, le ministre avait remis sur l'ancien pied les moyens d'information secrète établis sous Choiseul par M. du Châtelet. Un des commis, M. Frontier, employé alors à côté de celui qui présidait à ce service de l'ambassade, avait été pour cela renvoyé à Londres[1]. En novembre déjà, Garnier s'était assuré d'un membre

[1] Le 21 décembre, on fait écrire par Gérard à Garnier : « J'ai rendu compte au Roi, Mon-« sieur, de l'établissement que M. le comte du « Chatelet avoit formé pour avoir des avis aussi « prompts que certains des différents ports de « l'Angleterre sur les opérations secrètes et sur « les travaux de la Marine Britannique; Sa Ma-« jesté en a senti toute l'importance et toute « l'utilité, et elle est résolue non-seulement de « le conserver, mais aussi de le remettre dans « sa forme primitive. J'envoie en conséquence « à Londres le s^r Frontier qui avoit été chargé « de cette même besogne sous les ordres de « M. Franier; il continuera d'y travailler sous « les vôtres, Monsieur, et successivement sous « ceux des Ambassadeurs de Sa Majesté.

« Je n'entre pas dans les détails de l'établis-« sement dont il s'agit, parce que vous l'avez « connu et suivi depuis sa formation, et je me « borne à vous mander que vous devez le re-« mettre dans toute son activité le plus promp-« tement qu'il sera possible; vous voudrez bien « me marquer tout ce que vous aurez fait pour « cet effet, ainsi qu'un aperçu des dépenses qui

du Parlement pour avoir le compte rendu des séances, tenues dans ce temps-là très fermées aux oreilles du dehors[1]. M. de Vergennes sera là-dessus de plus en plus large. Actuellement, néanmoins, il ne sort guère, avec son représentant, d'une indifférence apparente pour les affaires des Colonies. Le 12 mai encore, trois jours après sa lettre au comte d'Aranda, sur la vigilance que l'Angleterre devait inspirer aux deux cours, il répond à Garnier :

> Il est bien difficile M. dasseoir un jugement certain sur l'issue que pourront prendre les affaires de lAmerique septentrionale, pour moi javoue que jai peine a croire que le ministere Bque sy soit engagé autant quil la fait sans avoir plus que des probabilités quil y a un parti nombreux et puissant prêt a se declarér en sa faveur du moment quil pourra le faire sans trop se risquér ; n'anticipons pas sur les evenemens et contentons nous de les aprendre lorsquils arriveront.
>
> *Angleterre*, t. 510, n° 22.

Un mois plus tard, le 5 juin, le comte de Guines devant enfin retourner à son poste, le ministre fait mettre par écrit pour lui des instructions qui passent absolument sous silence les évènements de l'autre côté de l'Atlantique. « Les seules affaires que nous ayons en ce « moment avec la cour de Londres, y est-il dit, sont : 1° la pêche de « Terre-Neuve ; 2° la demande que la compagnie des Indes forme à la « charge de celle de la France ; 3° la réparation des quais de Dun-« kerque, » et l'on indique à l'ambassadeur, de cette façon formelle, l'esprit dans lequel il devra suivre ces affaires :

> On n'a que faire de lui observer que la manière de les traiter doit être analogue à l'esprit de justice qui dirige toutes les démarches et toutes les résolutions de S. M. ainsi qu'à la bonne harmonie et à la confiance qui règne

« en résulteront annuellement. Je n'ai que faire, « je pense, de vous recommander une juste « économie. » (*Angleterre*, t. 507, n° 139 *bis*.)

[1] Rapport de Garnier du 19 novembre 1774.

(*Angleterre*, t. 507, n° 84.) Certains de ces comptes rendus ne sont pas sans intérêt en eux-mêmes, et l'histoire de la politique parlementaire peut en tirer des leçons instructives.

entre les deux Cours et aux sentiments pacifiques qui les animent réciproquement. C'est à maintenir cet heureux état de choses que s'occupe principalement la politique de S. M. et le comte de Guines doit le prendre pour point de direction dans toute sa conduite et dans toutes ses démarches.

Angleterre, t. 510, n°s 95 et 97.

Il est bien exact que l'on n'avait pas d'affaires proprement dites avec le gouvernement anglais, en dehors de celles qui provenaient de ces trois sources, et que les choses d'Amérique devaient alors rester pour l'ambassade de purs accidents. Toutefois on était continuellement occupé de la question du Portugal et de l'Espagne. M. de Vergennes avait mis de l'empressement à faire offrir la médiation de la France. Il voyait bien que l'Angleterre serait forcément au jeu pour beaucoup et trouvait là une précieuse occasion à saisir de faire reconnaître que la France comptait dorénavant en Europe, et de rapprocher le Portugal de nous en lui rendant un service. Mais d'une part on ne voulait pas de médiation, de l'autre la duplicité de M. de Pombal était pleine de ressources et le cabinet de Londres déployait beaucoup d'art pour tenir tout en suspens. De là des négociations inextricables, un jour paraissant aboutir, le lendemain embrouillées de nouveau et qu'il ne fallait pas moins suivre. Dès le premier moment où il avait parlé de cette question, en 1774, le cabinet de Londres, par l'organe de lord Stormont, avait indiqué la part qu'il y pourrait prendre, en précisant la nature d'intérêt qu'il y portait. M. de Vergennes en avait aussitôt fait prévenir Madrid. Le 1er octobre, il avait mandé au marquis d'Ossun, dans une des dépêches que nous avons déjà citées :

Je ne veux pas M. vous laisser ignorér le discours que l'ambassad^r d'Ang^{re} m'a tenu dans notre derniere conference.

Le lord Stormont qui jusque la ne m'avoit parlé d'aucune affaire debuta par mexaltér le desir sinsere de sa Cour pour le maintien de la paix, ajoutant quil craignoit que cette disposition ne fut pas reciproque de la part de lEsp^c, et que les difficultés qui se sont elevées dans l'Amérique meridionale neussent les suites les plus graves et les plus etendues. Il etayoit sa prévoyance non seulem^t sur les grands armemens quil supose qui se font dans les ports dEsp^c, et quil dit destinés pour Buenos aires, mais encore sur les preparatifs quil pretend qui se font dans notre continent, lesquels menacent visiblement, selon lui, les frontieres du Portugal. L'ambassad^r B^{que} observoit quune querelle entre deux gouverneurs, concentrée dans les deserts de lAmerique pour des possessions indecises nétoit pas un objet qui dut allarmér la tranquilité de lEurope, mais que l'Ang^{rc} liée par les interets de son commerce comme par la foi de ses traités avec le Portugal, ne pourroit se dispenser de volér au secours de cette puissance si elle etoit attaquée en Europe, ou si l'Esp^c faisant passér en Amerique des escadres et de nombreux renforts etc. envahissoit dans cette partie du monde des établissemens dont l'Ang^{rc} a garanti la possession et la sureté aux Portugais. Le lord Stormont qui sefforcoit de me persuader que cétoit de lui mème quil me confioit ses inquietudes, et sans mission de sa Cour, finit par me demandér de vouloir bien employér nos bons offices p^r detourner Sa M^{te} C$\widetilde{que}$ de tout dessein hostile contre le Portugal.

Espagne, t. 574, n° 98.

Ces explications de lord Stormont étaient très élastiques. M. de Pombal comptait peut-être se voir appuyé par l'Angleterre jusque dans ses écarts, par antipathie pour l'Espagne et pour la France, et il était audacieux à en tirer parti; peut-être le cabinet britannique prenait-il ce ministre astucieux et tenace comme un précieux instrument pour occuper l'Espagne ou pour l'affaiblir, la tenir en échec dès qu'elle voudrait remuer et nous embarrasser avec elle dans le même filet. Rien n'est plus enchevêtré, en tout cas, plus rempli de détours et de retours, plus décevant que les négociations, les entretiens, les faits auxquels ce conflit donnait déjà lieu et donnerait lieu longtemps encore, renaissant et se compliquant, il semble, selon le besoin; suivant comme une parallèle calculée les péripéties des autres évènements d'Amérique. Garnier avait rendu compte de nombre de conversations à leur sujet lorsque l'ambassadeur vint reprendre sa charge et ce fut tout de suite une des principales occupations de celui-ci.

Il s'en fallait que nous eussions dans notre représentant à Londres un auxiliaire du poids de celui de l'Espagne. Le comte de Guines avait eu l'ambassade lors de l'exil du duc de Choiseul. La politique du duc d'Aiguillon demandait l'humilité élégante, la facilité des relations, des formes agréables que les souvenirs de la défaite ne viendraient pas altérer. Le comte de Guines offrait un trop bon exemplaire de ces avantages pour ne pas être choisi. Il allait d'autant mieux au rôle qu'il avait seulement des dehors et le verbiage diplomatique. Parfait gentilhomme de cour, d'une cour affaissée autant que légère, il ne pensait qu'au monde; il y était décrié par ses galanteries et d'autant plus recherché, y parlait beaucoup, avec présomption, et croyait faire parler les autres. Un fonds si mince et ces défauts ne pouvaient tarder à devenir regrettables, dans les conditions où étaient placées les deux Couronnes et pour les vues de leur politique. Ils avaient conduit le comte de Guines à des menées d'agiotage pour lesquelles il avait été fait par lui, pour lui, ou sans qu'il sût le voir, un usage plus ou moins licite ou délicat, en tout cas fort peu prudent, des secrets diplomatiques. Le secrétaire qui était le coupable ou le complice ayant tout publié, l'ambassadeur venait de passer deux ans à se débattre contre les assertions de celui-ci devant le Châtelet, mettant en cause son ancien ministre et obligeant le Gouvernement à laisser divulguer devant toute l'Europe ses correspondances d'État[1]. Mais, fort bien avec tout

---

[1] Des pièces relatives à ce sujet se trouvent en assez grand nombre dans la correspondance des Affaires étrangères, entre décembre 1774 et avril 1775. — Au moment de partir, M. de Guines ne se fait pas scrupule de demander que l'on atteste publiquement son honorabilité, un peu atteinte par son procès. Il écrit directement le 4 juin à M. de Vergennes : « Je « vous supplie de vouloir bien faire insérer dans « la *Gazette de France*, en même temps que « mon départ, l'extrait ci-joint de la sentence « du Châtelet. Cette précaution est nécessaire « pour donner le ton aux papiers publics An-« glais et aux gazettes étrangères. Je vous sup-« plie aussi, Monsieur le Comte, de me faire « adresser cette gazette dès qu'elle sera im-« primée, pour que je puisse l'envoyer dans les « différents bureaux de gazettes en Hollande, en « Allemagne, et en Italie; si même, il étoit « possible que je l'eusse d'ici à mardi, cet objet

ce qui restait de l'entourage de Mme du Barry à la cour de Louis XVI, M. de Guines s'en servait avec l'aplomb dégagé qui a raison souvent de ceux qui sont seulement sincères. A Londres, en outre, on avait trop bien sa mesure pour ne pas le préférer à un ambassadeur plus sérieux. S'aidant de ces deux cordes, il avait fait renouveler ses pouvoirs à l'heure même où M. de Vergennes s'arrangeait pour les laisser finir, et ce ne fut pas sans conséquences. Lord Rochford fit observer un jour à Garnier, pour qu'il le dît aux Affaires étrangères, que M. de Guines n'ayant pas été investi d'un nouveau titre depuis l'avènement du roi, il n'y avait plus d'ambassadeur de Versailles à la cour de Londres et que lui-même, simple suppléant, comme premier secrétaire, d'un titulaire qui n'avait plus de fonctions, se trouvait à présent sans mandat. Garnier fait connaître cette conversation par un pli du 1er juillet et, le 15, M. de Vergennes l'accrédite comme chargé d'affaires. Dans l'intervalle, le 7, Guines avait écrit de Paris au secrétariat du ministre pour demander si l'on ne s'occupait pas des nouvelles lettres de créance; il était, disait-il, interrogé à ce sujet. Les pouvoirs donnés à Garnier le mirent tout à fait en mouvement, et le 24 août, au sortir d'un conseil, M. de Vergennes, par un billet à Gérard, prescrivit de renouveler les lettres de l'ambassadeur. Il venait, écrit-il, « d'en recevoir le commandement du roi ». M. de Guines le savait déjà. Il en prévient aussitôt non pas son intérimaire, mais le cabinet anglais directement, tellement l'affaire était conduite de concert. A peine arrivé, il écrit à lord Rochford à la campagne, à lord Mansfield également, et ceux-ci viennent exprès pour le voir; à court délai il a audience du roi et de la reine; lui-même s'empresse de mander aux Affaires étrangères ces témoignages de l'accueil qu'on lui réservait[1].

« seroit plus tôt rempli; je vous prierai d'avoir
« la bonté de m'en faire adresser six. J'ai l'hon-
« neur d'être avec un parfait attachement, Mon-
« sieur, Votre très-humble et très-obéissant ser-
« viteur. » (*Angleterre*, t. 510, n° 88.)

[1] Dépêche du 13 juin (*Angleterre*, t. 510,
n° 112) : « Monsieur, je suis arrivé ici samedi
« matin; j'ai écrit sur-le-champ au lord Roch-
« ford qui étoit à la campagne. Ce ministre a
« eu l'honnêteté de venir dimanche à Londres
« exprès pour me voir. Il m'a annoncé que
« j'aurois mercredi mon audience du Roi et

C'est la reine qui avait agi sur le roi en faveur de M. de Guines, et on la verra agir encore pour ce diplomate décrié, qu'il avait fallu couvrir aux yeux de toutes les cours.

A la date où les deux ambassadeurs se retrouvèrent à leur poste, l'Espagne allait faire sortir contre Alger son escadre, dont l'armement secret à Cadix avait tant inquiété l'Angleterre, et le Portugal venait de compliquer de faits nouveaux ses agissements dans l'Amérique méridionale. Les relations de Versailles avec Londres, toutefois, restaient dans les termes que le gouvernement de Louis XVI tenait pour bons, ce gouvernement bornant sa sécurité à cette opinion que l'incertitude des choses ne laissait pas au cabinet britannique la liberté de ses mouvements. On était encore peu fixé, du reste, sur ce qui se passait aux Colonies. George III et ses ministres espéraient annoncer bientôt la soumission des rebelles; dans les faits qu'ils publiaient, ils évitaient de la laisser pressentir. L'exercice du pouvoir a toujours empêché de voir la réalité des faits ou de s'y arrêter quand on la voyait. Il y avait à Londres nombre d'hommes politiques, des plus autorisés et des moins hostiles, lord Mansfield, intime du roi, notamment[1], qui se rendaient compte de la portée du soulèvement et ne cachaient pas, quand on leur en parlait, que les Colonies échapperaient; mais l'idée que l'opposition avait fait éclater ces colonies, qu'on devait donc avoir raison d'elles, que, la résistance aidant, l'intérêt même ramènerait les révoltés, abusait le Gouvernement. Garnier avait précisé cette situation dans sa dernière dépêche politique, qui est du 30 mai :

> Monseigneur,
> J'ai reçu la lettre n° 138 dont vous m'avez honoré en date du 12 de ce

---

« jeudi celle de la Reine d'Angleterre... Milord « Mansfield paroit sans inquiétude ; il est venu « hier de la campagne passer une heure avec « moi ; je ne l'ai jamais vu ni si gai, ni si calme. »
— Lord Mansfield, oncle de lord Stormont, était président du Banc du roi et ami particulier du souverain; sans titre politique, il avait une influence réelle.

[1] Voir l'annexe I de ce chapitre; lord Holderness, que M. de Périgord avait récemment entretenu sur ce sujet, pensait de même. (Lettre à M. de Vergennes du 25 janvier 1775.)

mois. Le Ministère britannique est parfaitement tranquille à notre égard; c'est même dans la certitude de nos dispositions pacifiques qu'il trouve de quoi se calmer sur l'objet des mouvements actuels de la marine et des troupes d'Espagne; je me suis attaché à découvrir leur véritable idée sur ce sujet. Ils sont persuadés que l'expédition projetée n'a pour le moment d'autre destination que contre l'Afrique. Mais ils craignent qu'à la première information de nouvelles hostilités commises au Brésil, et surtout d'avantage remporté par les Portugais sur les Espagnols dans cette partie du monde, Sa Majesté Catholique ne tombe immédiatement sur Lisbonne avec ses forces rassemblées et prêtes à agir; ils pensent que la supériorité des forces portugaises au Brésil peut avoir engagé M. de Pombal à leur donner libre carrière contre les Espagnols, et que le roi d'Espagne, trouvant trop de difficulté à regagner l'avantage dans cette Colonie, jugera plus à sa convenance de prendre immédiatement sa revanche en Europe, où le Portugal peut être aisément conquis avant que l'Angleterre ait eu le temps de venir efficacement à son secours.

Telle est, Monseigneur, la spéculation qui me paroit les occuper davantage; quelque fatigante que soit pour eux cette incertitude, on n'ose rien faire pour y parer à tout événement, crainte de répandre des alarmes qui pourroient devenir aussi funestes à l'état actuel des affaires d'Amérique qu'au repos de l'Europe; on se flatte d'ailleurs que la France prévoyant qu'une attaque contre le Portugal amèneroit infailliblement la guerre contiendra l'Espagne.

Vous avez, Monseigneur, de trop justes motifs de marquer quelque impatience sur les délais qu'on apporte pour répondre à notre proposition sur Terre-Neuve; mais vous savez combien il est difficile de faire sortir les ministres anglais de la route ordinaire.

A Londres le 30 may 1775.

Angleterre, t. 510, n° 77.

Au moment où le comte de Guines rentra à Londres, les informations commençaient à être plus détaillées et à entamer sérieusement les illusions anglaises. L'impatience naissait par suite dans l'esprit du cabinet du roi George. On avait des nouvelles défavorables, le grand commerce de la Cité en concevait beaucoup d'humeur et le Gouvernement en prenait texte pour suspecter la sincérité de la France. L'ambassadeur fait tout de suite connaître à Versailles ce changement de dispositions et disserte à nouveau, comme l'avait fait Garnier cinq mois auparavant, sur les conséquences du retour possible de Chatham : « L'opposition se fatiguait d'être passive en Angleterre, elle est devenue active à Boston et, par là, pourra le devenir à Londres. Lord Chatham et ses partisans ont soulevé les Américains, la taxe du thé n'a été qu'un prétexte; ils disposent d'eux; s'ils rallient à leur parti, et il n'y a guère à en douter, tout ce qui ne peut subsister en Angleterre que par l'Amérique, milord Chatham deviendra le conciliateur nécessaire, et voilà l'homme à redouter. Quelles pourront être les clauses de cette conciliation? des conditions peu honorables pour l'Angleterre; alors un ministre audacieux, accoutumé à la gloire, envisage nos colonies comme un dédommagement nécessaire, et les forces de l'Angleterre, portées en Amérique sous l'apparence de la soumettre, lui assurent cette conquête. » L'ambassadeur sortait de l'audience royale; il affirmait les dispositions du roi pour la paix; mais « les circonstances, disait-il, pourraient être plus fortes que ces intentions, à ses yeux certaines; le roi devrait céder à la nécessité » :

Il est impossible, Monsieur, de douter pour le moment des assurances et même des intentions pacifiques du roi d'Angleterre et de tout ce qui a part à sa confiance; c'est son vœu, je dirai plus, c'est celui de la nation; mais un roi d'Angleterre est plus qu'un autre gouverné par les circonstances; il peut l'être par les passions des autres souvent plus que par les siennes, et cette nation d'enthousiastes, dans des momens de troubles comme ceux qui se préparent, peut à la voix d'un seul homme, changer du soir au lendemain de système et d'opinion.

Il s'est tenu avant hier au soir un conseil extraordinaire sur les affaires de l'Amérique. Les objets qu'on y a traité doivent avoir été importans et serieux, puisque l'on a fait revenir My^d Sandwich qui étoit occupé à son inspection des ports. Il est arrivé avant hier au soir pour le conseil et est reparti ce matin. Le Ministère est inquiet; le public, même ses partisans, tout est mécontent. On répandoit hier que My^d North avoit déclaré qu'à la premiere nouvelle facheuse d'Amérique il resigneroit; on ajoutoit que le roi d'Angleterre avoit fait faire des ouvertures au lord Chatham, et que celui ci s'y étoit refusé. Je n'ajoute point foi à ces nouvelles; mais, dans de telles circonstances, il est de mon devoir, Monsieur, de vous transmettre jusqu'aux bruits publics.

Londres le 16 juin 1775.

Angleterre, t. 510, n° 118.

M. de Vergennes avait eu un avis privé semblable du chevalier d'Éon[1], pour qui il conservait un peu de faible à cause de la *Correspondance secrète*. Ces informations, qui se corroboraient, le trouvaient assez préparé pour qu'il les regardât de sang-froid, maintenant qu'il avait pied à Madrid. Il répond le 1er juillet au rapport de Guines. Avant de le lire, le 23 juin, il avait écrit à l'ambassadeur ce qui va suivre. Celui-ci pourrait voir et être porté à dire combien l'Angleterre devait se rassurer du côté de la France, mais il pourrait voir et dire aussi que la France se défendrait au besoin; c'est la première fois que cette perspective était ouvertement dévoilée dans la correspondance avec l'ambassade de Londres :

Les principes de moderation et de justice qui animent si constament les conseils du Roi et qui dirigent toutes ses resolutions doivent rassurér Sa M^té B^que contre les inquietudes que des esprits passionnés et ennemis de la tranquilité publique voudroient lui faire concevoir de nos vûes; loin de cherchér à profitér de l'embarras ou l'Ang^re se trouve a l'occasion des affaires de l'Amérique, nous desirerions plus tost pouvoir l'aidér a s'en degagér. L'esprit de revolte, en quelque endroit qu'il éclate, est toujours d'un dangereux exemple; il en est des maladies morales co^e des maladies phisiques, les unes et les autres peuvent devenir contagieuses. Cette consideration doit nous engagér a prévenir que l'esprit d'indépendance qui fait une explosion si terrible dans l'Amérique septentrionale ne puisse se communiquér aux points qui

[1] Le 12 juin. (*Angleterre*, t. 510, n° 105.)

nous interressent dans cet hemisphere................ Il y'a longtems que nous nous disons ce que vous nous observés avec tant de justesse, nous avons vû avec peine la crise se formér parce que nous avons pressenti quelle pourroit avoir des effets plus etendus que sa nature même ne devoit le faire prévoir. Nous ne nous dissimulons pas les ecarts que l'enthousiasme peut encouragér et le fanatisme operér. Les Anglois sentiroient moins leurs maux s'ils pouvoient nous les faire partager, ou du moins sen dédommager en partie sur nous : nos possessions d'Amérique peuvent les tentér, c'est a nous a ne pas leurs laisser lespoir d'une conqueste facile, et le peuple anglois y est plus disposé que toute autre nation, et je me flatte quon ne nous prendra plus au depourvû. Mais comme nous ne voudrions point excedér dans nos precautions au point dinspirér des allarmes, je vous prie M. de veiller exactement sur le progrès des revolutions auxquelles on peut sattendre, et principalement sur celui que le lord Chatam pourra faire sur lesprit du roi d'Ang^{re}, sil se rend aux instances que lon pretend que ce prince lui a faites pour lattirér auprès de lui.

A Versailles le 23 juin 1775.

Dans sa dépêche du 1er juillet, toutefois, le ministre tient encore essentiellement à ne pas laisser naître la défiance. Cette dépêche est étudiée avec attention dans cette vue. Le plus grand soin à flatter le cabinet anglais, à ne pas avoir sur l'Amérique une autre idée que lui et par des motifs propres à lui plaire, ne l'aurait pas fait écrire différemment :

Tout ce qui se passe en Amerique et dans le pays que vous habités, M. se presente sous un point de vue qui exige la plus serieuse attention. Il est sensible, comme vous le remarques très judicieusem^t, que si le roi d'Ang^{re} gouverne a volonté son parlement, lopposition ne gouverne pas moins absolument les Colonies; en effet, celles-ci s'endurciroient moins dans l'esprit de resistance quelles developent et quelles semblent vouloir etendre jusqu'aux moyens memes doperér la conciliation, si elles ne comptoient efficacement sur un apui interieur dans le sein de la metropole. La liberté americaine est le pretexte de la querelle, mais la jalousie de l'autorité de ladministration ou plus tost l'envie de sen emparér exclusivement en est le veritable motif Ceux qui par interest propre et par ambition attisent le feu sont ils bien surs, lorsque leurs vûes seront remplies, de trouvér dans les Americains autant de docilité a se contentér de ce quils voudront bien faire pour eux quils leurs ont inspiré d'encouragement et d'audace pour donnér carriere à leurs pretentions? La tendance vers lindependance est un mouvement si naturel quil nest pas étonnant que les Americains se soient laissés allér facilement à cette douce impulsion; mais les heureux essays quils font ne doivent ils pas les affermir dans le sisteme de resistance quil est assez vraisemblable quon nauroit voulu leurs faire adoptér que passagerement? Ce qui se passe en Pensilvanie peut autorisér cette combinaison; une autre peut être plus vraie encore est que dans la resolution ou paroissent les Colonies de ne rien se permettre qui puisse derogér à l'étroite union quelles ont formée entre elles, quoiquil arrive, lAng^{re} devra bientost les considerer moins comme des sujets que comme des alliés, encore peut être peu assurés. C'est ainsi que lambition de quelques particuliers aura fait perdre a la couronne un de ses plus beaux fleurons, et a la nation la branche la plus opulente de son commerce.

Le Ministere anglois nous rend justice sil est convaincu que nous faisons des vœux pour que ceux qui le composent se maintiennent dans leurs offices. Leurs principes paraissent combinér avec les notres pour entretenir une bonne intelligence entre les deux nations, et pour la conservation de la paix generale nous verrons avec autant de satisfaction que dintérest quils ne soient pas forcés de ceder a lorage. Cependant, nous présumons que si le roi d'Ang^{re} étoit dans la necessité den abandonnér quelquns, il ne se jettroit pas precipitament dans les mains de ceux quil doit considerér comme les plus oposés a son autorité; mais dans la supposition que le lord Chatam reprendroit les renes du gouvernement, peut être sentiroit il quil ne seroit pas sans inconvenient de vouloir rallumér les horreurs dune guerre que l'Ang^{re} ne commenceroit pas avec les memes avantages quelle eut en 1755. Je men raporte bien M. a votre vigilance et a votre zele pour nous informér exactement de tout ce qui pourra eclairér nos precautions et nos mesures. Nous ne voulons point allarmér nos voisins, mais il seroit imprudent de nous laissér prendre au dépourvû.

A Versailles le 1er juillet 1775.

Espagne, t. 510, n° 127; t. 511, n° 3 *bis*.

Du reste, M. de Vergennes apporte à sa correspondance avec Guines des précautions particulières. Il la fait presque toute lui-même, s'y étend avec complaisance, s'applique visiblement à ce qu'il dit. Le peu de consistance qu'il sait à son agent en est sans doute cause, mais sans doute aussi le désir de tirer parti de cet ambassadeur, trop bien appuyé à la cour pour ne pas y faciliter des intrigues bonnes à prévenir et de qui les défauts mêmes pouvaient servir, là où il était, si on lui montrait de la confiance et si on le dirigeait. En homme de son monde, celui-ci l'avait pris de haut, immédiatement, avec le secrétaire d'État, à qui il était à coup sûr heureux de pouvoir écrire : « Mon-« sieur » tout court, comme à son égal, et pour des riens par lettres privées, marquant par cette aisance le cas qu'il voulait que l'on fît de lui. Il prétendait écarter Garnier, dont il disait avoir fait la position et dont il avait trouvé le dévouement faible dans ses affaires judiciaires. Il amenait pour cela de Paris un M. de Saudray, apprenti diplomate tout à fait de sa nature infatuée et légère. Le ministre n'entendait point enlever à l'ambassade un premier secrétaire si bien à sa place, et à coup sûr il pressentait devoir l'y employer de nouveau; celui-ci avait tout simplement changé de manière de voir sur le comte de Guines, comme beaucoup d'autres l'avaient fait, par suite des révélations de son procès. M. de Guines aurait été le supérieur qu'il se serait tout au plus permis la lettre qu'il écrivit à ce propos[1]. Cela ne rebuta pas M. de Vergennes. De Saudray fut accordé à l'ambassadeur comme secrétaire particulier, et ensemble ils ne tardèrent guère à s'engager dans des voies étranges. Mais M. de Guines faisait blanc de sa suffisance avec des airs par lesquels il semblait aimer à se tromper lui-même : l'absence d'un premier secrétaire comme Garnier ne devait « le mettre dans aucun embarras; il se flattait que le service du roi en souffrirait d'autant moins qu'il était dans l'usage de ne s'en rapporter qu'à lui pour la besogne que le roi voulait bien lui confier; il fait pour

---

[1] Voir l'annexe I du présent chapitre, n° 5.

1775. cela l'étude de la langue anglaise et avant peu il pourra marcher seul[1] ».

Les affaires d'Amérique se dessinaient un peu plus jour par jour et l'on en parlait partout. Dans les rapports de l'ambassadeur, elles prennent tout de suite le pas sur celles de Dunkerque et de Terre-Neuve. Ses informations du lendemain détruisaient, affaiblissaient souvent celles de la veille; c'était inévitable à certains égards; il faut dire toutefois que la nature d'esprit de l'ambassadeur et son entourage n'étaient pas sans augmenter sensiblement cet inconvénient propre aux choses en elles-mêmes. La croyance que l'opposition avait fait le soulèvement, qu'elle l'apaiserait à son gré, qu'on aurait besoin dès lors de Chatham, s'effaçait maintenant et la réalité se dégageait. On voyait clairement l'obstination du roi, les efforts de ses ministres pour tenir tête au Parlement et se précautionner à l'encontre de la France et de l'Espagne, la résolution d'aller jusqu'au bout, d'armer dans tous les ports, d'emprunter des troupes à l'Europe, de bloquer l'Amérique, visiblement résolue à vaincre, et d'écarter d'elle tout secours. Dans ces vues, bien mieux, on pouvait déjà pressentir l'accord tacite de l'opposition même. M. de Vergennes recommande d'autant plus de veiller et de le tenir informé. Il va jusqu'à indiquer de se servir d'Éon de Beaumont, qui s'était offert à lui et dont il disait avec plus de bienveillance que de réflexion : « Son cœur est toujours fran- « çois, quoique ses malheurs et ses emportemens aient paru l'égarer « quelquefois[2]. » Il faut reconnaître que M. de Guines fut bien avisé

---

[1] « Le départ de M. Garnier ne me mettra, « Monsieur, dans aucun embarras, et je me « flatte que le service du Roi en souffrira d'au- « tant moins que je suis dans l'usage de ne « m'en rapporter qu'à moi-même pour la be- « sogne que le Roi veut bien me confier. J'y « emploierai tout mon temps et tout mon zèle « que les bontés dont Sa Majesté m'a comblé « suffiroient seules pour m'inspirer. Les avan- « tages que je puis avoir dans ce pays-ci et vos « lumières, Monsieur, voilà assez de moyens « pour m'inspirer de la confiance dans le travail « dont je suis chargé. » (Rapport du 1ᵉʳ juillet, *Angleterre*, t. 511, n° 4.)

[2] Dépêche de sa main, du 1ᵉʳ juillet. — T. 511, n° 3 *bis*.

en évitant d'employer cet auxiliaire. Après un premier entretien, il donna en cela au ministre une leçon que celui-ci accepta, du reste[1].

M. de Vergennes jugeait mieux au sujet des évènements. A mesure qu'ils se déroulent il se redresse. Il n'admettra plus que l'Angleterre n'ait pas pour la France les égards dus à un grand État. A propos d'une demoiselle anglaise plus ou moins opportunément internée à Paris comme folle, le chargé d'affaires qui remplaçait lord Stormont à Versailles, M. de Saint-Paul, s'était plaint en des termes qui parurent rappeler le trop peu de considération que l'Angleterre avait précédemment montré pour la France. Le ministre en fait aussitôt demander réparation au cabinet de Londres, ne se contente pas d'explications vagues et, quand il a reçu satisfaction, il écrit à Guines, pour lui donner le ton :

> Peu nous importe que la demoiselle Plunkette fasse un bon ou un mauvais mariage, ou même qu'elle s'en permette les douceurs sans le contracter : nous ne prétendons pas être les gardiens des pucelages anglais ; ce qui nous intéresse est qu'on ne se permette ni des prétentions ni un ton qui, choquant les égards mutuels que les puissances se doivent entr'elles, ne pourroient qu'affaiblir la bonne intelligence que je crois qu'il est d'un intérêt réciproque

---

[1] Il répondait sur ce sujet, à la même date du 1ᵉʳ juillet : « J'espère, Monsieur, ne pas « manquer de ressources dans le parti de l'op-« position, pour être instruit, étant lié avec plu-« sieurs des membres qui la composent. Ce-« pendant, M. d'Eon, puisque le Roi le juge « à-propos, ne seroit peut-être pas un moyen à « négliger. Je l'ai connu beaucoup pendant la « guerre dernière. Depuis le premier moment « de mon arrivée en Angleterre, il s'est tou-« jours conduit vis-à-vis de moi avec circonspec-« tion et honnêteté. Je n'ai qu'à m'en louer. Je « ne l'ai jamais vu, et m'y suis toujours refusé. « Mais si le Roi m'ordonne de tirer parti de ses « lumières et de son zèle, il faut que je le voie, « que je traite avec lui directement, que je ne « lui écrive jamais, et qu'il n'y ait point d'inter-« médiaire. Je puis le voir secrètement, comme « de moi-même ; personne ne s'en doutera, j'ai « des moyens sûrs. Il me paroit convenable qu'il « ne se doute pas lui-même que j'y sois auto-« risé. Voilà, Monsieur, la forme que j'ai l'hon-« neur de vous proposer, et sur laquelle je vous « prie de me donner les ordres de Sa Majesté. « Si le Roi l'approuve, je crois pouvoir lui ré-« pondre que ses intentions seront remplies de « cette manière sans aucun inconvénient, et « peut-être y trouverons-nous des avantages « réels. » M. de Vergennes accède à ces propositions dans des termes indiquant qu'il avait compris. (Voir, à l'annexe III du présent chapitre, deux lettres à ce sujet.)

de maintenir. Quand il seroit vrai que le lord Rochford auroit écrit dans le cours de ses ambassades des lettres plus fortes que celles de Mʳ de Sᵗ Paul, cela ne justifieroit point la démarche de celui-ci, et puisque le Ministre anglais ne vous a pas paru éloigné de faire l'apologie du style comminatoire, insinuez-lui amicalement, Monsieur, de recommander à tous ceux qu'il pourra employer auprès de nous de ne jamais en faire usage, ce ne seroit pas un moyen de conciliation. Le Roi n'est pas plus disposé à souffrir qu'on manque aux égards qui sont dûs à sa couronne, qu'à permettre à ses Ministres de ne pas remplir envers les autres puissances ceux dont Sa Majesté veut que nous ne nous écartions jamais; il ne seroit pas nécessaire d'avoir recours aux injures si on étoit de part et d'autre en volonté de se faire des querelles sérieuses. Comme nous sommes persuadés, Monsieur, que M. de Sᵗ Paul a plus agi par vivacité que par mauvaise volonté, nous sommes bien éloignés de demander son rappel, ni rien qui nuise à l'avancement de sa fortune; nous serons satisfaits si sa Cour en le désapprouvant lui prescrit de s'expliquer avec nous de manière à nous faire connaître qu'il a regret à une démarche qu'il n'auroit jamais dû se permettre [1].

A Versailles le 14 juillet 1775.

Espagne, t. 571, n° 28.

Le ministre prescrit d'ailleurs, dans les affaires plus sérieuses, une attitude qui n'ait plus rien de l'humilité. Le 10 juillet il répond à

---

[1] Incident insignifiant, semblerait-il, mais depuis 1770 il n'y en avait aucun qui le fût avec l'Angleterre. A l'égard de celui-ci, la preuve en est donnée par ce fait que lord Rochford fut désapprouvé d'avoir cédé, notamment par lord Suffolk. Guines le rapporte au ministre (14 juillet), qui lui répond le 22 : « N'en déplaise à lord Suffolck, il a peu de no- « tions des égards que les grandes puissances « se doivent entr'elles, s'il a blâmé le parti très- « sage que le lord Rochford a pris de désap- « prouver la lettre très-irrégulière que M. de « Sᵗ Paul s'était permis de m'écrire. Le Roi « veut sincèrement la paix, mais il ne l'achètera « jamais par des sacrifices de sa réputation et « de sa gloire; rempli d'égards pour toutes les « puissances, il sera attentif à se faire rendre « ceux qui lui sont dûs. Exempt de morgue, il « ne souffrira pas l'insulte, et la lettre du « chargé d'affaires d'Angleterre en étoit une « dont nous aurions dû nous faire justice si « on ne nous l'avoit pas faite. C'est une affaire « finie, du moment où le lord Rochford vous « a fait connaître qu'il la désapprouvait. Depuis, « M. de Sᵗ Paul est venu me trouver : notre « explication a été courte et sans aigreur; je « n'ai pas cherché à le mortifier, je lui ai fait « sentir qu'il étoit dangereux de prendre conseil « de sa vanité, c'est tout ce que je lui ai dit de « plus sévère. »

l'ambassadeur au sujet de Dunkerque et de Terre-Neuve, où le mauvais vouloir du cabinet britannique restait manifeste. Avec la présomption tirée de ses relations personnelles, Guines s'était empressé de dire qu'il ne doutait pas de réussir dans les négociations qui concernaient ces deux objets; M. de Vergennes lui écrit :

Je ne reviens point sur ce que je vous ai marqué precedement de la maniere dont le conseil du Roi avoit envisage l'assurance confidentielle que vous avies donnée au lord Rocheford a loccasion de nos travaux actuels de Dunkerque; vous connoisses la delicatesse jalouse de cet objet si humiliant pour la France, l'abus que les ministres anglois nen ont que trop souvent fait pour nous mortifiér, enfin, la facilité avec laquelle ils se prévalent non seulement de ce quon a pu leurs dire mais même de ce que nous navons jamais pensé a leurs dire pour suposér des engagemens et des promesses dont ils veulent exigér arbitrairement laccomplissement. Ce sont ces considérations M. qui mont fait pensér que la seule maniere de mettre fin aux discussions toujours renaissantes et a une negociation amère est de nous faire a nous meme la justice la plus severe pour que les Anglois ne soient jamais dans le cas de la reclamér de notre part, cest sur ce principe que j'ai etabli ma premiere instruction a M. Garnier, ma lettre du 2 juin dernier et que sera calculée toute notre conduite relativement a Dunkerque; nous ne toucherons a ce quil ne nous est pas permis de faire, mais nous n'admettrons pas aussi des restrictions et des prohibitions au dela de la teneur expresse des traités. Voilà notre sisteme; cest à vous M., a en faire laplication lorsque les occasions le requereront.

Les instructions que M. de Saudrai vous porte vous donneront les moyens de remettre en activité notre negociation touchant Terre-Neuve. L'objet est dune asses grande importance pour que nous desirions avec empressement quil se termine avec une satisfaction reciproque. Le succès me sera doublement pretieux, puisque vous en aures tout lhonneur. Si je ne me trompe pas M. sur la situation des aff^{rs} de lAmérique, les Anglois auront beau y multipliér les moyens, ce ne sera plus par la force des armes quils rameneront a la dependance ce vaste continent, et je doute fort que la negociation les serve mieux quand bien meme elle seroit dirigée par les personnes les plus agreables aux Amériquains. Ceux ci ont eté poussés dans une pente dont on ne revient pas volontiers; ils ont apris à connoitre ce quils peuvent et limpuissance de la metropole pour les soumettre; le faisceau de leur union est formé. Les Américains peuvent encore etre les alliés de lAng^re mais je doute quils veulent desormais consentir à sen reconnoitre les sujets. Dans cet etat de choses peut etre seroit il de la prudence du Ministère B^que de bornér ses vûes a faire la moins mauvaise composition possible avec ceux quil a qualifiés trop legerement de rebelles, de se reservér le plus grand nombre possible d'avantages de commerce, un simulacre quelconque de dependance et de leur faire bon marché du reste. Quelqu'intérest que nous ayons M. a la conservation de ce ministere, parce quon ne peut lui refusér la justice que ses intentions sont droites et honnetes, je crois cependant que nous pouvons nous dispensér de lui donnér ce conseil; il est sans inconvenient quil use ses forces dans cette region éloignée. Ne nous le dissimulons pas, il y aura un moment critique pour nous, celui où il devra les rappelér de gré ou de force, et le danger augmentera en raison que ces forces seront plus ou moins entieres. Le desespoir donne quelques fois la plus grande energie aux âmes qui sont le moins capables den prendre par elles memes. Des ministres comptables au tribunal de la Nation de leurs erreurs politiques; menacés d'être accuses et condamnés, peuvent vouloir echapér a la faveur dune diversion, et il nen est point qui soit plus au gré du peuple anglois quune guerre contre la France, nimporte quelle soit juste ou injuste.

Je vous raporte M. tous les objets qui occupent notre prevoyance afin que vous vouliés bien leclairér; nous comptons sur votre vigilance, vous connoissés le prix de lactivité. Jamais peut etre elle ne fut plus necessaire pour netre pas pris au depourvû. Nous ne voudrions pas multipliér des precautions et des mesures qui repandroient lallarme chez nos voisins; mais nous ne devons pas aussi etre dupes de notre desinterressement et de notre honnetete! La surprise qui nous fut faite en 1755 est un de ces evenemens dont lhorreur nourrit le souvenir, quoique le ressentiment ne subsiste plus. C'est pour nous premunir contre une pareille perfidie que je vous ai exorté M. a vous creér des moyens dans le parti de lopposition; il est si interresse a penetrér toutes les vues de la Cour et à les faire echoüer que cest de lui sans contredit quon doit tirér les meilleures informations. Je vois avec plaisir que vous y aves des canaux sur le zele et lexactitude desquels vous aves lieu de comptér. Si je vous ai proposé M. dEon, cetoit a defaut de meilleurs moyens ; il n'a d'apuy et peut etre meme de liaisons que dans l'opposition ce qui semble devoir lui donner plus de facilité pour etre instruit de ce quon sait dans le parti. Je concois M. que si vous aves quelque communication avec cet etre singulier, elle doit etre menée avec asses de circonspection pour quil ne puisse en abusér et rien nest plus prudent que la resolution ou vous etes de ne jamais lui ecrire. Le Roi sen remet a vous de jugér de l'utilité dont ses avis peuvent etre et de la maniere la moins hazardeuse de les recueillir.

A Versailles le 10 juillet 1775.

Angleterre, t. 511, n° 21.

Peu après, le 14, dans la dépêche relative à la demoiselle Plunkette, le ministre insère ce paragraphe plus significatif encore :

Les nouvelles des ports dont vous nous faites part, Monsieur, semblent mériter d'autant plus d'attention, qu'après avoir marqué que l'Angleterre alloit rappeler les vaisseaux de ligne qu'elle a stationnés en Amérique, et leur substituer des frégates et des corvettes comme plus propres à serrer la côte, nous voyons mettre en commission dans les différens ports plusieurs vaisseaux du premier et du 2e rang. Cet armement ne pouvant avoir de rapport aux circonstances de l'Amérique, il seroit intéressant d'en pénétrer l'objet ; je suis bien éloigné de supposer de mauvaises intentions au Ministère anglais : ce seroit mal choisir son temps pour violer une paix qui lui est nécessaire. Mais l'expérience du passé peut nous rendre défians et nous ne voudrions pas être pris une 2e fois pour dupes. Nos armemens ne peuvent pas nécessiter ceux de l'Angleterre ; mais les siens, s'ils augmentoient, pourroient bien nous mettre dans l'obligation de penser nous-mêmes à en faire d'autres. Cette disposition doit exercer toute votre attention, et je suis bien persuadé, Monsieur, que vous redoublerez d'efforts pour nous procurer une lumière salutaire. Je vous le répète, Monsieur, nous ne voulons point abuser des circonstances de l'Angleterre, ni même l'alarmer, mais nous ne voulons pas être déçus.

Mais si l'on montrait ainsi le fond de la pensée, ce n'est pas que la conduite ne dût rester, dans le détail, très intentionnellement accommodante et droite. L'Angleterre avait à Dunkerque un commissaire qui semblait mettre son mérite à appuyer sur nous le pied du vainqueur et à faire éprouver à sa nation la satisfaction de le savoir. On souhaitait, à Versailles, de voir tracer du moins une ligne en deçà de laquelle on pût définitivement se mouvoir. Un pli de Guines fit espérer à M. de Vergennes de tenir enfin cette ligne, sur quoi ce dernier écrit le 22 juillet :

Sa M. a donné la plus entière aprobation à la maniere dont vous vous etes expliqué dans la conference avec le lord Rochford, dont vous nous aves rendu compte. Tout ce que ce Ministre vous a dit au sujet de nos travaux de Dunkerque nest que la repetition de ce qui a ete rebatu cent fois et aussi souvent refuté. Un principe dont nous ne devons jamais nous ecartér est qu'obligés a ne point relevér ce qui a ete detruit en vertu des traités, nous avons conservé le droit dentretenir et de retablir tout ce quon a laissé subsistér. Et quand il seroit vrai que le port de Dunkerque nexisteroit plus et ne présenteroit qun cloaque, Sa M. nen auroit pas moins le droit de reparér les quaiys qui en borderoient lenceinte. Mais aussi soigneuse que lest Sa M. de conservér ses droits et de les exercér a toute rigueur lorsquon les lui contestera, aussi disposée lest elle a nen user que moderement lorsquon len requerera a titre d'amitié. Le Roi considere trop celle du roi d'Ang^{re} pour lui refuser le sacrifice de bornér le quai auquel on travaille a lenceinte interieure de la ville c'est à dire a la barriere qui est le point A que M^d Rochford vous a indiqué sur le plan que je vous renvoye. Le Roi vous autorise M. à donnér lassurance que nous n'irons pas plus loin et elle mordonne décrire a son commandant a Dunkerque pour que lon n'excede pas cette limite. Cette preuve de notre facilité et de notre complaisance doit en etre une bien caracterisée pour le roi d'Ang^{re} et pour son Ministere de notre éloignement pour augmenter leurs embarras et pour en profitér, et de la sinserre disposition du Roi pour rendre toujours plus etroite la bonne intelligence qui subsiste entre les deux nations. Nous néprouverions peut être pas une parfaite reciprocité si nous nous trouvions dans une situation pareille a celle de lAng^{re}, mais, ce ne seront pas des convenances qui detourneront jamais le Roi des principes de justice quil a pris pour base de son administration.

Angleterre, t. 511, n° 44.

Le ministre est même amené à renouveler à l'ambassadeur les regrets qu'il attacherait au renversement du ministère de lord North au moyen des évènements de l'Amérique. Dans un très long rapport du 18 juillet, M. de Guines, mobile en ses impressions suivant ses interlocuteurs, reprenait à nouveau le thème qui montrait le gouvernement de George III tombant sous les coups de l'opposition parce qu'il ne triompherait pas de l'Amérique, ou contraint de saccager ses colonies pour les soumettre. Ne sachant trop que penser, il ne trouvait rien de mieux, tout en dégageant d'ailleurs sa responsabilité au milieu de faits si troubles, que de revenir et d'appuyer de nouveau sur le danger de voir ce gouvernement chercher soudain une compensation dans nos possessions et dans celles de l'Espagne. Il disait :

1775.

> D'après cet exposé, Monsieur, vous jugerez aisément que le Ministère britannique n'a plus de bon parti à prendre. S'il lui en reste encore, c'est celui d'épouvanter les Américains, et de beaucoup d'Anglais de différents états et de différents partis je puis avoir l'honneur de vous assurer que je n'en ai jamais entendu un seul désapprouver la forme employée au commencement de la dernière guerre. Je sais même positivement que lorsqu'il fut proposé et arrêté au conseil du roi d'Angleterre d'enlever nos vaisseaux, rien ne fut trouvé plus simple, parce qu'on regarda ce moyen comme infaillible pour nous ôter celui de faire la guerre, et que l'on jugea qu'il amèneroit nécessairement et sans coup férir une conciliation ou pour mieux dire une entière accession à ce que désiroit la Grande-Bretagne. Je le tiens d'un membre du conseil qui seul fut d'un avis différent, mais qui ne m'en a jamais parlé comme d'un procédé contraire aux droits des gens, seulement comme d'une chose politiquement mal vue.
>
> Il est peu de moyens de prévoyance à opposer à de tels principes, si ce n'est d'avoir ses colonies et sa marine en bon état, et de détruire ainsi que vous le faites, Monsieur, par une conduite juste et précise, tous les points de difficulté qui peuvent exister entre les deux nations. Il faut n'en pas laisser un seul qui puisse servir d'excuse à une querelle et se mettre en règle à tous égards; c'est ainsi que leur en imposant d'une part, et de l'autre ne leur laissant aucun prétexte, un Ministère, tel qu'il puisse être, y songera à deux fois

1775. avant de hasarder une guerre injuste et dont les succès ne lui paraîtroient pas certains. De mon côté, j'apporterai à un objet aussi important toute l'attention qu'il mérite. J'espère que le Roi ne me rendra jamais responsable d'une résolution peut-être hasardée qui seroit prise dans le secret du cabinet du roi d'Angleterre; savoir si ce pays-ci veut la guerre, s'il en a les moyens et en instruire le conseil du Roi, c'est mon devoir; il sera plus difficile à remplir, les troupes et les escadres étant éloignées, que si elles étoient plus à ma portée; mais, j'y mettrai d'autant plus de zèle et de surveillance, et je me flatte que rien d'essentiel n'échappera à mon activité.

Angleterre, t. 511, n° 38.

Or, un fait venait de se produire au loin de la part d'un commandant anglais à l'égard de la marine française, et M. de Vergennes avait à en entretenir l'ambassadeur. C'était une occasion d'exiger de nouveau la réciprocité des bons procédés; le ministre ne la laisse pas tomber. Soit que pour donner plus de poids à ses paroles il veuille montrer au gouvernement de lord North des sympathies qui le touchent et le rendent plus confiant, soit qu'il cherche à occuper le tapis, tout uniment, avec un représentant du roi dont il a pris la mesure, sa dépêche est un curieux exemple de la différence des points de vue auxquels le problème de l'Amérique amenait presque simultanément à se placer, sans perdre cependant du regard l'obligation où l'on était de se méfier de la Grande-Bretagne :

Nous devons croire M. que la cour de Londres n'aprouvera pas la violence que le gouverneur du fort Jametz sest permise dans la riviere de Gambie contre un navire francois. Si sa brutalité n'étoit pas réprimée, il faudroit en conclure qu'il n'y a plus d'autre code entre les deux nations que celui de la force. Nous ne présumons pas que lintention du Ministere anglois soit détablir une jurisprudence aussi funeste. Il n'y a rien dans ce qui fait l'objet de notre reclamation qui tienne au pavillon, a la liberté et aux droits generaux et particuliers de la nation. Rien par consequent qui puisse donner prise a lopposition et genér le Ministere. Loin donc de prévoir des difficultes a une correction raisonnable, nous nous attendons que le Gouvernement sentira la delicatesse de notre procédé, et nous saura gré d'avoir preferé la forme confidentielle et amicale, a la plainte ministeriale. Nous somme de bonne foi, nous ne cherchons point à augmenter ses embarras, mais nous voulons quon nous fasse la meme justice que nous serons toujours disposés a faire lorsquon nous la reclamera avec fondement.

1775.

Rien n'est plus interressant, M. que le tableau que vous nous tracés de la situation des aff^{rs} de lAmerique d'après les notions que vous avez recueillies de la part de quelques membres de lopposition. Si jen ai bien saisi le point de vue lAng^{re} se voit reduite a la cruelle alternative de voir echapér a sa domination ce vaste pays si fertile et si florissant ou den faire un desert qui ne sera bientot plus occupé que par quelques colons esclaves; car, ce ne sera jamais que par la destruction des individus que cette puissance pourra s'assurér de la soumission dun peuple qui est devenù trop nombreux pour etre contenù par des simples garnisons. N'importe laquelle de ces deux propositions ait son effet, la consequence infaillible si je ne me trompe sera ou que lAmerique sera perdue ou qu'elle sera nulle pour lAng^{re}. Dans lune et dans lautre hipothese meme soustraction dans la balance du commerce, meme stagnation du travail des fabriques, meme influence dans les fonds publics et particuliers. Ces consequences nont pas echapé au parti de lopposition elles ne lont pas cependant detourné de son plan; la memoire de Neron est en horreur et très certainem^t en Ang^{re} comme dans tout autre pays, la connoissance de son nom detestable et de ses forfaits a passé. Ce monstre a t il rien fait de plus horrible que ce que font aujourdhui les membres de lopposition. Ils dechirent impitoyablement le sein de cette patrie qui leur a donné la naissance, sans autre motif que celui d'assouvir la soif qu'ils ont de lautorité. Je ne fais assurément pas des vœux pour la prosperité de lAng^{re} mais je rougis pour lhumanité, non qu'il y'ait des ames aussi denaturées et aussi atroces, mais des ames assez foibles et assez imbecilles (et cest le plus grand nombre) pour encenser comme leffort le plus genereux de la vertu et du patriotisme ce qui est le comble du crime et de la trahison. Je rougis encore bien plus M. je fremis même, quand je pense que cest la nation que nos docteurs modernes nous proposent comme un objet digne de notre imitation. La depravation des principes linconsequence des jugemens et de la conduite furent dans tous les tems les simpthomes

1775. les plus menacans de la chute des empires. C'est à ces signes que je presagerois celle de lAng^re car ce ne sont pas des disgraces exterieures et par consequent ephemeres qui renversent les grandes nations, ce sont les vices interieurs qui en rongent et detruisent lorganisation. Plus une nation est corrompue plus elle est susceptible des ecarts les plus directs contre son interest. Dans la situation où se trouve lAng^re tout doit lui faire redouter la guerre, et rien ne semble devoir nous faire prevoir quelle puisse songér à nous la faire; mais ses interets majeurs se trouvant presque toujours subordonnés aux considerations personnelles, il suffiroit qun de ses moderateurs favoris la jugeât utile au soutien d'un moment d'enthousiasme pour quelle fut resolue. Vous jugés M. par les nombreux apologistes que trouve la maniere plus que pirate avec laquelle les Anglois commencerent la guerre en 1755 ce que lon doit attendre dune nation qui se joue des droits les plus sacrés des nations et de quelle importance il est de la surveillér même dans ses moindres demarches. Je ne suis nullement inquiet que vous n'y apportiés toute lattention et toute lassiduité necessaires. Livrés vous a ce soin avec la confiance que les evenemens ne vous seront pas imputés; le Roi est juste, et jai fait assez longtems le metier d'ambassadeur pour savoir combien il y'a de difficultés a penetrér les secrets quon a le plus grand interest à nous derobér. Vous ne serés, jespère, jamais dans le cas davoir besoin d'apologiste à cet égard et je le souhaite par plus dun motif, mais si l'occasion sen presentoit vous pourriés comptér sur moi. Je vous ai indiqué le moment ou la crise pourra commencér, je vous prie de ne pas le perdre de vûe. Nous nous sommes prêtés aux moyens que vous nous avez demandés pour le suivre de plus près : si le canal que vous vous menages est sûr, vous devés y trouver de grandes facilités pour etre bien instruit; ce que je vous prie de surveillér est la partie des armemens de mer et leur nature. Vous nous aves annoncé quil étoit question de rappelér les vaisseaux de ligne qui avoient ete stationnés dans lAmerique septentrionale pour y substituér des fregates, comme plus propres a serrér la cote. Jobserve cependant que depuis quelque tems il est question d'armér plusieurs v^x de ligne; peut etre nes-ce que leffet de lincertitude ou lon a pû être sur la veritable destination de larmement de lEspagne; ce pretexte ou ce motif ayant cessé, la precaution doit discontinuér. Si malgré cela les armemens se continuoient et recevoient leur destination pour lAmerique, nous nous verrions vraisemblablement réduits a prendre des mesures plus etendues que celles dont nous nous occupons pour le present et qui n'ont pour objet que de fortifiér les garnisons de nos colonies en changeant létat militaire qui y'a été assez mal a propos formé.

A Versailles le 29 juillet 1775. *Angleterre*, t. 511, n° 53.

Quoi qu'il en soit, le cabinet de Versailles s'occupait, en ce moment même, de donner au roi d'Angleterre une preuve non équivoque de bonnes relations et de courtoisie. Au bas de son rapport du 18 juillet, le comte de Guines, faisant percer jusque dans une affaire de gouvernement l'importance qu'il attachait à sa propre personne, écrit:

M. le duc de Glocester, avec qui j'ai eu l'honneur de passer hier une partie de la soirée dans une promenade publique, m'a fait celui de me dire qu'il seroit lundi prochain à Calais; qu'il passeroit par Lille, Valenciennes, Luxembourg, Metz, Nancy et Strasbourg où il compte arriver vers le milieu, ou à la fin du mois prochain, pour de là aller en Italie et à Rome où il passera l'hiver. Ce prince qui m'a toujours marqué infiniment de bontés, même de très-particulières, lorsque les circonstances me permettoient de lui faire ma cour, m'a confié qu'il désiroit extrêmement voir les troupes du Roi, dans les différentes garnisons où il compte s'arrêter, mais ne pas être censé m'en avoir parlé. Quoiqu'il soit, ainsi que le duc de Cumberland, très-brouillé avec le roi d'Angleterre, Sa Majesté Britannique est cependant flattée des attentions qu'on témoigne aux princes ses frères; j'ai cru en conséquence pouvoir assurer Monsieur le duc de Glocester que son objet seroit rempli. M* le maréchal du Muy aura bien peu de temps pour faire prévenir les garnisons de Flandres, mais je n'ai pas été instruit plus tôt des désirs de ce prince.

M. de Vergennes tint sans doute à ne point flatter la fatuité de l'ambassadeur comme celui-ci le désirait, car il lui dit, tout à fait à la fin de sa longue dépêche du 29 et comme par occasion :

M. le duc de Gloucester m'ayant fait prévenir par un banquier de l'intention où il étoit de traverser une partie de la France avec la Duchesse, son

I.

1775. épouse, pour se rendre en Italie, j'ai fait envoyer un inspecteur des postes à Calais pour le conduire et des ordres pour tous les bureaux des douanes. M. le maréchal de Muy a écrit, de son côté, à tous les commandants des forteresses de les faire voir à Son Altesse Royale, et de lui montrer les troupes si elle le désiroit. Nous regrettons beaucoup, Monsieur, que l'incognito qu'elle garde ne nous laisse pas la liberté de lui faire rendre tous les honneurs dûs à son rang et à sa qualité de frère du roi d'Angleterre.

Ce frère du roi arrivait en effet sur le continent français au jour indiqué. Le 27 juillet, il était reçu à Lille par le prince de Montbarrey qui y commandait. Dès son départ, le 30, ce dernier mande au duc de Castries, à Lunéville, le cérémonial du séjour et l'itinéraire que le prince observera. Fêté à Verdun le 5 et le 6 août chez l'évêque, le duc de Gloucester dîne à Metz le 8 chez le commandant intérimaire des Trois-Évêchés, le comte de Broglie, l'ancien directeur de la *Correspondance secrète,* qui avait, sous le précédent règne, conçu, étudié, rédigé le projet d'invasion en Angleterre dont le redoutable secret avait été malheureusement confié au chevalier d'Éon. Le 25, de Strasbourg, au moment d'entrer en Allemagne, le duc remercie le roi de l'accueil qu'il a trouvé en France. A la soirée qu'il avait passée à la table du comte de Broglie se trouva un jeune gentilhomme tenant aux plus grands noms de la cour, un enfant encore, quoique déjà marié et en grade, qui, ce soir-là, fut pris de la passion d'aller se battre pour les Colonies, et cette passion devait le conduire auprès de Washington : c'était le marquis de la Fayette. A la date où la résolution du marquis viendra se placer dans les faits, nous rapporterons les circonstances de cette soirée de Metz dont les conséquences, considérables, ne pouvaient pas être prévues alors.

ANNEXES DU CHAPITRE IV.

I

LORD MANSFIELD.

GARNIER AU COMTE DE VERGENNES.

Londres le 30 août 1774.

Milord Stormont vous aura apparemment présenté Milord Mansfield, son oncle, président du Tribunal du Banc du Roi qui a fait tant de mystère de son voyage que je n'en ai pas été instruit à temps pour vous l'annoncer.

Comme on croit qu'il ne fait rien sans dessein, chacun raisonne à sa manière sur l'objet de cette expédition secrète. Quant à moi, il me parait fort naturel que Milord Mansfield ait profité du temps que son neveu est ambassadeur en France pour y aller faire un tour, surtout dans un moment aussi intéressant. Vous le connaîtrez, Monseigneur, de réputation. C'est un des hommes les plus éloquents, et en même temps le plus impopulaire de ce pays-ci. On l'accuse de donner trop d'extension à la prérogative Royale, et d'enfreindre les privilèges inhérents à la Constitution. La timidité de son caractère l'empêche souvent de se montrer dans les mesures qu'il conseille en secret, et il ne s'explique que le moins qu'il peut sur les questions nationales. Telle a été celle de l'élection de Middlesex où il n'a jamais voulu donner son opinion. Je l'ai vu moi-même pressé sur ce sujet par Milord Chatham à la Chambre haute où il déclara que son opinion mourrait avec lui et serait ensevelie dans le même tombeau; s'il a occasion de vous parler des affaires de son pays, et qu'il soit sincère sur celle d'Amérique, il vous avouera qu'il la considère sous le point de vue le plus sérieux, car c'est lui-même qui dit aux Ministres, lors des derniers actes, qu'ils avaient *passé le Rubicon*. Comme on ne peut attaquer ce Magistrat du côté des talents, on ne lui fait pas grâce sur l'article de la droiture, et ses nombreux ennemis n'hésitent pas à le représenter comme un homme faux, rusé et capable de tout. Si son dévouement pour le roi d'Angleterre et la confiance dont Sa Majesté l'honore n'ont pu le garantir de cette calomnie, elle doit du moins détruire dans l'esprit des gens sensés une opinion où l'envie peut avoir beaucoup de part.

Angleterre, t. 506, n° 99.

II

LE COMTE DE GUINES ET GARNIER.

1. LE MINISTRE À GARNIER.

A Versailles, le 22 7bre 1774.

Le Roi m'ayant ordonné de faire expédier de nouvelles lettres de créance à M. le comte de Guines, je les lui ai remises sans lui parler de la forme à suivre pour les annoncer au Ministère britannique, parce que je devois supposer qu'il les connaissoit, et la même raison m'a empêché de vous prévenir à cet égard; le biais que cet ambassadeur a jugé à propos d'adopter est insolite et tout-à-fait irrégulier; vous étiez la seule personne compétente par qui la connaissance de ces lettres devoit parvenir à la cour de Londres; je me réserve d'en faire la remarque à M^r le comte de Guines à la première entrevue que j'aurai avec lui, et j'ai tout lieu de croire qu'il s'empressera de rectifier sa méprise et de se conformer aux règles généralement établies en cette matière.

Ibid., n° 128. (Minute de Gérard.)

2. LE MINISTRE À GARNIER.

A Versailles le 5 juin 1775.

Je crois devoir vous informer, Monsieur, que le comte de Guines se propose de partir demain pour s'en retourner à Londres et y remplir les fonctions de son ambassade. Cette circonstance faisant cesser l'obstacle qui s'étoit opposé jusqu'à présent à la demande que vous avez faite d'un congé, je viens de la mettre sous les yeux du Roi, et Sa Majesté vous l'a accordé d'autant plus volontiers qu'elle a cru devoir vous donner par là une marque de la satisfaction qu'elle a de la conduite que vous avez tenue pendant tout le temps que vous avez été chargé de ses affaires à la cour de Londres. Ainsi, Monsieur, vous êtes le maître de venir en France pour y vaquer à vos affaires particulières. Mais vous voudrez bien différer votre départ de Londres jusqu'après que vous aurez mis M. le Cte de Guines au fait de l'état actuel de toutes les affaires confiées jusqu'à présent à vos soins.

Angleterre, t. 510, n° 94. (Minute de Gérard.)

3. LE COMTE DE VERGENNES À GUINES.

Versailles le 28 juin 1775.

Le s^r de Saudrai, Monsieur, vient de me faire passer la lettre particulière que vous m'avez fait l'honneur de m'écrire par laquelle vous me témoignez le désir que vous avez de le rappeler auprès de vous. Il suffit qu'il vous soit agréable, et que vous le jugiez nécessaire, pour que je me fasse un plaisir de concourir aux vues que vous avez sur lui. J'espère qu'il s'appliquera à mériter vos bontés et à justifier la confiance dont vous l'honorez; ce n'est qu'à cette condition qu'il pourra mériter de nouvelles grâces. Le traitement qui lui a été accordé sur les affaires étrangères lui sera conservé à Londres. Au reste le s^r de Saudray ne pourra être auprès de vous qu'en qualité de sécrétaire particulier. J'ai déjà eu l'honneur de vous prévenir que le Roi en permettant au s^r Garnier de s'absenter de Londres n'entend point qu'il quitte les fonctions de sécrétaire d'ambassade qu'il a remplies jusqu'ici avec un zèle et une intelligence qui lui ont mérité l'approbation de Sa Majesté.

Ibid., n° 139.

4. LE COMTE DE VERGENNES À SAUDRAY.

Versailles le 28 juin 1775.

Je ne m'oppose point, Monsieur, à ce que vous profitiez des bontés dont M. le comte de Guines vous honore et de la confiance qu'il est disposé à vous accorder. Je suis persuadé que vous vous ferez un devoir de mériter les unes et de justifier l'autre. Mais comme la permission que le s^r Garnier a obtenue de faire un voyage en France pourroit vous faire croire qu'il est question de le remplacer en qualité de sécrétaire d'ambassade, je dois vous prévenir que l'intention du Roi est de lui conserver cette place où il a mérité l'estime et l'approbation de Sa Majesté et de le renvoyer le plus tôt possible à ses fonctions.

Le traitement que vous avez sur les affaires étrangères vous sera continué à Londres.

Je suis bien véritablement, Monsieur, entièrement à vous.

5. GUINES AU COMTE DE VERGENNES.

Londres le 4 juillet 1775.

Monsieur,

Il m'est impossible d'être plus sensible que je ne le suis à l'honnêteté avec laquelle vous avez bien voulu vous prêter à ce que je désirois relativement au s^r de Saudray. J'étois très-peiné d'imaginer que de s'être attaché à moi, lui eut procuré aussi peu d'avantages, je me le reprochois, je voulois au moins lui marquer ma bonne volonté; vous vous y êtes prêté, Monsieur le Comte, avec toute sorte de bontés; c'est un service vraiment essentiel que vous avez bien voulu me rendre, et dont je vous supplie d'agréer toute ma reconnaissance. J'ai l'honneur de vous mander que le s^r de Saudray venoit ici sans autre prétention que celle de donner des preuves de son zèle, jusqu'à ce que vous le jugiez plus utile au service du Roi dans quelque place que ce puisse être; je n'ai point eu d'autre objet, ni de vues plus élevées à son égard, je vous prie d'en être bien persuadé. Quant au s^r Garnier, vous savez, Monsieur, que dans toutes les circonstances j'ai rendu justice vis-à-vis de vous-même à son zèle et à son intelligence pour le service du Roi : je l'ai fait avec d'autant plus d'empressement qu'il me devoit sa place dont M^r le duc de Choiseul m'avoit, dans le temps, laissé le maître de disposer ou non en sa faveur; mais il y a des détails de conduite personnelle à mon égard qui me mettent à jamais dans l'impossibilité d'habiter la même maison et de traiter quelque affaire que ce puisse être avec le s^r Garnier. J'ai rempli pendant les trois semaines que j'ai dû passer ici avec lui tout ce que pouvoit exiger la décence de ma place et de la sienne; c'est un effort sur moi-même, que la certitude d'un terme prochain pouvoit seule me rendre possible, mais j'ose espérer que le Roi n'exigera pas un sacrifice de cette nature; il est de tels procédés que deux gentilhommes ne souffriroient point l'un de l'autre, et qu'il ne seroit point juste d'être obligé d'endurer de la part de quelqu'un pour la raison qu'il ne l'est pas. Je vous supplie, Monsieur, de me permettre de ne pas m'expliquer davantage sur des faits qui m'intéressent uniquement, nullement le service du Roi, et qui ne diminuent en rien à cet égard le mérite du s^r Garnier; mon plan même étoit de ne jamais vous en parler, mais ce que vous m'avez fait l'honneur de me mander, m'a mis dans la nécessité de vous exposer mes raisons que j'ai dites, au surplus, au sieur Garnier et dans le plus grand détail.

J'ai l'honneur d'être avec un parfait attachement, Monsieur, votre très-humble et très-obéissant serviteur.

Angleterre, t. 511, n° 10. (Lettre privée.)

6. LE COMTE DE VERGENNES À GUINES.

A Versailles le 10 juillet 1775.

Je profite du départ de M. du Saudrai, M^r le Comte, pour répondre à la lettre particulière que vous m'avez fait l'honneur de m'écrire le 4 de ce mois. Comme je désire justifier l'opinion que vous avez de mon honnêteté, j'espère que vous trouverez bon que je m'explique avec toute franchise.

Je ne désapprouve point l'appel que vous avez fait de M. du Saudrai pour occuper une place dans votre sécrétairerie. Je crois même que vous pourrez en tirer bon parti si vous le tenez un peu de court. Il a de l'esprit, assez de facilité, et il paroit avoir quelque instruction; mais j'ai pu remarquer qu'il a la plus haute opinion de lui-même, une vanité d'autant plus ridicule qu'elle ne porte sur rien, une tête facile à s'exalter et des prétentions sans mesures et sans bornes. Ces sortes de caractères sont difficiles à manier : il faut les surveiller continuellement, ce qui est embarrassant et importun, lorsqu'on a d'autres objets plus intéressants à soigner. Ce que je vous en dis, M. le Comte, n'est pas pour vous mettre en défiance d'un homme qu'il paroît que vous aimez, mais pour que vous puissiez prévenir les écarts que sa légèreté peut occasionner.

Je viens à M. Garnier contre lequel vous paraissez étrangement prévenu. J'ignore ce qui peut avoir fait naître vos préventions après tout le bien que vous m'en avez dit vous-même, et l'usage que j'ai fait de votre témoignage auprès du Roi, pour le rassurer contre la crainte que ses affaires ne périclitassent en Angleterre de la trop longue absence de son ambassadeur. Le s^r Garnier a si supérieurement justifié l'opinion que vous m'en avez donné, que je ne dois pas vous cacher, M. le Comte, que Sa Majesté est très-favorablement prévenue en sa faveur, qu'elle le regarde comme un homme utile à son service, qui a la connaissance des affaires d'Angleterre, et je craindrois de ne pas faire votre cour auprès du Roi, si je lui faisois connaître que vous êtes déterminé à rejeter ce sécrétaire d'ambassade. Vous n'étiez pas encore à Londres qu'on répandoit déjà que vous étiez parti avec le projet formé de le chasser. M. Garnier n'est pas sans autre appui que la bonne opinion qu'il mérite. Je ne me presserai pas de faire usage des dispositions que vous m'avez confiées. Je les réserverai pour moi seul jusqu'à ce que vous exigiez que j'en rende compte au Roi. Si Mr Garnier vous avoit manqué de propos délibéré, ce ne seroit pas assez de lui ôter sa place, il devroit encore être puni; mais doit-il être puni par ce sacrifice, de quelques préventions qu'on aura pu vous donner contre lui?

J'attendrai une dernière réponse de votre part, Monsieur le Comte, avant d'ouvrir la bouche. Je ne me permettrai pas des conseils, mais si j'en avois un à vous donner, après le malheur de vos choix antérieurs, évitez de paroître vouloir éloigner des gens qui ont l'estime du Roi et de son conseil.

J'ai l'honneur d'être, etc.

Angleterre, t. 511, n° 22.

7. GUINES AU COMTE DE VERGENNES.

Londres le 14 juillet 1775.

Monsieur,

Je viens de recevoir par M. de Saudray la dépêche, les chiffres, l'instruction sur la négociation de Terre-Neuve, et les deux lettres particulières dont vous l'avez chargé pour moi; je n'ai que le temps, au moment de fermer mon paquet, de répondre à celle dont vous m'avez honoré le 10 juillet.

M. du Saudray est précisément tel que vous me le dépeignez, Monsieur le Comte, mais je n'ai jamais eu qu'à me louer de sa docilité. J'ai eu l'honneur de vous le mander, j'ai cru devoir lui donner une marque d'intérêt dans une circonstance où son attachement pour moi l'avoit exposé à des libelles et aux plus grandes atrocités; mais je lui ai bien expliqué auparavant la manière dont j'entendois qu'il fût chez moi, et qu'il s'y conduisît d'après la connaissance que j'avois de son amour-propre; c'est à cette seule condition qu'il a dû vous remettre ma lettre; il a souscrit à tout, mes engagements seront subordonnés aux siens, j'ai eu de trop fortes leçons dans ce genre pour ne pas être d'une surveillance et d'une exactitude sévère.

Quant au sr Garnier, je vais avoir l'honneur de vous ouvrir mon âme toute entière à son égard, et c'est avec cette franchise, Monsieur le Comte, que je répondrai à la confiance que vous voulez bien me témoigner. Le sr Garnier me doit sa place, il étoit très-subalterne dans la sécrétairerie de M. le C. du Chatelet à la recommandation de qui je priai, sans le connaître, M. le duc de Choiseul de me le donner pour secrétaire d'ambassade.

Depuis, il n'y a point de procédés honnêtes que je n'aie eus pour lui, des marques de confiance même que je ne lui aie données. Pendant mon absence, une table entretenue telle qu'il l'a voulue, chose sans exemple, l'usage étant de leur donner deux mille écus par an, c'est ainsi que nommément M. de Breteuil en a toujours usé; je n'entre dans ces détails que pour vous prouver qu'il n'y en a aucun que j'aie négligé. Cette conduite méritoit, à ce qu'il me semble, quelques égards de la part du s^r Garnier; il a manqué, Monsieur, à ceux qu'il me devoit de la manière la plus choquante; le roi, la reine d'Angleterre, tous les ministres, tous le corps diplomatique, tout Londres enfin sait que son maintien, ses réticences, son ton, en un mot, sur mon affaire a été la plus malhonnête : c'est à un point qui rend notre présence duement impossible en même place; les détails en sont trop humiliants pour que je puisse les répéter, des gens honnêtes et de tous les états m'en ont averti. Le fait est que le s^r Garnier a manqué essentiellement à la reconnaissance, qu'il a manqué à l'ambassadeur du Roi, et que je puis m'en rapporter à tout le corps diplomatique dont il étoit membre. Qu'il en trouve un seul, même des puissances amies de la France, et avec qui il a dû vivre, qui vienne m'assurer que ces bruits sont sans fondement et je passe condamnation. Voilà, M. le Comte, l'état des choses; je ne lui pardonnerai de ma vie; je suis franc, la dissimulation m'est impossible, et je ne puis répondre de moi si je me retrouve jamais avec lui. Je n'ai point voulu l'écarter, je vous en ai même dit du bien, tant que j'ai cru pouvoir vous en dire. Je respecterai les ordres du Roi, mais j'espère qu'il n'exigera pas que mon âme cesse d'être sensible quand elle doit l'être, quand on l'a ulcérée sur un point sur lequel elle ne connaîtra jamais ni ne peut connaître de tempéramment vis-à-vis de tout ce qui l'a ombragée.

Voilà les faits, Monsieur le Comte, vous en ferez l'usage que vous croirez devoir en faire, je n'ai rien à cet égard à vous demander. Accoutumé aux crises les plus fortes, j'ai appris à les soutenir, à n'écouter que mon honneur, ma délicatesse et à me conduire d'après les principes que l'une et l'autre m'inspirent; j'en userai de même encore quelles que puissent être les circonstances, et j'ose du moins me flatter d'y mériter toujours l'estime du Roi et la vôtre.

J'ai l'honneur d'être avec un très-parfait attachement, Monsieur, votre très-humble et très-obéissant serviteur.

Le comte DE GUINES.

Angleterre, t. 511, n° 34.

8. EXTRAIT DE LA LETTRE QUE M'ÉCRIVOIT M. GARNIER QUAND TORT FUT MIS À LA BASTILLE, ET AUPARAVANT LE PROCÈS, LETTRE FORT DIFFÉRENTE DU TON QUE DEPUIS IL A JUGÉ À PROPOS DE PRENDRE.

Je suis vraiment peiné de vous voir si vivement affecté de cette malheureuse affaire qu'il n'étoit pas en votre pouvoir d'empêcher; fait pour inspirer l'honnêteté à ceux même qui n'y seroient pas portés par éducation et par sentiment, vous vous êtes trouvé, par une fatalité inconcevable, environné d'un essaim de bandits des plus déterminés, car je ne puis nommer différemment ceux qui ont pris tantôt votre nom, et tantôt votre cachet, pour commettre toutes sortes de bassesses et de friponneries. On ne m'ôtera jamais de l'esprit que Tort étoit venu ici avec un plan décidé de faire fortune, *per fas et nefas*, que Delpech étoit associé à ce projet, dont on avoit peut-être communiqué quelques idées à d'autres, au moyen de quoi c'étoient autant de gens vendus, même avant qu'il ne se fût présenté d'acheteur dont ce pays-ci abonde, circonstance qui le rend fort dangereux pour les subalternes, et sur laquelle je crus devoir vous mettre en garde par rapport au s^r Tort, sur qui j'avois déjà de violents soupçons, mais malheureusement sans preuves d'un côté, vous ne pouviez retirer subitement votre confiance sur de simples soupçons, et de l'autre vous ne pouviez empêcher que votre secrétaire ne trahît son devoir à votre insu. Tout ambassadeur qui tombera mal en secrétaire ne pourra se garantir de sa perfidie. Celui-ci ne pensant qu'à une fortune pécuniaire et rapide a donc débuté par la contrebande la plus scandaleuse, malgré la sévérité des ordres dont vous donniez l'exemple le plus scrupuleux; de là, il s'est livré à toutes sortes de propositions, et quand je dis qu'il s'y est livré peut-être lui fais-je trop d'honneur, car du train dont il a été il est à présumer qu'il les a faites lui-même. Il dit aujourd'hui pour se sauver qu'il n'a rien fait que par vos ordres, je n'aurois pas cru, à dire vrai, qu'on pût payer tant de bienfaits par tant d'ingratitude. Quoi qu'il en soit, une telle imputation est trop improbable pour s'accréditer, et le coin d'où elle sort n'est pas propre à lui faire beaucoup de sectateurs.

Angleterre, t. 511, n° 37. (Copie jointe à une dépêche du 18 juillet.)

9. LE COMTE DE VERGENNES À GUINES.

A Versailles le 27 juillet 1775.

J'ai reçu, M^r le Comte, les lettres particulières que vous m'avez fait l'honneur de m'écrire les 14, 18 et 21 de ce mois.

Je suis infiniment sensible à l'intérêt que vous voulez bien prendre à la grâce dont il a plu au Roi d'honorer mon frère, en le nommant son ministre plénipotentiaire en Suisse. Je vous prie d'en agréer mes sincères remerciements et d'être persuadé que vous éprouverez toujours de ma part le retour le plus parfait de ce sentiment dans toutes les occasions où il me sera loisible de vous le manifester.

Vous connaissez M. de Saudrai, M. le Comte, c'est m'assurer que vous saurez le contenir et prévenir les écarts de sa tête et de son amour-propre. Il a d'ailleurs de l'esprit, et il doit sentir qu'il n'a pas de plus grand intérêt que celui de vous plaire en méritant votre estime.

Je vous ai dit franchement, M. le Comte, ce que je pensois, relativement à vous, de votre éloignement pour le sʳ Garnier; je suivrai d'autant moins cette discussion que je ne puis être juge ni de la conduite qu'il peut avoir tenue en Angleterre touchant votre affaire avec Tort, ni de sa façon de penser. Il n'en a jamais été question dans les dépêches qu'il m'a adressées, ni dans les conversations que j'ai eues avec lui depuis son retour. Au reste, rien ne presse sur un parti à prendre relativement au sʳ Garnier, il se passera encore plusieurs mois avant qu'il soit question de prononcer sur son sort..

Angleterre, t. 511, n° 50.

III

LE CHEVALIER D'ÉON.

1. LE COMTE DE VERGENNES À GUINES.

A Versailles le 23 juin 1775.

Peut-être M. d'Eon pourroit il vous procurer des connaissances intéressantes à ce sujet; si vous croyez pouvoir entretenir des relations indirectes avec lui, je sais qu'il n'est pas éloigné de vous être utile, son cœur est toujours français, quoique ses malheurs et ses emportemens aient paru legarér quelquefois. Il a des amis dans le parti de l'opposition et ce n'est pas le plus mauvais canal pour être bien instruit. Vous connaissez l'importance de l'objet, le Roi s'en remet à votre sagesse, à votre intelligence et à votre zèle, et Sa Majesté est bien persuadée que vous ne négligerez rien de tout ce qui peut intéresser son service.

Angleterre, t. 510, n° 127.

2. GUINES AU COMTE DE VERGENNES.

A Londres le 4 août 1775.

Monsieur,

..... Il faut renoncer à tirer aucun parti de Mʳ d'Eon. Du moment qu'il a su que je le recevrois chez moi, il a imaginé sans doute que j'en avois besoin, et il a oublié qu'il m'avoit souvent proposé de me voir et de me parler. Il m'a écrit une grande lettre pour capituler et me donner le choix de le rencontrer à quelque rendez-vous donné, ou de le recevoir chez moi publiquement et ostensiblement; ainsi que quelqu'un qui a été ici ministre du Roi a droit de le prétendre. La lettre étoit fort honnête, pour ce qui me regarde personnellement, mais folle à lier par l'extrême prétention qui l'avoit dictée. Je lui ai fait dire que je n'avois pas demandé à le voir, mais seulement consenti à le recevoir, si cela pouvoit lui paraître utile à sa position. Il me semble qu'il compte beaucoup sur votre protection et même sur celle du Roi. Il ne m'appartient pas de pénétrer ce secret; mais quoique j'aie lieu de me louer personnellement de Mʳ d'Eon, je ne puis m'empêcher de dire que je crois essentiel de se tenir à son égard sur une extrême réserve.

Angleterre, t. 511, n° 63.

IV

PASSAGE DU DUC DE GLOUCESTER EN FRANCE.

1. LE PRINCE DE MONTBAREY AU MARQUIS DE CASTRIES.

Lille, le 30 juillet 1775.

Monsieur le Marquis,

..... Le 27 il nous est arrivé icy M. et Mad. la duchesse de Glocester précédés d'une lettre de M. le Mᵃˡ du Muy qui annonçait leur arrivée, qu'ils voyageoient incognito sous le nom de comte de Connaught et dans le même moment l'inspecteur général des postes chargé par le bureau des affaires étrangères de l'accompagner et l'annoncer, l'a fait sous le nom de Glocester, et m'a dit qu'il avait eu le même ordre à Calais. Je l'ay reçu le mieux qu'il m'a été possible, mais je ne luy ay fait rendre aucuns honneurs et je l'en ay prévenu. Le 27 il est arrivé à cinq heures et demie; je luy ay évitté toutes visittes de corps. Le 28 au matin il a vû manœuvrer votre régiment parce que c'était le jour qu'il manœuvre ordinairement; il en a été parfaitement content et a eu reison, de là il a vu la citadelle. Le 29 il a vu toute l'infanterie de la garnison et manœuvrer les deux bataillons choisis avec les officiers qui avaient été exercés au bataillon de modèle; cela a remply en même temps notre objet contenu dans le petit état que je vous ay remis à votre départ. De là il a vu la place, l'hôpital général, et tous les deux jours il a été à la comédie avec la duchesse. Je luy ay donné à diner, aujourdhuy il devoit venir voir la revue du régiment de la marine et voir la parade et partir à deux heures et demie pour Valenciennes, son départ aura toujour lieu, mais jay été forcé de remettre la revue et de contre-mander la parade à cause du temps affreux quil fait. Il doit passer à Lunéville pour vous voir, et la gendarmerie. Il passe par Valenciennes, Rheims, Verdun, Metz, Nancy, Lunéville, Strasbourg, Munich, Inspruch, Venise et Rome, où il compte passer l'hiver.

....

J'ay l'honneur d'être avec un respectueux attachement, Monsieur le Marquis, votre très-humble et très-obeissant serviteur.

Le Prince DE MONTBAREY.

Dépôt de la Guerre, vol. n° 3694.

2. L'ÉVÊQUE DE VERDUN AU COMTE DE VERGENNES.

Verdun le 7 août 1775.

J'ai l'honneur, Monsieur, de vous informer du passage de M. le duc et de M^{de} la duchesse de Glouster en cette ville. Ils descendirent chez moi samedi à 7 h. du soir, et quoique je n'eusse été instruit de leur arrivée que le même jour à midi, j'ai fait tout mon possible pour les recevoir d'une manière qui fît honneur à la nation. Je leur donnai à souper à une table de 30 couverts, et hier dimanche je leur ai donné à dîner avec un pareil nombre de convives. M. le Duc nous a paru un homme instruit, et qui a grande envie, par les questions qu'il fait, d'acquérir de nouvelles connaissances. La Duchesse est aimable, d'un caractère naturellement gai, mais la difficulté qu'elle a de s'exprimer en notre langue, ne lui permet pas de donné à ses idées toute la clarté dont elles sont susceptibles. Ces Puissances britanniques ont paru très-contentes de la réception que je leur ai faite. Il y a deux ans que je reçus également M. le duc et M^{de} la duchesse de Cumberland. J'ai informé alors le Ministre des Affaires étrangères en le priant d'en rendre compte au Roi; j'ai cru qu'il étoit de mon devoir de suivre aujourd'hui la même marche. Leurs AA. RR. partirent hier à 3 h. après midi pour se rendre à Metz.

J'ai l'honneur d'être avec le plus respectueux attachement, Monsieur, votre très-humble et très-obéissant serviteur.

† H. Évêque de Verdun.

Angleterre, t. 511, n° 70.

3. LE DUC DE GLOUCESTER AU ROI LOUIS XVI.

Strasbourg 25 août 1775.

Sire,

Je suis pénétré des marques de bonté que Votre Majesté a bien voulu me donner et à la Duchesse mon épouse. Je la supplie de recevoir tous mes remerciements des facilités qu'Elle nous a procurées dans son royaume. Il est impossible d'ajouter aux commodités et aux agréments que nous y a fait trouver la personne que Votre Majesté nous a envoyée pour nous accompagner dans ses États. On n'a pas des soins plus intelligents, des attentions plus attentives, et une honnêteté plus soutenue que celle du sieur Richard. J'aurois bien désiré que notre voyage nous mît à portée d'offrir de vive voix à Votre Majesté l'hommage de notre reconnaissance ; nous aurions été bien flattés d'avoir l'occasion de lui faire notre cour, et nous les saisirons toujours avec empressement.

Je suis avec le plus profond respect, de Votre Majesté, le très-humble serviteur et cousin.

WILLIAM-HENRY D. DE GLOUCESTER.

Angleterre, t. 511, n° 106.

CHAPITRE V.

PREMIERS PAS VERS L'AMÉRIQUE.

Idée qu'a M. de Vergennes des embarras de l'Angleterre. — Échec de l'Espagne à Alger; comment le ministre en fait consoler Charles III. — Un propos de lord Rochford; rapport qu'en font le comte de Guines et le prince de Masserano. — Comment l'attitude prise à Londres par le cabinet de Versailles donnait le change sur nos dispositions; instructions conformes envoyées par suite nouvellement. — Prévisions montrées à Charles III et conseils qu'on lui demande; première esquisse de l'union avec l'Amérique. — M. de Guines propose d'envoyer quelqu'un à Philadelphie; mission de Bonvouloir; Beaumarchais. — Louis XVI interroge son oncle sur les dispositions de l'Espagne dans l'éventualité de la guerre. — Les relations et les informations de Beaumarchais à Londres; on concerte son *Mémoire au roi;* Louis XVI y fait donner suite. — Bonvouloir part pour l'Amérique. — Réponse de Charles III à son neveu; il l'invite à refaire sa marine; état de celle de l'Espagne. — Vues du gouvernement de Madrid sur les mesures à prendre; M. de Grimaldi les confirme personnellement; il détermine le terrain commun; situation difficile qu'il avait. — A quoi le cabinet anglais bornait alors ses projets; assurances qui lui étaient données par notre ambassadeur. — Billet de lord Rochford sur des secours secrets à l'Amérique; sentiments que le cabinet de Versailles laisse voir à l'ambassade.

Le comte de Vergennes aurait été peu partisan de l'expédition du roi d'Espagne contre Alger. Prévenu, il se serait employé à l'en détourner. Il eût cherché à empêcher ce prince de disséminer ses forces dans de petites guerres, en ayant une plus grave à craindre ou à affronter. Mais la France avait été un témoin non averti de l'entreprise sur Alger, on devait se borner à en attendre l'évènement. Attentif à donner au marquis d'Ossun la note exacte des impressions et des sentiments dans lesquels il souhaitait de voir les deux cours, le ministre lui écrivait au milieu de juillet, à propos de l'escadre anglaise du golfe de Biscaye[1] :

Jai recû M. la lettre que vous m'aves fait l'honneur de m'ecrire le 6 de ce

1775.

[1] Guines, par qui il avait été tenu au courant, mandait de Londres le 13 juin : « Les « quatre vaisseaux de ligne destinés à croiser « dans le golfe de Biscaye sont assemblés à la

mois. J'en ai rendu compte au Roi qui a recû avec la plus entiere satisfaction les assurances que le Roi son oncle vous a autorisé a lui donnér de ses dispositions pour rendre lopinion de leur parfaite union aussi eclatante quelle est en elle meme solide et constante. Sa M^{te} vous charge M. de len remercier expressement et de temoignér à Sa M^{te} Cq̃ue combien elle est sensible a la maniere amicale avec la quelle M. de Guichen a ete recû a la Corogne et aux facilités de toute espece quon luy a procurées pour le radoub de la fregate et pour le service de la petite escadre quil commande.

Suivant nos nouvelles de Londres du 14 de ce mois les Anglois netoient pas encore guerris de leurs inquietudes sur la destination de la flotte espagnole qui setoit rassemblée à Carthagene, cependant ils faisoient de leur mieux pour les dissimulér en même tems cependant quils prennoient des precautions pour se tenir prets a tout evenement. Independament de lescadre dévolution quils ont envoyée dans le golphe de Biscaye et qui est composée de 4 v^x de ligne ils en armoient encore 5 autres quon suposoit destinés pour Gibraltar ou il paroit qu'on apris chaudement l'allarme des préparatifs des Espagnols. Mais cette destination pourra bien etre contremandée des quon saura positivement a Londres la flotte espagnole engagée sur la cote d'Alger. Les Anglois ne sont pas en situation de se livrér a des depenses de pur aparat, lAmerique septentrionale en exige de si immenses que quelque soit lissue de ce qui sy passe lAng^{re} se ressentira longtems de setre embarquée si legerement dans une entreprise dont elle auroit pu et du mieux mesurer letendue. Ne lui reprochons pas des fautes qui nous sont salutaires, il est heureux que cette puissance qui aspiroit a se rendre si formidable s'epuise par sa propre inconsideration.

A Versailles le 21 juillet 1775.

Espagne, t. 576, n° 155.

L'expédition, toutefois, était devenue aussi rapidement malheureuse que le roi d'Espagne et son ministre avaient mis d'illusions à la préparer et cherché de satisfaction à la tenir secrète. L'amiral

---

« rade de Portsmouth depuis le 10 de ce mois; « on y ajoute deux frégates et deux corvettes; « cette escadre fera voile dès que Milord Sand- « wich qui étoit attendu à Portsmouth le 12, « partira pour Plymouth. » (*Angleterre*, t. 510, n° 112.)

PREMIERS PAS VERS L'AMÉRIQUE.   113

O'Reilly avait échoué, ses forces et son escadre revenaient maltraitées 1775.
par la mer et par le feu. L'effet allait être déplorable à Londres et à
Lisbonne, Charles III découragé, la considération militaire de la
maison de Bourbon un peu plus atteinte encore, tandis qu'il aurait
tant importé que l'on vît tout le contraire. M. de Vergennes redoutait
trop ces conséquences-là pour qu'elles ne lui sautassent pas à l'esprit.
Sur l'heure il s'occupe d'en prévenir les suites. Il récrit à Ossun le 28,
et sa dépêche n'est pas la moins à retenir entre toutes celles dont il
fit la minute :

Je n'ai pas joui longtems Monsieur de l'esperance que vous avés voulu me
faire partager touchant le succès de l'armement de l'Esp^e contre Alger. J'avois
a peine eu le tems de lire la lettre que vous m'avés fait l'honneur de m'écrire
le 13 de ce mois, lorsque j'ai été informé que le chargé des affaires d'Angleterre avoit recu un courrier parti de Madrid le 17. Les details qu'il a publiés
ne repondent pas à la juste confiance que l'on mettoit dans des mesures
combinées avec autant de sagesse et de prevoyance. Mais c'est le sort de la
plus part des expeditions eloignées surtout lorsqu'elles sont liées avec l'in-
constance des elemens. Il y a le chapitre des accidens qu'on ne peut jamais
calculer avec quelque sureté. D'ailleurs Alger etant un point unique ou toutes
les forces de cet État pouvoient se concentrer sans risque d'en etre ecartées
par des diversions d'un certain intérêt, il ne doit pas paroitre surprenant M^r,
que la force de résistance ait prévalu sur celles de l'attaque malgré la bravoure
naturelle aux Espagnols et les efforts incroyables qu'ils ont fait dans cette
occasion.

Quoiqu'il ne soit jamais agreable de voir echouer une entreprise, cependant
on doit avoir d'autant moins de regret a l'inutilité de celle ci qu'elle a etabli
d'une maniere solide l'opinion de ce que peut l'Espagne, et de ce qu'elle seroit
en etat de faire si on la provoquoit. Tout est d'ailleurs dans son entier, car je
ne suposerai pas que les Anglois, quelque presomptueux qu'ils puissent être,
s'imaginent que la depense qui vient d'etre faite epuise le trésor de l'Espagne.
Nous ne prenons pas le change ici, et nous n'oublions pas que Sa M^{té} Cath^e
nous a fait confier longtems avant qu'il fut question d'une expedition contre
Alger, qu'Elle vouloit se mettre en etat de pouvoir faire un embarquement.

I.   15

IMPRIMERIE NATIONALE.

de 20 mille hommes au moment ou le besoin le requereroit. Elle ne pouvoit en acquerir la faculté et la certitude que par une revue exacte de ses moyens et de la celerité de leur jeu. Ce prince vient de la faire, et a cet egard il a lieu d'etre content de leur developement. A partir de cette donnée, nous pouvons regarder les vues contre Alger comme finies. La saison des orages approche, et cette côte si difficile dans les tems les plus calmes est inabordable dans tout autre. D'ailleurs si le Roi Cath° veut veritablement reprimer Alger, c'est plutost par la mer que par la terre qu'il y reussira. C'est la piraterie de cette Regence bien plus que son domaine qu'il seroit interessant d'attaquer. Boucler son port, empêcher ses corsaires de sortir ou de rentrer lorsqu'ils seront sortis, voila ce qui les fatigueroit et les mineroit bien plus qu'une attaque en front a laquelle ils ont des moyens a opposer. Toute leur marine reunie ne seroit pas suffisante pour preter le coté a un vaisseau de ligne et une fregate qui croiseroient à la hauteur de leur port. Si on prenoit ce parti, il en resulteroit un double avantage. Le 1er de borner les courses des Algeriens en quoi la pieté et l'humanité sont interessées et le second, que Sa Majesté Cath° auroit toujours un certain nombre de vaisseaux en armement lesquels sous pretexte d'entretenir et de relever cette station, pourroient servir a d'autres destinations au moment ou l'indice du besoin le demanderoit. C'est l'Angleterre qui doit interesser de preference a tout la vigilance des deux couronnes. Cette nation est si depravée dans sa politique comme dans sa morale, qu'on ne peut pas même se reposer sur les considerations qui doivent le plus l'eloigner d'entreprendre la guerre. La France et l'Espagne doivent tenir pour maxime certaine qu'elles ne peuvent compter sur la paix avec l'Ang^{re}, que lorsqu'elles se montreront a elle dans une situation a lui faire tout aprehender de la guerre. C'est à se mettre dans cet état que les deux puissances doivent raporter toutes leurs combinaisons et toutes leurs vües; c'est sur ce plan que nous travaillons ici, et nous ne nous en relacherons pas. Alger et Maroc sont des mouches plus incommodes que dangereuses, mais l'Angleterre est le monstre contre lequel il convient d'etre toujours preparé.

Je vous rendrois mal Monsieur la sensation penible que le Roi a eprouvée en apprenant l'evenement d'Alger. Son amitié pour le Roi son oncle a seul inspiré le sentiment de peine auquel Sa Majesté a été accessible. Elle ne s'est pas d'ailleurs meprise sur les consequences d'un evenement qui n'etant malheureux que par une suite de hazards ne peut en aucune manière influer sur l'opinion qui n'est pas moins düe à la personne même de Sa M^{té} Cath^e, qu'à sa puissance. Mais il seroit dangereux d'y revenir. Laissons nos envieux s'epuiser en vains projets, profitons de leurs fautes. Les Anglois se sont embarqués inconsiderement dans une guerre avec leurs colons de l'Amerique qui leur coute des a present fort cher et qui pourra bien leur couter par la suite une partie de leur existance commerciale. Leur affoiblissement qui en sera la conséquence necessaire preparera aux deux couronnes les moyens de reprendre, et peut-être même sans coup ferir la superiorité de consideration et d'influence qui fait toujours la récompense d'une administration sage et bien compassée. Vous voudres bien reserver pour vous seul Monsieur des reflexions qui echapent a mon cœur. Je suis nourri dans le sentiment de la grandeur des deux puissances, vous connoisses la force de l'habitude; d'ailleurs je trouve de la satisfaction à manifester ce sentiment a quelqu'un qui le partage aussi sincerement que vous le faites.

A Versailles le 28 juillet 1775.

Espagne, t. 576, n° 173.

1775.

Le ministre réservé et précautionné de Louis XVI prenait ainsi l'échec des armes espagnoles comme la plus heureuse occasion de dire avec force ce qu'il n'avait osé encore qu'indiquer doucement. Il a désormais dénoncé l'ennemi, fait voir la nécessité de s'apprêter contre lui, donné l'assurance que le roi de France agit en conséquence : « C'est sur ce plan que nous travaillons ici et nous ne « nous en relâcherons pas. » En recommandant à Ossun de garder ces réflexions par devers lui, il ne doutait certainement point que celui à qui elles étaient destinées ne tarderait pas à les entendre. Il les entendrait enveloppées dans les consolations les plus douces à ses sentiments de souverain, les mieux faites dès lors pour l'encourager à s'associer aux idées de la France. Le cabinet anglais se chargeait, au reste, à la même heure, de confirmer les pronostics et les conseils de M. de Vergennes. Tandis que le ministre écrivait à Madrid, le prince de Masserano et le comte de Guines faisaient connaître chacun à leur gouvernement que les dispositions de la cour de Londres ne permettaient plus la sécurité. A propos des questions relatives à Terre-Neuve, M. de Guines avait parlé à lord Rochford avec une insistance trop justifiée par les inépuisables moyens dilatoires qu'opposait celui-ci, et le chef du *Foreign office* lui avait fait une de ces réponses qui, sous une narquoise apparence de bon vouloir, n'annoncent que mieux des dispositions menaçantes. Notre ambassadeur en rendait compte comme il suit :

Ce Ministre m'a confié hier que nombre de personnes des deux partis étaient intimement persuadées que le moyen de faire cesser cette guerre d'Amérique étoit de la déclarer à la France, et qu'il voyoit avec peine cette opinion s'accréditer. Nous avons discuté fort longtemps et fort amicalement cette question; je vous assure, Monsieur, que tout ce que l'on dit pour est très extraordinaire, et peu rassurant. Les partisans de ce plan ne sont point arrêtés par l'alliance de l'Espagne; ils disent que l'Angleterre a bien combattu avec succès cette puissance et la France réunies à la fin de la dernière guerre, et s'appuient sur cet exemple. Ils vont même s'y appuyer davantage après l'échec que vient de recevoir l'Espagne et qui en fera ici un terrible pour notre considération politique. Ils avancent que la crainte d'une guerre malheureuse pour l'Angleterre, qui finiroit par remettre la France en possession du Canada, seroit l'épouvantail le plus certain pour l'Amérique où le voisinage de notre religion et de notre gouvernement est extrêmement appréhendé; ils disent enfin que les Américains forcés par une guerre de renoncer au projet de liberté et de se décider entre nous et eux, leur donneroient sûrement la préférence. Milord Rochford, Monsieur, est lui-même convaincu de tout cela, je vous en réponds, et ces principes me paroissent bien dangereux dans les circonstances présentes. Car enfin, pourquoi le ministère de Sa Majesté Britannique est-il pacifique à notre égard? C'est pour conserver ses places qu'il ne se sent pas en état de garder en temps de guerre à laquelle ses talents sont peu propres; il ne faut pas leur chercher de vues plus relevées; par la même raison, il pourra devenir belligérant s'il n'a plus rien de mieux à faire, et si le vœu de la guerre devient celui de la majeure partie de la nation. En même temps, Monsieur, que j'expose et que je dois exposer ces vérités au Roi et à son conseil, je ne dois pas lui dissimuler, non plus qu'il est également nécessaire et dangereux de se garantir : nécessaire de se mettre à l'abri d'être surpris, dangereux d'inspirer ici des alarmes; le point milieu est bien difficile à tenir.

A Londres le 28 juillet 1775.

Angleterre, t. 511, n° 52.

M. de Guines avait rapporté la conversation au prince de Masserano. Celui-ci la faisait connaître à son gouvernement, le 1ᵉʳ août, sous un jour moins favorable encore. Les commentaires qu'il y ajoutait et la maturité de son jugement donnaient un poids particulier à sa dépêche. Il attachait à ces commentaires assez de valeur, qui plus est, pour envoyer son pli ouvert dans le courrier du comte d'Aranda, à l'intention de M. de Vergennes. Après avoir tracé le tableau des difficultés croissantes que le ministère anglais rencontrait en Amérique et de l'embarras inextricable où il le voyait vis-à-vis du Parlement, signalé l'imminence du retour de lord Chatham, l'imminence de la guerre contre la maison de Bourbon dès lors, le prince touchait du doigt la plaie sensible au ministre en attribuant à notre attitude craintive le langage d'intimidation qu'on nous tenait à Londres. En cela, d'ailleurs, il était si bien dans le sentiment espagnol que le comte d'Aranda s'empressa de mettre le ministre à même de traduire la lettre et d'y lire ceci :

Peut être Mᵈ Rochford sachant que la France n'est pas en état de commencer la guerre, et qu'elle montre trop d'inclination à l'éviter, a-t-il voulu l'intimider [l'ambassadeur de France] par cette confidence affectée. Jamais ce Ministre ne m'a tenu un pareil propos, et c'est sans doute parce qu'il nous voit armés. Mais soit parce que Mᵈ Chatham rentrera dans le Ministère, ou parce que les ministres actuels veulent l'imiter dans sa façon de penser, nous pouvons quand nous y penserons le moins, voir éclater une rupture, et il est de mon devoir de vous dire que les Anglois ont 14 m. hommes en Amérique, et que leurs forces navales, y compris celles qui vont les joindre, consistent en 57 navires de guerre de différentes grandeurs, comme vous le verrez par l'état ci-joint. Je ne dois pas cacher à la pénétration de S. M. que les disputes de l'Amérique composées d'une manière ou d'autre ou les Colonies perdues pour la Métropole, il peut venir à l'esprit du Ministère anglais d'employer contre nous les armes qu'il a dans cette partie, croyant gagner par là de quoy compenser les dépenses qu'il aura faites pour les reduire, ou pour reparer ses pertes. Je ne dis pas que cela arrivera mais la prudence exige de prévoir pour y aporter à tems le remède. C'est une réflexion que je ne puis m'empêcher de vous présenter.

D'autres parties de cette lettre fortifiaient d'ailleurs M. de Vergennes dans son sentiment, d'abord quant à l'entente de l'Angleterre avec le Portugal contre les deux Couronnes, en second lieu quant aux prévisions qu'il y avait à fonder sur le retour de lord Chatham au pouvoir, et sur la propension des Anglais à chercher dans la guerre contre l'Espagne et la France la compensation des sacrifices qu'ils pourraient faire aux Colonies :

Je ne dois pas vous cacher non plus qu'on n'est pas affligé ici du mauvais succès de notre expédition à Alger. M^d Rochford, que j'avois prié de me donner les nouvelles qu'il en recevroit, en lui promettant de lui communiquer celles qui m'arriveroient, m'a écrit le 28 du mois passé un billet pour m'informer de ce que lui mandoit l'ambassad^r M^d Grantham par un courrier dépeché le 17. Je sais quaussitot qu'il eût reçu cette nouvelle il la communiqua au Chev^r Pinto, ministre de Portugal, preuve evidente de la confiance qui règne entre les deux Cours; d'ou j'infère que si nous rompons avec le Portugal, cette nation-cy les secourera de toutes ses forces.

Je ne puis m'empêcher de lui dire [à lord Rochford] que je verrois avec peine un changement de Ministère, parceque je regardois ceux qui le composent comme portés à la paix qui convient à tout le monde, et qu'il me seroit fort sensible de voir entrer M^d Chatham, parcequ'il seroit nécessaire des lors que nous nous préparassions à la guerre. Le Ld Rochfort me demanda si je l'écrirois ainsi à ma Cour, je lui répondis franchement qu'oui. Dans le cas où M^d Chatham prendroit les rènes du Gouvernement, il est vraisemblable qu'il trouvera moyen de reconcilier les Colonies avec leur mère-patrie, et si pour cela il se voit obligé de leur accorder des avantages contraires à ceux du commerce et que la nation crie, il est très capable de l'apaiser en déclarant la guerre à la France et à l'Espagne. Ils trouveront toujours de l'argent pour nous la faire, parceque la manie générale ici est de croire que c'est l'unique moyen d'enrichir leur pays, se rapellant trop souvent nos disgraces de la dernière guerre.

Le prince de Masserano finissait par ceci :

J'envoye cette lettre ouverte au Cte d'Aranda, afin qu'étant informé de la façon de penser de ce Ministère par raport à la France, il en fasse l'usage que ses lumières lui suggéreront dans ses conférences avec le Ministère de France, que je voudrois bien voir persuadé de la nécessité de se préparer à une guerre, a laquelle il pourra se trouver engagé sans le vouloir. Un moyen sûr de l'éviter est que la cour de Londres remarque la nôtre et celle de France d'accord en tout et disposées à prendre les armes toutes les fois qu'on leur fera le moindre préjudice ou la moindre menace.

Londres 1er août 1775.

Espagne, t. 577, n° 4.

Le cabinet de Louis XVI pouvait envier à celui de Madrid la faculté, pour son représentant à Londres, de dire si nettement que la réalisation de certaines éventualités serait le signal de s'apprêter à se battre. Du moins la lettre de l'ambassadeur espagnol montrait-elle que notre attitude en Angleterre produisait l'effet voulu, puisqu'elle donnait si bien le change sur ce que l'on pensait et combinait. Le cabinet s'étant concerté aussitôt, M. de Vergennes envoya à la fois le 7 août au comte de Guines pour répondre à son rapport, et à Ossun pour donner suite aux indications de l'ambassadeur d'Espagne, les instructions que leurs communications comportaient; les deux minutes se suivent, écrites sans intervalle. Au premier, il est loin de prescrire une autre manière d'être que par le passé; Guines, au contraire, raisonnera avec les ministres du roi d'Angleterre, leur fera entrevoir que les conditions d'une guerre aux deux Couronnes ont changé, qu'elles seraient moins favorables qu'autrefois, il essaiera de surprendre à leur conversation le secret de leurs résolutions ou de leurs calculs. Le ministre détaille cela longuement; on sent qu'il veut en imprégner l'ambassadeur et se servir du penchant de celui-ci à se répandre, pour agir sur l'opinion des hommes politiques de l'Angleterre. Il lui insinue même, de voir s'il ne serait pas à propos de nouer dans l'opposition, pour le cas où elle reviendrait aux affaires, des engagements en vue d'une politique différente :

Nous sentons ici, M. combien la position de ce Ministère devient chaque jour critique, mais nous avons peine à concevoir qu'il y ait des gens assez peu éclairés parmi eux pour regarder dans la circonstance présente la guerre contre la France comme un port de salut. Cependant la confidence que le lord Rochford vous a faite de la disposition la plus générale des esprits et que vous le soupçonnez même de partager, cette confidence, dis-je, quoique bien singulière et même très-étonnante, mérite toute l'attention que vous y donnez et que vous nous invitez à y donner nous-mêmes.

S'il ne s'agissoit pour détourner l'Angleterre d'une vue, qui n'est pas moins extravagante qu'injuste, que de dévoiler l'absurdité des raisonnements sur lesquels on s'appuie, la tâche ne seroit pas difficile; parce que l'Angleterre, dit-on, a combattu avec succès à la fin de la dernière guerre la France et l'Espagne réunies, on en tire la conséquence qu'il en sera toujours de même. Le sort des armes étant journalier, on ne peut prévoir ce qui arriveroit, mais toutes les combinaisons raisonnables ne viennent point à l'appui de l'opinion qui paroit prévaloir à Londres. A la fin de la dernière guerre, la marine de la France étoit anéantie, celle de l'Espagne étoit à peine à son berceau; l'Angleterre disposoit des forces et des richesses de l'Amérique septentrionale, elle y trouvoit des ressources de toute espèce pour la promptitude de ses embarquemens et pour le succès de ses entreprises. Le tableau n'est plus le même. Quant à l'épouvantail qu'on voudroit faire de nous aux Américains, il ne faut pas une habileté, même médiocre, pour imaginer ce moyen de rassurer ce peuple si jaloux de sa liberté et de son indépendance; le conseil du roi d'Angleterre se trompe grièvement s'il se persuade que nous regrettons autant le Canada qu'il peut se repentir d'en avoir fait l'acquisition.

Une erreur non moins capitale, ce sont les conséquences qu'on paroît vouloir tirer de la retraite des Espagnols de devant Alger; s'ils y ont perdu quelque monde, leur marine n'en est pas moins entière, aucun de leurs bâtiments n'a souffert le plus léger désastre; mais suivant ce que vous nous marquez, Monsieur, ce ne seront pas la réflexion et le raisonnement qui détermineront la guerre; l'embarras, le désespoir des Ministres l'opéreront seuls. Pacifiques dans la vue de se soutenir dans leurs places, ils deviendront belligérants s'ils croient que ce soit un moyen de les conserver. La prudence la plus consommée n'a rien à opposer à de pareils principes, et le Roi tranquille sur la foi des traités, sur sa religion à les observer, ne provoquera pas l'orage qu'il désireroit, par amour pour l'humanité, de pouvoir conjurer : Mais Sa Majesté l'attendra sans s'ébranler. Sa sagesse saura tenir le juste milieu que vous recommandez entre des mesures précipitées qui annonceroient des desseins hostiles de sa part, et des précautions qui ne tendront uniquement qu'à prévenir la surprise dont on nous menace.

Quoique un avis aussi important que celui dont vous avez rendu compte mérite d'être éclairci, l'intention de Sa Majesté n'est pas, M. que vous demandiez aucune explication ministérielle, ni même que vous paraissiez l'avoir informée du propos très-extraordinaire que le lord Rochford vous a tenu, mais comme ce ministre s'est monté vis-à-vis de vous sur un ton de confiance dont vous avez dû être surpris vous-même, ne pourriez-vous pas en adoptant le même système lui insinuer successivement une partie des réflexions que je vous ai exposées plus haut, et lui faire sentir, comme de vous-même, la différence des temps et des situations respectives qui est tout à l'avantage de la France et de l'Espagne si l'on considère l'étroite union et intelligence qui règnent entre elles, l'abondance de leurs moyens et même le fruit qu'elles doivent avoir tiré de leurs disgrâces passées. Je ne me persuade pas, M. que ces considérations présentées amicalement changent la nature des idées du conseil d'Angleterre s'il est décidé à la guerre, mais elles pourroient échauffer la tête du lord Rochford, et pour peu qu'il soit porté à la loquacité, l'engager dans des explications qui vous mettroient sur la voie, sinon de pénétrer, du moins de pressentir le progrès que le dessein pourra faire ou avoir fait. Vous sentez, M. de quelle importance il est, si nous ne pouvons détourner le coup, de prévoir du moins l'époque à peu près où il pourra être frappé; c'est ce que les différentes intelligences que vous vous ménagez pourront vous procurer; la correspondance des ports, les notions que vous recevez du bureau des plantations, enfin les liaisons que vous avez dans le parti de l'opposition, tout cela doit vous mener sinon à des résultats absolument certains du moins probables. Le Roi connoît votre zèle pour son service, et Sa Majesté est bien convaincue que vous ne négligerez rien de ce qui sera dans votre pouvoir. Comme vous êtes à portée, Monsieur, de connoître les influences qui prédominent en Angleterre, n'imagineriez-vous pas des moyens pour captiver quelques-unes des principales. Il est sensible que le but des chefs de l'opposition est de renverser les Ministres actuels et de s'établir à leur place; croiriez-vous qu'il n'y en auroit point d'accessibles à l'idée de suivre leur projet sans multiplier le nombre des fléaux qui déchirent leur patrie; ceci est un objet de consultation que je propose à votre sagacité.

Du reste, Guines ne devra ni agir, ni parler, ni entendre sans que l'ambassadeur d'Espagne y participe; il en reçoit l'invitation positive. Le ministre se complaît d'ailleurs à faire valoir, pour qu'il le répète aux Anglais, la vitalité dont l'Espagne vient de donner la preuve par cette expédition d'Alger, toute manquée qu'elle est, et Gérard écrit encore dans ce sens quelques jours après[1]; mais il est mis en même temps à même de faire comprendre à M. de Masserano que si l'Angleterre menace la France, l'Espagne n'est pas exposée à un moindre danger :

Sa Majesté m'ordonne de vous recommander, M. d'entretenir le concert le

---

[1] « Nous ne devons pas être surpris, M. que « la disgrâce des Espagnols sous Alger fasse une « grande sensation en Angleterre; il seroit à « désirer sans doute que cette entreprise n'eût « pas eu lieu; toutefois, elle annonce une éner- « gie de la part de cette puissance et une faci- « lité dans le développement de ses moyens « qui peuvent faire une grande impression sur « les Anglais. C'est sans doute pour se rassurer « qu'ils exagèrent comme ils le font la perte des « Espagnols; nous savons qu'elle n'a pas été « aussi considérable qu'on l'avoit répandu, et « que le plus grand nombre des blessés ne le « sont que légèrement. On ne peut guère mettre « en doute, comme le roi d'Angleterre l'a dit, « M. que l'intrigue ait contribué à faire échouer « cette expédition; où n'y en a-t-il pas ? mais « le succès en paraîtra toujours très-équivoque « à quiconque aura des notions de la position « d'Alger et de ses ressources. » (A Versailles le 13 août, minute de Gérard; *Angleterre*, t. 511, n° 80.)

plus intime et l'intelligence la plus confidente avec l'ambassadeur d'Espagne, et de ne lui rien laisser ignorer de tout ce qui vous reviendra des dispositions de l'Angleterre par rapport à l'une ou à l'autre des Couronnes; quoique nous soyons les plus immédiatement menacés, il ne seroit pas étonnant que l'orage fondît sur l'Espagne plutôt que sur nous; les Anglais peuvent espérer d'aussi grands avantages et même de plus considérables contre elle que contre nous, et s'ils ont encore assez de pudeur pour vouloir colorer de quelques prétextes l'injustice de la guerre, ils peuvent en trouver plus facilement contre l'Espagne, et même en emprunter des démêlés subsistant entre les Espagnols et les Portugais.

A Versailles le 7 aout 1775.

Angleterre, t. 511, n° 72.

M. de Vergennes tenait un autre langage à son représentant à Madrid. Après sa dépêche du 28 juillet, il n'avait pas à le convaincre que l'on partageait à Versailles les appréhensions et les idées du prince de Masserano; cette dépêche en avait assez témoigné d'avance. Mais l'ambassadeur espagnol avait fourni l'occasion d'obliger le gouvernement de Madrid à manifester ce qu'il se sentait disposé à faire. Le ministre de Louis XVI écrit donc directement à M. de Grimaldi et en même temps une longue lettre à Ossun. Sa lettre au premier ministre n'est pas dans nos archives; mais une réponse qu'il dut adresser presque aussitôt à celui-ci et la dépêche à Ossun marquent exactement le sens dans lequel cette lettre était conçue. A Ossun il analyse le rapport de M. de Guines, lui envoie une copie de la dépêche qu'il lui a suggérée, puis, mettant en relief les grands risques que court l'Espagne dans les risques communs, il insinue déjà quelque chose comme une entente avec les Américains. Il s'en remet d'ailleurs à Charles III de fixer le roi son neveu sur ce que la France doit faire :

A Versailles le 7 aoust 1775.

Je vous ai souvent entretenû M. de la necessité d'une vigilance soutenue de la part des deux Couronnes sur les intentions et les vûes de l'Ang^re. Ma prevoyance alors generale etoit fondée sur le peu de sureté que l'on peut avoir des dispositions d'une nation souvrainement inquiete et ambitieuse, qui ne peut rester longtems dans une meme situation et qui nestime ses avantages qu'autant quils sont nuisibles a ses voisins.

Nous etions informés depuis asses longtems M. que cetoit une opinion asses accreditée dans lopposition et quon cherchoit a rendre populaire que le moyen de faire cessér la guerre de lamerique seroit de la declarér aux deux Couronnes. Jusquici le ministere B^{que} avoit parù resister a une idée qui ne doit pas mieux cadrér avec ses interets propres qu'avec ceux de son pays. Soit que de nouvelles combinaisons fondées sur la resistance de l'Amerique, soit que le desir de regagnér de la popularité le portent a changer d'avis, il nous revient de plus dun endroit quil incline a renoncer a son sisteme pacifique, et ce qui est plus remarcable encore un des principaux membres qui le composent s'entretenant confidement avec M. le Cte de Guines lui parla de la necessité de la guerre contre les deux Couronnes non plus comme dune opinion particuliere a l'opposition mais comme dun sentiment qui trouvoit faveur dans les deux partis et quil voioit avec peine s'accréditer, tout ce que le ministre anglois avanca dans la suite de sa conversation dut convaincre notre ambassadeur quil ne seloignoit pas lui meme de cette doctrine. Selon lui les partisans de ce plan ne sont point arretés par l'alliance des deux Couronnes, ils disent que l'Ang^{re} a bien combattu la France et lEsp^e reunies a la fin de la derniere guerre, et ils sapuyent sur cet exemple. Au pis aller la crainte dune guerre malheureuse qui finiroit par remettre la France en possession du Canada seroit lepouventail le plus certain pour lAmerique ou le voisinage de notre religion et de notre gouvernement est extremement aprehendé. Je ne rapellerai pas ici M. toutes les mauvaises raisons quon entasse pour justifier une vùe qui n'est peut etre pas moins extravagante quinjuste. Si elle acquiere plus de consistance les aparances sont que les premiers coups tomberont sur nous. Si jamais il y eut une guerre sans motif ce sera assurément celle-là, il n'y a pas dans le moment je ne dirai pas M. l'ombre dune querelle mais le sujet de la plus legere discussion entre nous et les Anglois.

La confiance du Roi dans lamitié et dans la sagesse du Roi son oncle ne lui permet pas de s'arreter a aucun parti decisif avant de savoir quelle est sa façon de pensér et quelles peuvent etre ses vùes. Sa M^{té} sent quil est egalement necessaire et dangereux de se garantir de la mauvaise volonté des Anglois, necessaire de se mettre a l'abri d'être surpris, dangereux d'inspirer des allarmes qui pourroient provoquér et accélerer les hostilités.

Le Roi se reposant sur les traités et sur sa fidélité religieuse a les observer est bien éloigné de vouloir donner occasion à une guerre qu'il desire plus tot d'eviter, mais comme il peut y être forcé la prevoyance de S. M^{té} s'est bornée à ne prendre pour le moment que les mesures les plus simples de precaution; Elle ne pense pas a faire aucun armement qui autoriseroit les Anglois a augmenter les leurs, elle se contente de presser autant qu'il sera possible lenvoy des troupes quelle sest proposee de faire passer en Amerique pour la deffense de ses isles, de faire hater sans affectation les travaux ordonnés dans ses chantiers, et de faire garnir ses magasins de marine de tout ce qui est necessaire pour l'armement de ses vaisseaux. Voilà M. tout ce quon peut raisonablement faire en attendant que les circonstances nous forcent a aller plus loin.

Lisle de St Domingue etant une possession commune aux deux Couronnes, le Roi remet à la consideration du Roi son oncle les mesures qu'il peut y avoir a prendre a cet egard, S. M. C^{que} peut etre assurée quelle trouvera de ce coté ci tout lempressement possible pour former le concert le plus etroit non seulement a cet égard mais encore a tout autre; Porto rico peut etre menacé tout aussi bien que nos isles, lavantage que les anglois en retireroient pour commander sur le golphe du Mexique et a toutes les isles au dessous du vent est un apas qui peut les seduire, ils ne se dissimulent pas quils ne peuvent attaquer lune des couronnes sans avoir lautre immediatement sur les bras, il est donc indifferent pour eux de quel coté ils fraperont les premiers coups et il est sensible quils les porteront la ou ils verront le plus d'avantages et le plus desperances de succès; nous ne devons pas nous dissimulér que sils se determinent a la guerre ce sera de la part du ministere dans la vue de compenser la perte de lAmerique septentrionale qui lui echape et par cette diversion se derober a la vangeance publique. le ministere anglois n'a été pacifique que par ce que ce sisteme convenoist a sa sureté personnelle, le meme interest de sureté peut le rendre aujourdhui belligerant.

Il est vraisemblable M. que si la cour de Londres se determine a la guerre elle debutera par des pirateries saisissant indistinctement les navires marchands de lune et de lautre nation. Cette prevoyance semble interresser encore plus l'Espagne que nous eu egard aux riches cargaisons quelle recoit de lAmerique; je ne me permettrai pas de suggérer les precautions quil peut convenir de prendre a cet egard, mais nous pensons ici qu'au 1er acte dhostilité bien avoué de la part de l'Ang^{re} ce ne sera pas le cas duser de moderation, mais quil sera a propos de se saisir de tous les navires anglois que lon pourra rencontrer a la mer et qui se trouveront dans les ports. Ce sera priver lAng^{re} dun certain nombre de matelots et c'est de toutes les pertes la plus sensible pour elle. Nous estimons cependant quil conviendra d'excepter les navires appartenans en propre et chargés pour le compte des habitans de lAmerique septentrionale, il ne seroit pas politique de faire peser sur eux une guerre dont ils ne seroient que la cause innocente et par une rigeur outrée de leur faire regretter et de les repousser vers le joug quils sefforcent de secouer. Peut etre meme conviendroit il de rendre une declaration commune qui les parifiant a un peuple libre et indépendant les conviat a se rendre dans nos ports respectifs en leurs y assurant la liberté et des avantages de commerce. Mais le parti a prendre à cet egard devra dependre des circonstances ou lAmerique se trouvera alors. L'intention du Roi est que toutes les fregates et autres petis batimens qui ont ete commissionnés cet été soit pour des evolutions soit pour des croisieres restent armés pour etre prets a tout evenement, il seroit a desirer que le roi d'Esp^e voulut bien egalement tenir en etat larmement quil a preparé et pour ne pas attirer prematurement une flotte angloise dans la Mediterrannee quil fit repasser a Cadix et au Ferrol les batimens qui en ont eté tirés. La continuation de la guerre contre Maroc seroit un motif suffisant pour ne pas desarmer, et cette demonstration sans etre formidable pourroit cependant donner à penser aux Anglois et les rendre plus reservés a se livrer a lintemperance de leurs idées et a la fougue de leur presomption. Mais vous ne ferez quune tres legere insinuation a ce sujet, S. M^{té} sen raportant entierement au Roi son oncle de ce quil croira de plus convenable et de plus avantageux pour la cause commune.

Le Roi nestime pas que dans la circonstance présente et malgré l'interest quil y auroit de faire expliquer les Anglois sur leurs intentions quil convienne de provoquer aucune explication ministeriale nous perseverons dans le meme sentiment que jexposai dans ma lettre a M. le Cte d'Aranda du 9 may dernier, en effet que pourrions nous attendre de la part des Anglois si ce nest des assurances trompeuses qui nous lieraient peut etre les mains sans nous donner aucune sureté. Je joins ici lextrait de la depeche que jexpedie a M. le comte de Guines, vous y observeres la marche que nous lui prescrivons et que nous ne lui recommandons rien plus expressement que le concert le plus intime et lintelligence la plus confidentielle avec M. le prince de Masseran, nous nous flattons que S. M. Cath^e voudra bien donner le même ordre a son ambassadeur.

Vous aurez agreable de communiquer confidement le contenu de cette lettre a M. le Mis de Grimaldi et de vous concerter avec lui sur l'usage que vous devrés en faire auprés de S. M. C^{que}. Si vous aves occasion dentretenir ce prince vous voudres bien M. lassurer de toute la confiance de S. M^{té} dans la sagesse de ses conseils et dans la justesse de ses vûes. Nous ne demandons point le secret a la cour d'Espagne, elle en sentira delle meme limportance et elle a fait preuve quelle sait le garder, nous ne desirons pas cependant que ce soit a lexclusion de M. le Cte d'Aranda, il nignore pas nos circonstances, jai cru devoir len prevenir et je ne lui celerai rien de notre facon de penser dans une occasion si importante pour les deux Couronnes.

J'ai l'h^r etc.

Espagne, t. 577, n° 15.

Il faut remarquer ce que disait là M. de Vergennes à propos des « navires appartenant à des habitants de l'Amérique ou chargés pour eux ». L'idée qu'il ne serait pas politique de faire peser sur ces habitants « une guerre dont la cause se trouverait innocemment en eux », cette déclaration à émettre en commun pour « les parifier à un peuple libre et indépendant et les convier à venir dans nos ports respectifs, où leur seraient assurés la liberté et les avantages du commerce », correspondaient à des démarches que Louis XVI venait d'autoriser et dont son gouvernement envisageait déjà la suite. M. de Guines, précédemment, expliquait que les choses, en Amérique, n'étaient pas ce qu'on avait pensé jusqu'alors, que pas plus lord Chatham qu'un autre ne ramènerait les Colonies à la dépendance, que tous les hommes politiques de Londres se sentaient perplexes, qu'il prenait, lui, en conséquence, divers moyens nouveaux pour être instruit des résolutions du Gouvernement et en informer sûrement le sien[1]. Il ajoutait qu'il fallait penser à avoir d'Amérique même des informations certaines. On lit dans son rapport du 1er juillet :

> Un autre point, Monsieur, qui m'a paru également essentiel, et sur lequel nous ne saurons jamais rien de positif, si nous ne prenons d'autres mesures, c'est ce qui se passera en Amérique parmi les Américains. On ignore ici ce qu'ils sont, ce qu'ils peuvent. Le Ministère lui-même a été trompé; il l'est encore. J'ai pensé qu'il pourroit nous être avantageux, et qu'il seroit au moins satisfaisant pour la curiosité du Roi d'avoir parmi eux un homme capable de les bien voir politiquement et militairement, par conséquent de prévoir les événements, et qui pût au départ de chaque bâtiment marchand nous informer de ses observations... J'aurai l'honneur de vous instruire, Monsieur, de ce qui sera faisable à cet égard; et, même en cas de possibilité, je ne déterminerai rien que vous ne m'ayez transmis les ordres du Roi.
>
> *Angleterre*, t. 511, n° 4.

Mené par les incidents et ne voyant guère au delà, l'ambassadeur, deux semaines après, avait trouvé un prétexte d'abandonner cette proposition, aussitôt acceptée pourtant à Versailles[2]. Elle semblait avoir été concertée avec des membres de l'opposition parlementaire, car l'émissaire qu'il désignerait devait croire être employé par eux[3]. Mais le propos de lord Rochford avait encore fait changer d'avis l'ambassadeur. Ce dernier, le 28 juillet, n'avertissait pas seulement de la menace du ministre anglais; il demandait de nouveau la faculté et les moyens d'envoyer en Amérique un Français, par lui dépeint comme particulièrement apte à la mission de le renseigner. « Dans ces circonstances, disait-il, mettant ses soins à la seule chose qui pût dé-

---

[1] Voir l'annexe I du présent chapitre, n° 1.

[2] Il donne pour raison que, la guerre devant se faire plus sérieusement, aucune lettre ne pourra désormais parvenir. Il offre alors les services d'un des commis du chef du bureau des Colonies, ce qui est accepté tout de suite.

[3] « L'homme employé en Amérique, écrivait « M. de Guines, croira l'etre par une partie de « l'Opposition. » (Rapport, déjà cité, du 1er juillet; *Angleterre*, t. 511, n° 4.)

pendre de lui, c'est-à-dire aux moyens d'être instruit de tout ce qui intéressait le gouvernement anglais, le hasard venait de lui offrir un moyen à ne pas négliger dans un M. de Bonvouloir, gentilhomme français fort au courant des Colonies, y ayant des relations, qui ne demandait qu'à y retourner et qui remplirait le but sans compromettre dans aucun cas personne en dehors de lui-même.» L'offre ne sourit pas moins à Versailles que la première fois. M. de Vergennes la mit «sous les yeux du roi». Le 7, en répondant à l'ambassadeur, il lui faisait connaître qu'elle était acceptée. Il précisait les précautions que ce dernier disait avoir prises, celles qu'il fallait y ajouter, les arrangements convenus et il délimitait ainsi la mission : aucun écrit ne devra la constater; elle consistera à rendre fidèlement compte des évènements et à parler de la France aux Américains comme d'une nation amie, qui «admire la grandeur et la noblesse de leurs efforts» et qui les verrait avec plaisir fréquenter ses ports; il y aura lieu, ajoute-t-il, de «réduire les instructions, qui ne devront être que verbales, à deux objets essentiels : l'un de nous rendre un compte fidèle des évènements, de la disposition des esprits; l'autre de les rassurer contre la frayeur qu'on cherchera sans doute à leur donner de nous. Le Canada est le point jaloux pour eux; il faut leur faire entendre que nous n'y songeons point du tout, que nous sommes loin de leur envier l'indépendance qu'ils travaillent à s'assurer, que nous n'avons nul intérêt à leur nuire, que nous les verrions avec plaisir fréquenter nos ports si des circonstances heureuses leur en donnaient la liberté, qu'ils y trouveraient pour leur commerce des facilités auxquelles ils reconnaîtraient l'estime qu'ils nous inspirent[1].»

C'est ce programme même de conduite avec les Américains que M. de Vergennes avait reproduit en écrivant à Ossun. Il le faisait en termes encore vagues, mais de manière à montrer déjà à l'Espagne les Colonies comme attirées vers les deux Couronnes. Lorsque, quelques

---

[1] Voir l'annexe I, n°ˢ 2 et suivants.

mois plus tôt, Garnier, pour la première fois, avait signalé les linéaments d'entente qu'on avait essayé de faire luire à ses yeux, le ministre les avait écartés comme des provocations insidieuses[1]. Il n'en était plus là maintenant. Son esprit visait ailleurs depuis du temps, quoiqu'il ne l'eût pas laissé paraître dans sa correspondance, et ce n'était pas le seul. A beaucoup de monde les premiers succès des *insurgents* avaient semblé gros de conséquences heureuses; de tous côtés lui venait le conseil d'en profiter pour mettre fin à l'effacement de la France et changer l'état commercial du continent. Le gouvernement de Louis XVI avait à Londres, depuis plusieurs mois, quelqu'un qui regardait ailleurs que l'ambassadeur, écoutait autre part et à qui fut bientôt donné le mandat d'entrer en relations, de préparer ou d'ourdir des concerts. Ce quelqu'un-là allait tenir une certaine place; c'était Beaumarchais. Sa petite origine, dans les conditions sociales d'alors, ne lui permettait que le rôle d'un agent politique ou celui de traitant qu'il y associa peu après; mais il possédait vraiment le sens des choses publiques, outre ses rares facultés de polémique et de comédie. A la fin du règne précédent, il s'était fait employer aux négociations qu'avaient nécessitées les déboires de la politique secrète de Louis XV avec Éon de Beaumont; il y avait pris de l'Angleterre l'idée, commune alors, qu'une révolution intérieure était sur le point d'y éclater, d'y bouleverser toutes choses, que le soulèvement de ses colonies aidant il serait aisé d'avoir raison de sa puissance, et il n'était pas le dernier à faire parvenir des avis dont la source, plus rapprochée du sentiment public anglais que les informations de l'ambassade, confirmait naturellement l'opinion que la

---

[1] Dans une dépêche du 15 mars 1775, notamment, il écrivait à Garnier : « Vous avez « sagement répondu à la personne qui vous a « sondé sur une liaison à former par la France « et l'Espagne avec les pêcheurs Anglois de « l'Amérique; de pareilles ouvertures sont la « plupart du temps des pièges, et vous connois- « sez assez notre politique et notre système à « l'égard de l'Angleterre, pour que vous puis- « siez facilement les éviter; le maintien de la « paix avec cette puissance est notre unique « objet; ainsi nous devons éviter soigneuse- « ment tout ce qui ne tend pas immédiatement « vers un but aussi salutaire. »

Grande-Bretagne était entrée dans une crise grave dont l'histoire ne pardonnerait point de ne pas savoir profiter, à plus forte raison de devenir victime.

On n'est en situation, aujourd'hui, de se rendre compte des délibérations du Gouvernement sur ces affaires que par quelques traces écrites qui en sont restées. Aucun mémoire particulier, aucune archive privée n'en a révélé jusqu'ici les détails intimes. Il paraît certain qu'à Versailles on trouva opportun de faire interroger Charles III par le roi lui-même sur le degré d'attachement que l'Espagne montrerait aux obligations du Pacte de famille, dans les éventualités qui se laissaient apercevoir. La comtesse d'Artois venait d'accoucher, Louis XVI devait annoncer à son oncle cet évènement de famille; ce fut l'occasion choisie. Le 7 août, jour où M. de Vergennes datait les dépêches que l'on vient de lire, le roi envoyait à son ministre le projet de lettre que voici, pour provoquer l'avis du roi d'Espagne :

« Monsieur mon frère et oncle Je ne saurois différer d'aprendre à V. M. l'heureux accouchement de ma belle sœur, la comtesse d'Artois, qui a mis au monde hier un garçon qui se porte fort bien. Je ne doute pas qu'elle ne partage avec nous la joie que nous cause cet événement. Je saisis en même temps cette occasion pour lui presenter quelques reflexions sur l'état present des affaires. Je connois l'aversion de V. M. pour la guerre, et je partage bien sincerement ce sentiment. Peut être n'y eut-il jamais d'occasion, où les aparances d'une guerre avec l'Angleterre soient moins probables. Pas la plus légère dispute entre eux et nous; mais la malheureuse politique de cette nation[1] fait qu'on ne peut compter sur rien avec elle. Elle est très occupée dans ses colonies de l'Amérique, et quoique je ne crois pas qu'elles s'accomodent jamais avec la métropole, cependant quelque fait politique peut presenter au peuple anglois la guerre avec nous comme un remede aux maux presens; je pense donc qu'il faut porter toute notre attention sur les préparatifs qu'on doit y aporter, et prendre de concert les précautions les plus

---

[1] Ce mot est écrit comme correction au-dessus de la ligne; le copiste avait d'abord mis : « ce royaume ».

utiles pour éviter la guerre. V. M. vient de donner un essai de ses forces, et quoiqu'il n'ait pas réussi, comme tous mes vœux le désiroient, ce qu'il faut plus tost imputer aux élémens qu'au defaut de combinaison et de bravoure, cependant, il a montré jusqu'où peuvent aller les forces de V. M., ce qui ne manquera pas d'intimider ceux qui oseroient l'attaquer. Quand on nous verra toujours unis et agissans toujours de concert, nous en imposerons toujours. Je ne crois pas cependant qu'il faille négliger les précautions. En conséquence, j'ai ordonné au comte de Vergennes de se concerter avec le marquis de Grimaldi pour celles qu'il faudra prendre. J'espère que V. M. approuvera mes réflexions. Elle connoit la vive et sincère amitié, avec laquelle je suis Monsieur mon frère et oncle, de Votre Majesté, bon frère et neveu.

A Versailles le 7 aoust 1775.

Archives nationales (Correspondance de Vergennes, K 164, n° 3), année 1775, n° 21.

Le cabinet avait délibéré et décidé cette démarche; la preuve en est donnée par la réponse de M. de Vergennes au roi. C'était là simplement un projet de lettre à discuter parallèlement avec des dépêches que le ministre devait rédiger. Mais celui-ci avait trouvé le projet parfait et avait expédié la lettre; il en informait le roi et lui en renvoyait une copie[1] :

Sire,

La lettre de Votre Majesté au Roi son oncle étoit trop bien pour que je dusse me permettre d'y proposer aucun changement. Vous y avés dit, Sire, en peu de mots tout ce que j'ai dû fondre en beaucoup de détails, et ce qui est mieux encore, V. M. y develope des sentimens si interessans soit pour le Roi, soit pour l'humanité en général qu'il n'est pas possible, que ce prince dont l'ame est dit-on vertueuse et sensible n'en soit véritablement touché. Il est réservé au roi de Prusse et à ses semblables d'imputer à foiblesse, les vertus paisibles des grands princes. Ce sont cependant celles là seules, Sire, qui peuvent faire le bonheur et la gloire des empires. Celui de V. M. n'a essuyé que trop de secousses dans ce genre; on s'est trop occupé sous les

---

[1] C'est cette copie de la lettre du roi qui se trouve aux Archives nationales.

derniers regnes de la considération extérieure, et on n'a pas asses senti qu'elle tenoit indissolublement à la consistance intérieure. C'est celle-ci, Sire, qu'il seroit important de rétablir. Elle fera la sureté de votre repos, elle donnera le jeu le plus libre à votre bienfaisance universelle, et le roi de Prusse qui delaie aujourd'hui son humeur dans les sarcasmes, sera un des plus empressés à venir compter avec vous et à consulter vos désirs et votre volonté.

J'ai l'honneur d'envoyer à V. M. la copie de sa lettre au Roi, son oncle, dont l'original a été expédié hier, et la copie de celle qu'elle a ecrite dernièrement au roi de Suède.

Archives nationales, K 164, n° 3; année 1775, n° 22.

La lettre du ministre contenait ce dernier paragraphe :

V. M. daignant aprouver les propositions du s^r de Beaumarchais, pour retirer des mains du s^r d'Éon les papiers qu'il seroit dangereux d'y laisser, je l'autoriserai à terminer avec lui. Si d'Éon vouloit prendre les habits de son sexe, il seroit sans inconvénient de le laisser rentrer en France mais sous toute autre forme, il ne doit pas lui même le désirer.

On avait donc vu Beaumarchais et il s'agissait de le faire retourner à Londres. Celui-ci constatera bientôt qu'il ne fallait pas grand temps pour en finir avec Éon et reprendre les preuves, restées en ses mains, des agissements cachés du feu roi en vue d'une invasion armée en Angleterre. En réalité il avait une autre mission. Par Éon et par d'autres, il voyait beaucoup de monde, Wilkes et les gens de l'opposition surtout, les amis que les Américains comptaient parmi ces derniers, un agent interlope qui remplaçait Franklin depuis que celui-ci avait officiellement rompu avec la métropole. Franklin, avant de rentrer en Amérique, avait traité avec des armateurs ou des négociants d'Angleterre, de Hollande, de France, pour des fournitures et des transports de munitions de guerre aux Colonies. Ces opérations se centralisaient en partie à Londres et Beaumarchais n'en resta pas ignorant. Il avait connu à Madrid lord Rochford. Il savait donc, entendait, supposait et préparait beaucoup de choses. M. de Sartines,

M. de Maurepas, M. de Vergennes, qui recevaient ses informations, croyaient d'autant mieux à leur exactitude qu'elles s'accordaient avec celles de l'ambassade pour faire regarder comme près de devenir fatales à la suprématie anglaise les résolutions de George III et de son cabinet. Au milieu de septembre, après avoir noué des combinaisons, il revint faire toucher du doigt la nécessité de se conduire en prochains alliés de l'Amérique, c'est-à-dire de s'entendre avec elle pour l'aider dans le développement de sa révolte. M. de Vergennes fut visiblement le premier confident. On décida d'agir sur l'esprit du roi. Un mémoire serait rédigé pour le monarque et remis par M. de Sartines, qui s'en croirait le confident unique. C'est ce que constate ce billet privé, que Beaumarchais écrit au ministre :

Pour vous seul.

Monsieur le Comte

M. de Sartines m'a remis le parchemin, mais ne m'a rien dit sur les affaires. Il m'a même conseillé de faire le voyage de Versailles pour vous engager de demander ce matin les ordres du Roi à mon sujet. Mais relativement au secret que j'ai eu l'air de vous faire de mon travail d'hier pour le Roi, j'ai cru qu'il convenait mieux que j'écrivisse à Votre Excellence une lettre ostensible que vous pouvez porter ou envoyer à Sa Majesté; et, si vous n'êtes pas chargé par lui d'une réponse de Ministère, au moins j'en recevrai une de bonté de vous qui me consolera d'avoir pris une peine inutile. Joignez-y, je vous prie, un passe-port en blanc, et si vous croyez que je doive attendre à Londres les ordres ultérieurs du Roi, faute d'avoir eu le temps de bien décider les choses, vous voudrez bien me le mander aussi. Tout étant ainsi bien entendu, ce sera votre affaire alors de m'écrire assez obscurément pour tout autre, que je puisse deviner seul l'objet de votre lettre si vous me la faites parvenir par l'ambassadeur.

On ne peut rien ajouter au dévouement respectueux avec lequel je suis, Monsieur le Comte, votre très-humble et très-obéissant serviteur.

BEAUMARCHAIS.

Ce 22 7bre 1775.

Angleterre, t. 511, n° 174.

La lettre « ostensible » accompagnait ce billet et elle est d'accord avec ce qu'il indique. Elle porte, en effet, que Beaumarchais « a fait parvenir hier au roi par M. de Sartines un petit travail résumé de la longue conférence que le ministre lui avait accordée la veille sur l'état actuel des choses en Angleterre [1] ». Ce « petit travail » a pour unique intitulé : « Au Roi. » Il n'était pas le premier, car il débute ainsi : « Dans la ferme confiance où je suis que les extraits que « j'adresse à Votre Majesté sont uniquement pour elle et ne sortent « point de ses mains, je continuerai, Sire, à vous présenter la vérité « sur tous les points connus de moi. » Il était visiblement composé afin de confirmer le roi dans l'opinion que la correspondance de l'ambassade et celle du prince de Masserano avaient fait concevoir de la situation de l'Angleterre, et afin d'autoriser d'autant plus, à ses yeux, son gouvernement à s'en inquiéter d'une manière active. « Les Colonies triompheront de l'Angleterre, expliquait-il, mais la guerre qu'elle leur fait n'est rien auprès de celle qui se prépare dans son propre sein; la fin de la crise amènera la guerre contre la France; l'opposition envenime la querelle entre le Portugal et l'Espagne pour nous affaiblir en nous privant du concours de celle-ci; notre ministère, mal instruit, a l'air stagnant et passif sur tous ces évènements « qui nous touchent la peau »; un homme supérieur et vigilant serait indispensable à Londres aujourd'hui. » La conséquence naturelle devait être de fortifier la confiance que le roi plaçait en Beaumarchais et de l'amener à lui donner le mandat positif de poursuivre les combinaisons et les plans; combinaisons non écrites, toutes verbales évidemment, mais auxquelles Beaumarchais faisait cette allusion vague, dans la lettre qui devait être montrée à Louis XVI : « Ai-je « bien ou mal fait d'entamer les esprits dont les dispositions nous

1775.

---

[1] Voir l'annexe II. — Le billet du 22 septembre a échappé à l'auteur de *Beaumarchais et son temps*, ce qui lui a fait donner une explication inexacte (p. 97 de l'édition de 1856) des rapports de Beaumarchais avec M. de Vergennes; il a cité *in extenso* la lettre en question, du même jour, 22 septembre, mais il n'en a pas vu le véritable sens.

« deviennent si importantes? Laisserai-je, à l'avenir, avorter les confi-
« dences, et repousserai-je au lieu de les accueillir, des ouvertures
« qui doivent influer sur la révolution actuelle?..... J'aurais cru
« manquer au roi, à vous, au devoir d'un bon Français, si j'avais
« laissé ignorer le bien que je puis faire ou le mal que je puis em-
« pêcher. » Le billet suivant de M. de Vergennes au monarque précise
tout cela; il est en autographe aux Archives nationales :

  Sire

 La demande d'un travail que j'avois pris la liberté de faire à Votre Majesté n'avoit pas seulement pour objet l'expédition de quelques affaires courantes du département, mais encore de lui rendre compte de quelques ouvertures que le s^r de Beaumarchais m'a faites relativement à l'Angleterre et de prendre ses ordres pour lui répondre. Je vois, Sire, par la lettre du s^r de Beaumarchais, que j'ai l'honneur de joindre ici qu'il a eu celui de faire lui même raport à Votre Majesté des notions qu'il a recueillies à Londres, et du parti qu'il pense qu'il seroit possible d'en tirer. Il s'agit d'un sacrifice d'argent dont je ne puis pas déterminer l'étendue, M. de Beaumarchais ne s'en étant pas expliqué avec moi, mais le jugement ne devant s'effectuer qu'à l'époque que Votre Majesté détermineroit elle-même pour la durée de la paix, le risque semble moins grand. Cet objet pouvant être de quelque considération, je suplie Votre Majesté ou de me donner ses ordres, ou de me permettre d'aller les recevoir de sa bouche. J'ai mandé à M. de Beaumarchais, qui devoit partir hier au soir pour l'Angleterre, de différer jusqu'à aujourd'hui à midi.

 Je suis avec le plus profond respect, Sire, de Votre Majesté, le plus humble, le plus obéissant et le plus fidèle serviteur.

De Vergennes

A Versailles le 23 septembre 1775.

Archives nationales, K 164, n° 3; année 1775, n° 28. (Original.)

PREMIERS PAS VERS L'AMÉRIQUE. 137

Le ministre fut reçu ainsi qu'il l'avait souhaité, et Beaumarchais partit le soir même[1]. Il témoigne par la lettre suivante qu'il était muni de tout ce qu'il avait demandé :

Paris le 23 7bre 1775.

Monsieur le Comte

Je pars, bien instruit des intentions du Roi et des vôtres. Que votre Excellence soit tranquille, ce seroit à moi une ânerie impardonnable en pareille affaire que de compromettre en rien la dignité du Maître et de son Ministre. Faire de son mieux n'est rien en politique, le premier maladroit en offre autant. Faire le mieux possible de la chose est ce qui doit distinguer ici du commun des serviteurs celui que Sa Majesté et vous, M. le Comte, honorez de votre confiance en un point aussi délicat. Pour des sûretés, il en faudra sans doute : mais c'est mon affaire de les donner telles qu'en aucun cas, elles ne soient jamais reversibles sur vous ni sur le Roi. Pour les sommes, elles doivent être combinées, d'une part sur le degré d'importance de mes demandes et de l'autre sur l'appétit de mes joueurs. Les plus affamés sont ceux qui nous coûteront le moins, c'est la règle. Il m'est impossible d'en faire un tarif d'avance. Mais ayez pour moi la bonté d'assurer le Roi que mon existence ne m'est pas plus chère que les intérêts qui me sont confiés. Je pars sans le passeport que vous avez oublié, mais je ferai la marauderie à Boulogne de surcharger le mot de l'avant-dernier que j'ai par hasard sur moi, dans l'espérance que vous voudrez bien n'en rien dire à M. le comte de La Blache qui en tireroit un grand préjugé contre moi dans le procès qu'il doit perdre avec moi, car c'est un terrible raisonneur que ce comte de La Blache.

Je suis avec le plus profond respect, Monsieur le Comte, de Votre Excellence, le très-humble et très-obéissant serviteur.

BEAUMARCHAIS.

Angleterre, t. 511, n° 177.

---

[1] Le mémoire : *Au Roi*, a été publié par M. de Witt, avec les autres documents qui composent l'appendice de son *Jefferson*. Ce mémoire ne présente pas beaucoup d'intérêt, car il est écrit dans les données peu exactes, sur l'état de l'Angleterre, qui avaient cours à sa date. Aussi ne croyons-nous pas avoir besoin de le reproduire dans les annexes du présent chapitre. Un second mémoire, plus en rapport avec les faits, fut ultérieurement remis au monarque.

1775.

Ainsi on allait faire un premier pas vers l'Amérique. Le comte de Guines, pendant ce temps, s'était mis en devoir d'expédier Bonvouloir; c'était le second pas. Le 8 septembre, Bonvouloir partait de Londres pour Philadelphie. Il avait été bien fixé sur la nature et les responsabilités de sa mission par l'ambassadeur, dont M. de Vergennes approuva positivement le langage[1], et il était muni d'un brevet de lieutenant remontant à l'année précédente, afin de paraître avoir appartenu à l'armée et de prendre de l'emploi dans celle des Colonies si, au cours de sa mission, l'utilité se présentait pour lui de se couvrir de l'apparence d'un officier et de s'en assurer la considération. Le comte écrit le même jour :

> ..... M. de Bonvouloir est expédié; il s'embarque ce soir sur un vaisseau pour Philadelphie, qui met à la voile cette nuit; je lui ai fait sa leçon de manière à ce que, dans aucun cas, il ne puisse compromettre que lui, ... j'ai défendu à M. de Bonvouloir de jamais même prononcer le mot Français, ni d'entrer dans aucune discussion sur nos dispositions à l'égard des Américains; sa mission se borne à nous instruire de tout ce qui pourra nous intéresser; il est en état de la remplir, et s'il ne la remplit pas, c'est deux cents louis hasardés pour une chose qui peut devenir très-importante.
>
> A Londres le 8 7bre 1775.

L'ambassadeur, pour surfaire sa prudence, oubliait que les pouvoirs de l'émissaire s'étendaient plus loin. Comment il avait découvert cet émissaire, quel « hasard » le lui avait « offert » ou amené, cela reste ignoré. Détail de peu d'importance, il est vrai; mais on peut relever cette circonstance, que M. de Bonvouloir est « cousin germain de M. le marquis de Lambert ». Or le marquis de Lambert avait joué un rôle dans la *Correspondance secrète* et on le trouvera bientôt s'occupant, avec les anciens auxiliaires de cette correspondance, d'envoyer un état-major aux États-Unis. Ne s'était-on pas concerté pour faire dé-

---

[1] Voir la dépêche de M. de Vergennes, du 18 septembre, à l'annexe I, n° 7.

couvrir Bonvouloir par le comte de Guines? Si la question offrait plus d'intérêt, ces rapprochements ne seraient pas sans poids. Bonvouloir passa pour un marchand d'Anvers et on était convenu que sa correspondance aurait le caractère d'une correspondance de négociant. L'ambassadeur explique ces particularités au ministre dans son rapport du 29 septembre :

> C'est avec bien de la peine, Monsieur, que je suis parvenu à faire embarquer Mr de Bonvouloir. Il a fallu le faire passer pour un marchand d'Anvers; sa correspondance avec moi y est adressée; le commerce en est le principal objet, et sous ce prétexte tout peut se dire. Tel est à peu près le plan et la base du chiffre que je lui ai donné. Il m'a déjà écrit de la mer, ainsi je suis sûr que son départ n'a pas souffert de difficulté, et que sa lettre qui m'est parvenue décachetée, ayant été mise à la poste à Londres, n'y a causé aucun ombrage.
>
> *Angleterre*, t. 512, n° 11.

A l'heure même où Louis XVI prenait occasion de l'accouchement de la comtesse d'Artois pour sonder les intentions de son oncle, Ossun recevait de celui-ci, une fois de plus, « les protestations de sa tendre et fidèle amitié pour le roi, du désir sincère qu'il avait de maintenir les principes d'estime établis par le Pacte de famille entre les deux monarchies[1] ». Le 21 août, Charles III les exprimait lui-même en répondant à son neveu. Après les compliments que le sujet motivait, il suivait très naturellement le jeune roi sur le terrain où celui-ci l'avait appelé :

> Monsieur mon frère et neveu j'ai esté au comble de ma joie, en apprenant que Madame la Comtesse d'Artois avoit donné un neveu à V. M.; c'est un heureux événement qui interesse toute notre famille. J'y prends la part que je dois, et peut estre plus vivement que personne, parce que, étant à cette heure le plus âgé de nous tous, il paroit que l'interest pour les princes

---

[1] Lettre d'Ossun, du 7 août.

1775. de mon sang augmente avec les années. Rien de plus sage que les réflexions que fait V. M. à l'égard dans lequel nous constitue une puissance ambitieuse, et qui n'a d'autres vues pour la guerre ou pour la paix que sa convenance ou des vues particulières. Ne voulant pas suivre une méthode aussi condamnable et aussi injuste, qui ne cadre pas, ni avec les maximes de V. M., ni avec les miennes, le seul chemin qui nous reste pour nous garantir et défendre nos sujets, à quoi la religion et l'honneur nous oblige, est de travailler de concert à nous mettre en état de repousser la force par la force. Je suis mesme convaincu que si les Anglois nous reconnoissent prets ou en mesure sur tous les points, ils nous laisseront en repos, et nous jouirons de cette paix, que nous désirons de conserver, mais le grand point est de parvenir à un état capable d'en imposer à nos ennemis. Je suis charmé de voir que V. M. s'en occupe, dès le commencement de son règne, avec cette volonté suivie, et il n'y a pas de doute, que maître d'un grand royaume, vous ateindrez bienstost le but. Comme l'objet principal vis à vis des Anglois est celui de la marine, je pense que c'est à quoi nous devons nous attacher pour le moment, car il faut du temps pour augmenter et pourvoir nouvellement. Sur cet article et sur toute autre précaution à prendre, nous nous consulterons par le canal de nos ministres et de nos ambassadeurs, et V. M. peut être assurée de mon exactitude à remplir tous mes engagements et à la convaincre de la sincère amitié de

Saint Ildefonse ce 21 aoust 1775.

Archives nationales, K 164, n° 3; année 1775, n° 23[1].

Le roi d'Espagne se montrait ainsi plus arrêté que le roi de France sur la nécessité d'armer pour assurer la paix (ce sont les termes sous lesquels, à Madrid et à Versailles, on se déguisait la préparation de la guerre). Louis XVI n'avait parlé que vaguement, Charles III précisait : il voulait voir la France refaire sa marine. Sa lettre était l'écho d'invitations pareilles que lui et son premier ministre avaient, quelques jours auparavant, fait transmettre par Ossun. Ce dernier, dans une réponse privée, du 10 août, à la lettre person-

---

[1] Les derniers mots manquent. Cette pièce est d'ailleurs une copie pure et simple. Elle porte au dos : « Copie de la lettre du roi d'Espagne au roi. »

nelle de M. de Vergennes du 28 juillet sur l'expédition malheureuse contre Alger, disait déjà au ministre :

Au reste, quoique je n'aye pas dévelopé au roi d'Espagne et à M. le Mis de Grimaldi, au moins comme venant de vous, les mesures qui vous paroissent être les plus convenables à prendre à l'avenir contre les Algériens et contre le roi de Maroc, j'ai lieu de croire, par les détails dans lesquels ce Monarque et son Ministre sont entrés avec moi, qu'ils pensent absolument comme vous à cet égard. Et Sa M. Cath^{que} après m'avoir parlé sur ce que j'ai eu l'honneur de vous mander le 7 de ce mois au sujet de Buenos aires, a daigné me dire que les Maures serviroient de motif apparent aux armemens maritimes qu'elle avoit résolu de maintenir, mais qu'ils seroient en effet destinés aux objets eventuels qui vous auront été communiqués par M. le Cte d'Aranda.

Le roi d'Espagne, Monsieur, et son ministère donnent une attention suivie à l'augmentation et à la bonne tenue de la marine, à éviter les deprédations dans les arsenaux, à ce que tout ce qu'on y employe soit de la meilleure qualité, à mettre de l'économie et de l'exactitude dans les radoubs, à ce que tous les vaisseaux ayent ce qu'il faut pour leur armement complet, chacun dans un magasin séparé, enfin à faire construire, sans discontinuer, à la Havane, au Ferrol et à Carthagène. L'Espagne a, à présent 63 ou 4 vaisseaux de ligne en état de servir avec une trentaine de frégates, sans compter une infinité de bâtiments inférieurs. Mais S. M. Cath^{que} se flatte de pouvoir porter le nombre des premiers à cent, d'ici à quelques années, et le reste à proportion. Si la France pouvoit avoir de son côté et maintenir toujours en bon état 70 vaisseaux de ligne et 40 frégates avec le nombre correspondant de batimens de guerre inférieurs, il semble qu'alors les forces maritimes des deux Couronnes réunies et sagement combinées pourroient balancer celles de l'Angleterre.

A St Ildefonse le 10 août 1775.

Espagne, t. 577, n° 18.

Notre ambassadeur, en suite de l'invitation qu'il en avait reçue de M. de Vergennes sous l'apparence d'une confidence toute personnelle, avait fait des ouvertures à la suite desquelles le gouvernement de Madrid s'était expliqué. Ossun ne put informer le ministre à cet égard que le 16 septembre. Ce gouvernement se trouvait alors à Saint-Ildefonse, où les communications étaient plus intimes ou moins dérangées. Elles ont pu être d'autant plus précises; M. de Grimaldi a fait attendre jusqu'à cette heure afin d'avoir des indications bien complètes; le rapport d'Ossun fixe donc exactement la situation. L'ambassadeur paraphrase d'abord longuement, à son habitude, le pli de son ministre. Il constate « l'accord du roi d'Espagne et de son ministère avec la pensée du roi de France et de son conseil sur la conduite à tenir et sur les mesures communes à prendre conséquemment au projet secret que l'Angleterre pourroit avoir de déclarer la guerre aux deux Couronnes, avec l'avantage de les surprendre »; le Roi Catholique a « admiré et entièrement approuvé » les intentions de S. M. de se reposer sur les traités et sur sa fidélité religieuse à les observer, pour éviter de donner occasion à une guerre en dépassant la mesure des plus simples précautions, tant que les circonstances ne la forcent pas d'aller plus loin, et pour ne pas provoquer d'explications de la cour de Londres; le prince de Masserano a l'ordre d'entretenir avec le comte de Guines le concert le plus intime et l'intelligence la plus confidentielle; le roi d'Espagne et son ministère tiennent pour certain, comme ceux de France, que l'Angleterre, si elle se détermine à la guerre, débutera par des pirateries; ils reconnaissent qu'au premier acte d'hostilité bien avéré de sa part, il sera à propos de prendre tous ses navires que l'on pourra rencontrer à la mer ou qui se trouveront dans les ports de la France et de l'Espagne, qu'au premier acte contre la France, l'Espagne devra employer tous ses moyens pour se saisir des bâtiments anglais et *vice versa;* M. de Grimaldi a même « témoigné qu'il étoit convenable que les deux cours s'expliquassent positivement et réciproquement par écrit sur ce point et que cela restât clairement convenu entre elles »; même accord aussi pour excepter les navires de l'Amérique septentrionale ou chargés pour son compte et pour faire la déclaration qui doit « parifier

les colonies anglaises à un peuple libre ». Venaient ensuite les vues
qui étaient particulières à l'Espagne, et que M. de Vergennes avait dit
nécessaire de connaître avant que le roi prît « aucun parti décisif » ;
relativement à la déclaration, l'Espagne faisait une première réserve,
qui allait d'ailleurs de soi, la réserve des circonstances où se trouveraient les Colonies au moment de la guerre; quant au système à
employer pour défendre les possessions des deux pays et à un
système pour soutenir la guerre contre l'Angleterre, elle prenait
position d'une manière très avantageuse pour elle en rappelant les
plans concertés autrefois avec le duc de Choiseul. Elle avait là un
précédent sous l'égide duquel elle s'empresse d'autant plus de se
placer que les conditions actuelles obligeront sans doute le cabinet
de Versailles à opposer des objections à ce plan antérieur. Ossun dit
bien qu'il expose de mémoire toute cette partie et qu'on lui en a
fait part verbalement ; mais l'exposé était trop net pour qu'il ne lui en
eût pas été donné note, afin qu'à Versailles on fût catégoriquement
averti :

> Pour ce qui concerne, Monsieur, les mesures à prendre pour la défense
> de l'isle de St Domingue, l'Espagne n'est pas dans l'intention d'envoyer des
> troupes ni des vaisseaux dans la partie qu'elle y possède; pour concourir à la
> défense commune de cette isle, M. le marquis de Grimaldi m'a dit que vous
> trouveriés au dépôt des affaires étrangères ou dans vos bureaux, un projet de
> défensive et d'offensive concerté entre M. le duc de Choiseul et lui pour le
> cas éventuel d'une guerre entre les deux couronnes et l'Angleterre, et que
> Sa Majesté Catholique pensoit a présent comme elle avoit pensé alors par
> raport à la défense de l'isle de St Domingue, que ce projet, dont je n'eus dans
> le tems qu'une connoissance indirecte et superficielle, portoit, autant qu'il
> pouvoit se le rappeler, que la France enverroit un certain nombre de troupes
> à St Domingue, à la Martinique et à la Guadeloupe suffisant pour les mettre
> à l'abri d'être conquises par les Anglois sans des efforts très considérables; que
> l'Espagne tiendroit a Porto Rico un corps de douze mille hommes; que la
> France y enverroit une escadre de douze vaisseaux de ligne; que ces forces

combinées, réunies à Portorico, seroient à portée de secourir les isles françoises, si elles étaient attaquées; qu'elles contiendroient les Anglois sur toute entreprise à exécuter sous le vent; qu'on pourroit aussi, selon les circonstances, les employer à s'emparer de la Jamaïque, à la faveur des dispositions menaçantes que les deux couronnes feroient en Europe, qui consisteroient de la part de l'Espagne à tenir vingt quatre vaisseaux de ligne au Ferrol, bien armés et prêts à mettre à la voile, et un corps de douze mille hommes prêts à s'embarquer avec l'artillerie, les munitions et les attirails de guerre nécessaires pour pouvoir opérer, le tout pour menacer l'Irlande, et même y faire une descente si les circonstances le permettoient et l'exigeoient; que l'Espagne auroit aussi deux ou trois vaisseaux de ligne armés à Cartagène, avec plusieurs fregattes qui seroient destinées à croiser dans la Mediterranée; que la France de son côté tiendroit à Brest trente vaisseaux de ligne bien armés et prêts à mettre à la voile, et trente mille hommes en Bretagne prêts à s'embarquer avec tout l'attirail de guerre nécessaire pour opérer, et cela pour menacer l'Angleterre d'une invasion; que si, comme il y avoit apparence, ces deux armemens occupoient la très grande partie des forces navales de l'Angleterre et les retenoient en Europe, celles de la France et de l'Espagne réunies à Portorico seroient à même d'agir avec succès contre la Jamaïque, ou qu'au pis-aller les Anglois se trouveroient hors d'état de rien entreprendre de considérable contre les Colonies françoises et espagnoles.

M. le marquis de Grimaldi, Monsieur, m'a témoigné que ce projet lui paroissoit encore être le plus solide et le plus avantageux que les deux Cours pussent adopter dans le cas de la guerre avec l'Angleterre. Il m'a dit positivement que l'Espagne ne pouvoit garder et défendre que cinq points principaux savoir : la Havane, Porto-rico, la Vera-cruz, Carthagène des Indes et Caracas, et que ce dernier étoit le moins important. Ce Ministre est entré ensuite dans le détail des mesures déjà prises et de celles qu'on alloit prendre sans délai pour la conservation et la défense de ces cinq points; il m'a dit que les fortiffications de la Havane étoient terminées, et que c'etoit une place respectable; que celles de Portorico, quoique fort avancées et en état d'une défense raisonable, ne pouvoient être terminées que dans trois ans avec les fonds annuels de huit cent mille francs, assignés pour cet ouvrage; mais qu'on alloit doubler ces fonds, y envoyer un plus grand nombre d'ouvriers, et que

PREMIERS PAS VERS L'AMÉRIQUE. 145

par ce moyen la place seroit complettement terminée dans dix huit mois. Cartagène est en état de défense, et la Vera Cruz aussi; cependant on y travaille encore, et l'on va y pousser les ouvrages avec plus d'activité. Caracas est pourvu, et ne mérite pas la même attention. M. le marquis de Grimaldi a ajouté qu'on enverroit cet automne, deux Bataillons de plus à Portorico et deux autres à la Havane, et qu'on feroit passer sans aucun délai dans ces différentes places et au Mexique, l'artillerie et les autres attirails de guerre qui pourroient y manquer; que ces dispositions étoient déjà arrêtées et ordonnées par Sa Majesté Catholique, et qu'elles seroient exécutées avec toute l'exactitude et la célérité possible.

Le roi d'Espagne, Monsieur, tiendra dans ses ports, jusqu'à nouvel ordre, dix vaisseaux de ligne et quatre frégattes armés et prêts à sortir, et un corps de douze mille hommes à portée de s'embarquer avec tout ce qui est nécessaire pour opérer ou l'on voudra; ce Monarque a voulu savoir au vrai l'état où se trouve sa marine : il m'a fait l'honneur de me dire qu'il avoit en tout soixante trois vaisseaux de ligne et vingt une frégatte; que trois ou quatre vaisseaux étoient hors d'état de servir et d'etre radoubés; qu'il y en avoit onze qui avoient besoin d'être radoubés à fond, et quarante neuf en état de faire campagne; qu'il y avoit dans ses arcenaux de quoi armer complettement et parfaitement cinquante vaisseaux de ligne, qu'on alloit travailler sans relache aux radoubs; qu'on suspendroit pour un tems la construction des vaisseaux de ligne, et qu'il avoit ordonné qu'on mit sur les chantiers quatre frégattes indépendemment de deux qui y sont déjà fort avancées. J'eus l'honneur de lui dire à cette occasion que selon les informations que la France s'étoient procurées, l'Angleterre n'avoit que soixante quatorze vaisseaux de ligne réellement en état de servir, quoique la liste publique fut beaucoup plus nombreuse, et que l'on pensoit en France que lorsque l'Espagne auroit soixante-dix vaisseaux de ligne, et la France soixante, les deux couronnes seroient en état de balancer la puissance maritime des Anglois; mais qu'il convenoit aux deux Monarques d'avoir beaucoup de frégattes et de Batimens de guerre inférieurs. Sa Majesté Catholique parut aprouver ce système, et elle me dit qu'elle esperoit d'avoir dans peu d'années soixante et dix vaisseaux de ligne, et qu'elle desiroit infiniment que la France en eut soixante; mais que ce n'était pas assez d'avoir des vaisseaux, que le plus essentiel étoit de les tenir en bon état, et d'avoir sous la main dans ses arcenaux tout ce qu'il falloit pour les armer bien, et promptement.

Au reste, Monsieur, comme ce que j'ai l'honneur de vous mander sur les forces maritimes de l'Espagne et sur les mesures de précaution qu'elle se propose de prendre, m'a été dit verbalement, je pourrois avoir fait quelque petite erreur dans le compte que je vous rends; mais M. le marquis de Grimaldi vous écrit directement sur les mêmes objets, et il m'a dit de plus qu'il mettrait M. le comte d'Aranda en état de vous informer exactement de tout.

Ce qui a donné lieu, Monsieur, à la lenteur de M. le marquis de Grimaldi à me mettre en état de renvoyer votre courrier et de répondre positivement aux objets contenus dans la dépêche dont vous m'avés honoré le 6 du mois dernier n° 31, est que ce Ministre n'a rien voulu prendre sur lui seul, et qu'il a été bien aise de profiter de l'occasion pour obliger M. le bailly d'Arriaga à donner un état exact et détaillé, tant sur ce qui concerne la situation des places des Indes, que sur ce qui regarde la marine d'Espagne.

J'ai l'honneur d'être avec autant d'attachement que de respect Monsieur votre très humble et très obéissant serviteur.

OSSUN.

P. S. La cour de Madrid, Monsieur, suppose que nous mettrons les Isles de France et de Bourbon en état de défense, dans le cas d'une guerre contre l'Angleterre, et l'Espagne en usera de même pour Buenos Aires, le Chili et le Perou.

A St Ildefonse le 16 septembre 1775.

Espagne, t. 577, n° 126.

Quoi qu'il en soit, il y avait désormais partie liée. M. de Grimaldi engage positivement l'Espagne dans les mêmes termes, par une lettre personnelle à M. de Vergennes en réponse au pli privé de ce ministre[1] et le même courrier emporte les deux pièces. Les deux gouvernements sont unis l'un à l'autre. Non que celui de Madrid reste sans moyens de mettre à son concours des conditions plus ou moins justement tirées de son plan même, de trouver des prétextes de sus-

[1] Voir l'annexe IV.

ceptibilité, de bouderies, de retards, dans l'insuffisante réalisation
qu'il prétendra en être faite. Mais ce n'est plus seulement le roi
Charles III, c'est la monarchie qui accepte cette politique. Le roi a
associé son fils aux délibérations qu'a nécessitées la situation nouvelle. Depuis le 20 août, le prince des Asturies travaille avec lui et
le marquis de Grimaldi[1]. Celui-ci a donc parlé à Ossun et écrit à
Versailles en pleine certitude, avec toute autorité.

Cette participation du prince des Asturies aux affaires va ajouter
dorénavant un poids de plus à la parole du premier ministre. Elle
sera toutefois une cause de gêne qu'il faut constater, une source de
contrariétés qui empêcheront ce dernier de suivre toujours la politique qui lui serait dictée par son jugement. La justesse de son esprit,
sa sagesse, autant de dévouement pour l'Espagne, quoiqu'il n'en fût
point, qu'en aurait pu montrer l'Espagnol le plus patriote, n'empêchaient pas sa présence à la tête du conseil de Castille de soulever
l'antipathie de la cour. L'observateur qui avait éclairé précédemment
M. de Vergennes sur le marquis d'Ossun disait de M. de Grimaldi
qu'il déployait, pour se faire supporter, des efforts d'habileté, des
soins dans les choses et vis-à-vis des personnes, qui le portaient à
paraître tout autre qu'il n'était et, notamment, plus espagnol à l'égard
de la France que ne l'eût été un Espagnol[2]. Trouvant maintenant
chez le roi le prince des Asturies, à qui aboutissaient ses plus impatients adversaires, le premier ministre accentuera ces dispositions.
Mais actuellement le prince et son père, à coup sûr, étaient d'accord
pour qu'il parlât comme il l'avait fait. Avec la précision qui est le
caractère de ses dépêches, il confirmait donc à M. de Vergennes ce
qu'Ossun avait noyé dans la prolixité diplomatique. Il déterminait
ainsi qu'il suit le terrain commun :

Il est inutile de s'arreter à demontrer le dangé que courre nos deux monarchies d'etre forcé a une guerre malgré elles de la part des Anglois, pour

[1] Ossun le fait connaitre dans un rapport du 21. — [2] Voir l'annexe V de ce chapitre.

les raisons deja dites; cette maxime posée, et sur laquelle nous sommes d'accord, il en résulte la seule consequence, que vous avez sagement tiré, qu'il faut travailler a nous mettre en etat de ne pas succomber si nous sommes attaqué, et a eloigner ce projet de nos ennemis si il est possible, par la connoissance quils auront de notre situation et de notre concert.

A St Ild^e ce 15 sept^{bre} 1775.

Espagne, t. 577, n° 122 [1]. (Minute originale.)

« Nos ennemis », pour emprunter ce mot de M. de Grimaldi, n'avaient pas alors d'autre projet, vis-à-vis des deux cours, que de se prémunir contre leur ressentiment bien naturel. Ils faisaient jouer tous les ressorts pour les tenir chacune dans l'impuissance, empêcher ou rendre difficile une commune action de leur part, intimider celle des deux qui pouvait le plus l'être, tantôt paraître menacer, tantôt faire croire à la confiance; mais ils ne voyaient pas encore au delà. La France plus que l'Espagne excitait leurs inquiétudes, l'ayant si fortement atteinte. Ils se rendaient trop bien compte des tentations que le soulèvement des Colonies lui offrirait en devenant sérieux. Prompts par nature à supposer, afin de les déjouer d'avance ou de les réprimer à temps, les intentions ou les actes qu'il leur importait de craindre, ils mettaient une extrême vigilance à ne pas être avec nous des voisins abusés. Il partait des ports de France beaucoup de fournitures et de transports de guerre. Le cabinet anglais en était instruit de Paris par son ambassade. Il était informé de tout ce qui se disait à cet égard en Angleterre par l'inconsistance des agents et des amis qu'y avait l'Amérique et qu'enhardissait de jour en jour l'accroissement de l'insurrection; il avait ainsi beau jeu pour faire des semblants d'imputations à notre ambassadeur, pour lui dire que les *insurgents* ne persisteraient pas s'ils n'avaient des secours étrangers et l'assurance d'en recevoir d'autres, que ces secours viendraient de la France et qu'il en venait déjà. Le comte de Guines étalait alors les

---

[1] Voir l'annexe IV.

sentiments de son souverain, ses principes de justice, affectait d'expliquer que, comme le roi d'Espagne, le roi de France aurait trop à redouter l'indépendance des Colonies pour y prêter la main; de quoi, d'ailleurs, on le louait à Versailles :

> Vous avez très-bien fait, M. lui écrivait de sa main M. de Vergennes, de vous expliquer affirmativement avec le lord Suffolck et de manière à dissiper l'inquiétude qu'il paraissoit avoir conçu de l'assurance que les Colonies pouvoient avoir de secours étranger. Apparemment qu'ils n'avoient pas encore lu leur pétition; rien de pareil ne se trouve dans la traduction que vous nous en avez envoyée. Au reste, les Colonies peuvent dire ce qui leur plaît. Les principes du Roi sont immuables et vous ne vous avancerez pas trop en vous expliquant que, quand bien même l'intérêt de Sa Majesté la convieroit à entretenir le feu de la Rebellion en Amérique, sa justice s'y opposeroit, celle-ci est de tous les ressorts le plus puissant sur son âme.
> A Versailles le 27 août 1775.
>
> *Angleterre*, t. 511, n° 110.

Mais à Londres on insistait en raison de ces protestations mêmes, jugeant par elles de l'appréhension qu'on inspirait. On parlait de jour en jour plus ouvertement de cette assistance prêtée aux *insurgents;* on avait, disait-on, l'assurance par un général insurgé fait prisonnier que ces secours devaient être fournis. On ne tarda pas à en écrire. Le jour où l'ambassadeur faisait partir Bonvouloir, il avait reçu de lord Rochford le billet suivant :

> Milord Rochford présente ses compliments à son excellence monsieur le comte de Guines, et a l'honneur de lui remettre les lettres imprimées de M. le général de Burgoyne et M. Lee. Il le prie de vouloir bien les lui renvoyer à son loisir. Milord a l'honneur de confirmer à Son Excellence ce qu'il lui assura hier au matin, touchant ce qui a été confié en écrit au général Burgoyne par M. Lee, sur son honneur. Ces assurances se trouvent dans une lettre particulière et confidentielle de M. Lee, laquelle n'est pas imprimée, et on ne sera pas fâché d'être en état de le contredire authentiquement.

C'était une interrogation assez positive, sous la courtoisie diplomatique. M. de Guines répondit tout de suite par un billet qui renouvelait ses déclarations verbales; mais il trouva prudent d'envoyer à Versailles celui du ministre anglais, le jugeant propre à faire changer peut-être d'attitude [1]. Une semaine avant de le recevoir, M. de Vergennes, de sa main encore, fortifiait l'esprit de l'ambassadeur par l'approbation du roi :

> Le Roi a fort approuvé M. le langage que vous avez tenu au lord Suffolck en l'assurant des dispositions et de l'esprit de justice de Sa Majesté qui ne lui permettent pas de jamais favoriser les troubles de l'Amérique. C'est une vérité que vous ne devez pas hésiter à renouveler toutes les fois que vous pourrez le faire sans affectation. Nous ne savons pas quelles peuvent être les espérances des Américains et sur quelle puissance elles reposent. Nous n'avons encore eu aucune recherche de leur part; s'ils nous en faisoient, nous les éconduirions honnêtement et nous leur garderions le secret.
>
> A Versailles le 10 7bre 1775.
>
> *Angleterre*, t. 511, n° 160.

Mais la démarche de lord Rochford sentait l'humiliation si elle était sérieuse. C'était pis si elle ne cachait qu'une ruse de chancellerie. Le gouvernement du roi pensa ne point devoir s'exposer à en subir une nouvelle. Le ministre écrivit à Guines :

> J'ai reçu, Monsieur, la lettre n° 291 que vous m'avez fait l'honneur de m'écrire le 8 de ce mois et les différentes pièces qui y étoient jointes. La plus intéressante pour nous, la seule qui demande explication est le billet que le lord Rochford vous a écrit en vous envoyant la correspondance imprimée de MM. Lee et Burgoyne, et dans lequel il vous marque que M. Lee, dans une lettre confidentielle qu'on ne produit pas, assure *sur son honneur* que les Américains ont la sûreté d'être secourus par la France et par l'Espagne.
>
> Le Roi a approuvé, Monsieur, la réponse franche et positive que vous avez faite à ce Ministre Anglois, mais sa Majesté pense que vous devez en rester

---

[1] La pièce est jointe au rapport du comte de Guines en date du 8 septembre. (Voir l'annexe III, n° 1.)

là et ne donner rien de plus par écrit. Il est assez sensible que le lord Rochford par son billet n'a voulu que vous extorquer quelque déclaration dont il puisse se parer au Parlement, et peut-être aussi se servir en Amérique pour décourager les Américains, en leur faisant connaître qu'ils n'ont aucune espèce d'assistance à attendre de la part des deux couronnes. Le Roi, comme j'ai eu l'honneur de vous le marquer par une précédente lettre, ne veut ni augmenter les embarras du Gouvernement britannique, ni encourager la résistance des Américains, mais il ne lui convient pas aussi de servir de moyen à la fléchir.

A Versailles le 18 7bre 1775.

Angleterre, t. 511, n° 160.

Ce n'était plus tout à fait le langage qu'on avait tenu jusqu'alors au représentant du roi à Londres; mais après l'envoi de Bonvouloir il n'y avait plus à cacher à ce représentant qu'on désirait un peu la « recherche » des Américains et qu'on n'était point en disposition d'aider l'Angleterre à les soumettre. M. de Vergennes ressentait encore la blessure un mois après. Il mande à l'ambassadeur le 15 octobre :

..... La prétendue assertion du général Lee est une de ces absurdités qui ne peuvent exciter que du mépris. Si les Ministres Anglois ne trouvent pas dans la conduite franche et cordiale du Roi toute la sûreté qu'ils peuvent désirer, et un préservatif contre les allarmes qu'on peut se plaire à leur donner, il faudra renoncer à vouloir les guerrir de leurs terreurs paniques; il n'est pas possible de faire plus que nous avons fait depuis le commencement des troubles de l'Amérique pour les convaincre de la pureté et du désintéressement de nos vûes.

A Fontainebleau le 15 8bre 1775.

Angleterre, t. 512, n° 27.

En réalité, les révélations du général américain étaient supposées. Lord Rochford avait voulu essayer de l'appréhension sur l'esprit du comte de Guines, pour voir sans doute l'effet qu'elle produirait sur le gouvernement de Versailles. Le comte, huit jours après, accuse de ces imputations sans fondement la légèreté du ministre anglais, ne s'apercevant pas que celui-ci s'était joué de la sienne [1]. L'ambassadeur était du reste en chemin de donner d'autres preuves de la facilité que l'on trouvait à le surprendre, du défaut de sagacité qui lui était naturel ou de la complaisance qu'il mettait à se laisser abuser par ses relations de société ou de salons. L'obligation allait s'imposer, dès lors, de le remplacer par quelqu'un qui fût tout au moins plus retenu.

[1] Voir l'annexe III du présent chapitre, n° 2.

ANNEXES DU CHAPITRE V.

I

MISSION DE BONVOULOIR.

1. GUINES AU COMTE DE VERGENNES.

A Londres le 1ᵉʳ juillet 1775.

Je sais de très-bonne part qu'un homme qui connoit bien la situation des esprits a assuré Milord Dartmouth : 1° que l'armée entière du roi d'Angleterre n'opéreroit pas grand chose sur les Américains; 2° que, quelque changement qui arrivât dans le Ministère, Milord Chatham lui-même, personne en un mot ne pourroit les ramener à la dépendance dont ils ont secoué le joug. Je n'en veillerai pas moins, Monsieur, avec le plus grand soin sur toutes les révolutions qui pourroient amener un changement de Ministère. Je ne crois point et croirai difficilement que le roi d'Angleterre ait fait, ni même fasse des instances à Milord Chatham. Il faudroit que les choses fussent bien désespérées pour que ce Prince en vint à de telles extrémités. A la vérité, elles le paroissent quant à l'Amérique; mais je ne crois pas que Sa Majesté Britannique et son Ministère en soient encore persuadés. Cependant, je sondai Milord North à ce sujet mercredi dernier. Il me dit que les premières nouvelles seroient mauvaises, qu'il falloit s'y attendre, que cela dureroit encore quelque temps, mais qu'ensuite elles deviendroient bonnes. Son ton me paroit plus décidé sur la première partie de la période que sur la seconde; je n'ai jamais vu un homme aussi embarrassé, Milord Suffolk n'avoit pas l'air plus assuré avant-hier. Il m'a avoué que Triconderago étoit rempli de munitions; que les rebelles s'en étoient emparés, qu'ils avoient surpris le fort, et n'y avoient éprouvé aucune résistance. Il est convenu qu'il seroit fort extraordinaire que de simples paysans sans chefs se conduisissent politiquement et militairement avec autant de fermeté, et a ajouté que c'étoit ainsi cependant que le Conseil les avoit envisagés et les envisageoit encore. Vous jugez bien, Monsieur, que dans ces différentes conversations je ne perds pas une occasion de dire combien nous désirerions que le Ministère fût dégagé de ces entraves, et de bien persuader la sincérité des vœux que nous formons pour son maintien et sa tranquillité. Je crois que Milord North aura bien de la peine à se soutenir. S'il y a encore un échec en Amérique, il aura à combattre jusqu'au Conseil entier du roi d'Angleterre. L'opposition ne met seulement pas en question sa chute, et je crois que les Bedford ne sont pas éloignés de s'en flatter. J'ai trouvé un des principaux membres de cette opposition devenu bien discret et bien mesuré : c'est Milord Shelburne. Il étoit en usage de me dire avec infiniment de liberté sa façon de penser sur les affaires, sur les Ministres, sur Sa Majesté Britannique elle-même. Je ne l'avois pas revu depuis mon retour, quoique nous nous fussions cherchés réciproquement. Il a arrêté avant-hier mon carrosse et a causé avec moi une demi-heure à ma portière. J'ai voulu lui parler des affaires du temps et de sa gaieté que j'avois toujours vu augmenter à proportion de ce qu'elles alloient mal. Il m'a répondu qu'il n'en parloit plus qu'au Parlement et a fait quelques plaisanteries. Mais je ne l'ai jamais pu entamer sur ce point. C'est un changement extraordinaire. Si celui-là arrive, ce ne sera jamais que par le crédit d'un autre, car le roi d'Angleterre l'a spécialement en aversion, et il n'est porté par aucun parti, pas même par le sien.

Angleterre, t. 511, n° 4.

2. GUINES AU COMTE DE VERGENNES.

A Londres le 28 juillet 1775.

Dans ces circonstances, mettant tous mes soins sur la seule chose qui puisse dépendre de moi, c'est-à-dire sur les moyens d'être instruit de tout ce qui peut intéresser ces gens-ci, le hasard vient de m'en fournir un que je crois bon à employer. Mr de Bonvouloir, gentilhomme français, cousin germain de M. le marquis de Lambert, qui a un frère capitaine dans le régiment du Commissaire général et un autre dans Lyonnais, étoit volontaire dans le régiment du Cap; une maladie l'a obligé de quitter St Domingue pour changer d'air; il a été dans toutes les Colonies anglaises, il en arrive; on lui a offert de prendre parti dans l'armée des Rebelles, il s'y est formé des intelligences, ainsi qu'à Boston, Newyork, Philadelphie, la Providence et Rhod-Island; il m'a rendu de fort bons comptes de tout ce qu'il a vu, et ne demande pas mieux que d'y retourner; il paroit avoir beaucoup de zèle. Un accident qui l'a rendu fort contrefait, l'a empêché jusqu'ici de se placer; il ira partout où on voudra l'envoyer. Je me charge, Monsieur, si cela convient au Roi, de faire avec M. de Bonvouloir les arrangements les plus certains pour empêcher que sa mission ne puisse dans aucun cas en compromettre un autre que lui-même; c'est ce dont je suis d'abord convenu avec lui, et quelque difficile qu'il soit de trouver des vaisseaux qui partent pour les côtes d'Angleterre ou de France, cela ne sera cependant pas impossible, d'après les détails qu'il m'a faits de la situation des choses. Il faudroit seulement trois points qu'il ne demande pas, mais que je demande comme lui étant nécessaires. Un brevet de Lieutenant daté du mois de septembre dernier, à la suite de l'Infanterie, qui puisse le mettre à même d'entrer avec avantage dans l'armée des Rebelles, s'il juge que cela soit nécessaire à ses vues, ou du moins lui donner quelque considération parmi eux; je le demande antidaté, parce qu'il leur a dit qu'il étoit officier. 2° Deux cents louis par an au moyen desquels il se chargera de tous les voyages et de tous les frais indispensables à cette correspondance, ce qui sera d'autant moins cher que cela nous épargnera peut-être les cinq cents guinées du correspondant du bureau des Colonies, pour lequel j'ai demandé l'agrément du Roi; il faudra que celui-ci remplisse bien sa mission si je le garde plus de trois mois dans le cas où M. de Bonvouloir, qui en remplira à peu près l'objet, seroit employé. 3° Une lettre que je ne lui remettrois pas, mais que je lui montrerois et par laquelle vous me feriez l'honneur de me mander que le Roi lui sait gré de son zèle et reconnaîtra ses services; ils sont d'autant plus méritoires, Monsieur, *qu'on* condamne à être fusillé sans autre forme de procès, dans le camp des Rebelles, tout homme seulement soupçonné d'infidélité, deux officiers supérieurs l'ont été dans les premiers jours du mois dernier, M. de Bonvouloir étant à l'exécution.

J'attendrai avec impatience les ordres dont vous voudrez bien m'honorer à cet égard; la saison exige de se déterminer promptement afin de trouver un vaisseau pour l'Amérique; si le Roi approuve ce que je propose il seroit nécessaire que vous voulussiez bien m'envoyer le brevet en réponse.

3. LE COMTE DE VERGENNES AU COMTE DE GUINES.

A Versailles le 7 aout 1775.

J'ai mis sous les yeux du Roi, Monsieur, la proposition que vous faites de faire retourner en Amérique M. de Bonvouloir dont vous paraissez priser les connaissances et les lumières qu'il a acquises dans ce pays-là. Je ne doute pas que vous ne vous soyez bien assuré qu'il est effectivement ce qu'il se dit, car je dois vous prévenir qu'il n'existe au bureau de la Marine aucun renseignement qui justifie que ce Français ait été attaché dans aucune qualité au Régiment du Cap. Toutefois, Sa Majesté a bien voulu agréer que M. de Sartines lui expédiât, sur votre demande, un brevet de Lieutenant à la suite de ce Régiment : vous le trouverez ci-joint. Quant au traitement annuel de deux cents louis que vous proposez, le Roi veut bien l'autoriser, et vous vous en prévaudrez sur moi dans vos états de frais extraordinaires des quartiers; mais, le Roi en vous allouant cette somme, n'entend pas que vous supprimiez celle que vous avez proposée pour vous procurer des intelligences dans le bureau des plantations. S'il est intéressant d'être instruit de ce qui se passe dans l'Amérique septentrionale, il ne l'est pas moins de l'être des ordres qu'on peut y envoyer et même dans les autres Colonies; cette connaissance ne pourra que répandre un grand jour sur l'existence du projet que vous soupçonnez. Le Roi approuve fort la résolution où vous êtes d'expédier M. de Bonvouloir avec assez de précaution pour que, dans aucun cas, sa mission ne puisse nous compromettre. Je crois qu'on peut lui laisser la liberté de prendre service parmi les rebelles si son goût l'y porte, c'est un officier de fortune dont les démarches personnelles ne peuvent jamais tirer à conséquence. Ce qui demande une attention particulière est la manière d'assurer votre correspondance en sorte qu'elle ne puisse être interceptée. Vous voudrez bien réduire ses instructions, qui ne devront être que verbales, à deux objets qui me semblent les plus essentiels : l'un, de vous rendre un compte fidèle des évènements et de la disposition la plus générale des esprits; l'autre, de rassurer les Américains contre la frayeur qu'on cherchera sans doute à leur donner de nous. Le Canada est le point jaloux pour eux, il faut leur faire entendre que nous n'y songeons point du tout, et que loin de leur envier la liberté et l'indépendance qu'ils travaillent à s'assurer, nous admirons, au contraire, la grandeur et la noblesse de leurs efforts, et que, sans intérêt pour leur nuire, nous verrions avec plaisir que des circonstances heureuses les missent en liberté de fréquenter nos ports; les facilités qu'ils y trouveroient pour leur commerce leur prouveroient bientôt toute l'estime que nous avons pour eux. Le Roi compte sur votre vigilance et sur votre exactitude à l'informer promptement, Monsieur, de tout ce que vous jugerez intéressant. Nous sommes bien persuadés, Monsieur, que vous ne renverriez pas à l'époque de votre expédition hebdomadaire des notions qu'il seroit instant de nous faire parvenir.

4. LE COMTE DE VERGENNES AU COMTE DE GUINES.

A Versailles le 7 août 1775[1].

Monsieur,

J'ai rendu compte au Roi, Monsieur, des offres de zèle et de bonne volonté que le s^r de Bonvouloir, se disant attaché à son Régiment du Cap, vous a faites. Sa Ma-

[1] De la main de Vergennes.

jesté vous autorise à l'assurer qu'elle lui en sait gré et qu'elle reconnaîtra convenablement dans l'occasion les services qu'il se montre disposé à lui rendre.

J'ai l'honneur d'être avec un très-sincère et fidèle attachement, Monsieur, ...

5. GUINES AU COMTE DE VERGENNES.

A Londres le 18 août 1775.

M. de Bonvouloir, Monsieur, est pénétré de reconnaissance de ce que le Roi veut bien faire pour lui; il promet d'exécuter la mission; un an suffira pour voir s'il tiendra parole, et s'il ne la tient pas ce sera deux cents louis de hasardés, car pour le brevet je lui ai déclaré que l'intention de Sa Majesté étoit qu'il ne rejoignît son Régiment ni ne se fît recevoir que sur un ordre exprès de sa part; ainsi ce brevet devient nul si l'objet auquel il le doit n'est pas rempli. Il m'a donné de nouveau sa parole qu'il étoit volontaire sans appointements dans le Régiment du Cap. En effet il m'a produit une lettre de Mr de Vallière par laquelle cet officier général lui promettoit un congé : il n'en auroit pas eu besoin, s'il n'avoit été attaché à quelque corps. Au surplus, j'ai constaté le fait vis-à-vis M^r son frère qui est lieutenant au Régiment du Maine formé des deux derniers bataillons du Régiment de Lionois et maintenant à Calais. Il est venu le voir ici et il m'a mis dans le cas de prendre de la confiance dans Mr de Bonvouloir par le secret dont celui-ci est capable. En effet ce frère qui l'aime tendrement est venu me trouver pour me marquer son inquiétude par le silence qu'il garde vis-à-vis de lui relativement à quelque projet dont sûrement il lui faisoit mystère puisqu'il ne vouloit pas retourner en France. Ainsi voilà déjà une qualité essentielle pour la besogne dont il va être chargé. Cet officier du Régiment du Maine me paroît très-franc et très-loyal. Il m'a dit les défauts de son frère comme ses bonnes qualités. Il n'y a pas de reproches à lui faire que d'avoir mangé une partie de ce qu'il avoit, mais ce n'est que dans cette classe d'hommes que l'on peut trouver ceux qui cherchent les aventures. Je me conformerai exactement, Monsieur, à tout ce que vous me prescrirez au sujet de cette circonstance; il faut que j'écrive au père de Mr de Bonvouloir que je me charge de son fils sans lui dire pourquoi : je dois attendre sa réponse, ainsi je ne prévois pas que cet arrangement puisse être consommé avant quinze jours. J'aurai l'honneur, à cette époque, de vous en faire passer tous les détails.

6. QUITTANCE DE BONVOULOIR.

J'ai reçu de Son Excellence, Monseigneur le Comte de Guines, les deux cents guinées qu'il étoit chargé de me remettre.

A Londres le huit septembre 1775.

ACHARD BONVOULOIR.

7. LE COMTE DE VERGENNES À GUINES.

A Versailles le 18 7bre 1775.

..... Rien de plus sage que la leçon que vous avez faite à Mr de Bonvouloir; c'est à lui de veiller si bien sur lui-même, sur ses propos et sur ses démarches qu'il ne lui mésarrive pas, il ne doit s'attendre à aucune protection de notre part s'il venoit à s'attirer l'animadversion du Gouvernement anglais. Comment est-il possible, Monsieur, que dans ces moments de crise un étranger ait la facilité de s'embarquer pour Philadelphie?

8. LE COMTE DE VERGENNES À GUINES.

A Fontainebleau le 15 8bre 1775.

..... Je comprends, Monsieur, qu'il n'a pas dû être facile d'embarquer M. de Bonvouloir pour l'Amérique; enfin le voilà en chemin, et grâces aux précautions que vous avez prises, il n'y a pas sujet de craindre que son voyage puisse jamais vous compromettre. Les lettres qu'il vous écrira devant être adressées à Anvers ne pourriez-vous pas donner ordre qu'elles vous fussent envoyées à Calais d'où elles vous parviendroient avec toute sûreté par vos courriers?

Angleterre, t. 512, n° 27.

9. GUINES AU COMTE DE VERGENNES.

A Londres le 30 octobre 1775.

..... Les lettres de M. de Bonvouloir adressées à Anvers, le sont sous une double enveloppe, à un correspondant de Calais qui les remettra au mien et ne les enverra point à Anvers, tandis qu'à la poste de Londres, lorsque quelques-unes de ses lettres confiées à des vaisseaux anglois viendront par cette voye, on ne verra qu'un correspondant de Calais, chargé de faire passer des lettres à des négociants d'Anvers, lettres qui ne contiendront que des détails relatifs à une branche de commerce à établir entre des particuliers de cette ville et l'Amérique, ce qui permet et même rend nécessaire toute exposition de faits et toutes réflexions relatives.

II

LE MÉMOIRE DE BEAUMARCHAIS.

À MONSIEUR LE COMTE DE VERGENNES.

Paris ce vendredi 22 7bre 1775.

Quand le zèle est indiscret, il doit être réprimé. Lorsqu'il est agréable, il faut l'encourager : mais toute la sagacité du monde ne pourroit pas faire deviner à celui à qui on ne répond rien la conduite qu'il doit tenir. Je fis, hier, parvenir au Roi par Mr de Sartines un petit travail qui n'est qu'un résumé de la longue conférence que vous m'aviez accordée la veille. C'est l'état actuel des hommes et des choses en Angleterre. Il est terminé par *l'offre que je vous avois faite de bâillonner pour le temps nécessaire à nos apprêts de guerre tout ce qui, par ses cris ou son silence, peut en hâter ou retarder le moment.*

Il a dû être question de tout cela hier au Conseil, et ce matin vous ne me faites rien dire. Les choses les plus mortelles aux affaires sont l'incertitude et la perte de temps.

Dois-je attendre ici votre réponse, ou faut-il que je parte sans en avoir aucune? Ai-je bien ou mal fait d'entamer les esprits dont les dispositions nous deviennent si importantes? Laisserai-je, à l'avenir, avorter les confidences, et repousserai-je au lieu de les accueillir des ouvertures qui doivent influer sur la révolution actuelle? Enfin suis-je un agent utile à mon pays ou seulement un voyageur sourd et muet?

Je ne demande point de nouvel ouvrage, j'en ai de trop sérieux à terminer en France pour mes affaires personnelles : mais, j'aurois cru manquer au Roi, à vous, au devoir d'un bon Français, si j'avois laissé ignorer le bien que je puis faire, ou le mal que je puis empêcher. J'attendrai votre réponse à cette lettre pour partir. Si vous ne m'en faites point sur les affaires, je regarderai mon voyage comme blanc et nul; et, sans regretter mes peines, je retourne à l'instant, je termine en quatre jours ce qui me reste à faire sur d'Eon et je reviens, sans avoir revu personne, à Londres. Ils seront tous bien étonnés; mais un autre fera mieux s'il peut, je le souhaite de tout mon cœur.

Je suis avec le plus profond respect, Monsieur le Comte, de Votre Excellence, le très-humble et très-obéissant serviteur,

BEAUMARCHAIS.

Angleterre, t. 511, n° 175.

III

CORRESPONDANCE DU GÉNÉRAL LEE.

1. GUINES AU COMTE DE VERGENNES.

Londres le 8 7bre 1775.

Il paroit deux lettres, l'une de M. le général Burgoyne, de l'armée royale, et l'autre du général Lee, de l'armée américaine; ils ont été fort liés jadis, et s'invitent réciproquement à changer d'opinion et de parti. Ces deux lettres ne sont pas encore publiques. Mylord Rochford, qui les a lues, y a vu que M. le général Lee engage sa parole d'honneur que les Américains ont la certitude d'être soutenus par la France et par l'Espagne. Ce Ministre m'en a parlé cependant sur le ton le plus amical et le plus convenable... Je lui ai répété tout ce qui est contenu dans votre avant-dernière dépêche et je crois l'avoir laissé bien persuadé de la fausseté de cette assertion.

2. GUINES AU COMTE DE VERGENNES.

Londres le 29 septembre 1775.

..... Je suis très-flatté, Monsieur, que le Roi ait bien voulu approuver ma réponse au billet du Lord Rochford.

Ce Ministre m'en a encore reparlé depuis, non pour insister sur une réponse présise de ma Cour, mais pour me persuader que M. Lee avoit donné sa parole d'honneur du fait qu'il avoit avancé à M^r le général Burgoyne. Je me suis contenté de lui répondre que j'en étois fâché pour l'honneur de Mr Lee. Au reste je regarde cette démarche de Mylord Rochford, moins comme un piège qu'il auroit voulu nous tendre pour s'en servir vis-à-vis des Américains, que comme une suite de légèretés auxquelles ce Ministre est quelquefois sujet. Il avoit commencé par me dire que M`r` Lee s'exprimoit ainsi dans sa lettre à M`r` Burgoyne qu'il m'enverroit. Cette phrase ne se trouvant pas dans la lettre, il a bien fallu faire une histoire pour justifier une demi-heure de discussion sérieuse qui se trouvoit ne porter sur rien.

IV

LETTRE DU MARQUIS DE GRIMALDI AU COMTE DE VERGENNES.

A S`t` Ild`e` ce 15 sept`bre` 1775.

Monsieur,

Les deux lettres dont V. E. m'a honoré en datte des 7 et 20 aout embrassent deux objets important; avec la même franchise et verité dont vous usez avec nous que nous estimons infiniment, et a laquelle nous sommes tres reconnoissant, j'exposeray à V. E. nos mesures, nos demarches et ce que le Roi pense........ De notre part voici ce qui a eté resolu; la Place de Puerto Rico, qu'on a extremement fortifié, quoique deja en etat de defense, exigeoit encore 3 années de travail pour perfecioner ses ouvrages; le Roi a ordonné quon doubla les ouvriers, et l'argent necessaire pour finir le tout en 18 mois; sous pretexte de relever la Garnison on y envoit un Reg`t` de 2 Bat`s` de renfort.

La Havane a tous ses ouvrages achevé, il y a 2 Reg`ts` d'infanterie et un de Dragons, outre une milice bien disciplinee, malgré cela sous le meme pretexte de relever un de ces deux Reg`ts` on y en envera un de renfort.

Au Mexique on ne croit pas devoir envoÿer pour le present des Trouppes; le besoin n'en est pas urgent, et les egards que V. E. conseille, pour ne pas donner trop d'ombrages aux Anglois par des preparatifs trop marqués nous font suspendre le renfort d'hommes pour cette partie la, on completera tout ce qui regarde municions armes et artillerie, soit au Mexique, comme a Cartagene et a Caraque qui forment les 5 poste important que nous pensons pouvoir defendre et surtout les 4 puisque Caraque n'est pas si essenciels.

Nous avons 10 Vaisᵗ de ligne 14 Fregates et 9 chebec armé en Europe, sans conter d'autres petits batimens, tout cela restera dans le meme etat.

Il est tres juste de se concerter pour tomber sur tout les batiments anglois, a la premiere hostilité que nous essuiions de leurs part, et que cela soit executé vigoureusement et promptement de la part de nos deux nations;

Quand a l'autre objet des Portuguais et de Buenos aires V. E. aura été instruite que l'affaire a changé de face; la demarche qu'ils ont faite avec nous quand nous nous y attendions le moins pourroit prouver, ou que la situation des Anglois leurs a fait changer de projet ou que reellement ils n'ont jammais eu celui d'exciter une guerre ouverte dans ces Païs la, mais bien de se tenir en force, pour impieter petit a petit comme ils ont toujours fait dans l'etendu inmanse des limites des deux Couronnes; on pourroit aussi soupconer qu'on eu voulu nous endormir, moyenant cette ouverture amicale, pour nous detourner de quelque forte resolucion que pourroit nous conseiller nos armements, qui se trouve tout pret et à leurs portes;

Mais tout cela doit etre mis au clair bientot par les explications ulterieures, que nous attendons de Portugal; l'ambʳ de cette Couronne qui est un bon homme et rien de plus, vient de me dire qu'on lui mandoit que bien tot on lui depecheroit un courrié, et que le delai provenoit de letat de la santé du Roi tres fidel; cela posé nous ne croyons pas devoir dans le moment envoyer des Trouppes a Buenos aires soit parce que notre Gouverneur a mandé que pour les Postes important et pour la defensive il se croyoit en sureté comme parceque si outre les deux Regᵗˢ qui partent pour les Isles on en embarquoit d'autres pour la Rivière de la Plata, nous tomberions dans l'inconvenient que V. E. a été d'avis qu'on devoit eviter, c'est à dire de fournir au parti anglois qui opine pour la guerre contre nous un pretexte pour la faire decider.

Les raisons que V. E. a cherché a decouvrir dans la conduite de M. de Pombal vis a vis de l'Espagne seroient a la verité bien extraordinaire, et dificile a executer. Le bruit de ce projet d'exclure du Trone la Princesse du Bresil, pour y placer son Fils mineur, nous parvint par le Cᵉ de Clermont a son pasage par ici; Nous n'en avons pas decouvert d'autres traces, et quoique nous suposions le Mʳᵉ Portuguais capable d'entreprendre les choses plus extraordinaires et plus absurdes, je doute qu'il eut le courage de se determiner a une inversion dans l'ordre de succession etabli, qui l'exposeroit a une revolution dans son propre Païs.

Je rends a Vʳᵉ Exᶜᵉ un milion de grace pour le present qu'elle a bien voulu me faire de la medaille du sacre du nouveau Roy; je l'aprecie d'autant plus que je conte que ce jeune Prince va etre le restaurateur de sa monarchie; ce sont les veux sinceres que je fais pour le bien de la France et de l'Espagne et pour que V. E. soit persuade du parfait attachement avec lequel j'ay l'honneur d'etre — Monsieur — De Votre Excelence — Le tres humble et tres obeissant serviteur.

DE GRIMALDI.

Je suis charmé que V. E. soit content de notre Amb' on ne lui cache rien des affaires et peut en raisoner avec V. E.

V

LE MARQUIS DE GRIMALDI ET LE MARQUIS D'OSSUN.

OBSERVATIONS PARTICULIÈRES SUR LE MINISTÈRE D'ESPAGNE.

(Fin de 1774 ou commencement de 1775.)

Je n'ai point vu la correspondance ordinaire avec la Cour de Madrid. Je ne connois que celle qui a rapport à la délimitation des deux Navarres, dont Monseigneur a daigné me charger. J'ignore par conséquent si dans les autres affaires que nous avons a traiter avec elle depuis quelques années, nous avons à nous loüer de quelque bonne volonté sincère de sa part, de sa bonne foi, de son inclination à nous faire justice, a établir, a resserrer les liens d'amitié qui devraient unir les deux nations, comme ils unissent véritablement les deux souverains. Monseigneur peut seul en juger.

Mais dans la discussion sur les limites de la Navarre dans tous les Mémoires que l'Espagne y a produits, dans toutes les lettres de M. le Mis de Grimaldi, il règne un ton de prépotance et de dénégation de toute justice, dont on peut être étonné, et qui semble mériter attention de la part du ministère du Roy.

Ces dispositions de M. de Grimaldi ont plusieurs causes; Elles ne peuvent échaper aux lumières supérieures de Monseigneur. J'ose en retracer ici quelques unes et le suplier de daigner les lire avec l'indulgence que j'espère toujours de ses bontés, et de la pureté de mon zèle ardent pour la gloire de son Ministère.

Le Roi d'Espagne a l'âme vraiment grande, noble et juste. Il parait attaché au Roi par tous les sentiments les plus tendres et par des dispositions favorables envers les Francois. Mais chacun sait qu'en général les Espagnols ne nous aiment point;

que leur ancienne antipathie, leur ancienne aversion pour nous ne sont pas éteintes; Qu'ils affectent souvent une indifférence aussi malhonnête que déplacée pour notre alliance; Que plus nous témoignons faire cas de la leur, plus ils se persuadent qu'ils peuvent au moins nous la faire acheter par les sacrifices de nos droits les plus incontestables.

M. de Grimaldi est étranger en Espagne; Les Espagnols naturellement fiers et présomptueux, n'aiment point les Etrangers pour les gouverner. M. de Grimaldi n'échapa qu'avec beaucoup de peines et de souplesses à la révolution que l'émeute de Madrid occasionna dans le Ministère du Roi d'Espagne. Il n'a dès lors rien oublié pour plaire aux Espagnols, et persuadé qu'un Chapeau de Cardinal lui donnerait plus de consistance et de considération dans un pays où les gens d'église et les moines ont tant d'influence, il étoit résolu il y a cinq ou six ans à en solliciter un. Mais il ne parait pas qu'il ait fait aucun progrès dans la confiance de la Nation. Il ne soutient sa faveur auprès du Roi son Maitre, que par les égards et les déférences les plus marquées pour tous ceux qui approchent Sa Majesté Cath^{que}, pour les moindres employés subalternes, et surtout pour les autres Ministres ses collègues, tous Espagnols, toujours prêts à le desservir, et à interpréter au plus mal ce qu'il pourrait proposer, ou faire même de plus juste sans eux.

Ainsi quand on pourrait supposer que M. de Grimaldi eût quelque affection pour la France, il se garderait bien de la laisser voir à Madrid, autrement que par quelques expressions toujours vaines et sans effet.

De là viennent la plus part des difficultés que nous éprouvons dans nos affaires avec l'Espagne, beaucoup plus facheuses depuis le Pacte de famille, et malgré les bonnes intentions des deux monarques, qu'elles ne le furent auparavant dans des circonstances même moins favorables. Nous voyons en effet que notre Commerce, l'objet le plus intéressant de nos liaisons avec l'Espagne, quoiqu'assés considérable encore et très avantageux, diminüe de jour en jour; Que nous n'y sommes pas, comme nous devrions l'être, pour les propres convenances de l'Espagne, et comme nous l'avons été autrefois, la Nation la plus favorisée; Et que les Anglois ses ennemis et les nôtres y sont en beaucoup de choses, mieux traités, et moins chicanés que nous.

Mais ces causes du peu de prospérité de nos affaires en Espagne ne sont pas les seules. . . . .

M. le Mis d'Ossun réside depuis plus de 20 ans sans interruption, et sans être revenu en France, auprès du roi d'Espagne. Ce prince s'accoutume facilement à ceux qui l'entourent. Il a avec raison bonne opinion de la droiture de M. d'Ossun; Il le traite bien personnellement, et il se l'est encore attaché par ses bienfaits.

Une si longue habitude a rendu M. d'Ossun plus Espagnol que Français; Il regarde la protection particulière du roi d'Espagne comme l'appui le plus sûr pour conserver son Ambassade, et elle lui a effectivement servi plus d'une fois à prévenir son rappel. En conséquence il ne s'occupe essentiellement, comme M. de Grimaldi, qu'à plaire aux Espagnols....... Cette manière de négocier purement passive, est fort commode pour M. d'Ossun, mais elle a bien des inconvénients. Les Espagnols ne doutent pas qu'ils n'ayent constamment raison avec nous, lorsque l'Ambassadeur du Roi ne leur dit jamais qu'ils ayent tort. Ils négocient avec hauteur. Ils exigent tout de leur allié et ne pensent pas lui rien devoir. Les affaires traitées de loin languissent nécessairement; on n'en termine aucunes et l'humeur s'y glisse parce qu'on ne s'entend pas.

Il serait difficile de citer effectivement aucune affaire de quelque importance, qui ait été finie depuis nombre d'années à la satisfaction des deux Cours.

« Ne croyez pas cependant, ai-je oui-dire à la cour de Madrid, qu'il n'y ait beau-
« coup d'Espagnols éclairés et bien intentionnés, qui déplorent de voir si peu
« d'union entre les deux Cours; Qui sont convaincus que cette union est encore plus
« nécessaire à l'Espagne qu'à la France; Qui désirent de la cimenter par l'amitié, par
« la confiance, par les convenances réciproques; Qui sentent enfin que l'intérêt des
« deux Nations n'est point différent de celui des deux Souverains.

« Un Ministère, entièrement composé d'Espagnols affectionnés à la France, serait
« plus propre qu'un Étranger à effacer peu à peu les préventions nationales, à éclai-
« rer les Espagnols, à répandre parmi eux la persuasion et les germes des sentimens
« qui peuvent les rapprocher des François, et faire des deux Peuples une seule nation,
« comme le désirent les deux Monarques.

« Il conviendrait donc que la France cherchât, plus qu'elle ne fait, à connaitre
« les Espagnols qui lui sont affectionnés; Qu'elle les distinguât, qu'elle favorisât leur
« avancement dans les emplois en Espagne. M. le marquis d'Ossun n'a pas, a beau-
« coup près l'activité, le courage et le goût d'entreprendre une besogne qui exigeroit
« une suite de soins, une fermeté, une popularité, une manière d'être dont son âge
« et son caractère l'éloignent de plus en plus.

« Louis XIV ne négligea point cette pratique du temps de Philippe V et la France
« en recueillit d'heureux fruits pour son Commerce. »

Espagne, t. 574, n° 247.

CHAPITRE VI.

L'AMBASSADEUR DU ROI À LONDRES.

Utilité qu'auraient pu avoir les défauts de notre ambassadeur à Londres, dans les rapports respectifs de la France, de l'Espagne et de l'Angleterre. — Sa mobilité d'impressions, sa fatuité; caractère de la correspondance du ministre avec lui. — Les Colonies et leurs partisans sont déclarés « rebelles »; effet que cette détermination produit à Versailles. — Hypothèse d'une négociation entre l'Angleterre et la Russie pour charger celle-ci de soumettre l'Amérique; examen et réfutation qu'en fait M. de Vergennes; variations de M. de Guines. — L'Espagne demande notre médiation entre elle et le Portugal; biais pris à cet effet par M. de Grimaldi. — M. de Vergennes désire associer l'Angleterre à cette médiation; stérilité des négociations qui s'engagent. — Idée conçue par M. de Guines d'une alliance avec l'Angleterre; attitude que cette idée lui inspire; comment elle sert à l'abuser. — Réponses que M. de Vergennes fait successivement à l'ambassadeur; plaintes de l'Espagne. — Surveillance étroite à laquelle nous soumet le ministère anglais; lord Stormont de retour en France. — Audience de cet ambassadeur à Fontainebleau; son entretien avec MM. de Vergennes et de Maurepas. — Changements dans le cabinet de Londres; lord Weymouth. — Méthode différente de M. de Grimaldi et de M. de Vergennes à l'égard de l'Angleterre. — Intérêt attaché par celui-ci à ne pas détourner les Anglais d'user leurs forces. — Langage qu'il veut faire entendre à Londres et objections que l'ambassadeur y oppose. — Comment celui-ci s'y prend et vanité qu'il en tire. — Évènements présagés par l'état des choses à la fin de l'année 1775.

1775.   Le cabinet de Versailles essayait de faire durer les embarras de l'Angleterre et de les accroître, celui de Madrid n'en était encore qu'à vouloir sauvegarder éventuellement ses possessions contre elle. En cela l'un et l'autre étaient dans leur rôle, le premier n'ayant presque plus rien à défendre et une situation à refaire, tandis que la vaste étendue de ses territoires rendait le second vulnérable et le retenait d'être ambitieux. Cette différence de situation en amenait une corrélative dans les rapports des gouvernements. A Londres, on se méfiait de nous et on nous le faisait sentir; on nous parlait comme à une puissance destituée de son rang, avec la pensée de nous dégoûter de le reprendre. Avec Madrid, au contraire, on s'appliquait à ne pas laisser percer d'intentions mauvaises, mais à les avoir sous les dehors d'une considération sincère. Le cabinet de Charles III pouvait ainsi communiquer avec celui du roi George comme s'il régnait entre eux une estime égale; le nôtre ne pouvait que composer son langage et chercher à découvrir ce qu'il devait craindre ou ce qu'il aurait raison de tenter.

Les défauts mêmes de notre ambassadeur l'auraient rendu utile à ces deux buts, si ces défauts n'avaient donné aux Anglais beaucoup de prise sur lui. S'inquiétant peu de se contredire parce qu'il n'était guère propre à bien juger, il se serait aisément prêté aux changements d'aspect des choses, qui devaient être fréquents et qu'il ne fallait pas moins prendre au sérieux toujours; ne pensant qu'à se répandre, il aurait beaucoup entendu et sa prolixité eût tout rapporté. Sa correspondance reflète exactement son esprit; elle dit le contraire d'un jour à l'autre avec une sorte d'inconscience. A peine avait-il lu les observations du ministre sur la pensée des Anglais de résoudre la question de l'Amérique en déclarant la guerre aux deux Couronnes, qu'il passait à l'impression contraire. Lui-même, à son dire, sur « cette ouverture extraordinaire » avait représenté tout de suite à lord Rochford dans quelle position différente se trouverait l'Angleterre pour faire aujourd'hui une pareille guerre. Comme s'il n'en avait jamais jugé autrement, il écrivait le 18 août, avec sa fatuité habituelle :

> Au surplus, Monsieur, l'idée de faire la guerre à la France ou à l'Espagne ne fermente pas encore dans les têtes qui pourroient la déterminer, et je suis même convaincu que nous avons trois moyens suffisants pour rendre ce projet-là fort peu redoutable :
>
> 1° Unité constante de plans et de vues avec l'Espagne.
>
> 2° L'attention la plus sérieuse et la plus suivie portée sur notre marine, sur nos Colonies, et spécialement sur les îles de France et de Bourbon, parce que les ressources des Anglais périclitant dans les Indes occidentales,

les Indes orientales doivent devenir leur premier objet, puisqu'elles sont leur dernier moyen.

3° Que la nation Anglaise soit bien persuadée que l'Espagne ni la France ne veulent point entreprendre contre elle, mais en même temps sont bien préparées à n'en rien souffrir. Il me semble que voilà les grands ressorts qui en imposeront toujours dans ce pays-ci à quelque Ministère que ce puisse être; et, comme cette politique me paroît être celle du conseil du Roi, j'ai l'honneur de vous assurer, Monsieur, que je suis fort tranquille sur tout ce que ces gens-ci pourront imaginer pour se tirer d'affaire.

Cette tranquillité ne m'empêchera cependant pas de les veiller de fort près. Toutes les facilités, à cet égard, me sont prodiguées, et ce seroit ma faute si tout ce qui sera pénétrable n'étoit pas pénétré. Je n'avois pas attendu, Monsieur, l'ordre que vous me donnez pour offrir à M^r le Prince de Masseran de faire usage de mon courrier, ce qu'il avoit accepté. J'ai cependant lu à cet ambassadeur l'article de votre dépêche n° 147 qui le concerne, il y a été extrêmement sensible et a été pénétré de la confiance particulière dont le Roi l'honore.

Il en a toujours existé entre nous une très-intime, que ces nouvelles instructions ne feront que cimenter encore davantage.

A Londres le 18 août 1775.

Angleterre, t. 511, n° 93.

Il en est de même après son alerte au sujet des lettres du général Lee. Le lendemain il écrit qu'il n'en reste rien; au contraire, il lui semble que l'on est bien mieux accueilli et il s'étonne naïvement de ce meilleur traitement qu'il remarque:

Il n'est plus question, Monsieur, des assertions du général Lee. La confiance du roi d'Angleterre et de son Ministère dans les vues droites et pacifiques du Roi est entière. Hier encore Milord Rochford ne cessoit de le répéter à M^r le Prince de Masseran. Ils auroient tant à craindre s'il en étoit autrement, qu'il n'est pas surprenant que quelquefois la moindre chose ne leur cause les plus vives inquiétudes.

A Londres le 20 octobre 1775.

Ibid., t. 512, n° 38.

Nous ne savons, M. le Prince de Masseran et moi, à quoi attribuer un changement en bien qui s'est manifesté à notre égard de la part des Ministres Anglais sur les objets qui sont en discussion entre nos Cours respectives et celle d'Angleterre.

A Londres le 1er 7bre 1775.

Angleterre, t. 511, n° 118.

Le cabinet britannique, lui, mettait toute la suite compatible avec les choses en soi, dans la conduite d'une affaire qu'il avait si imprudemment engagée. Il avait aussi mal jugé la portée des faits que le bien fondé et les chances de son entreprise; l'insuffisance des moyens de répression, à plus forte raison de résistance, avait favorisé l'essor du soulèvement; mais, revenu à une vue plus exacte, faisant habilement face au Parlement, surveillant les deux Couronnes ses rivales et retardant leur entente, rassemblant pendant ce temps ses forces et en préparant de nouvelles, déclarant la « rebellion » et menaçant ainsi l'opposition intérieure qui ne se rallierait pas à la défense, il groupait peu à peu, en définitive, tous les partis de l'Angleterre et toute la nation pour un grand effort commun. Le comte de Guines, parlant à nombre de gens, était persuadé de beaucoup savoir; il écrivait sur tout cela et en raisonnait sans voir ni les ruses ni les pièges. Les dépêches du ministre discutaient ses dires et les ramenaient aux choses probables, aux conséquences naturelles. M. de Vergennes, qui ne l'avait pas choisi, mais subi, faisait ses dépêches pour l'ambassade en vue des affaires; quand c'était un peu pour l'ambassadeur, il les écrivait en vue d'occuper le tapis ou en raisonnant par ironie, comme on le fait avec les esprits sur lesquels on sait ne point exercer d'empire. Il n'aurait pas mieux demandé que de voir M. de Guines absent de nouveau. Au milieu d'août, Tort releva appel contre celui-ci, lequel fit connaître que ce retour de procédure allait demander sa présence à Paris. Le ministre s'empresse de l'aviser que le roi lui permet de s'y rendre « chaque fois qu'il le jugera nécessaire, lui dit de regarder sa lettre comme un congé dont l'usage est remis à sa discrétion, de prévenir seulement assez tôt pour que l'on puisse pourvoir à faire gérer les affaires[1] ». Mais l'ambassadeur avait des motifs de ne point laisser voir dans son cabinet. Il pressentait sans doute aussi le retour de Garnier. Par le courrier suivant il se hâte de répondre qu'il ne se servira du congé qu'au dernier moment et que M. Frontier, à qui le prince de Masserano voudrait bien prêter ses lumières, le suppléerait très suffisamment[2].

Du reste, M. de Vergennes n'était pas le seul à sentir que l'attache d'un représentant sujet à de tels démêlés judiciaires était lourde. Ces démêlés avaient donné assez de peine la première fois[3], on voulait s'en affranchir celle-ci. La lettre du ministre, qui est de sa main, portait à la fin que le roi avait décidé de ne s'intéresser en rien au débat[4]. A la vérité ce n'était pas là de quoi intimider M. de Guines. Avec une humilité qui était presque de l'insolence, il répondit que « si l'intention du roi était autre, il prendrait la liberté de faire à S. M. les plus fortes représentations et que, plein de soumission, il ne pouvait ni ne devait rien attendre que de son Parlement ». On n'avait guère de prise sur un ambassadeur si peu conscient de ses obligations morales et si soutenu. On le laissait donc agir en toute liberté. Il n'avait aucune instruction formelle sinon d'affirmer sans cesse les intentions droites du roi ou son sincère désir de la paix et de les marquer, en échange du même traitement de la part de la Grande-Bretagne.

---

[1] Le comte de Vergennes à Guines (25 août 1775).

[2] Guines au comte de Vergennes (1er septembre 1775).

[3] M. de Guines avait demandé à publier diverses dépêches du duc d'Aiguillon. Celui-ci, bien que dans la retraite, objecta, naturellement, tout ce qui devait être dit au nom des convenances politiques et de l'intérêt de l'État; le roi lui-même avait dû lui écrire, ou du moins revoir de sa main les lettres justifiant ce qu'il avait permis. (Voir notamment les pièces 23 et 24 du tome 508 de l'*Angleterre* et la note de Vergennes n° 75.)

[4] « Il me reste à vous ajouter, M. le Comte, « écrivait le ministre, que le Roi s'est expliqué « dans son conseil que son intention précise est « qu'aucun de ses ministres ne se mêle de « quelque manière que ce puisse être de l'affaire « que vous avez contre le sr Tort. Elle est entre « les mains du Parlement, lui seul doit en « connaître et prononcer. » (*Angleterre*, t. 511, n° 111.) Mais M. de Guines ne s'inquiétait pas de chercher un avertissement dans ce langage.

Jusqu'à la déclaration de rebellion, M. de Vergennes avait eu la pensée qu'une conciliation s'opérerait inévitablement, à date assez prochaine, entre les Colonies et leur métropole. Son esprit n'admettait pas que celle-ci ne saisît point ce moyen. Il le regardait comme presque unique et le redoutait pour nous, au moment où cette déclaration avait lieu, et peu après il mandait encore au comte de Guines :

> Je n'ai que des rémerciements à vous faire, M. des nouvelles que vous nous avez communiquées, les détails en sont intéressants, et les réflexions dont vous les accompagnez font honneur à votre prévoyance et à votre sagesse. Je vous prie de continuer à nous faire part de tout ce que vous apprendrez de relatif aux affaires de l'Amérique. C'est le point vers lequel se porte aujourd'hui toute l'attention. Cependant quoique tout semble se disposer dans cette partie à une guerre opiniâtre, je ne serois pas surpris que de part et d'autre on ne cherchât et on ne trouvât des moyens de s'accommoder. C'est une triste extrémité pour une nation de n'envisager, même dans les succès et dans les avantages les plus brillants, que sa propre destruction, et c'est nécessairement le résultat de toute guerre civile.
>
> Angleterre, t. 511, n° 44.

Le Conseil du roi d'Angleterre peut vouloir faire de l'Amérique septentrionale un désert, mais toute sa puissance y échouera. Si jamais les troupes anglaises quittent les bords de la mer, on pourra bien leur en fermer le retour, et je vous avoue, Monsieur, que je regarde comme une vaine jactance plutôt que comme une menace sérieuse ce que vous entendez dire à cet égard, même par les personnes admises dans le sanctuaire des Conseils. Ce prétendu dessein semble même contredit, je ne dirai pas par la langueur actuelle des opérations en Amérique que l'éloignement n'auroit pas permis d'animer depuis l'affaire du 17 juin, mais par l'inaction à laquelle on semble se vouer pour le reste de cette campagne. Nous voyons par ce que vous nous marquez, Monsieur, qu'il est arrêté d'y faire passer pour l'année prochaine des renforts puissants, d'augmenter non-seulement le nombre des régiments, mais encore celui des compagnies et leur force. Tout cela seroit admirable si les Américains ne devoient pas profiter eux-mêmes de ce temps de répit pour se renforcer, pour se discipliner et pour mieux combiner leurs mesures. Si on vouloit les écraser, il ne faudroit pas leur laisser le temps de s'y reconnaître, les presser sans relâche; des attaques réitérées qui les auroient étonnés auroient pu les décourager. Le Gouvernement hésite; il ne désespère peut-être pas encore de sortir d'embarras par la négociation; la Virginie a fait une ouverture, lorsqu'elle a dit : ou un subside avec le commerce libre à l'instar de l'Écosse, ou le commerce sur l'ancien pied sans subside. Si cette alternative est dans le vœu du Congrès général, la dernière branche peut faire une issue sortable. Je ne me livre facilement à mes pensées, Monsieur, qu'afin que vous vouliez bien les rectifier si je me trompe. Je ne demande qu'à être éclairé, et je vous prie de vous expliquer avec moi avec autant de franchise que je le fais avec vous. Nous servons un maître commun, notre travail ne doit avoir qu'un même but.

A Versailles le 20 aoust 1775.

Angleterre, t. 511, n° 97.

Quelque opinion que j'aie de la richesse et des ressources de l'Angleterre, je ne puis pas me l'exagérer au point de la croire en état de subjuguer l'Amérique par la force, et j'avoue, Monsieur, que j'ai peine à partager l'idée où vous êtes que le Ministère anglais, se montrant contre son usage plus soigneux de sa dignité que de son intérêt, s'obstine à rejeter toute proposition de la part d'un Congrès qu'il regarde avec raison comme illégal, mais qui n'en est pas moins le représentant de douze Colonies unies pour résister aux entreprises et au despotisme de la métropole. Si vous croyez, Monsieur, que la proposition contenue dans l'apostille, ajoutée à ma dépêche n° 148 et que j'ai répétée dans ma dernière, satisferoit pleinement les Ministres Anglais, vous avez dû remarquer qu'elle se trouve assez clairement énoncée dans l'adresse au peuple Anglais dont Mr Penn doit avoir été porteur. On n'y demande que la révocation des actes postérieurs à l'année 1763.

A Versailles le 27 aoust 1775.

Ibid., n° 110.

Ces points de vue se trouvèrent renversés quand les Colonies et leurs partisans furent réprouvés comme « rebelles ». M. de Guines envoya le 25 août le texte de la proclamation royale qui fermait ainsi toute issue à la conciliation et qu'il estimait par là malheureuse. En fait, cette déclaration (on peut la lire aux annexes de ce chapitre) devait donner le ressort à l'opinion anglaise; mais on n'en jugeait pas alors ainsi, et M. de Guines était dans le ton en disant :

> Vous verrez, Monsieur, par la proclamation ci-jointe publiée aujourd'hui par l'ordre du Roi, qu'ainsi que j'ai toujours eu l'honneur de vous le mander, on se ferme ici, avec plus de soin, chaque jour, toutes les portes d'un accommodement ou d'une conciliation quelconque. Voilà les Américains proclamés rebelles, et par conséquent l'impossibilité duement et légalement établie de recevoir de la part du Congrès aucune espèce de propositions. Ainsi, le Ministère, d'une part, ne se ménage plus de ressources que dans le démembrement de quelques provinces qui, lassées de la guerre, se désisteroient de l'association générale et viendroient à l'obéissance; et, de l'autre, les Colonies sont plus que jamais déterminées à ne faire qu'un seul et même corps, et y regardent leur sûreté et leur liberté d'autant plus intéressées que le Gouvernement annonce plus de propension à les désunir. La Georgie, qui seule avoit conservé quelque indécision, a entièrement adhéré aux résolutions du Congrès. Vous remarquerez, Monsieur, dans cette même proclamation que l'avis de Milord Rochford a prévalu dans le Conseil. Ce Ministre me l'avoit confié, et j'avois eu l'honneur de vous en rendre compte dans ma dépêche n° 283. Les membres de l'opposition en correspondance avec les Américains feront bien de se tenir sur la réserve. Il est évident que la proclamation les a personnellement pour objet. On peut imaginer quelle aigreur ceci va produire entre les deux partis. Voilà le roi d'Angleterre obligé aux moyens les plus extrêmes. Ce prince obstiné comme Charles Ier, et dans le fait peut-être aussi faible que lui, rend tous les jours plus difficile et plus dangereuse la tâche qu'il a entreprise.
>
> A Londres le 25 août 1775.
>
> *Angleterre*, t. 511, n° 107.

Le gouvernement de George III allait donc poursuivre la soumission absolue des *insurgents*. Chercher à prévoir si le succès ou l'échec suivrait cette détermination et quelles conséquences l'un ou l'autre aurait pour nos intérêts, cela seul importait maintenant au ministère de Louis XVI. L'hypothèse du succès ne s'offre guère à sa pensée. Il entrevoit beaucoup d'obstacles : les débouchés fermés devant la production anglaise et, dès lors, la pénurie financière; les moyens militaires de la Grande-Bretagne, qui sont au-dessous de l'entreprise; l'état des partis, qui rend probable une révolution violente, laquelle changera le pouvoir de mains et énervera la répression. Cette prévision d'un bouleversement politique en Angleterre était alors générale. C'est pourquoi l'on répond à l'ambassadeur, dans les données où lui-même a écrit :

> La proclamation que le Ministère Anglais vient de rendre, moins peut-être contre les Américains que contre les chefs de l'opposition, change absolument l'ordre de nos combinaisons et détruit sans réplique toutes les spéculations de conciliation dont on nourrissoit encore l'espoir. Il est sensible que le Gouvernement Britannique ne veut devoir qu'à la force la soumission des Colonies et comme il n'a pas trop de toutes celles de son empire, il est probable que si les Ministres Anglois ont été jusqu'ici pacifiques par inclinaison et par choix, ils doivent maintenant l'être par nécessité. La proclamation qu'ils viennent de publier leur retranche toute possibilité de revenir sur leurs pas. Il faut ou que l'Amérique succombe, ou que les Ministres succombent eux-mêmes. Je ne sais si le Lord Rochford a bien pesé les conséquences de cette alternative lorsqu'il se glorifie d'avoir donné le conseil sanguinaire; au terme où l'on porte les choses, il est bien à craindre que nous ne voyons des échafauds dressés en Angleterre, et si ce sont les Ministres qui doivent y être immolés, quel sera le sort du roi d'Angleterre et de sa Maison? Sa position demanderoit un grand caractère, et ce que vous nous en dites, Monsieur, ne le fait pas présumer. On ne peut plus douter, d'après ce qui se passe, que ce ne soit, comme vous le dites, un parti pris à force de dévastations de reculer l'Amérique de cinquante ans, si on ne peut la réduire.

Une conséquence certaine, toutefois, aux yeux de M. de Vergennes, c'est que l'Angleterre est désormais contenue par les Colonies, que son inimitié ou son ambition n'auront pas la carrière libre. Notre conduite, pense-t-il, peut être réglée sur ce principe et l'union avec l'Espagne lui donne d'autant plus d'espérances. On poursuivra donc les mesures déjà ordonnées pour la défense de nos possessions, on continuera à s'entourer de prudence. Le ministre ajoutait :

> Laissons les Anglais s'exagérer la perte que les Espagnols peuvent avoir faite devant Alger, cela ne change point l'état de cette puissance, et je me flatte que la bonne conduite des deux Cours rétablira bientôt le sentiment de considération que le Pacte de famille doit naturellement faire naître. Au reste, nous sommes bien éloignés de nous en dégouter; jamais l'intimité entre les deux couronnes ne fut plus confidentielle qu'elle l'est dans ce moment.
>
> A Versailles le 3 7bre 1775.

Angleterre, t. 511, n° 124.

Du reste, il avait dit à ce propos, par avance, dans sa dépêche du 20 août :

> Nous sentons parfaitement, Monsieur, toute la délicatesse que nous sommes dans le cas de prendre pour la sûreté de nos possessions d'outre-mer sans effarer les Anglais, et nous espérons les combiner de manière que les têtes les plus exaltées de cette nation ne verront dans nos précautions que l'effet d'une sage prévoyance qui s'occupe de pourvoir à la sûreté de ses possessions sans vouloir troubler celles des autres; nous ne mettrons dans nos mesures aucun apparât propre à alarmer, à moins que celles des Anglais ne nous obligent à donner plus d'étendue aux nôtres. Vous serez informé dans le temps, Monsieur, de ce qui se fera de ce côté-ci, et vous serez autorisé à en parler amicalement; jusqu'ici il n'est pas question de l'envoi d'aucune escadre, et c'est le seul objet qui pourroit causer une jalousie fondée à l'Angleterre.

C'est dans la correspondance avec notre ambassadeur en Espagne qu'il faut chercher le fond de la pensée des ministres de Versailles. Même avant la déclaration de « rebellion », ils montraient à Ossun le cabinet de Londres comme obligé de soumettre les Colonies coûte que coûte, s'applaudissaient de voir l'Angleterre user ainsi ses moyens, ne redoutaient rien tant qu'une guerre en Europe qui l'en détournerait trop tôt. A la date des dernières dépêches, ils trouvaient essentiel de

1775. tout faire pour éviter cette guerre, au cas contraire essentiel de la mener avec vigueur, mais aussi indispensable, en attendant, d'avoir de l'autre côté de l'Atlantique des troupes et des vaisseaux qu'on aurait lieu d'utiliser peut-être contre les Anglais plus tard, et ils faisaient pousser le gouvernement de Madrid à envoyer des forces dans ses possessions d'Amérique. Ossun venait d'écrire :

> Le Mis de Grimaldi en causant avec moi sur cet objet, m'a dit que le moyen qu'il regarderoit comme le plus sur pour en imposer aux Portugais seroit de les attaquer en Europe. Je lui ai répondu que cela pouvoit être, mais qu'il en résulteroit une guerre et qu'il falloit l'éviter. Il en est convenu avec moi.
>
> Angleterre, t. 576, n° 165.

M. de Vergennes avait aussitôt répliqué :

> Les Portugois ont fait passer de trop grandes forces en Amerique pour vouloir les y laisser oisives et il y a bien de laparance que les 1res nouvelles qui viendront de cette partie si on ne les a deja a Madrid annonceront que les hostilités ont commencé sur le Rio Grande. Un moyen d'en imposer aux Portugois pourroit etre comme vous a dit M. le Mis de Grimaldi de les attaquer en Europe, mais la guerre qui en resulteroit ne seroit pas le seul inconvenient; un qui a mon sens ne seroit pas moins grave seroit de fournir aux ministres anglois un prétexte pour faire une conciliation quelconque avec leurs Colonies. Dans letat present des choses, netant divertis par rien, il est difficile qu'ils se departent sans exposer la consideration de la Couronne et leur sûreté personnelle de soumettre les Colonies a la legislation de la metropole, et c'est un avantage reel pour les deux Couronnes qu'ils usent leurs forces contre eux memes.
>
> A Versailles le 15 aoust.
>
> Espagne, t. 577, n° 32.

Un rapport du comte de Guines, du 15 septembre, vint fournir au ministre un texte aussi important que nouveau d'éventualités à entrevoir et à étudier. L'Angleterre s'était occupée de chercher des troupes mercenaires chez les princes d'Allemagne. On ne l'ignorait point à Versailles et l'on n'en marquait nul ombrage, obligé de trouver juste qu'elle rétablît sa puissance à Boston. Mais à ce moment M. de Masserano fut avisé d'une alliance que le cabinet de Londres passait pour négocier avec l'impératrice Catherine, et dont un chiffre notable de forces de mer et de terre chargées de soumettre les Colonies serait le premier gage. L'ambassadeur espagnol tenait la source de ses informations pour tellement sûre qu'il les communiqua au comte d'Aranda et à Guines. Celui-ci, qui transmettait avec un égal empressement tous les commérages du monde politique de Londres, leur trouvant à tous du poids ou n'essayant pas de les peser, avait déjà, sur un indice insignifiant, parlé d'un rapprochement des cours de Londres et de Berlin, même du projet qu'aurait l'Angleterre de barrer le port de Rochefort pour empêcher la rentrée de nos navires et de nos matelots occupés à la pêche ou au commerce. Son imagination liait les moindres indices pour en étayer chaque invention nouvelle; il trouva un objet précieux de correspondance dans cette affaire des Russes, et, sur ses données, édifia, comme sur une trouvaille, un plan naissant de politique de la part de l'Angleterre, arrêté même déjà peut-être, en vue d'une guerre contre les deux Couronnes, indépendamment du but plus immédiat d'en finir avec l'Amérique. C'était une des premières occasions fournies à M. de Vergennes de parler des autres puissances de l'Europe avec les deux représentants du roi et d'envisager en particulier la situation de la Russie, de rechercher quelle conduite cette puissance pouvait être amenée à tenir si des complications surgissaient. Il avait répondu à Guines tout de suite, le 25 août, et les raisons qu'il développait, le soin qu'il prenait de lui mettre la lumière dans la main ou de le détourner des lueurs fausses, effaçaient toutes les apparences de fondement que l'affaire en soi avait pu paraître avoir :

J'ai reçu, Monsieur, la dépêche que vous m'avez fait l'honneur de m'écrire le 15 de ce mois.

Il y a des choses qui, quoi que dénuées de toute vraisemblance, peuvent cependant être vraies. C'est sous ce point de vue, Monsieur, que le Conseil du Roi a envisagé l'avis qui vous a été communiqué par M. le P^ce de Masseran, et que vous nous avez transmis, d'une négociation entamée entre l'Angleterre et la Russie pour assurer la soumission des Américains rebelles par le ministère des forces terrestres et maritimes de cette puissance. Il ne faut pas moins que le crédit que M. le P^ce de Masseran paroît donner à la source où il a puisé cet avis pour nous empêcher de le rejeter comme tout-à-fait improbable. En effet, si on le considère soit relativement aux intérêts de l'Angleterre et du Ministère lui-même, soit relativement à ceux de la Russie, les degrés de crédibilité n'augmentent pas. Je distingue la possibilité d'une alliance (c'est sur quoi je m'expliquerai plus bas) et l'objet que vous nous présentez comme devant en faire la baze. Quelque porté que soit le Gouvernement anglois à faire illusion; quelque disposée que soit sa nation à la recevoir et à se livrer à l'enthousiasme, nous ne pouvons pas regarder comme moyen propre à opérer ces deux effets le Pacte dont vous soupçonnez la confection prochaine. On pense, on réfléchit et on combine en Angleterre; la lumière s'y communique par tant de canaux qu'il faut à la fin qu'elle éclaire l'universalité; et comment y méconnoîtroit-on le danger sensible et palpable d'introduire dans le sein de ses Colonies rebelles une force majeure étrangère de terre et de mer qu'on ne rappelleroit peut-être pas aussi facilement qu'on l'y auroit introduite? Je conçois, Monsieur, que cet aparat d'une force étrangère en imposeroit prodigieusement dans le principe aux insurgens et pourroit les intimider, mais croiriez vous que la nation angloise vît tranquillement sa propre marine dans un état d'inaction et ses trezors employés à mettre en activité une marine étrangère objet de la plus grande jalousie pour tout Anglois sans distinction d'ami ou d'ennemi. L'auteur du projet auroit-il calculé ce qu'il faut de bâtimens et par conséquent de matelots pour le transport d'un corps de 20,000 hommes, et où les trouver en Russie?

Nous ne nous éloignerions pas de croire que si l'impératrice de Russie étoit disposée à vendre un corps de six ou huit mille hommes aux Anglois, ceux-ci s'en chargeroient volontiers pourvû qu'ils fussent entièrement à leurs ordres. Mais vous sentez, Monsieur, combien cela repugneroit à la dignité de cette Princesse. On peut la supposer romanesque mais on ne peut aussi lui refuser de l'élévation et des vûes; comment donc imaginer qu'elle consentiroit à se dégarnir d'une partie de ses forces de terre et de toute sa marine militaire pour la vaine gloire de soumettre à leur souverain légitime des peuples éloignés, tandis qu'elle n'est peut-être pas fort assurée de la tranquilité des siens et que ses intérêts concentriques semblent lui rendre nécessaire, non-seulement la conservation de toutes ses forces, mais peut-être leur augmentation. On sait que Catherine II voit avec ressentiment les progrès de la Maison d'Autriche; elle n'a pas moins de deffiance de ceux du roi de Prusse, quoiqu'elle semble le cajoller davantage; peut-être conserve-t-elle encore des inquiétudes et des projets sur la Suède; elle regrette l'influence qui lui a echapée en Pologne; elle travaille, quoique par des moiens lents et sourds à la regagner, et c'est dans cette situation avec tant d'objets, si faits pour élever et pour occuper son âme, qu'elle iroit transporter ses troupes dans un autre hémisphère, sans autre objet de compensation de l'espoir très-incertain de nous ravir par la suite ou à l'Espagne des possessions où nous aurions tout le temps de nous mettre en mesure de la bien recevoir. La Russie est sans difficulté un vaste et un immense pays, mais il ne faut pas croire qu'il est peuplé en raison de son étendue; ce n'est pas, à beaucoup près, la manufacture du genre humain; il n'y a pas de superflu dans le genre. On n'ignore pas avec quelle difficulté ses armées se sont recrutées pendant la guerre de Turquie et l'espèce de recrûes qu'on a dû prendre. L'apas des sommes que l'Angleterre pourroit ofrir à moins de les suposer au delà de toute proportion ne pourroit pas faire une tentation; elles n'enrichiroient pas la Russie, puisqu'elles devroient se dépenser hors de son Empire. Si vous joignez à ces considerations, Monsieur, les mesures déjà connues de l'Angleterre pour avoir les Hanoveriens à sa flotte, la négociation qu'on prétend entamée pour prendre un corps d'armée d'Hessois, vous conviendrez que la négociation avec la Russie doit avoir un autre objet, à moins de suposer que le projet de l'Angleterre c'est de verser l'Europe en Amérique.

J'aurois bien quelques observations à vous faire relativement au nouveau débouché que vous donnez au commerce de l'Angleterre. Son commerce avec la Russie, qui est très-ancien, subsistoit bien longtems avant les troubles des Colonies. Mais, depuis plusieurs années il diminue en proportion de l'accroissement de l'industrie Russe. Tous les draps communs et grossiers, que jadis on tiroit d'Angleterre, se fabriquent maintenant dans le pays, bien d'autres genres s'y travaillent, et il ne faut pas croire parceque le débouché de l'Amérique manquera aux Anglois, que la Russie leur fera le sacrifice de l'industrie qu'elle a naturalisée dans son Empire; d'ailleurs, c'est une vérité de fait que le commerce qui donne une grande activité à la marine marchande d'Angleterre n'est point un bénéfice pour la nation, et que la balance est décidément à l'avantage de la Russie.

Vous aurez vu, Monsieur, par ma précédente dépêche que nous soupçonnions un commencement de négociation entre l'Angleterre et la Russie; je vous ai fait part des notions que nous avions à cet égard pour diriger vos spéculations et vos recherches. M. Durand raportoit les démarches du Ministre Anglois aux affaires de Dantzick. Cet objet, quoique très-important pour le commerce de cette nation ne nous a pas parû cependant être le seul qui dût occuper les soins de M. de Gunnings, d'autant que ses offices à cet égard, devant porter en quelque manière l'empreinte de griefs et de reproches contre les vexations du roi de Prusse se concilieroient mal avec la bonne intelligence que vous jugez rétablie entre les cours de Londres et de Berlin. Obligés, comme nous le sommes, d'assigner un motif plus politique à la connexité que l'Angleterre semble vouloir établir avec la Russie, je ne vois que deux hipoteses qui aient des nuances de probabilité. La 1re seroit que le Ministère Britannique, ou n'osant pas se reposer sur nos assurances amicales et pacifiques, ou déterminé à la guerre contre les deux Couronnes, et craignant que dans l'un et dans l'autre cas notre ambition ou notre ressentiment ne nous porte à entreprendre contre l'électorat d'Hanover, chercheroit à s'assurer à tout événement d'un allié puissant qui s'engageroit à la deffense et à la garentie de cette principauté. Cette garentie, même si elle étoit générale, pourroit porter indirectement quoi qu'avec plus de ménagement contre le roi de Prusse dont les intentions ne doivent pas être moins suspectes que les nôtres à Sa Majesté Britannique et dont les entreprises seroient infiniment plus redoutables. Dans cette supposition nous n'aurions à regretter que l'acquisition que l'Angleterre feroit d'un allié véritablement interessant mais nous n'aurions rien à craindre de cette coalition.

La seconde hipotese seroit que les Anglois qui ont toujours eu l'habileté d'impliquer l'Europe dans leurs embarras et de la faire servir au succès de leurs vûes, regardassent comme un moien de se prémunir contre nous et de nous fermer toute voie de nous mêler dans leurs affaires de l'Amérique, une guerre générale en Europe. Ils connoissent l'indisposition, je pourrois dire la haine qui germe dans le cœur de la Czarine contre la Maison d'Autriche : guidés par le roi de Prusse, dont la cupidité n'est pas encore assouvie, ils peuvent croire qu'en allumant la guerre contre celle-là, l'obligation où nous serions de lui prêter des secours, suivant l'Alliance, nous mettroit dans l'impossibilité de porter nos vûes ailleurs. J'avoue, Monsieur, que cet expédient me paroitroit aussi mal combiné qu'il seroit dangereux, car les Anglois eux-mêmes, chargés de la deffense d'Hanover et de couvrir le roi de Prusse en Westphalie devroient soudoyer une nombreuse armée dans cette partie dont la dépense achèveroit bientost de les épuiser. Cette considération me paroit d'un assez grand poids pour me faire préférer la 1re hipotèse comme plus simple, moins dispendieuse et mieux calculée sur la situation et les besoins du roi d'Angleterre.

Je me plais, Monsieur, à vous communiquer toutes mes idées parce que ce n'est qu'en nous combinant mutuellement que nous pouvons aprocher de la vérité, s'il n'y a pas moien d'y atteindre. Je ne rejette pas vos conjectures parce que vous les établissez sans doute sur la connoissance que vous avez des personnes en place; il faut avouer qu'elles sont bien disparates, si le projet dont vous présumez l'existence a quelque fondement. Mais, depuis quelque tems, nous voions tant de démarches ineptes, absurdes et contradictoires de la part du gouvernement Anglois, qu'on peut croire tout possible de la part de têtes aussi singulièrement organisées; ce sont des gens qui se noient et qui s'accrochent aux plus foibles roseaux. Les inductions que vous tirez, Monsieur, de plusieurs petits faits particuliers, des recherches des Ministres Anglois par raport à nos affaires contentieuses et des facilités qu'ils vous y ont fait entrevoir inopinément ainsi qu'à M. le P^{ce} de Masseran, de leur embarras vis-à-vis de vous dans les derniers temps, du billet affectueux ou affecté du Lord Suffolck, enfin des témoignages étudiés de bienveillance que LL. MM. Britanniques vous donnent, les inductions, dis-je, portent sur des indices trop équivoques pour en faire l'apuy d'un jugement solide.

Ce qu'il importe, est que vous ne négligiez aucun moien de chercher à pénétrer un secret aussi important, les liaisons personnelles que vous avez dans l'un et dans l'autre parti doivent vous faciliter cette tâche, car si la négociation avec la Russie a été l'objet du conseil extraordinaire assemblé le 31 aoust, il est bien difficile qu'un secret confié à un assez grand nombre de personnes le demeure longtems. D'ailleurs, l'accès que vous vous êtes ouvert dans un certain département, doit vous conduire à des découvertes heureuses; s'il est question d'un embarquement de troupes aussi considérable que celui dont vous avez l'avis, les mesures doivent être préparées et prises de loin si l'on ne veut pas manquer l'exécution.

Suivant ce que M. le comte d'Aranda m'a fait l'honneur de me dire, Monsieur le P^{ce} de Masseran désireroit que les deux Cours se concertassent pour demander à Londres ou à Moscou des explications sur l'objet de la négociation soupçonnée. Ce parti ne me sembleroit ni décent ni utile : en suposant cet objet plus réel que nous n'avons encore lieu de le croire, très-certainement ni l'une ni l'autre de ces Cours ne nous donneroient pas des éclaircissements qu'elles voudroient nous dérober; et, qu'aurions-nous à dire si on nous répondoit que la Russie veut bien donner un secours utile à son ami et allié, et qu'aucune puissance n'est fondée à prendre ombrage d'une chose qui ne la regarde et ne la menace pas? Ce seroit donc faire gratuitement une démarche foible; les explications ne sont bonnes à demander que lorsqu'on est en mesure et en résolution de se porter aux partis les plus vigoureux. Les circonstances n'exigent pas encore cette détermination de la part des 2 Couronnes; ce qu'il y a de mieux à faire de votre part et de celle de M. le prince de Masseran, est d'observer attentivement les démarches du Ministère Anglois, de le perdre de vue le moins que vous le pourrez et sans articuler expressément l'objet de vos recherches, de le tourner dans tant de sens qu'à la fin il lui échappe quelque chose de ce qu'il vous importe de pénétrer. Si l'idée que nous avons du Lord Rochford est exacte, il ne doit pas être difficile de le faire parler plus qu'il n'en a le dessein. Quant à nous, vous jugez bien, Monsieur, que nous ne nous relascherons pas des mesures de sagesse et de prévoyance que le Roi a déterminées avant même cette aparance de complication, sauf à les augmenter par la suite lorsque la nécessité de la sanction du Parlement forcera la révélation des secrets qu'on cherche à dérober. Nous sommes persuadés que S. M. Catholique ne pensera pas et n'agira pas différemment de nous.

Ce sera une connoissance interessante que celle du projet qu'on peut avoir en Angleterre pour intercepter nos matelots et détruire la meilleure partie de notre flotte sans que nous puissions nous en douter et être à tems de nous y oposer. Le Roi s'en remet à votre zèle pour suivre et effectuer une découverte aussi importante.

A Versailles le 25 7bre 1775.

Angleterre, t. 511, n° 182.

D'avance, on ne rejette jamais rien tout à fait, en pareille matière; les pistes vaines offrent l'occasion d'autres pistes profitables. C'est pourquoi M. de Vergennes n'indiquait pas à Guines de s'arrêter. Notre ambassadeur pouvait au contraire se croire autorisé à poursuivre. Le ministre avait même envoyé à Ossun, le lendemain, une copie de la dépêche qu'on vient de lire, afin de marcher d'accord avec M. de Grimaldi sur cette question, dont le gouvernement de Madrid était saisi comme lui :

Je ne doute pas M. que M. le Mis de Grimaldi ne vous ait fait part dun avis quil doit avoir recu de M. le p^{ce} de Masseran et que celui ci nous a fait communiquer par M. de Guines, on supose une negociation etablie entre la Russie et l'Ang^{re} pour faire passer en Amérique une flotte russe de 20^{m} hommes de cette nation. Si jamais avis dut paroitre improbable, cest assurement celui la; vous verres M. ce que nous en pensons dans lextrait ci joint de ma depeche a M. le Cte de Guines que je vous prie de communiquer à M. de Grimaldi.

Quoique tout milite pour rendre tres apocriphe une pareille vûe, je ne neglige aucun des moyens qui sont en mon pouvoir pour massurér de ce qui en est; il arrive quelquefois que ce qui est le moins vraisemblable est vrai.

A Versailles le 26 7bre 1775.

Espagne, t. 577, n° 165.

Ossun répond le 9 octobre, en transmettant l'appréciation justement flatteuse suggérée au Roi Catholique par les vues du ministre français :

M. le Marquis de Grimaldi, Monsieur, m'avoit fait part de l'avis qu'il avoit reçu d'une préténduë négociation établie entre la Russie et l'Angleterre pour faire passer en Amérique une flotte Russe et vingt mille hommes de cette nation; le Ministre Espagnol avoit pensé comme vous, Monsieur, que si jamais avis devoit paroître improbable c'etoit celui la; cependant il le regardoit digne de la plus grande attention. Je lui ai communiqué sans aucun délai la lettre que vous avés écrite sur cet objet à M. le comte de Guines : il l'a mise sous les yeux de Sa Majesté Catholique, et ce Monarque m'a fait l'honneur de me dire qu'il ne pouvoit qu'applaudir entièrement aux reflexions, aux combinaisons et aux instructions que contenoit cette lettre; qu'il n'etoit pas possible de mieux aprofondir et discuter la matière que vous l'aviés fait, et Sa Majesté Catholique s'est expliquée à cette occasion dans les termes les plus avantageux, les plus flatteurs sur votre compte, et sur la solidité et la sagacité avec lesquelles on discutoit et l'on aprofondissoit les affaires dans le Conseil du Roi.

Au reste, Monsieur, on pense ici comme à Versailles, que le prétendu traité avec la Russie ne pouvant avoir son effet sans la sanction du Parlement de la grande Bretagne, l'exécution en seroit nécessairement renvoyée au printemps prochain, et que les deux couronnes auroient du tems devant elles pour prendre avec sagesse et sans rien mettre au hazard, toutes les mesures qu'une aussi étrange combinaison pourroit exiger.

A l'Escurial le 9 8bre 1775.

Espagne, t. 578, n° 14.

Après coup, M. de Guines s'était sans doute fait ces réflexions très justes. Il n'avait pas encore lu les observations du ministre qu'il n'était déjà plus sous l'impression du moment précédent. Il récrit tout de suite avec singulièrement moins d'affirmation. Il n'a «jamais dit qu'il y eut rien de fait, mais qu'il était question de quelque chose; on ne lui en parle pas, c'est la preuve que cela existe; aussi a-t-il hasardé des probabilités, même de futiles, plutôt que d'en supprimer une seule; ses conjectures pourront être fausses, quoiqu'il ne le croie pas, en tout cas le principe est vrai : la Russie et l'Angleterre se rapprochent», et il raisonne sur ce que celle-ci aura besoin de forces considérables pour soumettre l'Amérique; où en trouverait-elle autant que dans la Russie[1]? M. de Vergennes n'avait qu'intérêt à s'éclairer sur les éventualités que l'attitude ultérieure des États de l'Europe peut faire naître; il ne lui déplaît donc pas d'examiner encore; il précise de nouveaux doutes dans un pli confidentiel. Mais l'ambassadeur y trouve des mots encourageants, il reprend avec entrain la voie. La difficulté qu'il trouve à tirer un seul mot des ministres anglais augmente cet entrain, que la réflexion ne guide point. La question ne tarda pas à s'évanouir, sans qu'il eût cherché à reconnaître si elle avait réellement existé. Ce ne fut pas, toutefois, sans que des tentatives eussent fait voir à lord Rochford qu'il y avait là un sûr moyen de l'abuser, et le ministre anglais l'avait amené, par suite, à ses vues sur une autre affaire plus réelle, en ayant l'air de lui livrer un secret[2].

Cette autre affaire était celle des différends du Portugal et de l'Espagne. Celle-là était positive et pendante. Il devenait fort important pour les deux cours de Madrid et de Versailles de ne pas laisser subsister cet élément de diversion créé par M. de Pombal dans l'Amérique méridionale, tout exprès, semblait-il, pour aider l'Angleterre. Ménager de ses finances et de ses forces, le roi d'Espagne ne se sentait pas sans regrets, après son échec d'Alger, conduit à une expédition nouvelle. Il aurait été bien aise d'une médiation, si elle avait pu lui profiter. M. de Grimaldi imagina de faire proposer cette médiation par la France, en disant que la dignité de l'Espagne vis-à-vis d'un adversaire qui était l'agresseur lui ôtait la liberté de la demander elle-même. Dans le courant de juillet, avec une bonne foi contestable,

---

[1] Rapport du 29 septembre.
[2] Dépêches de M. de Vergennes des 1ᵉʳ et 22 octobre, 4 et 11 novembre, 3 décembre 1775. Rapports de Guines des 6 et 13 octobre 1775. — M. de Vergennes entretient encore Ossun de cette question des Russes, accessoirement à celle du Portugal, les 16 octobre, 17 et 21 novembre, mais comme d'une affaire qui perd son importance; le 3 décembre il en écrit à Guines comme d'une affaire tout à fait finie. — Voir l'annexe I du présent chapitre, où sont transcrites les dépêches principales qui concernent cette affaire, presque toute imaginaire.

qui fut bientôt très contestée, mais dont l'intention était au fond louable, il prit une conversation du ministre de Portugal à Madrid comme des ouvertures de paix, eut l'adhésion du roi pour solliciter la cour de France de se porter arbitre amiable et, le 7 août, il écrivait à cet effet au comte d'Aranda, en joignant à son pli, afin de bien mettre M. de Vergennes au fait, un exposé d'ailleurs exact du litige et de ses phases depuis deux années[1].

M. de Vergennes aura, plus tard, l'occasion de caractériser les allures du marquis de Grimaldi par ce mot : « une certaine touche « italienne ». Cette « touche » était ici sensible. M. de Grimaldi essayait de passer la parole à la France, à la fois pour faire une démarche que la fierté castillane n'aurait pas pardonnée au premier ministre et pour qu'elle réclamât comme d'elle-même au Portugal tout ce que les prétentions espagnoles pouvaient comporter. Mais il s'agissait d'un service, le ministre de Louis XVI devait trouver du prix à le rendre; il n'y avait pas de quoi le faire reculer, quoiqu'il ne crût guère aux dispositions pacifiques de Lisbonne. Il jugeait « insidieuse » dès l'origine la conduite du Portugal, calculée pour gagner du temps; M. de Pombal, disait-il, « avait proposé l'année d'avant une médiation en voyant l'Espagne prête, afin de profiter du délai pour s'y mettre mieux de son côté; s'il la proposait de nouveau, c'est qu'il ne trouvait pas l'Angleterre à même de lui prêter l'appui sur lequel il comptait; il cherchait des délais qui donassent le temps d'être sûr de son secours ». Tout en élevant ces doutes, M. de Vergennes n'acceptait pas moins la mission, il faisait seulement remarquer que la cour de Lisbonne

---

[1] *Espagne*, t. 577, n° 175. — M. de Vergennes avait trouvé tout de suite lui-même que M. de Grimaldi interprétait avec trop de complaisance sa conversation avec le représentant de Lisbonne : « Ce que ce prince vous a confié « des ouvertures que l'ambassadeur de Portu- « gal a faites à M. le Mis de Grimaldi ne semble « pas aussi formel, écrit-il le 5 septembre à « Ossun, que ce que vous nous aviez marqué, « M. par votre lettre du 14 aoust et ne peut « pas caractériser encore une disposition cer- « taine de la cour de Lisbonne à soumettre à « une discussion amicale les différends qui se « sont élevés dans l'Amérique méridionale. » En Portugal et à Londres on fut de cet avis. (Voir l'annexe II du présent chapitre, n° 2.)

demanderait l'intervention de celle de Londres et voulait être autorisé à interroger celle-ci. Il y trouvait, au point de vue politique, beaucoup d'avantages. Il écrivait pour cela à Madrid :

> Nous ne presumons pas M. dans les termes d'une amitié assez passive ou nous vivons avec la cour de Lisbonne que nos offices y soient d'un grand poids et nous attirent des ouvertures de confiance suffisantes pour faire succéder une negociation amicale aux allarmes de guerre dont on paroit menacé; cette consideration fait desirer au Roi davoir les mains libres pour essaier dassocier lAng^{re} aux demarches quil fera a Lisbonne pour prévenir une rupture. Si le ministere anglois nest pas porté de lui meme a la guerre s'il n'a pas le projet de la faire aux deux Couronnes rien ne doit moins lui convenir que de laisser envenimer une querelle qui en lentrainant hors de son sisteme pacifique lui feroit perdre de vue la soumission de ses colonies ou au moins partageroit notablement les efforts quil paroit vouloir consacrer a cet objet et des lors les rendroit impuissans; dans le cas contraire l'indifférence quil montrera pour arreter lincendie dans sa naissance, la foiblesse de ses offres, l'ambiguité de son langage et de sa conduite tout nous eclairera sur le fond de ses dispositions et par consequent sur les partis a prendre pour notre sureté commune. En tout etat de cause cest en Amerique ou est le foyer du mal et cest la ou il est instant de porter les plus prompts secours. C'est une verité incontestable quil est plus difficile et quil faut bien plus de moyens pour retablir que pour conserver.
>
> A Versailles le 20 aoust 1775.
>
> <div style="text-align:right"><i>Espagne</i>, t. 577, n° 49 <i>bis</i>.</div>

A quoi Ossun put répondre quinze jours après, pour le cas où le Portugal et l'Espagne ne traiteraient pas bientôt d'eux-mêmes, et à Madrid on avait un peu l'illusion de croire qu'ils pouvaient traiter :

> Le roi d'Espagne, Monsieur, et M. le marquis de Grimaldi m'ont aussi témoigné qu'ils regarderoient comme utile et convenable, qu'en même tems que Sa Majesté employeroit ses bons offices auprès du roi de Portugal, elle engageât l'Angleterre à se joindre à elle pour disposer la cour de Lisbonne à

reduire aux termes d'une négociation amiable les prétentions qu'elle a semblé vouloir faire valoir par la force des armes.

A St Ildefonse le 16 septembre 1775.

Espagne, t. 577, n° 137.

Le comte de Guines se serait donc trouvé chargé d'essayer d'accorder l'Espagne et le Portugal de concert avec le cabinet britannique, si M. de Pombal n'eût presque aussitôt décliné l'intervention de la France. On espéra néanmoins agir sur le gouvernement de Lisbonne par l'intermédiaire de celui de Londres et notre ambassadeur eut la mission, plus que complexe en soi et de grave conséquence pour nos liens avec l'Espagne ainsi que pour les évènements à venir, de se livrer aux négociations nécessaires. Les pourparlers commencèrent en octobre seulement. A la date du 20, l'ambassadeur rend compte des premiers; lord Rochford l'en avait entretenu la veille [1]. Jamais échappatoires, jamais incidents ne furent cherchés pour être stériles, à un plus haut degré qu'on ne le vit dans cette occasion, de la part des deux cabinets de Londres et de Lisbonne. En outre, il se produisit ce fait, assez rare, que le principal mandataire sacrifia ses mandants; l'ambassadeur français, malgré ses instructions, délaissa l'intérêt de l'Espagne et la politique française pour suivre ses vues à lui. On discuta deux mois, non sans aigreur, les questions de savoir qui était l'agresseur, qui avait lieu de se plaindre et de réclamer, qui, du Portugal ou de l'Espagne, avait d'abord parlé de paix ou quel sens attacher à ce qui s'était dit? En décembre, on en était encore à équivoquer sur ces préliminaires, le fond demeurait non abordé. A Londres, en effet, pas plus qu'à Lisbonne, on ne voulait aborder ce fond. Le cabinet anglais ne recevait les demandes ou les arguments qu'en vue de les faire mieux réfuter ou esquiver par M. de Pombal, et le peu de consistance de l'ambassadeur rendait assez facile de le détourner pour que la terminaison ne fût guère prochaine ou favorable.

[1] *Angleterre*, t. 512, n° 36.

M. de Guines avait été jeté tout de suite dans des voies opposées à celles de sa cour. Nous devons parler ici de cet écart, parce qu'il a occupé dans les faits ultérieurs une certaine place. Avec sa prétention de n'avoir besoin de personne autre que de M. de Saudray, comme il l'avait dit à propos de Garnier, l'ambassadeur se trouvait la proie des liaisons et de l'impéritie de cet auxiliaire, de même qu'il l'avait été des agissements de Tort. Il se plaignait à Versailles de ce que ses chiffres étaient connus du cabinet de Londres[1], sans regarder s'il n'introduisait pas chez lui les yeux chargés de les lire; il s'éprenait de vues politiques particulières sans qu'il lui vînt à l'esprit d'en chercher l'origine du côté où l'on avait intérêt à les lui suggérer. Au moment où Versailles et Madrid échangeaient le plus de preuves d'empressement attentif et de gratitude affectueuse, le 24 octobre, il insérait dans un rapport sur les affaires courantes l'avis qu'un mémoire, dont on l'entretenait depuis un temps comme étant l'œuvre du sous-secrétaire d'État anglais aux colonies, M. Pownall, venait de lui être remis pour démontrer, par des considérations dont il résumait la suite, l'intérêt qu'avait la France à s'allier à l'Angleterre en vue de soumettre l'Amérique, et celui que l'Espagne aurait de son côté à suivre en cela notre exemple ou notre impulsion[2]. La singularité de l'ouverture ne surprit peut-être guère M. de Vergennes, édifié sur son représentant; il ne crut pourtant pas utile de la lui signaler autrement que par une réponse où l'ironie indiquerait plus que de la désapprobation pure et simple. Le ministre écrivit en effet à l'ambassadeur, sur l'heure même :

J'aurois bien désiré M. que vous eussiez pû nous envoyer une copie de ce mémoire qui vous a été communiqué pour démontrer la convenance respective pour la France comme pour l'Angleterre de faire servir nos forces à

---

[1] M. de Vergennes lui répond à cet égard le 26 novembre : « Ce n'est pas d'aujourd'hui « M. que je suis en défiance sur les chiffres, « et vous ne m'étonnés point du tout en me « marquant que tout ce qui a pu être écrit de « notre part sous le voile est connû en Angle- « terre. »

[2] Voir l'annexe III du présent chapitre.

faire rentrer les Colonies de l'Amérique dans l'obéissance de Sa Majesté Britannique. Nous ne pouvons disconvenir, à l'inspection de l'extrait que vous nous en avez donné, que l'auteur a parfaitement bien prouvé que l'Angleterre n'auroit rien de mieux à faire; mais nous ne voions pas aussi clairement la réciprocité d'avantages que nous pourrions y trouver, et je n'inviterai pas l'auteur à en établir la démonstration; nous sommes gens trop bornés pour saisir des idées aussi métaphysiques. Si on vouloit vous en entretenir plus sérieusement qu'on ne l'a fait encore, tachez M. de détourner toute proposition que nous nous verrions à regret dans le cas de rejetter; nous plaignons sinsèrement les Ministres Anglois des embarras où ils se trouvent, nous faisons des vœux pour qu'ils en sortent heureusement, nous éviterons soigneusement d'augmenter leurs sujets d'inquiétude, c'est tout ce que nous pouvons faire, et je ne crains pas de le dire, ce que nous voudrions faire de plus nuiroit plus à la sûreté des Ministres Anglois qu'il ne leur serviroit; un secours de troupes françoises destinées à soumettre l'Amérique soulèveroit les esprits par ce qu'on ne manqueroit pas de conclurre de cette connexité si peu naturelle entre les deux Cours qu'il y a un plan de fait pour empiéter sur les libertés de l'ancienne Angleterre.

A Fontainebleau le 30 8bre 1775.

Angleterre, t. 512, n° 60.

Mais cette idée s'était tout à fait emparée du comte de Guines. Il n'avait sans doute jamais admis qu'on pût se brouiller sérieusement avec une nation où il se trouvait si bien, et probablement il se laissait aller avec complaisance à entrevoir, comme la source d'une magnifique fortune personnelle, la perspective de faire sortir des négociations pendantes l'Angleterre et la France réconciliées, arbitres suprêmes dominant les autres puissances. Un peu déconcerté par l'accueil de Versailles, il essaya de peser sur l'opinion qu'on y avait conçue de son ouverture, d'indiquer que l'alliance esquissée donnerait le moyen de s'affranchir aussitôt de l'humiliation d'un commissaire anglais à Dunkerque[1]. A l'heure où ce nouvel aperçu arriva, M. de

---

[1] Rapport du 14 novembre; voir l'annexe III du présent chapitre, n°s 2 et 3.

Vergennes était plus complètement informé; il jugea à propos de faire deviner entre les lignes à M. de Guines qu'on le tenait, en Angleterre, pour l'auteur même du mémoire, et bientôt de lui démontrer son incroyable inconsistance en lui faisant voir qu'il avait été la dupe de quelqu'un pour le compte du *Foreign office*. Tout cela va se dénouer peu après devant le roi[1].

En attendant, le comte de Guines avait pris l'affaire de la médiation dans ces données si étrangères aux vues de sa cour. La question de la Russie intervint soudain, et l'ambassadeur dévoila si clairement au ministère anglais qu'il voulait en découvrir quelque chose, que, comme cette question n'avait pas de suite, si jamais elle avait dû en recevoir une, celui-ci put le payer d'apparentes confidences qui l'amenaient à être de son avis avec effusion et à abandonner le client qu'il devait défendre. Dès le premier jour, M. de Vergennes avait tracé la marche propre à rendre une composition possible : c'était de porter l'Angleterre à parler au Portugal sans le flatter et à l'arrêter pour ne pas se voir entraînée à le soutenir dans une guerre :

> Si l'on veut de bonne foi la paix M. ce qui est, j'en suis sur, le vœu du Roi catholique, et que l'on soit respectivement raisonnable, il y aura bien du malheur si l'on ne parvient pas à une composition équitable, mais nous n'y atteindrons pas si les Ministres Anglois, agissant sans prévoyance et sans sistème, croient servir leurs intérêts en flattant les petites passions des Portugais. Il faut qu'ils leur parlent ferme, et qu'ils leur fassent sentir qu'ils ne veulent pas être entraînés hors de la ligne de leurs intérêts essentiels, et je ne suppose pas qu'ils en aient un plus principal dans le moment que de prévenir la guerre.
>
> A Fontainebleau le 28 8bre 1775.
>
> *Angleterre*, t. 512, n° 56.

Au même moment, au contraire, M. de Guines passait au point de vue anglais. C'est l'Espagne qui avait les torts, c'est à elle qu'il fallait

---

[1] Cf. l'annexe du chapitre VII, n° 3, relatif au rappel du comte de Guines.

parler ferme; M. de Grimaldi était « inexact dans ses instructions et ses exposés, il voulait tirer parti des embarras de l'Angleterre pour se mettre à son aise vis-à-vis du Portugal [1]; à soutenir des prétentions où la sincérité manquait ainsi, l'ambassadeur perdrait tout ce que la sienne lui donnait d'action sur les ministres de Londres ». En preuve de la réalité de son empire, il racontait que lord Rochford venait de lui dévoiler confidentiellement le secret de cette affaire russe, laquelle avait pour ainsi dire à peine existé :

> La premiere chose dans le cas présent pour déterminer les bons offices de cette Cour et les employer avec succès est de lui inspirer une entière confiance. Elle m'en a toujours témoigné, parce que je ne l'ai jamais trompée. Quelques exemples comme celui-ci pourroient me faire perdre l'avantage de la persuader, qui peut être d'une grande conséquence dans des crises telles que celles qui se préparent. J'ai éprouvé ce matin, Monsieur, un des effets utiles de cette confiance. Mylord Rochford m'a avoué tout ce qui s'est passé relativement à la Russie, mais m'en a recommandé le secret. Il est vrai que l'impératrice de Russie a fait au roi d'Angleterre les offres les plus fortes de lui fournir dans cette circonstance tous les secours qui pourroient lui être nécessaires contre les Américains. Mylord Rochford a déclaré à S. M. Britannique qu'il ne falloit faire aucun fond sur ces promesses. Mylord Suffolk a été d'un avis différent et a continué cette négociation qui, intéressant une puissance du Nord, se trouve dans son département. Ce Ministre la suit secrètement et Mylord Rochford, qui a été contre, n'est plus instruit de ce qui se passe. Il pense que quand même la Russie seroit de bonne foi, le roi de Prusse y mettroit obstacle par ses conseils, par ses entreprises, parce qu'il déteste et ridiculise plus que jamais le roi d'Angleterre et tout son Ministère, et qu'il s'intéresse particulièrement à l'indépendance de l'Amérique. Mylord Rochford m'a laissé aussi entrevoir que Mylord Suffolk est en pourparlers pour avoir les troupes de Hesse et de Brunswick.

L'ambassadeur consentait cependant à reconnaître que, sur un

---

[1] Rapport du 3 novembre. (*Espagne*, t. 512, n° 82.)

point, il s'était trompé, non sans espérer de se faire valoir encore; mais ne s'apercevant pas qu'il venait d'ôter à l'affaire de Russie tout fondement sérieux, il ajoutait :

> Voilà enfin, Monsieur, les dispositions des puissances du Nord bien à découvert. Je m'étois d'abord trompé à l'égard du roi de Prusse, mais j'espère que le Roi voudra bien me passer cette erreur qui, du moins, n'a pas été de longue durée.
>
> A Londres le 3 novembre 1775.
>
> *Angleterre*, t. 512, n° 82.

La discussion des faits la plus minutieuse, la mieux appuyée de preuves, que lui portèrent les dépêches de M. de Vergennes[1], fut impuissante à faire rentrer le comte de Guines dans la ligne qu'il aurait dû suivre de lui-même. Il ne voyait que les avances dont il se croyait l'objet et poursuivait son idée de l'alliance avec l'Angleterre[2]. Il écrivait le 24 novembre :

> Éloigner l'Angleterre de la Russie, comme nous l'éloignons du Portugal, seconder ses vues et la mettre à même de seconder les nôtres, faire cause commune avec elle enfin pour le maintien de la paix, me paroît devoir être notre règle de conduite. Elle remplit également nos intérêts respectifs. La marche en est facile et le succès certain.
>
> *Ibid.*, t. 513, n° 6.

---

[1] Voir l'annexe I de ce chapitre.

[2] La correspondance de l'ambassadeur est un modèle de versatilité. Le 20 octobre, lord Rochford lui expliquait l'affaire du Portugal et de l'Espagne à l'inverse de l'exposé de M. de Grimaldi; l'ambassadeur aussitôt voyait comme lord Rochford. La dépêche de M. de Vergennes du 28 l'avait ramené; mais bientôt M. de Pombal répond par un *Précis* des choses; avec la même promptitude M. de Guines adopte ce *Précis* d'un bout à l'autre. Raisonné de nouveau par le ministre, il reconnaît que le *Précis* ne tient pas debout. Après cela, il ne sait visiblement plus à qui entendre et, impropre à rechercher si le cabinet de Londres n'est pas le complice, voire l'artisan des dénégations ou des faux-fuyants de M. de Pombal, s'il ne s'en cache pas derrière les semblants de désapprobation que les ministres anglais manifestent, il se complaît dans sa trouvaille de l'union avec l'Angleterre par-dessus la tête du roi d'Espagne et du gouvernement de Lisbonne. — Voir les rapports du comte de Guines, des 3, 11, 24 novembre, 15 et 22 décembre 1775. (*Angleterre*, t. 512, n° 80, et 513, n°s 6, 62, 92, etc.)

1775. Revenant occasionnellement sur les vues du prétendu mémoire Pownall, M. de Vergennes lui mandait encore le 10 décembre :

> Nous n'avons rien de mieux à faire M. relativement à l'idée d'une coalition entre nous, l'Espagne et l'Angleterre pour la sûreté de nos possessions respectives en Amérique, que d'attendre que cette vue, si tant est qu'elle existe, ait pris assés de consistance dans l'esprit des Ministres Anglois, pour que la proposition nous en vienne de leur part. Jusques là il seroit assés inutile de discutér les avantages que nous pourrions nous en promettre.
>
> Angleterre, t. 513, n° 47.

Malgré cela, l'ambassadeur conduisait les pourparlers à cette conclusion, que l'Angleterre se ferait obéir du Portugal ou l'abandonnerait et qu'il fallait, à Versailles, agir de même avec l'Espagne. Il ne cachait pas à Londres qu'il tenait ce langage et il avait la légèreté ou la suffisance de le dire au prince de Masserano. Après avoir redressé son agent avec la patience que commandaient les patronages par lesquels il était couvert autant que le peu d'influence exercée sur lui par l'esprit politique, M. de Vergennes, lorsque M. de Guines dessina nettement l'idée de traiter ainsi l'Espagne en inférieure à qui nous imposerions notre sentiment sous peine de nous avoir pour advérsaires, autrement dit, l'idée de perdre en l'humiliant notre allié essentiel, M. de Vergennes, disons-nous, eut encore assez de calme pour se borner à cette leçon indirecte :

> En attendant que nous puissions savoir avec précision le parti auquel le Roi Catholique se fixera en conséquence de la déclaration du Portugal, vous n'avés rien de mieux à faire M. que de continuér à entretenir les Ministres Britanniques dans la disposition où ils vous ont parû être de faire servir toute l'influence qu'ils peuvent avoir à Lisbonne à portér les esprits à la conciliation. Nous agirons dans le même esprit à Madrid et avec toute l'énergie dont nous sommes capables; nous ne nous dissimulons pas les difficultés en quelque sorte insurmontables qui naissent du fond de l'affaire et le peu de moyens pour raprochér les parties aussi éloignées quelles le sont lune de lautre sur

la question de droit. Aussi le Roi attend de votre sagesse M. que dans les discussions qui pourront se produire par la suite vous voudrés bien ne nous pas engagér à répondre de l'Espagne; nous ne négligeons et nous ne négligerons dans aucun cas de faire à Sa Majesté Catholique les insinuations et même les représentations que nous croions analogues à son interest particulier et a sa convenance générale, mais nous ne pouvons pas nous flatter quelles seront toujours victorieuses; ce Prince a une volonté propre et ce seroit trop presumér de notre influence de suposér que nous pouvons le pliér au gré de nos vûes. Rien ne seroit même plus dangereux que den vouloir etablir lopinion, ce seroit peut être le moien de nous compromettre en Espagne et en Angleterre. Nous ne pouvons que loüer votre prevoiance M. dans les conférences que vous aves eues avec les Ministres Anglois de cherchér à les amenér à ne se meslér de la guerre si elle devenoit inévitable entre l'Espagne et le Portugal, mais nous ne sommes pas surpris quils naient pas repondu au gré de vos vœux, nous sommes meme persuadés, quand leur facon de penser auroit été conforme a la votre, ils ne se seroient pas expliqués differement quils l'ont fait à moins de vouloir livrér non pas M. de Pombal mais le Portugal à la merci de l'Espagne; interest trop pretentieux qu'aucun Ministre ne pourroit abandonnér sans s'exposér a être déclaré l'ennemi de sa nation.

A Versailles le 31 x^{bre} 1775.

Espagne, t. 513, n° 20.

Ces allusions, ou la froideur du langage tout autant qu'elles, auraient averti quelqu'un de moins avantageux que M. de Guines; celui-ci consent tout au plus à se tenir un temps sur la réserve. Il ne cesse pas de trouver que l'Espagne est l'obstacle et il reprendra sa campagne si les circonstances le demandent; il répond le 12 janvier 1776 :

Je sens, Monsieur, combien il est dangereux de s'avancer jusqu'à répondre de l'Espagne dans les circonstances présentes; mais il l'est également de laisser les Ministres Anglois dans l'incertitude sur les dispositions de Sa Majesté Catholique que l'on soupçonne de vouloir profiter des circonstances pour faire de meilleures affaires avec le Portugal. Pour amener les Ministres au ton qu'ils ont pris vis-à-vis de cette dernière puissance, il a fallu leur parler net sur le compte de l'Espagne. Ce que vous me faites l'honneur, cependant, de me prescrire à cet égard est de toute sagesse, et je m'en écarterai le moins qu'il me sera possible, surtout lorsque je ne verrai dans le Ministère aucune méfiance qui puisse ralentir les bons offices desquels seuls la durée du moins de la négociation, si ce n'est son succès, peut dépendre.

Angleterre, t. 514, n° 26.

Mais le prince de Masserano s'était ému de cet abandon de son souverain. Le gouvernement de Madrid n'en fut pas impressionné moins vivement lorsqu'il en fut instruit. Le comte d'Aranda porta bientôt à Versailles les plaintes de sa cour. Transcrites en langage officiel, les paroles du comte de Guines avaient une apparence de mesure. Le plus récent des rapports dans lesquels il avait formulé sa manière de voir la présentait ainsi :

J'ai eu, Monsieur, dans cette conduite deux objets essentiels :

1° Celui de tâcher d'amener l'Angleterre à ne pas se mêler de la guerre de Portugal, si elle est inévitable, et à abandonner Mr de Pombal et ses projets à la merci du roi d'Espagne.

2° De nous mettre à l'abri de nous trouver engagés dans une guerre qui nous seroit absolument étrangère, et dans laquelle Sa Majesté Catholique n'a à réclamer le secours du Roi son Cousin que dans le cas où elle auroit l'Angleterre à combattre.

A Londres le 22 décembre 1775.

Ibid., t. 513, n° 92.

En paroles, toutefois, l'ambassadeur voilait beaucoup moins sa pensée. Le comte d'Aranda produisit à Versailles une lettre de M. de Masserano qui rapportait ces expressions plus explicites, « que si l'An-« gleterre ne prenait pas parti pour le Portugal, la France n'assis-« terait point l'Espagne ». On juge d'ailleurs du peu de sérieux du représentant de la France, en le voyant dire dans ce même rapport du 22 décembre, à propos de l'espèce d'ultimatum par lui formulé à lord Suffolk, qu'en pressant celui-ci de déclarer ce que ferait l'Angleterre, il n'a pas obtenu d'autre réponse, sinon « que l'on n'avait point agité cette question et que sûrement elle serait difficile ». La vérité est qu'à aucun moment on n'avait encouragé l'ambassadeur davantage. La plainte du roi d'Espagne fit immédiatement déborder la coupe de ses inconséquences et de ses fautes. Ce fut une véritable affaire de gouvernement, qui faillit avoir des conséquences graves. Nous allons y revenir. Auparavant nous avons à rapporter ce qui s'était passé, pendant que ces faits se déroulaient, entre les cabinets de Versailles et de Londres au sujet des évènements des Colonies.

Sous l'apparence de relations parfaites et malgré les protestations de sincérité des deux parts, le ministère anglais exerçait une surveillance étroite sur la France, sur ses moindres mesures militaires ou maritimes, sur les opérations de ses négociants et de ses armateurs, demandant sans cesse des explications, exigeant qu'il fût ouvertement interdit de rien fournir à l'Amérique. Il n'avait eu, presque toute l'année, qu'un chargé d'affaires à son ambassade, ce M. de Saint-Paul que M. de Vergennes avait assez vivement fait reprendre; même le ton de cet intérimaire était impérieux sous les formes diplomatiques et laissait sentir la menace. Au mois d'octobre, lord Stormont revint d'Angleterre. Son peu de sympathie pour nous, ses aptitudes policières, les relations que lui avait créées à Versailles son séjour déjà ancien, l'y rappelaient, maintenant que les choses tendaient à devenir aiguës. Avec lui cette attitude de défiance ne pouvait que s'accuser davantage. Il eut à Fontainebleau son audience de retour. Avant il vit M. de Vergennes, après il alla chez M. de Maurepas. Il avait beaucoup cherché à pénétrer le premier, il essaya d'agir sur le second. Ses questions portèrent par-dessus tout sur les secours que son gouvernement craignait de voir donner aux Colonies par la France ou qu'elle laisserait partir de ses ports. Mais si c'était là la préoccupation vive de la cour de Londres, c'était aussi celle de Versailles; les ministres mirent leurs soins à ne pas se livrer. M. de Vergennes répondit par les assurances d'usage, les assaisonnant d'une façon d'indifférence parfois un peu moqueuse, sous-entendant le plus possible ou s'échappant dans des considérations vagues sur les conséquences qu'aurait la victoire des Colonies, sur la dangereuse puissance que celles-ci prendraient au détriment de tout le monde, en Amérique et même en Europe, si elles venaient à former une nation. M. de Maurepas ne fut pas plus explicite. Il donna seulement à sa réserve une grande apparence d'abandon et les semblants d'un homme d'État que les réflexions ou l'âge ont guéri des entreprises et que ses idées propres disposent mal pour les révoltes. Lord Stormont ne fut sans doute point convaincu ; somme toute, cependant, ces entretiens de rentrée le satisfirent. Il en rendit compte à lord Rochford dans le rapport que voici, faisant concevoir de notre conduite une opinion presque favorable :

Fontainebleau 31 octobre 1775.

Mylord,

Ma première conversation avec M. de Vergennes a été longue et assez amicale. Après les premiers compliments, M. de Vergennes me dit : « Vous
« nous trouvez, Milord, exactement dans les mêmes sentiments où vous nous
« avez laissés, désirant vivre avec vous en harmonie parfaite, et loin de penser
« à rien faire qui puisse augmenter l'embarras de votre position maintenant
« critique. » Je répondis que nous nous reposions entièrement sur les assurances répétées que les Français nous avaient données de leur amitié, à laquelle, de notre côté, nous répondrions toujours parfaitement, et que j'étais autorisé à le déclarer au nom du Roi dans l'audience que j'avais l'ordre de solliciter à cet effet. J'ajoutai qu'après tout ce que l'on avait dit sur ce sujet, et d'après la justice que nous rendions à la sincérité du ministère actuel et à sa manière franche de traiter, nous ne pouvions qu'être persuadés que jamais il ne voudrait donner aux rebelles américains aucune sorte d'appui, de secours ou d'assistance. « Mais, le priai-je d'observer, il est très possible
« que des tentatives de ce genre soient faites en France, et qu'elles échappent
« à la vigilance du gouvernement ; si nous avions lieu de soupçonner quelque
« chose de cette nature, nous vous le communiquerions, afin que vous pussiez
« prendre les mesures convenables pour prévenir des actes contraires à ces

« sentiments amicaux, à ces intentions loyales que vous nous avez souvent
« exprimés, et sur lesquels nous aimons à nous reposer. »

M. de Vergennes me répondit qu'aucun pouvoir sur la terre n'avait jamais réussi à prévenir entièrement le commerce illicite que la perspective d'un gain considérable engage les spéculateurs à entreprendre, à tout hasard. Il cita ensuite ce dire célèbre de l'armateur hollandais, qui déclarait que si un commerce profitable pouvait se faire avec l'enfer, il n'hésiterait pas à y brûler ses voiles en y risquant ses vaisseaux. « Mais, continua-t-il, nous ferons cer« tainement ce qui est en notre puissance. On vous a dit que le gouverneur
« de Saint-Domingue a fait tenir des munitions aux insurgés ; nous nous
« sommes, par une enquête, assurés que cette allégation n'est nullement
« fondée. Nous avons reconnu par un mûr examen que, bien loin que le gou« verneur fût en mesure de fournir à autrui de munitions de guerre, il n'en
« avait pas une provision suffisante pour lui-même. On suppléera sans doute
« à ce manque ; mais, de nouveau, je vous assure qu'aucune munition, aucun
« autre genre d'assistance ne seront envoyés dans l'Amérique du Nord, soit
« par le gouverneur de Saint-Domingue, soit par un autre gouverneur, soit
« par aucune personne sous notre contrôle ; nous sommes résolus, sincère« ment et de bonne foi, à empêcher tout ce qui pourrait se faire à votre dé« triment dans la mesure où il est possible à un gouvernement quelconque
« de faire ainsi. » Je le remerciai en peu de mots pour ces promesses ; ensuite, et de lui-même, il entra dans la généralité du sujet et s'y étendit beaucoup. Il commença par me dire : « Loin de vouloir augmenter vos
« embarras, nous les voyons avec quelque peine. » Ce furent ses propres expressions. Et, après une pause, il ajouta : « Ce qui vous arrive en Amérique
« n'est de la convenance de personne. » Je répondis que j'étais sûr que les conséquences d'un tel fait n'échappaient pas à un homme ayant autant que lui de réflexion et de pénétration, et qui savait aussi bien diriger ses vues. Il répondit à cela qu'il osait affirmer qu'en effet ces conséquences ne lui échappaient point. « Dans le fait, ajouta-t-il, elles sont très évidentes, aussi évi« dentes que celles que, pour vous, a eues la cession entière du Canada.
« J'étais à Constantinople quand fut faite la dernière paix. Quand j'ai connu
« les conditions, je dis à plusieurs de mes amis que j'étais persuadé que
« l'Angleterre ne serait pas longtemps sans avoir des raisons pour se repentir

1775.

1775. « d'avoir ôté la seule barrière qui pût contenir ses colonies dans l'obéissance.
« Ma prédiction n'a été que trop bien vérifiée. Maintenant, je vois également
« les suites qu'aurait nécessairement l'indépendance du nord de l'Amérique,
« si vos colonies emportaient ce point auquel, aujourd'hui, elles tendent trop
« visiblement. Dans ce cas, elles s'occuperaient immédiatement à se former
« une grande marine; et comme elles possèdent tous les avantages imaginables
« pour construire des vaisseaux, il ne se passerait pas beaucoup de temps
« avant qu'elles eussent des flottes capables de se mesurer avec toutes celles
« de l'Europe, quand même toutes les puissances s'uniraient contre elles. Avec
« cette supériorité et tous les avantages de leur situation, elles pourraient,
« quand elles le voudraient, s'emparer de vos Antilles et des nôtres. Je suis
« persuadé que même elles ne voudraient pas s'en tenir à cela, mais que,
« dans la suite des temps, elles s'avanceraient sur le continent méridional
« de l'Amérique, et en subjugueraient les habitants ou les emmèneraient chez
« elles; en sorte que, finalement, elles ne laisseraient pas une lieue de cet
« hémisphère dans la possession d'une puissance quelconque de l'Europe.
« Sans doute, toutes ces conséquences ne se produiraient pas immédiatement.
« Ni vous ni moi ne vivrions assez pour les voir accomplies; mais, pour être
« éloignées, elles ne seraient pas moins certaines. Une politique étroite et à
« vues courtes pourrait, sans doute, se réjouir des embarras d'un rival sans
« regarder au delà de l'heure présente; mais celui qui regarde en avant et qui
« pèse les conséquences doit considérer ce qui maintenant vous arrive en
« Amérique comme un mal général, dont toutes les nations qui ont des éta-
« blissements en Amérique peuvent avoir leur part; c'est, je vous assure, sous
« ce point de vue que j'ai toujours envisagé la question. »

Tout ceci, Mylord, m'a été dit par M. de Vergennes spontanément et de lui-même, avec l'air et les manières d'un homme qui exprime son opinion véritable. Vous croirez aisément que je lui ai témoigné ma grande satisfaction des sentiments dans lesquels je le trouvais, que j'ai approuvé tout son raisonnement, et cela d'autant meilleure grâce qu'il envisage la question sous le point de vue dont j'ai toujours été frappé. Je suis convaincu autant qu'il est possible de l'être que non-seulement notre propre destinée, mais encore en grande partie la destinée générale de l'Europe, sont engagées dans la fatale guerre que nous supportons, en sorte que la France et tous les autres peuples qui ont des possessions en Amérique doivent souhaiter notre réussite, soit qu'ils le disent sincerement, soit qu'ils pensent autrement; sur ce point, je ne prétends pas décider.

Après mon audience, j'ai fait une visite à M. de Maurepas; je lui ai dit que le langage dont le Roi son maître avait fait usage envers moi ne peut qu'être fort agréable à ma Cour. Il me répondit qu'il avait déjà vu M. de Vergennes et qu'il était informé de tout ce qui s'était passé à mon audience. Il ajouta : « Je suis bien aise que le Roi vous ait parlé comme je sais qu'il « pense. Soyez sûr, Mylord, que nous ne sommes pas gens qui cherchent à « abuser des circonstances et à pêcher dans l'eau trouble. Notre désir et notre « intention sont de vivre avec vous en paix et en amitié, de maintenir la tran- « quillité générale et d'arranger les affaires de votre propre intérieur de la « meilleure manière que nous pourrons. » Je répondis que j'étais persuadé que tel était le plan réel du ministère actuel, et que de toutes manières ce plan est digne de sa sagesse. Alors je lui répétai une partie de ce que j'avais dit à M. de Vergennes, ajoutant que nous nous reposions entièrement sur les assurances à nous données que jamais le Gouvernement de la France ne fournirait aux rebelles de l'Amérique des munitions de guerre ni des secours d'aucune sorte. M. de Maurepas répliqua : « Soyez assuré que nous ne don- « nons et ne donnerons jamais, directement ou indirectement, aucune assis- « tance de cette sorte. On vous a dit que le gouverneur de Saint-Domingue « avait envoyé de la poudre aux insurgés; mais l'enquête la plus stricte nous « a démontré que cette accusation n'a pas le moindre fondement. » Ensuite le Ministre s'étendit un peu sur le caractère général de notre nation observant qu'elle est énergiquement du parti de l'administration. « C'est, dit-il, un « point de vue essentiel dans des complications pareilles à celle qui existe; » et (je crois avec toute raison) il attribua cette disposition générale au fait que les Américains ont maintenant fait voir clairement qu'ils tendent à une indépendance absolue. « Les opinions, dit M. de Maurepas, peuvent être par- « tagées sur telle et telle mesure particulière, par exemple sur la question s'il « était juste ou injuste d'essayer de taxer les Américains. Mais actuellement « qu'ils ont fait voir qu'ils visent à l'indépendance absolue, votre nation sent « bien que cette indépendance ne saurait lui convenir. »

Sous ce point de vue au moins, je suis persuadé, Mylord, que M. de Maurepas et M. de Vergennes voient tous deux la question sous son véritable aspect, et qu'ils croient positivement que les Américains veulent être indépendants et se rendront tels s'ils en ont le pouvoir. M. de Maurepas me traite toujours comme une ancienne connaissance et il m'a parlé avec une grande apparence de franchise et de cordialité.

STORMONT.

Dépêche empruntée à l'appendice de l'*Histoire des États-Unis*, de M. Bancroft, et traduite par M. de Circourt. (*Histoire de l'action commune de la France et de l'Amérique*, t. III, p. 1.)

Le retour de lord Stormont était le préliminaire de déterminations que le roi d'Angleterre allait prendre en vue de l'ouverture du Parlement. George III voulait envoyer devant cette assemblée, où l'opposition avait l'ardeur et le talent à la fois, des ministres plus décidés ou plus prompts que lord Rochford. Son obstination personnelle avait besoin de plus vigoureux auxiliaires et de politiques plus aptes à provoquer le sentiment national et à y répondre. Quelques jours après l'audience de Fontainebleau, lord Rochford abandonnait le *Foreign office* à lord Weymouth, Anglais fougueux, fermé à toutes considérations contraires à l'ambition de son pays. En annonçant à Versailles la nouvelle de ces changements, le 10 novembre, le comte de Guines en tire un mauvais horoscope[1]. M. de Vergennes, qui lui répond le 19, ne le contredit qu'en ce sens que l'Angleterre a trop à faire avec l'Amérique pour rien entreprendre ailleurs. Il prescrit de nouveau la retenue et la vigilance, mais l'ambassadeur n'aura pas à tenir une autre conduite qu'auparavant :

Dans la position critique où l'Angleterre se trouve vis-à-vis de l'Amérique, il est difficile qu'il y ait un Ministre assés peu sensé pour vouloir ajouter aux embarras intérieurs une guerre étrangère. Dans l'état présent des choses elle augmenteroit bien plus la tendance des Américains à une entière indépendance qu'à un raprochement envers la mère patrie. Quelques puissent être les

---

[1] Voir l'annexe IV du présent chapitre, n° 1.

conséquences plus ou moins prochaines du changement qui vient d'arriver dans le Ministère Britannique, elles n'en aportent aucun dans la façon de pensér du Roi; elle vous est connûe, Monsieur, et Sa Majesté attend de votre sagesse qu'en vous conformant à l'esprit des instructions qu'elle vous a fait passer par mon canal, vous mettrés dans l'usage que vous en ferés toutes les modifications que la différence des personnes peut exigér. Nous sentons que n'aiant pas avec le Lord Weymouth les mêmes liaisons d'amitié et de confiance qui subsistoient entre vous et le Lord Rochford, vous devés bien plus vous attachér à reconnoitre sa façon de pensér qu'à lui inculquér la vôtre.

A Versailles le 19 9bre 1775.

Angleterre, t. 512, n° 123.

L'ambassade anglaise, toutefois, désabusait elle-même le ministre. Lord Stormont tenait le gouvernement français sous l'aiguillon d'une surveillance sans repos. Il ne laissait guère passer de jour sans signaler des navires américains prêts à emporter de nos ports du matériel de guerre, sans dénoncer des traités de fournitures passés avec des négociants, sans demander des ordres contraires qu'il fallait dire avoir expédiés. Les sentiments qu'il avait contre nous lui donnaient, il semble, l'intuition du travail caché qui se faisait aux Affaires étrangères. Les tentatives de médiation, en effet, ne détournaient pas M. de Vergennes de la politique qu'il avait tracée. Son insistance auprès de l'Espagne amenait celle-ci à renforcer ses garnisons d'Amérique et à reconnaître les dangers qui pouvaient y surgir. L'Angleterre paraissait devoir se trouver bientôt avec 40,000 hommes aux Colonies; M. de Grimaldi, écrit Ossun, « était persuadé que cette grande supériorité de moyens risquait de déterminer cette puissance à quelque entreprise considérable contre les colonies françaises et espagnoles, contre les premières d'abord », si bien que le ministre de Charles III gourmandait la France de s'endormir dans les précautions à prendre[1]. On s'était fait un système, à Madrid, de répondre par des doutes sur nos forces à chaque incitation qui venait de Versailles; en

---

[1] Rapport d'Ossun, du 13 novembre 1775. (*Espagne*, t. 578, n° 73.)

réalité on voulait par là exciter notre amour-propre et ne pas se voir exposé à supporter seul, de l'autre côté de l'Atlantique, un choc de la Grande-Bretagne. M. de Vergennes tenait ce choc pour éloigné; il suivait « de très près », mandait-il à l'ambassadeur à propos de l'avènement de lord Weymouth, ce qui se passait en Angleterre, il lisait « avec soin et attention » les débats du Parlement et n'y avait pas, jusque-là, « trouvé un mot indiquant qu'il y eût encore un esprit assez fanatique pour croire et pour énoncer que la guerre contre la France et l'Espagne serait le seul remède aux maux qui travaillent la Grande-Bretagne[1] ». C'est pourquoi il croyait faire assez pour le moment. Au contraire de la méthode préconisée à Madrid, il voulait préparer d'avance solidement la résistance, trouvant que c'était le moyen d'assurer l'action future; il se l'était assigné pour règle, il y subordonnait tout, il tenait à ne pas se dépenser en détail. Il répond là-dessus à Ossun :

> Nous avons respectivement un meme interest de vigilance, celui de ne pas prendre légèrement des precautions dispendieuses qui donneroient l'allarme, et celui de n'être pas surpris par des mesures aussi peu naturelles que celles que les Anglois donnent lieu de soupconner.
>
> Si nous montrons de la réserve pour anticiper des précautions qui ne seroient pas evidemment necessaires, ce nest ni par epargne quoique celle ci soit recommendable ni par timidité. Mais si les Anglois ont la sottise de detruire leurs forces par leurs propres forces, depuiser leurs finances et de sengoufrer dans la guerre civile pourquoi les en detournerions nous? Voyons les tranquillement se consumer et aussi longtemps que la situation des affaires peut le permettre. Si nous nacquerons pas par la une plus grande masse de forces intrinseques notre puissance relative ne peut qu'y gagner.
>
> A Fontainebleau le 21 9bre 1775.
>
> Espagne, t. 578, n° 95.

En attendant, toutefois, il voulait parler à Londres comme on le fait quand on est prêt à se mettre debout. Il trouvait qu'on avait assez

---

[1] *Espagne*, t. 578, n° 80.

montré la crainte de déplaire et croyait bon, maintenant, de faire envisager au ministère britannique l'éventualité des flottes de l'Espagne et de la France mises en mouvement pour nous garder ensemble d'une nouvelle guerre que celui-ci faisait redouter. Déjà il en avait donné le mandat à M. de Guines, au sujet des conventions prétendues avec l'impératrice de Russie. Il avait écrit le 11 novembre à celui-ci :

Les choses considérées sous ce point de vue, on peut prévoir, non sans regret et sans peine, que quelque décidées que soient les intentions du Ministère Anglois pour le maintien de la paix générale, les mesures compliquées dans lesquelles il semble se précipiter sont très-propres à l'altérer et à la troubler. C'est une reflexion que vous pouvés faire au Lord Rochford, mais ce doit être de vous-mème sans qu'elle paroisse vous avoir été inspirée. La confiance qu'il vous témoigne vous en donne le droit et vous en fournira l'occasion.

Vous pouvés lui faire remarquer, Monsieur, que aussi longtemps que l'Angleterre a fait par elle-mème les efforts qu'elle a jugé nécessaires pour ramener ses Colonies à la soumission, la France et l'Espagne ont regardé cette querelle comme purement domestique et étrangère à l'interest de la sûreté de leurs possessions Américaines. Elles ont vu sans inquiétude l'Angleterre augmenter journellement ses forces de terre et de mer dans cette partie; contentes de veiller à la sûreté intérieure de leurs établissemens dans le nouveau monde, elles ne se sont occupées de ce qui se passoit à côté d'elles que pour empêcher leurs sujets d'y prendre part et leurs colons de suivre un aussi pernicieux exemple. Peut-être resteroient-elles encore dans la même observation passive si l'Angleterre ne croiant pas ses forces suffisantes pour étouffer la révolte des Américains joignoit quelques troupes mercenaires allemandes, celles-ci ne recevant d'ordres que de l'Angleterre, et sans autre interest que de gagner leur paye ne présenteroient aucun sujet de craindre qu'elles forçassent la main à la puissance qui les soudoieroit et lui fissent faire ce qu'elle ne croit pas devoir entreprendre. La position n'est plus la même par raport à la Russie : c'est une puissance armée sur la mer comme sur la terre, qui peut avoir des interest à part de ceux qui la soudoieroient et qui auroit la volonté et les moiens de les faire valoir. L'Angleterre dira qu'elle est assurée qu'elle n'en a point, qu'elle n'a d'autre vûe que d'assister son allié, que de l'aider à faire rentrer ses sujets rebelles dans le devoir. Où en est la sûreté, où est le garant qu'on la fera retourner dans ses glaces aussi facilement qu'elle les aura quittées? Comment se persuader d'ailleurs qu'une aussi grande puissance déterminée par le méprisable appas d'un subside et sans autre interest souscrira à l'humiliation de faire un trafique honteux de la vie de ses sujets poussée à cela par le sentiment romanesque de secourir une puissance pour laquelle elle ne témoignoit, il y a peu de mois, que de l'indifférence. Ce n'est pas là l'opinion que toute la conduite de Catherine 2de a dû faire prendre de son caractère et de ses principes; elle a trop affiché son amour pour la gloire pour la juger capable de rien qui pourroit l'avilir; si elle consent à faire passer des troupes et des vaisseaux en Amérique, c'est qu'elle a des vues en Amérique; il sera possible que le Ministère Anglois n'en soit ni le confident ni le complice. Ce ne sera pas sans doute aux dépens de son allié que la Russie voudra former des établissemens dans cette partie du monde; ce sera donc contre les possessions de la France ou de l'Espagne qu'elle tournera ses regards; voilà ce qu'on ne peut empêcher de prévoir et à quoi il sera instant d'obvier et à quoi, suivant les aparances, les deux puissances ne manqueront pas en prenant toutes les mesures qui peuvent mettre leurs établissemens à l'abri de l'invasion. Vous sentés, Monsieur, l'effet qui résulteroit nécessairement d'une escadre combinée que la France et l'Espagne tiendroient à l'entrée du Golphe du Mexique pour veiller à la sûreté de leurs possessions pendant que les Anglois et les Russes seroient en force sur les côtes de l'Amérique Septentrionale. La nécessité de s'observer, de pénétrer les desseins respectifs pourroit les raprocher et donner lieu à des rencontres qui formeroient bientost un engagement plus sérieux. Si je prevois les hazards, c'est que ne croiant pas à la fatalité, je désire pouvoir les prévenir. Les Anglois y ont autant d'interest que nous, et ce ne sera pas une office désagréable que vous leurs ferés lorsque vous leurs exposerés les inconveniens qui peuvent naître des mesures forcées qu'ils semblent préparer. Nous désirons la paix, elle leurs est nécessaire; ils doivent donc vous savoir gré de les éclairer sur ce qui pourroit la troubler. Mais je vous le repète, Monsieur, les reflexions ne feront un effet salutaire qu'autant qu'elles vous paroitront propres et qu'elles seront amenées naturellement par la conversation.

Nous nous en raportons à votre sagesse, le Roi connoit votre zèle et Sa Majesté qui vous rend toute la justice qui vous est dûe, est bien persuadée que vous ne négligerés rien pour faire réussir les vûes qu'elle vous confie.

A Versailles le 11 9bre 1775.

Angleterre, t. 512, n° 102.

Le comte de Guines était alors en plein mirage de l'alliance imaginaire avec l'Angleterre. Faire des représentations, quand il voyait déjà les deux puissances dicter la loi grâce à leur accord, quand il s'agissait de « seconder les vues de celle-ci, comme il disait, pour la mettre à même de seconder les nôtres », cela troubla toutes ses données. Il trouva dangereuse cette manière de « dégoûter l'Angleterre « de la Russie » et assura que le prince de Masserano pensait de même. Avec lord Rochford elle aurait eu moins d'inconvénients, écrivait-il, mais avec les lords Weymouth et Suffolk, si portés à la méfiance ! L'Espagne leur apparaîtrait tout de suite armée contre l'Angleterre, la frayeur d'être prévenus les déterminerait à prévenir ! L'ambassadeur, toutefois, après ces objections, avait vu là une occasion de se parer de son habileté et des « amis » qu'il avait dans le pays. Au risque de dévoiler un peu plus combien la question des Russes avait de prix pour lui et pouvait servir à l'abuser, il avait donc porté les observations de la France non aux deux ministres, mais à lord Mansfield, en lui faisant valoir la prudence qu'il montrait de s'adresser à lui de préférence à eux. L'ambassadeur était bien aise de se couvrir de la grande situation de lord Mansfield, et comme il tenait à transmettre à Versailles les éloges qu'il se croyait dus pour sa manœuvre, il plaçait dans la bouche de celui-ci cette appréciation de la politique de 1755, « qu'il ne faudrait qu'une ouverture de sa part, mal entendue et mal saisie, pour produire les mêmes effets qu'à cette date; qu'il lui avait souvent dit que le ministère fit alors la guerre sans la vouloir, sans la pouvoir, mais seulement parce qu'il crut que la France étant déterminée à la faire à l'Angleterre comme la cour de Vienne à celle de Berlin, il fallait la prévenir et s'assurer par là, dès le principe, des succès propres à échauffer les têtes »[1].

Cette sorte de menace rétrospective ne pouvait qu'affermir le sentiment de M. de Vergennes. Avec sa mobilité d'impressions, l'ambassadeur, en écrivant, avait déplacé le terrain de la question russe; il ne voyait plus dans les armements de Catherine II que des préparatifs contre la Suède. Le ministre lui répond dans le même sens d'autant plus volontiers que cela avait été aussi dans ses hypothèses[2]. Mais il ne lui permet pas de dire qu'on ne devait point tenir à l'Angleterre un langage faisant pressentir des résolutions défensives. Il savait trop bien le peu de profit que l'on pouvait attendre des ménagements avec cette puissance; il l'avait marqué ouvertement quelques jours plus tôt[3]; il veut donc lui faire sentir la résistance et il mande de nouveau au comte de Guines :

> Ce que vous avés à faire pour le présent M. est de continuér à entretenir le Ministère Anglois dans la disposition qu'il vous a témoignée pour contribuer autant qu'il peut dépendre de lui à faciliter la conciliation des différens qui se sont élevés entre ces deux puissances voisines; nous ne négligerons rien de notre part pour engagér l'Espagne à aportér de son coté toutes les facilités qui seront compatibles avec sa dignité et son interest. Il est sans inconvénient que vous vous soiés adressé au Lord Mansfield plustost qu'aux Lords Suffolck et Weymouth pour faire l'insinuation dont je vous avois tracé la marche dans ma dépêche du 11 du mois dernier; nous connoissons l'influence du 1er, ses intentions droites et honnêtes et nous sommes convaincu qu'il ne fera jamais qu'un bon usage de ce que vous lui confierés........ mais, permettés moi de vous observér M. que j'ai peine à concevoir ce qui a pu vous faire regardér comme un objet d'efroi l'insinuation que le Roi

---

[1] Rapport du 24 novembre 1775. (Annexe I, n° 7, du présent chapitre.) La vanité de M. de Guines s'y étale d'une manière toute particulière. Il semble qu'il parle à un subordonné dont il relèverait la démarche inconsidérée et à qui il apprendrait à le féliciter d'un service qu'il viendrait de rendre.

[2] Voir l'annexe I, n° 8, du présent chapitre.

[3] Il écrivait dans une dépêche du 26 novembre, entre autres : « Nous ne devons pas « nous dissimuler M. quelques soient nos mé- « nagements pour les Anglais, que nous ne de- « vons nous attendre à aucune réciprocité de « leur part. »

m'avoit ordonné de vous recommandér; ce n'est pas vouloir inspirér de la crainte que d'avertir la puissance dont on a interest a veiller les démarches que celle qu'elle se propose de faire peut être susceptible d'inconveniens, c'est plustost faire un office d'amitié. Nous serons toujours honnêtes avec les Anglois, mais nous ne voulons pas etre foibles; et quelque défiant et ombrageux que puisse être le caractère des Ministres Anglois, le Roi aimera toujours mieux les avertir que de les surprendre. N'en déplaise au Lord Mansfield, il n'y a aucun raport entre l'office dont vous êtes chargé et les mesures qui amenèrent la guerre de 1755. Elle étoit bien résolue de la part des Anglois et les 1^{eres} hostilités par terre et par mer avoient déjà éclatté, lorsqu'ils amusoient encore notre ambassadeur à Londres par les assurances les plus pacifiques.

A Versailles le 3 x^{bre} 1775.

Angleterre, t. 513, n° 24.

Le ministre pouvait livrer ainsi à l'indiscrétion de son ambassadeur les dispositions du gouvernement du roi, quelque propres qu'elles fussent à l'étonner en cessant d'être passives. Pour si redoutable qu'on la tînt, la perspective d'un conflit avait été si souvent envisagée déjà qu'elle devenait familière. Tandis que les équivoques du Portugal et de l'Angleterre paraissaient occuper tous les moments de la France et de l'Espagne, les deux gouvernements n'avaient cessé d'échanger des vues sur leur défense commune; parfois leurs prévisions étaient allées presque jusqu'à préparer l'action commune. M. de Vergennes avait demandé au dehors ou fait composer par son cabinet des mémoires qui missent en lumière l'intérêt de la France à saisir l'occasion que les circonstances semblaient lui offrir[1]. L'année 1775 finissait dans des conditions qui présageaient des évènements d'une sérieuse importance.

[1] Il y a notamment un mémoire de M. Mallouet, commissaire général de la marine, un en anglais et un du chef de bureau Gérard. — Voir aux Affaires étrangères, *États-Unis*, Mémoires et Documents de 1765 à 1778, t. 1, pièces 3, 5 et 6.

ANNEXES DU CHAPITRE VI.

I

ALLIANCE SUPPOSÉE DE L'ANGLETERRE AVEC LA RUSSIE.

1. GUINES AU COMTE DE VERGENNES.

A Londres le 29 7bre 1775.

Monsieur,

Vous avez ainsi que j'avois l'honneur de vous le mander, Monsieur, l'avantage de voir l'ensemble de la politique de l'Europe, que nous ne pouvons calculer que dans un seul de ses points : il vous sert à démontrer de la manière la plus précise l'absurdité d'un plan d'alliance entre la Russie et l'Angleterre. Mais, comme vous ajoutez fort justement, le Ministère Anglois se noie et s'accroche où il peut. C'est sous ce point de vüe que nous envisageons ce qui l'interesse, et c'est ce qui, plus que la raison peut-être, déterminera ses démarches. La conduite de Mylord Suffolck a été hier la même à mon égard que l'avoit été celle de Mylord Rochford jeudi dernier. Mr de Masseran, retenu par la goutte, n'a pu aller chez lui ; j'ai suivi mon même plan : celui d'une chose dont les papiers et tout le monde parle. Mylord Suffolck a baissé les yeux, et a répondu que les papiers ne disoient pas toujours la vérité; puis, un silence de cinq ou six minutes que j'étois bien déterminé à ne pas rompre, qu'il a interrompu en me parlant de Dantzick et du Roi de Prusse, mais nullement de la Russie, ni des motifs du séjour prolongé de Mr Guning à Pétersbourg. Cette marche est-elle bien naturelle? Laisseriez-vous croire, Monsieur, à Mylord Stormont une alliance nouvelle à laquelle la France ne songeroit pas; et, dans les circonstances présentes metteriez-vous, par cette conduite, cet ambassadeur dans le cas de faire naître des doutes dans l'esprit de sa Cour?

Je n'ai jamais articulé qu'il y eût rien de fait, mais seulement qu'il était question de quelque chose que l'on avoit intérêt à nous dissimuler; et, j'ai cru qu'il étoit essentiel de mettre le Roi à même d'éclaircir par ses Ministres dans les cours intéressées un fait sur lequel il m'a paru important d'avoir les yeux ouverts. J'ai hazardé des probabilités; j'ai mieux aimé en exposer de futiles que d'en supprimer une seule, parce que mon devoir est de vous fournir les matériaux d'après lesquels vous établissez votre opinion. L'événement prouvera peut-être que mes conjectures étoient fausses, mais je vous avoue que je ne le crois pas.

Je n'ajoute pas foi, cependant, aux 20.000 Russes, ni à l'envoi de tous les vaisseaux et matelots nécessaires pour les transporter en Amérique, ni à toutes les absurdités d'un pareil projet pris à la lettre; mais j'en crois le principe, c'est-à-dire que la Russie et l'Angleterre ne sont plus éloignées, ainsi que je les ai vües il y a deux ans; qu'elles se raprochent et qu'il est question que cette première puissance vienne tirer le Ministère Anglois de la crise où il se trouve.

Permettez-moi, Monsieur, de rétablir dans le nombre de mes probabilités celle du débouché que la Russie produit au commerce de l'Angleterre. Je sais parfaitement que ce commerce est très-ancien; mais bien loin de diminuer, il est depuis un an considérablement augmenté. Il faut le croire, ou n'ajouter aucune foi à l'opinion entière de ce pays-ci. Je ne crois pas que le débouché de l'Amérique manquant aux Anglois, celui de la Russie puisse y suppléer, mais je pense que l'effet précaire et momentané, que l'accroissement du commerce avec cette puissance produit dans toutes les têtes, suffit pour faire regarder une alliance avec cette même puissance comme avantageuse, et pour disposer les esprits en faveur du Ministère qui l'aura formée de manière à lui donner avec profusion les secours dont il a besoin pour le soutien de la guerre d'Amérique.

D'ailleurs, pour soutenir cette guerre de terre, il faut des hommes; il en faut de quarante à cinquante mille. Mylord Barington, secrétaire d'État de la guerre, me le disoit encore hier. Où les Ministres Anglois les prendroient-ils? Je sais, à n'en pas douter, qu'il a été présenté très-récemment au gouvernement un plan pour soumettre les Rebelles; que ce plan fort discuté au Conseil y a des partisans; en effet, il est rédigé par quelqu'un qui connoît l'Amérique, et qui la voit bien. Vous allez, Monsieur, être à même d'en juger.

Il observe que trois armées sont indispensables en Amérique, l'une à Yorck, l'autre à Boston, la troisième en Canada. L'armée des Rebelles, obligée par cette disposition à se diviser, rendra possible le moyen de pénétrer dans le pays et de lui couper ses communications avec une partie de ses Colonies. Les trois armées de 12 ou 15.000 hommes chacune, concertant leurs opérations contre une armée de paysans absolument étrangère aux manœuvres de guerre, secondées d'ailleurs par les incursions du général Johnson et de ses sauvages et par différentes descentes faites à propos par les soldats de Marine destinés à la garde de la flotte, étonneroient les Américains de manière à les ramener dans une campagne à l'esprit de paix et d'obéissance. Ce plan est d'autant mieux vu, que les succès font indispensable la campagne prochaine au soutien du Ministère; qu'il n'est nul autre moyen pour en espérer d'aussi prompts et d'aussi sûrs; et que douze ou quinze mille hommes sur un seul point, soit à Yorck, soit à Boston, se trouveront toujours vis-à-vis de quarante ou cinquante mille qui les empêcheront de déboucher, de pénétrer dans l'intérieur du pays et d'y déterminer en faveur du Ministère les partisans sur lesquels ils conservent encore quelques espérances. D'un autre côté les Canadiens ne se décideront jamais à marcher, à reprendre *Ticonderago*, et à former des diversions sur les derrières de l'armée des Rebelles, que lorsqu'ils se verront soutenus par un nombre de troupes proportionné à ce que la besogne exige; et, pour tout cela la Grande-Bretagne ne peut disposer que de quinze ou de dix-huit milles hommes! C'est avec de tels moyens que le Ministère seroit aussi tranquile qu'il paroît l'être, s'il ne comptoit sur d'autres secours! il faudroit, à ce qu'il me semble, qu'il eût perdu l'esprit.

Je sais que son plan est de donner le choix au Parlement ou d'abandonner l'Amérique à elle-même, et de ce moment elle est perdue pour l'Angleterre, ou de la soumettre par la force. Si c'est à ce parti que l'on s'arrête, il faut que l'on fournisse les moyens; mais le moyen indispensable d'envoyer quarante mille hommes au moins en Amérique n'existe point en Angleterre.

Le moment du Parlement qui approche, va, Monsieur, éclaircir cette obscurité que la conduite inexplicable des Ministres Anglois rend aujourd'huy si difficile à pénétrer. Ils paroissent assurés que les premiers moments de cette séance seront orageux, mais ils comptent sur la nation et sur les dispositions où elle paroît être de soutenir, par les mesures les plus vives, la guerre contre les Américains.

Le plan dont j'ai eu l'honneur de vous parler, quant à détruire la meilleure partie de notre flotte, ne regarde que Rochefort. On croit que rien ne seroit plus aisé que de fermer dans une nuit l'entrée de la Charente, en y faisant couler bas cinq ou six carcasses de gros vaisseaux chargés de pierres. On assure qu'aucun ouvrage sur la côte ne pourroit empêcher cette opération que l'on regarde comme propre à enfermer, au moment d'une guerre, tous les vaisseaux que nous pourrions avoir dans cette partie. La découverte de ce projet n'est pas aussi importante qu'on me l'avoit annoncée, mais il m'a paru cependant qu'elle pouvoit mériter quelque attention.

Angleterre, t. 512, n° 12.

ANNEXES DU CHAPITRE VI.

2. LE COMTE DE VERGENNES À GUINES.

A Versailles le 1ᵉʳ 8ᵇʳᵉ 1775.

J'étois bien convaincu que vous ne perdriez pas de vue un objet aussi essentiel que celui de cette armée Russe, qu'il peut être question de transporter dans l'Amérique septentrionale. Il n'est pas possible de s'y prendre plus adroitement que vous l'avez fait, Monsieur, ainsi que M. le prince de Masseran, pour amener le Ministre Anglois à s'expliquer d'une manière à ne pas laisser subsister le soupçon; s'il n'y avoit quelque fondement à l'avis qui vous a été donné, et je vous avoue que malgré la foule d'improbabilités qui semblent militer contre l'idée d'un transport aussi difficile, je trouve l'induction que vous tirez du silence du lord Rochford avec vous sur tout ce qui avoit raport à la Russie et la réponse entortillée qu'il a faite à l'ambassadeur d'Espagne sur le même objet très-plausible et très-raisonnable. Cependant les lettres de Moscou ne nous préparent encore à rien de semblable, et je ne puis m'empêcher d'observer que, si c'est du fond du Nord que l'Angleterre veut évoquer les deffenseurs qui lui conserveront ses Colonies du Continent de l'Amérique, il est des mesures préliminaires dont on sembleroit déjà devoir s'occuper. Vous savez, Monsieur, que l'hiver commence de bonne heure et finit tard dans les régions boréales, que pendant toute cette saison l'accès des ports est interdit par les glaces; que la marine marchande Russe ne peut fournir les bâtimens qui seroient nécessaires pour le transport d'un corps de troupes de quelques mille hommes; et, que si on attend le printems pour assembler le nombre de bâtimens qu'il faudroit pour transporter 20.000 Russes, ce convoy pourroit bien n'aborder en Amérique qu'après la saison des opérations. Il est de fait, Monsieur, ainsi que le Lord Rochford vous l'a avancé, que les Hessois, qui étoient accourus à la deffense de l'Angleterre lors de l'invasion du prince Charles Édouard, ne purent obtenir de cartel de la part des rebelles, et la crainte qu'on ne leur fasse le même traitement en Amérique peut bien l'emporter dans l'esprit du Landgrave sur l'apas des subsides, quoiqu'il en soit très-friand. Un propos que ce Prince a tenu à notre Ministre doit me faire croire qu'il n'est pas effectivement tenté d'envoyer ses troupes si loin; la régence d'Hanover peut avoir la même répugnance et avec beaucoup de raison, car les troupes Allemandes pourroient trouver dans l'Amérique septentrionale des motifs séduisans pour s'y fixer; une partie de ce pays est peuplée de leurs compatriotes; la liberté et l'aisance dont ils y jouissent, mises en parallèle avec la servitude et la misère qui les attendroient dans leur patrie, pourroient les engager à en changer et mettre du côté des Américains les forces qu'on auroit compté leur oposer. Si les princes Allemands refusent des troupes à l'Angleterre, si le Royaume ne peut pas envoyer au-delà de 15.000 hommes en Amérique, il doit paroître moins improbable que le ministère Britannique s'occupe sérieusement de se procurer un corps auxiliaire de Russes; mais, l'Impératrice, sans avoir à craindre les mêmes inconvéniens que je viens de remarquer pour les princes Allemands, sera-t-elle insensible au cri de sa dignité qui ne peut lui permettre de sacrifier le sang de ses sujets, et de se priver d'une partie de ses forces dans un tems où la totalité semble très-nécessaire à sa sûreté intérieure et extérieure? Je ne répéterai pas ici ce que j'ai eu l'honneur de vous marquer, Monsieur, dans ma précédente dépêche; nous en sommes de part et d'autre aux conjectures et nous devons attendre du bénéfice du tems la lumière qui nous manque. Il ne nous revient encore rien d'aucune part qui contribue à éclairer notre jugement; ce qui paroît constant, d'après toutes vos notions et celles qui nous sont revenues d'ailleurs, est qu'il y a une négociation, si non liée, du moins que l'Angleterre cherche à entamer avec la Russie, et comme l'intérest le plus instant de la première est de pourvoir à la sûreté de ses Colonies du continent, il est probable qu'elle ne recherche aujourd'hui la Russie, après l'avoir négligée si longtems que pour en obtenir les moyens qui lui manquent pour réduire les mêmes Colonies à la soumission; mais l'interest de la Russie pouvant n'être pas le même à cet égard que celui de l'Angleterre, il peut paroître douteux si l'événement justifiera la prévoyance et les soins du Ministère Britannique. C'est sur quoi nous ne pourrons acquérir quelque certitude que lorsque le besoin de la sanction Parlementaire forcera ce même Ministère à sortir de la circonspection dans laquelle il s'envelope. Quoi que j'aie mis Monsieur le Marquis de Juigné sur la voie de pénétrer ce mistère, ce ne sera que dans la fin de 9bre que je pourrai avoir réponse de lui à cet égard. Heureusement qu'il n'y a pas *periculum in mora*, si la Russie fournit un corps de troupes pour l'Amérique, celui-cy ne pouvant être embarqué avant la fin de May, nous aurons du tems devant nous pour concerter et pour prendre les mesures de prévoyance qu'une circonstance aussi extraordinaire ne peut manquer d'exiger. Je ne dois pas vous laisser ignorer, Monsieur, que le Roi a vû avec satisfaction l'attention vigilante avec laquelle vous suivez cet objet principal; Sa Majesté rend trop de justice à votre zèle pour penser qu'il soit nécessaire de vous recommander de ne le pas perdre de vue; mais comme en matière de combinaison tout sert à l'ensemble des idées, je vous aurois obligation de tâcher de bien mettre au clair la véritable position de l'Angleterre avec le roi de Prusse. Les aparances de reconciliation que vous aviez observées se sont-elles soutenues? En suposant l'intelligence rétablie, je ne serois pas surpris que l'idée de transporter en Amérique un corps de troupes Russes n'émanât du Cabinet de Postdam.

Angleterre, t. 512, n° 15.

3. GUINES AU COMTE DE VERGENNES.

A Londres le 6 Octobre 1775.

Monsieur,

Tout est dans le même état que lorsque j'ai eu l'honneur de vous écrire ma dernière dépêche. Chaque jour confirme seulement de plus en plus la réalité de mes soupçons sur quelque négociation importante entre cette Cour et celle de Pétersbourg. Tous les Ministres du Conseil que nous avons rencontrés, M^r le Prince de Masseran et moi, et à qui nous en avons parlé, ont observé le même silence et la même conduite que les deux Secrétaires d'État du Département des Affaires étrangères. On a l'air de ne pas vouloir nous dire ce que l'on pense et de nous ôter cependant les moyens de nous plaindre que l'on ait cherché à nous tromper......

Comme je finissois cette dépêche, je reçois, Monsieur, celle n° 155 que vous m'avez fait l'honneur de m'écrire le 1er de ce mois, et qui n'a pu me parvenir hier comme de coutume, le tems étant trop mauvais pour que la malle pût passer, car mes courriers, pour plus d'exactitude ont ordre de passer toujours avec elle, et la règle est qu'elle doit partir quand un bâtiment quelconque ose mettre à la mer. Vous voyez, Monsieur, que le Service du Roi sur cette partie est bien assuré.

J'étois bien persuadé, Monsieur, que la conduite des Ministres Anglois ne vous permettroit pas de douter qu'elle cache quelque chose d'essentiel. Certainement rien n'est plus évident que les réflexions que vous faites sur les difficultés d'embarquer un corps de troupes Russes d'assez bonne heure pour qu'il puisse l'été prochain seconder en Amérique les projets des Ministres Anglois. Mais cette combinaison ne me paroit qu'un des résultats du fait principal. L'Angleterre et la Russie qui étoient fort éloignées se rapprochent-elles ou ne se rapprochent-elles pas? Voilà, à ce qu'il me semble, ce qu'il est important de pénétrer par les suites qu'une telle alliance dans le Nord peut entraîner. C'est à vous, Monsieur le Comte, à juger de ce fait d'après les notions que vous donnent sans doute les Ministres du Roi dans les autres Cours. Je vous ai donné les miennes, il n'y en eut jamais de plus marquées. Les Ministres Anglois, à moins de dire leur secret, ne sauroient dans aucune circonstance me l'apprendre d'une façon plus claire. Si j'étois à votre place je ne le croirois pas; mais si vous étiez à la mienne, vous jugeriez que si la chose n'est pas faite, il en est du moins sérieusement question, ou bien que la conduite de ces gens-ci est inexplicable. Je suis très-flatté de l'approbation que vous voulez bien donner aux moiens que j'ai pris de les pénétrer; ils sont simples et directs, je crois qu'il n'y en a pas de meilleurs pour rendre toutes les finesses inutiles.

M. le comte Orlow est ici depuis quelques jours. Il n'a point encore paru à la Cour, et au lieu de cela a été à Newmarket. La reine d'Angleterre m'a beaucoup parlé de ses intrigues et de ses diamans avec la liberté dont elle me donne souvent des témoignages. Mais tout ce que fera M. Orlow et ce que l'on dira de lui me paroît ne pouvoir prêter à aucune conjecture. Un sous-secrétaire d'État a dit hier de confiance à quelqu'un, à propos des bruits publics : « Ces Russes sont si soupçonneux « et si défians qu'il est presque impossible de les rassurer assez pour conclure « quelque chose avec eux. »

Mr Pownal, sous secrétaire d'État des Colonies, a dit hier à la même personne à propos de ce qui s'est passé en Amérique : « Que font à l'affaire présente deux ou « trois cents hommes de moins? »

Ce discours semble supposer une action. Si elle a lieu, elle n'est sûrement pas à l'avantage de la Cour à en juger par le silence des Ministres. Je crois être certain par la même voie que Mylord Harcourt a mandé d'Irlande dans ses dernières dépêches, qu'il ne répondoit pas de la majorité sur les affaires d'Amérique dans la prochaine séance. J'ai prévenu, Monsieur, ce que vous me prescrivez relativement à la véritable position de l'Angleterre avec le roi de Prusse. Je vous avoue par ma dernière dépêche que je crois m'être trompé, et que j'ai pris pour retour d'affection de la part de LL. MM. Britanniques ce qui n'étoit que crainte. L'ingénuité avec laquelle Mylord Suffolck m'a avoué que le roi de Prusse faisoit, des représentations de l'Angleterre, le cas que je lui en ai vu faire, lorsque j'avois l'honneur d'être envoié près de sa personne, me persuade que cette Puissance n'a aucun lieu de compter sur ce Prince. Elle n'a donc aucun allié. Je n'en connois à la Russie que le Danemarck. Mécontente de la cour de Berlin et de celle de Vienne, recherchée par celle de Londres, c'est ce qui peut-être fonde les espérances que l'on a de la captiver.....

Angleterre, t. 512, n° 18.

4. LE COMTE DE VERGENNES À GUINES.

A Fontainebleau le 22 8bre 1775.

Je réponds M. à la lettre n° 297 que vous m'avez fait l'honneur de m'écrire le 13 de ce mois.

Ce n'est, je pense, qu'en Angleterre seulement que des Ministres, chargés des affaires étrangères, passent froidement trois ou quatre semaines à leur campagne; heureusement que nous n'avons rien pour le moment qui puisse nous rendre fort sensible l'interruption des conférences ministérielles.

Il doit paroître étonnant M. que les Ministres Anglois, si souvent déçus dans leurs espérances sur la tournure plus favorable que pourront prendre leurs affaires de l'Amérique, en reviennent cependant à calculer sur des futurs contingens qui ne semblent pas plus solides que les 1res hipotèses qui les ont égarés. Il peut très-bien être que la plus part des provinces de l'Amérique septentrionale sentent la lassitude comme l'incommodité de la guerre, et que les gens qui ne sont point aveuglés par le fanatisme en désirent sincèrement la fin; mais cette disposition en la supposant plus avancée qu'on ne peut encore la juger, n'operera une scission véritablement salutaire qu'autant que la supériorité de l'armée royale soit assez imposante pour que les bien intentionnés osent élever la voix et puissent se faire entendre. Le gouvernement Anglois pourra se flatter de se procurer cette supériorité si la Russie se prête à lui donner des troupes qu'il puisse transporter dans cet hémisphère. Rien ne nous éclaircit jusqu'ici M. sur cet étrange marché; aucune notion du Nord et de tout autre part ne vient encore à l'apuy de l'avis que vous nous avez transmis. Mais le silence presque universel ne doit pas pour cela afoiblir nos efforts respectifs pour essayer de découvrir la marche et d'aprofondir le progrès de cette idée : qu'il y a un principe de négociation entre l'Angleterre et la Russie, c'est un point que nous ne pouvons révoquer en doute, mais quel en est l'objet, c'est là où nos combinaisons s'arrêtent. Il y a environ dix ans que la Russie désiroit une alliance deffensive avec l'Angleterre. Celle-ci la leurra pendant assez longtems et contente d'avoir conclu le traité de commerce qui flattoit son ambition, elle déclina l'alliance et même avec assez peu de ménagemens pour désobliger la Russie. Les circonstances ont changé depuis; l'Angleterre se voit isolée, et les garanties qui ne lui sembloient alors qu'onéreuses peuvent aujourd'hui lui paroître nécessaires. Je suis entièrement de votre avis M. que si dans l'état présent des choses le Ministère Anglois réussit à conclure un traité d'alliance avec la Russie il acquerra une force intérieure et une considération extérieure que tout Gouvernement doit être jaloux d'obtenir; mais si un corps de troupes Russes disponible à son gré n'en est pas la suite, si la garentie se bornant aux attaques extérieures ne stipule rien contre les soulèvemens intérieurs, je ne vois pas, je vous l'avoue M. comment ce traité pourroit répandre la terreur en Amérique; j'ajouterois volontiers encore si je pouvois me livrer à plus de discussion que mes occupations urgentes ne me le permettent, comment il inviteroit le Ministère Anglois à être moins pacifique qu'il ne l'a été jusqu'ici.

Si vous avez suivi M. les changemens successifs qui sont survenus en Europe, vous aurez sûrement remarqué que les révolutions de la Pologne ont prodigieusement changé la situation de la Russie relativement à son occident. L'aliénation qu'elle a faite d'une part du Holstein Ducal, et la barrière qu'elle a souffert que le roi de Prusse élevât contre elle pour l'emplacement des acquisitions qu'elle a souffert qu'il fit en Pologne, ne lui permettront plus de s'immiscer dans les affaires de l'Allemagne qu'avec l'attache de ce Prince. Quant à l'employ de sa marine, les gens du métier vous diront qu'il n'en est pas de plus pitoyable et de moins susceptible d'être améliorée.

Angleterre, t. 512, n° 41.

5. LE COMTE DE VERGENNES À GUINES.

A Fontainebleau le 4 9bre 1775.

La Harangue du roi d'Angleterre à son Parlement est conçue avec une noblesse et une dignité qui ne pouvoient manquer de faire sur les esprits l'impression la plus forte et la plus avantageuse. Ce Prince a lieu de s'aplaudir du succès de sa persuasion, puisque déjà les deux chambres lui ont donné par une majorité très-considérable les assurances de ne le laisser manquer d'aucuns des secours nécessaires pour faire rentrer les Américains dans le devoir de la fidélité et de la soumission. A partir de là M. on peut regarder la continuation de la guerre comme décidée, car il y a peu d'aparance que l'envoi des commissaires que Sa Majesté Britannique a annoncé pour recevoir à resipiscence les Colonies et même les individus qui voudront se reconcilier, opère par lui-même un changement dans les dispositions qui ont parû jusqu'ici prédominantes. Il faudra vraisemblement des moyens plus effectifs pour faire naître le repentir. Il paroit que la cour de Londres les trouvera dans les assurances amicales qu'elle a reçûes de secours étrangers; c'est ainsi du moins que Georges 3 s'en explique dans son discours. Le Pirronisme doit céder devant une assurance Royale; mais, s'il faut 70 mille hommes, comme le Lord North l'a annoncé dans les débats de la Chambre Basse, pour réduire les Américains, je ne vois pas trop où on les prendra. Vous pensez M. que l'Angleterre peut à peine fournir 30 mille hommes; il paroit, suivant les nouvelles que vous nous avez communiquées en dernier lieu, qu'elle n'a plus de fond à faire sur les 12 mille Canadiens qu'elle se proposoit de lever : ce sera donc de la Russie qu'elle devra tirer un supplément de 40 mille hommes. Mais si dans la dernière guerre qu'elle vient de terminer, cette puissance n'a jamais pu porter à ce nombre l'armée qui agissoit contre les Turcs, comment suposer qu'elle pourra faire pour l'Angleterre ce qu'elle n'a pas été en état de faire pour elle-même. Si nous admettons que les deux Cours se sont arrangées, le tableau de la dépense n'efraiera-t-il pas même ceux qui sont les plus dévoués aux volontés du Ministère? Il est une considération M. qui pour être particulière à la Russie, peut cependant donner lieu de douter qu'elle puisse être déterminée si facilement à prêter ses troupes aux Anglois. Les hommes dans ce pays là (j'entends ces hommes dont on fait des soldats) sont une propriété réelle; les revenus des terres ne se calculent pas par le nombre des arpens, mais par celui des têtes : l'espèce a été considérablement diminuée par la peste de Moscou et par les levées de recrues que 19 ans de guerre presque non interrompue ont exigées. Les Seigneurs ont pris patience tant qu'il s'agissoit du soutien de l'interest de l'État bien ou mal entendu; mais verroient-ils avec le même sang froid leurs cerfs décimés pour une entreprise aussi étrangère à la sécurité et au bien être de la Russie, et par conséquent aussi romanesque que de prendre sur elle d'apaiser les troubles intérieurs de l'Amérique. Si nous n'écoutions que la voix de la raison, nous nous fixerions à l'opinion que cette assurance d'assistance étrangère n'a de réel que l'envie de présenter à l'Amérique et à ceux qui la protègent en Europe un épouvantail allarmant; mais je reviens à ce que je crois avoir eu l'honneur de vous dire dans d'autres lettres, il est des choses qui, quoiqu'invraisemblables, peuvent cependant être vraies et dont la crédibilité ne peut être amenée que par l'événement. Nous pouvons l'attendre avec d'autant plus de tranquilité que ce n'est pas ici une décoration de théâtre qui se place ou se déplace au bruit d'un coup de sifflet, le tems que demandera l'exécution nous donnera celui d'efectuer les mesures que la circonstance bien avérée exigera et qu'il ne seroit pas sans inconvénient de prévenir. Nous embarrasserions étrangement le Ministère Britannique si, partant de l'éclat qu'il fait avec plus d'ostentation que de prudence de cette prétendue assistance étrangère, nous nous disposions, nous et l'Espagne, à envoyer des forces correspondantes pour veiller à la sûreté de nos domaines d'Amérique; nous hâterions sa chute, ce n'est pas ce que nous voulons : nous saurons attendre, mais s'il n'est pas plus circonspect dans ses mesures, nous ne négligerons pas celles sur lesquelles seules nous pouvons établir notre tranquilité et notre sûreté.

Angleterre, t. 512, n° 86.

6. LE COMTE DE VERGENNES À GUINES.

A Versailles le 11 9bre 1775.

La confidence que le Lord Rochford vous a faite sur l'état de leur négociation avec la Russie est très-intéressante si elle est sincère, on devroit en inférer que le

Conseil Britannique n'attache pas la plus grande valeur aux ofres de secours qui peuvent lui avoir été faites par cette puissance, et que le Lord Suffolck est le seul qui s'en soit fait un objet d'occupation ou d'amusement. Son influence n'étant pas prépondérante en fait de négociation, eu égard au peu d'habitude et d'expérience qu'il en a, nous pourrions en conclurre qu'on ne laisse subsister celle-ci que comme un épouvantail présenté dans le lointain aux Américains afin de donner plus de relief à la commission qu'il paroit décidé qu'on doit faire passer dans cet hémisphère pour tenter de rapeller les peuples révoltés à la soumission envers leur mère patrie. Cependant M. suivant nos derniers avis de Moscou, les conférences entre M. de Gunnings et les Ministres Russes étoient très-fréquentes depuis l'arrivée de deux courriers Anglois; le Ministre de Prusse étoit-il intervenû à quelqu'unes de ces conférences, ce qui semble indiquer, ou que son Maître n'est pas aussi opposé qu'on vous le fait entendre aux vûes de l'Angleterre, ou que la négociation ne se borne pas à prendre à la solde de la Grande-Bretagne quelques troupes Russes pour les transporter en Amérique, et qu'il s'agit vraisemblablement d'une alliance entre les trois puissances. Je vous propose mes conjectures comme probables et nullement comme certaines. D'autres avis de Petersbourg annoncent qu'il y est venû ordre à l'Amirauté d'armer tout ce qui est possible de l'être, et qu'elle a promis d'avoir avant la fin de la session 10 vaisseaux de ligne en état et 80 galères; déjà 14 de celles-ci ont été envoyées de Cronstadt à Revel, un pareil nombre, dit-on, ne doit pas tarder à les y suivre. A quoi bon des galères s'il n'est pas question d'une invasion soudaine contre la Suède, ce qui ne semble pas être à présumer n'y aiant pas entre cette Couronne et la Russie l'ombre d'un grief, l'aparance même d'une plainte. Quelque confiance que les Russes aient dans eux-mêmes nous ne devons pas les croire assés témeraires pour hazarder leurs galères qui sont si fresles et petites sur le vaste Océan; elles auroient bien de la peine à faire canal dans la Baltique, et très certainement les Anglois ne seroient pas assés dupes pour consentir a payer chèrement un secours qu'on voudroit leurs transportér sur des batimens dont il y a à parier que les deux tiers périroient avant d'être rendûs à leur destination. Peut-être est-il un point intermédiaire comme le Holstein ou le Bas-Elbe où les troupes Russes devront être entreposées en attendant la saison convenable pour leur transport en Amérique, c'est ce qui ne peut tarder à être éclairci; nous touchons à la saison des glaces, rien dès lors ne peut sortir des ports de Russie. Quelque déplaisante que puisse être pour nous la liaison qui semble se former entre l'Angleterre et la Russie, et à laquelle il y a lieu de croire que le roi de Prusse pourra participér, nous n'avons pas de moyens pour la contrariér; l'Angleterre va droit à son interest; Catherine 2de plus romanesque que politique peut être décidée par la célébrité et l'éclat d'une expédition éloignée et peut-être aussi par ses préventions personnelles contre nous. Le roi de Prusse, qui ne compte plus sur sa docilité et sur sa complaisance autant que par le passé, n'est pas fâché peut-être de lui voir éloigner des forces qu'il craindroit qui pourroient être employées à le gêner et à le circonscrire. Si pour cela il doit prendre des engagemens, il les prendra, parce qu'il ne les tiendra qu'autant que sa convenance l'y invitera.

Angleterre, t. 512, n° 102.

7. M. DE GUINES AU COMTE DE VERGENNES.

A Londres le 24 novembre 1775.

Monsieur,

Depuis la dernière dépêche que j'ai eu l'honneur de vous écrire le 17 de ce mois, j'ai reçu celle que vous m'avez adressée le 12 par mon courrier, qui n'est arrivé ici que samedi après un passage très dangereux. Le Roi est sûrement instruit des désastres qui sont arrivés sur la côte de Calais. Presque tous ont porté sur des vaisseaux anglais. On ne se souvient point d'une année qui ait produit autant de malheurs de ce genre. Il y en a eu d'affreux, surtout à la côte de Terre-Neuve. Les bureaux d'assurances font nombre de trois cents vaisseaux naufragés dans cette partie, et qui pour la plupart ont péri avec leurs équipages.

Je n'ai jamais eu le moindre doute, Monsieur le Comte, sur la droiture qui avoit dirigé vos vues et les instructions que vous m'avez fait l'honneur de m'envoyer relativement à l'affaire de Portugal. Nous travaillons vous et moi pour le même objet, pour celui de la gloire et de l'avantage des intérêts du Roi. Assurément nous en avons un très direct à ne pas nous induire en erreur. J'ai regardé celle que présentoit la négociation qui m'étoit prescrite comme commise uniquement par la cour d'Espagne, et je me flatte que cela ne peut s'entendre autrement. Au surplus, cette erreur devient absolument indifférente, si le Portugal, qui a renoué la négociation, la continue comme nous avons lieu de l'espérer. Mylord Suffolk, avec qui j'ai été hier en conférence, est absolument dans les mêmes dispositions qu'annonçoit le Lord Rochford, et qui ont été entièrement adoptées par le Lord Weymouth, ainsi que j'ai eu l'honneur de vous le mander par ma dernière dépêche. Ce Ministre m'a dit en propres termes que le roi d'Angleterre et son Ministère, d'après la franchise avec laquelle je m'étois conduit dans cette circonstance, n'avoient pas perdu un instant à faire les démarches les plus sérieuses vis-à-vis du Portugal, et qu'en pareil cas je trouverois toujours le Conseil de sa Majesté Britannique entièrement disposé à se concerter avec moi sur les moyens qui pourroient affermir la bonne intelligence entre les deux Cours. Dans cet état des choses je crois pouvoir répondre au Roi que l'affaire du Portugal n'en occasionnera pas de dangereuses, et que même elle se terminera à la satisfaction de la Cour de Madrid, si cette Cour ne demande rien que de juste et de fondé sur les traités, si elle n'abuse pas de la situation présente de ce pays-ci pour devenir plus exigeante vis-à-vis du Portugal, si enfin le roi d'Espagne montre à l'appui de cette conduite des moyens prêts qui persuadent bien à l'Angleterre que c'est à notre seule influence que l'on doit le délai des démarches qui pourroient la jeter dans les plus grands embarras, et dont elle s'empressera d'autant plus à détruire pour jamais le principe. Dès le premier moment où j'ai eu l'honneur de vous faire part, Monsieur, de mes soupçons sur les projets ambitieux de la Russie voilés par le prétexte de secourir les Anglais en Amérique, j'ai vu dans ce plan extraordinaire des desseins sur nos Colonies, et ma dépêche n° 292 s'accorde parfaitement sur ce point avec celle à laquelle j'ai l'honneur de répondre aujourd'hui. Mais le moyen d'insinuation à employer vis-à-vis du Ministère Anglais pour prévenir de tels desseins, et dégoûter l'Angleterre de la Russie, m'a paru extrêmement dangereux, et M^r le Prince de Masseran a qui j'ai communiqué mes réflexions a été du même avis.

Vous proposez à la vérité, Monsieur, ce moyen vis-à-vis du Lord Rochford; il présentoit moins d'inconvénients, quoique sa légèreté en eût quelquefois d'aussi réels qu'auroient pu en produire des vues moins droites que les siennes. Mais vis-à-vis deux Ministres aussi portés à la méfiance que le sont les Lords Weymouth et Suffolk, il faut bien se garder d'inspirer la moindre crainte. L'ombre d'un mécontentement sur leur nouvelle alliance leur feroit voir tout en noir. L'Espagne armée telle qu'elle l'est encore, n'auroit à leurs yeux de projets réels que contre l'Angleterre. La frayeur d'être prévenus les détermineroit à prévenir. Il ne faut jamais oublier que c'est ainsi qu'a commencé la guerre dernière. Le Roi a bien voulu soumettre à mes foibles lumières la conduite de cette mission délicate. Je la regardois donc comme impossible, et cependant je la voyois nécessaire, lorsque j'ai imaginé de m'adresser au Lord Mansfield. Je l'ai amené sans peine à me parler avec sa confiance ordinaire de la situation actuelle des affaires, et lui rendant confiance pour confiance, je lui ai témoigné toutes mes inquiétudes dans le même sens précisément et dans la même forme que vous m'avez prescrit de le faire.

J'y ai ajouté seulement que la matière étoit d'autant plus délicate qu'il étoit dangereux de la traiter vis-à-vis les Ministres dont lui, Mylord Mansfield, connoissoit le caractère; qu'ils prendroient pour résolution formée par ma Cour ce qui dans le fond n'étoit que l'effet de mon zèle et de ma prévoyance, et qu'une confiance entière et réciproque entre les deux Cours étant le seul moyen d'empêcher de part et d'autre des mesures ultérieures dangereuses pour le maintien de la paix, j'avois jugé plus prudent et plus sûr d'exposer mes sentiments et mes vues à quelqu'un qui étoit plus que personne à même de les connoître et de leur rendre justice, et à portée d'en faire un bon usage.

Mylord Mansfield a été fort flatté de cette ouverture. Il a d'autant plus loué ma discrétion vis-à-vis le Ministère, qu'il a jugé comme moi qu'il ne faudroit, dans les circonstances présentes, qu'une insinuation de ma part mal entendue et mal saisie pour produire les mêmes événements de 1755 et 1756. Il m'a rappelé à cette occasion ce qu'il m'a dit souvent que le Ministère fit alors la guerre sans la vouloir, sans la pouvoir, mais seulement parce qu'il crut que la France étant déterminée à la faire à l'Angleterre comme la cour de Vienne à celle de Berlin, il falloit la prévenir, et s'assurer par là dès le principe des succès propres à échauffer les têtes et à procurer les moyens de la faire avec avantage. Mylord Mansfield est convenu que des flottes Russes dans les mers d'Amérique pourroient raisonnablement donner quelque ombrage aux cours de Versailles et de Madrid. Il a ajouté qu'on l'avoit senti, et que même on avoit déterminé qu'il ne viendroit des Russes en Amérique que sur des vaisseaux Anglois. Ce fait énoncé si positivement m'a paru avoir des rapports frappants avec l'emploi que vous avez jugé vous-même, Monsieur, que pourroit faire la Russie des galères qu'elle prépare, et dont la destination seroit peut-être de transporter à un point intermédiaire les secours qu'elle fourniroit à l'Angleterre. J'ai donc cru nécessaire de devenir plus pressant, parce qu'il n'y avoit aucun inconvénient de ma part à l'être vis-à-vis du Lord Mansfield. Je lui ai fortement représenté les dangers de mettre l'Impératrice de Russie, dont il connoît et craint le caractère, à portée d'exiger un jour de l'Angleterre des complaisances qui auroient sûrement pour objet le désir de se venger de nous et de la guerre qu'elle vient d'essuyer, désir parfaitement connu dans ce pays-ci; qu'ainsi, des Russes sur des vaisseaux Anglois ou Russes étoient parfaitement la même chose pour exciter notre juste défiance et nous engager à des précautions, à des démarches dont il voyoit comme moi les dangers.

Mylord Mansfield m'a paru fort ébranlé de la vivacité et de la franchise avec laquelle je lui ai exposé comme de moi tout ce que vous m'avez transmis vous-même. Il m'a demandé si des Hessois, des Brunswickois ne nous causeroient aucun ombrage. Je lui ai répondu de nos sentiments et *de notre neutralité parfaite* (car pour faire plus d'effet j'ai été jusque là) dans toute circonstance, excepté dans celle que je venois de lui exposer, des inconvénients de laquelle je ne pouvois lui répondre. Mylord Mansfield m'a dit : « Eh bien, je vous réponds qu'il n'y aura pas un Russe « en Amérique. » Ce sont ses propres paroles.

D'après cet entretien, Monsieur, et la connoissance que j'ai des sentiments et du pouvoir du Lord Mansfield, je crois que je puis encore répondre au Roi de cet objet et du succès du plan que Sa Majesté m'a tracé, auquel je n'ai pris sur moi que de changer quelque chose dans la forme.

Mylord Suffolk, qui est ainsi que tous les Ministres jaloux du Lord Mansfield, m'a dit hier qu'il croyoit sans fondement quelques bruits que l'on répandoit à l'impression que feroient aux cours de Versailles et de Madrid les forces que l'Angleterre enverroient en Amérique. Je ne lui ai pas dit un mot des Russes; mais j'ai répété deux fois que nos Cours, persuadées des bonnes intentions de celle-ci, verroient sans ombrage toutes les troupes Angloises, et même quelques troupes mercenaires de l'Allemagne, telles que les Hessois et les Brunswickois, employées à soumettre le continent de l'Amérique. J'ai par là confirmé ce qu'aura dit Mylord Mansfield. Ainsi le Ministère est éclairé comme le Roi a désiré qu'il le fût, et il l'est de manière à ce que, sans aucun inconvénient, il n'en puisse résulter que des avantages. Celui d'avoir des amis dans ce pays-ci m'en donne de bien réels dans des circonstances aussi épineuses. Mylord Suffolk m'ayant parlé hier confidentiellement de l'état d'armement où est l'Espagne, je lui ai parlé de même à cette occasion de celui de la Russie. Il ne le croyoit pas aussi considérable en galères et autres bâtiments du même genre, et il juge qu'il ne peut avoir d'objet réel que la Suède. Mylord Mansfield m'a paru avoir les mêmes inquiétudes, d'après le nombre de 80 galères qu'il ignoroit également. Quant au motif, on n'en connoît point, si ce n'est le mécontentement que l'Impératrice Catherine manifeste de la mauvaise réception que l'on a faite à Stockholm à celui qu'elle y a envoyé pour répondre au message du roi de Suède à Moskou, lorsque ce Prince ne jugea pas à propos d'y aller lors de son voyage en Finlande. Certainement ce n'est pas là une raison, mais en pareil cas, on n'a besoin que d'un prétexte; on n'en a pas même besoin.

J'ignore, Monsieur, jusqu'à quel point sont nos engagements actuels vis-à-vis de la Suède; mais comme Mylord Suffolk a été jusqu'à me dire : « Mais comment « pourrons-nous faire pour prévenir les dangers qui pourroient résulter d'une telle « entreprise? », j'ai cru devoir rappeler à ce ministre ce qui s'étoit passé en 1772, dont vous trouverez le détail dans mes dépêches n°ˢ 107 et 108, des 6 et 20 novembre de cette même année. Vous y verrez, Monsieur, que je déterminai le Ministère Anglois à se conduire alors à l'égard de la Russie sur le même plan qu'aujourd'hui à l'égard du Portugal, et qu'il déclara en conséquence à la cour de Pétersbourg qu'il ne favoriseroit en rien ses entreprises contre la Suède. J'ai insinué au Lord Suffolk que l'affaire de Portugal et celle de Russie pouvoient avoir les mêmes conséquences, et qu'elles exigeoient les mêmes précautions. Ce Ministre, sans rien articuler de positif à l'égard de la Russie, m'a répété que dans tous les cas nous trouverions ici une réciprocité de confiance et de désir de s'entendre pour prévenir toute rupture. Ce sentiment est si raisonnable de la part de ce Ministère, qu'on ne peut se refuser à y croire; mais les irrésolutions, les méfiances déplacées, les fausses démarches qu'elles produisent sont souvent plus à craindre, et surtout de la part de ce gouvernement-ci, que des vues fermes et décidées, mais que la raison dirige en même temps qu'elle donne le moyen aux spéculateurs intéressés d'en prévoir et d'en calculer les effets. Mylord Suffolk paroît persuadé de la faveur de Mr Orlow. Il l'est également de l'intelligence du Roi de Prusse avec la Russie. J'ai été à même hier de faire parler la reine d'Angleterre sur ce Prince, et je lui ai retrouvé la même haine que je lui avois connue pour lui. Elle s'est même exprimée avec peu de mesure à son égard. Ainsi en rapprochant toutes les circonstances, je dois croire qu'on compte ici aussi peu sur le roi de Prusse qu'on y a toujours peu compté, et que même l'on n'y sait pas tout ce qui se passe dans les cabinets de Berlin et de Pétersbourg. En effet, Monsieur, ne jugeriez-vous pas que la Russie, voulant attaquer la Suède, a fait des offres de secours à l'Angleterre pour se ménager plus sûrement contre nous l'alliance de cette puissance, masquer ses armements contre la Suède par le prétexte de celui pour l'Amérique, et allumer une guerre générale dans laquelle, se vengeant à la fois de la Suède et de nous, nos Colonies deviendroient son indemnité naturelle? Je vous soumets, comme de raison, cette idée que semble concilier tous les faits qui sont à notre connoissance. Elle me paroît d'ailleurs s'accorder avec vos propres idées, et cet exposé a pu être jugé par la Russie très-praticable, si le roi de Prusse de bonne foi ou de mauvaise foi le favorise.

Dans de telles conjectures, éloigner l'Angleterre de la Russie, comme nous l'éloignons du Portugal, seconder ses vues et la mettre à même de seconder les nôtres, faire cause commune avec elle enfin pour le maintien de la paix, me paroît devoir être notre règle de conduite. Elle remplit également nos intérêts respectifs. La marche en est facile et le succès certain.

Angleterre, t. 513, n° 6.

8. LE COMTE DE VERGENNES À GUINES.

A Versailles le 3 x^{bre} 1775.

..... Le propos que le Lord Suffolk vous a tenû depuis prouve que Mylord Mansfield n'a pas réservé pour lui seul la prévoyance dont vous l'avés entretenu dans le cas où il seroit question de transportér des troupes Russes en Amérique. Le Ministère Anglois est très en état de nous rassurér à cet égard; tout annonce que cette negociation qui d'abord avoit paru prendre la plus grande consistance est bien près d'etre abandonnée si elle ne l'est déjà entièrement. Il paroit qu'on a fait faire des reflexions à l'impératrice de Russie qui ont refroidi l'entousiasme qu'elle avoit montré pour cette entreprise. C'est ce que portent les avis directs de Moscou; d'autres indirects mais qui peuvent paroitre plus certains, assurent que la dernière réponse donnée à M. Gunnings a été entièrement déclinatoire. Rien ne confirme mieux la valeur de ces derniers avis que l'assurance que vous a donnée le Lord Mansfield qu'il ne passeroit pas un Russe en Amérique. Les choses dans cet état, il seroit désormais inutile de s'arrêter aux suites que cette négociation pouvoit faire envisagér; . . . . . Les nouvelles que nous recevons de Russie ne nous éclairent pas encore suffisament ni sur le nombre des armements de mer qui ont été ordonnés ni sur l'objet réel qu'ils peuvent avoir. On a parlé de 80 galères. Cette force ne peut regardér que la Suède, surtout s'il n'est plus question d'envoyér des troupes Russes au Sund pour y être à la disposition de l'Angleterre. Dans cet état d'incertitude et d'obscurité, il est bien difficile de se formér un plan pour conjurér un orage qu'on ne peut pas même dire qui gronde dans l'éloignement. Cependant nous voyons avec plaisir que le Ministère Anglois en est occupé et qu'il ne se refusera pas à coòpérér aux moiens de prévenir l'incendie qui pourrait s'allumér dans cette partie. Ce que nous pourrions désirér dans le moment de sa prévoyance seroit qu'il recommanda à son Ministre à Moscou de veillér aux vûes que cette Cour peut avoir contre la Suède et qui l'autorisa s'il voioit quelque tendance à la guerre contre cette puissance à faire les offices les plus pressans pour la détournér. Les mesures de l'Angleterre avec la Russie n'étant que deffensives, elle seroit trés en droit de lui déclarér que non seulement elle n'auroit aucun fond à faire sur son assistance si elle étoit l'agresseur, mais qu'elle ne s'opposeroit même pas à ce que les alliés de la Suède lui portassent les secours qui lui seroient assurés par les traités; ce moyen est sans contredit le seul qui pourroit en imposér à cette puissance et prévenir un engagement général, mais il est si tranchant qu'il peut paroitre douteux, si le Ministère Anglois voudroit l'adoptér. Nous n'offrons pas de joindre nos services à ceux qu'il pourroit faire à Moscou, dans les termes où nous sommes avec cette Cour, nous ne devons pas nous flattér qu'ils y fussent accueillis; d'ailleurs, alliés de la Suède, nos représentations si elles n'étaient pas suspectes sembleroient du moins dictées par notre interest particulier. Nous sommes toujours M. vis-à-vis de la Suède au même état où nous étions à la fin de 1772, par conséquent tenûs à lui donner des secours si elle venait à être attaquée. Nous nous refusons encore à ses instances pour nous expliquér sur la nature de ceux que nous pourrons lui administrér si elle se trouve dans le cas de les réclamér parce que nous ne voulons pas donner au roi de Suède des motifs pour se montrér vis-à-vis de l'impératrice de Russie plus fier qu'il ne convient à la position de ses affaires et à la tranquilité générale. Il seroit bien étrange et bien malheureux qu'un aussi misérable incident, que les plaintes à plusieurs égards exagérées que M. de Schuvalow a faites du peu d'accueil qu'il a reçu à Stockholm, devint la source d'une guerre; je ne connois nul autre grief à la Russie contre la Suède, si ce n'est peut-être le ressentiment intérieur que Catherine conserve de la manière courageuse dont Gustave III a secoué les chaînes qu'Elle avoit prétendu lui donnér.

Vous serés exactement instruit M. de tout ce que nous aprendrons de ce côté là, et je vous prie de vouloir bien m'instruire avec la même exactitude de tout ce que vous pourrés découvrir. Si la négociation entre la Russie et l'Angleterre est tombée comme tous nos avis le font présumer, il n'y a plus lieu à cherchér la solution des questions que vous me faites M. Il en résultera seulement qun entousiasme passager avait donné lieu à l'ofre faite aux Anglois, sans qu'on doive en inferér de la part de la Russie une arrière vûe de s'assurér de leur assistance soit pour des conquêtes en Amérique, soit pour la soutenir dans la guerre qu'elle pourroit entreprendre contre la Suède.

La conséquence la plus immédiate à nous que nous puissions tirer de tout ceci est qu'il existe dans les principes ou dans les sentimens de Catherine 2de une disposition en faveur des Anglois qui croisera encore long tems le désir que nous pourrions avoir de nous raprochér de cette puissance avec laquelle des intérêts réciproques auroient dû établir plus de liaisons qu'il n'en existe entre les deux États.

Il paroit assez constant, ainsi que le Lord Suffolck vous l'a dit M. que le roi de Prusse a repris tous ses droits sur Catherine 2de et que la confiance est pour le présent bien rétablie entre ces Princes.

9. LE COMTE DE VERGENNES À OSSUN.

A Versailles le 16 8bre 1775.

Les avis d'Ang[re] continuent à parler de la negociation quon supose entamée entre les cours de Londres et de Moscou pour porter en Amérique un corps de 20^m Russes, mais rien d'ailleurs ne nous éclaircit sur le degré de crédit qu'ils peuvent mériter. La chose peut être vraie mais elle n'en sera pas pour cela moins invraisemblable. Je crois bien que les Anglois dans le besoin ou ils sont de troupes auxiliaires pour soumettre leurs sujets rebelles en prendront par tout où ils pourront en avoir, mais il n'est pas aussi aisé de concevoir ce qui pourroit engager la

Russie a leurs en fournir. L'apas de quelques subsides ne semble pas devoir etre un motif de séduction pour une grande puissance.

Espagne, t. 578, n° 22.

10. LE COMTE DE VERGENNES À OSSUN.

A Versailles le 21 nov^{bre} 1775.

Nous ne pouvons pas mettre en doute M. qu'il n'y ait une negociation très active entre l'Ang^{re} et la Cour de Moscou mais nous ne pouvons pas encore en savoir certainement l'objet. Quelques mouvemens quon pretend avoir ete ordonnés dans les ports de Russie pour des armemens et des constructions sembleroient leclaircir, mais dune autre part le langage amphibologique des Ministres Anglois dans les débats parlementaires fait renaitre l'incertitude. Nous ne negligeons rien pour faire sortir la lumiere des tenebres; Sans doute l'Esp^e y porte de son coté la même attention.

11. LE COMTE DE VERGENNES À OSSUN.

A Versailles le 17 9bre 1775.

. . . .

..... maintenir la paix et retablir la bonne intelligence entre deux puissances qui ne pourroient en venir aux prises sans allumér un incendie general. C'est a peu près dans ce sens que jai instruit M. le Cte de Guines par mon expedition des 11 et 12 de ce mois. Jai lhonneur de vous envoyer M. la copie afin que vous communiquiés confidement a M. le Mis de Grimaldi ce que vous estimeres qui pourra l'interessér. Je serai fort aise de savoir sa façon de penser sur les insinuations que jai chargé M. de Guines de faire au Lord Rochford touchant la negociation qui paroit tres certainement entamée entre les cours de Londres et de Moscou et qui auroit pour objet le transport dun corps de troupes Russes dans lAmérique septentrionale. Je crois quon pense en Espagne co^e nous pensons ici quil sera bien difficile que nous ne prennions respectivement les plus fortes précautions si nous devons voir flotter le pavillon et les étendards russes dans ces mers et dans ces contrées eloignées. Quoique les insinuations que jai recommandées a M. le Cte de Guines soient tres solides au fond, je les aurois vraisemblablement rendues moins pressantes si javois pû prevoir que le Lord Rochfort etoit pret d'abdiquér le Ministère. Nous ne pouvions pas douter de ses intentions veritablement pacifiques et son caractere netoit pas inaccessible a la crainte. M^d Weymout qui le remplace ne s'est pas annonce dans son premier Ministere ni aussi pacifique ni aussi craintif, il ne tint pas a lui que laffaire des isles malouines ne degenerat dans une guerre. Son sentiment ne prevalant pas dans le Conseil il prit le parti de resigner. Nous ignorons s'il est devenu plus conciliant, mais quelque violens que puissent être ses principes il faudra bien quils cedent dans ce moment ci a la necessité des circonstances.

Espagne, t. 578, n° 80.

II

LA MÉDIATION AVEC L'ANGLETERRE.

1. LE MARQUIS DE GRIMALDI AU COMTE D'ARANDA.

A St Ildefonse le 7 Aoust 1775.

Dans ma lettre de ce jour je fais part avec détail a V. E. de la conduite et des procedés des Portugais sur le Rio Grande de San Pedro, et de notre situation respectivement a eux.

Vous n'ignorés pas combien le Roi aime la paix, mais Sa Majesté prevoit qu'elle se trouve fort exposée à être alterée entre l'Esp^e et le Portugal; et pour eviter l'extrémité d'une rupture, Sa M^{té} se seroit deja determinée à s'expliquer avec la cour de Lisbonne si elle ne comprenoit pas la difficulté d'amener le Ministere Portugais à repondre cathégoriquement et positivement, ou qu'il pourroit repondre en termes si offensans, que l'honneur de S. M. pourroit en être compromis, ce qui l'obligeroit a en tirer une juste satisfaction.

Un terme moyen pourroit etre que le Roi très chretien fit cette demarche vis à vis du roi de Portugal en lui exposant qu'il est informé des usurpations et des insultes que les sujets Portugais commettent contre les sujets et les possessions des Espagnols sur le Rio Grande de San Pedro et les parages voisins. Qu'il a connoissance de la moderation avec laquelle le Roi Catholique se comporte par amour pour la paix; mais que le Roi très chrétien prevoit que les Espagnols ne pourront a la fin se dispenser d'agir contre les Portugais pour se venger des injures qu'ils eprouvent, s'ils ne font pas cesser leurs vexations et s'ils ne font retirer les nombreuses troupes portugaises qu'ils ont rassemblés sur le Rio Grande de San Pedro en procedant des a present a la restitution du Poste de la rive du Nord de la meme riviere occupée en pleine paix par les Portugais, et que S. M. T. fidèle a offert de restituer, en assurant que les choses seroient remises dans l'état ou elles étoient avant l'attaque de ce poste; que dans ces circonstances, le Roi T. C. desirant que la bonne harmonie entre l'Espagne et le Portugal ne soit pas troublée il avoit resolu, à l'insu de S. M^{té} Cath^e, pour le bien reciproque des deux parties, pour la tranquillité commune à la quelle il s'interesse si directement et plus particulierement par la necessité dans la quelle il se verroit de donner des secours a son parent et allié le Roi Catholique de passer secretement et confidentiellement ses bons offices auprès du Roi très fidele pour qu'il voulut bien donner ses ordres afin d'eviter de son coté toute hostilité, faisant retirer les troupes qu'il a rassemblées, et qu'on examine l'objet en contestation en etablissant une negociation pour faire cesser amicalement ces disputes.

Le Roi pense que cet expédient est le seul qu'on puisse prendre sans compromettre son nom et son caractère, et il donne à V. E. autorité et faculté pour après avoir informé le comte de Vergennes du contenu de ma première lettre, elle puisse si elle le trouve convenable, lui proposer cette idée, le chargeant d'en rendre compte au Roi Son Maitre de la part du Roi son oncle, afin que si ce Prince l'approuve, il veuille bien donner à Sa M^{té}, cette nouvelle preuve d'amitié, en disposant les choses pour proceder à etablir cette espece de mediation dans la forme qui lui paroitra la plus favorable.

Espagne, t. 577, n° 175. (Traduction.)

2. LE COMTE DE VERGENNES À OSSUN.

A V^{lles} le 5 7bre 1775.

Jai recû M. les deux lettres sans n° que vous m'aves fait lhonneur de mecrire le 17 du mois dernier.

Le Roi est sensiblement touché du vif interest que le Roi son oncle vous a temoigné prendre a lheureux evenement de la naissance de Mgr le duc d'Angoulesme et Sa M^{té} vous charge M. den marquer toute sa reconnoissance a Sa M. C^{que}.

Ce que ce prince vous a confié des ouvertures que l'ambassadeur de Portugal a faites a M. le Mis de Grimaldi ne semble pas aussi formel que ce que vous nous avies marqué M. par votre lettre du 14 aoust et ne peut pas caracteriser encore une disposition certaine de la part de la cour de Lisbonne a soumettre a une discussion amicale les differens qui se sont elevés dans lAmerique meridionale. En effet en combinant le langage actuel du Portugal et sa conduite insidieuse depuis un an on ne peut pas sempechér de craindre quil ne soit bien plus occupé de gagnér du tems que de terminér radicalement les objets en contestation. Cest si je ne me trompe la meme marche quon avoit tenue lannée derniere. M. de Pombal dont les mesures etoient encore imparfaites, voiant lEsp^e en situation de reprimér ses attentats proposa une negociation et rassuré par la facilité avec laquelle lEsp^e y donna les mains il abandonna bientost sa proposition pour ne soccupér qu'a se mettre en mesure de soutenir ses usurpations dans lAmérique méridionale. Son but peut etre encore le meme et sil desavoue les hostilités des commandans portugais sur le Rio Grande de St Pedro cest peut etre moins parce quil les condamne que parce quil ne voit pas l'Ang^{re} en situation de lui donner lapui sur lequel il est probable quil avoit compté. M. de Pombal a le commandement trop ferme pour quon puisse imaginer que les officiers portugais aient rien entrepris sans ordre.

Cest à lEspagne a considerer si elle veut se preter aux lenteurs artificieuses du ministere Portugais qui peut tres bien navoir dautre vûe en proposant une negociation que de se menagér le moyen d'attendre du benefice du tems des conjonctures plus favorables a ses desseins. Ce ne sera pas sans beaucoup de peine certainement quil renoncera a ses projets dusurpation et a lutilité quil sen promet.

Le Roi C^{que} ne veut pas par un sentiment de justice etre le 1er a commencér la guerre; sa dignité ne lui permet pas aussi de paroitre sollicitér le progrès de la negociation; il ne peut cependant convenir a son interet de rester dans l'incertitude sur ce que veulent ou ne veulent pas les Portugais. Dans cet etat lintervention dun ami commun peut paroitre asses necessaire; sans interest absolument direct naiant point sa délicatesse a menagér il se charge de toutes les avances et sauve aux parties interessées la repugnance de les faire, il ecarte tout ce qui peut paroitre mal sonnant et desobligeant, enfin et ce qui est dun plus grand interest il est plus a portée de voir le fond des dispositions et de juger de leur sincérité. Je concois M. que si le Roi C^{que} temoignoit desirér lintervention de la France, le Portugal demanderoit celle de lAng^{re}. Mais je vous avoue que loin de voir de linconvenient a ce que cette puissance partageat nos soins pour prevenir toute semence de guerre entre ces deux Couronnes je men promettrois plus tot de lavantage pour amener le Portugal a la raison. Depuis la demarche que le ministere anglois vient de faire de rendre une proclamation qui declare les Americains leurs fauteurs et adherans rebelles il est evident quil a renoncé a toute voie de conciliation avec cette partie de son Empire et que cest par la force quil veut la reduire. Lentreprise est vaste et ne demande pas moins que toutes les forces B^{ques}, encore pourront elles y etre insuffisantes. Il resulte de la quil ne peut vouloir la guerre, sil ne la veut pas il doit la craindre, il a donc un interest pp^{al} a ne pas permettre que le Portugal sy embarque et veuille l'y entrainér. Appartir de cette hipotese il suffira de lui tenir un langage aussi ferme quéquitable pour faire prendre un autre cours a la partialité quil a manifestée jusquici pour le Portugal. LAng^{re} n'a consideré jusqua present la question qui sest elevée entre lEsp^e et le Portugal que selon la lettre fort vague du traité de 1763, on la lui feroit envisager dans les raports quelle a avec la resiliation du traité de 1750, le nouvel ordre de combinaison en changeant la nature de son jugement donnera plus de chaleur a ses offices pour retablir le calme entre les deux puissances.

Nos interets n'etant quun avec ceux de l'Espagne il en doit etre de meme de nos pensées les plus intimes; cest a vous M. a en faire lusage que vous croires convenable, nous nous en raportons avec confiance a votre sagesse, vous connoisses les dispositions de la Cour ou vous etes et vous etes plus aportée que nous de juger de celles du Portugal. Les instructions que l'ambassadeur de cette nation attend par le retour de son courrier eclaireront sur les intentions de S. M. T. F.

Jai lhonneur detre etc.

Espagne, t. 577, n° 100.

III

LE MÉMOIRE SECRET EN FAVEUR DE L'ALLIANCE ANGLAISE.

1. M. DE GUINES AU COMTE DE VERGENNES.

A Londres le 24 8bre 1775.

Monsieur,

..... Je ne vous ai point instruit, Monsieur, d'une chose assez extraordinaire qui m'avoit été annoncée il y a environ quinze jours; elle vient enfin d'éclore et c'est ce que j'attendois pour vous la communiquer. Un espion qui me sert depuis quelque tems, et qui, ainsi que j'ai déjà eu l'honneur de vous le mander, l'est aussi du Gouvernement, du moins je le soupçonne, m'a donné avis d'un projet de M. Pownall, sous-secrétaire d'État du bureau des Colonies (et par conséquent de Mylord Darmouth chef de ce Département), de s'adresser à la France pour obtenir d'elle des troupes contre les Américains. Je n'ai pu le croire jusqu'à ce que j'aye vu le mémoire rédigé, à cet effet, par le même homme qui est pensionné du Gouvernement, qu'on en a chargé et qui me l'a remis hier au soir avec liberté, si je le jugeois à propos, de le faire passer à M. Pownall, afin que je ne puisse pas douter de leur intelligence.

Par la manière dont ce mémoire est fait et d'après les détails qui accompagnent cette circonstance, je ne puis douter que l'intention n'ait été que je le visse et qu'il devint, à mon égard, une espèce d'insinuation; il est fait avec beaucoup d'adresse et même de moyens de conviction.

L'auteur, après avoir prouvé que le commerce de l'Angleterre avec l'Amérique seroit détruit sans espoir, le jour même où la guerre cesseroit sans que l'Amérique eût reconnu la prépondérance du Parlement d'Angleterre, entre dans les détails des moyens nécessaires pour la soumettre et des obstacles qui empêchent que ce pays-ci ne puisse sans secours étrangers suffire à ces moyens, surtout à celui d'une armée aussi considérable que les circonstances l'exigent.

Il combat ensuite d'une manière triomphante le sistême qui a fait imaginer de compter sur la Russie ou de prendre des troupes allemandes à la solde de l'Angleterre. Il ajoute aux raisons qui doivent empêcher les souverains du Nord de les donner, et l'Angleterre de se flatter que des secours aussi éloignés puissent seconder ses vues, celle que ces troupes ne sont nullement propres à la guerre d'Amérique, qui, vu le local et l'espèce des combattants plus chasseurs que militaires, exige moins des troupes disciplinées et propres à la guerre de campagne, que des troupes propres à la guerre de poste. Il expose, à ce sujet, l'avantage des troupes Françoises pour ce genre de combats; ils n'oublient pas la confiance qu'elles inspireroient aux Canadiens et aux Sauvages dont les sentimens pour la France sont toujours les mêmes et il tire grand parti de la connoissance parfaite qu'un long séjour en Canada lui a donné de la disposition des esprits.

Il cite l'alliance de l'Angleterre avec la France dans ce même siècle et la ressource dont elle a été à la Maison de Brunswick.

Il expose les qualités éminentes d'honnêteté, de droiture, d'amour du bien par lesquelles le Roi s'est déjà fait connoître; il s'étend sur la bonté des choix que Sa Majesté a faits pour composer son Ministère, et en infère la confiance que l'Angleterre pourroit prendre dans de tels engagements; enfin il établit, sans beaucoup de peine, que l'Angleterre ne sauroit mieux faire.

Il passe ensuite au plus difficile, c'est-à-dire aux motifs qu'auroit la France pour se porter à cette alliance. D'abord il les fonde sur la nécessité dont nous est le maintien de la paix; sur la possibilité que les embarras actuels de cette Administration tant par raport à l'affaire principale que vis-à-vis une nouvelle administration qui veut la suplanter ne la forcent à prendre des mesures propres à la troubler; au lieu que l'Angleterre jointe une fois aux puissances amies de la France, il ne voit plus dans l'avenir de guerres à redouter pour elles, la balance étant trop forte en leur faveur, pour que même toute l'Europe unie pût se flatter de l'emporter.

Il regarde, d'ailleurs, la France et l'Espagne aussi intéressées que l'Angleterre à empêcher que l'exemple de l'indépendance ne gagne en Amérique et ne s'y affermisse dans la partie qui, par sa position, est plus propre qu'aucune à donner la loi.

Il juge enfin que l'Espagne ayant le même intérêt que la France dans cette circonstance et par raport au maintien de la paix et relativement à sa puissance en Amérique, le Pacte de Famille, au lieu d'être un obstacle ne peut être qu'un lien de plus à cette confédération.

Je n'ajouterai, Monsieur, aucune réflexion à cet exposé; je n'ai ni rejetté, ni accueilli cette ouverture qui sûrement en est une. J'ai affecté seulement de ne pas croire possible que l'Angleterre pensat à l'exécution d'un tel plan. Alors on m'a fait offre que M\$^r\$ Pownall en conférat avec un de mes sécrétaires. J'ai du tems pour la réponse, je verrai venir et n'entamerai ni ne romprai une négociation aussi inattendue.

Angleterre, t. 512, n° 43.

2. GUINES AU COMTE DE VERGENNES.

A Londres le 14 9bre 1775.

Je n'ai pas eu l'honneur, Monsieur, de vous envoyer le mémoire dont j'ai exposé le précis dans ma dépêche n° 300, parce qu'il auroit fallu trop de tems pour le copier. Il étoit très-long et assez diffus. L'extrait que je vous en ai adressé en renferme toutes les principales idées. Au surplus, Monsieur, j'ai eu l'honneur de vous en instruire parce qu'il est de mon devoir de ne vous rien laisser ignorer; vous ne verrez, je crois, rien dans ma dépêche qui vienne à l'appui de cette idée; je me suis borné à vous la rendre telle qu'elle m'avoit été présentée, mais j'avoue que j'y ai vu, ce que l'auteur ne dit pas, et ce qui m'a frappé, l'occasion la plus favorable d'effacer pour jamais la tache la plus honteuse, la plus inouie pour une puissance telle que la nôtre, et que tout sujet du Roi devroit désirer de son sang, s'il étoit nécessaire : Dunkerque, enfin, et ce commissaire Anglois avec qui le Roi lui-même et son Conseil ont à compter sans cesse. Mais ma conduite n'en a pas moins été celle que vous me tracez, et j'ai poussé même le scrupule jusqu'à ne pas voir la personne en question que je ne puis douter, d'après plusieurs faits particuliers, avoir été chargée de cette insinuation.

Ibid., n° 107.

3. GUINES AU COMTE DE VERGENNES.

À Londres le 1ᵉʳ Décembre 1775.

Le soupçon que vous avez, Monsieur, que la personne qui m'a remis le mémoire en question pourroit bien en être elle-même l'auteur, est d'autant mieux fondé, qu'il s'accorde avec ce que j'ai eu l'honneur de vous mander par ma dépêche n° 300, « que cette même personne étoit convenue d'avoir rédigé cet ouvrage, dont la première idée, à la vérité, étoit venue de M. Pownall ». Au surplus, je ne l'ai ni approuvé ni désapprouvé puisque je ne connois pas même de vue celui qui me l'a transmis. Si quelque Ministre du roi d'Angleterre m'en avoit parlé, je me serois expliqué à cet égard dans le sens que vous m'avez prescrit; mais comme je n'ai même donné lieu à aucune insinuation, il ne m'en a point été faite. Cela n'empêche pas cependant que je persiste toujours dans la même opinion que si les embarras du Ministère à l'égard de l'Amérique s'accroissent encore, il n'aura jamais existé, ni n'existera de circonstance aussi favorable pour nous relever des stipulations relatives à Dunkerque, si le Roi s'en fait une affaire principale. A la vérité, cette négociation n'est pas d'un genre facile; d'ailleurs le moment n'en est pas encore venu; mais si les choses en étoient au point de la mettre d'un côté de la balance, et de l'autre l'Indépendance de l'Amérique, je serois bien éloigné de désespérer qu'on pût l'entreprendre avec succès. Le projet et même l'espoir d'une conciliation avec les Américains forment plus que jamais la base du plan de Mylord North. Je sais même que ce Ministre y compte au point de regretter les dépenses dans lesquelles les préparatifs pour la guerre l'entraînent. Il résulte de tout cela que j'entrevois pour l'année prochaine le même plan de campagne qui a été suivi cette année, à la réserve qu'on annoncera de grands moiens, des mesures menaçantes dont les Américains seront d'autant moins la dupe que leurs amis de l'opposition ne manqueront pas de leur mander de n'en rien croire. Malgré cela, on se flatte qu'ils iront en foule à la rencontre des Commissaires. Pour moi j'avoue que je n'en crois rien. Quand l'Amérique s'est révoltée, elle s'est attendue sans doute à des efforts de la part de l'Angleterre, et au bout de deux ans de succès, elle seroit intimidée par des menaces impuissantes! Il est difficile d'adopter de pareilles idées.

Vous pouvez juger par là, Monsieur, quelle sera la position du Ministère Anglois et du roi d'Angleterre lui-même si, à la fin de 1776, il se trouve que la guerre et les moiens de la faire, présentés en 1775 à la Nation et votés comme indispensables, n'aient été suivis que d'effets illusoires, et n'aient abouti qu'à une négociation qui, si elle échoue, ne sera qu'une démarche honteuse de plus. La division de l'opposition cessera peut-être alors; réunie, elle aura des moiens formidables. Aujourd'hui ses membres s'entendent moins que jamais entre eux. Mylord Cambden s'est détaché de Mylord Shelburne pour se livrer tout entier au duc de Grafton; c'est ce qui a déterminé le 1ᵉʳ à changer de parti, du moins il en est toujours question. On prétend qu'on le fera vice-roi d'Irlande. Ces changements n'éclateront que vers le moment de la rentrée. Présentement, il ne reste plus que des affaires courantes à traiter qui occuperont uniquement le Parlement jusqu'au moment de la séparation dont le jour n'est pas encore fixé.

Le Bill d'indemnité pour les Ministres qui ont conseillé au Roi de faire venir des troupes étrangères a été rejetté hier tout d'une voix par la Chambre des Pairs. Il en résulte que le Parlement reconnoit que S. M. B. en a le droit, ce qui attaque les idées reçues généralement dans ce pays-ci et qui tenoient essentiellement à des points importants de la Constitution.

J'ai eu hier une conférence assez longue avec le Lord Weymouth. Je dois à ce Ministre la justice de dire qu'il est impossible de manifester des vues et des intentions plus droites et plus sûres pour le maintien de la paix.

Angleterre, t. 513, n° 19.

IV

RETRAITE DE LORD ROCHFORD. — LORD WEYMOUTH.

1. GUINES AU COMTE DE VERGENNES.

A Londres le 10 novembre 1775.

Monsieur,

Le roi d'Angleterre a envoyé chercher hier M. le duc de Grafton et lui a demandé les sceaux; mais malheureusement, Monsieur, ce changement n'est pas le seul qui s'annonce dans ce Ministère, il paroit certain que Mylord Rochford quitte et qu'il est remplacé par Mylord Weymouth. C'est le choix le plus dangereux que l'on pût faire dans les circonstances présentes. J'ai connu Mylord Weymouth dans l'affaire de Falkland : il est méfiant, irrésolu, boutonné, n'a aucune connoissance des intérêts des cours étrangères, et prétend toujours qu'ils soient subordonnés à ceux de la sienne. S'il n'avoit pas résigné sa place à cette époque, la guerre étoit certaine. La querelle de l'Espagne et du Portugal entre ses mains deviendra bien dangereuse, et vous verrés, Monsieur, que nous saurons rarement sur quoi compter. Le parti que prendra le roi d'Espagne sera moins indifférent que jamais : il est d'une extrême conséquence qu'il n'y ait point d'affaire entamée, car j'ai l'honneur de vous assurer que Mylord Weymouth la laissera embarquer de manière que personne ne pourra l'arranger à l'amiable.............. Au moment ou je termine cette dépêche, Monsieur, j'apprends la confirmation de tout ce qui m'est revenu des changements de ce Ministère. On ne sait point encore ce que Sa Majesté Britannique a fait pour Mylord Rochford; ainsi, je vous supplie de ne rendre compte qu'au Roi de la lettre de ce Ministre. Sa pension de retraite sera de trois mille livres sterlings.

Il n'est que trop vrai que c'est le Lord Weymouth qui le remplace. Tout le monde dit aujourd'hui que c'est le premier homme de l'Angleterre : s'il en est ainsi, il n'est que plus à craindre pour nous, car il falloit qu'il fût de bien mauvaise foy dans l'affaire de Falkland. Ce qu'il y a de pis c'est qu'il est fort dérangé et qu'il a besoin de la guerre pour rendre sa place meilleure. Il y a tout à craindre d'un pareil choix. Mylord George Germaine se raccommode aussi, comme de raison, avec l'opinion publique. On parle moins de sa honte à Minden que d'un combat à coup de pistolets qu'il fut obligé d'essuyer, il y a deux ans, de la part du général Johnson qui, dans la Chambre, l'avoit traité comme le dernier des hommes. Comme tous deux ne s'en portent que mieux, qu'il n'y a eu même personne de blessé et qu'ils sont encore en présence dans la Chambre, il faut espérer que leurs débats seront curieux.

Angleterre, t. 512, n° 95.

2. GUINES AU COMTE DE VERGENNES.

Londres le 13 8bre 1775.

Monsieur,

J'ai reçu la lettre particulière dont vous m'avez honoré le 6 de ce mois. Vous ne me devez, M. le Comte, aucun remerciment de l'interest très-naturel que je prendrai toujours au succès de votre Ministère, auquel je m'estimerai toujours très-heureux de contribuer. Je regarde la commission dont je suis honoré et le moment actuel comme très propres à l'intéresser, puisque la guerre, dans l'état politique de l'Europe, ne peut guerres nous venir que par l'Angleterre, et j'avoue que l'ambition et l'humeur de l'impératrice Catherine jointes aux résolutions dont ce païs-cy dans de telles circonstances est susceptible, me semble un alliage fort propre à vouloir troubler la tranquillité qui me paroît être dans notre plan et dans nos besoins. Au surplus, je suis d'accord avec vous sur le fait principal quant aux avantages promps que l'Angleterre en pourra tirer c'est ce que les évènements nous apprendront plus que les conjectures, vous le savez mieux que personne, combien les idées que l'on avoit données de la Russie se sont trouvées illusoires, et qu'on ne la soupçonnoit ni capable de concevoir de si grands projets, ni susceptible des moiens de les exécuter.

Angleterre, t. 512, n° 24.

3. LE COMTE DE VERGENNES À GUINES.

A Versailles le 19 9bre 1775.

Monsieur,

La retraite inattendue du Lord Rochford est un événement auquel nous sommes d'autant plus sensibles que nous connoissions sa façon de penser, et que nous pouvions prendre confiance dans ses dispositions pour entretenir l'harmonie et la bonne intelligence entre nos Cours respectives. Il paroit, Monsieur, que ce n'est pas l'augure que vous formés de son successeur : en effet la conduite du Lord Weymouth dans l'affaire des isles Falkland ne doit pas recommander ses intentions pacifiques; on ne peut pas oublier qu'il ne tint pas à lui qu'elle dégénérât dans une guerre ouverte, et que ce fut parce que son avis ne prévalut pas qu'il abdiqua le Ministère. Au reste, quelques soient ses principes et ses vues politiques, il est à présumer, Monsieur, que les circonstances actuelles suspendront du moins, si elles n'afoiblissent pas, son ardeur guerrière contre la France et l'Espagne.

Ibid., n° 123.

V

PROCLAMATION DU ROI POUR SUPPRIMER LA REBELLION ET SÉDITION.

[Donnée à St-James le 23 Août 1775.]

Nombre de nos sujets dans différentes parties de nos Colonies et Plantations en Amérique, égarés par des hommes dangereux et mal-intentionnés, et oubliant la fidélité qu'ils doivent au pouvoir qui les a protégés et soutenus, après avoir par différens actes de desordre troublé la paix publique, empêché le commerce légitime, et opprimé nos fidèles sujets qui le faisoient, s'étant enfin portés à une rébellion ouverte et déclarée, en se formant en troupes d'une manière hostile, pour s'opposer à l'exécution de la loi, et en préparant, ordonnant et faisant traîtreusement la guerre contre nous; et d'autant qu'il y a lieu de croire que cette rébellion a été fort excitée et encouragée par la correspondance, les conseils et les secours traîtres de diverses personnes scélérates et désespérées de ce Royaume; afin donc qu'aucun de nos sujets ne puisse négliger ou violer son devoir par ignorance, ou par doute de la protection que la loi donnera à leur loyauté et à leur zèle; nous avons jugé à propos, de et avec l'avis de notre Conseil privé, rendre cette proclamation royale, déclarant par icelle que non seulement tous nos officiers civils et militaires sont obligés à employer tous leurs efforts pour supprimer cette rébellion et amener les traîtres à la justice; mais encore que tous nos sujets de ce Royaume et des domaines qui en dépendent sont astreints par la loi à donner aide et assistance pour supprimer cette rébellion, et pour découvrir et faire connoître toutes conspirations et entreprises traîtresses, formées contre nous, notre Couronne, et notre dignité; et en conséquence, Ordonnons et commandons expressément à tous nos officiers, tant civils que militaires, et à tous nos autres sujets obéissans et fidèles de faire tous leurs efforts pour arrêter et supprimer cette rébellion, et pour découvrir et faire connoître toutes les trahisons et conspirations traîtresses qu'ils sauront se former contre nous, notre Couronne et notre dignité; et qu'à cet effet ils aient à transmettre à l'un de nos principaux Secrétaires d'État, ou autre officier à qui il appartiendra, bonnes et complettes informations de toutes personnes qui seront trouvées entretenir correspondance avec, ou aider ou soutenir en aucune manière quelconque, ceux qui sont actuellement en armes et en rebellion ouverte contre notre Gouvernement dans aucune de nos Colonies et Plantations de l'Amérique Septentrionale, afin de livrer au châtiment qu'ils méritent les auteurs, complices et fauteurs de ces traîtres desseins.

États-Unis, t. 1, n° 13.

CHAPITRE VII.

LE PROGRAMME DE VERSAILLES.

Comment le duc de Choiseul avait rompu avec les traditions de la politique commerciale au sujet des colonies, et avec le sentiment national au sujet du Canada. — Seuls doutes auxquels il suffisait de répondre en se proposant de soutenir les Américains. — Affluence des avis qui le conseillaient; M. de Vergennes fait rédiger des *Réflexions* sur la situation des Colonies et sur la conduite à suivre. — D'où provenait le commencement d'entente avec eux, révélé par ce document; agissements de Beaumarchais à Londres; pourquoi ils donnaient confiance. — Hésitation du roi; M. de Vergennes obligé à la réserve; nouveaux efforts qui sont tentés; Beaumarchais décide le monarque. — L'artisan du mémoire ayant en vue l'alliance avec l'Angleterre est reconnu pour un espion du cabinet de Londres; ménagements forcés de M. de Vergennes pour le comte de Guines; comment, à la fin, le ministre écrit pourtant au roi. — Plaintes de l'Espagne contre l'ambassadeur; elles sont portées au conseil; rappel immédiat de celui-ci; Garnier est désigné comme chargé d'affaires. — Précautions de M. de Vergennes au sujet de ce changement; il se sert de la légèreté de M. de Guines pour faire connaître à Londres les préoccupations des deux Couronnes; prix qu'on y trouvait au maintien de ce dernier.

1775.   L'intérêt qu'avait la Couronne à surveiller les dissensions de l'Angleterre, afin d'en tirer profit le jour opportun, ne faisait doute qu'aux yeux de bien peu de monde à Versailles. On y tenait pour probable que ces dissensions auraient les conséquences les plus défavorables à la puissance britannique. Les uns, toutefois, se sentaient refroidis par l'incertitude de ce qui se passait aux Colonies, par l'ignorance où l'on était de l'étendue et de la solidité des sentiments publics, d'autres dissuadés par une question de principe dominant un peu les résolutions qu'on pouvait prendre. L'incertitude, évidemment, cesserait d'un moment à l'autre, mais la victoire des *insurgents* amènerait des changements considérables dans la politique commerciale.

Quand le duc de Choiseul avait essayé de pousser les colonies anglaises à l'indépendance, il avait rompu avec toutes les traditions. La mère patrie s'était jusqu'alors réservé le commerce exclusif des possessions d'outre-mer. L'usage ancien de toutes les nations faisait de cette pratique une doctrine. Or, un des moyens d'être aidée que la nation nouvelle rechercherait le plus, serait de voir ouvrir à ses produits l'accès des colonies de la France et de l'Espagne, l'échange libre entre elles; on irait ainsi à l'encontre de toutes les notions reçues. Mais, à cet égard, le duc partageait peu les manières de voir communes. On lui attribuait des écrits dans lesquels de toutes différentes étaient exposées. Les Américains, d'ailleurs, auraient offert, dans leur commerce particulier, à l'exclusion de l'Angleterre, un gage de grand poids. M. de Choiseul avait eu à braver aussi un préjugé bien sensible, le préjugé du sentiment national, en abandonnant tout espoir de revenir dans le Canada, fécondé par plusieurs générations de Français. Notre expulsion de ce pays était surtout l'œuvre des colonies britanniques; concourir à ériger celles-ci en nation impliquait de notre part un renoncement formel. Il y avait là tout un autre ordre d'obstacles. Néanmoins, la pensée d'abaisser la Grande-Bretagne et de nous relever de nos défaites opposait heureusement le sentiment national à lui-même. Le duc avait donc mandé un jour tout simplement au chargé d'affaires à Londres : « Il faut convenir que les « idées sur l'Amérique, soit militaires, soit politiques, sont infiniment « changées depuis trente ans »[1], et il ne s'était pas cru obligé à des démonstrations plus amples.

Le chemin se trouvait ainsi relativement aplani devant M. de Vergennes, bien qu'il y eût encore plus d'un esprit disposé à regarder comme un abandon des intérêts français la pensée d'encourager l'Amérique. On apercevait plus communément le lien existant entre la restauration de la puissance française et l'insurrection américaine. En reprenant les plans du duc de Choiseul, les ministres de Louis XVI n'étaient guère tenus qu'à se demander si les Colonies proclameraient vraiment leur indépendance; si, une fois proclamée, elles feraient

---

[1] Dépêche à Durand, chargé d'affaires à Londres, du 15 septembre 1766.

pour la défendre un effort durable, et s'il fallait attendre de les voir à l'œuvre, ou bien agir pour elles ou avec elles avant d'être édifié. Là seulement étaient les sources d'objections. Aussi le secrétaire d'État des affaires étrangères, dans les derniers jours de l'année 1775, employait-il son cabinet à fixer les idées à ce sujet. Les avis avaient surgi de tous côtés. Ils indiquaient à l'envi que le rétablissement de la puissance française s'opérerait de soi, si l'on soutenait les Colonies[1]. Dans une lettre écrite de la Martinique au ministre et qui relatait le premier combat des Américains contre les troupes britanniques, un officier[2] envisageait cette résistance comme « une affaire devant servir « un jour d'époque remarquable dans les fastes du monde ». A son avis, « le succès quel qu'il fût ne pouvait manquer d'influer sur toutes les nations commerçantes de l'un et de l'autre continent ». C'était l'appréciation de tous ceux qui se donnaient mandat d'informer ainsi le secrétaire d'État des affaires étrangères comme de ceux qu'il consultait, et lui-même en était tout à fait pénétré. Pour résumer les données du problème et les préciser, il fit rédiger par Gérard une suite de notes qu'inspiraient ces manières de voir. Ces notes portent pour tout intitulé un terme dont il aimait à se servir, celui de *Réflexions*; lors du classement dans les registres des Affaires étrangères, on a ajouté avec raison, à l'intitulé primitif, ce complément explicatif : *sur la situation actuelle des colonies anglaises, et sur la conduite qu'il convient à la France de tenir à leur égard.*

Ces *Réflexions*, en effet, formulent le problème tel que les circonstances le posaient, au point de vue particulier de la France. Il s'en faut que le ministre y oublie l'Espagne, mais il envisage surtout notre intérêt. Notes écrites sans doute pour rester secrètes, connues de M. de Maurepas et du roi seulement; on peut les condenser en

---

[1] Un mémoire entre autres d'un M. de Magnières, connu du comte de Vergennes, et qui, visiblement, était fort au courant de la situation de l'Amérique, a peut-être exercé une certaine influence sur l'esprit du ministre (*États-Unis*, t. 1, n° 21).

[2] C'était un M. Desrivières; lettre du 20 mars 1775 (*Angleterre*, t. 510, n° 52).

ces quelques mots : le parti des Américains est définitivement pris, et ils y persisteront; mais si on ne les appuie point on doit s'attendre à les voir succomber, car l'Angleterre est obligée d'empêcher leur victoire coûte que coûte; l'inimitié invétérée de cette puissance nous imposant le devoir de ne perdre aucune occasion de l'affaiblir, nous ne pouvons que gagner à saisir l'occasion qui s'offre; il faut donc favoriser l'indépendance des colonies insurgentes. Les *Réflexions* présentaient ainsi qu'il suit les données générales de ce problème :

RÉFLEXIONS.

La querelle qui subsiste actuellement entre l'Angleterre et ses colonies est un de ces événements majeurs qui méritent l'attention de toutes les puissances, par l'influence qu'elle peut avoir sur l'existence politique de la Grande-Bretagne. La France surtout et l'Espagne ont un intérêt immédiat à en suivre la marche et les progrès et en préjuger les effets.

On a lieu de croire que le but des Colonies n'est plus le simple redressement de leurs griefs, mais qu'elles ont pris la résolution de secouer le joug de leur mère-patrie. L'Angleterre leur impute ouvertement ce projet, et les efforts qu'elle fait pour le renverser prouvent jusqu'à quel point elle sent et craint les effets qui résulteraient de son exécution.

Si les Colonies sont abandonnées à elles-mêmes, il est probable que la Grande-Bretagne parviendra à les vaincre et à les subjuguer; et dans ce cas elle sera la maîtresse de leur prescrire telle loi qu'elle jugera à propos. Il résultera à la vérité, de cette soumission forcée, que la cour de Londres sera obligée de faire des dépenses extraordinaires et toujours subsistantes pour contenir et conserver ses colonies, qui auront une tendance perpétuelle et indestructible vers l'indépendance; mais, d'un autre côté, elle conservera au moins les bénéfices mercantiles que son commerce d'Amérique lui a procurés jusqu'à présent et elle soutiendra par conséquent ses manufactures et sa marine. Elle empêchera surtout les Colonies de mettre, si elles étaient indépendantes, un poids considérable dans la balance en faveur de quelque autre puissance. Ainsi, l'on peut dire que, de quelque manière que la Grande-Bretagne maintiendra sa suprématie en Amérique, il en résultera toujours pour elle des avantages considérables, tandis qu'en la perdant elle en souffrirait un préjudice inappréciable, ainsi qu'on l'établira incessamment.

Cette double vérité semble indiquer naturellement le parti qu'il convient à la France de prendre dans la querelle actuellement subsistante entre l'Angleterre et ses colonies.

L'Angleterre est l'ennemi naturel de la France; et elle est un ennemi avide, ambitieux, injuste et de mauvaise foi : l'objet invariable et chéri de sa politique est, sinon la destruction de la France, du moins son abaissement, son humiliation et sa ruine. C'est là depuis longtemps le motif véritable des guerres qu'elle nous a suscitées; cette raison d'État l'emporte toujours sur toute autre considération, et lorsqu'elle parle tous les moyens sont justes, légitimes et même nécessaires, pourvu qu'ils soient efficaces. Ces dispositions, jointes au soin que la France doit prendre de sa propre conservation, l'autorisent et même l'invitent à saisir toutes les occasions possibles pour affaiblir les forces et la puissance de l'Angleterre, tandis que de l'autre la politique lui en fait un devoir. En partant de cette double vérité, il ne s'agit que d'examiner si l'état et les dispositions actuelles des Colonies sont de nature à nous conduire à ce but : elles sont en guerre ouverte avec leur métropole; leur projet est de secouer le joug de leur domination; elles nous sollicitent de leur prêter secours et assistance.

En nous rendant aux désirs des Colonies, et en supposant efficace l'assistance que nous leur accorderions, il paraît devoir en résulter les avantages suivants : 1° La puissance de l'Angleterre diminuera et la nôtre haussera d'autant; 2° son commerce éprouvera une perte irréparable, tandis que le nôtre prendra de l'accroissement; 3° il est très probable que par la suite des événements nous pourrions recouvrer une partie des possessions que les Anglais nous ont enlevées en Amérique, comme la pêche de terre, celle du golfe Saint-Laurent, l'île Royale, etc. On ne parle pas du Canada.

Ceci d'abord établi, il s'agissait de résoudre les objections. Celles qui avaient en ce moment le plus de poids se tiraient des craintes à concevoir pour le reste des colonies françaises en Amérique et pour les colonies espagnoles, si un État nouveau, constitué à la place des colonies anglaises, venait à être animé de l'esprit de conquête. Les

Réflexions tiennent ce danger pour plus que lointain et, s'il intéressait l'Espagne, pour insignifiant à l'endroit de la France :

Mais, dira-t-on, l'indépendance des colonies anglaises préparera une révolution dans le Nouveau-Monde; elles seront à peine tranquilles et assurées de leur liberté, qu'elles seront saisies de l'esprit de conquête; d'où pourra résulter l'envahissement de nos colonies et des riches possessions de l'Espagne dans l'Amérique méridionale.

Mais deux considérations semblent pouvoir rassurer ceux qui ont de pareilles craintes : 1° La guerre que les Colonies soutiennent actuellement les fatiguera et les épuisera trop pour qu'elles puissent songer de sitôt à prendre les armes pour attaquer leurs voisins; 2° il y a tout lieu de croire que si les Colonies remplissent leur but, elles donneront à leur nouveau Gouvernement la forme républicaine; or, il est généralement reçu, d'après l'expérience, que les républiques ont rarement l'esprit de conquête; et celles qui doivent se former en Amérique l'auront d'autant moins (on suppose que chaque province formera une république séparée, et que toutes ensemble n'auront entre elles qu'une confédération politique), qu'elles connaissent les douceurs et les avantages du commerce et qu'elles ont besoin d'industrie, et par conséquent de la paix pour se procurer les commodités de la vie, et même quantité de choses de première nécessité. On peut donc dire que la crainte de voir tôt ou tard les Américains faire des invasions chez leurs voisins n'a aucun fondement même apparent, et qu'elle ne saurait aucunement être prise en considération. En supposant même que les Colonies empiéteront sur les possessions espagnoles, il n'est rien que moins démontré que cette révolution serait préjudiciable à la France : je fais abstraction des obligations renfermées dans le Pacte de famille.

Au sentiment du rédacteur des *Réflexions*, ses vues étaient justifiées par les considérations qui précèdent. Comment les réaliser? c'est ce dont il s'occupait ensuite, en examinant successivement trois points qui, pour lui, comprenaient tout :

En admettant l'intérêt, que la France a de favoriser l'indépendance des colonies anglaises, il s'agit d'examiner : 1° quel genre d'assistance elle pourra leur donner; 2° à quelle époque cette assistance pourra avoir lieu; 3° quels effets elle entraînera après soi.

PREMIER POINT.

L'Angleterre a soudoyé 17,000 hommes en Allemagne; elle y a joint 20 et quelques mille de troupes nationales : ainsi elle aura en Amérique une armée de moins de 40,000 hommes. Les Colonies, de leur côté, ont actuellement sur pied 50,000 hommes de troupes régulières, bien vêtues, bien armées, bien disciplinées, bien commandées. Elles ont presque autant de volontaires qui ne reçoivent pas de solde, et qui ne demandent qu'à combattre; elles auront en mer, au printemps prochain, au delà de 30 vaisseaux de 40 jusqu'à 12 canons; enfin elles ont un traité de neutralité, et en cas de besoin, d'alliance avec cinq nations sauvages qui détestent les Anglais. Mais elles manquent 1° de provisions de guerre; 2° d'argent comptant; 3° d'une bonne marine. Ainsi pour assister efficacement les Américains, il serait nécessaire de pourvoir à ces trois objets dans le cas où l'on admettrait leur demande à cet égard.

Ils enverraient dans nos ports leurs bâtiments chargés de denrées, et prendraient en échange des armes et des munitions, en payant la mieux-value de ces articles, non en argent comptant, mais en denrées à livrer soit à Saint-Domingue, soit dans quelqu'un de nos ports en Europe. Ce commerce d'échange pourrait se faire sans que le Gouvernement y parût; il suffirait d'un négociant intelligent, fidèle et discret dans chacun des ports où les bâtiments américains viendraient aborder. Ce négociant traiterait directement avec les capitaines de ces bâtiments, et ils masqueraient les envois pour éviter les reproches de la cour de Londres. Le sort de ces envois nous intéresserait d'autant moins qu'ils seraient faits aux risques, périls et fortune des Américains.

Quant à la demande d'argent, elle présente du premier coup d'œil d'assez grandes difficultés; cependant il paraît impossible de la rejeter tout à fait; il ne s'agirait que de la modifier et de la restreindre. Voici les réflexions que cet objet présente : Les Colonies ont établi du papier pour leurs besoins intérieurs; ce papier circule avec facilité, et semble devoir se soutenir; ainsi ce n'est pas pour l'intérieur de leurs provinces que les Américains auraient besoin d'espèces sonnantes. Ils ne sont dans le cas d'en employer que pour leurs opérations au-dehors, c'est-à-dire pour la solde de leurs achats. On pourrait, ce semble, diminuer leurs dépenses à cet égard en leur fournissant, autant qu'on le pourrait, les objets qu'ils sont dans le cas de se procurer de chez l'étranger, et en recevant en échange des denrées; sauf à leur donner en espèces la somme qui leur serait, outre cela, nécessaire pour soutenir leurs affaires en bon état.

L'article de la marine ne sera pas aussi facile à remplir que les deux précédents. On ne pourrait tenir des vaisseaux en mer sans se déclarer ouvertement en faveur des Colonies, et par conséquent sans s'attirer la guerre avec la Grande-Bretagne, et, en leur fournissant sous main, la cour de Londres en l'apprenant nous accuserait à juste titre d'être les fauteurs clandestins de la rébellion de ses colonies. La conséquence qui résulte de ces observations est que la première démarche ne pourrait avoir lieu qu'à l'époque où les circonstances exigeraient que nous fissions la guerre aux Anglais, et que la seconde offre de grands inconvénients si l'on veut la dérober à la cour de Londres. Mais il y aurait un moyen d'y suppléer : ce serait de faire passer à Saint-Domingue, ou dans tel autre point dont on conviendrait, des bâtiments marchands propres pour la guerre; les Américains iraient les chercher à leurs risques, et ils passeraient un contrat simulé avec le capitaine français. De cette manière les *insurgents* pourraient augmenter leur marine avec notre secours, sans que nous y paraissions en la moindre chose.

DEUXIÈME POINT.

Époque à laquelle la France devrait assister ouvertement les Colonies.

Suivant nos relations les *insurgents* sont dans ce moment-ci en état de résister aux forces que l'Angleterre fait passer en Amérique; ils ont des armes et des munitions; ainsi on n'aurait, quant à présent, rien à leur fournir. Mais il est à craindre qu'ils ne voient bientôt l'épuisement de leurs moyens, ainsi que la difficulté de les réparer, et que cette crainte n'affaiblisse leur courage et ne les porte à abandonner la partie, en offrant de se soumettre avant qu'ils y soient forcés par leur impuissance. Il est donc essentiel que la France dirige dès à présent ses soins vers ce point de vue; elle doit alimenter le courage et la persévérance des *insurgents* en les flattant de l'espoir d'une assistance efficace lorsque les circonstances le permettront. Elle leur ferait entendre que l'époque de cette assistance dépend de leur succès, et elle leur donnera surtout lieu de croire qu'elle pourra être fixée, au plus tard, à la fin de la campagne prochaine. De cette manière la France ne se compromettrait ni vis-à-vis des *insurgents*, ni vis-à-vis de la cour de Londres, et elle se mettrait en mesure de frapper des coups décisifs lorsque les choses lui paraîtront suffisamment préparées pour cet effet.

Le point particulièrement délicat était le suivant. Il fallait y indiquer d'avance, en effet, le moment critique, le moment de la guerre : ne serait-ce pas une perspective à faire reculer? Mais le ministre était bien fixé (car si Gérard écrit, c'est en réalité M. de Vergennes qui parle). Les *Réflexions* répondent aux appréhensions possibles par la pensée virile que même l'attitude passive ne nous sauverait pas; que, d'une manière ou de l'autre, cette guerre viendrait; qu'il n'y avait dès lors qu'à s'apprêter à la soutenir, et qu'il convenait de tout prévoir pour la soutenir d'une manière heureuse :

TROISIÈME POINT.

Quels effets notre assistance entraînera-t-elle après soi ?

En partant du principe que nous devons favoriser l'indépendance des Colonies, il s'ensuit nécessairement que nous devons les assister dès que nous croirons pouvoir le faire avec succès; or, c'est un point précis qu'il s'agira de remarquer et de saisir. Pour avoir une donnée à cet égard, il conviendra d'attendre l'effet que produiront les efforts que la cour de Londres se propose de faire au printemps prochain; ses préparatifs sont immenses, et ils épuisent, ou peu s'en faut, les ressources de la Grande-Bretagne. Si la cour n'a pas dès son début des succès qui pronostiquent la soumission ou la destruction des Colonies, il faudra en conclure que la Grande-Bretagne n'a pas de moyens suffisants pour remplir cette tâche, et alors la France risquerait d'autant moins d'entrer en cause, c'est-à-dire de faire la guerre, que les forces seules des Américains auront suffi pour arrêter leurs armées, et qu'en les augmentant elle doit assurer l'effet de leur triomphe.

Mais mettons de côté ce plan offensif, et supposons que la France reste absolument tranquille, c'est-à-dire que non seulement elle n'assistera pas ouvertement les Colonies, mais qu'elle ne leur donnera pas même le moindre secours secret; cette conduite nous garantira-t-elle de la guerre? Les affaires d'Amérique présentent deux hypothèses : selon la première, l'Angleterre triomphera des Américains et les soumettra; selon la seconde, cette puissance sera repoussée par eux et obligée de souscrire à leur indépendance. Dans l'un comme dans l'autre cas, il est possible que la cour de Londres croie devoir attaquer nos colonies; dans le premier pour se venger des secours qu'elle supposera que nous avons donnés aux Colonies (car elle fera cette supposition si son intérêt et ses vues l'exigent, quelque passive qu'aura été notre conduite), et dans le second pour s'indemniser à nos dépens, ou aux dépens de l'Espagne, des frais immenses qu'elle aura faits pour tirer raison de ses colonies. Cette expédition paraîtra facile aux Anglais, et elle le sera en effet, vu les forces tant de terre que de mer qu'ils vont avoir en Amérique; d'ailleurs, elle paraîtra nécessaire aux ministres britanniques, soit pour établir leur réputation et leur gloire, soit pour atténuer les reproches que la nation ne manquerait pas de leur faire au cas de non-réussite, et peut-être même pour sauver leur tête de l'échafaud.

1775.

Ainsi, sous quelque point de vue qu'on envisage l'issue des différends de l'Amérique, et quelle que soit notre conduite dans cette conjoncture, elle ne saurait nous garantir la durée de la paix; nous ne pouvons donc pas prendre sa conservation pour base de notre politique, et dès que la nature même des choses, sous quelque point de vue qu'on l'envisage, semble devoir nous conduire à la guerre, la prudence veut que nous préparions d'avance les moyens de la faire avec succès et avec avantage : on ose penser que les plus essentiels de ces moyens seraient de s'assurer des Colonies et de faire en cas de besoin cause commune avec elles.

États-Unis, Mémoires et Documents de 1765 à 1778, t. 1, n° 4[1].

On a dans cette pièce, à vrai dire, un programme. Elle résumait la politique suivie, en fait, depuis une année sans avoir été prévue ou arrêtée au préalable. Le ministre était désormais fixé à ce programme,

---

[1] M. C. de Witt a publié ce document dans l'appendice de *Jefferson*.

et il devait l'être avec le conseiller véritable du roi, le chef du cabinet. Le cours des choses, on le verra, n'y changera presque rien. Évidemment, le cabinet de Versailles savait déjà à quoi s'en tenir sur la situation des Américains; il avait donc avec leurs agents des relations que ne laissent paraître ni les dépêches aux ambassadeurs ni les rapports de ces derniers. Indépendamment de beaucoup d'avis qu'on peut lire encore, venus spontanément ou qu'il provoquait, et indépendamment de beaucoup d'autres qui n'ont pas laissé de traces, le gouvernement de Louis XVI devait, en effet, aux agissements de Beaumarchais à Londres des indications circonstanciées et des échanges d'idées qui avaient avancé les choses. Beaumarchais avait commencé, avec les fournisseurs que les colonies anglaises s'étaient donnés dans les ports anglais ou dans les nôtres, des affaires qu'il aspirait à agrandir. On ne saurait méconnaître, non plus, qu'il n'était pas le Français le moins impatient de voir relever son pays. Tout à fait en dehors de M. de Guines, sans s'occuper même autrement de lui que pour constater l'insuffisance de l'ambassadeur et le tort qu'elle nous causait, il avait, depuis trois mois, activement employé sa pénétration et son entregent à jeter des amorces, à préparer des combinaisons, à arranger des plans. Ne se rebutant de rien dans ses démonstrations, dans son insistance à les fournir, dans sa soudaineté et son adresse à les répéter, inspirant confiance par le sens politique qu'il y faisait voir et par le patriotisme agissant qu'on y sentait, il avait singulièrement fortifié chez M. de Vergennes et M. de Maurepas les appréciations qu'ils avaient conçues et les espérances qu'ils s'étaient faites. L'opposition d'une partie du peuple anglais à la politique de son gouvernement était si ardente que les esprits sages, même, pouvaient se croire fondés à considérer le soulèvement des Colonies comme l'avant-coureur fatal de l'affaiblissement de la Grande-Bretagne, à penser qu'il suffirait à la France de faciliter et de soutenir leur révolte pour reprendre sans beaucoup de peine son rang et ses possessions perdues, que le patriotisme lui commandait cette conduite et qu'y manquer serait une faute devant l'histoire, parce que le moment passé ne se retrouverait plus. En entretenant le roi de leurs informations secrètes, les ministres avaient des efforts à faire pour l'amener à partager leurs impressions; d'autres qu'eux lui parlaient et s'employaient à y mettre obstacle. Deux mois après son départ pour Londres, à la fin de novembre, Beaumarchais était revenu à Paris, démontrant qu'il était urgent d'agir et s'efforçant de le persuader à Versailles; mais on se heurtait à l'indécision du monarque. L'infatigable agent adresse à M. de Vergennes ce billet non signé, qui rend cela sensible :

Versailles samedi 24 9bre 1775.

Monsieur le Comte,

Au lieu d'attendre la réponse du Roi, qui doit porter une résolution arrêtée, approuveriés-vous de lui écrire de nouveau que je suis ici, que vous m'avés vu, tremblant qu'en une affaire aussi facile que nécessaire, et peut être la plus importante que le Roi puisse avoir jamais à décider, Sa Majesté ne choisisse la négative?

Que, quelques soient ses motifs, je la suplie en grâce de ne prendre aucun parti, sans m'avoir avant entendu plaider un quart d'heure, et lui démontrer respectueusement la nécessité d'entreprendre, la facilité de faire, la sécurité de reussir et la récolte immense de gloire et de repos que doit donner à son règne la plus chétive semaille avancée aussi à propos.

Puisse l'ange gardien de cet Etat, tourner favorablement le cœur du Roi, et nous donner un succès aussi désirable.

En cas d'un ordre de vous, je suis à l'hotel de Joüy, Rue des Récolets.

Angleterre, t. 513, n° 3.

Bientôt il y a plus que de l'indécision; les intrigues de cour se sont emparées des agissements de M. de Vergennes et en font redouter le danger; le ministre est visiblement en butte à des attaques

1776. sérieuses. Beaumarchais est tenu éloigné par suite; il voit tout compromis; il prend occasion du jour du nouvel an pour revenir à l'assaut et tâcher d'obtenir une détermination décisive. Il écrit au ministre :

Paris le 1er janvier 1776.

Monsieur le Comte,

Il est impossible d'être aussi touché de vos bontés sans l'être beaucoup des apparences de votre refroidissement. Je me suis bien examiné, je sens que je ne le mérite point. Eh, comment pourriés vous savoir que j'ai poussé mon zèle trop loin, si vous n'entrés pas d'avance avec moi dans le détail de tout ce que j'ai fait et du faire? A mon âge, substituer de l'ardeur à la prévoyante activité, seroit la plus grande faute en politique!

Quand vous m'aurés plus employé, Monsieur le Comte, vous vous convaincrés que la première chose à faire pour se tranquiliser sur mes opérations est toujours de m'interroger sur les faits et leurs motifs. Le grand usage des hommes et l'habitude du malheur m'ont donné cette prudence inquiète qui fait penser à tout et diriger les choses suivant le caractère timide ou courageux de ceux pour qui je les fais. Mais ce mesme usage des hommes m'a appris aussi que le seul crime des honestes gens est la prévention dont les esprits les plus éclairés ne se garantissent pas toujours. Dans le pays où vous vivés on n'oublie rien pour en créer sans cesse de nouvelles contre les gens qui se rendent utiles. N'oubliés donc pas, Monsieur le Comte, que le vent qui semble m'éloigner du tourbillon des noirceurs vous y envelope de plus en plus et qu'en ce pays d'intrigues un bon serviteur un peu éclairé vaut mieux à conserver que vingt amis de la Cour à ménager.

Notre grande affaire s'égare un peu pendant que nous bataillons sur les accessoires, je vous assure qu'on profitte autant qu'on peut de notre indolence pour entamer le principe; les ennemis de l'administration et ceux de l'Etat font des efforts égaux pour éteindre dans nos amis l'espoir de l'utilité qu'ils attendent de nous. Je le vois avec douleur, et dans peu de semaines, il ne sera plus tems de vouloir y remédier.

Pensés y, Monsieur le Comte; j'irai demain au soir en prévenir Mr de M.∴...., et si sur les huit heures votre porte ne m'est pas fermée, j'irai vous remettre l'état des fonds employés et les reliquats de l'affaire d'Éon.

Le renouvellement de l'année n'ajoute rien à mes sentimens respectueux, ils sont inviolables comme ma reconnaissance.

DE BEAUMARCHAIS.

Angleterre, t. 514, n° 1.

A force d'être ingénieuse dans sa ténacité et sa verve indiscrète, l'insistance de Beaumarchais eut cette fois raison; les résistances cédèrent. Le détail exact fait ici défaut. Beaumarchais n'a rien divulgué de ses relations avec les ministres et l'exposé dans lequel il donna les indications déterminantes manque[1]. On voit toutefois que cet exposé fut écrit, que M. de Vergennes l'envoya au roi le 22 janvier, quoiqu'il contînt des commérages (Beaumarchais s'y laissait aller souvent, non peut-être sans calcul); et la lettre par laquelle M. de Vergennes la fit tenir à Louis XVI indique assez que le roi était près de consentir :

Sire.

J'ai l'honneur d'envoyer à Votre Majesté une expédition du s^r de Beaumarchais, sans en rien excepter, même ce qu'il n'a compté dire qu'à moi seul. Si je m'étois cru permis d'en retrancher quelque chose, ce sont les personnalités. Il s'agit de faits que je ne suis pas à portée de vérifier, et dont la preuve seroit vraisemblablement trés difficile à établir. Ce qui me parait le plus important est le tableau de l'état actuel des affaires et des conséquences qui peuvent en résulter. L'Angleterre est sur la pente du désespoir. Je crois facilement comme l'insinue le s^r de Beaumarchais que la révolution du ministère peut n'être pas éloignée, il n'a peut être pour le soutenir encore quelque temps contre l'orage, ou pour échaper au danger qui menace les têtes des individus que des partis désespérés. Cette prevoyance semble devoir exiger toute celle de Votre Majesté. Mais il est peut être plus aisé d'imaginer ce qu'il y aurait à faire que d'indiquer les moyens de le mettre en exécution.

Comme ce ne sera que d'après les ordres de Votre Majesté que je pourrai répondre au s^r de Beaumarchais, je la suplie trés humblement de vouloir bien m'ordonner le moment où je pourrai aller les recevoir. J'aurai d'ailleurs à

---

[1] La pièce n'existe ni aux Affaires étrangères ni aux Archives nationales.

mettre sous ses yeux les comptes de l'administration du service pécuniaire de ses affaires étrangères.

Je suis avec le plus profond respect,
Sire
De Votre Majesté
le plus humble, le plus obéissant et le plus fidèle serviteur et sujet.

DE VERGENNES.

A Versailles le 22 janvier 1776.

Archives nationales, ubi supra, année 1776, n° 1.

En effet, les résolutions que l'on espérait ne tardèrent plus. C'est à ce moment que la révélation de l'ambassadeur d'Espagne, au sujet de l'attitude du comte de Guines à Londres, avait été portée devant le roi. Cette circonstance ne laissa pas que de tout faciliter, car on mit à la place de ce représentant embarrassant un agent avec lequel les inconséquences n'étaient plus à craindre. S'il eût été plus maître de sa volonté, le roi n'aurait pas autant attendu pour retirer ses pouvoirs au comte. La plainte du gouvernement de Madrid fit déborder une coupe qui était pleine depuis longtemps. Lorsqu'en novembre l'ambassadeur insistait avec aplomb sur la portée du prétendu mémoire pour l'union de la France avec l'Angleterre par-dessus la tête de l'Espagne, ce factum, par lui donné comme l'œuvre du sous-secrétaire d'État Pownall, circulait déjà chez les ministres anglais, colporté par quelqu'un se disant autorisé de M. de Guines, et ce quelqu'un n'était autre qu'un espion à la solde du cabinet de Londres comme à celle de l'ambassade, un certain Roubaud, ancien jésuite français. S'étant brouillé avec M. de Saudrai, dont il s'était servi pour ourdir son intrigue, Roubaud n'avait pas tardé à en colporter le secret partout. Lord Rochford, qui allait dans le Midi après sa sortie du *Foreign Office,* avait passé par Paris et mis au courant M. de Vergennes, presque renseigné d'ailleurs par ses correspondances spéciales et par les lettres interceptées, et le roi savait tout. Mais les amis de M. de Guines étaient ceux de la reine; le ministre s'était vu contraint de s'en tenir à ce tour ironique pour répondre à l'ambassadeur : « Permettez-moi de vous demander si vous êtes bien sûr que celui qui vous a communiqué le projet n'en est pas lui-même l'auteur et n'aurait pas cherché à s'autoriser d'une apparence d'approbation de votre part pour recommander son idée ailleurs [1]; » à quoi M. de Guines, avec une inconscience rare ou avec l'audace qu'il puisait en ses appuis, n'avait pas hésité à répliquer aussitôt, dans un billet privé : « Je crois m'apercevoir par plusieurs de vos dépêches que quelqu'un prend soin de vous informer de ce qui se passe ici et de vous faire remarquer ce qu'il croit omission de ma part[2]. » Le ministre, quelques mois plus tard, explique catégoriquement ces détails en les remettant sous les yeux du monarque, mais sans dissimuler, cette fois, le peu de considération que méritait le comte :

Sire

J'ai lhonneur de joindre ici la lettre historique et le mémoire du s^r Roubaud que Votre Majesté m'a ordonné de lui envoyer. J'en remets les copies comme plus faciles à lire, mais elles sont faites avec exactitude.

Il paroit par l'annonce du memoire, que c'est le 4 novembre seulement qu'il a été communiqué au ministere anglois. Cependant des le 24 octobre, M. le Comte de Guines en avoit rendu compte à Votre Majesté. Les lettres, qui sont sous vos yeux, Sire, rendent temoignage du jugement qu'il portoit, soit de la source dont il croioit le projet emané, soit sur l'accueil qu'il estimoit qu'il pouvoit meriter. La reponse que Votre Majesté m'ordonna de faire ne cadrant pas avec la façon de voir de votre ambassadeur, c'est alors que celui-ci dans sa replique du 14 novembre, chercha à nous faire entrevoir des avantages bien propres à seduire des cœurs françois. Votre Majesté ne trouva pas la perspective asses solide pour changer d'opinion. J'en previns M. de Guines, et je ne lui dissimulai pas, quoiqu'avec bien du menagement, qu'on paroissoit lui donner en Angleterre, le merite de l'invention du projet, et je lui insinuai qu'il devoit être en garde contre l'homme dont il se servoit, qui étoit

---

[1] Voir l'annexe III du chapitre précédent. — [2] Lettre du 8 décembre.

l'espion du gouvernement anglois. C'est à cette epoque seulement que j'apris que Roubaud etoit ce dangereux intermediaire, et qu'il se donnoit aux ministres anglois comme autorisé par votre ambassadeur. C'est au lord Rocheford que j'ai du cette decouverte : je ne pouvais pas le croire. V. M. se rapellera, qu'en lui en rendant compte, je n'etablis que des moiens d'incredulité. Il seroit à desirer que M. de Guines, repondant à mon insinuation, ne se fût pas contenté de prouver qu'il n'ignoroit pas que son intermediaire etoit un double espion, mais qu'il ait encore etabli d'une maniere solide, qu'il etoit dans l'impuissance d'abuser de son nom. Tout ce que ce même Roubaud cherche aujourd'hui à mettre à sa charge seroit sans probabilité et sans valeur. Je ne pretens pas, Sire, inferer de la que l'imputation doit etre regardée comme prouvée, mais vraie ou fausse, M. de Guines est reellement à plaindre, si sa destinée le porte à être sans cesse le jouet et la dupe de gens de l'acabit de Roubaud.

Arch. nat., K 164, n° 3; n° 11 des lettres sans date.
(Minute de M. de Vergennes[1].)

Louis XVI était un esprit honnête et avait particulièrement le désir de le montrer. En toute rencontre, il attachait beaucoup de prix à l'intention de la droiture. Il y tenait plus encore, à coup sûr, à l'égard de son oncle. Quand il serait instruit de l'attitude du comte de Guines au sujet de l'Espagne, il se sentirait intimement blessé. Il n'est pas impossible que des ministres qui s'étaient assigné la difficile mission de relever la monarchie et la France tandis qu'un représentant du roi, dont il pouvait être parlé au monarque dans les termes qu'on vient de lire, continuait à résider auprès du premier gouvernement de l'Europe, aient, à la fin, compté sur cette ressource. M. de Vergennes, en conseil, donna connaissance de la lettre du prince de Masserano. Cela suffit pour déterminer Louis XVI. Il prononça sans débat, immédiatement, le rappel de l'ambassadeur. Les lettres en furent envoyées à celui-ci le jour même, 26 janvier, écrites de la main

---

[1] Cette lettre, à laquelle M. de Vergennes a négligé de mettre la date, est du mois de juin sans doute; elle dut précéder de peu de temps le billet du roi, du 13 juillet, reproduit à la fin du chapitre suivant et par lequel il consolida définitivement le ministre.

de M. de Vergennes, en des termes faits pour mettre à couvert à la fois l'amour-propre de l'ambassadeur et la considération du Gouvernement : « Sa Majesté avait désiré, en continuant à M. de Guines ses fonctions, consacrer la justification résultant pour lui de la décision judiciaire rendue en sa faveur; ce résultat étant acquis, elle trouvait utile de faire finir son mandat. » Mais ces lettres ne pouvaient laisser d'équivoque à ce dernier, car elles lui annonçaient son remplacement par Garnier à titre de chargé d'affaires, en attendant que le titulaire allât prendre son poste :

A la suite du jugement favorable, M. que vous avés obtenu au Chatelet, le Roi a cru devoir au complement de votre justification de vous continuer encore pour quelque tems dans les fonctions de son Ambassadeur en Angleterre. L'opinion de Sa Majesté à votre égard étant sufisament constatée, elle croit devoir mettre un terme à votre mission. Le Roi m'ordonne de vous en prévenir et de vous envoyer en consequence les lettres de rapel qui vous sont necessaires pour prendre vos audiances de congé. Sa Majesté compte que vous les differerés le moins qu'il vous sera possible, et elle vous recommande de profiter de cette occasion pour renouveller à Leurs Majestés Britanniques les assurances de sa parfaite amitié et de son désir constant de maintenir l'heureuse intelligence qui subsiste entre leurs Etats respectifs.

Le Roi a décidé que le sr Garnier seroit chargé de ses affaires en attendant que l'Ambassadeur qui devra vous remplacer soit en état de partir pour se rendre à sa destination; il ne tardera pas à se mettre en route pour se rendre auprès de vous et recevoir de vos mains les papiers qui pourront servir à son instruction. Le Roi vous saura gré, Monsieur, de lui faire connoitre les differens canaux dont vous disposés pour être instruit de ce qui se passe de plus interressant. Je serois trés-flatté, M. si vous me jugiés propre à contribuér au succès des objets de satisfaction auxquels vous pouvés aspirer, vous me trouverés toujours trés empressé a vous rendre service en tout ce qui pourra dependre de moi.

A Versailles le 26 janvier 1776.

Angleterre, t. 514, n° 71.

Le ministre ne s'était pas borné à renvoyer ainsi tout de suite à

Londres celui qu'il avait souhaité n'en pas voir revenir. Il était trop probable que les influences dont disposait M. de Guines chercheraient à maintenir l'ambassadeur sur l'eau en retardant l'ouverture de sa succession politique. L'héritier en devait être immédiatement désigné pour que le résultat acquis fût solide. M. de Vergennes demanda donc au roi de remplacer le comte immédiatement, se gardant d'ailleurs de ne pas réserver ouvertement le choix au monarque. M. de Maurepas empêcherait ce choix de s'égarer. Beaumarchais avait souvent abordé ce sujet et il allait expliquer, dans un mémoire que M. de Maurepas lui-même remettrait à Louis XVI, que la présence d'un ambassadeur à Londres appelait celle d'un ambassadeur d'Angleterre à Versailles, que cet ambassadeur était lord Stormont, c'est-à-dire quelqu'un à qui ses relations à la cour ménageaient, pour découvrir nos desseins et y faire obstacle, des moyens dont ne disposerait jamais un simple chargé d'affaires; que nous devions donc viser à faire partir l'ambassadeur anglais en n'ayant en Angleterre qu'un représentant secondaire. Le 31 janvier, M. de Vergennes écrivit au roi :

..... Je suis informé Sire, que les adhérans de M. le C. de Guines se donnent du mouvement pour obtenir de V. M. qu'elle ne lui nomme pas un successeur avant son retour : ils se flattent s'il a le temps d'arriver et de produire ce qu'ils appellent sa justification qu'il reussira a se faire conserver.

Sans passion contre M. de Guines que je n'ai point sollicité V. M. à révoquer, je n'ai Sire dans tout ceci aucun autre interest que celui de votre service; avec bien de la bonne volonté peut etre, M. le C^e de Guines a prouvé que sa vocation n'est pas pour etre ambassadeur. Son retour, que je regarde comme désormais impossible, seroit sujet à de trop grands inconvenients; mais si V. M. veut s'épargner des sollicitations qui pourraient lui être importunes et écarter de sa cour des intrigues toujours dangereuses, surtout lorsqu'elles peuvent compromettre le service public, je la suplie très humblement de considérer s'il ne seroit pas à propos, pour obvier à tout qu'elle voulût bien nommer dès à présent l'ambassadeur qu'elle se propose d'envoyer à Londres. Je ne me permettrai pas Sire, de lui en désigner aucun. V. M. connoit mieux que moi ceux qui peuvent être proposés à cette place; d'ailleurs M. le Cte de Maurepas qui a une longue habitude de ce pays-là est bien plus en état que je ne le suis de lui faire connoitre la valeur intrinsèque des sujets qui peuvent concourir à cette ambassade. Je demande très humblement pardon à V. M. de cette instance, mais un devoir impérieux me prescrit de lui rendre compte de tout ce qui peut intéresser son service.

Archives nationales, ubi supra. (Copie.)

Le marquis de Noailles fut dès ce moment désigné, mais pour n'entrer effectivement en fonctions que six mois plus tard. Garnier aurait ainsi tout le temps de remettre sur pied les affaires. Le pli ministériel qui annonçait au comte son rappel était accompagné d'une lettre personnelle de M. de Vergennes qui engageait tout d'abord M. de Guines à cesser ses entretiens avec le ministère anglais au sujet du Portugal et de l'Espagne. On avait obtenu de mettre directement en rapport, à Madrid même, les cabinets de Lisbonne et du Pardo : c'était un motif naturel d'attendre. Toutefois il semblait opportun de ne plus laisser ignorer aux Anglais que la présence de troupes nombreuses à leur solde et de fortes escadres de l'autre côté de l'Atlantique préoccupait des puissances sur les possessions desquelles, pour s'assurer une revanche, ils trouveraient peut-être expédient de les jeter. Le ministre avait jugé bon, paraît-il, d'employer à cela la légèreté de l'ambassadeur rappelé, pendant le temps qu'il devait passer encore en Angleterre. Il lui mandait en effet comme une information toute privée :

Dans les termes ou en sont les Cours d'Espagne et de Portugal, il y a lieu d'espérér, M. le Comte, que la négociation qu'elles vont entamer quoique fort lente, n'amenera pas d'incidens propres à allarmer la tranquilité générale. Il y a bientot trois siècles qu'elles sont en contestation sur leurs limites de l'Amérique, sans que les étincelles qui se sont quelquefois échapé de ce foyer ayent produit un embrasement. Aussi ce théâtre occupe bien moins ma prévoyance dans ce moment que l'Amérique Septentrionale. Je ne vois pas sans inquiétude la masse énorme de forces que l'Angleterre porte dans cette partie et les conséquences qui pourroient résulter si le succès ne répondant pas aux espérances, le Ministère se voyoit entre la hache et le désespoir. Il est vraisemblable que ne voulant pas tendre le col à l'une, il se rendroit plus accessible aux conseils que l'autre pourroit lui inspirer, et ceux-là ne seroient probablement pas à notre avantage. Vous serés bientot ici, M. le Comte, et je me félicite de pouvoir profiter des reflexions que vos observations vous auront mis à portée de faire.

A Versailles le 26 janvier 1776.

Angleterre, t. 514, n° 74[1].

A quoi M. de Guines, restant jusqu'à la fin semblable à lui-même et se croyant très essentiel, répond, comme s'il avait toujours pensé ainsi :

Monsieur,

J'ai reçu la lettre particulière que vous m'avés fait l'honneur de m'écrire le 26 du mois dernier par le Sr Lépine courrier du cabinet.

Je ne vois pas en effet, Monsieur le Comte, que les différens entre l'Espagne et le Portugal doivent causer de grandes inquiétudes; l'Amérique Septentrionale en présente à la vérité de plus allarmantes, et qui peut etre, comme vous le remarqués très justement, pourroient le devenir plus encore pour la France que pour l'Angleterre elle-même. C'est toujours ce que j'ai craint. Je serai à vos ordres, Monsieur le Comte, au moment de mon retour et toutes les fois que vous jugerés que mes reflexions sur les observations que j'ai été à portée de faire pourront être de quelque utilité au service du Roi.

J'ai l'honneur d'être avec un trés parfait attachement,

Monsieur,

Votre très-humble et très-obéissant serviteur,

Le Comte DE GUINES.

A Londres le 2 février 1776.

Ibid., n° 94.

---

[1] M. de Vergennes avait envoyé à Guines sa propre minute; c'est la copie de sa lettre qui se trouve aux Affaires étrangères, copie d'une écriture, à très peu près, semblable à celle du ministre, mais plus grosse; nous croyons que c'est celle de son fils, d'après l'indication qu'on le verra ultérieurement donner au roi sur sa manière d'assurer le secret de ses lettres quand leur nature l'exigeait. Beaucoup d'autres pièces sont de cette même main.

Pour suivre à Londres la politique des *Réflexions*, il fallait un représentant déjà familier avec les affaires des deux pays, qui parlât peu, qui sût à la fois agir et être conduit, laisser, sans en prendre ombrage, des tiers s'employer en dehors de lui, et, cependant, inspirer beaucoup de considération personnelle. Garnier était essentiellement ce représentant-là. On ne l'eût pas mieux formé exprès pour la situation délicate où il allait se trouver. Il était porteur d'une lettre d'introduction commune à lord Weymouth et au duc de Suffolk. Son passé, d'ailleurs, garantissait que sa personne ne pouvait déplaire[1]. Quant aux motifs que sa nomination cachait, ils déplaieraient certainement. Le jour même où elle fut signée, M. de Vergennes l'annonça verbalement à lord Stormont; l'impression du représentant de l'Angleterre dénota que la présence de M. de Guines avait réellement du prix à la cour de Londres : « L'ambassadeur anglais m'a paru un « peu étonné de cette résolution, mande le ministre au roi[2]; je crois « que sa cour regrettera M. le comte de Guines, elle doit craindre un « ambassadeur qui observera avec plus de réflexion. » Le choix était donc parfait. Il eut le résultat prévu. Le 29 mars, le cabinet anglais

---

[1] Garnier avait été huit ans à l'ambassade. C'était un de ces auxiliaires précieux, modestes et soumis autant qu'utiles, qui restent dans les positions secondaires malgré une supériorité réelle, et sans lesquels d'autres, qui jouissent des situations élevées, ne pourraient s'y maintenir. Il s'est trouvé beaucoup de ces auxiliaires-là auprès des ambassadeurs et des ministres des affaires étrangères. Garnier écrivait à M. de Vergennes, en recevant l'autorisation de revenir momentanément en France (13 juin 1775) : « Je ne puis, Monseigneur, vous rendre « assez de grâce du congé que vous avez obtenu « du Roi pour me permettre d'aller vaquer à mes « affaires en France, après huit années consé- « cutives d'un travail assidu à Londres. Je le re- « çois comme une faveur particulière puisqu'elle « m'offre la première occasion d'aller vous faire « ma cour. La satisfaction, que vous daignez en « même temps me témoigner de la part du Roi « sur ma conduite pendant tout le temps que « j'ai eu l'honneur d'être chargé de ses affaires « à la Cour de Londres, excite toute ma sensi- « bilité, et je vous supplie, Monseigneur, de « mettre aux pieds de Sa Majesté l'hommage de « ma respectueuse reconnaissance. » (*Angleterre*, t. 510, n° 11.) Aux annexes du présent chapitre se trouvent ses lettres d'introduction et la lettre de congé de lord Stormont.

[2] C'est en tête de la lettre tout à l'heure citée du 31 janvier : « Sire, J'ai informé le lord « Stormont, du rappel de M. le Cte de Guines « et je lui ai renouvelé toutes les assurances « d'amitié que V. M. a consignées dans la lettre « qu'elle a écrite au roi d'Angleterre à cette oc- « casion. L'ambassadeur anglais m'a paru.... »

mettait lord Stormont en congé et renvoyait à Paris le chargé d'affaires Saint-Paul. Garnier arriva à Londres le 16 février, le comte de Guines en revint dix jours après. Il s'était à peine soumis aux désirs du ministre et, on le verra ultérieurement, il avait cherché, dans ses procédés avec son successeur intérimaire, une petite vengeance du dépit qu'il éprouvait.

ANNEXES DU CHAPITRE VII.

RAPPEL DU COMTE DE GUINES.

1. LE Cte DE VERGENNES A L^s E^s M. WEYMOUTH ET LE COMTE DE SUFFOLK.

A Versailles le 10 fév^r 1776.

M.

M. le Comte de Guines ayant rempli le terme de son Ambassade, et ayant en consequence reçu ses lettres de rappel, le Roi ne tardera pas à lui designer un successeur; mais en attendant et pour ne pas interrompre la correspondance qui subsiste entre les deux Cours, Sa Majesté a jugé à propos de confier le soin de ses affaires au s^r Garnier qui a déjà rempli ces mêmes fonctions à son entier contentement et à ceux du Ministère Britannique. Je prie Votre Excellence d'ajouter foi et créance à tout ce qu'il luy dira de notre part, surtout lorsqu'il luy renouvellera l'assurance des dispositions constantes et sincères où est le Roi mon maître de maintenir et de perpetuer l'union et l'heureuse harmonie qui règne entre les deux nations, ainsi que de mon désir personnel d'y contribuer en tout ce qui pourra dépendre de mon Ministère. Je vous prie également, Monsieur, d'accorder au Sr Garnier vos bontés et votre confiance. Je suis persuadé d'avance, qu'il fera tous ses efforts pour les mériter.

Angleterre, t. 514, n° 120. (Minute de Gérard.)

2. LE Cte DE VERGENNES AU Cte DE GUINES.

A Versailles le 10 février 1776.

J'ai eu l'honneur, M. le Comte, de vous prevenir de la destination de M. Garnier, il part pour s'y rendre; je lui recommande de ne faire aucune démarche que de votre aveu et par votre direction. Le Roi compte que vous voudrés bien le presenter à la Cour et l'accrediter auprès du Ministère Britannique. Je lui ai remis à cet effet une lettre pour le Lord Weymouth et une autre pour le Lord Suffolck.

Je vous prie, M. le Comte, de vouloir bien instruire M. Garnier de l'état dans lequel vous laisserés les affaires du Roi et de lui faire remettre tous les papiers de l'ambassade.

Je ne vous envoie point, ainsi que vous le souhaités, le courrier que vous m'avés depeché le 1ᵉʳ de ce mois, mais comme je crois necessaire de conserver les expeditions hebdomadaires sur le pié ou vous les avés établies, je vous serai obligé, M. le Comte, de vouloir bien donner à M. Garnier pour les continuér toutes les facilités qu'il vous demandera et qui ne generont point vos arrangemens.

J'ai l'honneur d'être avec un trés-parfait attachement, Monsieur, etc.

Angleterre, t. 514, n° 119. (Minute de Vergennes.)

3. LE ROI GEORGE À LOUIS XVI.

Monsieur mon frère,

Le Vicomte de Stormont, mon Ambassadeur auprès de vous, aiant obtenu ma permission de se rendre en Angleterre pour y vaquer à ses affaires particulières, et comme elles pourront exiger quelques voiages dans ce Pais-ci pendant le cours de sa mission, je n'ai pas différé à faire choix du Sʳ Sᵗ Paul, mon sécrétaire d'Ambassade à votre Cour, pour être mon Ministre plenipotentiaire auprès de vous, pendant les absences de mon Ambassadeur, pour qu'il n'y ait nulle interruption dans le soin de cultiver les liaisons d'union et d'harmonie qui subsistent heureusement entre nous; l'expérience que j'ai de ses Talens, de sa Droiture et de son Zèle pour mon service ne me permet point de douter qu'il ne fasse tous ses efforts pour concilier vôtre bienveillance. Je vous prie d'ajouter foi à tout ce qu'il aura l'honneur de vous représenter en mon nom, et surtout lorsqu'il vous assurera des sentimens de la véritable amitié avec lesquels je suis constamment,

Monsieur mon Frère,
Votre bon frère
GEORGE.

A Sᵗ James le 29° Mars 1776.

Ibid., t. 515, n° 53.

CHAPITRE VIII.

CONSIDÉRATIONS SUR LA CONDUITE À SUIVRE.

Opportunité pour les deux cabinets de délibérer, désormais, sur les projets préparés secrètement jusqu'ici. — On reçoit le rapport de l'émissaire envoyé à Philadelphie. — Le *Comité de correspondance secrète* du Congrès; relations de Bonvouloir avec lui et concours qu'il avait fait entrevoir; l'*insurgent* Silas Deane est délégué en France. — Les secrétaires d'État et les «comités» ou conseils de cabinet. — M. de Vergennes demande au roi un comité pour la question de l'Amérique; son rapport à cet effet; *Considérations* qui l'accompagnent; ministres désignés pour donner leur avis. — Comparaison des *Considérations* avec les *Réflexions* précédemment produites; résumé du document nouveau, dissimulation qu'il conseille, éventualités qu'il engage à braver, secrète inspiration qui l'anime. — La pièce est envoyée aux ministres; avis écrit qui leur est demandé. — Brève réponse du comte de Saint-Germain, ministre de la guerre. — La réponse de Turgot, contrôleur général; effet défavorable qu'elle devait produire; sa théorie des colonies; son tableau des finances et des forces de la France; singularité de ses conseils politiques. — Autre réponse qui est faite; à qui elle peut être attribuée; caractère résolu qui la distingue. — Dispositions plus prononcées qui s'affirmaient dans le cabinet; influence que les liens formés avec l'Espagne avaient exercée pour les produire et qu'ils allaient exercer encore.

Puisqu'on voulait s'approcher des Américains et leur assurer le concours des deux Couronnes, l'heure était venue de porter dans le sein du cabinet les projets restés, jusqu'à ce moment, à peu près entre le monarque et ses deux conseillers. Il fallait, en effet, à propos des mesures jugées nécessaires, parler au gouvernement de Madrid au nom du gouvernement du roi et non plus dans l'intimité. Au moment où il rentrait à Paris, le 27 février, M. de Guines avait fait parvenir au ministre un rapport qu'il avait enfin reçu de Bonvouloir. Ce document était singulièrement propre à hâter les résolutions. Il confirmait toutes les données sur lesquelles on s'était jusqu'alors hypothétiquement fondé. Bonvouloir devait adresser ses lettres au consul en charge à Calais ou à un lieutenant de maire de cette ville, qui les remettrait à un tiers chargé de les acheminer vers l'ambassade par

1776.

266   CONSIDÉRATIONS SUR LA CONDUITE À SUIVRE.

l'entremise d'une maison de commerce hollandaise[1]. Ce détour les retardait forcément. L'émissaire était arrivé en décembre, après cent jours d'une traversée dangereuse, et son rapport, quoique expédié peu après, n'était parvenu à M. de Guines que le 26 février. Les détails n'en étaient plus nouveaux lorsqu'on put le lire, mais le résultat qu'il annonçait avait encore tout son prix.

Bonvouloir s'était trouvé très vite en pied, comme il l'avait promis, auprès des politiques des Colonies. Les Colonies, apprenait-il, avaient pensé à se réclamer de la France et de l'Espagne, dès les premières heures, de la France surtout. Le congrès de Philadelphie ayant délégué à une commission de cinq membres, dont Franklin était le premier, le soin des rapports avec l'étranger, le Français avait été abouché presque aussitôt avec cette commission, qui s'appelait le *Comité de correspondance secrète*, et il s'était trouvé à même de savoir « ce qui « s'y passait de plus caché »[2]. On était allé tout de suite, avec lui, aux questions essentielles : « Si la France voudrait aider les Colonies? Quel prix elle mettrait à son assistance? S'il était opportun de lui envoyer

---

[1] Il avait été indiqué par M. de Guines que ces lettres porteraient la suscription d'une compagnie commerciale d'Anvers et qu'elles traiteraient ostensiblement d'affaires de commerce; les choses secrètes seraient écrites avec du lait : « Cette écriture, disait l'ambassadeur dans le *me-« morandum* des affaires qu'il remit à son succes-« seur, ne s'aperçoit que chauffée avec une pelle « rouge. » — Ce *memorandum*, qui porte la date du 25 février (*Angleterre*, t. 514, n° 145), donne les détails que voici : « Le Comte de « Guines a été autorisé à faire partir pour l'Amé-« rique M' le Chevalier de Bon Vouloir à qui la « Cour donne deux cents guinées d'appointe-« mens. Cet officier a reçu au mois de septembre « dernier une année d'avance, ainsi qu'il paroît « par sa quittance. Il n'a point encore donné de « ses nouvelles. Le Comte de Guines est con-« venu avec lui qu'il adresseroit ses lettres à « M' Guillebert consul en charge, ou à M' Martin « Froment, lieutenant de Maire à Calais, qui « les remettroient à M' Grandin chargé de les « faire parvenir à l'Ambassadeur du Roi. L'im-« possibilité de confier des chiffres à M' de Bon-« vouloir, qui pouvoit être fouillé, et d'ailleurs « dont les lettres chiffrées ne parviendroient « jamais par des vaisseaux Anglois, a determiné « à convenir que les lettres, sous les enveloppes « ci-dessus, seroient adressées à une Compa-« gnie d'Anvers, qu'elles traiteroient d'objets « de commerce, et que les choses secrètes se-« roient écrites avec du lait. Cette écriture ne « s'aperçoit que chauffée avec une pelle rouge. »

[2] Son intermédiaire à cet effet avait été un autre Français, établi déjà à Philadelphie et bibliothécaire de la ville. C'est le 29 novembre 1775, que le congrès avait formé ce comité : *Committee of secret correspondence*.

un plénipotentiaire? » Bonvouloir avait répondu en avertissant qu'il ne parlait que d'après ses impressions propres, « comme particulier « bénévole » et sans rien garantir, mais en ne s'offrant pas moins pour intermédiaire. Aussi l'avait-on consulté « en toute confiance ». On en était venu à coucher les demandes sur le papier, comme dans la diplomatie véritable. Les réponses de l'émissaire n'avaient, à vrai dire, engagé personne; toutefois, elles auraient difficilement encouragé davantage. « Je ne leur ai rien dit, écrivait-il avec raison, qui pût leur faire croire à une correspondance de ma part avec aucun ministre, mais j'ai de fortes preuves qu'ils s'imaginent que je ne suis point venu directement d'Anvers, dans l'hiver, sans des motifs très forts. » En effet, Bonvouloir avait dû porter ses interlocuteurs à faire les suppositions les plus conformes à ce qu'ils désiraient, en leur présentant les choses de la manière suivante:

Je ne leur ai fait aucune offre, absolument aucune, leur promettant *seulement* de leur rendre tous les services qui *dépendraient de moi* sans me *compromettre*, et sans me rendre *garant* des *événements* en *aucune façon*, et le tout par le moyen de mes connaissances et sans leur faire aucune confidence. Ils m'ont demandé si la France les aiderait et à quel prix. Je leur ai répondu que je croyais que la France leur *voulait du bien*; si elle les aiderait : que cela *pouvait bien être;* sur quel pied : que je n'en *savais* rien, mais que si cela arrivait, ce serait toujours à des conditions justes et équitables; que, du reste, *s'ils le jugeaient à propos,* ils fissent leurs propositions, que j'avais de bonnes connaissances, que je me chargerais de *présenter* leurs demandes sans *rien plus.* Ils m'ont demandé si je croyais qu'il fût prudent à eux d'envoyer un député plénipotentiaire en France. Je leur ai dit que je m'imaginais que cela serait précipité, même hasardeux; que tout se savait de Londres en France et de France à Londres, et que le pas serait glissant à la barbe des Anglais; que s'ils me chargeaient de quelque chose, *peut-être* aurais-je des réponses qui pourraient décider de la conduite qu'il faudrait tenir; que, du reste, je ne les conseillais en aucune espèce de façon, que j'étais un particulier, voyageur curieux; mais que je serais charmé si, par le moyen de mes *connaissances,* je pouvais leur rendre quelques services; que je ne les exposerais pas, ni moi, ni *personne;* que des affaires de cette conséquence étaient trop délicates pour y être étourdi, surtout n'ayant aucun *droit,* ni aucun *pouvoir;* que je n'étais *garant* que d'une chose, c'était de ne pas trahir leur confiance.

Le *Comité de correspondance secrète* avait de pleins pouvoirs. La sanction du congrès ne lui était pas nécessaire. Aussi Bonvouloir précisat-il aussitôt ses questions. Il agit également comme si lui-même était revêtu d'autorité. Il faisait connaître ainsi qu'il suit, les demandes qu'on lui avait remises et la réponse qu'elles lui avaient suggérée :

Voici le billet que je viens de vous annoncer, dont je garde l'original en anglais, écrit de la main de ces messieurs :

« M. de B... est prié de la part de Messieurs du Conseil privé de considérer « et répondre aux propositions suivantes. Le tout sans tirer à conséquence et « comme de particulier à particulier.

« Savoir :

« 1° Peut-il nous informer des dispositions de la cour de France à l'égard « des colonies du nord de l'Amérique, si elles sont favorables, et de quelle « manière on peut avoir une authentique assurance?

« 2° Pouvons-nous avoir en France deux habiles ingénieurs sûrs et bien « recommandés, et quelle démarche devons-nous faire pour les obtenir?

« 3° Pouvons-nous avoir directement en France des armes et autres provi« sions de guerre, en échange des productions du pays; et nous accordera-t-on « une libre entrée et sortie dans les ports français?

« M. de B... peut être assuré que, si par le moyen de ses soins nous pou« vons être écoutés favorablement, nous aurons en lui toute la confiance que « l'on puisse donner à un homme de distinction, dont la bienveillance pour « nous n'a pas encore reçu une marque sûre de notre reconnaissance. »

Voici ma réponse; si cela réussit, ils ont dit à quelqu'un (de qui je sais tout ce qui se passe) qu'ils me regarderaient comme un de leurs membres et ne feraient rien sans mon conseil. Ils *me regardent* comme leur libérateur.

Réponse de M. de B... au billet de Messieurs du Conseil privé.

« Je répondrai, Messieurs, à ce que vous me faites l'honneur de me deman« der le plus positivement possible, et vous instruirai autant que peut être

CONSIDÉRATIONS SUR LA CONDUITE À SUIVRE.

« instruit lui-même un homme particulier qui n'a point de part aux affaires du « ministère, mais je vous répondrai suivant mes conjectures, la voix publique « et quelques avis de mes connaissances :

« 1° Vous demandez quelle est l'intention de la France à l'égard des colo-« nies du nord de l'Amérique. Je ne crois pas trop avancer en vous disant qu'elle « vous veut du bien, et qu'elle n'a point eu, *je crois*, d'autres sentiments pour « vous que de la bienveillance. Du reste, pour s'assurer authentiquement des « volontés de quelqu'un, il faut s'y adresser directement. Le pas est scabreux « et demande bien des ménagements, je ne vous donne d'avis ni pour ni contre. « Je ne le prendrai pas sur moi. L'affaire est trop délicate.

« 2° La France est bien en état de vous fournir deux bons ingénieurs, « même plus. La seule démarche, c'est de les demander. Je l'ai fait pour vous, « Messieurs, sans me rendre garant de la réussite, quoique je l'espère, ayant « de bons correspondants.

« 3° Si vous pouvez vous procurer des armes et autres munitions directe-« ment en France, en échange de vos denrées? Comme ceci est affaire de « marchand à marchand, je ne vois pas de grands inconvénients de la part de « la France. Je vous adresserai même à d'assez bons correspondants, sans me « rendre *responsable* de rien. Vous pouvez l'entreprendre à vos risques et périls, « car peut-être l'Angleterre ne vous laissera pas tranquilles et vous ne devez « pas espérer d'être défendus. Du reste, je ne vous conseille pas d'envoyer « tout au même port. Cela pourrait faire du bruit. J'ignore si l'on vous don-« nera une libre entrée et sortie dans les ports français. Ce serait se déclarer « ouvertement pour vous, et la guerre pourrait s'ensuivre. Peut-être fermera-« t-on les yeux, c'est là ce qu'il vous faut. J'ai l'honneur de vous répéter, « Messieurs, que je ne réponds de rien. Je suis bien peu de chose; j'ai de « bonnes connaissances, c'est tout. Si je suis assez heureux pour réussir, je « serai trop payé de l'honneur de votre confiance et le plaisir de vous servir.

« Je suis votre, etc. »

On n'aurait pas mieux fait entrevoir, en vertu d'un mandat avoué, que le *Comité de correspondance secrète* trouverait moins que de l'indifférence à Versailles s'il voulait y envoyer quelqu'un. Bonvouloir avait parfaitement lu entre les lignes de ses instructions, ou bien elles avaient été plus explicites que la correspondance échangée à leur sujet ne le laissait supposer[1]. Aurait-il permis à ce point d'espérer le concours, s'il n'eût pas eu quelque assurance qu'à Versailles on souhaitait de le prêter? Les Américains en jugèrent ainsi et pensèrent peut-être qu'on les attendait, car ils cherchèrent sans tarder un délégué sûr. Tandis qu'on lisait à Versailles le paquet de Bonvouloir, le 3 mars 1776, le comité donnait à un *insurgent* du Connecticut, Silas Deane, des instructions de départ; peu de temps après, celui-ci faisait voile pour le continent. Mais une semaine même avant cette date, le gouvernement du roi ne comptait plus, pour ainsi dire, recevoir aucun renseignement de son émissaire. Il en était réduit aux informations du gouvernement anglais. On savait par elles que les agents de la Grande-Bretagne s'efforçaient d'écarter de l'esprit des Américains toute espérance de se voir appuyer par nous, ce qui ne rendait pas leurs résolutions faciles. Le 8 mars, Garnier écrivait de Londres:

> Je crois en tout que les Américains ne seront ni découragés, ni subjugués, malgré le soin qu'a pris le Ministère de les frapper de terreur sur nos prétendues intentions hostiles contre eux, idée dont il est à ma connaissance que sont atteints quelques membres du Congrès. Peut-être M* de Bonvouloir dont nous sommes encore à recevoir les premières nouvelles, nous éclaircira-t-il cela quelque jour.
>
> *Angleterre*, t. 515, n° 14.

M. de Vergennes, en faisant répondre par Gérard, huit jours après, rend assez sensible le prix qu'avaient eu ces nouvelles:

> Les détails que vous mandez, Monsieur, sur l'état et sur les dispositions des colonies sont très intéressants et ils correspondent assez bien avec les notions qui nous sont venues par d'autres voies. Il est assez naturel de supposer que le Ministère cherchera à donner aux Américains de fausses idées sur nos dispositions à leur égard; mais ils doivent s'apercevoir aisément que

---

[1] On trouvera, à l'annexe du présent chapitre, toute la partie du rapport de Bonvouloir qui n'est pas reproduite ici.

ce n'est qu'un leurre employé uniquement pour les intimider en leur ôtant tout espoir d'assistance étrangère; mais, M. de Bonvouloir arrivé sur les lieux à la fin de décembre n'aura pas tardé à les ramener au véritable état des choses, et à les prémunir pour l'avenir contre les fausses insinuations de leurs ennemis.

A Versailles le 17 mars 1776.

Angleterre, t. 515, n° 29.

Les ministres, les « secrétaires d'État », comme ils s'appelaient alors proprement, maîtres chacun des affaires courantes de son ressort, préparaient et traitaient séparément avec le roi celles mêmes qui regardaient la politique générale. Si la nature de ces dernières exigeait ou le concert ou un examen commun, le secrétaire intéressé demandait au monarque un « comité », auquel on appelait ceux de ses collègues que la question pouvait toucher ou que leur situation commandait de convoquer. Les données du problème que les colonies anglaises posaient à la politique étant maintenant arrêtées entre le roi et ses conseillers intimes, il importait que les principaux collègues de ceux-ci en entendissent l'exposé, réfléchissent aux éventualités, aux conséquences qui pouvaient se produire, aux moyens qu'il convenait de prendre. C'est ce que M. de Vergennes expliqua au monarque dans le rapport suivant, dont la date nous manque, mais que la pièce qui l'accompagne et les faits fixent à la première semaine de mars :

Sire,

La crise des affaires de l'Amérique septentrionale pouvant s'étendre sur la France et l'Espagne comme V. M. l'a si supérieurement observé, la prévoyance la plus éclairée doit se trouver embarrassée à déterminer ce qu'il y auroit de plus avantageux à faire pour les intérêts des deux puissances dans une conjoncture aussi épineuse. Cependant comme il est indispensable de prendre une résolution quelleconque j'ai rassemblé les considérations les plus importantes qui m'ont paru devoir servir de baze à une délibération. J'ai l'honneur de les transmettre à V. M. je la prie d'en prendre la lecture, et si elle les juge dignes de quelque attention je la suplie de permettre que j'en remette des copies à ceux de ses ministres qu'Elle trouvera bon d'appeler à la discussion d'une aussi grande question, je les inviterai à vouloir bien fournir chacun le plus tôt possible un avis par écrit. Cette réunion de sentiments et de lumières est peut-être le moien le plus effectif de faire éclore une lumière salutaire.

Le ministre ne désignait pas les secrétaires d'État à interroger, sauf un seul, qu'il tenait peut-être à faire valoir parce qu'il était nouveau dans le cabinet, ou de l'avis duquel il pensait avoir besoin : il s'agit du comte de Saint-Germain, secrétaire d'État de la guerre. Le dernier paragraphe du rapport disait à son sujet :

Si V. M. daigne agréer la proposition que j'ai l'honneur de lui faire, je la suplierai encore très humblement de permettre que le Cte de St Germain soit un des ministres consultés; les grandes affaires qu'il a vues et maniées dans le cours de sa vie; l'esprit de réflexion et d'expédient dont il est doué ne peuvent manquer de rendre son avis très intéressant.

Archives nationales, ubi supra.

Autant les aspirations du sentiment national et même un peu la passion que ce sentiment engendre, étaient visibles dans les *Réflexions*, autant les *Considérations* s'inspiraient des circonstances générales et des ménagements qu'imposait le désir de rendre possible l'accord avec l'Espagne. Le ministre partait de ce principe que soit l'assujettissement soit l'indépendance des Colonies menaçait également la France et l'Espagne, parce que l'une ou l'autre issue les exposait pareillement toutes les deux à voir l'Angleterre leur faire la guerre. Toutes les deux ayant une égale préférence pour la tranquillité et la paix, il leur importait au même degré d'échapper, en se concertant, au danger suspendu sur elles, ou de l'affronter ensemble de la manière la moins dommageable. En vue de l'un comme de l'autre but deux voies s'offraient à elles : celle de l'action décidée, vigoureuse, et le ministre en traçait fortement les lignes; celle de l'action prudente, contenue, qui tient surtout compte des craintes et se préoccupe des précautions : il mettait celle-ci soigneusement en relief. En définitive, il conseillait une prévoyance circonspecte et à la fois active, non avec l'illusion d'échapper par là aux soupçons de l'Angleterre, même d'empêcher qu'elle nous attaquât si elle en avait besoin et que l'Europe s'y opposerait, mais dans la pensée de gagner peut-être une année encore, pendant laquelle on pourrait soutenir le courage des Américains en abusant le cabinet de Londres sur les intentions communes. La Grande-Bretagne se trouverait alors affaiblie par les efforts qu'on l'aurait obligée à faire, et l'on se serait mis en situation de soutenir la guerre, dont toutes les hypothèses présentaient l'évènement comme prochain.

CONSIDÉRATIONS [1].

La position de l'Angleterre vis-à-vis de ses colonies de l'Amérique septentrionale et les suites possibles et probables de l'issue quelconque de cette querelle méritent sans doute, à toutes sortes de titres, l'attention la plus sérieuse de la part de la France et de l'Espagne.

Les calculs politiques qu'on peut former sur cette grande crise sont en effet tels qu'il est peut-être problématique si elles doivent désirer l'assujettissement ou l'indépendance des colonies anglaises, et qu'elles se trouvent menacées dans l'une ou dans l'autre hypothèse de dangers qu'il n'est peut-être pas dans l'ordre de la prévoyance humaine de prévenir ni de détourner.

On ne se livrera point à la discussion qu'exigerait le développement de ces réflexions; on se bornera à les rendre sensibles, en observant que si l'on peut d'un côté regarder la continuation de la guerre civile comme infiniment avantageuse aux deux couronnes, puisqu'elle épuisera les vainqueurs et les vaincus, on peut craindre d'un autre côté : 1° que le ministère anglais sentant l'insuffisance de ses moyens ne donne les mains à une conciliation; 2° que le roi d'Angleterre en conquérant l'Amérique anglaise ne s'en fasse un instrument

---

[1] Lors du classement de cette pièce aux Affaires étrangères, l'archiviste a ajouté ceci au-dessous de l'intitulé : *Sur l'affaire des colonies anglaises de l'Amérique.* La pièce est une expédition. La minute manque. On croyait même ne pas posséder le texte des *Considéra-* *tions.* A l'époque où les archives des Affaires étrangères n'étaient pas ouvertes au public, Henri Martin assurait qu'il n'existait point. Depuis, M. de Witt l'a publié dans l'appendice de *Jefferson.* Nous ne transcrivons pas moins ici ce texte; il est un document essentiel.

pour subjuguer également l'Angleterre européenne; 3° que le ministère anglais, battu sur le continent de l'Amérique, ne cherche un dédommagement aux dépens de la France et de l'Espagne, ce qui effacerait à la fois sa honte et lui donnerait un moyen de conciliation avec les *insurgents*, auxquels il offrirait le commerce et l'approvisionnement des îles; 4° que les colonies devenues indépendantes, et ne conservant aucun lien avec l'Angleterre, ne deviennent conquérantes par nécessité, et que, surchargées de denrées, elles n'en cherchent un débouché forcé dans les îles à sucre et dans l'Amérique espagnole, ce qui détruirait les liens qui attachent nos colonies à leur métropole.

Ces différentes suppositions peuvent presque également conduire à une guerre plus ou moins éloignée avec la France et avec l'Espagne. La première, parce que avec les forces que la cour de Londres a préparées, elle peut être tentée de les employer à la conquête trop facile que les Indes occidentales lui offrent. La deuxième, parce que l'asservissement de la métropole ne pourrait s'opérer qu'en flattant la haine et la jalousie nationale par une guerre dont la durée la formerait au joug, et dont les succès l'assureraient; la troisième, enfin, par le désespoir et par la nécessité de sauver les têtes du ministère, et peut-être la personne même du roi de la rage du peuple anglais, en lui procurant une conquête aussi utile que brillante, qui sauverait la honte d'un accommodement plâtré par l'indemnité de la défaite ou le gage de la réconciliation.

Tel est en effet l'état des colonies des deux nations qu'à l'exception de la Havane, peut-être aucune n'est en état de résister à la moindre partie des forces que l'Angleterre envoie en Amérique, et la possibilité physique de la conquête ne paraît que trop évidente.

Quant à la probabilité morale d'un envahissement que rien ne provoquerait et qui serait contraire à la foi publique et aux traités, ce serait s'abuser étrangement que de croire les Anglais susceptibles d'être retenus par de pareils motifs; la reconnaissance ou un juste retour de procédés n'aurait pas plus de pouvoir sur eux que les lois sacrées de la morale. Ils ne semblent applaudir à la nôtre qu'avec une sorte de dérision. L'expérience n'a que trop prouvé qu'ils croient juste et honorable tout ce qu'ils regardent comme avantageux à leur nation et destructif pour ses rivaux. On connaît les maximes de la plupart de leurs hommes d'État qui ne calculent pas le mal actuel que la France leur fait, mais celui qu'elle pourra leur faire un jour. Ils sentent que si l'Angleterre s'épuise par la guerre actuelle, et que la France et l'Espagne prennent les mesures que leur puissance et leur sagesse leur prescrivent, ils se trouveront au sortir du combat hors d'état de lutter contre ces deux puissances. Déjà cette réflexion a été faite; déjà le parti de l'opposition a paru se réunir dans ces maximes générales à celui du ministère actuel; déjà on a lieu de craindre que celle-ci sentant sa faiblesse ne saisisse le seul moyen de se tirer du labyrinthe où elle s'est engagée, en cédant les rênes à l'opposition, et les lords Chatham, Shelburne, Waymouth, Sandwich et Richmont espéreront également de maintenir leur popularité et de dominer en s'accommodant avec l'Amérique, et en employant la masse énorme de forces mises en activité pour rectifier les conditions du dernier traité de paix contre lequel ils n'ont cessé de s'élever avec acharnement. Les Anglais de tous les partis paraissent unanimement persuadés qu'une guerre populaire contre la France ou l'envahissement du Mexique terminerait, ou du moins assoupirait leurs discussions domestiques et éteindrait leur dette nationale.

Au milieu de tant d'écueils, l'amour de préférence que le roi de France et le roi d'Espagne ont pour la continuation de la tranquillité semble prescrire la marche la plus mesurée. Si les dispositions de ces deux princes étaient guerrières, s'ils étaient disposés à se livrer à l'impulsion de leurs intérêts, et peut-être de la justice de leur cause qui est celle de l'humanité si souvent offensée par l'Angleterre; si leurs moyens militaires et pécuniaires étaient au point de développement et d'énergie convenable, et proportionnés à leur puissance effective, il faudrait sans doute leur dire que la Providence a marqué ce moment pour l'humiliation de l'Angleterre, qu'elle l'a frappée de l'aveuglement qui est le précurseur le plus certain de la destruction, et qu'il est temps de venger sur cette nation les menaces qu'elle a faites depuis le commencement du siècle à ceux qui ont eu le malheur d'être ses voisins et ses rivaux; il faudrait alors ne négliger aucun des moyens possibles pour rendre la campagne prochaine aussi vive qu'il se pourrait, et pour procurer des avantages aux Américains. Le degré d'acharnement et d'épuisement des deux partis qui en résulterait déterminerait alors l'instant de frapper des coups décisifs qui feraient rentrer l'Angleterre dans l'ordre des puissances secondaires, lui raviraient l'empire qu'elle prétend exercer dans les quatre parties du monde avec autant d'orgueil que d'injustice, et délivreraient l'univers d'un tyran avide qui veut à la fois engloutir tout le pouvoir et toutes les richesses.

Mais ce n'est pas là le point de vue où les deux monarques veulent se placer, et leur rôle paraît, dans la conjoncture actuelle, devoir se borner à une prévoyance circonspecte mais active.

Si cette maxime est adoptée, il restera à déterminer quelle est la conduite la plus convenable pour remplir ce but.

On doit, ce semble, avant de prononcer, établir quelques résultats de l'exposé succinct qui vient d'être fait : 1° on doit éviter de se compromettre et ne point provoquer les maux qu'on veut prévenir. 2° Il ne faut pas se flatter néanmoins que l'inaction la plus absolue et la plus rigoureuse nous garantisse de tout soupçon. Nous savons que notre conduite actuelle n'en est pas exempte. Les Anglais, habitués à se conduire par l'impulsion de leur intérêt et à juger des autres par eux-mêmes, croiront toujours que nous ne laissons pas échapper une si belle occasion de leur nuire; quand même ils ne le croiraient pas, ils le feindraient s'ils avaient besoin de nous attaquer, et l'Europe serait persuadée de la vérité de leur imputation malgré nos dénégations. 3° La continuation de la guerre, au moins pendant un an, paraît désirable pour les deux Couronnes, soit parce qu'il faut que les forces qui vont passer en Amérique trouvent de l'emploi contre les Colonies, soit parce que le ministère changerait nécessairement, si l'accommodement devait se faire actuellement; soit parce que l'armée anglaise, affaiblie par ses victoires ou par ses défaites sera hors d'état de faire une entreprise vigoureuse; soit enfin parce qu'une année de gagnée pour des mesures de vigueur et de prévoyance peut à beaucoup d'égards changer la face des affaires. 4° Le moyen le plus assuré de remplir ce but serait, d'un côté, d'entretenir le ministère anglais dans la persuasion que les intentions de la France et de l'Espagne sont pacifiques, afin qu'il ne craigne pas de s'embarquer dans les opérations d'une campagne vive et dispendieuse, tandis que, de l'autre côté, on soutiendrait le courage des Américains par quelques faveurs secrètes et par des espérances vagues qui préviendraient les démarches qu'on cherche à les induire de faire pour un accommodement, et qui contribueraient à faire éclore les idées d'indépendance qui ne germent encore que sourdement parmi eux. Les maux que les Anglais leur feront éprouver aigriront les esprits; on s'acharnera davantage à la guerre, et dans le cas où la métropole serait victorieuse, elle aurait pendant longtemps besoin de toutes ses forces pour dompter l'esprit d'indépendance des Américains, et elle n'oserait s'exposer aux efforts combinés avec un ennemi étranger qu'ils feraient pour recouvrer leur liberté.

Si toutes ces considérations étaient jugées aussi vraies et aussi solides qu'elles sont probables, les inductions naturelles sembleraient être :

1° Qu'on devrait continuer à entretenir avec dextérité la sécurité du ministère anglais sur les intentions de la France et de l'Espagne;

2° Qu'il conviendrait de donner aux *insurgents* des secours secrets en munitions et en argent, et l'utilité présupposée justifierait ce petit sacrifice, et nulle raison de dignité ni d'équité ne s'y opposerait;

3° Qu'il ne serait pas de la dignité du roi ni de son intérêt de pactiser avec les *insurgents*. Quelques réflexions prises dans une foule d'autres semblent le démontrer. Ce pacte, en effet, ne vaudrait qu'autant qu'ils se rendraient indépendants et qu'ils ne trouveraient pas leur intérêt à le rompre; que le régime ne changerait pas dans une administration mobile, et qui sera nécessairement orageuse; enfin que l'acte de navigation ne devînt pas la base de la réunion de la métropole et des Colonies. Un arrangement semblable ne peut être solidement fondé que sur l'intérêt respectif, et il semble qu'il ne serait temps d'examiner cette question que lorsque la liberté de l'Amérique anglaise aurait pris consistance positive;

4° Que si la France et l'Espagne donnent des secours, elles ne doivent en chercher le prix que dans le but politique momentané qu'elles se proposent, sauf à se déterminer dans la suite d'après les événements et selon les conjonctures;

5° Peut-être faudrait-il considérer, en bonne politique, qu'une apathie trop marquée dans la crise actuelle sera interprétée comme l'effet de la crainte, et de cet amour immodéré de la paix qui, depuis peu d'années, a produit tant de maux et d'injustices, et que l'Angleterre, jugeant que la nullité de nos moyens et la pusillanimité qu'elle nous supposera lui seront garants l'un de l'autre, ne devienne plus exigeante encore qu'elle ne l'est déjà, et qu'elle n'ose tout, soit directement et à face découverte, soit par l'insolence et l'injustice de ses visites et de ses croisières, et par des insultes de détail qu'elle ne voudra ni ne pourra réparer et que nous ne pourrons ni ne voudrons dévorer. Les Anglais ne respectent que ceux qui peuvent se faire craindre ;

6° Le résultat que l'ensemble et l'enchaînement des faits et des réflexions semble présenter avec le plus d'évidence c'est la nécessité de se mettre dans une position qui puisse ou contenir les Anglais, ou rendre leurs attaques incertaines, ou assurer les moyens de les punir. Des moyens de prévoyance sagement combinés, qui élèveraient les forces effectives et actives des deux monarchies au niveau de leur puissance réelle, seraient dans tous les temps utiles et convenables; mais dans un moment où la chose publique périclite en tant de manières, cette prévoyante activité devient peut-être indispensable. Elle semble offrir le seul moyen qui puisse à la fois prévenir efficacement les maux possibles et réparer ceux qu'on n'aura pu prévenir; d'autant que de toutes les conjectures vraisemblables que la circonstance peut autoriser, la moins apparente est celle que la paix puisse être conservée, quelle que soit l'issue de la guerre actuelle entre l'Angleterre et ses colonies.

Tels sont les principaux points de vue dont ce problème si important a paru susceptible et qu'on s'est simplement proposé d'indiquer à la sagesse et à la pénétration du Roi et de son conseil.

États-Unis, Mémoires et Documents de 1765 à 1778, n° 8 [1].

Les *Considérations* ramenaient donc à la mesure des esprits modérés et à la proportion dans laquelle on pouvait avoir le concours de l'Espagne, en un mot, aux conditions de l'heure présente, la politique que le ministre avait tracée dans les *Réflexions*. Rien n'y dépasse les accords qui résultaient sans conteste de la correspondance avec Madrid. Les nécessités de l'heure suivante, toutefois, y étaient moins que cachées. Les hypothèses graves ne s'y laissent pas uniquement pressentir, elles s'y dévoilent. Ce n'est pas le seul présage de la guerre qui en ressort avec évidence, mais le danger qu'il y aurait à paraître redouter ce présage, à rechercher trop la paix et l'effacement. Ce programme de conduite fait plus que montrer l'imminence d'une attaque

---

[1] Il y a une expédition de cette pièce au carton K 164, n° 3 des Archives nationales, n° 6 des pièces sans date; c'est probablement celle qui avait été remise au roi.

soudaine; il vise à rendre manifeste qu'il serait puéril de croire en détourner l'Angleterre en s'appliquant à ne la point provoquer, et que les deux Couronnes ont le devoir de s'en préserver en frappant celles-ci les premières si l'occasion en est donnée. On sent sous les lignes le rayonnement de la pensée, émise par hypothèse, que la Providence a marqué l'heure actuelle pour l'humiliation de « l'ennemi naturel » de la France et qu'il est temps, en le rejetant parmi les puissances secondaires, de venger sur lui les procédés dont il a accablé ses voisins ou ses rivaux.

L'histoire doit constater qu'aucune de ces perspectives ne retint le roi Louis XVI. Il détermina à quels ministres le mémoire serait adressé et M. de Vergennes écrivit immédiatement à ceux-ci la lettre d'envoi suivante. La minute, de sa main, porte au haut de la marge les noms des destinataires. Les expéditions en furent faites aussitôt par la plume habituellement employée à ses communications intimes[1] :

12 mars 1776.

AU COMTE DE MAUREPAS
AU CONTRÔLEUR GÉNÉRAL
À M. DE SARTINES
AU COMTE DE St-GERMAIN

J'ai l'honneur de vous envoyer, M., un mémoire de considérations relatives à l'intérêt que la France et l'Espagne peuvent avoir aux circonstances qui agitent les Colonies anglaises dans l'Amérique septentrionale et aux suites qu'elles peuvent avoir. Le Roi, qui m'a ordonné de vous communiquer cet écrit, désire que vous lui en donniez le plus tôt possible votre avis, par écrit. Vous sentirez, M. l'importance de la célérité comme celle du secret. Je ne doit pas obmettre de vous dire que l'Espagne qui n'est pas sans inquiétude sur ce qui se passe en Amérique attend la résolution de Sa Majesté. J'ai l'honneur d'être avec un très parfait attachement
M. V.

[1] Nous transcrivons ici la lettre d'envoi adressée à Turgot. Elle se trouve dans la *Correspondance d'Angleterre* à la date du 12 mars 1776.

1776.   Quand il adressait ce pli à ceux de ses collègues admis à y répondre, M. de Vergennes connaissait certainement les objections qui attendaient ses idées et l'opinion qui serait dominante. Ses combinaisons se prêtaient avec élasticité à l'hypothèse d'une parfaite prudence comme aux mesures d'énergie ou d'audace : on s'y rallierait inévitablement. Le plan que le cabinet suivrait se trouverait être, en définitive, celui qu'il avait proposé. C'est à quoi, en effet, les avis aboutirent. Le comte de Saint-Germain donna son opinion tout de suite, le 15 mars. Il débutait par cette devise : *Si vis pacem para bellum.* « Éviter la guerre avec grand soin, mais ne pas mériter le mépris de l'Europe en s'engourdissant; prévoir que, pour réparer leurs pertes, les Anglais peuvent se jeter sur les colonies françaises; mettre dès lors celles-ci en sûreté sans perdre un moment; afin d'écarter encore plus les dangers, aider sous main, sans se compromettre, les *insurgents* américains, et, comme l'Angleterre aura des forces prépondérantes en Amérique, lui donner, de concert avec l'Espagne, quelque ombrage pour son continent en Europe, » voilà à quoi concluait le secrétaire d'État de la guerre, dans une note fort brève, écho assez sensible des conversations de M. de Vergennes[1].

Le contrôleur général, lui, prit près d'un mois pour répondre. Il répondit le 6 avril, en secrétaire d'État des finances inquiet de son budget et doublé d'un philosophe politique pour qui les préoccupations du moment comptaient peu, si ses réformes n'en étaient pas l'objet et les vues d'économie sociale l'idée mère. Il « hasardait ses réflexions, disait-il, en les subordonnant aux lumières de M. le comte de Vergennes[2], » et ces réflexions n'allaient qu'à détourner de suivre

---

[1] Il fit suivre sa réponse de cette lettre : « J'ai l'honneur, Monsieur, de vous envoyer le « mémoire que vous m'avés demandé. J'aime « mieux écrire sur le militaire que sur la poli- « tique sur laquelle je ne puis que bégayer. Enfin « cela me fournit l'occasion de vous renouvel- « ler les assurances de l'inviolable attachement « avec lequel j'ai l'honneur d'être, Monsieur, « votre très-humble et très-obéissant serviteur. « SAINT-GERMAIN. » (*Angleterre,* t. 515, n° 24.)

[2] Turgot avait donné pour titre à sa réponse : *Mémoire sur la manière dont la France*

CONSIDÉRATIONS SUR LA CONDUITE À SUIVRE. 281

les plans esquissés par le ministre, ou à ne les laisser suivre que de 1776.
très loin. La dépense en serait à ses yeux trop grande et « rendrait impossibles, pour bien longtemps et peut-être pour toujours, des changements nécessaires à la prospérité de l'État et au soulagement des peuples ». C'était presque un livre, toute une théorie du régime colonial, suivant laquelle il n'y aurait eu qu'à attendre des faits l'inévitable résultat que l'on recherchait. Turgot disait tout cela avec une prétention à professer, sinon à donner des leçons, qui ne devait point rendre son avis agréable, et avec une croyance à sa propre supériorité, même dans les plus petits détails de la politique, trop insuffisamment compensée par l'exactitude ou l'à-propos pour qu'elle s'imposât. « Des colonies exclusivement rivées à la métropole, il ne pouvait plus y en avoir; sages et heureuses seraient les nations qui y renonceraient pour en faire des provinces alliées, non plus sujettes; l'Espagne devait s'attendre à se voir abandonner par les siennes, il fallait la préparer à la révolution du commerce que causerait le régime nouveau, et il importait peu de s'inquiéter si les Anglais se jetteraient sur les nôtres, puisque l'on n'aurait plus d'intérêt à en posséder du tout; que nous faisait, dès lors, que l'Angleterre soumît ou non ses colonies insurgentes? soumises, elles l'occuperaient assez par leur désir de devenir libres, pour que nous n'ayons plus à la craindre; affranchies, tout le système commercial se trouverait changé, et l'Angleterre n'aurait plus d'autre intérêt que celui de s'assurer les bénéfices du système nouveau par des efforts qui ne comporteraient pas la guerre. » C'est à propos de ce que disait le « mémoire de considérations » pour détourner les deux Couronnes d'attaquer l'Angleterre, que le contrôleur général appuyait sur l'état misérable de nos finances, dont la réforme était seule capable de l'émouvoir. Il

---

et l'*Espagne devraient envisager les suites de la querelle entre la Grande-Bretagne et ses colonies.* Ce *Mémoire* a été imprimé souvent. Il se trouve notamment dans l'édition des œuvres de Turgot publiée par la maison Guillaumin et Cie, t. II, p. 551-585.

dressait là un épouvantail qu'il fallut beaucoup de patience, après, pour faire regarder de sang-froid.

Le roi connaît la situation de ses finances. Il sait que, malgré les économies et les améliorations déjà faites depuis le commencement de son règne, il y a entre la recette et la dépense une différence de 20 millions, dont la dépense excède. A la vérité, dans la dépense sont compris les remboursements assignés, mais auxquels le roi ne peut manquer sans altérer la foi publique et le crédit. Il n'y a que trois moyens de remplir ce déficit : une augmentation d'impôts, une banqueroute plus ou moins forte, plus ou moins déguisée, et une économie considérable, soit dans les dépenses, soit dans les frais de perception.

La bonté du roi, sa justice, le soin de sa gloire, lui ont fait, dès le premier moment, rejeter le moyen de la banqueroute, en tout temps, et celui d'une augmentation d'impôt pendant la paix. La voie de l'économie est possible; il ne faut pour cela qu'une volonté ferme. La première économie doit être celle des dépenses, parce qu'elle seule peut fonder la confiance du public, et parce que la confiance du public est nécessaire pour trouver à gagner dans la partie des finances, en remboursant des engagements trop onéreux, ce qui ne se peut faire qu'en empruntant à des deniers plus avantageux.

En même temps que le roi a trouvé ses finances obérées et en désordre, il a trouvé son militaire et sa marine dans un état de faiblesse qu'on aurait eu peine à imaginer. Pour les rétablir et rendre à la France le degré de force et de considération qu'elle doit avoir, il faut que le roi dépense lorsque l'état de ses finances lui prescrit d'épargner.

Notre état néanmoins n'est pas tellement désespéré, que, s'il fallait absolument soutenir une guerre, on ne trouvât des ressources, si c'était avec une probabilité de succès décidés, qui pussent en abréger la durée. Mais au moins faut-il avouer qu'on doit l'éviter comme le plus grand des malheurs, puisqu'elle rendrait impossible pour bien longtemps, et peut-être pour toujours, une réforme absolument nécessaire à la prospérité de l'État et au soulagement des peuples. En faisant un usage prématuré de nos forces, nous risquerions d'éterniser notre faiblesse.

Une troisième raison doit décider contre le projet d'attaquer l'Angleterre, c'est la très grande probabilité que cette attaque deviendrait le signal de la réconciliation entre la métropole et les Colonies, et précipiterait le danger que nous voulons éviter.

Turgot voyait, en effet, dans une réconciliation soudaine, des motifs réels de craindre. Cette éventualité lui paraissait commander des précautions, mais des précautions uniquement et les plus restreintes, rien qui pût être onéreux. Il cédait visiblement à contre-cœur à la justesse des préoccupations exposées par son collègue et s'efforçait d'y opposer des obstacles : « On avait déjà, l'an dernier, renforcé nos îles; le faire de nouveau, cette année-ci, serait insuffisant et presque ruineux comme l'état d'hostilité lui-même; on porterait d'ailleurs l'Angleterre à envoyer des forces de plus, qui en exigeraient davantage de notre part, et l'on donnerait peut-être à l'Espagne l'occasion de nous engager dans la guerre inconsidérément, pour la satisfaction de ses ambitions ou de ses rancunes. Observer attentivement partout, nous mettre sans éclat en mesure d'armer une escadre à Brest, une à Toulon quand ce sera nécessaire; que l'Espagne en forme une au Ferrol; ne les armer effectivement l'une et l'autre qu'en cas de besoin positif, sans les faire sortir; si la guerre devient inévitable, tout disposer pour une expédition en Angleterre; cette nation se verra obligée par là de faire rentrer ses forces et nous en enverrons alors nous-mêmes soit aux Antilles, soit aux Indes; ces précautions-là entraîneront encore de considérables dépenses, il faut donc ne rien précipiter et attendre d'avoir la certitude que véritablement l'Angleterre songe à nous attaquer; moyennant cela, d'ailleurs, et à la condition de ne pas sortir de la neutralité, de ne rien faire directement, que l'on procure aux colons les moyens de se fournir, par la voie du commerce, des munitions et même de l'argent dont ils ont besoin. » Tout cela était certainement d'un moraliste, mais pas assez d'un politique. On n'eût été prêt à rien, en situation de rien utiliser, et l'on eût pu se voir subitement pris sans défense. Beaumarchais, peu après, ne constatait pas sans fondement « l'éloignement où se tenait le contrôleur général de ce qui n'est pas l'intérieur du royaume »[1].

M. de Sartines voulait ce que voulait M. de Vergennes; ce n'est pas de lui que les objections seraient venues. D'autre part, le conseil n'eût probablement pas été interrogé si l'opposition de M. de Maurepas avait dû s'y produire. On ne peut attribuer qu'à l'un ou à l'autre de ces deux ministres, une autre réponse, condensée, très précise, que son intitulé indique, il semble, comme le résumé même de ce que l'on déciderait de faire: *Réflexions sur la nécessité de secourir les Américains et de se préparer à la guerre avec l'Angleterre*[2]. On ne mettrait peut-être pas à tort cette réponse au compte du chef du cabinet, tant les considérations essentielles s'y trouvent toutes exactement relevées et pesées avec compétence :

On ne peut qu'avouer la verité du tableau qu'on a fait de nôtre situation actuele vis à vis de l'Angleterre. Il y a longtems qu'elle a attiré l'attention du Conseil du Roy, et qu'on y a fait les réflexions contenues dans le mémoire sur le quel Sa Majesté ordonne de donner un avis. On ne répétera donc point ce qui est dans ce mémoire dont on sent la vérité et la justesse dans toute son étenduë; on passe directement à la conclusion et l'on pense qu'en effet il faut,

1° Commencer par entretenir la sécurité du Ministere Anglois.

2° Qu'il n'y a point d'inconvenient et qu'il est même necessaire de secourir indirectement les insurgens par des secours de munitions ou d'argent; mais sans faire avec eux aucune convention jusqu'à ce que leur independ^{ce} soit établie et notoire. Il faut même que ces secours soient toujours voilés et cachés et ne paroissent venir que par le commerce de façon que nous puissions toujours les nier.

3° Qu'il est tems de sortir de l'apathie ou nous paroissons être; mais d'en sortir avec précaution et prudence. Il est donc à propos de commencer par

---

[1] Dans une de ses lettres à M. de Vergennes (mai 1776).

[2] Un classement erroné a fait donner à cette pièce, aux Affaires étrangères, la date de janvier 1777. Le premier paragraphe indique suffisamment sa date véritable.

CONSIDÉRATIONS SUR LA CONDUITE À SUIVRE.

laisser partir les troupes et les vaisseaux que les Anglois destinent contre leurs Colonies de façon a laisser engager la campagne, et de tâcher d'être instruit de tous les evenemens afin de pouvoir se conduire en consequence.

4° Que d'ici là, la Marine doit aprovisionner ses arsenaux de tout ce qui pourra être nécessaire pour armer l'année prochaine le plus fortement qu'il sera possible.

5° Qu'on se prépare dès cette année cy à envoyer dans les Colonies vers le mois de septembre une escadre qui puisse en imposer aux Anglois ou du moins leur rendre difficiles les entreprises qu'ils pourroient former sur la Martinique ou S‍t Domingue et qui ne pourroient avoir lieu qu'avec des troupes déjà fatiguées et des vaisseaux depuis longtems à la mer.

6° Enfin suivant les circonstances qui existeront alors on pourroit dans le cours de l'hiver se disposer à leur porter dans l'Inde un coup qui seroit bien dangereux pour eux, en aidant les puissances du pays qui ne portent leur joug qu'avec impatience.

Tels sont les projets qu'on peut former dès à present en évitant de se compromettre mais on ne peut se dissimuler qu'il n'y aura jamais un tems plus favorable pour reduire la puissance de l'Angleterre que celui où encore chargée des dettes de la précédente guerre, elle est obligée d'en contracter de nouvelles et très considérables pour celle qu'elle fait à ses Colonies et où privée de leur commerce, la chute de son crédit et de ses fonds publics, paroit inévitable.

On doit aussi considerer que dans la situation actuele de l'Europe on n'a pas lieu de craindre que les Anglois usent de la ressource qui leur a toujours si bien réussi de nous susciter une guerre de terre; notre alliance avec la Cour de Vienne ne nous permet pas de la soupçonner, elle nous garantit aussi du Roy de Prusse; la seule diversion qu'elle pourroit nous causer, ce seroit donc une guerre de la Russie à la Suède que nous pourrions secourir avec quelqu'argent et qui dans l'état ou elle est pourroit resister long-tems surtout la santé du Roy de Prusse donnant lieu de croire qu'il ne pourroit pas s'en mesler.

Toutes ces considerations réunies pourroient donc porter à conclure même à l'offensive, comme le seul moyen de rétablir notre marine d'une part et de l'autre d'affoiblir celle de l'Angleterre, et comme le seul moyen d'assurer pour long-tems la paix du Continent qui n'a jamais été troublée que par leurs intrigues ou leur argent, et qui le sera encore moins par le pied respectable sur lequel seront les troupes du Roy, d'après les arrangemens projettés.

Mais ce projet et même celui des simples précautions doivent être subordonnés à l'etat des finances et les fonds qu'on peut destiner à la marine seront considérables quand on ne s'en tiendroit qu'aux simples précautions et doivent être assurés pour plusieurs années puisque quand on ne s'en tiendroit qu'à la simple deffensive, il y a toute apparence que cette deffensive attirera la guerre.

États-Unis, t. 2, n° 14. (Copie.)

La complète adhésion au programme que les *Considérations* avaient tracé, la même animation contre la puissance anglaise qui inspirait le ministre, indiquent dans cette réponse une main qui sait ce que l'on fera, plutôt que celle de quelqu'un dont on a demandé l'avis. Le compte qui y est tenu des autres pays de l'Europe, l'exacte appréciation du rôle à attendre de nos alliances, l'indication surtout que si les Colonies établissent positivement leur indépendance on pourra se concerter avec elles, donnent à cette supposition des présomptions de plus. On voit qu'à tout prendre le programme proposé allait à tout le monde. Ne dût-il se réaliser que dans sa portée restreinte, il révélait, de la part du cabinet, des dispositions bien moins timides que ne l'aurait fait supposer l'apparence. Les sentiments et les vues avaient donc singulièrement progressé. C'est aux liens formés avec l'Espagne, que ce résultat était dû. Ces liens allaient se serrer plus étroitement encore.

ANNEXE DU CHAPITRE VIII.

RAPPORT DE BONVOULOIR AU COMTE DE GUINES.

Philadelphie, le 28 décembre 1775.

J'ai trouvé, comme je m'y étais attendu, ce pays-ci dans une agitation inconcevable. Les confédérés font des préparatifs immenses pour le printemps prochain, et malgré la rigueur de la saison, ils continuent la campagne. Ils ont assiégé Montréal qui a capitulé, et sont actuellement sous Québec, qui, je pense, en fera bientôt autant. Ils se sont emparés de quelques vaisseaux de Roy, chargés de provisions de guerre et de bouche. Ils sont parfaitement retranchés sous Boston; ils se font même une petite marine; ils ont une ardeur et une bonne volonté incroyables. Il est vrai qu'ils sont conduits par de bonnes têtes. Trois choses importantes leur manquent : une bonne marine, des provisions et de l'argent; ils en sont convenus avec moi. Je vais vous rendre compte mot pour mot de trois conversations particulières que j'ai eues avec M. Franklin et trois autres bonnes têtes qui composent le conseil privé. Je suis entré comme *particulier* dans leur intimité, par le canal d'un honnête Français, duquel je suis sûr, et qui a acquis une bonne part dans la confiance des députés. Ce français se nomme Daymons. Je vous le recommande. Il est bibliothécaire de la ville. Tout ce que vous me ferez passer parviendra à mon adresse, et mes paquets seront marqués A. B. et ils me seront rendus.

Je ne leur ai fait aucune offre..............................* Ils ne sont que cinq dans le Conseil privé, dont je vous dirai les noms à la fin de ma lettre : tout ce qu'ils font est bien fait et a force sans la sanction du congrès qui est très nombreux, et où il s'est glissé des faux frères. Ils en ont découvert un ces jours, qui a évité sa peine par la fuite. J'ai souvent avec eux des entrevues comme particulier. Chacun se rend dans l'obscurité par des routes différentes dans un lieu marqué. Ils m'ont donné leur confiance; après avoir dit que je ne *promettais*, n'*offrais* et ne *répondais* de rien, et les avoir avertis plusieurs fois que j'agirais comme *particulier bénévole*.

Voici le résultat de nos entrevues, dont eux-mêmes m'ont engagé de faire part

---

* La partie de cette pièce représentée par des points a été transcrite plus haut, p. 267.

à mes *connaissances*, de même que de toutes celles que nous aurons dans la suite, et de l'état même de leurs affaires, sans me demander à qui, ni comment, ni où je m'adresserais, me regardant comme homme privé et dans lequel ils ont de la confiance :

1° Leurs affaires sont en bon état, et je suis sûr, ayant des émissaires en plus d'un endroit et qui m'instruiront non gratis. Ils espèrent ouvrir la campagne avec succès; et je viens de savoir dans l'instant que les sauvages de cinq nations ont envoyé leurs chefs à l'assemblée générale, pour les assurer qu'ils voulaient être neutres, mais que si pourtant le cas l'exigeait, ils prendraient les armes pour les Américains; ils sont puissants, à craindre, et on ne les a gagnés qu'à force de présents. Lord Dunmore, commandant à la Virginie, était parvenu à se faire un parti assez considérable; il avait publié une proclamation qui rendait les esclaves libres; il s'était déjà emparé de Norfolk et s'y était fortifié. Les Virginiens, aidés de quelques compagnies des milices de la Caroline, l'ont battu à trois fois différentes, ont repris Norfolk, ruiné les fortifications et obligé Dunmore à se retirer à bord des vaisseaux du Roi, à dix ou douze milles de la ville, où ils vont aller l'attaquer si les glaces le permettent.

Les royalistes ont pris le chemin de New-York pour le bloquer. Le général Lee s'y rend actuellement avec cinq mille hommes.

Ils sont persuadés qu'ils ne peuvent se soutenir sans une nation qui les protège par mer; que deux seules puissances sont en état de les secourir, la France et l'Espagne, mais qu'ils peuvent faire la différence de l'une à l'autre. Je leur ai fait encore sentir adroitement la supériorité en tout genre que le Roi, mon maître, a sur l'Espagne, et ils en sont convaincus; ils sont même, je pense, résolus, peut-être même depuis longtemps, de réclamer Sa Majesté; mais j'entrevois qu'ils veulent attendre que la campagne soit ouverte, parce que, dans ce pays, beaucoup de gens tiennent encore au Roi, qui ne leur a pas fait encore assez de mal. Ils verraient peut-être avec inquiétude une nation étrangère se mêler de leurs affaires. Ils veulent gagner les esprits et leur faire sentir le besoin qu'ils ont d'être aidés; en cela, je pense qu'ils sont prudents. Ils s'attendent d'avoir leurs villes détruites et leurs maisons brûlées, ce qui achèvera de leur faire abhorrer les léopards. Ils ont envoyé, sans *mon conseil*, un brigantin à Nantes nommé *John* ou le *Saint-Jean*, capitaine Charles Forest, adressé à M. Jean-Daniel Schweighauser. Ce vaisseau portera ma lettre. J'embarque moi-même un homme dont je suis sûr, sans cela je me servirais d'une autre voie pour vous écrire; mais il est important qu'aucun mot ne vous échappe. Voici les demandes qu'ils me prient de présenter pour eux. Le bâtiment est chargé de farine et autres productions du pays, qu'ils ont envie d'échanger contre d'autres effets d'une autre nature; comme la cargaison d'importation excédera peut-être celle d'exportation, ils prient qu'on remplisse le chargement, qu'on leur permette d'en faire passer l'excédant à Saint-Domingue, aux lieux et personnes qu'on leur indiquera, et qu'on en reçoive le payement en denrées du pays n'ayant pas de numéraire. S'il y avait moyen de leur faire passer la même espèce de marchandise en différents endroits de Saint-Domingue, mes correspondants l'y iraient chercher à leurs *périls et risques;* ils voudraient deux hommes capables de conduire des fortifications. S'il en vient, ils iraient les chercher au Cap-Français, qui est la plus sûre route pour les faire parvenir ici, parce que si par malheur ils étaient pris, ils ne risqueraient rien, les habitants de ces brûlantes contrées venant souvent ici pour réparer leur santé. Voici pour le présent leurs demandes, se chargeant des frais, et ils m'ont prié de les faire savoir à mes connaissances. Je leur offrirais bien mes petits talents pour le génie, mais je ne peux être sédentaire, étant obligé de courir tous les jours.

Vous recevrez le plus souvent possible de mes nouvelles, et je vous manderai à la lettre tout ce qui se passera. Ils sont eux-mêmes si persuadés de la bonté de la France pour eux qu'ils m'ont prié, si j'avais quelques bonnes connaissances, de leur faire part de ce qui les regardait, ce que je leur ai promis sans *rien* de *plus.*

Si vous le jugez à propos, faites expédier bientôt notre navire. Le temps presse. Mon envoyé a ordre, en cas de poursuite, en allant et revenant, de jeter les papiers à la mer. Vous pouvez en toute sûreté me faire réponse par lui, à l'adresse marquée dans le courant de ma lettre. Je vous prie, pour moi, de faire écrire à M. Buffon, négociant au Havre, pour réclamer deux malles qui ont dû être envoyées à son adresse; elles sont précieuses pour moi, car ce pays-ci est cher. Je suis obligé de faire de la dépense secrète, et je n'épargne l'argent que pour moi. Si vous les pouvez recouvrer, faites-les, je vous prie, cheminer pour Nantes à l'adresse de M. Tessier, négociant à Nantes et mon correspondant, qui les chargera à bord. Si elles ne sont pas au Havre, faites écrire au chevalier de B... pour en faire promptement la recherche. Je vous dirai que M. Daymons vient de recevoir une lettre de M. Pie Deperé, dont j'ai eu l'honneur de vous parler en Europe, datée du fort Dauphin, qui lui annonce quatre cargaisons de marchandises. J'ai l'honneur de vous répéter que je n'ai rien avancé, ni ne me suis rendu *garant* de rien, *absolument* rien; on a en moi beaucoup de confiance, et je pénètre tout ce qu'il y a de plus secret. On ne m'a même pas demandé à qui, ni où je m'adresserais en aucune façon.

Tout le monde ici est soldat. Les troupes sont bien vêtues, bien payées et bien commandées. Ils ont environ cinquante mille hommes soudoyés et un nombre plus considérable de volontaires qui ne veulent point de paye. Jugez comme des gens de cette trempe se battront. Faites-moi réponse le plus tôt possible pour expédier le bâtiment et tâchez qu'il rapporte mes malles. Je suis sûr de celui qui porte ma lettre; sans cela, je ne vous écrirais pas si ouvertement. Vous pouvez m'écrire en toute assurance par lui. Il est sur le navire comme passager. J'ai pensé moi-même aller vous informer de tout, mais je n'ai pas osé. Faites-moi réponse à tous les articles de ma lettre et une instruction pour me conduire; car les affaires sont si délicates qu'avec toute la bonne volonté possible, je n'y marche qu'en tremblant, quoique je sois obligé d'avancer parce que le temps presse. Je ne leur ai rien dit qui pût leur faire croire que j'aie des correspondances avec le ministre, et j'agis comme particulier, mais je crois, et j'en ai de fortes preuves, qu'ils s'imaginent que je ne suis point venu directement d'Anvers dans l'hiver sans de fortes raisons. Ils n'en ont que plus de confiance en moi et me marquent des égards on ne peut plus flatteurs. Je vais vous faire part d'un petit billet que le conseil privé m'a envoyé ce matin par Daymons, homme sûr et qui m'est singulièrement utile. J'y ai fait la réponse que vous verrez, après leur avoir dit que ceci se passait comme de particulier à particulier, et avoir reçu les plus fortes assurances qu'ils ne le faisaient que pour me communiquer leurs doutes et me prier de les éclairer le plus que le peut faire un homme qui ne se mêle ni ne connaît les affaires d'État.

Je sais tout ce qui se passe de plus secret et leurs délibérations me sont communiquées et, en les flattant et leur lâchant un peu la main, j'en ferai ce que je voudrai. Ils m'ont tous dit qu'ils combattaient pour être libres et qu'ils le seraient à quelque prix que ce fût, qu'ils étaient liés par serment et qu'ils se feraient hacher plutôt que de céder, qu'ils savaient bien qu'eux seuls ne pouvaient se soutenir par mer et qu'il n'y avait que la France en état de protéger leur commerce, sans lequel leur pays ne serait point florissant; qu'ils ignoraient si, en cas que cela en vînt aux propositions, la France se contenterait d'avoir chez eux pendant un temps limité un commerce exclusif pour l'indemniser des frais que lui occasionnerait leur cause, qu'ils ne pourraient pas payer d'une neutralité, même d'un peu de secours en cas de guerre entre les deux nations et d'un attachement inviolable, choses auxquelles ils ne manqueraient jamais.

J'ai répondu que cela ne me regardait point, qu'ils étaient prudents et sages, qu'ils discuteraient leurs intérêts, mais que quand on demande on ne fait pas toujours la loi. Ils sont plus puissants que l'on ne pense; cela passe même l'imagination et vous en seriez surpris. Rien ne les épouvante, réglez-vous là-dessus. Le bruit court qu'il est arrivé au camp deux officiers français chargés de faire des propositions. On m'a demandé ce que j'en croyais. J'ai répondu que je n'en savais rien, que cela me paraissait étrange, que la France était bien puissante, et que loin d'offrir elle n'accordait même pas toujours ce qu'on lui demandait.

ANNEXE DU CHAPITRE VIII.

Vous saurez tout ce qui se passera et n'aurez point de faux avis de ma part. Combinez vos volontés sur mes lettres; je vous répète que mon homme est sûr. Il est comme passager sur le bâtiment. Je n'ai fait aucune indiscrétion, et tout est couvert du voile du secret le plus impénétrable.

Personne n'entrera jamais aussi avant que moi dans leur confiance et ne les tournera comme moi. Je vous ferai part de toutes leurs délibérations que je sais toutes, mais actuellement on n'agite que les moyens de se procurer des munitions.

J'ai été longtemps sans vous écrire. Ce n'est pas ma faute. J'ai eu un passage affreux. J'ai été cent jours en mer. J'ai pensé périr vingt fois. J'ai été réduit par jour à deux biscuits, mais mangés des vers, un peu de bœuf salé et de l'eau infecte en petite quantité et rien de plus, et faisant plus de quarante tonnes d'eau par vingt-quatre heures. Prenez garde aux endroits soulignés de ma lettre.

Si en cas que le bâtiment revienne chargé, vous me rendriez un grand service de faire ordonner, si cela se peut sans danger, que l'on marquât dix ou douze balles de marchandises des lettres A. B. Cela me ferait grand bien et ne coûterait guère. Je suis obligé de faire de la dépense et je n'épargne l'argent que pour moi. Je vous écrirai souvent par Saint-Domingue où j'ai un homme sûr et mon intime ami. Je fais de mon mieux, et je serais bien malheureux si je ne vous satisfaisais pas. Vous connaissez mon attachement pour vous et vous ne doutez pas que je sois toute ma vie,

Votre humble et respectueux serviteur.

P. S. Je viens d'apprendre que les royalistes peu à peu évacuent Boston où ils n'ont plus de vivres que pour un mois, et n'en peuvent recevoir. Tout est intercepté et les habitants de même que les troupes sont réduits à la plus affreuse extrémité. Si vous pouviez me faire le plaisir de m'envoyer un étui de mathématiques avec un traité des fortifications et de l'attaque et la défense des places de M. de Vauban, cela va me devenir nécessaire et on ne peut rien trouver ici. Je travaille jour et nuit, trop heureux si je réussis. Je commence à parler joliment anglais.

Voici le billet que je viens de vous annoncer........................ [*]

Je viens de savoir dans le moment qu'ils ont pris deux vaisseaux de transport richement chargés, mais aussi ont-ils perdu un de leurs corsaires. Ils auront au mois d'avril plus de trente navires armés depuis quarante canons jusqu'à douze. Ils ont quitté le pavillon anglais et ils ont pris pour armes un serpent à sonnettes, et qui en a treize, de même qu'un bras armé aussi de treize flèches pour représenter les treize

---

[*] La partie de cette pièce représentée par des points a été transcrite plus haut, p. 268.

provinces unies du continent. Les royalistes ont envoyé les prisonniers américains à Londres. Le général Washington, qui avait envoyé un trompette les redemander, ayant reçu une réponse fort dure, a fait publier que, s'il arrivait mal à ses gens prisonniers, il userait de représailles sur près de trois mille qu'il avait et presque tous officiers, et on est convenu, ce que je viens d'apprendre, que si cela arrivait, on ne ferait aucun mal aux prisonniers anglais, mais qu'on ne garderait plus aucune mesure et dans l'instant on réclamerait l'assistance étrangère. Vous saurez plus tôt que moi ce qui sera arrivé à ces malheureux. Faites-le moi savoir, cela aura un bon effet. On va faire le siège de Boston. Vous recevrez deux lettres de moi, mais assez indifférentes, par deux bâtiments qui vont en France sans mon avis. Ils m'ont dit qu'ils me regardaient comme un homme venu pour les seconder et les aider, mais que aussi, si je pouvais leur rendre quelque service, je connaîtrais à quels hommes j'avais affaire, et combien ils seraient reconnaissants, et qu'ils me regarderaient comme un de leurs membres. Je sais tout cela par un bon émissaire, et duquel je ne peux me passer. On m'a demandé aujourd'hui si j'avais quelques connaissances à Miquelon. J'ai dit que non. Ils auraient grande envie qu'on y fît passer quelques provisions, parce qu'ils auraient beaucoup de facilité pour les y aller chercher.

Voici le nom des sauvages qui ont envoyé leurs chefs à l'assemblée, et formé alliance avec les Américains, savoir :

Les Tuscarons, les Onondagas, les Senekas, les Mohawks, les Cayugas.

Voici les noms du Conseil privé, qui décide de tout sans la participation du reste du Congrès, savoir :

MM. Franklin, Harrison, Johnson, Dickinson, Jay.

En ployant ma lettre le papier s'est rompu un peu. Ainsi que cela ne vous inquiète pas. Je suis sûr de mon homme. Il est arrivé hier ici deux Français menant un grand train, qui ont, dit-on, apporté bonne provision de poudre. Je ne vous écrirai pas par les deux vaisseaux qui vont en Europe et dont je vous parlais. J'ai cru cela inutile, n'ayant rien à vous mander de plus.

Adresse du brigantin le *Saint-Jean*, capitaine Charles Forest, à l'adresse de M. Jean Daniel Schweighauser.

Il en partira encore un autre pour le même port, sous douze jours, et je vous écrirai par lui. Si cela réussit, tout ira comme on voudra.

CHAPITRE IX.

LES DISPOSITIONS DE L'ESPAGNE ET SES VISÉES.

Amour sincère de Charles III pour la paix. — Pourquoi l'Espagne était plus portée aux petites entreprises qu'aux grandes. — Humeur ombrageuse de son gouvernement. — Attachement probable de Louis XVI pour l'union avec son oncle; facilité de M. de Vergennes à s'en faire une loi. — Sentiments de M. de Grimaldi à l'égard du ministre français; Charles III est transporté par la correspondance de ce dernier. — Propension de l'Espagne à conquérir le Portugal; craintes de M. de Grimaldi d'en laisser perdre l'occasion. — Le ministère espagnol avoue cette ambition; il propose de faire effectuer la conquête par les forces des deux pays et de laisser la France s'indemniser au Brésil. — Réponse du cabinet de Louis XVI; principes qu'il assigne à la politique commune et conduite présente qu'il lui trace. — État d'affaiblissement où le dernier règne avait laissé la France; morale du gouvernement du roi. — Soins de M. de Vergennes pour retenir l'Espagne et ne point détourner la Grande-Bretagne de se paralyser elle-même par la guerre contre ses colonies.

L'ambition n'animait pas Charles III : il aimait la paix. Il disait un jour à notre ambassadeur, à propos des Portugais : « Je ne veux rien « du leur, je veux ce qui m'appartient. Je n'offense et n'attaque per- « sonne, mais lorsque l'on me cherche on me trouve; » c'était un langage sincère. Mais l'Espagne n'avait plus de bonheur en Europe; elle avait cessé de se sentir forte, cessé aussi de l'être, et ses grandes possessions d'outre-mer ne l'en consolaient pas. Des avantages politiques l'auraient beaucoup flattée. Le roi et ses ministres ne les dédaignaient point pour elle; seulement, ils ne voulaient point les acheter, encore moins les acheter cher, en sorte qu'ils avaient plus de propension aux petites choses qu'aux grandes, aux « mouches incommodes », comme M. de Vergennes appelait le Maroc et Alger, qu'à ce monstre de l'Angleterre qu'il voulait qu'on muselât[1] et contre lequel il excitait à se

1776.

---

[1] Dépêche à Ossun du 28 juillet. M. de Vergennes y revient plus d'une fois dans sa correspondance. Il le répète dans une lettre, entre autres, du 28 novembre : « La répugnance de « l'Espagne a se renforcer a Buenos ayres et « l'affectation de M. de Grimaldi a se créer un

préparer. Le gouvernement britannique connaissait bien ce secret de la politique espagnole; il était attentif à susciter à celle-ci des affaires sans portée. Chez les Barbaresques, aux Philippines, sur les Rio Grande ou Forte, partout où s'en présentait l'occurrence, il aidait les adversaires de l'Espagne, tandis qu'à Madrid il faisait exercer sur la cour, que l'amour-propre et l'impuissance rendaient facile à émouvoir, une influence contre laquelle le roi et son premier ministre avaient de la peine à défendre une politique un peu relevée ou qui eût au moins l'apparence de l'être. Il résultait de là des dispositions ombrageuses et une situation compliquée sur laquelle M. de Vergennes dut porter une attention continuelle, et qu'il eut à prendre en mains comme une dépendance étroite de la nôtre.

Il est probable que Louis XVI tenait personnellement beaucoup à l'union avec son oncle. S'engageant tout jeune, après des années d'attitude effacée de la part de la France, dans une politique où des circonstances fort sérieuses pouvaient survenir, il devait trouver trop de prix à se sentir appuyé sur l'expérience et l'amitié du roi d'Espagne, pour que ses conseillers pensassent à rien combiner et à rien entreprendre en dehors ou à l'encontre du Pacte de famille. Le secrétaire d'État des affaires étrangères n'aurait pas eu pour doctrine politique l'esprit et les stipulations de cet acte que, forcément, il lui eût fallu se rendre favorable le gouvernement de Charles III. Les procédés et les efforts ne coûtaient point, d'ailleurs, à M. de Vergennes, convaincu comme il l'était. Il tenait trop à occuper les deux pays de la même pensée, à les rendre bien présents l'un à l'autre. Il avait fait reprendre aux ambassadeurs, dans cette vue, l'habitude, donnée par Choiseul et abandonnée sous le duc d'Aiguillon, d'envoyer périodiquement un bulletin des évènements ou des nouvelles, destiné à la

---

« grief contre nous au sujet d'Alger, me font « craindre qu'il ne soit encore question de re- « prendre cette expédition. Je vous prie d'y « veiller et s'il y a moïen, de la detourner. Ce « seroit user de gaité de cœur et sans utilité ses « moïens et ses forces. Alger est tout au plus une « mouche incommode, l'Ang^{re} est le monstre « qu'il faut museler. » (*Espagne*, t. 578, n° 112.)

LES DISPOSITIONS DE L'ESPAGNE ET SES VISÉES. 295

Gazette de France[1]. Ses procédés étaient sensibles au monarque droit et judicieux du Pardo[2], et ses efforts, qui flattaient M. de Grimaldi, auraient inspiré à ce dernier une réciprocité complète s'il se fût senti libre; mais la situation du premier ministre à l'égard du prince des Asturies l'obligeait à la réserve et grossissait dans son esprit les nuages dus à de mauvais propos qui partaient sans cesse de Londres. En outre, il ne pouvait guère s'abuser sur l'état d'affaiblissement où se trouvaient les ressorts de la monarchie. Beaucoup de ses démarches manquaient de justesse par la préoccupation de cacher une infériorité qui contrastait trop avec la grandeur d'autrefois; l'insuccès s'ensuivait

1776.

---

[1] « Monsieur, écrit Ossun au ministre dans un rapport du 31 juillet 1775, j'ai reçu la reponse dont vous m'avez honoré le 17 de ce mois au sujet d'un article inséré dans la *Gazette de France* n° 49 du 10 juin dernier et rétracté dans celle n° 51 du 26 du même. J'ai communiqué votre lettre à M. le Mis de Grimaldi et il en a été satisfait. Vous avés daigné Monsieur, me prescrire à cette occasion de former et de vous adresser tous les quinze jours, ou même plus souvent, des Bulletins periodiques des évènemens et des nouvelles de ce païs que j'estimerai devoir etre insérées dans la *Gazette de France*, cet objet faisant la matière d'un article des instructions communes à tous les Ambassadeurs et Ministres du roi dans les cours étrangères. Enfin vous avez eu la bonté de m'envoyer une copie de cet article par extrait. Je vais prendre, Monsieur, les mesures convenables pour être en état de m'y conformer exactement à l'avenir. Mais je crois pouvoir vous informer que les instructions communes à tous les Ministres du Roi dans les Cours Étrangères, que vous m'indiqués, ne m'ont jamais été communiquées, excepté neanmoins par raport aux nouvelles à inserer dans la *Gazette de France* que M. le duc de Praslin, lorsqu'il fut fait ministre des affaires étrangères, me chargea de recueillir et de lui envoyer, et dans la suite M. le duc d'Aiguillon se borna à m'ordonner de lui adresser toutes les semaines la *Gazette de Madrid.* — A St Ildefonse 31 juillet 1775. » (*Espagne*, t. 576, n° 179.) L'authenticité de la *Gazette* sur les affaires extérieures, à partir de cette date, est ainsi attestée à l'histoire.

[2] C'est le jugement que les Espagnols d'aujourd'hui portent sur Charles III et que les documents autorisent à porter. La dévotion étroite de ce prince l'a peut-être empêché d'être un roi brillant; mais c'est à tort que parfois on parle de lui avec défaveur. A son sujet, un Danois, le baron de Gleichen, ministre dans différentes cours et qui résida deux ans à celle d'Espagne, a écrit : « Je ne lui ai jamais rien ouï-dire qui fût spirituel, mais aussi ne lui ai-je jamais entendu proférer un propos d'ignorant ou qui fût mal raisonné ou déplacé. « Il questionnait avec discernement, parlait à chacun suivant son âge, son pays ou son état et s'abstenait de tous les lieux-communs qui sont les objets ordinaires de la conversation des princes. » Quand on a lu les dépêches d'Ossun, de Grimaldi et de Floridablanca, dans lesquelles Charles III est souvent en scène, on trouve cette appréciation très juste.

et lui inspirait des défiances. Il récriminait alors, parfois avec une animation factice, et son estime pour son collègue semblait altérée[1]. M. de Vergennes, lui, ne se lassait point. Un désir constant de substituer la France à l'Angleterre dans les avantages commerciaux et dans l'influence morale que celle-ci s'était assurés de l'autre côté des Pyrénées, lui faisait multiplier les prévenances. Il croyait agir en cela « comme un vrai serviteur du roi son maître et des deux Couronnes », et il ne le cachait pas[2]. A la date où l'Espagne fit demander la médiation de la France pour ses contestations avec Lisbonne, il avait réussi dans toute la mesure souhaitable; après, ce fut mieux encore. Les témoignages lui en sont souvent transmis; dans les rapports du marquis d'Ossun, c'est une sorte de redite. En certaines occasions, Charles III les manifestait avec éclat. Ce monarque avait été transporté, notamment, par la solidité des vues du ministre de Louis XVI, au sujet de la Russie. Il signala comme un modèle à

---

[1] M. de Vergennes répond souvent aux insinuations qui provenaient de cette humeur troublée, qu'on excitait afin de refroidir l'Espagne à notre égard. — Voir l'annexe I du présent chapitre.

[2] « C'est comme un vrai et fidèle serviteur « du Roi mon maître et des deux Couronnes, « écrit-il à Ossun le 23 novembre 1775 (*Espagne*, « t. 578, n° 112), qu'en faisant revenir à M. le « M{is} de Grimaldi par le canal de M. le Cte de « Magallon tous les sentimens personnels dont « je suis penetré pour lui, jai crû devoir lui « ouvrir franchement ma facon de penser sur « linterest reciproque des deux cours, détouffer « bien de petites discussions quil est impossible « qui ne selevent pas entre les sujets respectifs; « Je suis convaincu que M. le M{is} de Grimaldi « ne pense pas differemment a cet egard, mais les « bonnes intentions ne prevalent pas toujours « et le plus souvent il doit ceder aux preven« tions nationales qui, ne nous le dissimulons « pas, ne nous sont pas favorables. Quoique les « anciens traités nous donnent des privilèges et « des avantages particuliers et que le pacte de « famille semble nous assimiler et nous faire « partager les droits des Espagnols, nous ne « nous plaindrons pas cependant des prefe« rences que le Roi C{que} donnera a ses sujets; « mais nous ne pouvons voir qu'avec douleur « que les tribunaux d'Esp{e} semblent prendre a « tâche detouffer notre commerce sans reflechir « que ce quils nous otent tourne au profit des « Anglois. Rien assurement n'est moins poli« tique, cest afoiblir son ami et fortifier son « ennemi. » — M. de Vergennes ne se contentait pas d'écrire souvent à M. de Grimaldi privément sur les affaires; il lui envoyait des intermédiaires chargés d'établir entre eux un degré de confiance plus grand. M. de Magallon fut un de ceux-là. — Nous reproduisons à l'annexe II du présent chapitre la lettre de M. de Magallon dont il s'agit ici.

l'héritier présomptif la dépêche à Guines du 11 novembre [1], et offrit incontinent d'entrer en armements pour résister à l'intervention de Catherine. Ossun mandait avec empressement ce détail significatif :

1776.

> Le ministre d'Espagne, Monsieur, s'occupe comme vous à découvrir l'objet certain de la négociation qui se suit entre l'Angleterre et la cour de Moscou, et l'on a ici les mêmes doutes et les mêmes principes qu'a Versailles sur ce traité et sur les conséquences qu'il pourroit avoir.
>
> Les reflexions, Monsieur, que vous avés communiquées à cette occasion à M. le comte de Guines par votre lettre du 11 novembre dernier, les instructions que vous lui avés données sur la façon dont il devoit s'expliquer vis à vis du ministère anglois ont été mises, comme je vous l'ai annoncé précédemment, sous les yeux de Sa Majesté Catholique. Elle m'a fait l'honneur de me dire, qu'elle avoit admiré la justesse de vos combinaisons, votre prévoyance, votre prudence, en un mot, qu'on ne pouvoit pas mieux voir, mieux penser, ni mieux s'exprimer. Ce monarque a ajouté qu'il avoit exhorté Mgr le prince des Asturies, dont le caractère est encore un peu trop ardent, a considerer comment les grandes affaires politiques devoient être conduites et maniées, en l'assurant que votre dépêche à M. le comte de Guines etoit un excellent modèle; M. le marquis de Grimaldi m'en a parlé avec la plus grande approbation. Au reste l'on pense ici comme en France, qu'il ne convient pas de prendre légèrement des précautions dispendieuses, qui donneroient l'allarme; mais qu'il ne faut pas aussi se laisser surprendre par les mesures extraordinaires qu'annonce le ministère britannique.
>
> M. le marquis de Grimaldi, Monsieur, a dû en conséquence charger M. le comte d'Aranda de conferer avec vous, 1° sur l'armement maritime que la France sera réellement en état de faire dans l'instant où les circonstances l'exigeront. 2° sur la quantité de vaisseaux qu'il conviendra qu'elle arme. 3° sur le port de l'Amérique où l'escadre combinée des deux Couronnes devra se réunir et se fixer. 4° sur les forces de terre que la France fera passer dans ses colonies des Isles du Vent. M. le comte d'Aranda a ordre de s'expliquer positivement avec vous sur les mêmes articles, par raport à ce qui concerne l'Espagne.

---

[1] Voir *supra*, ch. VI, p. 205.

Sa Majesté Catholique, Monsieur, m'a fait l'honneur de me dire que cette explication positive, sincère et respective, lui paroissoit essentielle, afin que l'on ne comptât pas de part et d'autre sur des moyens qui ne pourroient pas se réaliser dans le moment ou il conviendra d'exécuter.

A Madrid le 4 x^{bre} 1775.

Espagne, t. 578, n° 131.

Une seule entreprise, cette conquête du Portugal à laquelle ils pensaient d'ancienne date, pouvait passionner les Espagnols. Le roi et Grimaldi en avaient envisagé l'idée dès le début des agressions en Amérique. Le premier ne le disait pas, mais le second, à l'occasion, le faisait volontiers pressentir[1]. Non que ni l'un ni l'autre y tînt, peut-être, personnellement. Le roi aurait même eu des scrupules, tout en cédant à la satisfaction de flatter son peuple. La nation, toutefois, avait envie de cette entreprise. Le premier ministre croyait qu'il se la verrait soudain imposer et tremblait de laisser perdre la moindre des chances qui eût pu la rendre favorable. On s'explique difficilement par un autre mobile la politique qu'il fit suivre, pendant toute une année, en face des entreprises du Portugal, c'est-à-dire jusqu'au moment où il fut impossible d'éviter la guerre à Buenos-Ayres. Avant qu'il eût imaginé la médiation et lorsqu'il était encore en stériles conférences avec le représentant de M. de Pombal, la France s'était ingéniée à lui persuader de se montrer en force de l'autre côté de l'Atlantique et d'obliger par là le Portugal à réfléchir, au lieu de faire supposer que l'Espagne comptait sur la diplomatie faute de pouvoir compter sur ses armes. On sentait, à Versailles, la politique commune intéressée dans les résolutions de Madrid. Les conseillers de Louis XVI comprenaient l'utilité pour les deux Couronnes d'avoir, à tout évènement, du monde près des côtes d'Amérique. M. de Vergennes avait donc porté la question en conseil. Le 20 août, il mettait

---

[1] Quand le Portugal ne faisait encore que menacer l'Espagne sur le Rio Grande, M. de Grimaldi disait déjà à Ossun que « le moyen le plus sûr pour en imposer à cette nation serait de l'attaquer en Europe. » (Ossun à Vergennes, 27 juillet 1775.)

LES DISPOSITIONS DE L'ESPAGNE ET SES VISÉES. 299

Ossun à même de dire au nom du roi, avec tout le poids nécessaire, que ces envois de forces intimideraient le Portugal et l'amèneraient à traiter ou bien qu'ils feraient connaître tout de suite jusqu'où irait l'appui que M. de Pombal attendait de l'Angleterre et que c'était là un avantage à s'assurer. M. de Grimaldi écarta toujours ce conseil sous des motifs apparents, au fond parce qu'il pensait à l'éventualité de jeter sur Lisbonne les forces qu'on lui demandait d'expédier aux Rios de la Plata. Il feignait de croire qu'on redoutait à Versailles l'idée même d'une guerre quelconque et il supposait écarter toute réplique en disant que la dignité de l'Espagne ne lui permettrait pas de faire les frais d'une démonstration pareille sans lui donner immédiatement son effet, en sorte que l'on irait au-devant de ce que l'on voulait éviter[1].

Mais le ministère du Pardo ne put pas retenir longtemps l'expression de ses visées. Ce fut le premier résultat de l'empressement de Louis XVI à prendre les intérêts de l'Espagne. Les conseillers de Charles III s'enhardirent jusqu'à avouer leurs desseins. M. de Pombal laissait, depuis trois mois, sans réponse, les ouvertures de négociations et ils en étaient outrés : « Il est honteux pour une monarchie aussi « respectable que celle d'Espagne, écrivait M. de Grimaldi à Aranda, « de souffrir de pareils dédains et insultes de la part du ministre « portugais. » Le moment parut donc opportun pour faire connaître à Versailles les plans d'action que ces « dédains » inspiraient. Ces plans avaient clairement pour objet la conquête de Lisbonne sous les détours qui la dissimulaient. Une dépêche du 18 octobre 1775 au comte d'Aranda, chargé d'en donner copie, était venue exposer ces visées.

---

[1] « Ce Ministre m'a dit avec un peu d'hu-« meur, écrit Ossun le 23 novembre, on veut « que nous envoyions des troupes et des vais-« seaux à Buenos aires, mais si nous le faisons, « ce sera pour y commencer immédiatement la « guerre, car il ne conviendroit pas à la dignité « de l'Espagne d'y faire passer des forces consi-« derables pour ne pas les faire agir. Tel est « mon avis, et je le donnerai par écrit pour ma « décharge, s'il ne prévaut pas. » — Nous reproduisons à l'annexe II de ce chapitre la partie principale de la dépêche du 20 août.

38.

300   LES DISPOSITIONS DE L'ESPAGNE ET SES VISÉES.

1776.   Elle marquait bien l'esprit de retenue que l'Espagne se proposait d'apporter dans l'exécution pratique du Pacte de famille. M. de Vergennes, qui la reçut de l'ambassadeur, dans un pli du 27 octobre, en fit la traduction suivante, en tête de laquelle on lit, de sa main : *Traduction de la lettre de M. le Mis de Grimaldi à M. le comte d'Aranda. — Du 18 octobre 1775.*

M.

Je vous ai informé fort en detail par ma lettre du 14 aoust de cette année que l'amb^r de Portugal nous avoit passé un office de l'ordre exprès de sa Cour pour nous proposer de traiter amicalement les affaires de Rio Grande, et de depecher immédiatement des ordres aux Commandans et Gouverneurs respectifs dans ces parages pour eviter tout acte d'hostilité entre les troupes et les sujets des deux Souverains. Je vous ai fait part egalement de la reponse que S. M. me chargeoit de faire a cette declaration qui se conformoit de tous points avec les desirs de la Cour de Lisbonne malgré l'irregularité de sa conduite depuis tant d'années et de ses usurpations dans les susdits terrains. Enfin je dis a V. E. que cette demarche inattendue nous obligeoit a suspendre celle que la Cour de France se proposoit de faire par le canal de ses amb^{rs} auprès des Cours de Londres et de Lisbonne, afin de nous assurer des veritables intentions de cette derniere.

J'ai repondu par les courriers subsequents a differentes de vos lettres par lesquelles vous nous rendiés compte de vos conferences avec le Ministre d'Etat sur ce nouvel incident et vous nous indiquiés les mesures que lon pensoit en France que l'Esp^e, devoit prendre envoyant tout aussitot des troupes et des vaisseaux a Buenos-ayres tant pour donner plus de poids a la negociation qui devoit s'entamer, que pour garantir les possessions Espagnoles de toute insulte.

Mais jai toujours repeté a V. E. que nous attendions de jour a autre de nouvelles explications de l'Amb^r de Portugal, selon les instructions qui lui seroient envoyées de Lisbonne, et que ce ne seroit qu'ensuite que le Roi prendroit le parti qu'il jugeroit le plus convenable a sa gloire.

Observant qu'il s'est ecoulé bien des jours et meme des semaines sans que nous ayons recu de telles explications ce qui decele notoirement la mauvaise foi dont le Mis de Pombal a fait preuve depuis tant d'années dans cette meme affaire, et comparant ce silence affecté avec les longues et frequentes conferences que l'on a secretement a Lisbonne avec le Ministre d'Angleterre et a Londres avec celui de Portugal, le Roi a voulu que je parlasse a l'amb^r Portugais pour luy declarer qu'il s'étonnoit que la reponse de sa Cour tardât si longtemps, laquelle devant se reduire à dire par ecrit ce qu'il avoit proposé de bouche, ne demandoit pas tant de tems pour se decider; Que cette lenteur ne pouvant etre considerée que comme un artifice, Sa M^té se verroit par consequent obligée a prendre ses mesures. C'est ainsi que je me suis expliqué, et l'Amb^r depecha un second courrier a sa Cour qui partit de St Ildephonse le 18 ou le 19 du mois passé, sans qu'il ait reçu jusqu'a present aucune information sur le sujet que le meme marquis de Pombal a proposé, tandis que si l'on cheminoit de bonne foi, il suffiroit d'autoriser en deux mots l'ambassadeur de donner par ecrit ce qu'il avoit declaré verbalement.

1776.

Ces faits recents mettent l'affaire principale dans un point de vue d'autant plus desagreable, qu'abstraction faite de ce qui a raport au reglement des limites des possessions respectives en Amerique, quoique ce soit cependant l'objet de la dispute, il est honteux pour une Monarchie aussi respectable que celle d'Esp^e, de souffrir de pareils dedains et insultes de la part du Ministre Portugais; ajoutons que notre tolerance, notre bonne foi et notre inaction ne peuvent qu'encourager le Portugal dans la poursuite de ses projets ambitieux et temeraires.

V. E. etant informée de ce qui a precedé, je dois encore lui rapeller combien d'avis et de reflexions cette Cour et celle ou vous residés se sont communiqués sur l'etat politique de l'Europe dans les circonstances presentes sur la situation critique de l'Ang^re, relativement a ses Colonies, sur les vues qu'on decouvre dans le Conseil Brit^e, et sur la sureté morale qu'il pense à nous faire la guerre aussitôt qu'il sera debarassé des presens troubles pour se refaire des pertes et des depenses qu'ils lui occasionnent et enfin sur les dispositions que les deux Monarques doivent prendre tant en Europe que dans tous les pays de leur domination ainsi qu'on le voit plus en detail dans notre correspond^ce de ces derniers mois.

Ces principes etablis, et s'agissant de ce qu'il convient de faire aujourdhuy, je vous dirai avant tout que nous nous sommes assemblés plusieurs fois par ordre du Roi, tous les secrétaires d'État, pour conferer sur la matiere, et de plus nous avons donné separement et par ecrit nos avis qui ont été mis sous les yeux du Roi, afin que S. M. bien informée de l'idée d'un chacun, se determine au parti qu'Elle jugera devoir adopter; mais S. M. ne voulant se fixer a aucun sans s'etre concertée avec le Roi son neveu, je vais vous exposer ici substantiellement tout ce qui a été dit sur cette affaire, et les expediens qui ont eté proposés.

Nous etablissons en premier lieu que la France et l'Esp^e, desirent sincerement l'établissement de la paix, ce qu'elles ont justifié par une conduite soutenue, evitant les motifs les plus eloignés et les pretextes qui pourroient la troubler; Si l'Ang^{re} et le Portugal procedoient avec autant de bonne foi que nous, nous aurions peu a faire dans ce moment ci.

Mais la Cour de Lisbonne envoyant d'une part des forces formidables au Bresil, y envahissant le territoire de notre frontière, menaçant les autres possessions Espagnoles, et accumulant toutes sortes de fraudes et d'artifices dans sa maniere de negocier, nous prouve non seulement ses intentions peu amicales, mais même que depuis longtems elle a formé des desseins contre cette Monarchie dans l'attente du moment propre à les executer.

L'Ang^{re}, d'une autre part n'est pas moins de moitié de toute la conduite du Portugal, n'etant pas douteux qu'elle la connoit, qu'elle l'encourage, et qu'elle la soutient, car si elle desiroit sincerement la paix, elle feroit servir sa grande influence sur le Ministre Portugais à empecher des actes aussi marqués d'hostilité.

De tout cela a ne considerer que les procedés des Portugais et les declarations que le Ministere Anglois nous a faites de tems en tems sur l'obligation indispensable ou il etoit de soutenir son allié si nous l'attaquions, quoique d'autrefois Milord Rochford se soit expliqué que ce ne seroit que dans le cas ou l'Esp^e, attaqueroit le Portugal en Europe, que l'Ang^{re} se verroit obligée de le secourir, il resulte que la Cour de Londres a aussi un plan formé contre nous, et qu'elle n'attend uniquement que le jour heureux ou elle pourra le mettre a execution.

Ce qui confirme cette idée, ce sont toutes les mesures et les dispositions que nous voyons prendre a l'Ang^{re}, et les nouvelles particulières que nous recevons de ce Royaume; car quelque soin qu'elle prenne de nous le dissimuler, ces traites pour l'admission de troupes et d'escadres étrangères ne peuvent avoir aucune connexité avec ses Colonies. De plus Milord Rochford en est venu au point de declarer qu'il avoit été question dans le Conseil de S. M. Brit??, de nous declarer la guerre dans la vue d'assoupir la rebellion des Americains.

De tous ces faits naissent differens doutes et ce sont ceux là que le Roi desire consulter avec le Roi son neveu.

Premierement ne sommes nous pas fondés à craindre bientot une guerre, c'est a dire aussitot que la Cour de Londres aura reussi a apaiser les troubles de ses Colonies.

Secondo, avec des craintes si bien fondées devons-nous rester sur la defensive et attendre qu'il plaise a nos ennemis de nous attaquer. Ou pour la sureté de nos possessions ou pour l'honneur même de nos Souverains ne devons nous pas les gagner de vitesse et profiter de la circonstance ou leurs forces sont divisées. Il faut considerer a cet effet qu'il n'y a pas de doute que les Portugais sont les premiers agresseurs tant par leur maniere frauduleuse de negocier que par les hostilités effectives qu'ils ont commises.

Quant a l'adoption du parti de la defensive, il a été jugé inutile d'envoyer un corps considerable de troupes à Buenos Ayres. La depense en seroit immense; la navigation seroit bien longue et bien penible pour un convoi de cette nature, de sorte que pour contenir seulement les Portugais et les empecher de donner plus d'étendue a leurs usurpations dans cette partie, il nous faudroit faire la meme depense que pour une conquête formelle, et nous degarnir de 8 ou 10 mille hommes de bonnes troupes qui nous feroient faute dans d'autres postes importans.

En suposant même que le Portugal agit de mauvaise foi, et qu'il a dessein d'attaquer nos possessions en Amerique, il est constant qu'a l'heure même ou nous ferions sortir une expedition de nos ports pour Buenos Ayres, si l'Esp?? concertée avec l'Ang??, n'etoit pas conservée, la Cour de Lisbonne viendroit a nous avec des propositions concertées, et nous ne pourrions retirer aucun fruit de l'augmentation de notre depense, parceque nos forces ne pourroient commettre d'hostilités dans ces parages.

Avec bien plus d'effet, et presque sans dépense, on peut parvenir à contenir et même à intimider les Portugais en approchant quelques régimens

1776.

de la frontiere et en commissionnant differens vaisseaux ou fregates qui auroient ordre d'entrer dans le Tage, sous pretexte d'y faire de l'eau et d'y prendre des vivres. Cette précaution feroit connoitre au Portugal que nous sommes toujours a tems de les attaquer en Europe, ou de faire passer en Amérique, autant qu'il nous conviendra, des forces de terre et de mer.

On dira peut etre que cette disposition necessitera l'Ang^{re} a envoyer une escadre dans nos mers et a commencer un moment plus tost les hostilités; mais independament que dans ce moment ci son pays est degarni et qu'Elle n'a pas d'escadres de reserve, on doit considerer qu'elle tiendroit encore la meme conduite si elle nous voyoit faire une expedition en Amerique. A tout evenement nous en tirerons meilleur parti aujourdhuy que si nous attendions le moment ou nos ennemis bien preparés nous attaqueroient sans motifs et sans cause, ainsi qu'on l'a deja suposé.

Sur la seconde supposition que la guerre est inevitable, et qu'il conviendroit de prevenir nos ennemis en nous prevalant de la conduite insidieuse et hostile que tient la Cour de Portugal, les avis des Ministres du Roi ont varié sur les projets auxquels on doit s'attacher. Les uns opinent qu'on prepare au plutôt des troupes et des vaisseaux en nombre suffisant et qu'on les envoye s'emparer de l'Isle Ste Catherine et des autres etablissemens des Portugais au Rio Janeiro en prevenant en attendant le Gouverneur de Buenos Ayres de se tenir en mesure de faire une diversion qui puisse diviser l'attention et les forces des Portugais. Cette entreprise pourra rencontrer des difficultés dans son exécution tant parcequ'elle pourroit demander plus de forces que l'Espagne n'est en etat d'en appliquer, sans manquer a d'autres objets essentiels, comme aussi parceque les troupes ayant necessairement besoin de repos après une aussi longue navigation, si elles alloient le prendre dans leur propre pays, cela donneroit du tems aux ennemis pour se preparer a une resistance plus vigoureuse. D'ailleurs l'Espagne n'a deja que trop de possessions en Amérique et sa vüe principale doit etre de deffendre et de conserver celles qu'Elle y a sans s'affoiblir par de nouvelles acquisitions.

Ces reflexions ont donné naissance à un autre projet, ce seroit que l'Espagne renforcée de 20 ou de 30 mille Francois entreprît serieusement la conquete du Portugal, et pour compenser les depenses et les risques auxquels la France s'exposeroit elle fît la conqueste du Bresil et s'assurât en Amerique un etablissement solide et très avantageux; l'Espagne y contribueroit de son côté par une diversion faite a propos à Buenos Ayres.

On voit de grands avantages que la Nation francoise en retireroit puisqu'a l'aide de son industrie, et de sa grande population, elle formeroit là en très peu d'années une Colonie très nombreuse. Cela ne prejudicieroit en rien aux interets de la Monarchie Espagnole, moyennant les arrangemens qu'on feroit d'un commun accord.

Au moyen de ces deux conquêtes la puissance et l'orgueil des Anglois seroit abattüe pour toujours, on eviteroit a l'avenir bien des guerres que cette puissance ambitieuse allume par pure mauvaise volonté et par caprice, et on jouirait en Europe, avec plus de sureté cependant qu'en Amérique d'une tranquillité inconnüe jusqu'a present.

Quoique le Roi reconnoisse que la conduite de la Cour de Portugal est deja intolerable et que Sa M^{té}, doive regarder ce que sa gloire exige d'Elle, cependant Elle n'a pas voulu dans une affaire de cette gravité se fixer a aucun des partis avant d'entendre l'avis du Roi très chrétien et de son prudent Ministere, non seulement parce qu'il convient de proceder et d'agir d'un commun accord, mais aussi parce que Sa M^{té}, suit en cela les mouvemens de son cœur, et se donne la satisfaction de marquer de plus en plus son entiere confiance au Roi son neveu.

L'ordre du Roi est donc que vous communiquiés toutes ces vues et ces idées au Comte de Vergennes, que vous conferiés et traitiés sur chacune d'elles pour savoir la maniere de penser du Roi tres chretien et sa derniere résolution; persuadé que quelque parti que prennent les deux Cours il doit s'effectuer avec la plus grande diligence, parce que de là dependra le succes de tout le projet, puisque le moindre retard detruiroit le plan le mieux concu.

Espagne, t. 578, n° 31.

Autrement dit, puisque l'on avait la certitude morale de se voir attaquer, puisqu'il était onéreux sans utilité, dangereux peut-être, de se tenir uniquement sur la défensive et qu'on ne pouvait douter que les Portugais ne fussent les agresseurs, il fallait les gagner de vitesse avant que leurs forces fussent groupées; que la France vînt donc faire pour l'Espagne la conquête du Portugal et qu'elle s'indemnisât par celle du Brésil. Le cabinet de Charles III trouvait ainsi tout naturel que nous eussions désormais sur les bras, à sa place, l'obligation de nous défendre, dans ce pays dont nous n'avions jamais montré la moindre envie, tandis que la monarchie espagnole posséderait, sans qu'il lui en eût beaucoup coûté, la proie glorieuse qu'elle convoitait. On pouvait prendre le temps de donner réponse à des ouvertures aussi imprévues. Produites pour la première fois et si nettement, c'est en conseil qu'elles devaient être pesées. M. de Vergennes les porta à la connaissance de ses collègues. Ce fut pour lui une occasion de plus de donner, sur les évènements et sur leur cours probable, une de ces appréciations dont la justesse ramenait naturellement à l'adoption d'une conduite sensée. La réponse faite à l'ambassadeur d'Espagne fut un exposé doctrinal de la politique que le gouvernement du roi concevait pour les deux Couronnes et de la manière d'agir que les faits lui semblaient commander :

A Versailles le 25 9bre 1775.

M. J'ai mis dans le tems sous les yeux du Roi et de son Conseil la lettre de M. le Mis de Grimaldi du 18 8bre dernier que V. Exce a eté chargée de me communiquer. Sa Mte y a remarqué avec la plus veritable sensibilité la confiance que le Roi son oncle veut bien mettre dans la sinserite de ses sentimens et dans la cooperation pour rendre toujours plus intime et plus inviolable lheureuse alliance qui unit leurs interets et leurs monarchies aussi etroitement que leurs Cours.

Le Roi toujours empressé de complaire au Roi son oncle nauroit pas différé a s'expliquer confidement sur les differens points de vue que S. M. Cque a fait deférer a sa consultation, si considerant que le Prince qui desire pardessus tout la paix, insistoit principalement pour qu'on fit de notre part les offices convenus auprès des cours de Londres et de Lisbonne, S. M. n'avoit cru devoir preliminairement soccuper de ce soin si digne des sentimens dhumanité et de bienfaisance des deux monarques.

Il paroit par le rapport de M. le Cte de Guines dont Votre Exce a connoissance et dont copie a eté envoyée a M. le Mis dOssun que cette demarche na pas eté sans effet a Londres. Nous ne pouvons pas encore savoir celui

LES DISPOSITIONS DE L'ESPAGNE ET SES VISÉES. 307

quelle aura produit a Lisbonne, mais loffice de M. de Souza a M. le Mis de Grimaldi du 24 8bre dernier annoncant lenvoy prochain des pouvoirs et instructions necessaires pour negocier nous pouvons presumer que notre office servira au moins de vehicule a hater la lenteur portugaise.

1776.

Quoique nous ne puissions pas M. prononcer affirmativement sur le fond des intentions des cours de Londres et de Lisbonne, nous avons peine a croire quelles rejettent les voies conciliatoires. Il suffit en effet de considerer la situation presente des choses pour se convaincre que lune et lautre ont un interest principal a ne pas provoquer la guerre. L'Ang[re] occupée a reduire ses Colonies de l'Amerique septentrionale ne se verroit pas volontiers detournée de ce soin pour une querelle dont le fond est bien peu important pour elle; quelque valeur que le Portugal puisse y attacher, et quelqu'opinion qu'on veuille se former du caractere audacieux de M. de Pombal, il n'est pas a suposer que ne pouvant etre assuré dune assistance bien effective de la part de l'Ang[re] il pense a soumettre cette discussion au sort des armes. Les Portugais quoique vains et presomptueux ne se font pas illusion sur la disproportion de leur puissance avec celle de lEspagne.

Quoique ce que je viens d'avoir lhonneur d'observer a V. Ex[ce] semble repondre en partie aux deux questions enoncées dans la lettre de M. le Mis de Grimaldi, cependant pour satisfaire a la recherche de V. Ex[ce] je vais les traiter avec plus de detail.

1re QUESTION.

Ne sommes nous pas fondés a craindre bientost une guerre, c'est a dire aussitost que la cour de Londres aura reussi a apaiser les troubles de ses Colonies?

RÉP.

Il nest pas possible d'avoir plus que des suretés morales de ce qune puissance pense a faire lorsque ses projets ne sont pas mis au grand jour, mais les memes suretés acquierent de la consistance et de la force lorsquelles sont apuyées par la combinaison des interets et des convenances de la puissance dont on veut pénétrer les intentions. Tout ce qui se passe se reunit pour nous convaincre que lAng[re] ne peut ni ne doit vouloir dans ce moment-ci faire la guerre aux deux Couronnes, et quelle doit plus tost craindre que lenvie ne leurs vienne de la lui faire a

1776. elle meme. Reste donc a examiner si cette volonté ne viendra pas a la cour de Londres lorsquelle aura reussi a apaiser les troubles de ses Colonies. On peut observer a ce sujet que si par un retour inopiné les Colonies ne viennent pas se precipiter aux piés de leur ancien maitre, et se soumettre volontairement au joug quelles rejettent et quelles font profession de detester, leur reduction sera probablem^t une affaire de longue haleine qui entrainera lAng^{re} dans de grandes depenses. Est il croyable que cette puissance fatiguée de la guerre civile, excedée des depenses qu'elle lui aura occasionnées et chargée de nouvelles dettes ira sengager brusquement dans une guerre contre deux puissances qui auront seû allier vis a vis delle le sisteme des menagemens de justice avec celui dune prevoyance sage et eclairée pour se tenir pretes a tout evenement? Ajoutons que les Colonies soumises par la force ou par la necessité n'auront plus ni le meme zele, ni la meme ardeur pour des maitres quelles detesteront, et que l'Ang^{re} loin de trouver en elles les ressources abondantes qui ont operé pour la plus grande part ses succès dans les dernieres guerres, devra plus tost multiplier ses precautions de defiance pour les maintenir dans la soumission a laquelle elle les aura ramenées. Il sera plus aisé a l'Ang^{re} de subjuguer les Americains que de regagner leur affection et leur confiance. De ces considerations il semble naturel de conclure que les Anglois ne peuvent et ne doivent pas penser pour le present ni dans un avenir meme bien prochain a faire la guerre a la France et a lEspagne si celles ci ne se dissimulant pas quelles ne peuvent avoir de sureté plus reelle que le bon etat de leurs forces ne se relaschent pas des mesures quelles ont commencé a prendre pour se mettre sur un bonpié. Les Anglois ne seront tentés d'attaquer les deux Couronnes que lorsquils les regarderont comme une proie facile.

2e QUESTION.

Avec des craintes si bien fondées devons nous rester sur la deffensive et attendre qu'il plaise à nos ennemis de nous attaquer ? ou pour la sureté de nos possessions

Rép.

Ces craintes ne pouvant exister que dans l'eloignement elles ne peuvent offrir un motif ni meme un pretexte actuel de rupture contre l'Ang^{re} on pourroit a la verité se prevaloir de l'exemple quelle a donné en 1755 pour lui rendre surprise pour surprise; mais le grief a eté eteint par le traité de paix, le reveiller se seroit se souiller dune injustice notoire

et p^r lhonneur meme de nos Souvrains ne devons nous pas les gagner de vitesse et profiter de la circonstance ou leurs forces sont divisées ? il faut considerer que les Portugais sont les premiers agresseurs tant par leur maniere frauduleuse de negocier que par les hostilités effectives qu'ils ont commises.	qui repugneroit invinciblement aux sentimens et aux principes des deux Monarques. Ceux du Roi C^{que} sont connus; l'Europe y aplaudit; elle s'attend a en trouver de pareils dans le Roi, mais rien jusqu'a present ne l'a mis dans le cas de developer toute la magnanimité de son ame. Si sa premiere demarche portoit une empreinte d'inquietude ou d'injustice il en resulteroit un prejugé facheux que le cours d'un long regne n'effaceroit peut etre pas. Nous ne devons pas nous dissimulés M, que les pp^{ales} puissances de l'Europe sont bien plus disposées a craindre et a rivaliser la prosperité de la maison de France que celle de l'Ang^{re} toute redoutable quelle soit par les abus enormes quelle s'en permet. Nous voions journellem^t la partialité de la Hollande pour celle-ci; V. Ex^{ce} est instruite de la negociation entamée entre l'Ang^{re} et la Russie. Il ne s'agit pas effectivement du transport d'un corps de troupes russes en Amerique co^e on le suppose, il est du moins question de renouvellement de l'alliance de 1756 avortée dans sa naissance. L'Ang^{re} attaquée auroit donc les forces maritimes de la Russie a sa disposition; celle ci n'auroit qu'a le vouloir pour entrainer le Dannemarck, que nous resteroit il contre cette ligue maritime? la Suede; mais celle ci bridée par ses voisins seroit plus a charge qu'utile.	1776.
	Jesquisse ce tableau afin que les deux Couronnes dirigeant leurs deliberations sur la situation probable de l'Europe puissent prendre avec connoissance de cause des resolutions conformes a leur dignité et a leur sureté. Mais quand cette prevoyance ne militeroit pas pour nous detourner de prevenir les Anglois, il est d'autres considerations qui semblent nous le deconseiller.	

1776. Que pouvons nous desirer de mieux M. que de voir l'Ang^re faire pour nous ce que nous voudrions faire contre elle. Notre objet seroit d'afoiblir sa puissance, de diminuer ses moiens ou ses ressources : elle y travaille elle meme, elle sest engagée inconsiderement dans une guerre avec ses Colonies dont lissue et le terme ne sont pas faciles a prevoir; elle s'y obstine : la rupture est faite, laissons la s'engoufrer dans les horreurs de la guerre civile; gardons nous de l'allarmer; rassurons la plustost en evitant de lui donner des inquietudes qui pourroient la tirer de son erreur. Tout est ici bas relatif et quoique nous ne gagnerons pas en forces intrinseques ce que lAng^re pourra perdre des siennes, lidée des notres acroitra cependant en raison de la diminution des siennes, et cest dans ce sens quune force dopinion acquiere dans la balance une force de realité.

Nous sommes bien eloignés M. de vouloir excuser et justifier la conduite du Portugal, mais apres le desaveu quil sest empressé de faire des hostilités commises sur le Rio Grande il est difficile de le regarder dans un etat formel dagression vis a vis de lEspagne et celle ci peut dautant moins se faire un grief de la lenteur quil aporte a presser l'activité de la negociation quil a parû rechercher, que quand meme il ne chercheroit pas a lexcuser ce seroit plus tost un manque de procedé qune injure. Ces deux chefs reunis ne peuvent donc encore legitimer un motif de guerre, et sil existoit tout ce qui a eté allegué ci dessus sur la convenance de ne point detourner les Anglois des mesures dans lesquelles ils sengagent, sembleroit une raison de plus pour disposer le Roi votre Maitre a ne pas precipiter ses resolutions contre le Portugal. Ce prince sera toujours a tems de prendre celles que lui suggéreront sa dignité et sa gloire. Si le Portugal abusant de sa moderation et de sa facilité se permettoit de nouveaux envahissemens en Amerique ou affectoit des difficultés insoutenables pour rendre la negociation illusoire et trainer laff^e en longeur.

On auroit vraisemblablement obvié a ces inconveniens sil avoit eté possible M. que votre cour eut envoyé des renforts suffisans a Buenos ayrés, les Portugais deçûs de la confiance que peut leurs inspirer la superiorité de leurs forces dans cette partie, et ne sentant plus que le poids dune demonstration devenue onéreuse et inutile, auroient bientost compris la necessité de revenir aux voies de justice et de renoncer aux brillans avantages que leur imagination exaltée a pû leurs promettre. Au pis aller sils avoient eu la temerite (ce qui

LES DISPOSITIONS DE L'ESPAGNE ET SES VISÉES. 311

nest gueres probable) de defier les armes espagnoles, il y a bien de laparance quils nauroient pas trouve dans les Anglois une assistance bien effective. Si dans quelques occasions le ministere B^{que} sest expliqué quil ne pourroit se dispenser de secourir le Portugal sil etoit attaqué, il n'a pas caché dans d'autres que pourvû que la querelle se renferma en Amerique et que l'Esp^e nentreprit pas la conqueste du Bresil il seroit fort indifferent a ce qui pourroit se passer. Cette facon de penser quil nauroit vraisemblablement pas laissé ignorer a Lisbonne nauroit pas peu contribué a rendre M. de Pombal plus souple et plus conciliant.

Il me reste maintenant a vous informer M. de la facon de penser du Roi sur les differens projets soit de demonstration, soit dexpedition dans le cas ou la guerre deviendroit inevitable que M. le Mis de Grimaldi propose.

V. Ex^{ce} ne sattend pas sans doute après tout ce qui a eté dit dans le cours de cette lettre que nous puissions recommander des demonstrations actuelles contre le Portugal par terre et par mer : rien nen demontre pour le present la necessité ; la saison n'y est pas favorable, et ce seroit donner prematurement leveil a lAng^{re} lorsquil semble plus convenable de lui laisser combiner et effectuer paisiblement et dans la securite ses mesures contre ses colonies. Ses forces une fois distribuees le Roi C^{que} sera a tems de prendre les mesures quil estimera les plus propres soit pour en imposer au Portugal et l'aiguillonner soit pour lui faire eprouver tout son ressentiment sil avoit le fol orgueil de le provoquer. Ce ne seroit pas ni a lisle de Ste Catherine ni au Rio de Janeiro quil devroit sapesantir ; si vous navés pù vous renforcer a Buenos ayres sans vous priver de troupes qui doivent vous etre plus importantes ailleurs, vous pourries encore moins en envoyer un nombre suffisant pour tenter une conqueste de cette importance quand bien meme tous les obstacles qui sont si judicieusement remarqués dans la lettre de M. le Mis de Grimaldi ne dissuaderoient pas dune aussi vaste entreprise. Quoique lobjet soit seduisant et quil seroit difficile de se proposer une plus belle et une plus riche acquisition, elle ne tente point du tout le Roi mon maitre ; Sa Maj^{té} contente de son domaine veut le conserver et ne pense point a letendre. Mais si elle ne croit pas devoir profiter de la bonne volonté du Roi son oncle, elle n'y est pas pour cela moins sensible et elle vous sera obligée M. de vouloir bien le temoigner a Sa M^{te} C^{que}.

1776.

Si la mauvaise conduite du Portugal si des hostilités repetées de sa part rendent la guerre necessaire et inevitable lattaque de ses domaines en Europe est de tous les projets que les deux Couronnes peuvent concerter celui qui semble reunir le plus de facilités pour lexecution et presenter le plus d'avantages. Sil etoit possible quil put etre conçû et executé avec asses de celerité pour que la conqueste prevint les secours du dehors; dans ce cas le Portugal seroit un depost entre les mains des deux Couronnes bien propre a compenser les pertes quelles pourroient faire ailleurs ou qui serviroit d'equivalent pour obtenir d'autres avantages. Si au contraire lAng^{re} etoit a tems dy faire passer des renforts assez puissans pour disputer le terrain, les troupes quelle y destineroit lui manqueroient pour des entreprises plus eloignées; obligée de veiller a la deffense du Tage et a la sureté du retour des flottes du Bresil, en meme temps quelle ne pourroit se dispenser declairer en force les armemens qui se feroient a Brest, au Ferrol et a Cadix, tous les differens points de diversion occuperoient asses ses forces maritimes pour les rendre insuffisantes a former de grandes entreprises dans lAmerique.

Le Roi, fidele a ses engagemens et desirant donner au Roi son oncle les preuves les plus convaincantes de sa parfaite amitié sera toujours pret de se concerter avec lui sur la quotité et sur lemploy des forces qui pourront lui etre necessaires, mais nous esperons M. que les choses nen viendront pas la, et nous pensons que pour prevenir une extremité qui repugne egalement a la bonté du co'ur de deux monarques qui mettent leur gloire dans le bonheur universel, ce que les deux puissances ont de mieux a faire est qu'evitant egalement de donner ou de montrer de l'inquietude elles s'affermissent dans le plan de mesures quelles se sont recommandé respectivement, quelles ne negligent rien pour etre pretes a tout evenement et pour ne devoir qu'a elles memes et a la bonne position de leurs affaires leur tranquilité et la sureté de leurs possessions. Quelques confians que soient les Anglois quelque habitués quils aient pu etre jusquici a tout oser, ils y penseront plus dune fois avant den venir a une rupture avec la France et avec l'Esp^e lorsquils les verront sur leur garde et dans letat de force et de vigilance qui convient a des puissances aussi respectables.

Jai l'h^r detre avec un tres parfait attachement M. de V. E. . . . .

Espagne, t. 578, n° 104.

LES DISPOSITIONS DE L'ESPAGNE ET SES VISÉES. 313

A la date de cette réponse, la cour d'Espagne était encore plus en émoi que trente jours auparavant. L'affectation de M. de Pombal à se jouer d'elle l'avait tout à fait aigrie. Ossun le mandait avec un peu d'inquiétude : « le prince des Asturies, écrivait-il, se contient difficilement, opine toujours pour les partis vigoureux et si son avis avait prévalu on se trouverait déjà en guerre[1]. » C'était donc l'occasion précise, pour le cabinet de Versailles, de dire à quelles conditions, suivant lui, les intérêts que chacune des deux Couronnes avait à sauvegarder ou à poursuivre pouvaient être servis utilement par la révolte de l'Amérique; c'était aussi l'occasion de poser les bases communes. M. de Vergennes avait fait les deux choses sans dire, contre les ambitions espagnoles, rien dont l'amour-propre de la nation et la susceptibilité légitime de son souverain pussent être blessés. Il rejetait simplement ces ambitions dans la vague des contingents futurs. Elles n'étaient cependant pas à perdre de vue et il y reviendra soigneusement. En envoyant le 28 novembre à Ossun une copie de sa lettre, il l'accompagne de ce commentaire, qui confirme cette lettre et y ajoute des considérations de plus :

Je joins ici M. la copie dune lettre que jai écrite avant hier a M. le Cte d'Aranda en réponse a la communication quil m'avoit faite d'une dépêche de M. le Mis de Grimaldi du 18 octobre dernier. Si nous y exposons que nous ne jugeons pas que lAng[re] puisse raisonablement ni pour le present ni dans un avenir bien prochain vouloir sengager dans une guerre offensive contre les deux Couronnes cest que nous raisonnons d'apres sa position et ses circonstances connües, mais nous ne nous en faisons pas un argument pour nous relascher de la vigilance dont tout nous fait une necessite, et des mesures de prevoyance quil est facheux qui aient eté negligées sous la precedente administration. Si notre vo'u paroit toujours pancher vers la paix il est certainement moins leffet du besoin de notre situation quoiquelle ne soit pas encore telle quelle le sera dans lespace de quelques années, que celui

---

[1] Rapport du 23 novembre. (*Espagne*, t. 578, n° 98.)

de la reflexion et du sentiment. Les deux puissances naiant pas lambition des conquestes et ne voulant que conserver ce quelles possedent, la guerre quand bien meme elle ne seroit pas un crime lorsquelle nest pas necessaire, seroit au moins inutile tant quelles ne seront pas attaquées dans leurs domaines ou offensées dans leur honneur, la paix doit donc etre un parti de choix pour les deux Couronnes qui ne pensant point a acquerir feroient en pure perte les frais d'une guerre dont la plus heureuse nen est pas pour cela moins ruineuse. D'après cet aperçû nous ferons tout ce qui sera possible pour la prevenir ou pour la detournér, mais si le malheur la rendoit inevitable nous la ferions avec autant de perseverance et de courage que nous mettons de soin a levitér.

A Versailles le 28 9bre 1775.

Espagne, t. 578, n° 112.

Mais l'exacte interprétation de son pli au comte d'Aranda n'était pas la seule chose que se proposât le ministre, quand il s'expliquait ainsi avec son ambassadeur. Il est visible qu'il tenait à le fixer sur deux points également importants pour les pourparlers futurs : la situation difficile dans laquelle le dernier règne avait laissé la France et l'idée morale qui inspirait le cabinet. Ce qu'il a écrit comme par occasion dans cette dépêche du 28 novembre, il le répète, en effet, peu après, dans une autre, cette fois au nom du Gouvernement, dans un langage qui coulait de sa plume sans ratures et que la droiture de la pensée rend éloquent à elle seule :

M. le Mis de Grimaldi vous aiant dit dun ton dhumeur et de reproche que nous ne voulons pas la guerre parceque nous ne sommes pas en etat de la faire, nous devons par une suite de cette prevention etre tres reservés a donner des conseils et a insister sur un parti plutost que sur l'autre. Nous ne rougissons pas d'avoüer que regardant la guerre comme un tres grand mal nous leviterons autant que nous n'y serons pas forcés pour le devoir de nos engagemens ou par la mauvaise volonté de nos rivaux; et nous rendons a S. M^{te} C^{que} la justice de croire quelle ne pense pas different^t; son humanité en fait foi. Quant a notre impuissance, M. le Mis de Grimaldi pourroit se rapellér quil n'y a pas bien longtems que je me suis ouvert a lui sur notre situation;

l'intervalle qui sest ecoulé depuis ne peut pas y avoir operé un grand changement; mais sil nous supose si mal croiroit il qune guerre generale seroit un remede a nos maux; elle sera cependant necessairement si l'Espagne au lieu de se borner a recouvrer et a conserver ce que le Portugal peut lui detenir injustement dans le vaste continent de lAmerique meridionale veut lattaquer dans ses domaines dEurope. Ne nous le dissimulons pas M. du moment ou lAng^{re} verra les deux Couronnes prendre des mesures pour envahir le Portugal quelqu'engagée quelle soit dans sa querelle avec ses colonies, elle s'en tirera pour voler au secours d'un allié dont la conservation ne lui est pas moins interressante que celle de lAmerique septentrionale. Elle nepargnera pas ses efforts pour attirer d'autres puissances dans ses mesures et vraisemblablement pour susciter une autre guerre sur le continent ou nous devrions necessairement jouer un role principal. Noublions pas M. que cest le ressort principal qui ne lui a souvent que trop bien reussi. Considerons encore que placés comme nous le sommes au centre de lEurope nous ne pouvons pas nous isoler comme lEsp^e et nous reduire a un point unique, peut etre aussi seroit il a propos de reflechir murement sur les liaisons qui ont eté pretes a se former entre l'Ang^{re} et la Russie et qui devoient mettre a la disposition de la 1ere les forces de terre et de mer de lautre; elles ont manqué, lobjet en etoit trop disparate; mais un objet plus raisonable pourroit les renoüer et il semble dun interest commun pour lEspagne co^e pour la France de nen fournir ni le motif ni le pretexte. Enfin ne perdons pas de vue que des lannée derniere les Ministres anglois sexpliquoient que pourvu que lEspagne nattaqua point le Portugal en Europe et ne voulut point faire la conqueste du Bresil, ils seroient assez indifferens a ce qui pourroit survenir; aujourdhuy ils justifient lopinion ou ils paroissent etre que le Portugal se pretera a un accomodement raisonnable, sur le fondement qu'il n'a rien ou peu a attendre de l'Ang^{re} aussi embarrassée quelle lest avec ses Colonies. Tout cela si je ne me trompe, indique a lEsp^e la voye la plus sure quelle doit tenir. Elle ne veut ou que se faire rendre ou se faire a elle meme justice des usurpations des Portugais; elle ne pretend que la restitution de ce qui lui apartient legitimement, cest en Amerique quon le lui ravit cest donc la quil faut le repeter et le reprendre sil est indispensable den venir a cette extremité. Apres cela si l'Ang^{re} malgre tous les motifs qui doivent la dissuader dentrer dans une discussion dun aussi faible interest pour elle vouloit y prendre part, ce seroit le cas ou la France et lEsp^c unissant leurs efforts pourroient et devroient se concerter pour fraper les coups qui seront jugés les plus decisifs. Vous aurés vü M. dans ma lettre a M. le Cte d'Aranda du 25 du mois dernier que ce cas arrivant le Roi etoit pret a sentendre avec le Roi son cousin pour le seconder dans les entreprises quil pourroit former en Europe contre le Portugal et partout ailleurs.

Ce que jai lhonneur de vous exposer M. est le resumé des reflexions du Roi et de son Conseil, elles ne sont point dictées par le sentiment seul de notre interest, nous avons pesé celui de lEsp^c a la meme balance que le notre et avec le meme soin. Nous nous reposons sur votre sagesse et sur votre experience de ne faire usage de ces considerations qu'a propos et autant que vous estimerés quelles pourront produire quelqueffet, nous nhesiterons jamais a dire franchement notre avis au Roi C^{que} lorsquil nous en requerera, mais nous ne voulons pas prevenir ses resolutions aussi assurés que nous le sommes quil nen prendra jamais aucune a laquelle nous devrions concourrir sans un concert prealable.

à Versailles le 16 x^{bre} 1775.

Espagne, t. 578, n° 162.

S'il importait d'écarter un projet, c'était bien celui d'une guerre de conquête sur le Tage. A en supposer l'issue heureuse, l'équilibre du continent n'aurait pas seulement été changé à notre désavantage; nous nous serions vus empêchés de profiter du Pacte de famille à l'heure favorable, car le gouvernement de Madrid ne se serait pas prêté en même temps à une guerre maritime contre la Grande-Bretagne. Son insuccès, au contraire, l'en aurait complètement détourné. Ce n'est pas en vue de ce résultat que le ministère de Louis XVI remontait la marine et essayait de reconstituer l'armée sur des principes de justice propres à lui donner un ressort nouveau. Aussi M. de Vergennes envoyait-il à Ossun les instructions pressantes qu'on vient de lire. Il les rendait même plus pressantes et de couleur plus sombre que la réalité ne le demandait, comptant assurément que ce dernier n'en garderait pas la confidence. Dès l'arrivée du pli, l'ambassadeur en accuse

LES DISPOSITIONS DE L'ESPAGNE ET SES VISÉES. 317

réception et en résume la substance dans des termes attestant qu'il a exactement compris[1]. On ne perdra plus, d'ailleurs, une occasion de dissuader l'Espagne des petites entreprises, de la diriger du côté des armements, de la prémunir contre l'impression anticipée que fait sur elle l'importance des forces jetées par l'Angleterre en Amérique. M. de Vergennes revient encore sur le premier point à la fin de janvier 1776, en répondant à l'expression de haute estime de M. de Grimaldi qu'Ossun venait une fois de plus de lui transmettre[2]. Il semble qu'il n'ait jamais assez démontré que le danger n'est pas près de naître, que la Grande-Bretagne se forgeait elle-même des entraves en s'engageant comme elle le faisait et qu'il ne fallait pas l'en détourner :

Ne craignez pas de vous compromettre, M. en assurant M. le Mis de Grimaldi de la fidélité de mes sentiments pour lui. Je connais ses talens, sa probité, sa vertu et ses bonnes intentions; je leur paye le tribut qu'ils méritent et je serai tres flatté s'il me rend autant de justice que je lui en rens. Lorsque je vous ai exprimé le vœu de voir l'Espagne en paix avec Alger, c'est un sentiment particulier que l'humanité seule m'avoit inspiré. Mais quand je réfléchis sur les conjonctures présentes, l'incertitude où l'on est sur les dispositions générales et particulières, enfin la tension où tout est en Europe j'avoue que je ne verrois pas sans le plus vif regret que l'Esp^e alla encore sacrifier de nouveaux trézors a une entreprise peu nécessaire, et d'une issue incertaine pour

---

[1] Rapport du 28 décembre (*Espagne*, t. 578, n° 183). C'est un résumé dans lequel la précision et la netteté se font remarquer. Le secrétaire de l'ambassade avait pour ce genre de travail une aptitude qui ne se dément dans aucune circonstance. Elles donnent du prix à plusieurs de ses réponses.

[2] « J'ai vu qu'il compte actuellement sur « votre estime et sur votre amitié et qu'il vous « correspond sincerement à cet egard, écrivait « Ossun. » Et il ajoutait, suivant sa coutume, cette paraphrase, d'une précédente dépêche du ministre, laquelle montre de quelles idées celui-ci s'inspirait alors : « Je lui ai parlé sans « affectation d'Alger, et apres l'avoir assuré que « ma Cour étoit éloignée d'exiger aucune confi- « dence sur les projets ulterieurs que pouvoit « avoir l'Espagne contre ces Barbaresques, je lui « ai fait considérer par manière de conversation « la dépense considérable et l'incertitude du suc- « cès inséparable des expéditions contre Alger, « et qu'il seroit plus utile et vraisemblablement « fort aisé de se délivrer des pirateries de cette « Regence en faisant la paix avec Elle. Le Mi- « nistre Espagnol ne m'a rien répondu mais n'a « pas contredit mon insinuation pacifique. — « A Madrid, le 11 janvier 1776. » (*Espagne*, t. 579, n° 17.)

etre peut etre dans le cas d'en regretter la dispersion au moment ou lemploy le plus necessaire en deviendroit indispensable.

....

Toute negociation entre lAng^{re} et la Russie pour le transport d'un corps de troupes de cette derniere en Amerique a cessé, mais la premiere y suplée par des troupes allemandes quelle prend a sa solde. 12^m hessois, 5 mille Brunsvikois et 2. ou 3. B^{ons} de quelques autres petits princes, voila ce dont nous avons connoissance et qui doit etre embarqué avant le printems. Cette masse est considerable et si lon joint a cela les forces quon tirera de l'Ang^{re} meme et qui ne seront pas probablement en moindre nombre, cela formera une armée d'environ 40^m hommes destinée a operer en Amerique. Je ne puis disconvenir avec vous M. qune force aussi enorme pour ces parages ne doive exciter toute lattention et la vigilance des deux Couronnes, mais peut etre seroit il prematuré de penser des a present a prendre des mesures pour sen garentir, ce seroit donner lallarme a lAng^{re}, lui faire suposer des vûes que nous n'avons pas et peut etre la detourner de celles dont il nous est interressant quelle ne se relasche pas. Elle est trop engagée a ne pas avoir le dementi de ses entreprises sur les Colonies pour suposer a ses efforts dautre objet que celui quelle annonce; si les deux Couronnes ont quelque chose a en aprehender ce ne sera que dans le cas ou toutes ses mesures venant a echoüer le Ministere se voyant perdû n'auroit d'autre ressource pour echaper a la vindicte publique quun coup de desespoir. Ce moment ne peut etre prochain; toute notre prevoyance doit donc se concentrer pour le present a le surveiller; tenons nous prets a agir lorsquil en sera tems, mais nagissons pas avant le tems; ne laissons pas même transpirer de linquietude, tel est le sisteme que le Conseil du Roi paroit avoir adopté; si les circonstances exigent que nous y fassions des modifications ou des changemens je serai exact a vous en prevenir.

A Versailles le 26 janvier 1776.

Espagne, t. 579, n° 30.

La dernière partie de la dépêche était peut-être, dans la pensée de M. de Vergennes, la partie principale. Réserver les forces des deux Couronnes pour des opérations efficaces, les former solidement

LES DISPOSITIONS DE L'ESPAGNE ET SES VISÉES.

d'ici-là, les compléter, laisser sonner l'heure de les mettre en jeu et bien voir qu'elle n'était pas encore venue, telle était la politique qu'il voulait faire suivre. L'ambassadeur comprend qu'il y a là des instructions positives. Il y fait écho, dès qu'il les a lues, avec cette netteté parfaite :

Il n'y a rien de plus sage et de mieux vû, Monsieur, que le parti adopté par Sa Majesté et par son Conseil de ne pas prendre prématurément des mesures de précaution capables d'allarmer l'Angleterre et de lui faire supposer des vües qui n'existent pas de la part de la France et de l'Espagne. Il convient infiniment aux deux Couronnes de ne pas détourner le Ministère Anglois dans ses projets doublement destructifs et ruineux pour sa patrie. Il suffit, comme vous le pensés, d'etre fort attentif aux évènemens et de se tenir pret à agir lorsqu'il sera necessaire.

A Madrid le 8 février 1776.

Espagne, t. 579, n° 46.

C'était, au demeurant, de la circonspection active. On se trouvait déjà loin de la situation de l'année précédente. Dans les premiers mois de 1775, le comte d'Aranda, invité par sa cour à démontrer à la cour de France la nécessité « d'établir par des faits une opinion avan- « tageuse des forces respectives et d'augmenter notre marine », avait un jour abordé Louis XVI, sur ce sujet, avec un feu dont le jeune monarque s'était trouvé si frappé qu'il demanda aussitôt à M. de Vergennes un thème de réponse. Rien, alors, n'aurait pu mieux seconder les vues du secrétaire d'État que de se voir interroger ainsi. Cela conduisait naturellement à poser dans les conseils du roi cette question de l'Amérique, objet de craintes, grosse de dépenses qu'il y avait nécessité d'affronter, mais dont l'état du Trésor faisait un problème. M. de Vergennes avait alors répondu au roi, par écrit, que « l'ambassadeur leur avait bien des fois représenté, à M. le comte de Maurepas et à lui, ce qu'il avait eu l'honneur de dire à S. M.; que, d'après une lettre privée de M. de Grimaldi, il paraissait avoir parlé en suite d'instructions; qu'il fallait donc donner satisfaction au désir exprimé par l'Espagne; que c'était très embarrassant et cependant indispensable; que lui ne pouvait parler que sur les indications du ministre de la marine et du contrôleur général dont les raisons ne lui semblaient pas solides; mais que, puisqu'il s'agissait de quelque chose de si grave à la fois et de si intéressant par ses suites, à savoir de « conserver « l'alliance de l'Espagne ou de l'égarer », il suppliait le roi d'ordonner que l'affaire fût rapportée et discutée dans son conseil d'État. » Depuis lors le but n'avait pas été perdu de vue et l'on avait fait beaucoup de chemin des deux côtés des Pyrénées. On était à l'unisson pour se préparer aux évènements, on pourrait presque dire pour les aider à naître.

ANNEXES DU CHAPITRE IX.

I

LE MARQUIS DE GRIMALDI ET M. DE VERGENNES.

1. OSSUN AU COMTE DE VERGENNES.

A l'Escurial le 13 9bre 1775.

Monsieur,

Il y a deux jours que M. le Marquis de Grimaldi m'a dit que M. de Magallon, qui est ici lui avoit donné de votre part les assurances les plus obligeantes et les plus flatteuses d'estime et d'amitié; ce ministre m'a temoigné qu'il y étoit extremement sensible, et que vous pouviés compter sur la plus entière reciprocité des mêmes sentimens pour vous; il a ajouté que M. de Magallon lui avoit fait connoitre le desir que vous aviés qu'il regnat toujours une parfaite harmonie entre les deux Couronnes, et que les différends qui existoient ou qui pourroient s'elever entre elles sur des objets particuliers se terminassent amiablement, promptement et sans éclat, parce que de pareilles altercations pouvoient faire croire aux autres puissances de l'Europe que l'union, l'amitié et l'harmonie qui regnent entre la France et l'Espagne n'étoient pas aussi intimes qu'elles le sont en effet. M. le marquis de Grimaldi s'est étendu à cette occasion; d'abord sur la droiture de ses intentions, et sur l'attention suivie qu'il donnoit à éloigner tout sujet de discussion entre les deux Couronnes, ou, au moins, à en faciliter la conciliation.............................

Monsieur le marquis de Grimaldi, Monsieur, n'entra point en explication sur les deux objets dont je venois de lui parler; il se borna à m'assurer en general de ses bonnes intentions, et il ajouta pour m'en donner une nouvelle preuve, que, comme avec le tems tout transpiroit, et se savoit, il avoit reçu des avis et des renseignemens certains sur les demarches que les Francois avaient faites à l'occasion de l'expedition d'Alger, comme d'envoyer des batimens dans les ports d'Espagne, particulierement à Barcelone et à Carthagene, pour examiner ce qui s'y faisoit, d'y avoir tenû des espions, d'avoir averti les Algeriens de tout ce qui se passoit, par differens bâtimens qu'un commissaire de la marine de Marseille avoit expediés; enfin de n'avoir rien negligé pour que les Algeriens se missent dans un si bon etat de deffense, que l'entreprise de l'Espagne dût necessairement echouer.

M. le Mis de Grimaldi ne m'a pas dit que cette conduite eut eté dictée par notre ministere mais il m'a donné lieu de presumer qu'il le soupconnoit. Il a ajouté comme une preuve de ses bonnes intentions, qu'il avoit engagé le Roy Catholique à cacher ces details, surtout a cause de l'impression sinistre qu'ils feroient sur la nation Espagnole qui se montroit extremement sensible au mauvais succès de cette entreprise, mais qu'il voyoit avec peine que la chose commençoit à s'ebruiter. Ce Ministre a encore observé qu'il etoit naturel que la France vît avec peine la destruction d'Alger, à cause du commerce des grains qu'elle fait avec cette Regence, mais que chacun avoit ses raisons d'interest personnel; que l'Espagne avoit celui d'abattre un ennemi qui luy causoit un dommage continuel par ses pirateries; que ces considerations avoient engagé l'Espagne à cacher principalement a la France ses projets contre Alger. J'ay repondu 1^{ment} que notre Ministere avoit ignoré jusqu'au moment de l'execution, que les preparatifs que faisoit l'Espagne, fussent destinés contre Alger; que quoiqu'il fut possible que les Marseillois le soupçonnant, eussent donné des avis aux Algeriens, j'oserois repondre sur ma tête qu'ils ne l'ont pas fait par des ordres supérieurs. Qu'au surplus je ne balancerois pas a vous informer de ce qu'il venoit de me dire à ce sujet.

Espagne, t. 578, n° 72.

2. LE COMTE DE VERGENNES À OSSUN.

A Versailles le 28 9bre 1775.

Je ne reviens pas M. de limputation quon nous a fait en Espagne et a laquelle M. de Grimaldi ne vous a pas parû inaccessible d'avoir donné aux Algeriens lavis que larmement de lEspagne les menacoit, et davoir contribué par la a la resistance quils ont faite. Ce quil y a de curieux a cet egard, est que le Dey d'Alger se plaint de son coté du silence que nous avons gardé avec lui sur lorage qui le menacoit. Au vrai ce nest qu'a la derniere extremité que nous avons pû nous persuader que les vues de lEspagne etoient contre Alger et lorsque nous n'avons pu en douter M. le Cte d'Aranda peut nous rendre la justice que nous navons eu dinquietude que pour l'Esp^e parceque nous avions prevû quel en seroit levenement. Jen apelle a cet ambassadeur et a tout ce que je lui ai dit. Cest alors seulement que nous avons fait partir deux tartannes pour Alger, leurs instructions etoient ouvertes et elles avoient ordre de les communiquer aux Commandants Espagnols si elles les rencontroient. Elles sont arrivées a Alger lorsque la flotte etoit deja en presence, elles ny ont donc pas donné avis de la venue des Espagnols. Lune a eté arretée, l'autre a passé. Lune et lautre avoient en mission detre aux ordres du Consul, de le receuillir et les autres Francois sils etoient dans le cas de craindre leffervescence dun peuple toujours pret a se porter aux plus grandes extremités et a se vanger sur les chretiens indistinctement des accidens qui leurs arrivent. Heureusement que lhumanité et la fermeté du Dey ont rendu notre prevoyance inutile, il nest pas jusquaux moines Espagnols qui desservent le bagne qui naient a se louer du soin quil a pris de leur sureté. On se plaint de nous en Espagne, je voudrois que M. de Grimaldi fut exactement instruit des mauvais traitemens quont essuyé nos patrons et equipages employés dans cette expedition; il nous sauroit gré de notre silence.

Espagne, t. 578, n° 112.

3. LE COMTE DE VERGENNES À OSSUN.

A Versailles le 8 x^{bre} 1775.

..... Je vois avec un sensible deplaisir M^r par ce que vous me faites l'honneur de me mander, et par ce que jai recueilli dans les differentes depeches que M. le comte d'Aranda m'a communiquees, que M. le Mis de Grimaldi est vivement affecté que nous ayons balancé entre la confiance que sa sincérité et sa franchise meritent a tous egards, et les fausses assertions du Ministère Portugais en Angleterre. Vous avés dû remarquer dans ma correspondance que ce qui nous est revenu de Londres à ce sujet n'a excité que de l'indignation de notre part. En effet je nhesitai pas aussitôt à les dementir, et l'usage que je fis de votre lettre du 26 octobre dont jenvoyai incontinent l'extrait a M. le Cte de Guines en fait foi. Je ne desavouerai pas M, que l'office de M. de Souza du 24 du même mois, dirigé à M. le Mis de Grimaldi lui même, dans lequel il lui rapelle la pretendue ouverture faite le 17 juillet, sans que ce Ministre Espagnol releve même cette assertion; je ne desavouerai, dis-je, pas que cette circonstance ne m'ait fait balancer, sans pour cela m'induire a former un jugement desavantageux au caractere de M. le Mis de Grimaldi. J'ai pensé qu'il etoit possible que ce Ministre causant familierement avec l'amb^r de Portugal, lui auroit tenu quelques propos auxquels l'autre auroit donné trop de valeur, et dont il auroit voulu se faire fête auprès de sa cour.

Mais tres certainement il ne m'a pas passé une idée par la tête, et il ne m'est pas echapé un seul mot qui puissent et doivent allarmer la delicatesse du Ministre Espagnol. Je vois dans une de ses lettres a M. le comte d'Aranda que celui-ci a cru voir de la dissimulation dans mon silence. Je ne puis repondre des jugemens de personne, seulement de mes intentions. La question paroissoit en elle même si indifferente que je croyois beaucoup plus convenable de la laisser tomber que de vouloir l'aprofondir. J'y ai reussi a Londres, et tres certainement M. de Pombal n'a pas lieu de se feliciter du succès des artifices qu'il y avoit employés.

Je vous prie, Monsieur, de vouloir bien communiquer cet article a M. le marquis de Grimaldi en l'assurant qu'il n'a rien a desirer de l'estime que jai de son honneteté et de sa vertu, et de la consideration que je porte a ses talens et a ses bonnes intentions.

Espagne, t. 578, n° 144.

4. LE MARQUIS D'OSSUN AU COMTE DE VERGENNES.

A Aranjuez le 14 x^{bre} 1775.

M. le Mis de Grimaldi m'a assuré en toute confiance, que personne ne desiroit plus sincerement que lui le maintien de la paix generale, par inclination et a cause de la situation delicate ou il se trouvoit vis a vis d'une nation qui ne peut pas souffrir les etrangers, mais que cette derniere circonstance le rendroit fort circonspect a donner un avis decisif.

Ibid., n° 159.

5. M. DE MAGALLON AU COMTE DE VERGENNES.

A Madrid le 3o Nov^e 1775.

Vous avez eu toujours, Monsieur le Comte, tant de bonté et d'amitié pour moi que je manquerois à la reconoisance que je vous dois si je ne saisisois pas l'occasion de me rappeller à votre souvenir en vous mandant mon arrivée ici; elle a eté en très bonne santé, et j'ai eu lieu d'etre satisfait du bon accueil que j'ai eprouvé de toute sorte de personnes. Je me suis acquité envers M. le marquis de Grimaldi de la comision dont vous avez voulu bien me charger pour lui : ce Ministre a eté fort sensible a tout ce que je lui ai dit de votre part : la franchisse et l'ouverture que vous desirez dans toutes les affaires qui pourront intereser les deux Monarchies est aussi ce qu'il desire et ce que vous trouverez en lui certainement; vous savez, Monsieur le Comte, la part essentielle qu'il eut au sistheme d'union intime qui regne aujourd'hui entre nos deux Cours; ainsi cette franchise et cette sincerité, sans lesquelles le sistheme deviendroit pour ainsi dire inutile est une suite necesaire de ses principes; il en connoit la solidité et la sagesse des votres; et il est bien persuadé que

ANNEXES DU CHAPITRE IX.

dans toutes les occasions qui pourront se presenter il y aura un parfait accord entre les deux Ministeres et cette uniformité de vües et des maximes qui convient si essentiellement pour leur avantage et pour leur gloire.

M. de Grimaldi a eté fort aise de savoir l'application particulière avec laquelle M. de Sartine travaille au retablissement de la Marine et les soins avec lesquels vous y contribuez vous même, quoique ce departement ne vous regarde pas directement. M. de Grimaldi se trouve precisement dans le meme cas; et comme il doit en qualité de Ministre des Affaires Etrangères regler le langage qu'il faut tenir dans les occasions vis a vis des Puissances etrangeres, et surtout de l'Angleterre, il est indispensable non seulement qu'il soit bien instruit de l'etat de la Marine mais qu'il soit autorisé a conferer avec le Ministre de ce departement sur les moyens de la mettre et de l'entretenir sur un pied respectable.

Espagne, t. 578, n° 123.

II

SUR L'ENVOI DE FORCES ESPAGNOLES EN AMÉRIQUE.

1. LE COMTE DE VERGENNES À OSSUN.

A Versailles le 20 Aoust 1775.

[La dépêche du ministre était accompagnée d'une lettre privée pour Ossun et d'une autre pour le marquis de Grimaldi. M. de Vergennes mandait à l'ambassadeur : « Jespère Monsieur le Marquis, avoir bien saisi dans lexpedition que je vous adresse lesprit les intentions et les interets du ministere d'Espagne, si cependant jai manqué a quelque chose ou si je me suis fourvoyé vous aves toute puissance pour me redresser ou me supléer. Peut etre trouvera t on que nous parlons trop doucement aux Portugais. Plus de vigeur et de secheresse nous rendroit suspects et feroit rejetter nos bons offices, il sagit de concilier et de mettre en voye de negociation, nous ne pouvons rien dire sur le fond de laffaire que nous ne connaissons pas suffisament. » (*Espagne*, t. 577, n° 49 *bis*.)]

Jai recû M. la lettre n° 39 que vous maves fait lhonneur de mecrire le 7 de ce mois et M. le Cte d'Aranda m'a communiqué les avis que M. le Mis de Grimaldi lui a transmis soit par raport aux forces considerables que les Portugais rassemblent du cote de Buenos ayres soit par raport aux mesures a prendre pour assoupir sil est possible le feu pret a eclates. J'ai mis le tout sous les yeux du Roi et Sa M^te sensible a la confiance que le Roi son oncle lui temoigne croit ne pouvoir y correspondre dune maniere qui lui soit plus agreable qu'en lui expliquant sans detour sa veritable facon de penser.

Le Roi pense absolument comme le committé des ministres dEspagne a lavis duquel il paroit que le Roi C^que s'est rangé que ce seroit se ruiner en detail denvoyer de petis renforts de troupes dans la partie de lAmerique qui est menacée, mais Sa Maj^te est en meme tems d'opinion que ce seroit beaucoup risquer de faire dependre les mesures ulterieures de deffense a prendre des evenemens qui pourront survenir dans lEtat de force ou les Portugais se trouvent a Rio de janeiro, sur le Rio grande de St Pedro et sur le fleuve de la Plata. Ce qui semble le plus instant pour lEspagne est d'y porter sans perte de tems un corps de troupes assez nombreux et une escadre suffisante pour y retablir au moins legalité. La continuation de la guerre contre Maroc donne la facilité de couvrir cette expedition du voile du mistere et la flotte qui revient dAlger assure les moyens de la faire avec celerité. On pourroit sous pretexte de quelque tentative contre les cotes de Maroc faire sortir de Cadix deux vaisseaux de ligne avec un pareil nombre de fregates, autant du Ferrol. Chacune de ces petites escadres auroit a son bord et sous son convoy deux a trois mille hommes de debarquement, et pour mieux cacher le but de larmement on pourroit leurs joindre des galiotes a bombes et d'autres petis batimens comme plus propres a serrer la terre. Le rendés vous commun seroit aux Canaries d'ou les forces destinées pour lAmerique meridionale prendroient leur point de partance. Quant aux armemens legers ils auroient ordre de ne quitter les Canaries pour revenir en Esp^e que trois semaines apres le depart de lescadre. De cette maniere le secours de l'Esp^e previendroit les renforts que le Portugal pourroit penser a envoyer. Au reste il n'y a pas lieu de suposer que parceque l'Espagne se degarnira dun corps de six mille hommes la Cour de Lisbonne osera concevoir le projet de l'attaquer en Europe, elle nest pas en etat de le tenter avec ses seules forces et lAng^re sur laquelle elle peut compter est pour le moment dans limpuissance dy supleer.

La question semble se reduire a ce dilemne ou les Portugais sont reellement dans le dessein de faire la guerre a lEsp^e en Amerique, ou bien suscités par leur propre inquietude et par leurs remords, ou meme par les Anglois qui craignent peut etre quelqu'entreprise de sa part, ils ne veulent que la tenir en echec et attirer sa pp^ale attention dans cette partie.

Dans le premier cas si la guerre est commencée larrivée inopinée dun secours aussi considerable doit en changer la face et mettre tout l'avantage du coté des Espagnols. Au contraire si les Portugais nont point encore fait dhostilités formelles, sils hesitent ou seulement sils ne veulent que donner de linquietude, la bonne posture ou ils verront lEspagne leurs en imposera et au lieu de songer a allarmer ils se trouveront heureux si lEspagne ne leurs ravit pas la tranquilité qu'ils semblent lui envier. Une consideration qui semble de quelque poids est que si les Portugais sont effectivement resolus a la guerre, ils doivent avoir la sureté detre soutenûs par lAng^{re} il est donc de la plus grande importance de faire passer incessamment sur le theatre des hostilités des renforts suffisans avant que les Anglois puissent se mettre en mesure de les intercepter.

Si on propose denvoyer dans la riviere de la Plata quatre v^x de ligne et autant de fregates pour assurer le transport des troupes, cest qu'aussi en forces que le sont les Portugais dans cette partie envoyer de moindres forces ce seroit les exposer vraisemblablement a linsulte et peut etre aux plus facheux evenemens.

Loin que les envoy puissent faire un prejugé contre les dispositions pacifiques de Sa M^{te} C^{que}, il ne pourroit que faire honneur a sa prevoyance et donner plus de force aux offices quil est question de faire pour empecher que le feu qui etincelle en Amerique nait de plus grandes suites et n'embrase lEurope il nest pas de moyen plus certain pour assurer la paix que de se montrer en situation de ne pas craindre la guerre; le Portugal ne porte peut etre la presomption et laudace aussi loin quil le fait que parcequ'il est trop persuadé que lEsp^e ne le considere pas asses pour prendre contre lui toutes les precautions que la circonstance semble exiger. Lidée ou est le ministere dEsp^e de conserver armé pendant le reste de lannée tout ce qui a servi devant Alger est bonne mais elle ne remplit pas la vûe la plus interessante qui doit etre dempecher les Portugais de faire de certains progres dans la province de Buenos ayres et dans le cas ou ils y auroient pris quelques avantages de ne leurs pas donnés le tems de sy affermir.

Nous avons trop de preuves M. des sentimens dhumanité de S. M. C^{que} et de ses dispositions pacifiques pour douter un seul instant que cest avec le plus veritable regret quelle se verroit forcée par la temerité des Portugais a entrer dans une guerre quelle desire deviter autant que sa dignité et sa gloire nen seront point blessées. Nous concevons egalement que les premieres démarches ne doivent point partir de S. M^{té} C^{que} et le Roi n'a aucune difficulté a sen charger soit a Lisbonne soit partout ailleurs ou il sera convenable den faire. Il paroit suivant ce que vous maves fait l'honneur de me marquer que le voeu de M. le Mis de Grimaldi seroit que nous engageassions lAng^{re} a se joindre a nous pour disposer la Cour de Lisbonne a reduire aux termes dune discussion amiable les pretentions quelle semble vouloir faire valoir par la force des armes, ce parti nous paroitroit le plus convenable a tous egards, mais la depeche adressée a M. le comte d'Aranda ne faisant mention que de simples offices a faire aupres du Roi tres fidele, Sa Majesté ne croit pas devoir prendre sur elle d'y faire intervenir lAng^{re} sans etre bien assurée que ce concours ne pourra pas etre desagreable a Sa M^{té} C^{que}. Cest un delay mais qui ne tire a aucune consequence.

En attendant que la Cour de Madrid fasse connoitre ses intentions a cet egard je joins ici linstruction que jadresse de lordre du Roi a M. d'Hinnisdal, vous voudres bien la communiquer a M. le Mis de Grimaldi, si le ministre en aprouve le contenu vous lenverres par un courrier au chargé des affaires du Roi, mais dans le cas ou le ministere espagnol y desireroit quelques changements Sa M^{té} vous autorise a les faire, et vous verres M. par ma lettre particuliere à M. d'Hinnisdal que le Roi lui ordonne de se conformer exactement a tout ce qui lui viendra de votre part.

Espagne, t. 579, n° 49.

3. LE COMTE DE VERGENNES À OSSUN.

A Versailles le 28 9bre 1775.

..... Nous voions avec plaisir M. que le Roi d'Espagne pense a renforcer les garnisons de ses possessions les plus exposées dans lAmerique, cest une precaution que nous avons deja prise et a laquelle on donnera plus detendue si les circonstances lexigent; nous ne pouvons mieux nous rassurer contre les Anglois et en imposer a leur avidité quen nous mettant respectivement en mesure de leur rendre tres difficile les conquestes quils seroient disposés a tenter. Je ne puis savoir au juste le nombre de troupes quils se proposent demployer a la reduction de leurs colonies. Suivant letat de leur armée arrêté en parlement en suposant quelle soit portée au complet, ils ne peuvent avoir en Amerique que 26^m ho^{es} de troupes nationales, ils font quelques levées en Allemagne, mais on ne les estime pas au dela de 4^m ho^{es}, reste a former lexcedant de troupes etrangeres sils veulent avoir 40^m ho^{es}. Serat ce la Russie qui le fournira? cest ce que nous ne savons pas : cette negociation semble devenir plus problematique et nous ne voions pas quil y en ait d'autres entamées en Allemagne pour avoir des troupes mercenaires; mais sil est aisé aux Anglois de se procurer et de transporter en Amerique un grand nombre de troupes, il ne le sera pas egalement de les y entretenir; il faut des vivres et ils reviendront chers sil faut les tirer de lAng^{re} meme. Cet embarras qui pourra retarder la reduction de lAmerique septentrionale si on sobstine a leffectuer par la force des armes pourroit bien sopposer aux vues ulterieures que lAng^{re} pourroit avoir sur nos possessions respectives. Cependant il est tres a propos dy donner de part et dautre lattention la plus suivie car nous ne pouvons savoir par ou cette puissance commenceroit si elle se determinoit a la guerre. Il est possible quelle en veuille a nos isles mais il ne le seroit pas moins quelle crut plus interressant de tomber sur l'Espagne. Les reconnoissances quelle n'a cessé de faire depuis la derniere paix dans la mer du Sud, les liaisons quelle travaille a y etablir pour s'y procurés des lieux de rafraichissement; letablissement quelle va former chez les Mosquitos dont le directeur est deja en mer, tout cela annonce quelle a un point de vue qui ne peut etre autre que de souvrir lAmerique opulente par le centre et de dominer sur les deux mers qui la baignent.

Espagne, t. 578, n° 112.

CHAPITRE X.

EFFET PRODUIT À MADRID PAR LES AGISSEMENTS DU PORTUGAL.

Nouvelles agressions du Portugal à Buenos-Ayres. — Manœuvres de M. de Pombal, qui sollicite la médiation de Versailles et de l'Angleterre. — La cour de Madrid est convaincue de la complicité du cabinet de Londres; elle charge son ambassadeur d'informer Versailles des dispositions qu'elle a prises, des mesures qu'elle propose, et de demander que l'on concerte un projet d'action. — Activité du comte d'Aranda pour exciter la France contre l'Angleterre; ses relations, ses vues, son idée de faire soulever l'Irlande et de la rendre indépendante; l'autorisation lui est donnée d'en proposer le projet et de faire examiner l'imminence de la guerre. — Louis XVI permet des conférences avec l'ambassadeur; réunion du 26 février chez le comte de Maurepas; M. de Vergennes y fait évanouir cette politique en exposant celle des *Considérations*; dépêche conforme écrite à Ossun. — La Louisiane indiquée par M. de Vergennes comme l'entrepôt où les Américains viendraient chercher du matériel de guerre; divergence à cet égard avec M. de Grimaldi; tendance de ce ministre à laisser à la France les opérations délicates. — Nouvelle conférence chez M. de Maurepas; Aranda y appuie par une note les propositions de son gouvernement; le roi décide d'armer à Brest et dans les arsenaux. — Résolution écrite en conseil dans ce sens; l'envoi en est fait officiellement au ministre de la marine et à Ossun. — Contentement éprouvé par les deux cours; prochaine intimité que leur satisfaction préparait avec les colonies insurgentes.

1776.   Tandis que les deux Couronnes semblaient reconnaître que l'expectative serait pour longtemps nécessaire, les procédés de M. de Pombal vinrent subitement les faire changer d'avis. On apprit qu'au mois de novembre, où le ministre de Sa Majesté Très Fidèle avait feint de consentir à régler à Madrid, directement avec l'Espagne, leurs limites respectives en Amérique, les commandants portugais avaient enlevé un poste espagnol et pillé des villages sur la frontière du Paraguay, qu'à l'entrée de la rivière de la Plata deux vaisseaux marchands, saisis par un navire de guerre, s'étaient vu retenir trois mois prisonniers et que leurs équipages avaient subi les plus mauvais traitements. Dans son accusé de réception du 8 février, dont nous citions tout à l'heure le préambule, Ossun donnait à son gouvernement le premier

EFFET PRODUIT À MADRID PAR LES AGISSEMENTS DU PORTUGAL.

avis de ces faits, dont M. de Grimaldi venait de lui parler; le 15, il en rendait compte, ajoutant non sans raison que le cabinet de Madrid était obligé de voir des intentions décidément hostiles dans des actes pareils, survenus après que l'ordre avait été reçu de suspendre toute action de part et d'autre[1]. Il était chargé de dire que tous pourparlers seraient rompus entre les deux cours jusqu'à ce que le cabinet de Lisbonne eût donné les satisfactions que ses agissements rendaient légitime d'exiger. Dès le 12, au reste, M. de Grimaldi avait écrit à ses ambassadeurs de prévenir de cette résolution le cabinet de Versailles et celui de Londres[2].

La conduite du Portugal dépassait les limites de l'équivoque. Il fallait avoir un grand désir de retenir les préoccupations politiques en Amérique pour ne pas laisser l'Espagne libre d'agir contre lui. De la part de M. de Pombal, le rejet de la médiation de la France, dans l'été de 1775, n'avait été qu'un moyen employé pour écarter de ses projets tout obstacle, et les négociations suivies avec Madrid une manœuvre pour faire croire à des dispositions meilleures de sa part, pendant qu'il préparait des agressions nouvelles. Très positivement, cette fois, il venait de faire demander l'intervention amiable de la France et de l'Angleterre[3]; ce n'était que pour mieux cacher qu'il machinait une attaque plus sérieuse. Le cabinet de Louis XVI n'était nullement dupe de ces procédés. A contre-cœur, mais avec une

---

[1] *Espagne*, t. 579, n° 57. «M. de Grimaldi «m'a dit que la lecture de cette relation lui «avait fait bouillir le sang,» écrit l'ambassadeur dans un autre rapport.

[2] M. de Vergennes fait remercier le roi de cette communication, le 27 février. (*Espagne*, t. 579, n° 77.)

[3] A cet égard, il ne pouvait pas y avoir de doute. Une dépêche de M. de Vergennes à Ossun, du 16 février 1776, l'informe de la démarche de M. de Pombal auprès de l'ambassadeur du roi à Lisbonne, le marquis de Blosset; une dépêche du 23 confirme la première par l'annonce que l'Angleterre a prescrit à lord Stormont de s'en expliquer à Versailles et d'obtenir les bons offices du roi pour l'acceptation de l'Espagne; des dépêches des 24 février, 24 et 30 mars, au chargé d'affaires à Londres, confirment cette dernière. Dans son rapport du 29, le marquis d'Ossun transmet à Versailles les remerciements de Charles III pour les bons offices de la France. (*Espagne*, t. 579, n°⁸ 58 et 66; *Angleterre*, t. 514, n° 143; et t. 515, n°⁸ 46 et 61.)

complaisance que ne lasseront ni la fréquente évidence du peu de loyauté du Portugal ni la connivence que paraissait y prêter l'Angleterre, il recommence à Londres, à Madrid, à Lisbonne, une année durant, des échanges de vues et d'entretiens dans le désir d'accorder les prétentions rivales. Négociations de patience, sans cesse déçues; les prétentions sont d'autant plus changeantes ou moins sincères de la part de M. de Pombal que celles du gouvernement de Charles III sont droites et sont justifiées. Nous devons en retrancher ici les détails, ce sujet n'ayant qu'accessoirement rapport à celui qui nous occupe; bornons-nous à dire qu'à l'heure où le ministre de Lisbonne recourait à ce nouveau stratagème, le 19 février, les petites garnisons et les équipages maritimes de l'Espagne, à Buenos-Ayres, étaient obligés de livrer une bataille véritable; un régiment espagnol avait trois hommes tués et trois blessés; un vaisseau perdait son commandant, un autre son lieutenant avec huit matelots tués et vingt et un blessés. A la première alerte, déjà, les intentions du Portugal étaient apparues sous le plus inquiétant aspect à la cour de Madrid; maintenant on n'y douta plus qu'elles ne fussent appuyées par le gouvernement britannique et l'on ne pensa qu'à se concerter avec la France pour une action commune. Ossun, en transmettant à M. de Vergennes, le 29 février, l'expression de la gratitude et les désirs du marquis de Grimaldi au sujet de la nouvelle médiation, ajoute ceci :

> Ce Ministre m'a parlé des ordres qu'il a addressés par le dernier courier à M. le Cte d'Aranda pour que cet ambassadeur conférât avec Vous sur les précautions à prendre pour être informé le plus exactement qu'il sera possible de tout ce qui se passera sur mer et sur terre de la part des Anglois et de leurs Colonies révoltées, afin que la France et l'Espagne puissent en conséquence des avis qu'elles recevront prendre des mesures promtes et efficaces pour la deffense et la conservation de leurs posséssions en Amerique. M. de Grimaldi a voulu me mettre au fait des démarches de prévoyance de l'Espagne à cet égard et en ce que Sa M[té] Catholique desiroit que la France pût exécuter de son côté. Il seroit superflu, Monsieur, que je le répéte ici,

puisque M. le Cte d'Aranda a été chargé de vous le communiquer dans le plus grand détail.

Espagne, t. 579, n° 77.

Or, le premier ministre d'Espagne ne s'était pas borné à écrire au comte d'Aranda pour l'informer seulement de la manière dont il pensait que les deux Couronnes devaient se faire renseigner et se tenir en garde, mais en vue d'étudier sans retard ensemble un projet d'action contre l'Angleterre. Deux dépêches du même jour avaient porté les instructions nécessaires à l'ambassadeur; lorsqu'il en entretint M. de Vergennes, Aranda lui laissa une copie de l'une et de l'autre. La première, datée d'Aranjuez, commençait ainsi :

L'Angleterre augmente chaque jour ses armements dans le dessein vrai ou faux de soumettre ses colonies et quoiqu'on ne doive pas croire d'abord que ses forces de terre et de mer soient dirigées vers un autre but, il y a des motifs de reste pour croire que l'expedition contre les Colonies une fois faite, et le projet de les réduire reussi ou manqué, le Cabinet Britannique dont l'ambition est bien connue ne se contentera pas de faire rentrer dans ses ports les vaisseaux et les troupes mais qu'il cherchera a se servir de cet armement par voye de revanche en se jettant sur quelqu'une des possessions espagnoles ou francaises dans ces parages.

Cela paroit répugner au premier coup d'œil parceque les deux puissances d'Espagne et de France nayant pas donné à l'Angleterre le moindre motif de plainte ou de chagrin et toutes les deux au contraire ayant témoigné en tout tems la plus grande moderation toute insulte nouvelle et imprevue de la part des Anglois seroit le comble de l'iniquité et de la mauvaise foi. Mais comme d'un autre côté, il y a des preuves reiterées du contraire et que d'ailleurs la prudence ordonne de prendre a tout evenement les precautions convenables, je dois informer V. E. au moyen des copies cy jointes, des mesures que le Roi a songé a prendre en etablissant entre ses vaisseaux de guerre de certaines croisieres qui servent a veiller sans qu'il y paroisse sur les mouvemens des Escadres Angloises.

Ibid., n° 72 [1].

---

[1] Voir l'annexe I du présent chapitre.

M. de Grimaldi expliquait, après cela, que l'Espagne ne pouvait étendre les croisières jusqu'à la Manche sans risquer de donner occasion à des conflits avec les vaisseaux de l'Angleterre, et sans que celle-ci en prît texte pour élever des plaintes dont elle ferait servir le bruit à ses vues cachées; mais il prescrivait à son représentant de démontrer « l'importance » (le mot était souligné) qu'il y aurait, pour le bien des deux nations, à prendre cette précaution. « L'intérêt des deux cours est le même, écrivait-il, et le roi pensait que le ministère de France pourrait de son côté décider des mesures qui correspondissent avec les siennes; dans une nation aussi active et aussi entreprenante que la France, on ne devait pas manquer d'expédients pour envoyer des corsaires qui, soit par mer, soit par terre, communiqueraient avec les colons et vérifieraient tout ce qui aurait lieu de ce côté. » A son pli étaient jointes deux pièces : l'une précisait la direction et la composition des croisières espagnoles projetées, l'autre les instructions données aux commandants et aux gouverneurs des principales colonies pour remplir leur mission, pour s'informer les uns les autres et informer à propos leur gouvernement. Il n'eût guère été plus explicite pour un commencement d'action[1].

La seconde dépêche avait une portée bien autre. On peut penser que de toutes les personnes qui travaillaient à engager le cabinet de Versailles contre l'Angleterre, en la voyant si mal préparée pour le gros incident qu'elle avait fait naître, le comte d'Aranda n'était pas celle qui s'agitait le moins. Il outrepassait beaucoup en cela son rôle d'ambassadeur; il avait des relations ou des correspondances avec tous ceux qui, en France ou à Londres, mettaient la main à des menées. Il en entretenait souvent M. de Vergennes et M. de Maurepas, leur apportait les plans que son imagination formait ou que l'on présentait à son esprit. Il avait conçu l'idée d'une entreprise des deux gouverne-

---

[1] La pièce analysée ici paraît être une copie. Elle est écrite rapidement, avec des abréviations que nous avons remplies, et porte en rubrique : *Lettre de M' de Gr... à M. d'Ar...*, et au-dessous : *D'Arg'* — *26 février 1776* (pour *Aranguès*).

ments pour soulever l'Irlande, s'était efforcé d'y amener ces ministres et hasardé bientôt à la proposer à M. de Grimaldi. Or le conseiller du roi ne faisait pas difficulté, à cette heure, d'autoriser l'ambassadeur à remettre au gouvernement de Versailles un exposé écrit de ce projet, tant la surexcitation était vive à sa cour. Il le chargeait en outre d'examiner avec ce gouvernement si, décidément, les deux pays n'avaient pas à entrevoir la guerre à courte échéance et à s'y préparer. Il le faisait dans les termes qui suivent, confirmant ce que nous venons d'expliquer :

Au Pardo le 26 février 1776.

Dans sa lettre n° 638 de l'expedition du 10 de ce mois V. E. rapporte, que dans une nouvelle conversation avec Mrs de Vergennes et de Maurepas il avoit eté question de divers points relatifs aux mesures, que dans le cas d'une guerre inevitable avec l'Angleterre nos deux ministères pourroient ou devroient prendre pour rendre inutiles les projets de cette nation ambitieuse, et pour chatier son orgueil.

Entre autres choses particulieres on parla de quelque entreprise sur l'Irlande, dans l'idée que ce coup seroit le plus sensible à l'Angleterre, parceque dans la realité on diminueroit notablement sa puissance, si on parvenoit a separer de sa domination cette isle importante, et descendant a faire plusieurs reflexions sur le moyen le plus propre pour engager les Irlandois eux-mêmes dans l'execution de ce projet, en leur promettant une separation et une independance subsistantes; sur ces secours et suretez que nos cours devroient donner a ces habitans; et sur d'autres precautions qui devroient preceder; V. E. s'etendit a rapporter tout ce qu'Elle avoit medité a ce sujet et ces ministres le prierent en consequence de rassembler dans un memoire toutes ses reflexions, et de les leur lire. V. E. le fit effectivement, et elles parurent très bien à ces Messieurs; mais V. E. ne voulut point leur laisser le mémoire, par la juste reflexion que c'etoit un ouvrage purement volontaire et de sa propre idée sans ordre ni notion de sa cour. En consequence V. E. m'en a envoyé copie, afin que je luy manifeste les intentions du Roy.

J'ay informé de tout S. M. avec la ponctualité qu'exige une affaire de cette importance, et le zèle que V. E. temoigne pour tout ce qui peut interesser le bien de cette Monarchie luy a eté très agreable. Elle trouve très justes et très fondées les reflexions contenues dans ce memoire, et ne voit point d'inconvenient que V. E. en remette une simple copie sans signature, qui pourroit lui donner apparence d'un office ministerial; mais en reconnoissant que de tous les projets relatifs à l'Irlande celui cy seroit le plus faisable, parceque ce seroit une très grande amorce pour les naturels du Pays, et qu'il n'exigeroit pas que les Puissances d'Espagne et de France hazardent des corps considerables de leurs propres troupes dans ces mers, qui seroient naturellement couvertes d'Escadres angloises.

S. M. comprend qu'avant toutes choses il faut convenir sur la maxime si nous devons nous préparer ou non pour la Guerre, si nous avons un juste motif pour la craindre dans le moment ou l'Angleterre se debarassera d'une maniere ou d'autre de ses affaires avec ses Colonies : si nous devons dès a present prendre certaines mesures lentes et cachées pour ce cas là; ou si satisfaits et tranquilles sur notre bonne foy et nos droites intentions nous devons attendre que l'Angleterre elle même dans l'instant qui lui sera plus favorable frappe un coup sur nos possessions ou sur celles de la France d'une manière qu'ensuite il nous soit presque impossible de les recouvrer.

V. E. scait que je luy ai écrit anterieurement sur ces mêmes inquietudes, entrant egalement dans differentes idées ou projets pour prévenir de semblables dommages; mais elle scait aussi que la reponse de la Cour de France a fait voir qu'elle ne croit pas les risques si prochains, ni que nous soyons encore dans le cas de nous fixer a des projets d'hostilités positives, mais qu'il suffira de nous maintenir sur le pied de faire les préparatifs reguliers et de garnir nos principaux ports respectifs pour le cas ou les armes angloises viendroient les attaquer.

Les lettres de V. E. du 27 9bre et 11 x^{bre} de l'année derniere dans lesquelles elle répond sur nos projets contre l'Angleterre et le Portugal, dirigés à prévenir toute insulte de la part de ces Puissances, donnent assés de lumiere touchant l'idée qu'on s'est formé en France de l'actuelle situation politique de l'Europe, et de l'objet particulier dont je parle. Ainsi comme il y a des projets qui par leur grandeur et leur importance doivent être approuvés d'avance, et qu'on doit préparer lentement les moyens pour les mettre en exécution, je repete à V. E. qu'avant tout il faut convenir si nous nous trouvons dans le point de fixer ceux qu'on doit suivre et de commencer les dispositions ayant toujours devant les yeux que ces dispositions ne préjudicient pas, si ensuite elles n'ont pas lieu.

La paix dans un Royaume est le plus grand de tous les biens, et le Roy desire sa conservation comme sans doute le Roy T. C. la desire; mais comme on ne peut nier que bien souvent ces desirs salutaires ne suffisent pas, et que de l'autre côté tout Souverain est dans l'obligation de conserver les Etats que la Providence luy a confiés, il reste à present que la grande penetration des deux Monarques et leur prudence connue reglent ce qui convient de faire aujourdhuy pour éviter de voir tomber sur nous à l'improviste toutes les forces unies de terre et de mer que l'Angleterre va envoyer à l'Amerique, et qui d'un moment à l'autre peuvent ne plus avoir l'objet qu'elles ont actuellement.

D'un autre coté nous continuons avec beaucoup de chaleur nos préparatifs, et le Roy sera pret à tout ce que voudra proposer la Cour de France, comme convenable a la gloire et aux avantages des deux Royaumes.

Espagne, t. 579, n° 73. (Traduction.)

L'Espagne, à cette heure, portait donc elle-même les préoccupations fort au delà du point où l'on s'était tenu jusqu'à présent. L'exposé du comte d'Aranda concernant l'Irlande établissait doctrinalement que les deux maisons de Bourbon avaient ensemble, dans l'Angleterre, un ennemi dont tout leur commandait de travailler sans relâche à affaiblir la puissance afin de le maîtriser; il expliquait que ce pays tirant plus du quart de ses forces de la possession de l'Irlande, ce serait lui porter un coup plus préjudiciable que ne le ferait la guerre la plus heureuse, de réaliser l'idée déjà ancienne de séparer de lui cette île; qu'il importait par suite de fomenter chez les Irlandais le désir de l'indépendance, de l'exciter par l'assurance de l'appui de l'Espagne et de la France ainsi que par la perspective d'une existence commerciale considérable une fois les colonies américaines affranchies; que trente vaisseaux et un nombre proportionné de frégates tenus à Brest et au Ferrol, des troupes de débarquement massées sur les côtes de France et menaçant l'Angleterre, de grands dépôts d'armes et de munitions prêts à être fournis aux Irlandais, les officiers de ce pays et nombre de sergents ou de soldats qui servaient en Espagne et en France poussés à aller se mettre à la tête de leurs compatriotes, ne laisseraient pas douter l'île des intentions des deux cours; qu'ainsi toutes les raisons de politique et d'intérêt se réunissaient pour appeler un examen réfléchi des combinaisons qu'il proposait[1].

Lorsque l'ambassadeur remit les deux documents, M. de Vergennes présentait au roi les *Considérations* et le « comité » allait être consulté sur elles. Mais, pour parler aux deux ministres des questions dont il allait s'agir, le représentant de l'Espagne n'avait pas attendu d'être autorisé par sa cour, et Louis XVI avait permis d'ouvrir des conférences sur ces projets près d'être posés ouvertement. Ces conférences se tenaient chez M. de Maurepas. On s'y était réuni, notamment, juste à l'heure où M. de Grimaldi datait sa dépêche, le 26 février, avec les secrétaires d'État de la guerre et de la marine. M. de Vergennes n'eut garde de laisser compliquer par la politique de l'ambassadeur celle autrement solide dont il venait de tracer les données. Il exposa immédiatement celle-ci et le problème se trouva déplacé. On ne voit pas, en effet, que le comte d'Aranda, même, ait insisté sur les idées qu'il était venu défendre. C'est le 12 mars que le ministre adressa à ses collègues le « mémoire de considérations »; le 15, sans attendre leurs réponses, écrivant au marquis d'Ossun au sujet du Portugal, il acheva sa dépêche en résumant les vues du « mémoire », et, pour que notre représentant à Madrid fût bien à même de préparer le Pardo à la communication qui lui en serait faite, il indiquait comme il suit l'application immédiate que pouvaient recevoir ses vues :

M. d'Aranda m'a communiqué les ordres quil a reçûs de sa Cour pour nous

---

[1] *Espagne*, t. 579, n° 81. Cet exposé ne porte ni intitulé ni signature. La plume de Vergennes a écrit en tête : *M. le Cte d'Aranda, ambassadeur d'Espagne; — 1776, février.* — Nous reproduisons, en annexe au présent chapitre, ce mémoire dans lequel l'ancien premier ministre d'Espagne avait donné carrière à son imagination politique.

invitér a partagér sa prévoyance sur les suites possibles que peuvent avoir les demeslés de l'Amérique septentrionale. Nous y avons les yeux tres ouverts et nous ne nous endormons pas a la vue des armemens formidables que l'Ang^re fait dans cette partie. Nous sentons la necessité des precautions; mais la difficulté est de fixer le terme juste entre le trop et le trop peu. Nous en etions tres serieusement occupés lors que M. le Cte d'Aranda nous a provoqués, nous y travaillons encore et des que nous aurons formé une idée commune nous ne manquerons pas de vous en faire part pour que vous en deliberiés avec M. le Mis de Grimaldi. L'Esp^e semble se reposer sur nous du soin de veiller a ce qui se passe dans le continent de l'Amerique; nous ne manquons pas de gens hardis, avides de fortune et prets a tout oser pour savancer, mais nous n'avons pas de facilités pour les faire arrivér. Les avenües sont si bien gardées quil sera desormais tres difficile de percér par mer dans ce continent; la route de la Louisiane est presque la seule quoique bien plus longue, mais nous n'en avons plus la possession et vous connoisses la repugnance des Espagnols pour donner accés aux Etrangers.

Je ne puis me dispenser M. de vous faire ici quelques considerations dont je remets a votre prudence de faire l'usage que vous estimeres convenable. 1° on ne peut disconvenir qu'il ne soit du plus grand interest pour les deux Couronnes de prolongér les troubles de l'Amerique puis que leur durée afoiblira egalement les vainqueurs et les vaincûs. 2do il est probable que si les insurgens sont absolument abandonnés a eux memes sans aucun espoir d'une assistance meme indirecte, le defaut de moyens et le decouragement les feront succomber et se soumettre au joug quils auront tenté vainement de secouer. 3° il ne peut convenir a la dignité des deux Puissances de se declarer ouvertement et de faire cause commune avec une nation qui n'est encore que dans un etat de revolte relativement a son Souvrain; mais sil repugne a la gloire des deux monarques d'entrer en traité avec les insurgens et de les confirmer dans leur revolte en se declarant pour eux; repugneroit il a leurs vrais interets de les y maintenir en leurs procurant indirectement tout ce qui peut leurs manquer pour continuér la guerre. Les Anglois disent a la face de l'Europe quils manquent de vetemens, d'armes et de munitions de guerre, c'est indiquer ce quil seroit expedient de leurs fournir et ou pourroit on mieux leurs faire trouvér leurs besoins qu'a la Louiziane. L'Esp^e a de grands motifs pour fortifier et pour aprovisionner cette colonie; c'est lavant mur du nouveau Mexique; que de choses sous ce pretexte ne pourrait on pas y portér, dont a titre de commerce les insurgens pourroient traiter. Ce seroit leur affaire ensuite de les faire arriver au lieu de la consommation. Les derrieres sont libres. 4° les insurgens etant sans numeraire et leurs denrées netant pas propres a ce commerce il faudroit leur livrér a credit les effets quon leur fourniroit, sauf a les payér ensuite par lenvoy de leurs denrées dans les ports d'Espagne; d'ailleurs quelques milliers de barrils de poudre ne sont pas un objet ruineux pour une aussi grande puissance que l'Esp^c.

Telles sont Monsieur quelqunes des considerations que lheureux emplacement de la Louisiane me donne lieu de faire; quelque parti quon soit disposé de prendre a Madrid je crois quon fera bien de veiller sur cette colonie qui est un passage commode pour saprocher du centre des richesses ou les Anglois pourroient bien etre tentés un jour d'aller chercher la compensation de leurs colonies septentriona^{les} si elles leurs echapent.

Je suis bien persuadé M. que vous ne negliges aucun des objets que nous vous confions et nous sentons que vous devés vous regler sur l'allure Espagnole qui nest jamais bien vive. Nous attendrons pour nous expliquer que M. de Galves nous ait communiqué ses idées dune maniere precise sur la proposition dun commerce respectif quoique tres limite entre quelqunes de nos possessions en Amerique. Ce dont je vous prie de l'assurér est que le commerce de contrebande n'entre point dans nos vües, nous ne desirons qun commerce de convenance mutuelle, et qui conserve entre nous les richesses que nous devions prodiguer a nos ennemis.

Jai lh^r detre avec un tres parfait attachement, M.

A Versailles le 15 mars 1776.

Espagne, t. 579, n° 116.

C'était un fait nouveau, pour la cour d'Espagne, que la proposition du ministre de Versailles d'utiliser la Louisiane au profit des colonies insurgées. Ossun eut l'occasion d'en dire un mot au roi et à M. de Grimaldi presque en recevant le pli. Le jour même, terminant sa correspondance, il put informer M. de Vergennes de la première impression. Sa Majesté Catholique avait paru ne pas improuver l'idée, à la condition d'agir de manière à pouvoir tout désavouer. Le ministre, lui, avait cherché des objections et demandé à réfléchir :

> Ce Ministre est convenu quil seroit désormais très difficile de percer par mer dans le continent anglois de l'Amérique septentrionale, et que la route de la Louisiane, quoique bien plus longue, etoit presque la seule par laquelle on pût etre informé de ce qui se passeroit dans le continent anglois; il a ajouté que le Roy d'Espagne accorderoit sans difficulté la permission de se rendre à la Louisiane aux sujets que la France jugeroit à propos d'y envoyer pour remplir l'objet desiré. Il a observé que les Espagnols ne valoient rien pour de pareilles commissions et que lorsque la Cour de Madrid en avoit donné de semblables, elle s'étoit toujours servie de François ou d'Irlandois.
>
> Pour ce qui est, Monsieur, des reflexions judicieuses que vous avez daigné me communiquer, sur la convenance dont il seroit que l'Espagne procurât par la Loüisiane à titre de commerce et sans se compromettre des secours d'armes et de munitions de guerre aux Colonies angloises, M. de Grimaldi s'est borné à me dire que la chose meritoit une mûre reflexion; mais Sa Majesté Catholique a paru ne pas l'improuver, neanmoins sous la condition que la chose s'executeroit de maniere à pouvoir être désavouée. Je n'ay qu'ébauché la matiere, et l'on ne peut rien conclure sur l'impression que mes premieres insinuations ont paru faire; je les continueray avec prudence, et je vous informeray du succès qu'elles auront.
>
> A Madrid le 28 mars 1776.
>
> *Espagne*, t. 579, n° 145.

Mais le monarque et son conseiller en confèrent sans retard, et ce dernier aussitôt après avec l'ambassadeur français. Ossun est à même de compléter ses indications dès le 1ᵉʳ avril :

> J'ai communiqué, M. confidentiellement a M. le Mⁱˢ de Grimaldi les observations et les considérations contenues dans la partie chiffrée de votre dépêche du 15 Mars dernier n° 11. Ce Ministre après en avoir conféré avec le Roi son Maitre, m'a chargé de vous mander que ce Monarque pensoit comme vous sur la difficulté de percer par mer dans le Continent anglois de l'Amerique septentrionale pour avoir des nouvelles de ce qui s'y passera la campagne

prochaine; qu'il regardoit la route de la Louisiane, quoique bien plus longue, comme presque la seule par laquelle on pût se procurer des avis certains; que ce Monarque permettroit et faciliteroit le passage à la Louisiane des explorateurs que la France voudroit y envoyer pour remplir la commission délicate dont il s'agit; qu'elle pourroit les envoyer sans eclat à la Corogne d'où l'Espagne se chargeroit de les faire conduire à la Nouvelle Orléans.

M. le Mis de Grimaldi m'a dit aussi que Sa M^{te} Cath^e pensoit comme vous, M., 1° qu'il étoit du plus grand interêt pour les deux Couronnes de prolonger les troubles de l'Amérique; 2° qu'il est probable que si les insurgents sont absolument abandonnés a leurs propres forces, sans aucun espoir d'une assistance même indirecte, le défaut de moyens et le découragement les feront succomber et se soumettre au joug qu'on voudra leur imposer; 3° qu'il ne convient pas a la dignité des deux Puissances de se déclarer ouvertement, ni de faire cause commune avec une Nation qui est dans un état de révolte relativement à son Souverain, mais que si cela répugne à la gloire des deux Monarques d'entrer en traité avec les Insurgens et de les confirmer dans leur révolte, en se déclarant pour eux, il ne répugneroit pas a leurs véritables intérets de les y maintenir, en leur procurant indirectement tout ce qui peut leur manquer pour continuer la guerre particulierement des vêtemens, des armes et des munitions de guerre; 4° qu'on pourroit leur faciliter ces secours par la Louisiane à titre de commerce, bien entendu que ce seroit leur affaire de venir chercher leurs besoins dans cette Colonie et de les conduire au lieu de la consommation. M. le Mis de Grimaldi m'a dit que le Roi son Maitre n'y trouvoit d'autre difficulté que dans les moyens de l'exécuter de maniere à pouvoir le désavouer, et avec le plus grand secret possible; que l'Esp^e n'etoit pas dans l'usage d'envoyer souvent des bâtimens à la Louisiane; que cette Colonie n'étant pas susceptible d'etre fortifiée ni d'etre regardée comme un poste intéressant la conservation du Mexique ne seroit pas un prétexte plausible; que toutes les armes qui se font en Espagne portent la marque des fabriques Royales; qu'il faudroit donc que les effets dont il s'agit pussent partir de France, destinés en apparence pour une de nos Colonies, mais reellement pour la Louisiane; qu'ils fussent consignés a des negocians de cette Colonie qui en feroient le commerce avec les Insurgens, néanmoins par comission et pour le compte du Gouvernement; que Sa M^{té} Cath^e payeroit la moitié de tous les frais de ces expéditions; qu'il faudroit aussi fixer les lieux de la Louisiane les plus propres à déposer ces effets relativement a la possibilité et a la facilité de leur introduction dans les pays révoltés; enfin que si la France vouloit former un projet d'après ces idées l'Espagne y concourroit volontiers.

A Madrid le 1ᵉʳ avril 1776.

Espagne, t. 580, n° 2.

On voit que le premier ministre de Charles III ne perdait pas l'occasion de rejeter sur la France les opérations délicates. C'était déjà, de sa part, un procédé habituel que de ménager à toute proposition des échappatoires, de se réserver les moyens de tenir l'Espagne à distance, sous l'apparence d'un entier consentement. On n'en fera que plus tard la remarque, à Versailles, quand cette allure deviendra familière au successeur du marquis lui-même. Si on la découvrait maintenant, on évitait de s'y arrêter. M. de Vergennes avise simplement à ne pas laisser grossir l'objection. Dans une longue dépêche du 12 avril, à propos de la médiation et des prétentions du Portugal, de son attitude étrange (sujets continuels alors de la correspondance avec Ossun), il répondait déjà à ce dernier que la France ne pouvait pas se servir de la voie de la Louisiane; que des permissions particulières accordées à certains armateurs trahiraient les envois et feraient détourner les bâtiments par les Anglais; que les Espagnols avaient, au contraire, dans la crainte de la révolte qui s'approchait de leurs frontières, un motif apparent pour porter en abondance dans cette contrée tous les moyens de s'y faire respecter[1]. Lorsque les développements de l'ambassadeur

[1] Dépêche du 12 avril (*Espagne*, t. 580, n° 29). — Le ministre écrivait à ce sujet : « J'attendrai M. la conversation que M. le Mⁱˢ de « Grimaldi vous avoit promise sur l'usage qu'on « pourroit faire de la Louisiane pour y faire « trouver aux Americains les munitions dont « ils manquent. Nous ne pouvons pas nous ser« vir de cette voye; des permissions particu« lieres accordées a quelquns de nos armateurs « deceleroient le but de ces envoys et soumet« troient nos batimens a etre detournés de leur « route par les Anglois. Les Espagnols ont au « contraire un motif aparent pour couvrir les « envoys qui peuvent se faire dans cette partie. « Le feu de la revolte qui s'aproche de cette « frontiere est une raison legitime pour y porter « avec abondance tous les moyens qui peuvent « la faire respecter. »

furent arrivés, le secrétaire d'État des affaires étrangères ne les examina plus seulement avec le roi et M. de Maurepas; il les porta devant le même « comité » qui avait été réuni précédemment chez le premier ministre. Le comte d'Aranda y soutint les propositions de son gouvernement. Il les précisa dans une note où il était dit que l'Espagne attendrait la résolution de la France pour régler sa conduite[1]. Cela signifiait que l'Espagne tenait à une solution, et ce ne fut pas sans résultat. Personne ne contesta plus la nécessité de répondre aux avances de la cour de Madrid par des mesures militaires et maritimes. On arrêta des résolutions à cet effet. M. de Vergennes les rédigea séance tenante et le monarque apposa son « approuvé » au pied du dernier mot; c'était la première victoire effective remportée sur les objections dont Turgot avait donné les éléments. Le lendemain, une expédition des mesures décidées fut adressée officiellement au secrétaire d'État de la marine; celui-ci en accusait officiellement aussi réception deux jours après au cabinet des Affaires étrangères[2]: l'exécution eut aussitôt son cours. Les résolutions, de la main du ministre, étaient libellées ainsi :

---

[1] *Espagne*, t. 579, n° 74. Cette note n'a pas d'autre intitulé que ce repère, écrit en tête par M. de Vergennes : *Note remise par M. l'ambassadeur d'Espagne dans la conférence tenue chez M. le Cte de Maurepas le vendredi 26 avril 1776. Mrs de Sartine, de St Germain et de Vergennes y ont assisté*. — L'ambassadeur avait tenu à consigner dans cette pièce que, pour amener les conseillers du roi Louis XVI à préparer la guerre contre l'Angleterre, il n'épargnait ni ses paroles ni sa plume. Sa note commence comme il suit : « Quelques uns de vos Eccellences « peuvent assurer que pendant leur Ministere « l'ambassadeur d'Espagne qui a l'honeur d'asis-« ter a la presente conference, a eu aussi celui « de leur exposer en diferentes fois le tableau « de l'Europe tant en general par raport aux « accidents qui peuvent survenir, qu'en parti-« culier ayant en vue les interets de l'auguste « famille de Bourbon. » — « Ces mêmes dis-« cours ont eté plus ou moins repetés suivant « que l'Ambassadeur a plus ou moins frequenté « vos Ecc^{ces} et qu'il a conçu etre necessaire de « les leur rapeller, suivant l'uniformité, ou la « diference sur leur façon de penser. L'ambas-« sadeur croit, que dans toutes les ocassions qu'il « en a parlé, rien de ce qui pouvoit arriver a « eté omis, car rien a pu echaper aux profondes « conoissances des dignes Ministres de Sa Ma-« jesté tres cretienne, ainsi il n'a pas le moindre « scrupule de ce coté là. » — Nous donnons la suite à l'annexe I, n° 2.

[2] « 27 avril 1776. — J'ai reçu, Monsieur, « la copie de l'arrêté du comité tenu chez le Roy; « les intentions de S. M. en ce qui me concerne « seront exactement suivies. Les instructions « que je donnerai aux commandans des fre-« gattes qui croiseront en Amerique seront con-

PAR LES AGISSEMENTS DU PORTUGAL.

Du 22 avril 1776.

Le Roi ordonne quil sera repondu a M. le Cte d'Aranda que Sa M^{té} aiant pris en consideration les sages reflexions du Roi son oncle la situation actuelle des affaires entre lAng^{re} et lAmerique, et les consequences qui peuvent en resulter au prejudice des interets de la France et de lEspagne Sa M^{té} le Roi a decidé.

1° Que le Ministere de la Marine continuera a entretenir quatre fregates et trois corvettes bien armées dans les parages de l'Amerique avec des instructions analogues a celles qui ont été communiquées par l'Espagne.

2do quil sera donné ordre a Brest d'y tenir 12 v^x de ligne et le nombre correspondant de fregates prets et en etat detre armés au 1e ordre et en tres peu de tems.

3° Co^e il est a presumer que les Anglois dans le cas ou ils auroient des projets hostiles commenceront par bloquér le port de Brest, Sa M^{té} a prescrit quil soit donné ordre a Toulon dy tenir 8 v^x et des fregates en etat detre mis immediatement en armement pour servir a portér des secours ou il sera jugé necessaire.

4° Enfin que M. de Sartine continuera les radoubs deja commencés et tous ceux qui seront necessaires et de faire garnir les magazins et arsenaux de tout ce qui y manque ou qui doit servir a construire equiper et armér.

approuvé

Espagne, t. 580, n° 48.

On envoya au comte d'Aranda une copie de cette pièce[1]. En même temps, le ministre chargeait le marquis d'Ossun d'informer la cour de Madrid de ce qui y était prescrit. C'était dans une dépêche de sa

« formes a celles dont vous aves la bonté de « m'envoyer copie et qui ont été données par la « Cour d'Espagne; avant de les expédier jaurai « lhonneur de vous les communiquer, j'ai celui « de vous renouveler les assurances du fidele et « sincere attachement avec lequel je suis, Mon- « sieur, votre tres humble et tres obeissant ser- « viteur : DE SARTINES. » (*Angleterre*, t. 515, n° 108.)

[1] Une autre copie, prise sur celle qui est certifiée « conforme à l'original », de la main de M. de Vergennes, se trouve dans le registre des Affaires étrangères relatif à l'Angleterre (t. 515, n° 92).

main, dont le commencement avait trait aux procédés de M. de Pombal. Le ministre ne comprenait pas la conduite de celui-ci. Rien de plus « maladroit » à son avis; « quoi de simple, disait-il, comme de désavouer ce qu'il n'avait dû ni autoriser ni ordonner; est-ce pour ne point atteindre la considération des gardes-côtes portugaises ? Que l'Espagne ne précipite pas ses résolutions; elle rendrait le mal irréparable. Au contraire il se réparera naturellement sous la pression de l'Angleterre et de la France. » M. de Vergennes, on le voit, n'était pas encore désillusionné sur la médiation. Venant, après cela, aux raisons par lesquelles le cabinet de Versailles s'était décidé, il les expliquait comme il suit :

Jai rendu compte aujourdhui au Roi dans un committé de celui que vous aves rendu, du 1er de ce mois, de la facon de penser de la cour ou vous etes sur la necessite d'avoir des emissaires dans lAmerique angloise qui nous instruisent exactement de tout ce qui peut sy passer et qui veillent sur les mouvemens des Anglois sur la convenance dont il seroit de fournir aux Americains de maniere cependant a ne pas se compromettre les secours en poudres et autres munitions qui peuvent leurs etre necessaires pour se soutenir dans le parti de resistance quils ont adopté.

Nous ne pensons pas differemment de M. le Mis de Grimaldi sur la commodite dont peut etre la Louisiane pour y etablir un entrepost ou les insurgens trouveroient a s'aprovisionner des genres qui peuvent leurs manquer; mais si lEspagne qui possede ce pays manque de motifs pour y envoyer l'aliment de ce commerce, quel pretexte pourrions nous employés pour couvrir lenvoy que nous pourrions y faire de nos batimens, prevenir quils ne fussent suspectés visités et arretés? Cela demande dautant plus de reflexion que nous sommes parfaitement d'accord quil ne seroit ni de la dignité ni de la justice des deux Couronnes de se declarer ouvertement pour un peuple qui n'a dautre Etat pour le present que celui dune rebellion manifeste, et quil ne seroit gueres possible que nous engageassions nos commercans a faire des tentatives par la Louisiane sans leurs assurer une protection au moins tacite qui nous exposeroit a l'alternative ou de les indemnisér ou de les vanger des pertes quils pourroient essuyér. Nous sommes d'autant moins presses de nous resoudre a cet egard que nous sommes informés que les Americains trouvent a se pourvoir par la voye du commerce des choses les plus essentieles qui leurs manquent, ce ne sont pas les Francois et les Hollandois seulement qui sempressent de les leurs fournir, les Anglois eux memes ne leurs sont pas dun moindre secours.

Pour ce qui est de lenvoy demissaires javoue quil est peu de nations qui fournissent plus de gens que la notre tournés à ce genre de vocation, mais lembarras est d'en trouver de sages et d'adroits qui sachent ne pas excedér les bornes de l'observation. On aura surement entendu parlér en Espagne de deux Francois quon dit avoir eté présentés au Congrès de Philadelphie comme des agens, ils ne le sont pas, ils nont aucune mission de notre part et je parierois que ce sont ou des avanturiers ou des commis de marchands qui auront eté envoyés pour faire ofre de services mercantiles. Toutefois cet eclat vraiment reprehensible ne laisse pas de nous embarrassér non pas pour desavoüer et meme pour punir si le cas y echeoit ces etres inconnus et sans mission, mais pour etre plus reservés dans des envoys qui quoiqu'indifferens dans leur objet denoteroient cependant sils etoient decouverts une partialité dont lAng^{re} seroit fondée a se plaindre. Sil etoit question de formér une liaison serieuse avec les Colonies nous avons plus dune voye ouverte en Europe, mais cest ce dont il ne peut et ne doit pas etre question, ce qui est indispensable est de veillér avec la plus grande suite sur ce que lAng^{re} peut meditér au prejudice de la France et de l'Esp^e. Les preparatifs qui pourront etre ordonnés en Europe nous avertiront des dangers qui pourront nous menacér en Amerique. Cest pour se mettre en mesure dy obvier que le Roi a decide dans le Committé de ce matin : 1° quon entretiendroit en Amerique un nombre egal de fregates a celui que lEsp^e y a destiné et 3 corvettes avec des instructions exactement analogues aux siennes.

2do Quindependament de la petite escadre devolution actuellement a la mer et de nos croisieres etablies dans la Mediterrannée, on mettra en etat a Brest et on tiendra prets a etre mis immédiatement en armement 12 v^x de ligne et un nombre competent de fregates.

3° Comme il y a lieu de jugér que si les Anglois forment quelque projet contre nous ou contre lEsp^e leur premiere operation sera de portes le plus de forces quils pourront a la hauteur de Brest p^r disputer la sortie de notre escadre il a ete resolu den preparér une autre de 8 v^x avec ses fregates a Toulon laquelle comme plus libre dans ses mouvemens sera destinée a porter du secours ou il sera necessaire. La meme consideration est aplicable a l'Espagne, elle doit sattendre a voir son port du Ferrol bloqué par une flotte angloise du moment ou la guerre sera resolue.

4° Enfin le Roi a ordonné a son ministre de la marine et a celui de ses finances de sentendre pour faire arrivér dans ses ports et dans ses arsenaux tout ce qui peut etre necessaire au retablissement de sa marine, a la construction a l'equipement et a larmement complet de chacun de ses vaisseaux. Ceci comme vous pouves juger M. ne sauroit etre laffaire dun jour ni meme de plusieurs mois; mais en soccupant avec suite de cet objet nous parviendrons enfin a recréer notre marine qui avoit eté negligée dans les dernieres années du feu Roi a un point incroiable.

Jai communiqué sommairement a M. le Cte d'Aranda que je nai vû quen passant, le resultat de notre committé, je compte men entretenir plus en detail avec cet ambassadeur dans le courant de cette semaine.

A Versailles le 22 avril 1776.

Espagne, t. 580, n° 46.

Bien que les manières de voir espagnoles, au sujet de la Louisiane et des émissaires à envoyer dans les colonies restassent écartées, les conférences des 26 février et 22 avril avaient satisfait les deux cours. Ossun, mandant à son gouvernement l'approbation de celui de Madrid, dans un rapport du 6 mai, n'a besoin que de ce peu de mots pour le renseigner à cet égard :

M. de Grimaldi, Monsieur, a trouvé fort justes les considérations qui empêchent la France d'envoyer à la Louisiane des emissaires pour eclairer ce qui se passe dans les Colonies Britanniques et d'engager des negocians et des navigateurs françois à former à la Louisiane un dépot de munitions de guerre pour fournir aux besoins des Provinces Angloises révoltées. Ce Ministre a senti que les mêmes motifs qui suspendoient la prévoyance du Gouvernement Espagnol devoient l'interdire au Ministère François; ainsi c'est une idée dont il ne sera plus question.

Le Roi Cath° a apris avec une satisfaction infinie que S. M. avoit ordonné qu'on preparât dans les ports de Brest et de Toulon tout ce qui seroit nécessaire pour pouvoir armer immédiatement le nombre de vaisseaux et de fregates annoncé dans votre lettre et pour que Messrs les Ministres de la Marine et des Finances prissent de concert des mesures efficaces et suivies afin de pourvoir les arsenaux de tout ce qui est nécessaire pour le retablissement et l'augmentation de la marine françoise.

Espagne, t. 580, n° 76.

Des deux parts, on se louait donc de se voir amené à des préparatifs par une égale défiance de l'Angleterre. Le même sentiment allait mettre les deux gouvernements en intimité avec les Colonies insurgentes, et ce ne serait plus dans l'unique pensée de se défendre contre l'éventualité d'une agression soudaine de la part de la Grande-Bretagne.

ANNEXES DU CHAPITRE X.

1

PROPOSITIONS DE L'ESPAGNE POUR PROTÉGER LES DEUX COURONNES.

Lettre de m^r de Gr.... à m^r D'ar....
D'Argès.   26 Fév. 1776.

. . . .

1. SECONDE PIÈCE JOINTE.

Les seules instructions que le ministere puisse donner aux Com^{ans} des Freg. et autres bati. destinés a croiser dans les parages convenus au Conseil pour veiller sur la conduite et les mouvemens des escadres angloises se reduisent aux points suivans :

1° qu'ils cachent autant qu'il sera possible même a leurs equipages l'objet de leur croisiere.

2° qu'ils agissent d'accord les uns avec les autres en se communiquant mutuellement les avis qui pourront leur servir de guide, bien entendu autant que le permettront les distances et les autres accidens de la mer sans qu'aucun s'ecarte de l'objet primitif de sa commission.

3° que quant a la detention et a la visite des batimens anglois, ils ne s'ecartent point de l'usage gen^l et qui a eté observé jusqu'ici, c'est a dire de paroitre vouloir empecher la contrebande sur les cotes des Etats du Roi, mais que toutes les fois qu'ils pourront les retenir pour ce juste motif, ils tachent d'acquerir adroitement des notions sur la destination, les inconveniens et l'occupation des batimens de la flotte angloise.

4° que quelque chose importante qu'ils decouvrent ils la communiquent aux chefs ou gouverneurs Esp^{ls} mais particulierement a celui que cela interessera plus que les autres pour sa propre sureté.

5° qu'on donne les mêmes avis aux G^{rs} des pp^{ales} Col^{ies} fr. pour la partie qui pourra leur convenir, parcequ'independamment de ce que l'interet des deux Nations est le même les sujets de S. M. T. Ch. tacheront de se procurer de leur coté d'autres eclaircissemens, et auront soin d'en informer nos go^{rs}.

6°. que s'ils rencontrent des V^x de G^{re} fran. qui pourroient avoir la même destin^{on} dans ces mers, ils se comportent vis a vis des Com^{ns} avec la politesse et la confiance convenables en se communiquant mutuellement les lumieres qu'ils auroient et qui seroient utiles au service des deux Monarques.

7° enfin qu'ils sapprochent dans toutes les occasions qui se presenteront des V^x qui reviendront en Esp^{ne} ou qui en seront partis pour quelqu'un des ppaux ports de l'Amer. pour informer par leur moyen les Go^{rs} Esp^{ls} et le ministere de toutes les notions qu'ils auront acquises successivement.

Au Pardo. 26 fev. 1776.

Espagne, t. 579, n° 72.

2. NOTE REMISE PAR M. LAMBASSADEUR DESPAGNE DANS LA CONFERENCE TENÙE CHEZ M. LE Cte DE MAUREPAS LE VENDREDI 26 AVRIL 1776. M^{rs} DE SARTINE, DE St GERMAIN ET DE VERGENNES Y ONT ASSISTÉ.

....
.... Il n'a pas le moindre scrupule de ce coté là mais il s'en doute sur l'indecision dont les suites seroient préjudiciables au Roy Catolique, par ce que ses vues, et les mesures a prendre doivent se regler d'après la conduite de la France; l'Espagne n'attendant qu'à en avoir conoissance, pour s'arranger en consequence sur tous les differents points qu'elle vise, et qu'elle prevoit etre possibles.

Le Roy Catolique n'a pas jusqu'a present proposé aucun engagement volontaire, car son intention n'est pas de compromettre le Roy tres Cretien par des ruptures efectives, ni premeditées de longue main. Mais ne sufisant pas de vouloir les ecarter, quand plusieurs autres decidement les fairont naitre, et allors point d'autre ressource que de s'oposer tout au mieux par la force, il conçoit selon sa façon de penser qu'il faut s'en précautioner, et se preparer a tout evenement. Les ordres qu'en consequence S. M. C. a donné a son Ambassadeur en France sont pressants; ils ont pour but d'obtenir de la Cour de Versailles une explication claire et positive de ses idées en tout ce qu'elles peuvent avoir du raport avec les alliances, les liaisons du sang, et les interets reciproques, qui unissent les deux couronnes; pour faire prematurement les preparatifs convenables, et qu'il ne seroit gueres possible de faire ensuite faute de tems. On conoit trop que celui ci une fois perdu, les avantages qu'on pourroit s'en promettre d'une disposition sage et consommée seroient tout a fait renversés.

En consequence l'Ambassadeur d'Espagne a l'honeur de solliciter par un ordre precis du Roy son Maitre, que le Ministere de S. M. T. C. discute pour la plus heureuse reussite les points suivants.

« Si l'on doit convenir avant toute chose dans la maxime de s'il faut nous pre-
« parer ou non pour la guerre.

« Si nous avons de justes considerations pour la craindre, au moment que
« l'Angleterre sera debarrasée bien, ou mal de son engagement avec les colonies
« ameriquaines.

« Si nous devons dès a present prendre des certaines dispositions lentes et reser-
« vées en suposant cela, ou si tranquiles et satisfaits de la bonne foi, et de la droi-
« ture de nos intentions, nous devons attendre que l'Angleterre elle même dans l'in-
« stant qui lui soit le plus favorable, tombe tout à coup sur les possessions Espagnoles
« ou Françoises d'une maniere qu'il nous soit ensuite presqu'impossible de les
« sauver ; et même inopinement sur notre commerce, par quelque querelle etudiée
« pour donner a la rupture un pretexte sous le masque duquel comme avant coureur
« puisse après executer les desseins dont elle avoit conçu des esperances pour reparer
« ses propres pertes, avant de rendre inutiles les restes de ses forces maritimes et
« terrestres, sur tout s'apercevant du moment favorable qui lui presenteroit l'assou-
« pissement ou le peu de consistance de celles de l'auguste maison de Bourbon.

Puisque le Ministere de S. M. T. C. a bien voulu se preter a la complaissance de s'assembler pour examiner formellement la juste demande de l'Espagne; l'Ambassadeur attaché par principes, et par raison a l'interet commun des deux Monarchies, au quel visent les intentions de son Maitre, et les siennes, a l'honneur de se presenter plein de confiance pour conferer avec des Ministres d'un merite aussi eclairé, et qu'il croit d'ailleurs egalement animés pour la gloire, et les avantages des deux Couronnes.

Espagne, t. 579, n° 74.

II

PROJET DE SOULEVER L'IRLANDE CONTRE L'ANGLETERRE.

M. le Cte d'Aranda, ambassadeur d'Esp^e — 1776. Février*.

Les grandes puissances doivent envisager deux sortes d'ennemis contre lesquels elles doivent être perpetuellement en garde. Les uns sont des ennemis constants et

---

* Cette mention est de la main de M. de Vergennes.

perpétuels animés toujours par la rivalité des intérêts, par la position des États respectifs, par la nature et par le caractere des habitants. Les autres sont des ennemis accidentels, et momentanés que l'ocasion rend tels par un motif extraordinaire, ou par raport aux alliances qu'ils ont avec d'autres puissances, qui en cas de rupture entr'elles les obligent de prendre part à la querelle, et qu'il faut combattre par une suite des mêmes circonstances.

L'un et l'autre de ces ennemis exigent des spéculations differentes et des precautions analogues à leur nature. Le premier état qui prend sa source dans les possessions et dans les interets respectifs, demande un sistème reflechi et constamment fondé sur l'examen de toutes les parties qui le composent, et de tous les moyens que l'on doit saisir, lors qu'ils se presenteront d'affoiblir son ennemi naturel, soit en lui faisant une guerre ouverte, soit en usant directement ou indirectement de ceux qui peuvent tendre a l'aneantir.

Quant a la seconde espèce on scait que la bonne politique consiste, à se tenir toujours en mesure et en force pour pouvoir les employer utilement, lorsque l'occasion oblige de prendre part à la querelle ou de porter du secours à ses alliés.

On ne peut disconvenir, que la maison de Bourbon regnante en Espagne et en France ne se trouve vis-à-vis de l'Angleterre dans le premier des deux cas que l'on vient d'exposer; elle ne peut la regarder dans tout tems que comme son ennemi naturel; la position et les interêts sont les mêmes pour l'Espagne et pour la France; par conséquence donc la necessité de prendre les mêmes précautions, d'user des mêmes moyens, et de tous ceux qui sont possibles contre un ennemi commun seroit l'objet interessant des deux nations.

En considerant la position de l'Angleterre, la constitution de son gouvernement, le caractere de cette nation si different des deux autres, la forme toujours chancelante de son Ministere, la décision des affaires dependante d'une multitude d'opinions, sans pouvoir compter sur aucune stabilité malgré les traités les plus solemnels, puis qu'elle se croit en droit de les rompre quand il lui convient, sous le seul pretexte d'une clameur invincible de tout le corps, et de la multitude nationale. Comment seroit-il possible de se reposer sur les dehors aparents d'une pareille puissance, et d'oublier que l'Espagne et la France peuvent se heurter fort souvent avec leur ennemi naturel? Il en resulte donc, que les deux couronnes doivent se concerter sans cesse, et prendre les mesures les plus eficaces, pour diminuer les forces, et affoiblir cette preponderance que l'Angleterre afecte; en la privant des moyens dont elle abuse, et qui lui ont servi si utilement pour la soutenir.

Pour parvenir à un but si essentiel aux deux nations, et dont l'auguste maison de Bourbon sent toute la necessité, on ne s'arretera pas sur la maniere de faire la guerre en général, et de l'entamer au moment que les circonstances l'auront préparé; parce que pour ce cas là il semble que les deux Cours de Madrid et Paris s'accordent assez sur les regles et les moyens pour y réussir. Mais comme il y a des idées particulieres a augmenter aux regles générales, et il ne seroit pas prudent d'attendre les derniers moments pour précipiter la résolution; la bonne politique exige qu'on suscite et qu'on medite les objets préalablement pour en rendre plus assuré le succès. On se bornera donc a rappeller une idée, qui n'est pas tout-a-fait nouvelle, mais qui tournée différemment elle peut promettre des suites plus certaines, qu'elle en produisit dans les occasions ou elle fut aussi envisagée. Comme elle attaque au cœur la puissance d'Angleterre, et porteroit le coup jusques dans ses foyers, en la réduisant bientôt à recevoir elle même cette loi, qu'elle prétend imposer par tout; on ne peut disconvenir, que l'etat actuel où elle se trouve, n'offre le moment le plus favorable pour en discuter les moyens, et pour en préparer la réussite.

La force radicale de la couronne d'Angleterre consiste dans l'union des trois Royaumes d'Angleterre, d'Ecosse, et d'Irlande; les deux premiers se trouvent unis dans un même continent, mais le troisieme comme detaché forme une isle séparée.

La population de ces trois Royaumes, leur circonstance d'Insulaires, les grands établissements de manufactures que l'Angleterre y a formé, leurs pêches abondantes font la base de l'étendue de son commerce et de sa superiorité sur les mers; on ne doit donc pas s'étonner, si jusqu'à présent elle n'a rien negligé pour soutenir ses avantages en y apliquant le produit de toutes ses richesses, et les forces qu'elles lui ont procuré.

Il n'est pas douteux, qu'une bonne partie de cette puissance depende de l'Irlande, non seulement par le grand nombre de ses habitants, par leur industrie, mais encore par les productions de son sol; et que relativement à ses forces de terre on peut l'évaluer au moins à la quatrième partie, si elle n'en fait pas la troisième. Si on pouvoit donc en faire de cette isle un Etat separé et indépendant, l'Angleterre eprouveroit au même instant une diminution considerable dans sa puissance; ce coup mortel lui porteroit plus de prejudice qu'aucune autre guerre, quelque avantageuse qu'elle peut être à ses ennemis.

Le désunion qui subsiste naturellement entre les Anglois et les Irlandois, est un fait notoire, ainsi que l'oppression avec la quelle ils gouvernent ces derniers : on n'ignore pas non plus toutes les ressources, que les premiers en tirent pour se soutenir en tems de guerre. On a vu les cours de Madrid et de Paris dans les differentes guerres, qu'elles ont eu avec l'Angleterre, s'occuper de lui donner des embarras chez elle en menaçant ses côtes, et aussi particulierement des craintes sur l'Irlande, regardant ce Royaume comme propre à y rencontrer des dispositions plus favorables à leurs vûes : Il ne subsiste plus à la vérité d'apparence à pouvoir se servir du retablissement de la maîson de Stuart sur le throne dont elle a été dépossédé : et quand même les circonstances permetroient encore, de faire revivre cet ancien pretexte; ce retablissement s'il pouvoit avoir lieu, n'opereroit d'autre effet, que d'être utile et agréable au Prince qu'on auroit reintegré sur le throne et a ses creatures; mais il ne seroit pas moins vrai, que ses successeurs par la constitution Britanique deviendroient également ennemis des deux couronnes; puis que l'intérêt des Etats ne reconnoit aucun lien d'amitié, de reconnoissance, ni de traités toutes les fois qu'il s'agit de soutenir ses avantages, de maintenir leur puissance et leurs prétentions.

Il s'agit donc de chercher un moyen, qui puisse etre aussi avantageux aux Irlandois en même temps, que remplir l'objet de l'auguste maîson de Bourbon. Il est certain qu'en réunissant les interêts communs des parties agissantes, l'entreprise se fait avec un désir, un concert et une égalité des forces, et bonne disposition de tous cotés; la bonne foi y regne et le succès doit la couronner.

On pourroit se flatter, qu'une idée bien frapé dans les sentiments des Irlandois de pouvoir se constituer en Etat libre et indépendant de l'Angleterre seroit reçûe avec plaisir par eux, en leur faisant envisager l'anéantissement du joug, sous lequel ils gémissent, et dont ils seroient delivrés en s'érigeant en République, ou créant un gouvernement mixte, semi-monarchique électif, hereditaire, ou tel autre en fin qu'ils voulussent le désirer.

Les avantages que l'Irlande en retireroit, sont trop palpables pour douter, qu'elle s'y refusât. En effet en devenant un Etat libre et l'arbitre de ses loix, l'Irlande auroit la disposition de toutes les productions de son sol, et de son industrie; elle en feroit un commerce direct avec les puissances les plus riches de l'Europe, qui la favoriseroient tant pour les importations que pour les exportations. Libre enfin de se voir entrenée par la rupture de l'Angleterre avec les autres puissances, et affranchie de toutes contributions, l'Irlande ne sauroit trop aprecier l'infinité des circonstances d'une aussi grande valeur pour elle.

Tels sont les motifs, qu'il conviendroit de faire insinuer aux Irlandois, que l'on croiroit bien intentionnés et susceptibles de les aprecier, en leur faisant concevoir tout l'appui, sur lequel ils pourroient compter, s'ils vouloient entrer dans cette entreprise; et pour cet effet il faudroit plutôt que plus tard, faire choix d'emissaires habiles, fideles et capables de leur persuader le bien qu'il doit necessairement leur en resulter, et la confiance qu'ils pourroient se promettre des puissants sécours, qui leur seroient fournis.

L'occasion actuelle de l'eloignement ou de la séparation des colonies américaines et les preuves reiterées que la nation Angloise donne de la dureté de son caractère à leur égard font le sujet des discours de toutes les nations et plus particulierement de celles soumises à la couronne Britanique; il ne sera donc pas difficile aux emissaires, de s'en servir utilement pour faire valoir aux Irlandois, de quelle importance il seroit pour eux de saisir cette occasion pour se séparer d'une domination, qui dans toutes les circonstances se sert des productions et des forces de l'Irlande pour soutenir ses projets et ses chimeres, et qui en tems de paix la traite en esclave.

Ce grand évenement doit être repandu et preparé par des personnes choisies dans le pays même, soit parmi la haute noblesse, soit parmi les négocians, les eclesiastiques, et d'autres qui auroient du crédit dans les villes, et dans les campagnes. Elles devroient s'occuper à repandre dans les societés et dans les conversations familieres le grand avantage qui resulteroit à leur Patrie de l'etablissement de l'independance. Elles pourroient non seulement penetrer les esprits des sujets, qui paroîtroient portés à la nouveauté, mais rendre un compte fidele de l'acceptation du plan, ou des opositions qui peuvent s'y rencontrer, pour regler la conduite, qu'on devroit tenir sur la vigueur ou la modération à employer pour fomenter, ou suspendre le projet, qu'il conviendra préalablement bien digerer, et former, de façon qu'il puisse convaincre tous les interesés des avantages, qui leur en resulteroient, en leur faisant envisager qu'ils trouveroient dans l'Espagne et dans la France deux alliés permanents et disposés à soutenir de leurs forces leur independance : que tant qu'elle dureroit, les Irlandois seroient reçus dans les deux Royaumes non seulement comme les propres nationaux pour y trafiquer, et commercer, mais que les individus y seroient admis pour le service des armées, et tout autre dans les deux Etats comme les sujets naturels; qu'ils seroient traités également pour la possession des biens fonds qu'ils pourroient acquérir, et pour leur libre disposition tant en immeubles, qu'en meubles, qu'ils y jouiroient en fin comme y etant adoptés et naturalisés, au moyen de quoi ces Insulaires seroient regardés comme freres parmi les sujets des deux couronnes.

Il ne seroit pas moins essentiel de leur faire comprendre que les colonies américaines une fois séparées de la métropole, et l'Irlande se trouvant dans le même Etat, il en resulteroit par une combinaison heureuse de circonstances, qu'elles se seroient aidées mutuellement sans s'en douter, ce qui établiroit une correspondance ouverte entre elles d'une utilité réciproque. Ces avantages ne sont pas imaginaires, ils peuvent être representés comme de la plus grande certitude, fondés sur la position de l'Irlande et sur le génie de ses habitants, qui doit les porter necessairement a faire usage des circonstances, de leurs ressources, de leur position, et de l'abondance de leurs productions.

Il seroit inutile de faire valoir des anciennes querelles et de parler d'aucune préférence de Religion; on doit laisser à chacun le libre exercice de celle, qui est plus conforme à ses sentiments, et le laisser agir comme il lui conviendra mieux. La Religion n'aiant rien à faire pour le gouvernement politique ni exterieur d'un Etat, il ne s'agit que de mettre en avant l'esprit patriotique, qui peut être egal dans toutes les Religions.

Que seroit l'Angleterre, si après avoir perdu ses colonies elle perdoit encore l'Irlande? Il est evident qu'elle ne pourroit jamais se relever de ce double coup; elle seroit désormais dans l'impossibilité de se mesurer en aucun tems avec l'Espagne et la France, non seulement unies, mais avec aucune des deux séparément.

Quel avantage pour les deux couronnes d'avoir pû réduire pour toujours l'Angleterre dans l'impossibilité de leur nuire; cette puissance que leur dispute sans cesse le commerce, la souveraineté et la liberté des mers, leurs possessions dans les Indes orientales et occidentales! La perte dont elle est menacée de ses colonies, ne l'affoibliroit pas assez, pour ne pas craindre qu'en cas de rupture avec d'autres ennemis, elle ne peut encore employer les mêmes ressources dont elle a usé jusqu'à present; mais si on démembroit de la domination qui lui reste une portion aussi essentielle que l'Irlande, on pourroit dire hardiment que l'Angleterre ne seroit plus une puissance à craindre, plus d'oposition de sa part pour nous exclure de nos pêches, de nos colonies au delà des mers, ni pour appuier la rivalité du commerce, qu'elle soutient à force de ses armements aussi nombreux.

Si les Irlandois connoissent bien tous les avantages de leur position, ils conviendront qu'elle est la plus heureuse, pour porter leur commerce dans toutes les parties du monde. Ils peuvent l'etendre en Espagne, en France, avec les puissances du Nord, et dans la Mediterranée; la mer leur est ouverte de toutes parts; que peut désirer de plus un état indépendant, qui ne donneroit de la jalousie à personne, et qui pourroit ne s'occuper que de son interet particulier à l'abri de la liberté? lors que les autres nations auroient interrompu tout commerce entre elles, l'Irlande pourroit le continuer avec toutes à l'abri de sa neutralité.

En faisant entendre et gouter aux Irlandois la fortune constante qu'on leur présente, il est de toute necessité de se mettre en état de soutenir la séparation au moment qu'elle éclateroit; afin qu'ils puissent avoir la confiance d'être soutenus avec une égale promptitude, et que l'Angleterre ne puisse pas leur oposer des forces supérieures.

Il faudroit donc avoir à Brest et au Ferrol, trente vaisseaux de ligne avec un nombre de Fregates proportionné; les côtes de France devroient être garnies des troupes avec l'apparence d'un débarquement en Angleterre; on mettroit par là la Grande-Bretagne dans l'impossibilité d'ecraser ou de ramener l'Irlande.

Il sera également pourvu à un grand amas de fusils, de canons de campagne, et des munitions de guerre pour les faire passer immediatement en Irlande, a fin d'en armer tous les habitants. Tant d'officiers Irlandois gens d'esprit et de merite qui se trouvent actuellement au service de la maîson de Bourbon, pourroient animés de la gloire de rendre la liberté à leur Patrie, comme du désir de bien obeïr aux ordres des Princes qu'ils servent, se mettre à la tête de leurs compatriotes; quantité de sergents, de caporaux et de soldats qui servent dans les corps Irlandois, peuvent être également envoiés; ce sont des moyens qui contribueroient le plus au succès d'une opération aussi importante, qui puisse jamais se presenter à l'Espagne et à la France.

De la position de l'Irlande comme un état indépendant et allié des couronnes de Bourbon, il en resulteroit une bride aux puissances maritimes du Nord par l'usage, que des Escadres et des armateurs Espagnols et François pourroient en faire en cas de bésoin. Il y a un si grand nombre de raisons politiques et d'utilité pour envisager cette idée comme de la plus grande importance, que si d'abord l'impossibilité absolue ne detourne pas de l'adopter, elle merite au moins un examen le mieux reflechi et des dispositions le mieux combinées pour hazarder l'entreprise.

A Paris — fevrier 1776.

Espagne, t. 579, n° 81.

CHAPITRE XI.

LA PAIX OU LA GUERRE.

Les adversaires du cabinet. — Mouvement que se donnent les amis du comte de Guines; celui-ci prétend s'expliquer avec le ministre devant le roi. — Lettres de M. de Vergennes à Louis XVI; le ministre offre sa démission; bruits de son remplacement; faiblesse que montre le roi tout en consolidant le ministre. — Ce que Beaumarchais avait fait à Londres; Arthur Lee; le mémoire *La Paix ou la Guerre;* le roi aidera les Américains. — M. de Grimaldi questionné sur des secours secrets à donner aux *insurgents;* sa réponse; premier million demandé à Louis XVI; le copiste intime de M. de Vergennes. — Moyens organisés par Franklin, avant son départ d'Europe, pour procurer du matériel de guerre aux Colonies; les frères Montaudoin; Leroy de Chaumont; Barbeu Dubourg; usage que fait M. de Vergennes de ces auxiliaires. — Nouvelle lettre à Grimaldi en vue d'opérer sur une plus grande échelle; Beaumarchais de nouveau à Londres; prétexte qu'il trouve pour s'y faire tolérer; il est mis à la question par lord Rochford. — Les opérations des Montaudoin sont éventées; opportunité qu'il y a d'exécuter les plans; le comte de Lauraguais et Beaumarchais; leur insistance auprès du ministre. — Avis de l'ambassade de Londres; où nous en étions avec l'Angleterre. — La question de Terre-Neuve; on décide de n'en plus parler. — Pourquoi M. de Vergennes retardait le moment d'agir; explication qu'il en donne à Beaumarchais; celui-ci est traité comme un chargé d'affaires.

Ce n'était pas tout de combiner et de mettre à point la politique commune aux deux Couronnes, avec la sagacité et la chaleur communicative qui distinguent le « mémoire de considérations ». Des adversaires déjà nombreux s'attaquaient au cabinet; il fallait en avoir raison ou subir dorénavant leur puissance. Le grand grief de n'être plus au gouvernement associait ensemble, contre les conseillers du roi, les influences de cour écartées à son avènement, les amis du duc de Choiseul et Choiseul lui-même qui s'attendaient à revenir avec le nouveau règne et ne s'étaient pas vu appeler, les hauts intéressés que menaçaient les projets de Turgot pour les finances et ceux de Saint-Germain pour l'armée. Ces adversaires disparates arrivaient à la reine en se groupant derrière ceux qui l'approchaient. Les relations peu

1776.

réfléchies vers lesquelles elle s'était laissé attirer et dont elle ne pouvait plus se défendre facilitant les intrigues, on troublait par elle l'esprit du roi. Quand les vues qui inspiraient les *Considérations* ne seraient plus secrètes, l'opposition se fortifierait des craintes, des pronostics, de la jalousie politique qui ne pouvaient manquer d'en surgir.

Les amis de M. de Guines, qui étaient parmi les intimes, avaient été jetés dans une vive alarme par le rappel de l'ambassadeur. Celui-ci les avait mis tout de suite en mouvement, tandis qu'il paraissait se soumettre avec une correction exemplaire[1]. Cet éloignement des hautes fonctions d'un de leurs derniers représentants fut à leurs yeux une suprême atteinte. Le soir même la reine était intervenue auprès du roi, et cette disgrâce trop motivée devenait le levier par lequel on espérait renverser ou subordonner l'influence de M. de Vergennes, déjà très visible. Le ministre se rendit compte tout de suite du peu de fermeté que le roi apporterait dans la partie qu'on voulait jouer et du danger qui en pouvait naître. La présence de M. de Guines lui parut

---

[1] L'ambassadeur s'était empressé, en effet, de se donner toutes les apparences favorables. Il avait écrit de Londres au ministre : « Monsieur, j'ai reçu les ordres du Roi que vous m'avés fait l'honneur de m'adresser le 26 du mois dernier par le Sr Lépine courrier du Cabinet. « J'ai prévenu sur le champ le Lord Weymouth des intentions de Sa Majesté et de la demande que je ferois de prendre mes audiences de congé et de remettre mes lettres de créance lorsque le Sr Garnier seroit arrivé. J'obéirai à cet égard au Roi le plutôt qu'il me sera possible, quelques jours cependant me seront indispensables pour arranger mes affaires, disposer mon départ, et régler la réforme de ma maison et la vente de mes effets.

« Le sieur Garnier éprouvera de ma part, Monsieur, tous les procédés que le bien du service du Roi exigera, je vous prie de supplier Sa Majesté de me rendre la justice d'en être persuadée.

« Je suis aussi sensible que je dois l'être, Monsieur, aux offres obligeantes dont vous voulés bien m'honorer. La satisfaction que le Roi daignera avoir de mon zèle, sera de tous les objets auxquels je puis aspirer celui qui me flattera toujours davantage.

« J'ai l'honneur d'être avec un très-parfait attachement, Monsieur, votre très humble et très obéissant serviteur : Le comte de Guines. » (*Angleterre*, t. 514, n° 97.) En fait, le comte fut tout le contraire, et, secondé par la déconvenue que le cabinet de Londres éprouvait de son remplacement, il aurait placé Garnier dans la situation la plus fausse si celui-ci n'avait eu, personnellement, toute l'avance possible dans l'estime du corps diplomatique et, à tout prendre, dans celle du cabinet anglais.

devoir augmenter ce danger. Voulant prévenir le monarque des écueils où l'on tâchait de le pousser, il lui avait écrit le 23 février :

> Sire
>
> M. le Comte de Guines ne devant pas tarder à arriver, je suplie V. M. de me prescrire le langage qu'il lui plaira que je lui tienne. J'espère qu'elle voudra que je reste avec lui dans le silence sur les motifs qui ont déterminé son rapel. V. M. a seule le droit de s'ouvrir sur çe qui se passe dans son conseil; mais peut être ne seroit-il pas sans inconvenient qu'elle le fit dans l'occasion présente. Plusieurs des titres qui déposent contre M. de Guines consistent dans des pièces interceptées. Si V. M. permet qu'il en soit fait mention ce sera aprendre à la France, et vraisemblablement à l'Europe entière, qu'il existe une interception. Si V. M. n'avoit pas par elle-même la conviction de la justice des motifs qui l'ont décidée à ordonner la revocation de M. le comte de Guines, je ne prendrois pas la peine de lui faire cette trés humble représentation, on pourroit croire que le ministre cherche a se cacher derrière son maître. Mais V. M. sait la part que je puis avoir eue à sa résolution, et si j'ai fabriqué la lettre de M. le prince de Masseran, dont jai dû par le devoir de ma charge, rendre compte à V. M. dans son conseil, *puisqu'elle m'avoit été communiquée par M. le Comte d'Aranda, et qu'elle intéressoit le maintien du sistème d'union des deux couronnes.* Cette lettre, Sire, par laquelle M. le prince de Masseran rend compte à sa cour de la confidence que M. le comte de Guines lui a faite de l'étrange tournure qu'il a donnée à sa négociation, cette lettre, dis-je, Sire, a passé sous les yeux de V. M. par la voye du cabinet secret, elle doit même être encore dans ses mains, puisqu'elle ne m'a pas fait la grace de me la renvoyer. Ce n'est donc point par une intrigue ministérielle, comme on le suppose gratuitement, ni par une surprise faite à votre religion que V. M^{té} s'est déterminée à révoquer son ambassadeur.
>
> V. M. aiant la sureté qu'elle n'a formé sa résolution que conformément à sa justice, et avec la plus entière connoissance de cause, oseroit on lui contester l'usage du privilège acquis à chaque particulier de donner et de retirer sa confiance à volonté. Une ambassade, Sire, n'est point une propriété, c'est un depost de confiance que le souvrain reprend toute fois qu'il cesse d'avoir confiance dans celui qu'il en avoit chargé. J'ai eu, Sire, le malheur d'être

1776. rapellé moi-même, et très brusquement; des succès marqués à différentes époques faisoient l'apologie la plus complette de toute ma conduite. Cependant, je n'ai pas eu la témérité de demander compte des motifs de mon rapel. Se conduire differement, c'est établir en principes et en fait, que V. M. ne peut révoquer un ambassadeur, ni déplacer aucun de ses ministres, sans rendre raison de ses motifs, et par conséquent sans les soumettre au jugement de l'opinion publique. Cette législation nouvelle, si attentatoire à l'autorité suprême, pourroit devenir bien pernicieuse dans un tems, où les têtes ne sont malheureusement que trop portées à sexalter, et où la chaleur des esprits semble acquérir chaque jour plus d'activité et de force.

Je suis...

A Versailles, le 23 février 1776.

Arch. nat., K 164, année 1776, n° 5. (Copie.)

Ainsi, la personnalité si secondaire du comte de Guines menaçait de changer le cours des choses, en donnant jour à placer les Affaires étrangères dans d'autres mains que celles qui les avaient déjà notablement relevées. L'ancien ambassadeur n'avait sûrement jamais douté que l'on se servirait de la faiblesse du monarque pour ramener les anciennes influences. Rentré d'Angleterre, il était immédiatement venu demander les motifs de son rappel, en se fondant avec aplomb sur des paroles encourageantes que les dépêches du ministre lui avaient quelquefois portées[1]. Comme quelqu'un qui ne voyait guère autre chose que des considérations de personnes et de situation dans les affaires de gouvernement, il se posait en victime du duc d'Ai-

---

[1] M. de Vergennes, en effet, ne les lui avait pas ménagées. L'ambassadeur pouvait citer des paroles comme celles-ci, par exemple, dans une dépêche du 29 juillet 1775, où il lui demandait de surveiller les armements dans les ports anglais et lui fournissait les moyens de le faire en mettant à sa disposition des gages mensuels pour l'un des commis de la marine : « Je ne « suis nullement inquiet que vous n'y apportiez « toute l'attention et toute l'assiduité néces- « saires. Livrez vous à ce soin avec la confiance « que les événements ne vous seront pas im- « putés; le Roi est juste et j'ai fait assez long- « temps le métier d'ambassadeur pour savoir « combien il y a de difficulté à pénétrer les se- « crets qu'on a le plus grand interet à nous déro- « ber! Vous ne serez je l'espère jamais dans le cas « d'avoir besoin d'apologiste à cet égard et je le « souhaite par plus d'un motif, mais si l'occasion « s'en présentait vous pourriez compter sur moi. »

guillon, dénonçait en MM. de Maurepas et de Vergennes les artisans de l'animosité de l'ancien ministre et prétendait amener ces derniers devant le roi et la reine comme devant un tribunal où il discuterait sa conduite, la leur conséquemment. M. de Vergennes est obligé de faire de sérieux efforts pour empêcher le roi de céder à ce mépris de tous les principes. Il lui faut représenter combien les soins de la dignité de la couronne, ceux de ses plus sensibles intérêts, seront jugés futiles par les amis de l'ambassadeur et comme ils seront livrés par eux inconsciemment aux railleries de l'Europe. Le courant créé fut bientôt tel que la mesure des sacrifices sembla comble au ministre et qu'il dut les arrêter au prix de sa retraite volontaire. Avec une légitime tristesse, il mit le roi en demeure de choisir entre sa démission et le retour à des errements faits pour interdire toute visée suivie, autant que pour porter atteinte à l'autorité souveraine. La copie de ses lettres est heureusement restée pour conserver à l'histoire les traces de ces tiraillements, qui marquent la séparation entre deux époques. Dès que M. de Guines paraît, M. de Vergennes le fait savoir au monarque dans les termes qui suivent, dont certains sont soulignés :

Sire.

M. le Comte de Guines est venu me trouver hier après le Conseil. Après avoir m'a-t-il dit, obéi avec la plus entière soumission aux ordres de V. M. il ne se croiait pas blamable, si déférant à la juste sensibilité que lui cause la perte de la confiance de V. M. il demandoit ce qui a pu la lui attirer. Je n'ai pas cédé, Sire, à ses premières demandes, mais pressé par ses instances, je ne lui ai pas tu ce que Votre M^{té} m'avoit prescrit de lui répondre, qu'elle n'avoit pas eu lieu d'être contente de sa conduite ministérielle.

M. de Guines ne pouvant pas tirer de moi d'autres explications, il m'a remis la lettre ci jointe, dont il m'a fait lecture, et qu'il m'a requis de donner à V. M. Cet ambassadeur demande à se justifier, et il demande que M. le Comte de Maurepas et moi y soions présents. C'est dire qu'il nous regarde comme ses parties sans doute, qu'il veut lier son rapel à ses anciennes querelles avec M. le duc d'Aiguillon.

La confrontation ne m'épouvante pas, Sire. M. le Comte de Guines n'argumente contre moi que des témoignages d'honnêteté et de satisfaction que je lui ai donnés dans le cours de notre correspondance. Ils ne prouvent que l'envie que j'ai eue de gagner sa confiance pour l'empêcher de s'égarer, *mais mes démonstrations de bonne volonté pour lui ne l'autorisoient pas à s'expliquer comme il l'a fait avec le ministère britannique et ensuite avec M. le prince de Masseran, que si l'Angleterre ne prenoit pas parti pour le Portugal la France n'assisteroit point l'Espagne.*

Quoiq'une déclaration aussi inconsidérée justifie complettement le parti que V. M. a pris de rappeller son ambassadeur, elle jugera dans sa haute sagesse s'il seroit sans inconvénient de dévoiler un motif, qui, quoique légitime paroitra frivole aux amis de M. de Guines, et qui, devenant bientost le sujet des conversations de Paris, sera incessamment celui de toute l'Europe.

Je dois encore avoir l'honneur d'observer à V. M. que ce n'est pas pour mieux asseoir sa justification que M. de Guines demande l'intervention de deux de vos ministres, c'est pour les prendre à partie, les présenter au public comme ses persécuteurs.

Je suplie V. M. de vouloir bien me faire passer ses ordres pour M. le Comte de Guines.

Je suis, etc.

Versailles, le 4 mars 1776.

Arch. nat., K 164, n° 3; année 1776, n° 8. (Copie.)

Mais, aussi mou à se décider contre ses ministres qu'à rejeter nettement des instances dont la reine se faisait l'interprète avec la ténacité des passions de cour féminines, le roi encourageait ces instances en ne les repoussant pas[1]. M. de Guines, après son rappel, n'avait eu que

---

[1] L'influence de la reine sur son époux commençait alors à être très visible. Le ministre de Frédéric II à Versailles, M. de Goltz, particulièrement chargé de surveiller l'action que la fille de Marie-Thérèse pourrait exercer sur la politique de la France, en avait avisé son souverain, qui lui répond le 25 avril, à propos d'un entretien dans lequel ce représentant avait su flatter à point M. de Maurepas : « Mais je « m'étonne que les ministres ne fassent pas « comprendre au roi toute l'incongruité des « prétentions de la jeune reine de s'immiscer « dans les affaires du gouvernement, et je crains « que leur silence à cet égard n'inspire encore « plus de hardiesse à cette princesse de pousser « sa pointe encore plus loin et qu'a la fin le

des procédés regrettables. Dans les présentations officielles de l'intérimaire qui lui succédait, et quand il avait remis le service à ce dernier, il l'avait traité comme le moindre des commis d'ambassade. Afin de l'embarrasser ou pour cacher des traces, il avait emporté toutes les minutes des affaires[1]; le cabinet du ministre était contraint de reconstituer pour Garnier l'historique des négociations depuis que celui-ci avait quitté Londres. Le roi savait très bien tout cela et ne restait pas moins indécis. Il laissait son ministère suivre ces affaires sans être sûr du lendemain, tandis que l'auteur de cette situation énervante s'en jouait à Paris et à Versailles. A un moment, il parut à M. de Vergennes que le monarque allait prendre le parti dont il tâchait de l'éloigner; il lui écrivit alors cette lettre de retraite :

Sire,

J'aprens, et je ne puis gueres douter de la certitude de l'avis, que le projet de M. le Comte de Guines et de ses amis est d'obtenir de V. M. par l'entremise de la reine, que je sois apellé en confrontation avec lui, en presence de Vos Majestés.

Si V. M. daigne se rapeller que c'est par son commandement exprès que j'ai annoncé à M. le Comte de Guines son rapel, elle sentira que la seule explication que je puisse avoir avec lui est de lui dire très ingenument qu'il a été rapellé par ce que V. M. m'a ordonné de le rapeller. V. M. a pu vouloir sans

---

« gouvernement de France ne tombe, au moins « dans ce sens, en quenouille. » (Voir de Circourt, *Histoire de l'action commune*, etc., t. III, p. 64.)

[1] Il ne put rendre ces minutes que plusieurs mois après et en deux fois; il avait rédigé dans l'intervalle un exposé fort developpé des affaires par lui traitées, cela lui servit de raison. Ces minutes n'étaient pas de sa main, il allégua qu'il les faisait recopier à mesure; sa plume était cependant fort nette et très apte à les écrire. — Les circonstances de la remise du service de M. de Guines sont caractéristiques des personnes et du temps. Nous reproduisons à l'annexe I du présent chapitre les pièces qui en relatent les principaux détails. Elles font apprécier le caractère de Garnier, celui de son prédécesseur, et montrent la différence de l'esprit apporté dans les affaires politiques par les hommes formés à l'école de la fin du règne de Louis XV d'avec le sérieux qu'y firent voir ceux que Louis XVI, à son avènement, avait appelés autour de lui. Nous ajoutons à ces pièces la correspondance à laquelle donna lieu, après le départ de M. de Guines, le mémoire de l'espion Roubaud sur l'alliance de la France avec l'Angleterre et sur ce personnage lui-même.

inconvenient que la Reine fut informée des motifs de sa determination, mais les soumettre à la discussion de M. de Guines, ce ne seroit pas compromettre le caractere de votre ministre, ce seroit attenter à votre autorité supreme.

Il s'agit, ici, Sire, bien moins de la justification de M. le Comte de Guines que de jetter une confusion dans votre ministere dont on espere profiter. Je n'ai jamais fait de demarches pour y arriver; j'en aurois été indigne, si j'avois eu la presomption d'y aspirer. V. M. m'y a apellé, j'ai obei à sa voix parce que le devoir me le prescrivoit. Arrivé à ce poste si penible et si envié, je n'ai rien negligé pour repondre à sa confiance. J'en apelle à V. M. elle même, si j'ai fait des efforts pour acquerir du credit et du pouvoir. La prosperité seule de vos affaires m'a occupé, je m'y suis livré entierement, je me suis même refusé les delassemens les plus permis. En me conduisant d'après des motifs aussi honnêtes et aussi desinteressés, je devois esperer, Sire, de pouvoir exister à l'abri de l'intrigue et de ses orages. Ma prevoyance a été illusoire; je n'entens rien aux tracasseries; je ne sais ni les faire, ni les soutenir, je n'ai que le courage des affaires.

Insufisant pour ce genre de combat, qui m'est nouveau, je suplie V. M. de me permettre de le refuser, et d'ofrir le sacrifice de la place dont elle m'a honoré au respect dû à son autorité et à mon attachement inviolable pour sa gloire. La retraite ne m'efraieroit, Sire, qu'autant que j'aurois merité de perdre l'estime de V. M. et que je me serois rendu indigne de ses bontés et de sa protection. Sa justice et ma conscience ne me font pas aprehender un malheur aussi cruel.

Arch. nat., K 164, n° 3. Lettres sans date, n° 1. (Minute de Vergennes.)

Louis XVI avait demandé à avoir sous les yeux la correspondance du ministre avec l'ambassadeur et les pièces qui s'y rapportaient[1]. Il mit fin le 13 juillet seulement à un état de choses qui lui était sans doute non moins pénible qu'à son gouvernement. Le bruit du départ de M. de Vergennes avait pris beaucoup de consistance. Le nom de Choiseul et malheureusement sa personne, que son exil et son éloigne-

---

[1] Au chapitre VII, *supra*, p. 255, on a lu la lettre de M. de Vergennes envoyant au roi le mémoire de Roubaud sur le projet d'alliance avec l'Angleterre.

ment des affaires avaient beaucoup affaissée, servaient de nœud à ces intrigues qui diminuent d'une manière regrettable l'éclat politique dont il avait joui. On donnait le duc pour le chef d'un ministère nouveau dans lequel M. de Breteuil venait, de Vienne, remplacer M. de Vergennes en laissant cette grande ambassade au comte de Guines réhabilité; d'autres renvoyaient ce dernier en Angleterre, où il était le favori d'une sorte de parti de femmes du monde désolées de ne plus le voir, de politiques galants et de gens intéressés à son retour. Cela ne se disait pas à Versailles et à Paris seulement, mais dans le monde de Londres[1]. A la fin, le roi se décida à affermir son ministre. Il le fit d'un mot cordial, tout simple, parlant aussitôt d'autre chose comme s'il n'avait pas existé dans son esprit la moindre interruption de sa confiance, et qui paraîtrait supérieur si, au fond, ce n'eût été le fait d'un souverain qui par faiblesse répugnait à prendre un parti contre quelqu'un d'aussi soutenu que M. de Guines :

Versailles, le 13 juillet 1776.

Je vous envoie, Monsieur, les interceptions et l'ordinaire. Je ne pense pas que vous ayez esté inquiet de la reponse que vous m'avez envoié hier, malgré tous les sots propos qu'on a débité dans Paris, et vous pouvez estre sur que jamais il ne m'a passé pareille idée par la teste, et vos depesches que j'ai vus à l'occasion de M. de Guines m'ont fait le plus grand plaisir à lire, comme je vous l'ai dit dans le temps. Il n'y a plus d'apparence que l'Impératrice vienne, le voyage de Goritz qui estoit plus court aiant manqué, mais en revanche, nous aurons l'empereur le printemps prochain, qui surement nous arivera et nous tretera bien. Il sera dans le plus grand incognito et ne mangera que chez son ambassadeur; il ira faire tour dans les provinces méridionales. Je crois que ce voyage donnera une furieuse jalousie au Roy de Prusse.

LOUIS.

Arch. nat., K 164, n° 3; année 1776, n° 11. (Original[2].)

---

[1] M. de Lauraguais et Beaumarchais l'écrivent longuement à M. de Vergennes; le premier, dans une lettre spéciale du 22 mars (Angleterre, t. 515, n° 38); le second, le 17 mai, particulièrement.

[2] Louis XVI avait peut-être prévenu déjà

L'effet n'eût pas été plus considérable si la fermeté avait présidé à cet acte autant qu'elle y faisait défaut. Pour des années à dater de ce moment, les adversaires de M. de Vergennes furent sans prise contre lui. La même absence de vigueur avait du reste permis de satisfaire les amis de l'ancien ambassadeur. Celui-ci eut l'entrée à la cour et le titre de duc, accompagnés d'une lettre personnelle du roi qu'auraient tout au plus justifiée une carrière distinguée ou des services véritables. Les actes et l'impression qu'ils produisent sont en rapport avec l'esprit de chaque temps; cela vient à la décharge de Louis XVI.

Ces incidents de cour et cet étrange conflit n'avaient d'ailleurs pas fait changer de conduite. On s'était engagé davantage avec l'Amérique, on n'attendait que de s'engager plus encore. Tandis que l'on recevait à Versailles le rapport de Bonvouloir, Beaumarchais revenait à Paris, ayant très activement fait usage à Londres des autorisations du roi. De concert avec l'agent interlope que Franklin avait établi à sa place dans cette capitale, il avait préparé une participation active du gouvernement du roi à la résistance des *insurgents*. Cet agent, un Virginien du nom d'Arthur Lee, étudiait le barreau en Angleterre quand le célèbre Américain en était parti. Il s'était un peu imposé à lui par le zèle remuant qu'il faisait voir, mais ne méritait guère la grande confiance que lui avaient accordée l'intermédiaire de Versailles et d'autres partisans de l'Amérique. Les espions du *Foreign office* avaient pied chez

---

indirectement M. de Vergennes. C'est à quoi, semble-t-il, se rapporte le fragment de minute de lettre de celui-ci, portant le n° 3 des lettres sans date dans le recueil : *Correspondance de Vergennes*, aux Archives nationales : « Sire, j'ai reçu avec la lettre dont il a plu à « V. M. de m'honorer hier, celle qui y etoit « jointe pour M. le baron de Breteuil, je ne « la lui enverrai que par un courrier.

« La confidence que V. M. daigne me faire de « l'objet de sa lettre à son ambassadeur à Vienne « me penetre de la reconnoissance la plus sou-

« mise et la plus respectueuse. Je n'en abuserai « pas, Sire, et ce ne sera point par moi que « percera le secret que V. M. veut bien me « reveler. Assuré qu'elle daigne agreer avec « indulgence mes efforts pour la servir et pour « lui plaire, je ne puis etre allarmé des bruits « qu'on s'est amusé à repandre. Je n'ai pu en « etre affecté qu'en raison du prejudice qu'ils « pouvoient faire à votre service. S'il est simple « que V. M. change un ministre lorsqu'elle croit « n'avoir pas lieu d'en etre satisfait, il ne l'est « pas de meme... »

LA PAIX OU LA GUERRE.

lui et il les fera arriver jusque chez M. de Vergennes. Mais le *Comité de correspondance secrète* de Philadelphie s'était empressé d'entrer en rapport avec lui[1], en sorte que Wilkes, l'opposition parlementaire, tous ceux que l'idée de soutenir les Colonies occupait ou animait, recherchaient ses renseignements, lui donnaient les leurs, le tenaient pour le représentant vraiment autorisé des Colonies soulevées. Beaumarchais était donc rentré très pressé d'exécuter ce qu'on lui avait permis de mettre en œuvre. Un troisième mémoire de lui, sous le titre : *La Paix ou la Guerre*, résumant dans la forme convaincante dont il possédait le secret les raisonnements sur lesquels on fondait, depuis un an, les supputations et les projets, avait été remis au roi par M. de Maurepas[2]. Par ce mémoire le monarque s'était trouvé persuadé avec ses conseillers que la crise définitive approchait, que le maintien de la paix, la conservation de nos îles étaient au prix des secours que nous donnerions aux Américains. Beaumarchais montrait, en effet, ceux-ci las de ne pas recevoir l'assistance promise, n'ayant bientôt plus d'autre alternative sinon de compromettre ouvertement la France envers la Grande-Bretagne pour l'obliger à agir, ou d'accepter les conditions de celle-ci et de tomber avec elle sur nos possessions, en sorte que la guerre nous serait certainement faite si les Colonies ne pouvaient résister, et que quelques millions qu'on leur donnerait aujourd'hui pour occuper l'Angleterre en économiseraient trois cents que coûterait seulement une première campagne[3].

Les conférences avec le comte d'Aranda venant d'établir entre Madrid et Versailles des liens qui semblaient définitifs, il importait d'engager l'Espagne dans nos menées secrètes. Sans cela, notre appui

---

[1] Jared Sparks, dans la préface de la *Diplomatic correspondence*, dit que ce fut un des premiers actes du Comité (p. VIII).

[2] C'est M. de Vergennes qui l'avait reçu; il porte en note, de la main de l'auteur : *Remis à M. le Cte de Vergennes, cachet volant, le 29 février 1776.*

[3] C'est à cela que se résume ce troisième mémoire de Beaumarchais. Nous le reproduisons, bien qu'il soit aujourd'hui très connu; on le trouvera à l'annexe II du présent chapitre, car il constitue une des pièces essentielles de l'histoire des liaisons de la France avec les colonies anglaises.

1776. aurait tout simplement favorisé ses calculs propres. M. de Vergennes rédigeait en ce moment les *Considérations;* il trouva bon de sonder M. de Grimaldi tout de suite sur la part que Charles III voudrait prendre aux secours offerts aux Colonies. Lee, imaginant tout ce qu'il croyait pouvoir le servir, avait dit à Beaumarchais que deux émissaires de son pays avaient obtenu sur ce chapitre, à Madrid, des réponses très satisfaisantes. Le ministre prit ce prétexte pour questionner son collègue d'Espagne[1]. C'était au commencement de mars, alors que la plus violente irritation animait la cour de Madrid contre celle de Lisbonne. On n'y connaissait pas de résolution trop vive. Le 14, M. de Grimaldi, de sa main et, pour plus de sûreté, dans un pli qu'emporta la poste banale, répondit par la lettre suivante, qui explique pourquoi il prenait ces précautions et comment, déjà, il avait fait partir d'autres lettres de la même manière :

Monsieur

J'ay mis sous les yeux du roÿ la lettre dont V͞re ex^ce m'a honoré en date du p͞. de ce mois et je vais répondre à la question, et lui exposer les reflexions qu'elle a produit.

Personne ne nous a requis de fournir des secours aux colonies révoltée, par conséquent il n'existe pas que nous en aÿons donné, mais il n'y a pas même eu lieu de mettre en deliberation ce qu'on devoit faire.

Il est sur qu'il nous convient que la revolte de ces peuples se soutienne, et nous devons desirer que les Anglois, et eux, s'epuisent reciproquement; ces preuves reiterrée de la politique angloise dont, malheureusement, en ont senti les effets les deux couronnes nous autorisant, par un juste retour à former ses souhaits; l'Espagne plus particulierement essuye toujours des procédés pareils de la nation angloise; lorsque nous sommes en guerre avec Maroc, elle ne cesse de leurs fournir des armes de toute espèce, la même chose aux Algeriens, jusque dans les Indes orientales les Anglois arment les Maures pour courir sur nos gens des Philipines; le droit et l'interet doivent donc nous persuader à secourir les colons anglois; voilà la maxime.

[1] Sa lettre manque aux archives des Affaires étrangères et aux Archives nationales.

Reste à examiner le moyen de l'exécuter de façon qu'on ne puisse pas nous l'imputer; que ce fait ne donne prise aux Anglois de nous chercher querelle, et nous engager dans une guerre si elle leurs souriait et de manière qu'on puisse désavouer la démarche. Ces moyens sont plus aisés à obtenir en France par le caractère de la Nation, par la méthode de son commerce, que en Espagne; mais le Roy est prêt et s'ofre à concourir comme de raison à tous les frais.

Vr̃e ex^{ce} voit la façon de penser du Roy, mais S. M.^é m'a expressemment ordonné de vous dire qu'elle la soumet entierement au jugement du Roÿ son neveu, et à celui de son ministère soit pour la décision de l'affaire, comme pour la manière de l'exécuter, si on s'y détermine.

Je renvois cette lettre par l'ordinaire, sans passer par la main d'aucun des deux Amb^{rs} afin de garder mieux le secret, et de ne pas leurs fournir des occasions de tirer des conséquences; j'espère que Votre excellence en aura reçu une que je lui écrivis il y a quelques semaines observant la même méthode.

J'ay l'honneur d'etre avec un très parfait attachement
    Monsieur
        de votre Excellence
           le tres humble et tres obeissant serviteur

De Grimaldi

Au Pardo ce 14 mars 1776.

Espagne, t. 579, n° 114.

Les efforts poursuivis par M. de Vergennes dans le sein du cabinet étaient maintenant à leur point critique. Les objections fondées sur l'état des finances, davantage encore que le plus ou moins de divergences avec la cour d'Espagne, leur opposaient une barrière. Les vingt millions de livres de déficit dans les recettes signalés par Turgot avaient un poids considérable. Lorsqu'on reçut l'assurance du concours de Charles III on se trouvait vraiment à l'étape difficile. Les choses d'un peu de portée ont toujours, à leur commencement, de ces sommets ardus qu'il faut leur faire franchir sous peine de les voir rester sans suite. L'étape, toutefois, avait été atteinte en réalité le 22 avril. La résolution prise ce jour-là rendait M. de Vergennes libre de donner suite aux combinaisons préparées avec le roi. La lettre que voici, immédiatement écrite par lui au souverain, marque le point de départ de l'étape nouvelle :

Le 2 may 1776.

Sire

J'ai lhonneur de mettre aux piés de Votre Majesté la feuille qui doit m'autoriser à fournir un million de livres pour le service des colonies angloises, si elle daigne la revêtir de son *aprouvé*, je joins pareillement sire le projet de la réponse que je propose de faire au s^r de Beaumarchais. Si Votre Majesté l'aprouve je la suplie de vouloir bien me la renvoyer tout de suite. Elle ne partira pas écrite de ma main ou même de celle d'aucun de mes commis ou secretaire. J'y emploierai celle de mon fils, qui ne peut être connue, et quoiqu'il ne soit que dans sa quinzième année, je puis répondre affirmativement de sa discretion.

Comme il importe que cette operation ne puisse être penetrée, ou du moins imputée au gouvernement, je compte si V. M. le permet, mander ici le s^r Montaudoin. Le pretexte aparent sera de lui demander compte de ses correspondances avec les Americains, et le motif reel de le charger de leurs faire passer les fonds que V. M^{té} veut bien leurs accorder, en les chargeant de toutes les precautions à prendre comme s'ils en faisoient l'avance pour leur propre compte. C'est sur quoi je prens encore la liberté de demander très humblement les ordres de V. M^{té}. Cela fait, j'ecrirai à M. le Marquis de Grimaldi, je l'informerai avec détail de notre opération, et je lui proposerai de la doubler.

Je suis etc.

Arch. nat., K 164, n° 3; année 1776, n° 9. (Copie [1].)

---

[1] La main qui a copié ces lettres secrètes de M. de Vergennes est celle qui a transcrit d'autres documents, de même caractère, que nous avons signalés déjà. Ce copiste avait l'orthographe de son père et presque sa plume, en plus gros; parfois on arrive à confondre les deux mains. D'autres pièces, demandant sans doute le secret à un moindre degré, sont d'une autre écriture, mais paraissent avoir été copiées aussi hors du ministère.

« Le sieur Montaudoin »; il s'agit là d'armateurs de Nantes avec qui Franklin, deux ans auparavant, avait traité ou fait traiter en vue de transporter en Amérique du matériel de guerre qu'il comptait procurer à ses concitoyens, soit à l'insu du gouvernement, soit avec sa tolérance. L'un des Montaudoin (car ils étaient plusieurs) appartenait comme correspondant à l'Académie royale des sciences, ce qui avait peut-être amené tout naturellement les rapports. Franklin avait des relations à Paris avec l'intendant Leroy de Chaumont, que ses fonctions mettaient à même d'aider utilement aux fournitures et aussi d'assurer un peu la tolérance nécessaire pour les couvrir. L'intermédiaire effectif était un autre de ses intimes, un médecin ou physicien, le docteur Dubourg, Barbeu Dubourg, qu'il appellera son « cher bon ami » en lui annonçant son arrivée en France[1] et que ses inclinations personnelles ou plus de goût aux affaires qu'à la pratique avaient rendu partisan décidé du soulèvement des Colonies. Dubourg cherchait les fournisseurs, entrait dans leurs opérations; la maison Montaudoin, elle, conduisait aux destinations convenues les cargaisons qui lui étaient amenées. Depuis la fin de 1775, ces opérations avaient pris tout l'essor que pouvait leur imprimer l'appui dissimulé et indirect du ministre. En attendant d'avoir le « négociant fidèle et « discret » dont les *Réflexions* avaient parlé au roi, qui serait chargé de traiter personnellement avec les Américains et qui masquerait les envois aux regards des Anglois[2], M. de Vergennes, pour augmenter les moyens de résistance des Colonies, se servait des combinaisons préparées par Franklin. Les Montaudoin n'ignoraient sans doute pas ce patronage. Ils mettaient aux embarquements une activité qui jetait le chargé d'affaires anglais en des plaintes incessantes et plaçait le ministre dans la continuelle obligation d'y répondre par

---

[1]. C'est une des premières personnes à qui il écrit d'Auray en Bretagne, le 4 décembre 1776. (*États-Unis*, t. 1, n° 87.)

[2] Les *Réflexions*, on l'a vu, disaient : « Il « suffirait d'un négociant intelligent, fidèle et « discret dans chacun des ports où les bâti- « ments américains viendraient aborder... il « traiterait directement avec les capitaines et il « masquerait les envois pour éviter les reproches « de la cour de Londres. »

des dénégations évasives. Il déployait du reste à cela des ressources d'esprit inépuisables[1], tout en ne cessant de fournir à ces plaintes des motifs nouveaux.

Toutefois, il s'agissait d'opérer maintenant sur l'échelle plus grande que les *Réflexions* avaient tracée. L'entremise des amis de Franklin n'allait plus suffire et la participation de l'Espagne devenait nécessaire. Il ne fallait pas mettre uniquement de moitié dans nos actes la cour de Madrid, comme elle assurait l'être dans nos plans, mais avoir son concours financier. Le lendemain du jour où il avait adressé au roi le billet précédent, M. de Vergennes écrivit à M. de Grimaldi dans ce but. La supercherie d'Arthur Lee, qui avait été la cause de sa première lettre, étant d'abord expliquée[2], M. de Vergennes faisait connaître au ministre du roi d'Espagne, avec une déférence et un abandon propres à le flatter, les moyens préparés afin de donner aux Colonies l'assistance nécessaire pour prolonger leur lutte. Il parlait de cela comme d'une chose sur laquelle ils auraient été tacitement d'accord ou se seraient compris à demi-mot et, discrètement, lui insinuait l'obligation pour l'Espagne de s'y associer dorénavant. Il avait d'ailleurs assez appris que l'on aimait savoir, à Madrid, le cabinet de Versailles occupé de mesures positives; aussi terminait-il en annonçant qu'une croisière venait d'être prescrite dans la Manche. Naturellement, il n'avait pas laissé à un autre le soin d'écrire sa minute :

M. Versailles le 3 May 1776.

Jai recù la lettre dont V. Ex^{ce} m'a honoré le 14 mars dernier en reponse aux eclaircissemens que javois eu ordre de lui demander sur les intentions du Roi son maitre par raport aux secours clandestins que sollicitoient les Americains. Ce que V. Ex^{ce} a bien voulu me marquer nous fait connoitre que

---

[1] La correspondance d'Angleterre des mois d'avril et mai 1776 contient à cet égard nombre de lettres. — M. Bancroft a très bien résumé, dans quelques pages de son tome X, les habiletés de M. de Vergennes à se défendre contre les soupçons de lord Stormont (chap. xvi).

[2] Beaumarchais convient de ce subterfuge, dans une lettre du 26 avril, tout en excusant Lee, en qui il croyait alors complètement. (Voir l'annexe II du présent chapitre, n° 4.)

leurs agens ont cherché a nous abuser sils netoient pas eux memes abusés lorsqu'ils nous ont fait avancer que leurs demandes avoient ete acceuillies en Espagne et quils avoient lieu de sen promettre toute lassistance indirecte qui seroit compatible avec les circonstances. Quoique nous ne nous soions pretés jusquici a aucune sorte de liaisons meme indirectes avec les Americains nous les avons laissé jouir de toutes les facilités qu'ils ont pu se procurer par la voye du commerce dans nos ports et nous avons fermé les yeux sur les genres d'exportations quils en ont pû faire. Cen etoit assez alors, mais la crise devenant plus instante il semble M. qu'il convient de faire quelque chose de plus que de leurs accorder une simple tolerance. Nos deux augustes maitres ne voulant pas heurter de front le Roi d'Ang^{re} avec lequel ils desirent de maintenir la paix et lespece dintelligence quil est possible de conserver avec une nation pour qui rien nest sacré que son interest momentanné ce seroit nous eloigner de ce but et nous montrer trop a decouvert de fournir de nos magazins aux insurgens des armes, de la poûdre et dautres munitions de guerre; comme le commerce ne les laissera pas manquer de ces articles sils sont en etat de les payer, le Roi prefere de leurs en fournir les moiens plus tost que de rien donner en nature. En consequence Sa M^{té} s'est determinee a leur faire avancer a titre de pret un million de nos livres. Le gouvernement n'y paroitra en rien, tout se fera sous le nom dune societe de commerce dirigée par un negociant dune de nos villes maritimes qui se fera donner des suretés a la verité peu obligatoires mais colorera son zele du motif assés specieux de la part dun marchand du desir dattirer a lui la plus grande partie des commissions de lAmerique lors que le commerce des Colonies sera rendu libre par la declaration de leur independance. Nous esperons M. que ce secours imprevû arrivant dans un moment ou peut etre les plus intrepides seront ebranlés par larrivée des forces enormes que lAng^{re} envoie contre eux, pourra les raffermir et les rendre plus tenaces dans la resolution quils semblent avoir formée de ne pas subir le joug. Ces gens la sont asses penetrans pour sentir qun secours de cette espece ne peut pas partir dune main ordinaire. Cette depense seroit assurement bien utilement employée si les Americains concevant lespoir que nous ne devons jamais leur donnés dun secours plus effectif mettoient par leur obstination les Anglois dans le cas ou de renoncér a leur entreprise ou de faire les frais dune seconde campagne. Nous

1776. ne devons pas perdre de vue M. quil pourra arriver cette circonstance ou il nous seroit important de trouver des pierres d'attente posées pour pouvoir prendre des liaisons ouvertes avec ce peuple; notre paix avec lAng^{re} nest que precaire, cest un feu caché sous une cendre trompeuse dont lexplosion peut se faire au moment meme que les deux parties y penseront le moins. Sa sureté repose sur la conduite plus ou moins imprudente des marins anglois; que ne doit on pas craindre de leur avidité et de leur audace encouragées par un chef du caractere du lord Howe; on sait quil avoit declaré quil ne se chargeroit plus d'aucun commandement que dans le cas de la plus g^{de} activité, il se charge dans ce moment ci de celui de la flotte, la guerre d'Amerique n'est pas dans ses principes, il s'est refusé a recevoir un adjoint pour traiter la paix, il a rejetté les restrictions quil a cru apercevoir dans ses instructions, il paroit que lancien ministere a du plier et que cet amiral nest dans une etroite intelligence qu'avec le lord Germaine dont les principes ne doivent peut etre pas etre moins suspects. Tout cela nous semble demander une serieuse attention, et cest de lordre du Roi et dans le secret de notre intimité que jai lh^r de vous lexposer.

V. Ex^{cc} nous a marqué que le Roi C$\tilde{q}$ue entreroit volontiers dans tous les frais quil seroit question de faire pour procurer quelque secours aux Americains. Le Roi ne consentiroit pas que le Roi son oncle voulut contribuer au million quil destine a cet objet, mais si Sa M^{té} C$\tilde{q}$ue etoit elle meme dans la disposition de leurs faire une liberalité et quelle crut nos moyens de la faire parvenir plus a labri du soupcon que ceux quelle pourroit se procurer dans ses Etats, Votre Ex^{ce} me trouvera a ses ordres pour tout ce qui plaira au Roi son maitre de decider.

M. le Mis d'Ossun informera V. Ex^{cc} de lordre que le Roi fait donnér a son escadre devolution detablir sa croisiere a hauteur de nos cotes pour empecher les Anglois den aprochér. Il paroitroit essentiel duser en Espagne de la meme prevoyance, ce sera secourir les Americains decarter les dangers qui pourroient les assaillir a lentrée et a la sortie de nos ports respectifs.

Jai recu dans son tems la lettre dont V. Ex^{cc} fait mention dans la sienne du 14 mars. Cetoit une reponse qui nexigeoit pas de replique de ma part.

Jai lhonneur detre avec tres parfait att. M.

Espagne, t. 580, n° 70.

Quand Louis XVI avait paru décidé, Beaumarchais était retourné à Londres. Déjà très soupçonné par la police du *Foreign office* de s'employer à ce qui l'occupait en réalité, il avait été muni d'une lettre de M. de Sartines lui donnant mission au nom du roi, d'acheter d'anciennes piastres portugaises pour le service des îles[1]. Tout en s'arrangeant afin de tirer de cet expédient un élément de plus d'opérations personnelles, il était comme un second chargé d'affaires à qui auraient particulièrement ressorti les menées avec l'Amérique. Il prêtait ses courriers à l'ambassade[2] et n'aurait pas entretenu ou occasionné, s'il eût eu ouvertement un titre, une correspondance plus suivie avec le ministre. Les menées commençaient maintenant à s'éventer. Celles du port de Nantes en particulier étaient découvertes. Barbeu Dubourg avait porté les opérations concertées avec Franklin à des négociants, les Pliarne, faisant le commerce d'Amérique. Ceux-ci s'étaient associé un Alsacien du nom de Penet[3], et ce dernier, accompagné d'un des Pliarne, était allé à la fin de 1775 à Philadelphie où, menant ensemble grand train et se mettant d'autant plus en vue, ils s'autorisaient bruyamment, pour leurs offres de services, de l'appui du ministère français, recevaient de Franklin et de ses amis des commandes, faisaient des traités que le congrès sanctionnait. Ce sont eux dont le rapport de Bonvouloir constatait la présence et que M. de Vergennes signalait à Ossun comme la cause d'embarras inutiles dans sa dépêche du 22 avril[4]. De Londres, en effet, on suivait leurs démarches et le cabinet anglais était amené par suite à ne pas douter de l'hostilité

---

[1] Le 12 avril, Beaumarchais écrit à M. de Vergennes : « J'écrirai vendredi à M' de Sar-« tines en le remerciant, ainsi que le Roi de « ce qu'ils m'ont fourni le moyen de dormir « tranquillement à Londres. Certain que vous « lui communiquerez ma grande dépêche, je « pose la plume car il y a 8 heures que j'écris « et me copie, je n'en puis plus.

« Daignés vous souvenir quelquefois, Mon-« sieur le Comte, d'un homme qui vous respecte « et qui ose mesme dans son cœur y ajouter un « sentiment plus tendre. — BEAUMARCHAIS. » (*Angleterre*, t. 515, n° 75.)

[2] « Je prête à M. Garnier mon courrier, « dit-il dans la même lettre du 12 avril, pour « un paquet, à charge de revanche. »

[3] Voir une lettre de Barbeu Dubourg à M. de Vergennes du 31 mai 1776 (*États-Unis*, t. I, n° 29).

[4] Voir *supra*, p. 346.

1776. de celui de Versailles. En avril, un petit navire américain, qui venait échanger à Nantes sa cargaison contre des approvisionnements de guerre, fut conduit à Bristol par son équipage, et son capitaine trouvé porteur pour la maison Montaudoin de correspondances significatives[1]. Le ministère britannique craignait bien alors de pousser trop vivement les questions, n'étant pas prêt à affronter tout de suite les conséquences d'une rupture; mais son ambassade ne fit pas moins aussitôt entendre de nouvelles plaintes et lord Rochford, à Londres, se chargea de soumettre Beaumarchais à un interrogatoire des plus serrés.

On touchait ainsi au moment où les plans étant dévoilés il faut passer à l'exécution sous peine de les voir se dissoudre. Arthur Lee

---

[1] Ce navire, le senau le Dikinson, donne lieu à un échange suivi de dépêches. (*Angleterre*, t. 515.) Le ministre écrit même de sa main à MM. de Montaudoin, pour avoir leur témoignage, une lettre qui rendait la réponse transparente : « A Versailles le 22 avril 1776. (A M⁰ˢ Montaudoin frères et Compⁱᵉ à Nantes.) « Vous aves sans doute connoissance M⁰ˢ de « l'avanture arrivée au senaut *Le Dikinson* parti « de Philadelphie pour Nantes et conduit à « Bristol par son propre equipage. Il paroit par « les papiers trouvés a bord que ce navire vous « etoit adressé, que vous etiés priés de faciliter « la vente de la cargaison, et den procurer le « retour en differens effets parmi lesquels une « petite quantité de munitions de guerre et a « deffaut de largent.

« La reputation dont jouit votre maison fait « la sureté que vous etes incapables M⁰ˢ de vous « engagér dans des correspondances et dans « des pratiques qui pourroient etre suspectes et « contraires au service du Roi et a la bonne « intelligence qui regne entre Sa M⁺ᵉ et la Cou- « ronne de la Grande Bretagne. Mais cᵒᵐ on « voit par les papiers publics que deux Fran- « cois ont passé dans l'Amérique Angloise quils « y ont ete annoncés ou quils s'y sont annoncés « eux memes au Congres de Philadelphie comme « des agens, et qun deux devoit revenir en « France et quil avoit meme du sembarquér sur « le senaut *Le Dikinson*, cette mission qui nous « est absolument inconnüe paroissant bien sin- « guliere je vous prie M⁰ˢ de me dire si vous « aves connoissance de ces deux François; des « motifs qui ont determiné leur voyage et enfin « de menvoyér le plus tost possible tous les « eclaircissemens que vous pouvés avoir sur « leur compte. — Je ne crois pas nécessaire « de vous recommandér de garder le secret de « cette lettre. — Je suis etc. » (*Angleterre*, t. 515, n° 91.) — La réponse est exactement ce que le ministre la vouloit (voir *infra*, annexe III); il en exprime aussitôt sa gratitude : « Vᵐᵉˢ le 1ᵉʳ may 1776; — M⁰ˢ Montaudoin « frères à Nantes. Jay recû M⁰ˢ la lettre que « vous avez pris la peine de mecrire le 27 du « mois dʳ. Je ne puis que donner des eloges a « votre façon honnete de penser et de vous con- « duire. Votre reputation metoit connue, et tout « ce que vous me mandes, justifie parfaitement « l'opinion qu'on mavoit donné de vous. » (*Ibid.*, t. 516.) — M. de Vergennes parle aussi du *Dikinson* à Beaumarchais dans une lettre du 2 mai, transcrite plus loin.

fournissait, par Wilkes, à tous les partisans de l'Amérique, les nouvelles plus ou moins fondées propres à faire considérer les Colonies comme victorieuses ou assurées de l'être, et Beaumarchais y trouvait d'autant plus de raisons d'insister pour que l'on agît. Interprétant les faits, commentant avec sa verve ingénieuse les débats du Parlement ou les incidents quotidiens, sa comparution même chez lord Rochford, il multipliait les raisonnements et les instances. M. de Vergennes utilisait les séjours que faisait de l'autre côté du détroit un jeune gentilhomme français, le comte de Lauraguais, fort animé contre l'Angleterre, comme ils l'étaient presque tous, et très lié avec lord Shelburne et les Whigs. Le comte qui, dans la pensée du ministre, peut-être, devait servir à surveiller et contrôler Beaumarchais, s'était, au contraire, étroitement lié avec celui-ci, et il n'était pas moins subjugué que lui par les assurances que l'on concevait, dans le cercle où Lee répandait ses nouvelles, ni moins séduit par l'Américain lui-même, près duquel ils se suppléaient réciproquement[1]. Comme Beaumarchais, il s'évertuait

---

[1] Dans une lettre du 26 avril (voir l'annexe II, n° 4) Beaumarchais indique que lorsqu'il était revenu à Londres M. de Lauraguais lui avait rapporté toutes ses conversations avec Lee, et que, chez Arthur Lee, il avait fait connaître tout ce que Beaumarchais rapportait de Versailles.

Le comte de Lauraguais paraît avoir donné beaucoup d'ombrage à M. de Guines, qui le fit vivement attaquer par un sieur Texier dans des libelles et par des propos. L'ambassadeur éprouva de plus une grande animation contre un certain baron de Linsing, qui prenait fait et cause ardemment pour M. de Lauraguais. Nombre de lettres de M. de Guines ont le baron de Linsing pour objet. Beaumarchais entretient aussi M. de Vergennes de ces démêlés qui occupaient le monde politique. Le 19 avril Beaumarchais écrit : « Les papiers publics vous apprendront par ce courrier la nouvelle scène publique arrivée mardi à l'opéra entre le Ba-ron de Linsing et le s' Texier. Cette histoire Texier est un tissu d'extravagances d'un bout à l'autre. Cependant ce Texier est encore un persécuté de la France, qu'un grand parti de femmes de qualité s'honore aussi de protéger publiquement. M. de Lauragais, arrivé ce matin de la campagne et plus que compromis dans le dernier paragraphe du Texier, doit clore et fermer ce commerce imprimé par un précis court et net de tout ce qui est arrivé, servant d'adieu de Médée à son brave adversaire. Ce qu'il y a de plus curieux, au milieu de tout cela, est le bruit répandu par Texier chés toutes les partisanes et amies du feu ambassadeur, qu'il est certain que ce dernier va revenir et que c'est ce qui a empêché qu'on ne nommat à son ambassade. Pour accréditer ce bruit, l'ambassadeur qui avoit annoncé la vente de ses effets et provisions, a envoyé un contre-ordre à ses gens d'affaires; de sorte que, grâce à l'audience qu'il a reçue du Roi

à entraîner le ministre, à lui montrer quelle occasion il laissait perdre, quelle faible idée l'on prenait de nous. Garnier aussi, du reste, avait plusieurs fois mandé qu'il importerait de satisfaire l'impatience des Américains. Cherchant à connaître la situation de l'Amérique, il avait naturellement trouvé les mêmes données qui défrayaient ces autres correspondants du ministre et il écrivait le 11 mars :

L'Amérique, réunie comme elle l'est par une volonté générale et une haine qui sera bientôt indestructible, dirigée par une assemblée d'hommes dont l'énergie et les talents paroissent calculés pour cette conjoncture, a plus de bras qu'il n'en faut pour résister à toutes les forces que l'Angleterre rassemble contre elle; cependant, quelques-uns de ses partisans craignent que les insurgens ne manquent de mortiers, de bombes, de bonnes platines de fusils, de soufre et surtout de vêtements et de couvertures de laine. Pour se procurer ces articles, il faut de l'argent, et il n'abonde pas chez eux. Ils s'en passent pour la circulation intérieure au moyen de papier frappé par le Congrès. Mais cette monnaie ne prendra pas faveur auprès des Hollandois, Danois, etc., qui pourroient les fournir de ce dont ils ont besoin. Il seroit cependant singulier que, si cette grande révolution ne tient qu'à des secours modiques qui ne pourroient compromettre personne, et sur lesquels la Puissance intéressée devroit fermer les yeux, le succès manquât faute de ce secours. Il ne m'appartient pas, Monseigneur, de voir toute la portée d'un tel évènement. Il me semble seulement que le moment est décisif, et que le ressentiment de l'Amérique, qui a appris à connoître ses forces, peut être aussi redoutable que sa reconnoissance doit par la suite devenir précieuse, non que la Hollande et le Portugal nous aient appris à compter sur ce motif isolé comme sur une base de liaison solide et durable. Mais encore vaut-il mieux, même

---

« de France et dont on dit merveille ici, l'on
« ne désespère point de le voir arriver bientôt,
« le laurier en teste et l'ambassade en poche. »
Dans son pli suivant, du 26, il dit encore : « A
« propos de M. de Lauragais, tout ce qui lui
« arrive n'est réellement qu'un chat aux jambes :
« Et, parce qu'il est intimement lié avec lord
« Shelburne et autres membres de l'opposi-
« tion, le lord Mansfield et le ministère font
« soutenir par les femmes son lâche adversaire
« le Texier, afin que les tracas et les dégoûts le
« fassent retourner en France, car ces gens cy
« ne peuvent souffrir auprès d'eux tous ceux
« qui ont la vue nette; moins encore ceux qui
« ont le télescope aux yeux sur leurs actions les
« plus cachées. »

aujourd'hui, que ces états soient indépendants que d'appartenir à la puissance de qui nous avons contribué à les détacher.

Angleterre, t. 515, n° 17.

Deux mois plus tard, encore, un peu abusé par ce que l'on répandait à Londres des intentions de l'Espagne à l'égard du Portugal, et déjà supposant cette puissance près d'allumer une guerre générale en se jetant sur Lisbonne, le chargé d'affaires pressait M. de Vergennes d'entrer secrètement en pourparlers avec les Américains et d'assurer leur indépendance pour empêcher l'Angleterre de faire à tout prix la paix avec eux :

Les partisans de cette indépendance, disait-il, commencent à se plaindre amèrement de ce qu'ils appellent notre apathie dans ce moment-ci. La manière dont les Américains considèrent nos intérêts leur avait fait regarder nos secours secrets ou publics comme infaillibles. Le ressentiment de notre indifférence joints aux inconveniens cruels auxquels ces Peuples doivent se soumettre dans une guerre corps à corps avec l'Angleterre et toute sa marine, sans en avoir encore aucune à oposer, peut les faire accéder à une paix avec la métropole d'autant plus aisément qu'il faut s'attendre qu'en pareille circonstance, ils en dicteraient eux-mêmes les termes. L'Amérique réunie à l'Angleterre pour se venger de notre inaction totale lorsqu'elle avait besoin de nous, offre un nouveau spectacle à l'Europe, celui d'une Nation puissante qui connaît ses forces et qui les a toutes en activité sous la protection et la conduite du pavillon Anglais.

Je serais bien porté à croire, Monseigneur, que tous les frais que nous ferons pour prévenir cette réunion seront de l'argent bien emploïé.

A Londres le 15 mai 1776.

Ibid., t. 516, n° 37.

L'heure pouvait paraître opportune pour braver le mécontentement de la Grande-Bretagne. Depuis l'entrée de lord Weymouth dans le cabinet, celle-ci n'avait pas à notre égard des procédés aimables. Les questions concernant Dunkerque s'étaient bien adoucies, mais grâce à nous; sur celles de Terre-Neuve ce ministre s'était refusé presque avec véhémence à toutes les interprétations favorables que M. de Vergennes poursuivait. Le comte de Guines avait eu la présomption de se croire assez écouté pour obtenir du *Foreign office* la reconnaissance des droits que nous revendiquions en vertu du traité d'Utrecht, à savoir la liberté de la pêche assurée sur une certaine étendue des côtes, en échange de la part du domaine de l'île que la France possédait autrefois[1]. L'ambassadeur avait donc abordé très ouvertement ce sujet; mais un refus on pourrait dire emporté de lord Weymouth, à peine tempéré le lendemain par des paroles dilatoires de lord Suffolk et que lord Mansfield ne s'était point prêté à rendre moins pénible pour l'amour-propre de notre représentant, fut l'unique résultat de sa tentative. Le ministre avait dû prescrire de n'en plus ouvrir la bouche. C'est devant le roi, en conseil, que cette décision avait été prise; le mois suivant, il était encore enjoint à Garnier de s'y tenir[2]. Mais on

---

[1] Aujourd'hui encore, l'historique de la question de Terre-Neuve n'a pas perdu son intérêt. Cet historique se trouve à peu près tout entier dans les dépêches échangées, en 1776, entre le ministre et l'ambassade, notamment dans les deux plis privés de Guines à Vergennes, du 1ᵉʳ février, accompagnant son rapport du 31 janvier, lequel est un mémoire complet sur les documents de l'affaire (*Angleterre*, t. 514, nᵒˢ 83 et 92), dans la lettre privée de Vergennes à Guines du 7 février, accompagnant sa dépêche officielle du même jour, et dans celle du 24 mars à Garnier (*ibid.*, nᵒˢ 107, 109, et t. 515, nᵒ 45). — Guines est stupéfait de son échec : « Vous verrez dans les dépêches ci-« jointes, écrit-il, des choses bien inattendues; « le lord Weymouth nous en fera connoître « beaucoup du même genre, il faut s'y préparer. « Vous comprendrez aisément ce que j'ai dû « souffrir dans les deux conférences dont j'ai « l'honneur de vous adresser le détail, je doute « que la politique en fournisse beaucoup de « semblables. » (*Ibid.*, nᵒ 89.) M. de Vergennes, moins étonné, se rend parfaitement compte des motifs. Il avait écrit à l'ambassadeur le 1ᵉʳ février, c'est-à-dire à l'heure même où celui-ci rédigeait ses rapports : « C'est là une de ces « matières que tout ministre anglais répugne à « traiter » (*ibid.*, t. 514, nᵒ 90); il répond à l'exposé de Guines : « Je suis plus mortifié que sur-« pris M. de la tournure brusque et peu civile « qu'a pris notre négociation sur Terre-Neuve. « Je connoissois assez la délicatesse de la ma-« tière pour m'attendre à des délais et des sub-« terfuges, mais je n'étois pas préparé à la ré-« ponse tranchante que le lord Weymouth vous « a faite. »

[2] Dépêche à Guines, du 7 février 1776 : « J'ai mis toutes ces expéditions sous les yeux « du roi et de son conseil, nous ne pouvions « pas nous attendre à leur voir déchirer le voile « qui pouvoit nous dérober leur mauvaise vo-« lonté d'une manière aussi désobligeante que « la fait le lord Weymouth..... d'ailleurs, si « après un laps de plus de 60 ans il s'élève une « difficulté sur l'intelligence dun traité, la ma-

entendait rester sur l'expectative envers ce cabinet nouveau. On le regardait comme disparate, mal uni, uniquement formé pour être à la discrétion du roi. Le ministre, ce même jour, donnait à Garnier des instructions générales qui ne comportaient pas d'autre mission que celle d'observer :

> Ce qu'il importe principalement au Service du Roi dans ce moment present est que vous vous attachiés, Monsieur, a demeslér avec certitude le progres que « nière la plus sure d'en determiner le sens est « d'examiner ce qui a été pratiqué dans les pre- « miers tems qui ont suivi sa confection. Je « pourrois, Monsieur, étendre beaucoup plus « loin ces reflexions, ainsi que celles qui nais- « sent des conséquences absurdes quon veut « tirér des encouragements donnés à nos pe- « cheurs sans considerér la difference des tems « et des positions ; mais tout cela seroit inutile, « le Roi ne jugeant pas pour le moment devoir « donnér plus de suite à la négociation que vous « aviés été chargé d'entamér. Si quelque chose « doit paroitre étrange cest de voir le Lord Wey- « mouth qui a traité cette meme affaire avec « M. le Comte du Chatelet se donnér le de- « menti de tout ce quil a dit et fait dans ce « tems la ; on ne doit pas être surpris après cela « quil sexprime cavalièrement sur ce que dau- « tres Ministres ont pu pensér à cet égard. » (*Angleterre*, t. 514, n° 109.)

> Dépêche à Garnier du 8 mars : « Jai mis sous « les yeux du Roi et de son Conseil le compte « que vous nous rendés de votre premiere con- « versation avec le Lord Suffolck et j'ai la sa- « tisfaction de vous annoncér quil y a eu lapro- « bation la plus entiere. Il nest pas possible en « effet, Monsieur, de sexpliquér avec plus de « franchise, de dignité et meme de fermeté que « vous lavés fait avec le Ministre Anglois au « sujet de Terre Neuve. Cest remettre notre ne- « gociation au point ou elle etoit avant la tour- « nure facheuse que le Lord Weymouth lui a « fait prendre ; mais comme il est probable que « tout ce que vous pourriés lui dire maintenant « ne le tireroit pas du cercle de sophismes et « de contradiction dans lequel il setoit circon- « scrit en traitant cette affaire avec M. le Cte de « Guines, le Roi nestime pas que vous deviés « donnér plus de suite à vos premieres insinua- « tions a moins que les Ministres Britanniques, « sentant que la franchise et lhonneteté de nos « procedés exigeoient un tout autre retour que « celui dont ils nous ont payé dans cette occa- « sion, ne se portent à vous faire des ouver- « tures plus conformes a la bienseance et aux « egards que se doivent des nations qui veulent « vivre entre elles en paix et en bonne intelli- « gence. Nous avons fait preuve de la sincerité « de nos dispositions en proposant le seul expe- « dient qui pourroit prevenir les querelles et « les lezions auxquelles la concurrence ne peut « manquer de donner frequement lieu entre « deux peuples émules et rivaux ; on oppose a « notre bonne volonté l'intelligence non pas « précise mais arbitraire dun traité dont le sens « ne peut paroitre equivoque qua ceux qui ont « interest a laltérér. Cest nous tracér la marche « que nous devons desormais suivre et on ne « doit pas être surpris si au lieu de nous pretér « comme nous lavons fait jusqua present a des « complaisances dont on abuse, nous nous te- « nons a remplir litteralement les obligations « strictes des traités et rien par delà. » (*Angleterre*, t. 515, n° 12.)

chacun de ceux qui composent aujourdhui le gouvernement pourra faire dans la faveur et la confiance du Roi son maitre, l'ascendant quil pourra acquerir sur ses confrères; le plus ou le moins de probabilité que le Ministère actuel, tel quil est constitué, puisse se soutenir en tout ou en partie; qui vous prevoiés en cas devènement qui pourroit le remplacér; enfin un aperçù des dispositions des differens partis relativement au sistème politique. Tout cela ne peut pas être louvrage d'un moment, aussi je ne vous demande pas une reponse immédiate; mais, comme il n'est pas hors de possibilité, quoiqu'il soit peut être contre toute vraisemblance, que l'orage qui gronde actuellement sur l'Amérique Septentrionale pourroit fondre ailleurs et frapér les régions qui peuvent s'y jugér le moins exposées, il est bien important, Monsieur, d'y veiller d'assés prés pour n'être pas surpris par des évènemens dont le coup pourroit devenir irréparable.

Je connois votre prudence, votre zele, et votre active intelligence, et je suis bien convaincu que vous ne vous laisserés pas imposér par des dehors trompeurs; vous connoissés la morale Angloise et jusqua quel point il est permis d'y prendre confiance.

Aussi M. de Vergennes différait-il le moment d'agir d'une manière positive. Malgré les instances du comte de Lauraguais, renouvelées verbalement par Beaumarchais, il n'avait pas voulu laisser venir Arthur Lee à Paris[1] et il ne trouvait pas bon de donner suite encore aux projets préparés. Il puisait sans doute dans notre situation propre des motifs de procéder ainsi, mais l'Espagne lui en donnait de non moins importants. Nous n'étions point assez avancés avec cette puissance et les manœuvres du Portugal ne laissaient pas compter suffisamment, pour elle, sur la liberté d'action que l'on jugeait nécessaire. Le ministre, toutefois, se garde de laisser mal interpréter la retenue du gouvernement du roi par ceux qui servaient la France à Londres. On a une idée du cas qu'il faisait de leurs avis, comme de la consi-

---

[1] M. de Lauraguais lui avait demandé la permission de l'amener (1ᵉʳ mars); il le disait autorisé par le congrès de Philadelphie à faire des offres et à traiter. Beaumarchais reproche presque ce refus à M. de Vergennes dans une lettre du 26 avril (*infra*, annexe II, n° 4).

dération dans laquelle il tenait alors Beaumarchais, quand on le voit écrire à ce dernier la lettre suivante, pour répondre à ses incitations impatientes, à celles parfois chimériques de M. de Lauraguais ou aux appréciations dont nous étions l'objet à la tribune du parlement britannique :

1776.

A Versailles le 2 May 1776.

J'ai reçu le 1er de ce mois, Mr, la lettre que vous m'aves fait l'honneur de m'écrire le 26 du mois dernier. Il est aussi aisé de bien dire que difficile de bien faire; c'est un axiôme que tous les gens d'administration, sans en excepter les Ministres Britanniques, vous certifieront. Ceux dont le rôle est de raisonner, envisagent un objet sous un point de vue isolé, déduisent supérieurement les avantages à en recueillir; mais s'ils pouvoient embrasser l'ensemble ils reconnoitroient bien vite que ces prétendus avantages, si exaltés dans la spéculation ne seroient, dans la pratique, qu'une source d'inconvéniens plus funestes les uns que les autres. J'ai eté longtems dans le parterre avant d'arriver sur la scène; j'y ai vu des gens de toutes les classes et de toutes les trempes d'esprit. Tous, en général, frondoient, blâmoient; on ne faisoit jamais bien selon eux; quelques uns de juges qu'ils se constituoient se sont exposés a être jugés. Je les ai presque tous vus prendre les erremens qu'ils avoient si sévèrement condamnés tant il est vrai qu'il est une force d'impulsion ou d'inertie, comme il vous plaira de la qualifier, qui ramène toujours les hommes vers un centre commun. Cette préface n'est point destinée a réfuter votre prévoyance, que je loue, au contraire, et que j'approuve. Mais ne croyés pas, parce qu'on ne la saisit point avec rapidité qu'on la rejette. Il est des gradations qu'il est de la prudence de suivre, et n'en déplaise a vos bouillants qualificateurs, tout sômeil n'est point létargique. Quoique la voye dont je me sers soit sûre, je n'y ai pas cependant assés de confiance pour ne pas mettre un frein au désir que j'aurois de vous dire toutes mes pensées; mais je me repose sur votre sagacité pour les deviner. Pensés y bien, et vous me trouverés plus près de vous que vous ne l'imaginés.

Laissons là cette metaphisique occupons nous d'objets plus reels. En est-il un plus solide et plus brillant que la peinture que le Lord North a faite de l'Etat florissant de l'Angleterre? S'il a été aussi vrai à cet egard que lorsqu'il a démenti le bruit de ces 14 mille François transportés par les airs en

Amérique, nous devons envier aux Anglois le bonheur inconcevable de trouver la prospérité dans ce qui fait communément la ruine des autres nations. J'avois grande opinion des ressources du pays où vous êtes; mais elle n'alloit pas jusqu'à regarder une levée de 16 millions sterlings comme un effort ordinaire. Je conçois qu'on peut beaucoup faire avec le papier, par ce qu'il est facile d'en faire beaucoup. Cela va bien tant qu'il est censé valoir ce qu'il représente; il centuple même sa valeur par une circulation active et aisée; mais si un évènement quelconque altère la confiance, s'il se fait engorgement et stagnation, je demande à M. le Comte de Lauraguais ce que devient l'édifice, et si ce n'est pas un château de carte que le vent enlève et dissipe dans les airs. Cela n'est pas arrivé, dira-t-on; j'en conviens, mais en suit-il que cela ne peut pas arriver? On veut le prouver par la grandeur de 50 à 80 et depuis a 140; mais si cette progression n'a jamais de bornes, ou trouver une caution solvable? Qu'on dise tout ce qu'on voudra de la richesse de l'Angleterre, je la compare à une bouffissure; j'aime mieux l'embonpoint de la France malgré son peu de regime. Tout y est réel, terres fertiles, denrées précieuses, argent sonnant; le crédit peut manquer sans que rien de tout cela souffre.

Est-il encore question de ce Senault *le Dickenson?*

. . . .

Mille grâces, Monsieur, des nouvelles dont vous m'avés fait part. Elles ont été vues et goûtées; je compte que bientôt on en recevra de trés intéressantes, et qu'enfin on sera éclairci sur le sort de Québec.

J'ai fait passer la lettre que vous m'avés recommandée; s'il vient une réponse je vous l'enverrai.

Vous connoissés, je me flatte, Monsieur, mon amitié et mon attachement pour vous.

Angleterre, t. 516, n° 2. (Minute retranscrite par Vergennes fils.)

« Elles ont été vues et goûtées; » le roi, en effet, lisait cette correspondance. Le ministre la mettait sous ses yeux, il le dit à Beaumarchais, en lui répondant sur l'interrogatoire subi par lui chez lord Rochford. A peu près comme s'il parlait à un ambassadeur, qui plus est, il se donne « la satisfaction » d'annoncer à cet agent, qu'appelaient assez couramment : *Le barbier de Séville* ou *Figaro* ceux qui voulaient le décrier, que « S. M^té a fort approuvé la manière noble et franche » dont il a repoussé l'attaque de ce lord. « Vous n'avez rien dit, ajoute-il, « que S. M^té ne vous eut prescrit de dire si elle avait pu prévoir que « vous seriez dans le cas de vous expliquer sur un objet aussi étranger « aux soins dont vous êtes chargé[1]. » Beaumarchais ne pouvait plus avoir de doute sur les intentions du gouvernement ou du ministre; il répond aussitôt, en soulignant les mots : « *Vous étiez certainement* « *près de moi,* comme vous dites, *quand je vous en croyais bien loin* et « vous avez mis ma sagacité fort à l'aise par le ton dont vous m'avez « donné a deviner ce que vous disiez fort clairement[2]. »

[1] Lettre du 26 avril. — [2] Lettre du 11 mai.

ANNEXES DU CHAPITRE XI.

I

GARNIER ET LE COMTE DE GUINES. — AFFAIRE ROUBAUD.

1. GARNIER AU COMTE DE VERGENNES.

A Londres le 20 Février 1776.

Monseigneur.

Quelques accidens de voyage, m'aiant retardé dans ma route, je n'ai pu arriver ici que le 16 de ce mois à onze heures du soir. J'allai, à l'instant même, chez M. le Comte de Guines que j'attendis jusqu'à minuit. Dès qu'il fut rentré, je me rendis à son appartement, où il ordonna qu'on nous laissât seuls. Je lui dis que je me présentois peut-être à une heure incommode mais que j'avois cru devoir venir le saluer à l'instant de mon arrivée, ne voulant voir personne avant lui. Il me demanda si j'avois des lettres pour lui, sur quoi j'eus, Monseigneur, l'honneur de lui remettre la vôtre. Après en avoir pris lecture, il me dit que tout cela seroit exécuté, et qu'il me remettroit, la veille ou le jour de son départ, les papiers qui pourroient servir à mon instruction, ainsi que vous le lui mandiez, avec une note de l'état des affaires à Londres. Il ajouta qu'il avoit déjà annoncé ma mission aux Ministres Anglois qu'ainsi c'étoit une affaire faite. Quant aux courriers, M. le Comte de Guines me déclara qu'il ne pouvoit me donner aucune facilité sur cet objet, attendu que ce sont ses gens qui lui servent de courriers et qu'il les emmène avec lui.

Vint ensuite l'affaire de ma présentation, qui n'est autre chose que ma réinstallation à la Cour, forme nécessaire et cérémonie d'usage, lorsqu'on a pris congé de LL. MM, ainsi que j'ai eu l'honneur de le faire à mon départ de Londres. Comme M. le Comte de Guines balançoit avec quelque embarras, entre le 19 et le 21, jour auquel il se propose d'avoir son audience de S. M. Britannique, je le priai de vouloir bien se mettre parfaitement à son aise à cet égard, l'assurant que, quant à moi, je n'aurois d'autre empressement que celui de me conformer à ses arrangemens et de profiter du tems qu'il prendroit pour pourvoir à ceux que j'ai à faire de mon côté. M. le Comte de Guines marqua encore quelque incertitude sur le jour de ma présentation et me demanda où je logeois. Je lui dis mon adresse, en ajoutant que je la lui laisserois à son Suisse, et que j'attendrois ses ordres qu'il m'a promis de m'envoier. Je prévins M^r l'Ambassadeur que je comptois aller voir le lendemain M^r le Prince de Masseran, mais ne rendre visite à aucune personne en place avant d'avoir été présenté. Il me répéta plusieurs fois que M^r le Prince de Masseran étoit fort mal, et en effet la santé de cet ambassadeur est dans l'état le plus inquiétant. Il ne sort pas de son lit; sa poitrine est dangereusement attaquée, et il est menacé de tomber dans l'éthysie. Il m'a paru fort sensible a tout ce que je lui ai dit d'honnête de votre part, et m'a parlé de nos intérêts communs avec le même zèle que j'ai toujours connu à ce digne serviteur de Sa Majesté Catholique. Avant de quitter M^r le Comte de Guines, je le priai de me dire s'il avoit quelque chose à me prescrire; et comme je venois d'apprendre qu'il dépêchoit cette nuit même son intendant à Paris, je le priai, Monseigneur, de vouloir bien vous instruire de mon arrivée, ce qu'il me promit de faire. L'heure de la poste étant passée, je pris la liberté de lui demander s'il comptoit envoier un courrier. Il répondit qu'il ne savoit pas ce qu'il feroit là-dessus; sur quoi je pris congé de lui.

Voilà, Monseigneur, avec la plus grande exactitude ce qui s'est passé dans mon entrevue avec M^r le Comte de Guines. C'a été de sa part un ton de politesse froide, mêlée d'un embarras qui n'étoit que trop réel. Le mien a été simple, modeste, respectueux, tel, je crois, qu'il convenoit à quelqu'un qui ne fait qu'exécuter les ordres du Roi avec toute l'honnêteté et la déférence que vous m'avez prescrit d'y mettre, Monseigneur, et dont je suis incapable de m'écarter.

Il résulte de ce court entretien, 1°, que M^r le Comte de Guines prendra congé demain 21, après quoi il est à présumer qu'il ne tardera pas à partir; 2° qu'avant son départ il me remettra ceux des papiers qu'il jugera devoir servir à mon instruction; car voilà la version à laquelle il s'attache de préférence, à celle qui énonce, en général, les papiers de l'Ambassade, ce qui inclueroit la totalité de la correspondance; 3°, qu'il ne me laissera point de courriers, ce à quoi il n'y a pas grand mal pour une raison dont j'aurai l'honneur de vous rendre compte dans un autre moment. Je serai en état d'y suppléer par d'autres courriers après le départ de M^r le Comte de Guines. Ce ne sera qu'à cette époque que je me permettrai, Monseigneur, de vous entretenir de la situation des choses. Jusques là, je crois ne pouvoir mieux faire que de chercher à m'en instruire. Je ne délivrerai non plus les lettres dont vous m'avez honoré auprès des Ministres Anglois qu'après ma réinstallation à la Cour qui aura apparemment lieu demain.

Mr de Saudray veut bien dire ici que j'ai mis le plus grand éclat dans mon départ de Paris, que j'y avois étalé sur mes cartes de visite pour prendre congé le titre de Chargé des affaires du Roi en Angleterre. J'ignore ce qu'il auroit fait à ma place. Pour moi qui ai plus que de l'indifférence pour toute espèce d'éclat, je suis parti bien paisiblement de Paris où je n'ai jamais pris le titre de Chargé des affaires du Roi, ni même jamais laissé aucune carte de visite. Celles même dont j'ai toujours fait usage ici ne contiennent que mon nom purement et simplement. Peut-être prendra-t-on également soin à Paris de conter de semblables fadaises sur ma conduite à Londres. Je suis du moins bien sûr qu'elles ne s'accréditeront pas auprès de ceux dont j'ai l'honneur d'être connu.

On débite aussi à Londres que Mr de Guines est bien à plaindre, qu'il est totalement ruiné, qu'il trouvera à son arrivée en France une lettre de cachet pour le conduire à la Bastille, et beaucoup d'autres propos tendans à présenter une victime, et qui ne méritent pas, Monseigneur, de vous êtes rapportés. Il faut espérer que toutes ces intrigues cesseront enfin pour faire place au service du Roi qui exige toute notre attention; car, il seroit bien tems, permettez-moi de vous le dire, Monseigneur, bien à souhaiter que le personnel disparût à jamais d'une mission où nous avons des intérêts essentiels pour les sacrifier à qui que ce soit.

Je suis avec respect,
   Monseigneur, etc.

Angleterre, t. 514, n° 136.

2. GUINES AU COMTE DE VERGENNES.

A Londres le 23 Février 1776.

Monsieur,

J'ai pris avant hier mes audiences de congé du Roi et hier de la Reine. J'ai eu l'honneur de remettre dans ces audiences mes lettres de rappel à Leurs Majestés Britanniques qui m'ont chargé d'assurer le Roi de la sincérité et de la durée des sentiments dont elles sont pénétrées pour Sa Majesté. J'ai présenté, avant-hier, avant mon audience de congé, le sr Garnier au Roi d'Angleterre à son lever, et ne pouvant plus reparoitre hier au Cercle qui a été tenu, après mon audience de congé, chez la Reine, Mr le Général Fitz Roi, Chambellan de Sa Majesté Britannique, a bien voulu lui présenter ce Chargé d'Affaires. Je l'avois présenté en cette qualité, le matin, au Lord Weymouth près de qui vous m'avez ordonné de l'accréditer : La Maladie du Lord Suffolck, qui est attaqué d'un violent accès de goutte, m'a empêché de m'acquitter du même devoir auprès de ce Ministre. Il me reste maintenant,

Monsieur, quelques devoirs particuliers à remplir et quelques affaires personnelles à terminer.

J'espère être libre de partir demain dimanche au soir ou lundi matin, mais je ne me flatte pas d'être rendu à Versailles avant le samedi deux de Mars, vu le mauvais état où l'on m'assure que sont les chemins de la Picardie et le tems affreux qu'il fait et qui ne me promet pas un passage facile.

Je remettrai au moment de mon départ au Sr Garnier les papiers de l'Ambassade en suivant la forme usitée par les Ambassadeurs qui m'ont précédés; j'y joindrai une note sur les affaires courantes qui restent à terminer et dont j'aurai l'honneur de vous remettre la copie à mon arrivée..
....

Angleterre, t. 514, n° 137.

3. GARNIER AU COMTE DE VERGENNES.

A Londres le 23 Février 1776.

Monseigneur,

Ainsi que j'ai eu l'honneur de vous en prévenir, M^r le Comte de Guines a pris le 21 et le 22 de ce mois ses audiences de congé de Leurs Majestés Britanniques. Cet Ambassadeur s'étoit déterminé à me présenter en qualité de Chargé des Affaires de France au Roi d'Angleterre, et le lendemain le Général Fitzroi, chambelan de la Reine m'a fait l'honneur de me présenter à cette Princesse. Le même jour M. le Comte de Guines, aiant fini sa conférence avec le Lord Weymouth, me fit apeler pour m'introduire chés ce Ministre, à qui je remis la lettre par laquelle vous avés bien voulu m'accréditer.

Tout ceci, Monseigneur, s'est passé sans que M^r l'Ambassadeur m'ait dit une parole, ni ait daigné jetter les yeux sur moi; mais comme ni mon honneur, ni mon bonheur ne dépendent des discours ou des regards de Mr de Guines, je ne m'en trouve pas personnellement affecté. Je lui dois même la justice de dire que sa malveillance ne m'a fait aucun tort dans ce païs-ci, où tout le monde veut bien me témoigner, en sa présence, beaucoup de plaisir à me revoir. Comme je sais qu'il vous fait aujourd'hui, Monseigneur, sa dernière expédition, je n'aurai l'honneur de vous adresser ma première que vendredi prochain, époque à laquelle j'espère avoir reçu de M^r l'Ambassadeur les papiers qu'il me destine. Je joins seulement ici un buletin.

Milord Suffolk est encore trop incommodé d'une ataque de goute pour pouvoir donner audience. J'attendrai son premier jour de conférence qui doit avoir lieu jeudy prochain pour lui remettre la lettre dont vous m'avés honoré auprès de lui.

Quelques-uns des gens de Mʳ le Comte de Guines sont venus m'offrir leurs services; d'autres ont cherché à me faire entrer en fonction dès le premier moment de mon arrivée. J'ai répondu aux uns de continuer à bien servir leur maître, aux autres que tant que Mʳ l'Ambassadeur seroit ici, je n'avois aucune fonction publique à remplir..

Angleterre, t. 514, n° 139.

4. GARNIER AU COMTE DE VERGENNES.

A Londres le 27 Février 1776.

Monseigneur.

M. le Comte de Guines, étant parti hier matin, sera vraisemblablement rendu auprès de vous avant que ma lettre vous parvienne. Un accident, survenu à sa voiture à quelques milles d'ici, l'a obligé de coucher à moitié chemin de Douvres. La veille de son départ il me manda chez lui, sur les six heures du soir, pour me remettre les papiers qu'il avoit jugé à propos de laisser, avec une note dont j'aurai l'honneur de vous rendre compte. Ces papiers ne me seront pas d'une grande utilité, puisqu'ils ne renferment ni votre correspondance, ni la sienne, dont je n'ai pas un seul numéro, non plus que les pièces jointes aux dites dépêches. Il a également emporté l'extrait des dépêches ou des mémoires de Mʳ le Comte du Châtelet et la correspondance, tant de sa part que de la mienne, depuis le commencement de l'Ambassade jusqu'au 1ᵉʳ août 1773, époque à laquelle j'ai correspondu avec la Cour jusqu'au 8 juin 1775. Cette dernière partie, que j'avois remise à Mʳ l'Ambassadeur, lors de mon départ de Londres, avec les papiers de l'Ambassade, est la seule qui reste entre mes mains. Mʳ le Comte de Guines, dans le peu de momens que j'ai eu l'honneur de passer avec lui, n'a suppléé par aucune instruction verbale aux documens ou informations qui me manquent sur tous les objets. Les questions que j'ai tenté de lui faire paraissant l'importuner, je m'en suis abstenu et me suis contenté de signer un inventaire de vieux papiers qui, par le titre qu'ils portent, semblent indiquer des ressources dans tous les genres, tandis que ce qu'ils renferment est de la plus médiocre valeur pour la curiosité, sans nul usage pour les affaires actuelles. Dans ces circonstances, j'espère, Monseigneur, que vous daignerez venir à mon secours, le peu de papiers que j'ai apportés avec moi n'étant relatifs qu'à une affaire qui n'est plus. Je ne puis me fier au souvenir qui me reste par une lecture rapide, et à l'exception d'une lettre ou deux, je n'ai aucune connoissance de la correspondance de l'année où nous sommes.

Je puis du reste, Monseigneur, vous assurer avec la plus exacte vérité que je ne vois pas, par aucun endroit, que le rappel de Mʳ le Comte de Guines fasse ici la moindre sensation, si ce n'est dans le cercle de quelques Dames qui s'étoient associées pour laisser à la porte de cet Ambassadeur des billets pour en prendre congé.

Je crois, Monseigneur, vous devoir cet éclaircissement pour obvier autant qu'il est en moi, à l'effet des faux exposés que quelques personnes ont affecté de répandre sur cette affaire.

Angleterre, t. 514, n° 151.

5. NOTE DES AFFAIRES QUE LE COMTE DE GUINES LAISSE À TERMINER AU Sʳ GARNIER.

Le Comte de Guines ne parlera point des différentes négociations dont il a été chargé relativement au Portugal, à la Russie et à la Suède. Elles sont toutes terminées comme la Cour le désiroit. Si les circonstances obligent de les reprendre, de nouvelles instructions relatives à ces mêmes circonstances sont indispensables. Le Comte de Guines se bornera donc à énumérer ici les objets suivans :

1° Mʳ le Comte de Vergennes lui a adressé le 20 janvier un mémoire sur les vexations que les Anglois font éprouver à notre commerce dans l'Inde, et lui recommandoit, avant d'entamer une négociation formelle et ministérielle sur ce point, d'en entretenir confidentiellement le Ministère Anglois et de chercher à pénétrer ses sentimens. Le Lord Weymouth avoit demandé au Comte de Guines de lui donner préalablement une note qui pût le mettre au fait de l'affaire. Mais le Comte de Guines prévoïant ne pouvoir la terminer avant son départ, a jugé qu'il étoit du bien du service du Roi de laisser le sʳ Garnier le maître de l'entamer de la manière qu'il jugeroit la plus convenable...........................

[Suivent divers détails, entre autres l'explication, reproduite déjà, relative à l'envoi de Bonvouloir en Amérique.]

... Le Roi aiant ordonné au Comte de Guines de faire connoître au sʳ Garnier les différens canaux dont il disposoit pour être instruit de ce qui se passoit de plus intéressant, le Comte de Guines n'a à ajouter aux moiens connus par le Sʳ Garnier que le Sʳ Roubaud, homme d'esprit dangereux, intrigant, vraisemblablement espion du Gouvernement, mais qui a donné de trés-bonnes nouvelles. C'est lui d'ailleurs qui a rédigé les débats de la Chambre des Pairs dont le Roi a lu souvent avec plaisir les détails. Quand cet homme n'auroit d'autre mérite que d'empêcher le Ministère de soupçonner que l'Ambassadeur du Roi qui l'emploie n'a pas les autres moiens d'être instruit qu'il est si important de cacher, ce seroit un grand avantage.

Le Comte de Guines lui avoit donné le plan d'un grand travail sur l'état de l'armée, de la flotte, des finances, en un mot sur tous les objets les plus intéressans et sur les variations qui y résulteroient des circonstances présentes. Ce travail bien exécuté doit être récompensé par une gratification proportionnée, ou si on ne le juge pas nécessaire, arrêté avec une moindre récompense.

Le Sr Roubaud n'est payé qu'à raison de trois guinées par semaine pour l'ordinaire, mais quelquefois jusqu'à six quand il y a des débats trés-intéressans dans la Chambre des Pairs.

Il est encore d'autres canaux bien plus certains et qui ne coûtent rien au Roi. Le Comte de Guines s'en est toujours servi avec succès : C'est la confiance, l'estime, et l'amitié dont les différens états, les différens partis l'ont si publiquement honoré. Il ne peut qu'indiquer ces moiens au Sr Garnier, et l'exhorter pour le bien du Service de Sa Majesté à en faire beaucoup d'usage.

Londres le 25 février 1776.

Le Comte DE GUINES.

6. LE Cte DE VERGENNES À GARNIER.

à Versailles le 8 mars 1776.

J'ai reçu, Monsieur, les trois lettres sans n° que vous avez pris la peine de m'écrire en date des 20, 23 et 27 du mois dernier. M^r le Cte de Guines est arrivé ici le 2 de ce mois, et a remis le lendemain dimanche ses lettres de recréance à Sa Majesté.

J'avois lieu de croire que cet Ambassadeur vous laisseroit tous les papiers de l'Ambassade; mais comme il a jugé à propos de ne vous en donner que des pièces detachées, je verrai à y suppléer lorsque les circonstances me paroîtront l'exiger.

Angleterre, t. 515, n° 13.

7. GARNIER AU COMTE DE VERGENNES.

A Londres le 1er mars 1776.

Monseigneur,

J'ai l'honneur de vous envoier une lettre que le s^r Roubaud m'a remise pour vous. Le mémoire qui y est joint et qui traite d'une alliance entre la France et l'Angleterre pour aider cette dernière puissance à subjuguer ses colonies de l'Amérique, a valsé de porte en porte chez tous les Ministres Anglais. C'est la production du délire enfantée par l'intrigue. Comment se fait-il qu'une si belle mission puisse être avilie au point que, s'il falait revenir souvent à l'examen de maneuvres aussi répugnantes, il n'y aurait pas un honête homme qui osât s'y vouer? Vous verrés, Monseigneur, le raport que ce mémoire avec ses circonstances peut avoir aux dépêches de M^r le Comte de Guines. Quant à moi je ne les ai pas pour en juger; je n'ai que trop lieu d'être persuadé que le Ministère Britannique est réelement imbû de l'idée que nous avons prétendu lui faire des offres pour nous joindre à lui dans son projet d'exterminer les Américains, ou de les ramener sous le joug de la Métropole. Pour compléter la considération et la reconnaissance qui devaient être pour nous le fruit de cette démarche tant en Amérique qu'en Europe, les Ministres Anglais n'auront pas manqué de s'en vanter auprès de quelques membres principaux de l'Opposition. Sans m'arrêter à cet égard à ce qu'en dit le mémoire, cette idée est trop conforme à l'intérêt des Ministres et trop analogue à un billet du Lord Rochford que vous avés, Monseigneur, et que je me rapèle d'avoir lû, pour n'y pas trouver beaucoup de vraisemblance. J'éviterai plutôt que je ne chercherai à faire cette découverte; mais si elle vient à ma connaissance, je suivrai ma méthode qui est de ne vous rien cacher de tout ce qui peut concerner le service du Roi. Un Commissaire de la Douane, ami du Lord North et de Milord Robinson sécrétaire de la Trésorerie, m'a parlé de nos offres et de leur refus comme d'une chose qu'il savait très-bien. Il m'a en même tems, invité avec des expressions flateuses à voir ce Ministre, à me lier avec lui, me donnant à entendre que ce lui serait chose agréable, ouverture que j'ai crû devoir accueillir avec reconnaissance et dont je tâcherai de faire usage pour des objets plus convenables au service du Roi.

Je serais bien trompé, si le discours qu'avait entamé Milord Suffolk dans notre conversation d'hier n'avait pas pour objet de nous faire des remercimens de ces prétendues offres de secours ou de me mettre sur la voye de les confirmer. Vous verrés, Monseigneur, dans ma dépêche de ce jour comment j'ai crû devoir arrêter là-dessus ce Ministre pour éviter de nous compromettre une seconde fois.

J'ai dit, du reste, au Sr Roubaud que je ne pouvais prendre aucun engagement avec lui, ni lui faire aucune promesse sans autorisation de la Cour dont j'ignorais les intentions, mais que jusques là les arrangemens qu'il avait faits avec M^r le Comte de Guines tiendraient. Je sens bien qu'il faudra se défaire petit à petit de cet être incommode qui va malheureusement me tomber sur les bras.

J'ai l'honneur de vous expédier aujourd'hui mon premier courrier qui ira certainement jusqu'à Calais ainsi que tous ceux que j'expédierai chaque semaine, ce à quoi le courrier de M. le Cte de Guines manquait souvent, car, Milord Minen me dit en dernier lieu à mon passage que très-souvent les courriers de cet Ambassadeur lui confiaient leurs paquets à Douvres pour les remettre aux capitaines des paquebots de la poste et qu'ils attendaient dans cette dernière ville qu'il leur remît les paquets qu'il recevait de Calais pour eux. L'intention de Milord Minen était aparement de m'engager à donner aux miens la même liberté; mais je ne pense pas que cela m'arrive.

Je suis avec respect, Monseigneur, votre trés-humble et trés-obéissant serviteur.

Angleterre, t. 515, n° 1 [1].

8. LE COMTE DE VERGENNES À GARNIER.

A Versailles le 8 mars 1776.

J'ai reçu, Monsieur, avec votre lettre particulière du 1er de ce mois celle que le Sr Roubaud vous a prié de me faire passér et le mémoire qui y étoit joint. J'avois eu précédement des notions de cette intrigue dont on donnoit le merite de l'invention à M. le Cte de G... mais je n'avois pû me persuader quil put meconnoitre son devoir au point de se portér à une légereté aussi coupable et si faite pour compromettre avec son caractère representatif la puissance qui len avoit revetu; j'ai meme encore de la peine a adopter cette croyance malgré la sorte d'evidence qui resulte du temoignage de l'agent quil doit y avoir employé. Si cest de cela que le Lord Suffolck a entendu parlér lorsquil sest expliqué avec vous, Monsieur, quen fait de bons procedés nous ne nous en etions pas tenûs aux simples proffessions, nous n'avons aucun droit à sa reconnoissance. Vous avés vû dans ma correspondance ministeriale le peu daccueil que nous avons fait à louverture de cette liaison lors que nous devions la croire une emanation du pays que vous habités. La decouverte de sa véritable origine ne lui donne pas plus de merite à nos yeux. Aussi rien nest plus sage que le parti que vous prennés de laisser tombér une idée aussi vague quelle est mal conçûe; sil arrivoit quon vous en parla vous en pretendrés la plus entiere cause d'ignorance, et vous pourrés dire qu'aiant eu en communication toute la correspondance Ministeriale vous n'y avés rien vû qui eut trait à une pareille coalition; il seroit meme a propos que vous tinssiés ce langage au Sr Roubaud par forme d'insinuation pour le depaisér et lui faire perdre la trace qui, toute inconvenable et impraticable quelle me paroit, a cependant quelques partisans dans le conseil du Roi de la Grande Bretagne. L'Espagne n'est pas au reste plus disposée que nous a entendre a une transaction qui nous lieroit sans nous procurér la plus légère sureté. Vous avés très bien fait, Monsieur, de ne pas vous pressér de prendre des engagemens avec le

---

[1] [Le mémoire dont parle Garnier au commencement de cette lettre est celui que Vergennes avait envoyé au roi précédemment et dont il est question au chapitre VII, p. 255.]

S' Roubaud et vous ferés trés prudemment, je pense, de l'eliminér le plus doucement et le plus honnetement quil vous sera possible. C'est au moins un espion double dont il peut être très dangereux de vous laissér aprochér; je crois bien que vous le tiendrés dans un assés grand éloignement pour quil ne puisse abusér; mais de pareils êtres sont toujours incommodes et embarrassans. Il sera bon, cependant, de lui continuer pendant le reste de la session le salaire que M' le C'° de Guines lui avoit fixé pour lui procurér les debats de la Chambre des Lords.

Il est bon que vous aiés scû du S' Minen, expeditionnaire à Douvres labus que se permettoient les courriers de l'Ambassadeur; pour prevenir que les vôtres ne se rendent pas coupables dune negligence aussi criminelle il sera bon de les assujettir à vous raporter une attestation du S' Caffieri ou de tel autre correspondant auquel vous adresseriés vos expeditions à Calais, qui justifieroit quils se sont présentés à lui et lui ont remis eux mêmes leurs depeches.

Ne doutés pas, Monsieur, de toute lestime avec laquelle je vous suis bien parfaitement devoué.

Angleterre, t. 515, n° 11. (Minute de M. de Vergennes.)

9. GARNIER AU COMTE DE VERGENNES.

A Londres le 8 Mars 1776.

Monseigneur,

Sur ce que M. le Comte de Lauragais m'assure que M' de Beaumarchais sera de retour ici après-demain, je garde la lettre que vous m'avés adressée pour ce dernier. Mais s'il n'arrivait pas d'ici à la prochaine expédition, j'aurai l'honneur de vous la renvoyer par le courrier. Je vous prie, Monseigneur, de me rendre la justice d'être persuadé que, loin d'être capable de prendre le moindre ombrage de quiconque pourait être ici en quelque relation avec vous, je me ferai toujours un plaisir ainsi qu'un devoir de les servir en tout ce qui poura dépendre de moi. Je joins ici l'histoire de M' Roubaud qui m'a bien l'air de sa condamnation. Ses nouvelles n'ont pas le sens commun, et si je ne savais pas d'ailleurs qu'il est espion du Gouvernement, la manière libre dont il vient ou envoye chés moi 2 ou 3 fois par jour m'en convaincrait de reste. Il en résulte pour moi que c'est un homme incommode et dangereux. Mais il faut convenir que cet homme a une mémoire prodigieuse pour retenir les débats du Parlement. Vous en jugerés, Monseigneur, à vos momens de loisir par le volume que je joins à ma dépêche de ce jour. Il l'avait adressé tout simplement au Roi. J'ai crû devoir suprimer cette prétention, ainsi que rectifier les erreurs et émonder les passages où, à ma connaissance, son imagination avait supleé à sa mémoire, attendu que je ne suis pas ici pour vous envoier des romans. Il me dit, au surplus, que c'est tout uniment le Lord Dartmouth qui le fait entrer à la Chambre Haute sans autre motif que celui, qu'il énonce très-clairement à ce Ministre et à tous les autres, d'être payé pour nous donner l'extrait des débats de la Chambre. Le travail qu'il m'a remis et dont j'ai bien retranché un quart est si prodigieux qu'il a été obligé d'y passer plusieurs nuits. Je compte, en conséquence, pour cette semaine suivre les erremens de M^r le Cte de Guines en lui donnant 6 louis au lieu de trois, et j'attendrai vos ordres pour la suite.

Angleterre, l. 515, n° 10.

10. LE COMTE DE VERGENNES À GARNIER.

A Versailles le 23 mars 1776.

Je n'ai pas repondu, M. par la dernière expédition a la lettre que vous m'avez ecrite le 8. de ce mois, par ce que la vie de l'ex jesuite Roubaud demandoit bien plus de tems pour la lire que je n'etois en etat de lui en donner; j'ai enfin achevé cette pénible et ennuyeuse lecture; la vie d'un grand homme auroit pu se resserer dans un volume bien moindre. Mais il lui falloit des tournures et des phrases pour arriver a son but. Peut etre se flatte t-il de l'avoir atteint; tout le jugement que j'en puis porter est que *justificatio non petita fit accusatio*. Après cela vous pensez bien, M. que je n'ai pas envie de former des liaisons de confiance avec cet honnete religieux; peut être seroit il prematuré de s'en débarasser. Ses liaisons avec Saudrai peuvent lui avoir procuré des occasions d'abus qu'il faut éviter. Vous pouvez donc vous en servir pour avoir les débats de la chambre haute, quoiqu'à dire vrai ses recits sentent plus l'historien que le journaliste exact. Tous ses discours semblent de la même touche et qui voile le caractère et l'esprit des personnages qu'on désireroit connoître. Si vous pensez M. en tirer quelque chose de mieux, a la bonne heure, mais servez vous en comme d'un cheval de poste qu'on paye et qu'on abandonne la course finie.................................

..... Vous avez très bien fait, M. de vous établir dans une maison dont la porte est à vous. On ne peut prendre trop de précaution dans le pays où vous êtes pour la sureté des papiers. Ce n'est pas que nôtre correspondance puisse jamais être suspecte, mais au moins faut il avoir l'air du secret quand même on n'en a pas la matière. Comptez M. sur la parfaite estime avec laquelle je vous suis bien parfaitement acquis.

Ibid., n° 41. (Minute de Vergennes.)

11. GARNIER AU COMTE DE VERGENNES.

A Londres le 12 avril 1776.

Monseigneur.

Mr Roubaud a provoqué lui-même par la lettre ci-jointe la décision que je devais lui donner. Ecarter ses craintes pour le moment, c'eût été y substituer des espérances qu'il aurait poussées plus loin qu'il n'était convenable de le faire. J'ai donc profité de l'occasion qu'il m'offrait pour lui annoncer que nous ne faisions pas grand cas, dans le moment présent, des nouvelles de détail qui, vû les termes d'amitié ou nous sommes avec le Ministere Britannique, ne peuvent tout au plus amuser que notre curiosité sans exciter chés nous d'autre interêt; que s'il était question d'armemens considerables, je devais presumer que les Ministres m'en feraient part, étant assés disposés à m'entretenir de ce qui les concerne; qu'ainsi j'étais obligé de le remercier des peines qu'il voulait bien prendre à cet egard, et me contenter de profiter de ce qu'il lui seroit loisible de nous communiquer par la suite, des séances les plus intéressantes du Parlement. Je lui ai payé sa 6eme semaine à commencer du 26 février jusqu'au 8 avril inclusivement dont une double, ce qui fait en tout 21 guinées que j'ai portées sur la dépense secrete du dernier quartier. Ainsi a fini l'histoire politique du père Roubaud quant à son traitement fixe et aux nouvelles qui en étaient le prix.

J'ai l'honneur, Monseigneur, de vous en envoïer le dernier échantillon. Vous y verrés avec quelle facilité il construit d'un moment à l'autre *quatre mille chaloupes de nouvelle fabrique portant chacune 25 ou 30 hommes d'équipage*, c'est à dire cent ou cent vingt mille matelots. C'est avec la même sincérité qu'il m'avait armé précédemment 60 vaisseaux de ligne, independamment des forces actuellement en activité. Ce serait un trésor que le père Roubaud pour un premier Commissaire de l'Amirauté, et si le Lord Sandwich savait tout ce qu'il vaut, le moins qu'il pût faire serait de doubler sa pension.

Quant au travail que lui avait commandé Mr de Guines, je l'estime fort heureux d'en être débarassé, car il n'est pas en état d'en faire la première syllabe. De tout ce qu'il dit avoir amassé, il ne m'a remis qu'un etat de la Dette nationale que je lui ai fait voir être copié de mot à mot de celui qui est à la fin de la brochure du R^d Price. Pour l'armée je lui ai fait une simple question sur le nombre d'hommes par bataillon. Il n'a pas hésité à le porter à 650, c'est à dire à plus d'un tiers du nombre fixé. En vérité, Monseigneur, c'est m'ôter une récréation journalière que de me priver du père Roubaud. Vous verrés cependant par sa lettre du 6 qu'il n'a pas dit son dernier mot. Par zèle il veut entrer en correspondance avec vous, et quoique j'aïe tâché de l'en décourager, je crains bien que vous n'aïés a essuiier quelques nouvelles productions de sa stérile fécondité. Après cela il ne lui restera plus qu'à écrire directement aux têtes Couronnées, et c'est ce dont il est très capable. Comme nous avons lieu de soupçonner par une analogie de nouvelles fausses, qu'il est l'auteur d'une lettre anonyme renvoïée ici de la Cour de Madrid, j'ai donné à M^r le p^{ce} de Masseran un échantillon de son écriture pour qu'on sache à quoi s'en tenir sur ce qui pourra emaner de sa plume.

Angleterre, t. 515, n° 82.

12. LE COMTE DE VERGENNES À GARNIER.

A Versailles, le 20 avril 1776.

J'ai recû M. la lettre particuliere que vous maves ecrite le 12 de ce mois, et les pièces qui y etoient jointes. Vous verres par la lettre volumineuse que le Sr Roubaud m'a adressée par la poste qu'il n'a pas voulu vous laissér lavantage de minformer le premier du parti que vous avés pris et je pense très sagement de leconduire. Laveu quil m'y fait quil a femme et enfans est peu propre a m'interressér en sa faveur. Un homme qui fait cedér sa religion a ses passions ou plus tost a sa depravation ne peut inspirér que de la defiance. Il mannonce quil veut menvoyér directement les debats de la Chambre des Pairs, engages le a sen dispensér, je ne suis point du tout en gout d'avoir correspondance avec lui. Sil veut continuer ce travail jusqua la fin de la session du parlement comme vous le lui avés proposé, ce travail doit passér par vos mains puis que cest par vos mains que passe le salaire qui doit lui en revenir. Pour ce qui est des nouvelles quil paroit avoir la demangeaison de donnér, il nous croiroit par trop credules sil nous suposoit disposés a adopter aussi legerement quil le debite la construction de 4 mille chaloupes leur armement a 30 hommes et celui de 60 vaisseaux de ligne.

J'ignore quel travail M. le Cte de Guines peut lui avoir recommandé, mais sil avoit des repetitions a lui faire a cet egard il devoit les lui presentér avant son depârt, dans le cas ou cet Ambassadeur les auroit admises il vous en auroit prevenû sans doute pour que vous y eussies egard. M. de Guines na jamais fait mention du Sr Roubaud quil ne nommoit pas que comme dun correspondant mercenaire a la semaine.

Ibid., n° 88.

ANNEXES DU CHAPITRE XI.

13. GARNIER AU COMTE DE VERGENNES.

A Londres le 3 May 1776.

Monseigneur,

J'ai reçû la lettre particulière dont vous m'avés honoré en date du 20. du mois dernier. Le petit roman du père Roubaud m'a diverti, même la plainte qu'il fait de n'avoir reçû aucun salaire pour le tems qu'il a travaillé pour moi. Je n'en ai tiré d'autre vengeance que de le faire venir pour me donner le reçû ci-joint, où il a encore eu l'adresse de glisser le trois au lieu du 6 Avril. Je ne lui ai point dit, Monseigneur, que vous m'eussiés renvoïé sa lettre. Mais du moment qu'il m'a vu informé qu'il vous avait écrit, il s'est récrié qu'il ne savait point ce qu'il vous avoit mandé, *car il était si troublé en vous écrivant*. Et puis une *fausse* pleurésie qu'il dit avoir eû depuis cette époque était bien faite pour exciter la compassion. Je ne sais jusqu'à quel point sa pleurésie est fausse; mais je serai toujours porté à croire qu'il y a quelque chose de faux dans sa maladie. Enfin il m'a signifié que s'il ne devait être emploïé que pendant la session du Parlement il aimait mieux ne l'etre pas du tout; qu'on lui avait fait perdre la rétribution de 3. guinées par semaine que lui donnait un imprimeur de papiers publics pour lui fournir les débats du Parlement pendant le cours de la session, et cette rétribution lui était païée toute l'année. « Mais, « Mr Roubaud, il est bien étonnant que vous qui ne pouvés ni écrire, ni parler « Anglais puissiés travailler pour les imprimeurs de papiers publics. » Vous croiriés peut etre, Monseigneur, que cette petite objection l'embarrasse; point du tout; c'est que l'imprimeur qui de son côté ne sait pas un mot de Français vous traduit dans l'instant les harangues du père Roubaud et les imprime de même. Comme il a entrepris de me couler un mensonge d'une autre espèce, savoir que les procédés de la Cour de France à son égard étaient très-malhonnêtes, j'ai cru devoir réprimer cette incartade, et il s'est retiré peu content de moi qui ne peux cesser d'admirer comment un pareil homme a pû s'impatroniser dans la Sécrétairerie d'un Ambassadeur.

Angleterre, t. 516, n° 3.

14. LE COMTE DE VERGENNES À GARNIER.

A Versailles le 10 May 1776.

J'apprens avec satisfaction, Mr, par la lettre particulière que vous avés pris la peine de m'écrire le 3 de ce mois, que vous avés avancé le dénouement du roman de ce très vénérable Roubaud. J'y prends d'autant plus de part que je n'aime pas plus que vous les etres de cette espèce. Je ne trouve point mauvais, au reste, qu'il traite d'ingratitude nos procédés à son égard. Doit-il attendre plus d'affection de sa Patrie qu'il ne lui en a marqué? Je sens tout comme vous l'inconvénient de laisser un pareil homme s'impatroniser dans une Sécrétairerie. Ne revenons pas sur le passé; corrigeons doucement et sans éclat, les abus qui peuvent s'être glissés; c'est tout ce que la fidélité et l'honnêteté exigent de nous. Tout ce qu'on feroit au delà sembleroit marqué au coin de la passion.

Angleterre, t. 516, n° 24.

II

BEAUMARCHAIS.

1. LA PAIX OU LA GUERRE.

Au Roi seul.

Sire,

La fameuse querelle entre l'Amérique et l'Angleterre, qui va bientôt diviser le monde et changer le système de l'Europe, impose à chaque puissance la nécessité de bien examiner par où l'événement de cette séparation peut influer sur elle et la servir ou lui nuire.

Mais la plus intéressée de toutes est certainement la France, dont les îles à sucre sont, depuis la dernière paix, l'objet constant des regrets et de l'espoir des Anglais, désirs et regrets qui doivent infailliblement nous donner la guerre, à moins que, par une faiblesse impossible à supposer, nous ne consentions à sacrifier nos riches possessions du golfe à la chimère d'une paix honteuse et plus destructive que cette guerre que nous redoutons.

Dans un premier mémoire, remis il y a trois mois à Votre Majesté par M. de Vergennes, j'ai tâché d'établir solidement que la justice de Votre Majesté ne pouvait être blessée de prendre de sages précautions contre des ennemis qui ne sont jamais délicats sur celles qu'ils prennent contre nous.

Aujourd'hui que l'instant d'une crise violente avance à grands pas, je suis obligé de prévenir Votre Majesté que la conservation de nos possessions d'Amérique et la paix qu'elle paraît tant désirer dépendent uniquement de cette seule proposition : *il faut secourir les Américains.* C'est ce que je vais démontrer.

Le roi d'Angleterre, les ministres, le parlement, l'opposition, la nation, le peuple anglais, les partis enfin qui déchirent cet État, conviennent qu'on ne doit plus se flatter de ramener les Américains, ni même que les grands efforts qu'on fait aujourd'hui pour les soumettre aient le succès de les réduire. De là, Sire, ces débats violents entre le ministère et l'opposition, ce flux et reflux d'opinions admises ou rejetées qui, n'avançant pas les affaires, ne servent qu'à mettre la question dans un plus grand jour.

Le lord North, effrayé de piloter seul au fort d'un tel orage, vient de profiter de l'ambition de lord Germaine pour verser tout le poids des affaires sur sa tête ambitieuse.

Le lord Germaine, étourdi des cris et frappé des arguments terribles de l'opposition, dit aujourd'hui aux lords Shelburne et Rockingham, chefs de parti : « Dans « l'état où sont les choses, Messieurs, osez-vous répondre à la nation que les Améri-« cains se soumettront à l'acte de navigation et rentreront sous le joug, *à la seule* « *condition*, renfermée dans le plan de lord Shelburne, *d'être remis en l'état où ils* « *étaient avant les troubles de 1763* ? Si vous l'osez, Messieurs, investissez-vous du « ministère, et chargez-vous du salut de l'État à vos risques, périls et fortunes. »

L'opposition, disposée à prendre le ministre au mot et toute prête à dire oui, n'est arrêtée que par l'inquiétude que les Américains, encouragés par leurs succès et peut-être enhardis par quelques traités secrets avec l'Espagne et la France, ne refusent aujourd'hui ces mêmes conditions de paix qu'ils demandaient à mains jointes il y a deux ans.

D'autre part le sieur L. (M. de Vergennes dira son nom à Votre Majesté), député secret des colonies à Londres, absolument découragé par l'inutilité des efforts qu'il a tentés par moi auprès du ministère de France pour en obtenir des secours de poudre et de munitions de guerre, me dit aujourd'hui : « Une dernière fois, la France est-« elle absolument décidée à nous refuser tout secours et à devenir la victime de l'An-« gleterre et la fable de l'Europe par cet incroyable engourdissement ? Obligé moi-« même de répondre positivement, j'attends votre dernière réponse pour donner la « mienne. *Nous offrons à la France, pour prix de ses secours secrets, un traité secret de* « *commerce qui lui fera passer, pendant un certain nombre d'années après la paix, tout* « *le bénéfice dont nous avons depuis un siècle enrichi l'Angleterre, plus une garantie de ses* « *possessions selon nos forces. Ne le voulez-vous pas?* Je ne demande à lord Shelburne « que le temps de l'aller et du retour d'un vaisseau qui instruira le congrès des pro-« positions de l'Angleterre, et je puis vous dire dès à présent quelles résolutions

« prendra le congrès à cet égard. Ils feront sur-le-champ une proclamation publique
« par laquelle ils offriront à toutes les nations du monde, pour en obtenir des secours,
« les conditions que je vous offre en secret aujourd'hui. Et pour se venger de la
« France et la forcer publiquement à faire une déclaration à leur égard qui la com-
« mette à l'excès, ils enverront dans vos ports les premières prises qu'ils feront sur les
« Anglais : alors, de quelque côté que vous vous tourniez, cette guerre que vous fuyez
« et redoutez tant, devient inévitable pour vous, car ou vous recevrez nos prises dans
« vos ports ou vous les rejetterez ; si vous les recevez, la rupture est certaine avec
« l'Angleterre ; si vous les rejetez, à l'instant le congrès accepte la paix aux conditions
« proposées par la métropole ; les Américains outrés joignent toutes leurs forces
« à celles de l'Angleterre pour tomber sur vos îles et vous prouver que les belles
« précautions mêmes que vous aviez prises pour garder vos possessions étaient
« justement celles qui devaient vous en priver à jamais.

« Allez, Monsieur, allez en France, exposez-y ce tableau des affaires ; je vais m'en-
« fermer à la campagne jusqu'à votre retour pour n'être pas forcé de donner une
« réponse avant d'avoir reçu la vôtre. Dites à vos ministres que je suis prêt à vous y
« suivre, s'il le faut, pour y confirmer ces déclarations ; dites-leur *que j'apprends que le
« congrès a envoyé deux députés à la cour de Madrid pour le même objet, et je puis vous
« ajouter à cela qu'ils ont reçu une réponse très satisfaisante.* Le conseil de France
« aurait-il aujourd'hui la glorieuse prérogative d'être seul aveuglé sur la gloire du roi
« et les intérêts de son royaume ? »

Voilà, Sire, le tableau terrible et frappant de notre position ; Votre Majesté veut sincèrement la paix ! Le moyen de vous la conserver, Sire, va faire le résumé de ce mémoire.

Admettons toutes les hypothèses possibles et raisonnons.

Ce qui suit est bien important :

Ou l'Angleterre aura dans cette campagne le succès le plus complet en Amérique ;

Ou les Américains repousseront les Anglais avec perte ;

Ou l'Angleterre prendra le parti, déjà adopté par le roi, d'abandonner les Colonies à elles-mêmes et de s'en séparer à l'amiable ;

Ou l'opposition, en s'emparant du ministère répondra de la soumission des Colonies à la condition d'être remises en leur état de 1763.

Voilà tous les possibles rassemblés : y en a-t-il un seul qui ne vous donne à l'instant la guerre que vous voulez éviter ? Sire, au nom de Dieu, daignez l'examiner avec moi :

1° Si l'Angleterre triomphe de l'Amérique, ce ne peut être qu'avec une dépense énorme d'hommes et d'argent; or le seul dédommagement que les Anglais se proposent de tant de pertes est d'enlever à leur retour les îles françaises, de se rendre par là les marchands exclusifs de la précieuse denrée du sucre, qui peut seule réparer tous les dommages de leur commerce, et cette prise les rend à jamais possesseurs absolus du bénéfice de l'interlope que le continent fait avec ces mêmes îles.

Alors, Sire, il vous resterait uniquement le choix de commencer trop tard une guerre infructueuse, ou de sacrifier à la plus honteuse des paix inactives toutes vos colonies d'Amérique, et de perdre 280 millions de capitaux et plus de 30 millions de revenus.

2° Si les Américains sont vainqueurs, à l'instant ils sont libres et les Anglais, au désespoir de voir leur existence diminuée des trois quarts, n'en seront que plus empressés à chercher un dédommagement devenu indispensable dans la prise facile de nos possessions d'Amérique, et l'on peut être certain qu'ils n'y manqueront pas.

3° Si les Anglais se croient forcés d'abandonner sans coup férir les Colonies à elles-mêmes, comme c'est le vœu secret du roi, la perte étant la même pour leur existence et leur commerce étant également ruiné, le résultat pour nous est semblable au précédent; excepté que les Anglais, moins énervés par cet abandon à l'amiable que par une campagne sanglante et ruineuse, n'en auront que plus de moyens et de facilités de s'emparer de nos îles dont alors ils ne pourront plus se passer, s'ils veulent conserver les leurs et garder un pied de terre en Amérique.

4° Si l'opposition se met en possession du ministère et conclut le traité de réunion avec les Colonies, les Américains, outrés contre la France, dont les refus les auront seuls forcés à se soumettre à la métropole, nous menacent dès aujourd'hui de joindre toutes leurs forces à celles de l'Angleterre pour enlever nos îles. Ils ne se réuniront même à la mère patrie qu'à cette condition, et Dieu sait alors avec quelle joie le ministère composé des lords Chatham, Shelburne et Rockingham, dont les dispositions pour nous sont publiques, adoptera le ressentiment des Américains et vous fera sans relâche la guerre la plus opiniâtre et la plus cruelle.

Que faire donc en cette extrémité pour avoir la paix et conserver nos îles?

Vous ne conserverez la paix que vous désirez, Sire, qu'en empêchant à tout prix qu'elle ne se fasse entre l'Angleterre et l'Amérique, et qu'en empêchant que l'une triomphe complètement de l'autre; et le seul moyen d'y parvenir est de donner des secours aux Américains, qui mettront leurs forces en équilibre avec celles de l'Angleterre, mais rien au delà. Et croyez, Sire, que l'épargne aujourd'hui de quelques millions peut coûter avant peu bien du sang et de l'argent à la France.

Croyez surtout, Sire, que les seuls apprêts forcés de la première campagne vous coûteront plus que tous les secours qu'on vous demande aujourd'hui, et que la triste économie de 2 ou 3 millions vous en fera perdre à coup sûr avant deux ans plus de 300.

Si l'on répond que nous ne pouvons secourir les Américains sans blesser l'Angleterre et sans attirer sur nous l'orage que je veux conjurer au loin, je réponds à mon tour qu'on ne courra point ce danger, si l'on suit le plan que j'ai tant de fois proposé, de secourir secrètement les Américains sans se compromettre, en leur imposant pour première condition qu'ils n'enverront jamais aucune prise dans nos ports, et ne feront aucun acte tendant à divulguer des secours que la première indiscrétion du congrès lui ferait perdre à l'instant. Et si votre Majesté n'a pas sous la main un plus habile homme à y employer, je me charge et réponds du traité, sans que personne soit compromis, persuadé que mon zèle suppléera mieux à mon défaut d'habileté que l'habileté d'un autre ne pourrait remplacer mon zèle.

Votre Majesté voit sans peine que tout le succès dépend ici du secret et de la célérité; mais une chose infiniment importante à l'un et à l'autre serait de renvoyer, s'il était possible, à Londres lord Stormont qui, par la facilité de ses liaisons en France, est à portée d'instruire et instruit journellement l'Angleterre de tout ce qui se dit et s'agite au conseil de Votre Majesté.

Cela est bien extraordinaire, mais cela est; l'occasion du rappel de M. de Guines est on ne peut pas plus favorable.

L'Angleterre veut absolument un ambassadeur; si Votre Majesté ne se pressait pas de nommer un successeur à M. de Guines et qu'elle envoyât en Angleterre un chargé d'affaires ou ministre d'une capacité reconnue, à l'instant on rappellerait lord Stormont, et quelque ministre qu'ils nommassent en place de cet ambassadeur, il se passerait bien du temps avant qu'il fût en état par ses liaisons de nous faire autant de mal que nous en recevons de lord Stormont. Et la crise une fois passée, le plus futile ou le plus fastueux de nos seigneurs pourrait être envoyé sans risque en ambassade à Londres; la besogne étant faite ou manquée, tout le reste alors serait sans importance.

Votre Majesté peut juger par ces travaux si mon zèle est autant éclairé qu'il est ardent et pur.

Mais si mon auguste maître, oubliant tous les dangers qu'un mot échappé de sa bouche peut faire courir à un bon serviteur qui ne connaît et ne sert que lui, laissait pénétrer que c'est par moi qu'il reçoit ces instructions secrètes, alors toute autorité même aurait peine à me garantir de ma perte, tant la cabale et l'intrigue ont de pouvoir, Sire, au milieu de votre cour, pour nuire et renverser les plus importantes entreprises. Votre Majesté sait mieux que personne que le secret est l'âme des affaires et qu'en politique un projet éventé n'est qu'un projet manqué.

Depuis que je vous sers, Sire, je ne vous ai rien demandé et ne vous demanderai jamais rien. Faites seulement, ô mon maître, qu'on ne puisse m'empêcher de travailler pour votre service, et toute mon existence vous est consacrée.

CARON DE BEAUMARCHAIS.

2. BEAUMARCHAIS AU Cte DE VERGENNES.

Londres Ce Mardi 12 Avril 1776[1].

Monsieur le Comte.

Pendant que l'Angleterre est assemblée à Westminster-Hall, pour voir juger la vieille adultère et bigame Duchesse de Kinston, je vais vous rendre compte d'une conversation assés sérieuse entre le Lord Rochfort et moi. Dimanche en m'envoyant des billets pour Westminster-Hall, il me fit prier de me rendre chez lui. Après les compliments, la conversation s'animant par degrés il me dit : « Monsieur, ayant une preuve de confiance et d'amitié à vous demander, je vais d'abord vous en donner une particulière en vous montrant quelque chose que je n'ai fait voir à personne. »

Ce quelque chose, Monsieur le Comte, était une lettre du Roi d'Angleterre, écrite à lui, mais pleine de bonté, de familiarité, et remplie du plus tendre attachement par laquelle ce Prince le prie d'accepter la Vice-Royauté d'Irlande dont il a, dit-il, chargé Lord North de lui faire l'offre de sa part. Le Roi ajoute : « J'ai besoin dans cette île d'un homme très-sûr; dans l'état où sont les choses il est à craindre que l'Irlande ne suive les traces de l'Amérique. La seule grâce que je vous demande est de ne point y mener pour votre sécrétaire cet infâme faquin de Bloker, qui a été en France avec le Duc d'Harcourt et y a conservé des liaisons dangereuses. Il a fait détester le Duc d'Harcourt en Irlande etc. etc. etc. »

Voilà me dit le Lord Rochfort ce que le Roi m'a écrit hier. Je suis fâché de sa prévention contre Bloker que j'aime; mais tout ce qui tient à la France inquiète en ce moment. (D'où je conclus, M. le Comte, qu'on s'occupe beaucoup de nous en Angleterre.) Si l'on adopte, ajouta le Lord, la seule condition que j'y mets de n'y passer que 6 mois par an, c'est une affaire faite. J'attends là-dessus Lord North. Mais, je ne dois pas omettre de vous lire la dernière phrase de la lettre du Roi, Mr de B..., parce qu'elle vous regarde uniquement : « n'oubliés pas Mylord tout ce que je vous ai recommandé; vous n'en rendrés compte qu'à moi. »

« C'est au sujet, Mr de B..., des nouvelles reçues de Bristol. Un vaisseau chargé

---

[1] [Beaumarchais a par inadvertance daté du 12 au lieu du 16; il l'explique dans sa lettre suivante, du 19.]

par le Congrès de lettres et de marchandises pour un négociant de Nantes, nommé Montaudoin, avec ordre d'y échanger ces marchandises contre des munitions de guerre de toute espèce, a été conduit droit à Bristol, par un capitaine fidèle à son Roi. L'ouverture de ces lettres a prouvé que cette correspondance est entamée depuis longtems; et les termes en font soupçonner qu'elle pourroit bien être protégée par votre gouvernement. Cette circonstance jointe à celle de deux gentilhommes français qui ont été traités secrètement avec le Congrès de la part de vos Ministres (on nous fait à Londres, M. le Comte, plus d'honneur que nous n'en méritons) lesquels gentilshommes ont, dit-on, des liaisons cachées avec des personnes à Londres, a singulièrement allarmé notre Conseil.

« Quelques gens mal instruits ont mesme cherché à faire tomber sur vous le soupçon de cette connivence; mais le Roi en est si peu frappé, que c'est de son aveu que j'en raisonne avec vous. Que pensés-vous de tout cela? Je sais bien que vous êtes ici pour finir avec ce Deon; et là-dessus, je n'en veux croire que vous, dont j'ai déjà répondu au Roi comme vous savés. »

« Avant de vous répondre, Mylord, ai-je dit, sur ce qui me regarde, permettés-moi de commencer par le vaisseau d'Amérique, non d'après aucun ordre reçu de notre Ministère, mais suivant mes lumières naturelles.

« Je savais déjà, Mylord, par ouï-dire l'arrivée du navire Américain à Bristol et je n'ai pas été plus étonné qu'il eût été chargé pour un négociant de Nantes que pour un d'Amsterdam, de Cadix ou d'Hambourg.

« Les insurgens ont besoin de munitions et n'ont point d'argent pour en faire acheter en Europe; il faut donc qu'ils hasardent d'y envoyer des marchandises de leur crû, pour les y échanger, et tous les ports où l'on peut trouver des munitions leur doivent être absolument égaux. — « Mais, Monsieur, la France n'a-t-elle pas donné des ordres dans ses Ports à cet égard? et n'avons-nous pas droit d'espérer que les négociants de Nantes seront punis; ce que nous comptons bien demander à vos Ministres? » — Mylord, vous m'avés permis de vous parler avec franchise, je le ferai d'autant plus librement que n'étant ici chargé de rien, mes phrases ne commettront personne. « Eh! pourquoi voudriez-vous, Mylord, que notre administration sévit contre les Nantais? Sommes-nous en guerre avec quelquun? et dans l'état de paix d'après lequel j'argumente, nos ports ne sont-ils pas ouverts à tous les négotians du monde? Avant que de demander à la France, Mylord, raisons des negotians de Nantes, il faudrait commencer par poser une question préliminaire assés étrange et la voici :

« Pour une querelle particulière aux Anglais, et dans laquelle nous n'entrons ni ne voulons entrer, l'Angleterre a-t-elle le droit de restreindre notre commerce? Et quelques traités nous obligent-ils d'ouvrir ou de fermer nos ports aux vaisseaux marchands, selon le désir de la nation Britannique?

« Certes, Mylord, j'ai peine à croire qu'on osât élever une question aussi incroyable, et dont la solution pourrait avoir des suites qu'il est du grand intérêt de l'Angleterre de ne pas provoquer! surtout lorsque les nobles principes du Roi de France sont aussi solidement prouvés par la neutralité dans laquelle il se renferme; quoique tout semble inviter la France à profiter de vos troubles intestins pour reprendre aux Anglois tout ce dont ils nous ont dépouillés dans la dernière guerre! — Mais, Monsieur, les Américains sont des rebelles et nos ennemis déclarés. — Mylord, ils ne sont pas les nôtres. — Et quand nous sommes en paix avec la France, doit-elle les favoriser? — Les favoriser! pardieu, Mylord, c'est tout ce que vous pourriés dire si nous vous empêchions de courrir sur tous les vaisseaux des insurgens en pleine mer, parce qu'ils seraient chargés de marchandises pour nos ports ou venant de nos ports. Qui vous empêche de vous pourvoir contre eux? Croisés de tous côtés, saisissés les partout, hors sous le canon de nos forts pourtant; nous n'avons rien à y voir. Mais, exiger que nous allions inquiéter nos négotians parce qu'ils ont des relations de commerce avec des gens avec qui nous sommes en paix, soit que nous les regardions comme vos sujets, ou comme un peuple devenu libre, avec des gens contre qui vous vous battés, mais auxquels vous n'osés pas, vous Ministère, mesme faire le procès devant votre propre nation; en vérité cela est un peu fort! Je ne sais pas ce que penserait notre administration d'une telle demande, mais je sais bien que, moi, je la trouverais beaucoup plus que déplacée. — Je le vois bien, Monsieur, car vous en êtes rouge de colère. (En effet, M.' le Comte, le feu m'avait monté au visage et si vous desaprouvés que j'aye montré tant de chaleur, en vous demandant excuse, je vous répondrai qu'il s'agissait alors, non de votre opinion mais de la mienne.) — Mylord, ai-je repris avec douceur et modestie, vous qui êtes Anglais et patriote, vous ne devés pas trouver mauvais qu'un bon Français ait de la fierté pour son pays. — — Aussi ne m'en offençais-je point, Monsieur, mais au moins vous conviendrés que votre Ministère ne peut s'empêcher de sévir contre des Français qui vont traiter au nom de votre Gouvernement avec le Congrès. — Je ne crois rien à cette nouvelle, Mylord; quelque Français peut-être y a traité de son chef pour des secours particuliers tels que des négocians peuvent en fournir par la voie du commerce. Et c'est de là, sans doute, qu'est parti le vaisseau de Bristol pour correspondre avec la maison Montaudoin de Nantes. Mais si vous pouvés savoir le nom de ces prétendus agens et acquérir la moindre preuve qu'ils se sont dits agens du Gouvernement, je crois être si sûr des principes de notre Ministère à cet égard et mesme de ceux du Roi, que je ne m'avance pas trop en vous assurant qu'ils seront désavoués et mesme punis, si l'on peut les arrêter. » (Vous voyés, M^r le Comte, que j'y vas, comme on dit, bon jeu, bon argent; garre pour ceux qui y seront pris à Londres ou ailleurs.) Cette déclaration nous a tout-à-fait raccommodés, le Lord et moi. « Maintenant, lui ai-je dit, Mylord, je vais vous rendre compte de mon arrivée ici. L'affaire dEon ne m'occupe plus; et soit qu'il revienne en France ou non, il n'y a personne chez nous qui s'y intérese. Sa résolution à cet égard est son affaire et plus du tout la mienne. Vous allés me demander ce qui m'attire ici? — Non, Monsieur, car je sais d'avance ce que vous me répondrés. — J'entens, Mylord, on a ouvert mes lettres. — Mon ami, nous sommes trop vétérans en politique, vous et moi, pour ignorer qu'on écrit ce qu'on veut. — D'accord, Mylord, mais si l'on écrit ce qu'on veut, il n'en va pas ainsi de ce qu'on fait; et ce n'est pas un vain badinage, que le Roi de France et ses Ministres chargent quelqu'un de fournitures nécessaires au service. — Etes-vous réellement chargé de quelque chose? — Je n'ai rien de caché pour vous, Mylord; voici ce que le Roi vient de m'accorder. Alors je lui ai montré la lettre Ministérielle que Mr de Sartines m'a écrite au sujet de la fourniture des pièces de Portugal pour nos Colonies d'Amérique. Il l'a lue plusieurs fois avec beaucoup d'attention; et, cela lui paraissant enfin assés vraisemblable, il m'a dit : — C'était une trés bonne affaire quand ces pièces avaient cours en Angleterre; mais depuis deux ans qu'elles n'y servent plus de monoye, pourquoi cela vous atire-t-il ici? — C'est qu'il m'est plus commode, Mylord, de traiter à Londres où je connais tout le monde, qu'à Lisbonne où je ne connais personne, et que je regarde beaucoup moins au profit qu'on pouvait faire sur ces pièces, qu'à l'avantage de répondre honorablement à cette confiance. (Ainsi, M. le Comte, bien m'en a pris, d'avoir insisté sur ma précaution avec M. de Sartines, avant de partir; et bien m'en a pris encore d'avoir vu à cet égard en arrivant plusieurs banquiers de Londres. Je sus hier au soir, qu'on s'etoit secrettement informé à la bourse des gens avec qui j'avais établi des relations réelles sur cet objet de commerce.) Reprenons ma conversation. — Maintenant, Mylord, ai-je ajouté, je vous dois un sincère compliment sur l'objet de la lettre du Roi qui vous est personnel; et si vous acceptés la Vice-Royauté, j'espère que vous vous rappellerés votre ancienne amitié pour Mr Duflos, que je vous recommande de nouveau. J'espère que vous le chargerés en Irlande des détails de toute votre maison, comme vous l'avés fait en France. » Il me l'a promis. (Ce Duflos, M. le Comte, est un Français que j'avais jadis donné au Lord Rochfort, lequel Français m'est absolument dévoué, et par lequel vous aurés toujours des nouvelles certaines du plus intime intérieur de la vice-royauté. Je suis un peu comme *Figaro*, M. le Comte, et je ne perds pas la tête pour un peu de bruit.)

Nous devons nous revoir le Lord et moi lorsqu'il aura rendu compte au Roi de notre conversation. Tout ce que je sais, c'est que demain il y aura sérieusement conseil à S¹ James au sujet du navire arrivé à Bristol. Mais voilà le Roi d'Angleterre bien prévenu. J'espère en avoir assés dit pour que vous ne receviés point de proposition malhoneste de cette part.

Je ne dois pas oublier de vous mander que les négocians Hollandais ont menacé d'attaquer le Ministère devant les grands jurés de la nation Anglaise sur les trois vaisseaux Hollandais destinés pour l'Amérique pris et conduits à Deal et à Douvres. Je sais en outre que le Ministère craignant que sur pareille question les grands jurés ne jugeassent contre lui en faveur des Hollandais, et que cela n'amenât une plus grande question (car vous entendés bien que ce détour jésuitique est de l'ami Wilkes), le ministère, dis-je, est convenu secrettement de payer secrettement toute la cargaison de munitions que ces vaisseaux portaient en Amérique : et convenu que si l'on en prenait d'autres, on garderait les munitions en Angleterre mais que le prix en serait fidèlement payé aux négocians hollandais; car, en fait de procès, on ne veut point se brouiller avec l'ami Wilkes (avis au lecteur M. le Comte), je tiens cela de la meilleure part, quoique ce ne soit pas de celle de mon Lord, comme vous le pensés bien.

— (Autre avis au lecteur.) Une des ruses que les Capitaines Hollandais employent, est de se faire donner 2 commissions, l'une ostensible et l'autre secrette. Ils font usage de l'une et de l'autre selon le besoin.

Au reste les troupes de Hesse sont parties on les attend. Elles ont prêté serment de fidélité à l'Angleterre le 22 Mars.

O! le bon billet qu'a la Châtre! dirait ici, Ninon l'Enclos.

On compte actuellement aux Américains 12 vaisseaux depuis 22 jusqu'à 44 canons, 12 à 15 de 20 pièces, et plus de 30 de 12 pièces, ce qui leur constitue une marine agissante presque aussi respectable que celle des Anglais. Aussi depuis 2 mois 1/2 ces derniers n'ont ils pris aux Insurgens que le seul vaisseau qui s'est rendu à Bristol, ce qui est fort à remarquer!

Les gardes du Roi qui par un contr'ordre secret, différaient depuis un mois leur embarquement; sur de nouvelles dépèches secrettes apportées par un vaisseau qui se tient caché dans un port d'Irlande, ont reçu ordre de s'embarquer promptement, cet embarquement commencé hier, finit demain. Et pour aujourd'hui, Mʳ le Comte, voilà mon sac vidé.

Je compte assés sur vos bontés pour espérer que ma recommandation pour *Aix* n'est pas oubliée. Il n'est pas juste qu'on me juge au Sud pendant que je suis à 300 lieues au Nord. Il ne faut pour l'empêcher qu'un mot de Miroménil. Cette nouvelle me tranquillisera beaucoup.

Recevés mes respects, mon hommage et l'assurance du plus parfait dévouement. J'attends de vos nouvelles! de vos nouvelles! Monsieur le Comte. M. de Lauragais est encore à la campagne.

DE BEAUMARCHAIS.

Angleterre, t. 515, n° 76.

3. BEAUMARCHAIS AU COMTE DE VERGENNES.

Londres ce 19 Avril 1776.

Monsieur le Comte.

Je vous dois l'excuse de la stupide distraction avec laquelle je me suis obstiné, mardi 16, a datter toutes mes lettres, de mardi 12. Cela n'est important à corriger que sur ma grande lettre, parce que cette datte du 12, contredit plusieurs faits postérieurs qui y sont annoncés.............................

.... Je m'aperçois que je n'ai point encore assés fait pour ma sureté en montrant au Lord R... ma pièce de crédit sur les piastres pour nos iles, et qu'il faut donner à cet emploi de mon tems en Angleterre un plus grand degré d'autenticité. Mr de Lauragais mesme prétend que cela ne me suffira pas; mais jusqu'à ce que je voye une nécessité, plus absolue que ses craintes, de renforcer mes étais, je m'en tiens à ce que j'ai répandu dans le commerce, et aux relations que je continue à me faire à cet égard. Je ne doute pas plus que le Comte que mes démarches ne soient rigoureusement épiées; mais pourvu que Mr de Sartines entre parfaitement dans mes vues, je crois n'avoir rien de personel a redouter.

De vos nouvelles, Monsieur le Comte, vos ordres et la continuation de vos bontés.

Nouvelles par le dernier vaisseau.

La Caroline méridionale, qui jusqu'ici n'avoit fait que balbutier, parle enfin aussi clairement que les autres colonies. Elle a sa petite flotte de 3 vaisseaux toute équipée. Six mille hommes de troupes en bon ordre et audela de 200 pièces de canon formant des batteries tout au tour de la ville de Charles-Town qu'on n'a pas envie de laisser bruler comme sa sœur de Massassuchet. Un certain M^r Du Menil de St Pierre, normand de naissance bon gentilhomme de son métier et mauvais vigneron par gout a la teste d'une petite colonie qu'il a appelée la Nouvelle Bordeaux ou il fait pousser des raisins qui ne murissent pas et des muriers que le froid fait mourir a levé un régiment de réfugiés Français Danois Allemands qu'il a offert au corps municipal de cette Charlestown existante dont il est voisin. On l'a refusé comme tenant ses concessions du gouvernement Anglais, et comme ayant déjà fait abjuration de sa 1ʳᵉ patrie la France. Je vais parier que ce sont les offres de ce normand, peut être réiterées au Congrès, qui ont fait tenir tous les propos sur ces Français, prétendus envoyés par notre gouvernement. Si je puis m'en éclairer, j'en tirerai bon parti auprès du Lord que j'endoctrine. En attendant, je dirai toujours ce que j'en pense.

Angleterre, t. 515, n° 84.

4. BEAUMARCHAIS AU COMTE DE VERGENNES.

Londres le 26 avril 1776.

Monsieur le Comte,

Je profite d'une occasion fidèle pour vous entretenir avec liberté sur la seule affaire vraiment importante aujourdhui :

L'Amérique et tout ce qui y tient.

J'ai longtems raisonné, avant hier au soir, avec l'homme que vous avés cru devoir empêcher de venir en France.

En m'abouchant avec lui, Mʳ de Laur... m'a fidellement rendu tout ce qu'ils s'etaient dit en mon absence, et lui a de mesme appris tout ce qui s'etoit passé entre nous deux, avant de m'y conduire.

Cet homme m'a paru plutot stupéfait qu'etonné du démenti absolu que votre long courrier vous a rapporté du Sud, à ses nouvelles. Il n'imagine point d'où l'erreur peut venir. Mais on a tant d'intérêt à ne pas le tromper, qu'il se croit bien informé. Peut être aussi le Congrès a-t-il envoyé ces deux deputés aux gouverneurs des possessions Espagnoles en Amérique, ou bien aux commandans de leurs Escadres, sans les avoir fait aller jusqu'à Madrid.

Au reste, il attend incessamment des nouvelles tres certaines de tous ces faits, et de leurs suites. Il a l'avis qu'elles sont arrivées en Hollande; d'où l'on doit les lui faire passer par la voie la plus sûre : Et dans 12 jours je saurai bien que vous en dire. En attendant, il ne cesse de demander si nous ne voulons absolument rien faire pour eux? Et, sans s'amuser a me répéter combien leurs succès importent a la France; parce qu'il nous fait l'honneur de nous croire, d'accord avec lui sur ce point; il me dit tout uniment, il nous faut des armes, de la poudre, mais surtout il nous faut des ingénieurs. Il ny a que vous qui puissiés nous secourir, et qui ayés un grand interet a le faire. Et ce qui nous fait le plus de besoin est quelques ingénieurs. Je lui réponds, que ce dernier article est d'une excessive difficulté; parce qu'on ne peut envoyer des hommes, sans leur donner une commission : que ces hommes parlent, et que c'est cela qui compromèt : Au lieu que les secours muèts sont muèts. Eh! mais, donnés nous donc de l'argent, me repond-il, nous tirerons des ingénieurs d'Allemagne, de Suede, d'Italie etc... Et vous ne serés pas compromis. Voila Monsieur le Comte ou nous en sommes. Que voulés vous que je réponde?

Depuis l'arrivée a Bristol du vaisseau destiné pour la maison *Montaudoin* de Nantes, sur lequel on m'a tant fait de raisonnemens, que vous avés; notre homme m'a prié de faire parvenir secrettement, a cette maison, la lettre cy jointe : J'ai l'honneur de vous l'adresser; vous pouvés la faire mettre a la poste sans y ajouter un seul mot, en la faisant seulement recommander sous main*.

Les Américains sont d'ailleurs aussi bien qu'il se puisse. Armée de terre, flotte, vivres, courage, tout est excellent. Mais, sans poudre et sans ingénieurs, comment vaincre ou mesme se défendre?

Voulons-nous donc les laisser périr plutot que de leur prêter un ou deux millions? avons nous peur que cet argent ne nous rentre point, de façon ou d'autre, après la guerre finie?

Voyés, Monsieur le comte, la frayeur que cause à l'Angleterre la plus absurde nouvelle qui semble venir de France; et jugés par la du véritable état de leurs affaires.

Le Colonel St Pol apporte à Londre une nouvelle fausse et ridicule, d'un prétendu nouveau traité entre la France et l'Espagne, à l'instant tous les papiers baissent de prix.

On répand ici sottement et sourdement que les Français ont pris la Jamaïque, et malgré que tout le monde se dise que cela est impossible, et qu'on en rie du mieux qu'on peut, cela n'empeche pas qu'à l'instant les papiers ne perdent sur la place.

La moindre terreur panique, a notre égard, a cet effet certain sur tous les fonds publics.

Aussi quand Lord North a dit hier, dans la chambre basse, que l'intelligence entre la France et l'Angleterre était d'autant plus parfaite *que cette intelligence était bien plus nécessaire aux Français qu'aux Anglois*, tout le Parlement a-t-il eu le sens commun de lui rire au nez.

Et quand il a ajouté que malgré les rêveries du docteur *Price*, la nation n'avait jamais été si florissante, tout le Parlement a encore eu le bonheur de lui rire au nez.

Mais on a cessé de rire, lorsque ce mouvement passager a fait place à l'indigna-

---

* M. de Vergennes envoie cette lettre à Montaudouin le 1er mai. (Minute de lui, *Angleterre*, t. 516, n° 1.) Montaudouin en remercie le ministre le 7 (*ibid.*, n° 13), en signant : Montaudouin, correspondant de l'Académie royale des sciences.

tion des orateurs de l'opposition. Et sans entrer dans tout ce qui s'est dit hier à cette assemblée des communes, parce qu'on vous l'a sans doute envoyé, je ne puis m'empêcher d'etendre mon argument à tous les débats qui y sont épuisés.

Foiblesse et frayeur, voila tout ce quon y voit. Et toujours le ministre poussé sur les intentions et les démarches de la France, sans qu'on obtienne un seul mot de réponse de lui..

... Il est clair, Monsieur le Comte, que celui qui ne répond rien ici, se tait, parce qu'il n'a rien à répondre. Frayeur et colére d'un coté, faiblesse, embarras de l'autre; voila le vrai tableau. Et vous serés encore plus convaincu de cette vérité, si vous vous rappellés la nature de tous leurs traités avec les Allemands, et surtout si vous examinés la nature et le taux du nouvel emprumpt.

Pour chaque cent Livres sterlings qu'on prêttera au gouvernement, il donnera une reconnaissance de 78 L. sterl. et 3 billets de lotterie, vallant 10 L. sterl. chacun, et ensemble 30 L. sterl. ce qui fait en commençant 8 L. sterl. de bénéfice pour les pretteurs, et par les gains de l'agiotage ils sont deja montés, quoique non délivrés, a 11 L. sterl. Joignés y 3 pour cent d'interèt, que le gouvernement paiera pour les 78 Livres sterl. Il se trouve qu'il a emprunte a près de 14 pour cent.

Ces preuves de leur embarras me paraissent sans réplique mais lors qu'il est bien prouvé qu'ils ne peuvent tenir plus d'une seule campagne à cet horrible prix; est il donc bien vrai Monsieur le Comte, que vous ne ferés rien pour les Américains, qui les mette au pair de leurs ennemis?

N'aurés-vous pas la vertu de montrer encore une fois au Roi combien il peut gagner, sans coup férir, en cette seule campagne? Et n'essayerés vous pas de convaincre Sa Majesté que ce misérable secours qu'ils demandent, et sur lequel nous débattons depuis un an, doit nous faire recœuillir tous les fruits d'une grande victoire, sans avoir essuyé les dangers d'un combat? que ce secours peut nous rendre, en dormant, tout ce que la paix honteuse de 1762 nous a fait perdre; et que le succès des Américains, réduisant mes rivaux à n'être plus qu'une puissance du second ordre, nous replace au premier rang, et nous donne pour longtems la prépondérance sur l'Europe entière?

Quelle plus grande vue peut occuper le conseil du Roi? Et qu'elle force n'aura pas votre plaidoyer, si vous y faites entrer le tableau contraire de tout ce que peut nous coûter la défaite des Américains! 300 millions, nos hommes, nos vaisseaux, nos Iles, etc. Car enfin, leurs forces une fois réunies contre nous, leurs troupes en haleine, et leur audace augmentée par un si grand succès, il est trop certain qu'ils forceront a soutenir une guerre funeste ces mesmes français qui pouvaient, avec deux millions, les plonger pour jamais dans une païx aussi honteuse que ruineuse.

Malgré le danger que je cours, en vous ecrivant, de Londres, des choses aussi hardies, je me sens une fois plus français ici qu'a Paris. Le Patriotisme de ces gens cy ranime le mien. Il semble mesme que l'etat précaire et dangereux où je me vois, par les soupçons et l'inquisition sévère qui se fait sur tout ce que j'entreprens, rende mon zèle plus ardent!

Cependant, ne négligés pas, Monsieur Le comte, de presser Mr de Sartines sur l'objet de ma sûreté. C'est la moindre chose qui me soit due. Le Roi et lui ont eu la bonté d'y pourvoir; mais les mesmes negocians, banquiers, courtiers, marchands d'or etc., lesquels, interrogés sourdement par le ministère, ont rendu le témoignage que j'etais en traité avec eux pour des echanges de monnoie, ne manqueront pas de répondre bientôt que ceci n'est qu'un leure, un miroir à allouèttes, s'ils ne me voyent pas unir l'effèt au projet et passer de la commande à l'achat. On a fait arrêter ici deux Irlandais soupçonnés. J'ai désiré pouvoir être en etat de me défendre seul et sans commettre le Roi, ny vous, en cas que la mesme chose m'arrivat, jusqu'a ce qu'il plaise a Sa Majesté de m'avouer, ou que cela devienne absolument indispensable. Jusque là je suis marchand de *Piastres* ou *moyadores*.

.... Les papiers publics vous ont sans doute appris, que le Lord North a porté le bordereau des depenses de l'an passé au Parlement, montant a 9,097,000 L. sterlings, et comme pour faire face aux besoins actuels il avait en main, dit il, 9,118,444. L. sterl. En comptant, par anticipation, les trois objets, des Bils de l'Echiquier, de créations de fonds perdus et de l'emprumpt a 3 p. cent, dont je vous ai parlé plus haut, qui font ensemble un objet 6,300,000 L. sterl. De sorte que, par la balance, il se trouve en caisse, pour subjuguer l'Amérique *21,444. L. sterl.* le reste ira comme les evenemens le permettront.

.... Telle est, au moment où je vous ecris, Monsieur le Comte, telle est l'Angleterre, l'Amérique, le Parlement, les fonds publics et l'etat du plus dévoué de tous vos serviteurs, qui est moi!

J'ai ommis de vous dire que l'on a beaucoup insisté au Parlement sur ce qu'etait devenue une frégate d'observation envoyée devant Brest pour suivre la flotte qui en sortirait. Et que, sur cet objet comme sur les autres, Lord North est resté en silence.

Conférés en je vous prie avec Mr de Sartines.

Angleterre, t. 515, n° 36 [1].

---

[1] [C'est à cette lettre que répond celle du ministre du 2 mai, transcrite dans le présent chapitre.]

5. LE COMTE DE VERGENNES À BEAUMARCHAIS.

A Versailles le 26 Avril 1776.

J'ai mis sous les yeux du Roi M. la lettre que vous mavés fait l'honneur de mecrire le mardi 16 et non le 12 de ce mois. Jai la satisfaction de vous annoncér que S. M^{té} a fort aprouvé la maniere noble et franche dont vous aves repoussé l'attaque que le Lord Rochford vous a faite a loccasion de ce batiment Americain destiné dit on pour Nantes et conduit à Bristol. Vous navés rien dit que S. M^{té} ne vous eut prescrit de dire si elle avoit pû prevoir que vous series dans le cas de vous expliquér sur un objet aussi étrangér aux soins dont vous etes chargé. Si on n'a pas a Londres d'autres pieces de conviction que celles qui ont eté rendues publiques dans les papiers Anglois et qui m'ont eté remises par M. de St Paul, il faut reconnoitre quon y est precipité dans ses jugemens. Loin d'y trouvér la preuve d'aucune connivance de la part du correspondant Montaudoin, l'expéditeur croit pouvoir comptér si peu sur cette ressource que dans son instruction a son capitaine il lui recommande dechanger sa cargaison contre une certaine quantité d'armes et de poudre; ou s'il ne pourroit se procurer cette derniere d'y substituér du salpetre, et a defaut de tout cela de raporter la valeur en argent.

Au ton du Lord Rochford il sembleroit argumenter dun pacte qui nous assujétiroit a faire de linterest de lAng^{re} le notre propre. Je ne connois pas ce pacte, et il nexiste pas dans lexemple que lAng^{re} nous a donné lors quelle a crû pouvoir nous nuire. Quon se rapelle seulement la conduite quon a tenüe a notre egard pendant les troubles de Corse, les secours de toute espèce qu'on y a versés sans aucune sorte de menagement. Je ne cite pas cet exemple pour nous autoriser a le suivre. Le Roi, fidele a ses principes de justice ne cherche point a abusér de la situation des Anglois pour augmenter leurs embarras, mais il ne peut aussi retrancher a ses sujets la protection quil doit a leur commerce. Cest par amitié pour le Roi de la G^{de} Bretagne et nullement pour une opinion résultante d'aucun engagement que le Roi s'est porté a deffendre dans ses ports lembarquement des munitions de guerre pour lAmerique septentrionale, mais cette deffense ne peut pas etre rendue plus generale; si ces effets sont contrebande par raport aux Anglois qui ont le malheur detre engagés dans une guerre contre leurs Colonies, ils sont objets de commerce pour nous, qui n'y participons pas et rien nempeche que les Anglois ne les traitent pour leur compte sils craignent que les Americains ne trouvent les moiens de se les procurer; mais il seroit contre toute raison et bienseance de pretendre que nous ne devons vendre aucun de ces articles a qui que ce soit parce quil seroit possible quils passassent de

I.

seconde main en Amerique. Au reste, les Anglois ont asses de forces en mer pour interceptér les batimens qui pourront tentér dintroduire dans cette region des marchandises dites contrebande; ils nont pas a se plaindre que nous genions et embarrassions leurs croisières; ils peuvent meme etre assurés que nous ne revendiquerons aucun des batimens Americains quils pourront saisir; pour vû quils ne se permettent pas de les arretér a la vue de nos forteresses et sous notre canon.

M. de St Paul m'a parlé du Senault *le Dickenson*, mais avec bien moins de chaleur que le Lord Rochford a vous. Il sest bien gardé de suposér que le negociant Montaudouin doive etre puni; toute sa force a porté sur ce noble Ambassadeur qui sest presenté de notre part au Congrès. Si nous etions d'humeur à vouloir entrér en correspondance avec les insurgens nous n'aurions pas besoin d'envoyér pour cet effet personne en Amerique, et si nous y envoyons quelqun nous le choisirïons asses bien pour qüil pretâ moins a lobservation. Jignore ce que cest que ce pretendü Gentilhomme Francois dont on nous annonce le retour, ne seroit il pas quelque marchand qui voiant une occasion de gagnér de largent aura ete ofrir ses services au Congrès pour etablir une correspondance mercantile? Le Ministere Anglois etant bien mieux instruit que nous de ce qui se passe dans nos ports je lui serai obligé de nous faire connoitre ce pellerin; je serois fort aise d'avoir une conversation avec lui, et sil est prouvé quil sest presenté au Congrès comme emissaire de France, il sera certainement chatié. Le Roi n'est point disposé a permettre un abus aussi criminel et toutes les fois M. que vous entendres des plaintes fondées vous ne vous compromettrés point en assurant quil en sera fait bonne justice.

Recevés tous mes complimens M. après vous avoir assuré de laprobation du Roi la mienne ne doit pas vous paroitre fort interressante, cependant je ne puis me refusér la satisfaction d'aplaudir a la sagesse et a la fermeté de votre conduite et de vous renouvellér toute mon estime. Je nai point negligé votre commission pour Aix, M. le Garde des Sceaux m'a assuré que tout demeureroit en suspens jusqu'à votre retour.

N'avez vous point de nouvelles de votre Amazone? Il seroit surprenant quelle vous scut en Ang^{re} et quelle ne vous fit rien dire.

Je suis tres parfaitement M. V.

Angleterre, t. 515, n° 98.

6. LE COMTE DE VERGENNES À BEAUMARCHAIS.

A Versailles le 26 Avril 1776.

J'ai recu Monsieur les 21 et 23 vos lettres particulieres des 16 et 19 de ce mois.

ANNEXES DU CHAPITRE XI.

Mon dernier courrier ayant été expédié le 20, je n'ai point eu d'occasions asses sûres pour vous écrire, et je ne crois pas que la poste en fût une. Ce n'est pas cependant que nos lettres ne pûssent y être lües. Il ne s'agit pas de conjuration entre nous, mais je commence à croire que les gouvernemens si vantés pour la liberté sont bien plus ombrageux que les nôtres. Je ne puis m'empêcher de rire à part moi de l'éclat qu'on fait de l'aventure du *Dikenson*. Je n'y vois rien de plus intéressant que le bénéfice qui en reviendra à l'équipage capteur, si ce n'est peut-être que le Lord Rochford, votre ami, qui se voit à regret éloigné des affaires, s'empare des petites circonstances et leur donne une haute importance pour se créer un Ministère secret. Le Roi approuve, M^r, que vous ne vous refusiés pas aux ouvertures que cet ex-Ministre pourra vous faire. Vous êtes prudent et avisé, je serois sans inquiétude quand bien même vous auriés une commission plus importante que celle que M. de Sartine vous a donnée. Bien vous en a pris, cependant, de l'avoir, puisqu'elle a servi à écarter les ombrages qu'on étoit disposé à prendre de vos fréquens voyages à Londres. Il faut avouer que ces Anglois, que nous croyons des hommes, sont fort au dessous des femmes, s'ils prennent la peur à si bon marché.

J'ai remis votre lettre à M. de Sartine; il l'a lüe devant moi, et il m'a promis que mon courrier vous porteroit sa réponse. J'espère qu'il ne se refusera à rien de ce que vous demandés; mais quand il ne suffiroit pas de renforcer vos étais pour guérir les défiances du Lord Rochford, que pourroit-il vous faire? Vous n'êtes point en liaison avec des gens proscrits; et d'ailleurs, vous n'avés aucune pratique qui puisse vous compromettre. Peu m'importe que le Bon de Linsing et le Sr Texier se fassent la guerre dans les papiers publics; mais je désirerois fort que M^r le Comte de Lauraguais n'entrât pour rien dans ce genre d'escrime; le dernier surtout n'est pas un athelète digne de lui.

Je ne vous dirai pas, M^r si M. de G..... désire et espère de retourner en Angleterre. Mais je lui rends trop de justice pour penser qu'il voulût se servir du canal du Sr Texier pour en répandre le bruit. J'ignore, au reste, ou il en est. Je n'ai pas changé de façon de penser depuis votre départ, et vous savés que n'ayant point eu de part au rapel, je n'en veux point prendre à ses suites....................

Rien n'égale le sincère attachement avec lequel j'ay l'h^r d'être Mr Votre Très humble, etc.

Angleterre, t. 515, n° 97.

CHAPITRE XII.

OSCILLATIONS ET CALCULS DE LA COUR DE MADRID.

Motifs que l'animation de la cour de Madrid contre le Portugal donnait de ne pas aller trop vite avec l'Amérique; craintes que l'on a de voir cette cour porter son action militaire dans les mers d'Europe et du côté de Lisbonne; ses propensions belliqueuses; elle fait demander à la France 12,000 hommes pour garder Saint-Domingue. — Importance croissante attachée par le cabinet de Louis XVI à écarter la guerre du continent et à savoir des forces espagnoles de l'autre côté de l'Atlantique; M. de Vergennes renouvelle à ce sujet ses premiers conseils; ils sont accueillis par le cabinet de Charles III; M. de Grimaldi et M. de Galvès. — Précautions prises en même temps à Versailles contre l'Angleterre; pourquoi l'on ne voulait que se prémunir; raisons opposées par le ministre à la coopération que demandait l'Espagne; ses efforts pour ramener Madrid à rechercher la conciliation avec Lisbonne. — Ossun insiste sur les désirs de Charles III et engage à ne pas refuser d'envoyer quelques forces à Saint-Domingue; place que cette question va tenir. — Propos envenimés nés de ces divergences et répandus par les soutiens de la politique anglaise; idée que l'on se fait à Londres des dispositions de l'Espagne; M. de Vergennes redresse Garnier à cet égard et défend le gouvernement de Madrid comme s'il se fût agi du sien propre. — Sentiments défavorables pour la France inspirés à ce gouvernement; malveillance de l'administration espagnole; affaire du navire *le Septimane*; dépêche dignement amère de M. de Vergennes; les exigences des alliés. — Les nouvellistes et la politique; opinion de Frédéric II sur la France à ce moment; à quoi ne visait pas le ministre, et vertu d'État qu'il recherchait.

1776. Les agissements du Portugal étaient, pour Charles III et son gouvernement, la source de préoccupations et de suggestions bien propres à retenir le cabinet de Versailles de s'avancer tout de suite avec l'Amérique. Si désireux fût-il de voir arriver le délégué du congrès et de conférer avec lui, il n'y eut pas mis beaucoup de hâte avant de se sentir plus certain des véritables intentions de son allié. Les procédés diplomatiques de M. de Pombal ulcéraient tout autant l'Espagne que les insultes faites à son pavillon; le prince de Masserano lui-même le laissait voir; ils le mettaient à ce point hors de toute mesure qu'on

OSCILLATIONS ET CALCULS DE LA COUR DE MADRID. 421

évitait de le mêler au cours de la médiation[1]. Le 15 avril déjà, le marquis d'Ossun avait mandé à M. de Vergennes qu'à défaut d'une satisfaction dans les trois semaines suivantes, le roi d'Espagne se la procurerait par les armes, qu'actuellement le ministère examinait s'il la prendrait dans les mers d'Europe ou dans celles d'Amérique et M. de Grimaldi, visant malgré tout Lisbonne sous le prétexte de « se mettre « à l'abri des Portugais », inclinait encore sensiblement pour que l'action sérieuse ne se passât pas à si grande distance[2]. Le 25, l'ambassadeur faisait savoir, par deux rapports écrits coup sur coup, que décidément l'Espagne en était aux résolutions belliqueuses et qu'elle concevait ces résolutions d'une manière à laquelle on n'avait pas eu de raisons de s'attendre : le comte d'Aranda était chargé de demander à Versailles un corps de troupes important pour garder Saint-Domingue contre une attaque des Anglais. M. de Grimaldi avait pris l'initiative de la communication dans un entretien avec Ossun; celui-ci en rendait compte ainsi tout d'abord :

M. Le Mis de Grimaldi, Monsieur, a commencé par me réitérer l'assurance

---

[1] M. de Vergennes écrit à Garnier à ce sujet le 25 mai : « Il paroit, M., que le P^{ce} de Mas« seran se voit avec peine hors d'activité par « raport aux affaires du Portugal; mais je vous « avoüe que nous n'en sommes pas fachés; la vé« hémence avec laquelle cet Ambassadeur s'ex« plique tant avec les Ministres Anglois qu'avec « M. Pinto, loin d'être conforme à l'esprit de « paix et de conciliation qui nous anime, n'est « propre qu'à augmenter la fermentation et l'ai« greur, et à reculer plutôt qu'à accélérer l'ac« comodem' vers lequel tendent tous nos soins « et toutes nos démarches. » (Angleterre, t. 516, n° 63.)

[2] Ossun disait : « Si cette réponse, Mon« sieur, ne vient pas d'ici à trois semaines, et « qu'elle ne soit pas telle que Sa Majesté Catho« lique se croit en droit de la prétendre, « M. le Mis de Grimaldi m'a assuré que ce « Monarque étoit décidé a se la procurer par « la force; qu'il ne s'agissoit plus que d'exa« miner et de déterminer les moyens qu'on « y employeroit; que c'etoit ce qui occupoit « actuellement le Ministère, enfin que chaque « Ministre devoit donner incessamment son avis « par ecrit sur cet objet. M. le Mis de Grimaldi « m'a fait entendre que l'Espagne se borneroit « à des represailles egales, dans la vûe d'éloi« gner autant qu'il seroit possible les motifs « d'une rupture ouverte avec le Portugal; ce « Ministre a ajouté qu'il etoit question de bien « peser si ce seroit dans les mers d'Europe ou « dans celles de l'Amerique qu'on arreteroit des « bâtimens Portugais; mais que dans l'un et « autre cas l'Espagne prendroit en même tems « de justes mesures pour se mettre à l'abri du « ressentiment des Portugais. » (Espagne, t. 580, n° 34.)

de l'éloignement que Sa Majesté Catholique avoit pour la guerre, et du desir sincère qu'a ce Monarque que les differends qui existent entre l'Espagne et le Portugal puissent se concilier promptement et amiablement; mais il a observé que la conduite de M. de Pombal n'annonçoit pas des vües pacifiques de la part de ce ministre, et sembloit indiquer que les Anglois pouvoient bien être secrettement d'accord avec lui, M. le Marquis de Grimaldi a prétendu que le silence absolu que M. de Pombal gardoit sur l'objet de la satisfaction, quoique l'Espagne eut repondu depuis trente deux jours au mémoire justifficatif de la Cour de Lisbonne, que ce silence, dis-je etoit en quelque maniere plus offensant pour Sa Majesté Catholique que l'insulte faite à son pavillon; qu'en outre M. de Pombal travailloit à des préparatifs de guerre très considerables et de toute espèce avec la plus grande activité, et que selon les dernieres nouvelles venües de Portugal son activité redoubloit chaque jour à cet égard; qu'on savoit qu'il avoit expedié depuis peu un aviso au Bresil et fait partir en diligence deux vaisseaux de la Compagnie de Fernambuc chargés de munitions de guerre; que cependant Sa Majesté Catholique attendroit encore un tems raisonable l'effet des démarches de la France auprès des Cours de Londres et de Lisbonne pour procurer à l'Espagne la satisfaction préalable et convenable qu'elle demande; mais qu'à la fin le Roi son maître prendroit des mesures pour la prendre par la force, qu'il communiqueroit ses vües à ce sujet au Roi son neveu, et qu'il attendroit son approbation pour agir.

A Aranjuez le 25 avril 1776.

Espagne, t. 580, n° 56.

Dans le second pli de l'ambassadeur étaient les développements qui suivent:

M. le Mis de Grimaldi, Monsieur, m'a lu hier une dépêche de M. le Cte d'Aranda et la réponse qu'il fait à cet ambassadeur. La première contient des reflexions sur l'etat actuel des choses en Amérique; M. d'Aranda est allarmé des forces immenses de terre que les Anglois y font passer; considère qu'il est a craindre, quelque soit l'evènement de la guerre des Colonies, que les Anglois ne s'emparent de quelques possessions considerables, espagnoles ou francoises, s'ils ont du dessous, pour se dedomager de leurs pertes; s'ils sont vainqueurs par l'yvresse du succès et pour s'indemniser des dépenses immenses qu'ils auront faites, enfin pour profiter, à coup sur, des grands moiens qu'ils auront sur les lieux. M. le Cte d'Aranda examine ensuite quelle seroit la conquête la plus aisée et la plus facile que les Anglois pourroient entreprendre; il se fixe à la Louisiane et à l'isle de St Domingue, la première comme les mettant à portée de s'emparer dans la suite du Mexique; la seconde comme pouvant leur procurer de grandes richesses et augmenter considérablement l'etendue de leur commerce. Cet ambassadeur regarde cette conquête comme infaillible, si les Anglois l'entreprennent; il supose que l'Espagne a suffisamment pourvu à la conservation de la Havane, de Portorico et de ses autres Colonies de conséquence et il conseille tres fort de pourvoir, sans délai, à la défense de la Louisiane et de St Domingue. — La réponse de M. de Grimaldi approuve et loüe en général les reflexions et la prévoyance de M. le Cte d'Aranda; elle expose les fortes raisons qui ne permettent pas de soupconner les Anglois de vouloir s'emparer de la Louisiane, elle reduit leurs vües d'agrandissement naturelles et vraisemblables à la conquête de l'isle de St Domingue; mais comme l'Espagne n'a pas une armée assez considerable pour fournir à tout; qu'elle a à Porto-rico quatre bataillons de troupes reglées européennes, à la Havane six et un regiment de dragons, d'autres corps à la Veracruz à Cartagène des Indes, à Buenos aires, etc., etc. M. de Grimaldi a chargé, par ordre du Roi Son Maitre, M. d'Aranda de ne rien omettre pour engager la France à faire passer sans délai, à St Domingue un corps de dix à douze mille hommes de troupes reglées et à se charger de la défense de cette isle. Vous jugerez aisément, Monsieur, que j'ai écouté la lecture de ces deux lettres sans entrer dans aucune discussion ni explication sur ce qu'elles contiennent.

A Aranjuez le 25 avril 1776.

Espagne, t. 580, n° 57.

Bien loin de changer d'avis cependant, le gouvernement de Versailles trouvait plus important tous les jours d'écarter l'action de l'Espagne du continent pour la fixer en Amérique, et plus important de savoir de l'autre côté de l'Atlantique des troupes pouvant opposer une sérieuse résistance à une agression anglaise, car le chiffre des forces expédiées ou préparées à Londres paraissait rendre chaque jour cette agression plus à craindre. Ce gouvernement n'avait pas assez de forces lui-même pour que son intérêt ne fût pas de faire surtout servir à ce dessein celles de l'Espagne. Lorsque M. de Grimaldi donna connaissance à Ossun des préoccupations du comte d'Aranda, celui-ci en avait déjà entretenu M. de Maurepas et M. de Vergennes. Mais les deux ministres étaient habitués aux imaginations de l'ambassadeur, ils ne s'étaient point inquiétés des dix ou douze mille hommes de Saint-Domingue. L'obligation où l'Espagne leur paraissait être de chercher prochainement une satisfaction par les armes attirait plus leur attention. Le 30 avril, n'ayant pas encore reçu le pli de son représentant à Madrid, M. de Vergennes lui adressait une dépêche dans laquelle il répétait, avec toute l'autorité que le cours des choses leur donnait à cette heure, les considérations par lui antérieurement émises dans cet ordre d'idées, et il insistait de nouveau sur des mesures que le gouvernement du roi trouvait être les seules compatibles avec le résultat souhaité des deux parts :

Mais dans le cas où, contre notre attente, le Portugal persisteroit dans son premier refus, nous sentons que le Roi d'Espagne n'auroit plus d'autre voye à suivre que celle de se procurer par lui-même la juste satisfaction qu'on lui denie, et il paroit, M. qu'on s'occupe deja de cet objet dans le Conseil de Madrid, et que même on n'y delibère plus que sur la question de savoir si c'est en Europe ou en Amerique qu'il sera le plus à propos d'exercer les représailles projettées. Je n'entrerai pas dans la discussion de cette alternative; le Ministère d'Espagne est trop prudent et trop éclairé pour ne pas choisir celle qui peut convenir le mieux à la dignité comme aux intérets de S. M. C^{que}. Je me bornerai à observer, que, de quelque côté que l'Espagne agisse le Portugal sera autorisé à considérer les voyes de fait qu'il éprouvera de sa part comme une déclaration de guerre, et que par conséquent il se croira autorisé à agir de son côté hostilement de la manière dont il le jugera à propos. Il est naturel de prévoir que ce ne sera pas en Europe que M. le Mis de Pombal cherchera a prendre sa revanche, mais qu'il tournera ses vûes du coté de l'Amerique; les attaques que le Portugal pourra former dans cette partie, lui presentent des succès d'autant plus certains qu'il y a une superiorite considerable que l'Espagne n'y est pas en mesure de lui contester. Il semble

OSCILLATIONS ET CALCULS DE LA COUR DE MADRID. 425

résulter de là, M. que dès l'instant que cette dernière puissance aura pris décidément la resolution de faire courir sus aux Portugais elle doit se mettre en même tems dans un état de défense dans ses possessions d'Amérique.

Cette vérité est sentie à Madrid puisqu'on se propose d'envoyer dans la Plata une escadre de 9. vaisseaux. Mais ce moyen suffira t'il pour en imposer aux Portugais et pour les contenir? Une escadre pourra proteger Buenos-aires Monte video, et peut être le fort San Pedro; mais elle ne pourra pas empêcher les Portugais de faire sur terre, telles incursions, telles conquêtes qu'ils jugeront à propos, et de mettre par conséquent l'Espagne dans le cas de faire les plus grands efforts pour les expulser. Vous jugerez par là, M. que nous ne sommes pas aussi persuadés qu'on paroit l'être à Madrid que la Cour de Lisbonne ne fera que des progrès momentanés du coté de Rio Grande et dans d'autres points; mais en admettant même cette supposition, il sera toujours vrai de dire que l'Espagne ne fera cesser ces progrès, et qu'elle ne les rendra illusoires qu'en opposant force contre force; et en partant de cette vérité il nous semble qu'il seroit infiniment plus avantageux de les prévenir que d'être obligé de les détruire. Dans tous les cas le premier point est moins dispendieux et plus certain que le second. Toutes ces considérations nous persuadent, M. que la Cour de Madrid ne doit pas se borner à envoyer une escadre nüe dans les mers d'Amérique, mais qu'il est aussi de son intérêt le plus instant d'y faire passer des troupes de terre en nombre suffisant, sinon pour avoir la supériorité sur les Portugais, du moins pour leur en imposer et pour la tenir dans l'inaction. Tel est, M. dès à present l'opinion du Roi sur cet objet. Je vous en fais part afin que vous puissiez provisoirement la communiquer à M. le Mis de Grimaldi et comme l'effet de vos propres reflexions.

Vous sentirez aisement, M. que cette communication doit être faite avec autant de circonspection que de menagement, afin que ce Ministre ne vous soupconne pas d'avoir l'intention de fronder son sentiment, qui est contraire à l'envoi de troupes en Amerique. Les reflexions que je vous transmets ne peuvent avoir qu'un seul et unique but, c'est de faire connoitre à l'Espagne le point de vüe sous lequel ses intérêts se presentent, et de remettre à sa consideration les moyens qui semblent les plus propres a les soutenir. C'est au ministère espagnol à les pezer et a en décider.

J'ajouterai encore ici, M. que si la Cour de Madrid se détermine a envoyer

1776.

des troupes au Paraguay, il seroit necessaire de les faire partir, avant qu'elle fît aucune démarche hostile contre le Portugal, parce qu'autrement cette d^{re} puissance, sur le premier acte de l'Espagne, feroit partir un aviso pour le Brezil, et prescriroit à ses commandants d'agir de leur coté, et rendroit par là les préparatifs des espagnols infructueux; cette reflexion me paroit d'autant plus digne de l'attention de M. le Mis de Grimaldi que le Portugal se tient depuis longtems en mesure, et qu'il est prêt de faire, quand il le voudra, des tentatives vigoureuses contre les possessions espagnoles.

A Versailles le 30 avril 1776.

Espagne, t. 580, n° 64.

Momentanément ces raisons eurent leur effet. Succès de plus pour la sagacité politique de M. de Vergennes et qui causa, peut-être, une petite blessure à l'amour-propre du conseiller de Charles III. Le 13 mai Ossun informait le ministre que M. de Grimaldi s'était rendu aux considérations de la dépêche française, déterminé par M. de Galvès, son collègue de la marine, en qui cette politique judicieuse trouvait presque toujours un partisan[1]. De son côté le gouvernement de Versailles prenait, à l'égard de l'Angleterre, les mesures de sûreté parallèles aux mesures de suspicion dont celle-ci s'entourait. Elle venait de mettre des croisières dans la Manche et sur l'Océan contre les bâtiments américains se dirigeant vers nos ports ou vers ceux de l'Espagne : ordre avait été donné par suite à notre escadre d'évolution de se tenir entre les caps la Hogue et Finistère, au lieu d'aller faire ses manœuvres au sud de nos côtes, comme elle le devait. En lui annonçant ces dispositions, M. de Vergennes mandait à Ossun que « comme les Anglais ne pouvaient vouloir se compromettre ils se tiendraient plus au large qu'ils ne le feraient vraisemblablement sans cette precaution ». Il le chargeait d'en informer M. le marquis de Grimaldi pour que le Roi son maître concourût au même but et fît établir une croisière de correspondance entre son escadre du Ferrol et celle

[1] *Espagne*, t. 589, n° 92.

de Cadix¹. Aux yeux du ministre, c'étaient là des actes de pure vigilance, ne compromettant point les besoins futurs et ne pouvant donner lieu d'incriminer les intentions. C'étaient des précautions de plus, uniquement. Les conseillers de Louis XVI n'admettaient en ce moment que cela et voilà pourquoi ils ne trouvaient pas nécessaire que, pour châtier les agressions ou les mépris du Portugal, l'Espagne éclatât hors de propos sur le continent, à plus forte raison qu'elle fît éclater la France avec elle par une coopération qui amoindrirait nos moyens et serait intempestivement coûteuse. Aussi, dès que M. de Vergennes est en possession du rapport d'Ossun du 25 avril, il profite de sa plus prochaine dépêche pour dire à l'ambassadeur, à la suite de diverses considérations sur les prétentions du gouvernement de Lisbonne :

1776.

M. le Cte d'Aranda m'a communiqué la dépêche de M. le Mis de Grimaldi dont vous faites mention M. dans votre lettre n° 31. Il m'avoit confié précedement celle qui y avoit donné lieu. Je ne puis personnellement que donner des eloges à la prevoyance de cet ambassadeur et a la maniere dont il a envisagé les differens resultats qui peuvent naitre des demeslés presens de lAng^re avec ses Colonies dAmerique; je ne suis pas d'ailleurs en etat de repondre ministerialem^t aux insinuations quil a ete chargé de nous faire touchant les precautions a prendre pour la sureté de nos isles d'Amerique. Cest un article qui ne peut se reglér sans le concours du Controleur general, nous nen avons point pour le moment, mais celui qui remplace M. Turgot aiant ete longtems intendant a St Domingue il connoitra mieux les besoins de sa deffense et sera naturellement plus porté a se prêter aux moiens de l'assurer. Je ne vous dissimulerai pas cepend^t mais pour vous seul qu'un transport de 12^m hommes dans une contrée aussi devorante et que nous regardons comme un cimetiere me paroit une mesure de prevoyance qui ne doit pas se prendre legerement, d'autant qun transport de cette consequence et si propre a donner les plus

---

¹ La dépêche motivait ainsi la mesure prise par le gouvernement du roi : « Sur l'avis que « nous avons eû M. que lAng^re va mettre en « croisière dune part deux vaisseaux de guerre « dans la Manche et de lautre deux autres vaisseaux et pareil nombre de frégates a louest « de ses iles pour veiller sur les batimens de « l'Amérique qui pourront se presenter pour « venir dans nos ports et dans ceux d'Espagne. » (*Espagne*, t. 580, n° 71.)

54.

justes allarmes aux Anglois devroit necessairement etre accompagne dune force navale imposante; ce seroit se mettre dans letat de guerre et dans la supposition que cela ne la rendroit pas inevitable, peut etre politiquement parlant y auroit il moins de desavantage a la faire qu'a restér dans une inaction aussi opressive; mais ce nest pas sur des convenances purement politiques que Les Augustes Souverains de la France et de l'Esp^e forment leurs resolutions, des principes plus vertueux en font la baze. Rien dans ce moment ci ne pourroit legitimer la guerre que les deux puissances pourroient faire a lAng^{re} nous navons ni motif, ni pretexte j'ajouterai meme ni interest reel a la lui declarér. Que pouvons nous en effet desirer de mieux que ce quelle fait contre elle même, elle a la generosité de nous epargnér meme la peine et la depense de sa destruction. Le Roi a fort aprouvé M. que vous aies evité de discuter avec M. le Mis de Grimaldi l'idée de transportér un corps de troupes a St Domingue, vous voudres bien vous renfermér dans la meme reserve, ou si vous ne pouves vous dispensér de vous en expliquer, pesér sur la difficulté par les motifs que je viens de deduire.

Je vous ai informé dernierem^t M. des precautions que le Roi a ordonnées pour se trouvér dans un etat de resistance convenable sil prenoit fantaisie au Ministere Anglois de changér de sisteme. Cette prevoyance a transpiré dans le public et y a ete bien tost travestie dans des projets offensifs qui ont attiré l'attention generale. Le ministre d'Ang^{re} comme le plus interressé est venû men parlér avec asses de discretion cependant pour ne me pas faire presumér quil se croiroit en droit de m'interroger. Ma reponse a ete franche et honnete; je lai rassuré sur le fait des armemens; je lui ai renouvellé la declaration des intentions du Roi qui desire sincerement de maintenir la paix et lintelligence qui subsistent entre les deux Couronnes. Mais je lui ajouté que quoi que nous eussions toute confiance dans les assurances de reciprocité de S. M. B^{que} cependant comme nous nignorons pas qu'il peut etre entrainé contre sa volonté et que des subalternes au moment quon s'y attendra le moins peuvent formér des engagemens quil ne sera pas dans son pouvoir de reprimer; le souvenir de ce qui est arrivé dans d'autres tems nous rend plus vigilans a nous tenir en etat de netre plus pris au dépourvû, que c'est la le motif du travail quon pourra remarquér dans nos ports, mais quil est au pouvoir de lAng^{re} de le rendre inutile puis que sa conduite reglera la notre. Cette explication quoi que tres honnete ne plaira pas sans doute a la Cour de Londres qui aimeroit mieux sans doute que nous nous en raportassions entierement a sa bonne foi, mais ce seroit par trop demander de la notre.

Les dernieres nouvelles de Londres annoncent levacuation de Boston et la retraite du G^l Howe a Halifax, on pallie du mieux quon peut les evenemens mais quoi quon dise c'est un contre tems dont le moindre effet sera daporter du changement dans le plan de la guerre et du retard dans son execution.

A Versailles le 14 may 1776.

Espagne, t. 580, n° 95.

Le ministre, du reste, continuait sa dépêche en s'efforçant de retenir le cabinet de Madrid. Cédant à l'occasion d'exprimer de nouveau le sentiment si opposé à la guerre qu'il avait formulé dès l'année précédente, il écrivait, avec une philosophie politique dont, malheureusement, le monde civilisé ne pratique pas encore les préceptes :

Nous ne sommes pas surpris M. quon s'impatiente a Madrid du silence de M. le Mis de Pombal touchant la satisfaction demandée; mais sans vouloir excuser ce quil peut avoir dirregulier nous ne le regardons pas ici co^e un simptome de mauvaise volonté de sa part. Aussi prévenû que letoit le minis^{tre} Portugais que si les griefs netoient pas en équilibre la balance penchoit eminement en faveur du Portugal, ce nest pas avoir perdu tout a fait le tems que de lavoir reduit a hesiter, et il sera bien difficile que pressé par les représentations de la France et de lAng^{re} dont la facon de penser est uniforme, il ne franchisse enfin le pas pour lequel il navoit encore laissé entrevoir que de la repugnance. D'ailleurs après setre expliqué comme il la fait avec M. le Mis de Blosset quil alloit soccuper a satisfaire lEsp^e nous devons nous attendre a aprendre dun ordinaire a lautre que D^n Innocenzio de Souza aura eu ordre den donner la declaration expresse. Celle ci faite il est a desirer M. que S.M. C$\overline{que}$ ecoutant plus sa magnanimité que son ressentiment nexige pas des conditions trop rigoureuses qui feroient infailliblement la matiere dune nouvelle negociation incidentelle et une perte de tems considerable. Si linterest du Portugal est de prevenir que la contestation presente ne puisse devenir le sujet dune guerre dans un moment ou il ne peut pas esperér une grande assistance de la part de son allié, celui de l'Esp^e linvite a profiter de la meme circonstance pour trancher radicalement la difficulté par une composition amiable. Independament que lhumanité sollicite de preférer cette voye, lexperience depose que la guerre ne fut presque jamais un moïen efficace pour terminer peremptoirement les querelles de cette espèce. Les dépenses immenses quelle occasionne meme lorsquelle se fait le plus heureusement, amenent bien tost la lassitude et l'epuisement. On finit parce qu'on ne peut plus continuer les memes efforts; et le plus souvent le no'ud de la difficulté nest pas meme efleuré; c'est presque toujours à recommencer. Il nest pas possible que cette consideration presentée à propos ne fit limpression la plus victorieuse sur le Roi C q̃ue et son ministere dont les principes honnetes et vertueux doivent les porter a envisagér la guerre meme la plus juste comme la plus grande des calamités. Nous nous en raportons bien a vous M. sur le tems et la maniere de le faire sentir lorsque vous le jugerés necessaire.

Si l'Espagne etoit dans lobligation de faire passer une escadre a Buenos aires il seroit sans doute indispensable quelle y joignit un corps considerable de troupes pour avoir du moins legalité si non la superiorité des forces de terre dans le Continent; peut etre seroit il a desirer que cette precaution eut ete prise lannée derniere, elle eut fait un grand vehicule pour l'avancement de la negociation du fond principal. M. de Pombal agiroit plus franchement quil ne le fait et se montreroit plus coulant sil voioit l'Esp^e en mesure de se faire promte et brieve justice. Si les precautions precipitées qu'il cumule en Europe indiquent quil craint d'y etre attaqué c'est un leurre pour attirer lattention publique et peut etre pour detournér lEspagne du seul effort qui sembleroit devoir occupér sa prévoyance.

Espagne, t. 580, n° 95.

Toutefois, le marquis d'Ossun tenait la cour d'Espagne pour butée au désir d'avoir cette petite armée française à Saint-Domingue. Il répond qu'en temps opportun il fera usage des réflexions de M. de Vergennes, mais que le ministère regarde ce concours comme indispensable, que Charles III voudrait voir dans l'île au moins 8,000 Français pour résister à une agression subite de l'Angleterre jusqu'à ce que l'on puisse y faire passer les secours nécessaires; il conseille d'y envoyer quatre ou cinq bataillons, afin de montrer notre sincère intention de participer à la défense des possessions espagnoles si les Anglais les attaquaient, « objet, disait-il, sur lequel le ministère de Madrid se permettait quelquefois d'avoir des doutes et de les communiquer au Roi Catholique[1] ». Ce ministère avait ses raisons pour se faire ainsi défendre par la France et n'employer que très peu ses propres forces. M. de Grimaldi ne méconnaissait sûrement pas le désarroi où elles étaient. Peut-être faut-il chercher là en partie le secret de son insistance. Ossun, revenant à la charge auprès du roi pour le décider à se bien armer à Buenos-Ayres, s'entend répondre par le monarque que, « tout bien considéré il n'enverrait ni troupes ni vaisseaux qu'au cas qu'il se verrait obligé de prendre par la force la satisfaction qui lui était due; qu'il ne voulait pas dépenser par pure précaution deux ou trois millions de piastres, perdre des hommes et diminuer le volume de ses forces maritimes en Europe, mais que s'il était forcé de le faire par la conduite des Portugais, ce serait tout de bon et qu'alors il y dépenserait non seulement trois millions de

---

[1] Ossun disait textuellement : « Vos observations, Monsieur, sur l'envoi d'un corps de 12 milles hommes à St Domingue, proposé par la Cour de Madrid, sont d'une justesse et d'une solidité évidentes; j'eviterai d'entrer en aucune discution à ce sujet, et si l'on m'y forçoit, je ferai usage des reflexions que vous avez eû la bonté de me suggérer. Je ne dois pas cependant vous laisser ignorer que le ministère Espagnol regarde comme une chose importante et d'une prevoyance indispensable que la France ait à St Domingue des forces suffisantes pour opposer aux Anglois, s'ils en tentoient la conquète, une resistance qui donnât le temps aux deux Couronnes d'y faire passer des secours. Le Roi d'Espagne en me parlant dernierement de la deffense eventuelle de cette isle et de l'impossibilité où il etoit d'y pourvoir, me fit l'honneur de me dire qu'il faudroit au moins que la France y tint un corps de huit mille hommes. Je lui repondis que je croyois qu'Elle y en avoit deja un de trois ou quatre mille, ainsi, Monsieur, je présume que si le Roi jugeoit à propos d'y faire passer en detail 4 ou 5 bataillons, cela tranquiliseroit le ministère de Madrid, et l'affermiroit dans l'idée que la France veut sincerement concourrir à la deffense des Indes Espagnoles si les Anglois les attaquent, objet sur lequel ce ministère se permet quelque fois d'avoir des doutes, et meme de les communiquer au Roi Catholique; enfin je pense que si le Roi en prenant le parti que j'indique, temoignoit à l'Espagne qu'il convient qu'Elle fasse passer à tout évenement quelques mille hommes de renfort a Buenos aires, S. M. Cath^e s'y determineroit malgré la contrarieté d'avis qu'il peut encore y avoir à cet egard entre ses ministres. — 27 mai. » (*Espagne*, t. 580, n° 128.)

piastres, mais jusques à sa chemise ». Afin de fixer exactement sa cour sur le parti pris de celle d'Espagne, l'ambassadeur ajoutait :

> Telle a été l'expression de ce Prince, auprès de qui l'avis de M. le Mis de Grimaldi a sans doute prévalu sur celui d'un autre de ses Ministres a qui j'ai répété ce que le Roi son maître m'avoit dit; il m'a répondu qu'il ne le savoit que trop et qu'il trembloit que les Portugais profitant de leur grande superiorité du côté de Buenos aires, ne portassent enfin un coup considerable qu'il seroit ensuite bien difficile de réparer, de maniere qu'il desireroit presque que la Cour de Lisbonne refusât de donner une satisfaction convenable parcequ'alors il faudroit nécessairement que l'Espagne envoyât la-bas des forces de terre et de mer considérables. Ainsi, M^r, il n'y a plus lieu d'espérer qu'elle en expédie de mediocres par précaution.
>
> A Aranjuez le 13 juin 1776.
>
> Espagne, t. 580, n° 168.

Cette question de Saint-Domingue va tenir beaucoup de place dans les relations des deux pays. Elle n'était peut-être, d'abord, qu'une manière de rétorquer au cabinet français ses conseils réitérés d'envoyer des troupes et des vaisseaux en Amérique; M. de Grimaldi aurait alors suggéré au comte d'Aranda d'en mettre en avant l'idée comme venant de lui, afin de se trouver à l'aise devant les objections qui y seraient faites. Mais si l'ambassadeur eut vraiment cette idée lui-même, c'est qu'il se trouvait dans le programme des *Aragonais* de tirer ce gage de la France. Toujours est-il que la demande de Madrid va devenir une pierre d'achoppement. M. de Grimaldi, son successeur, le roi sous leur inspiration, y puiseront avec persistance des motifs de récriminer ou de bouder, finalement de reculer les échéances. On n'était qu'au début de ces divergences et il en naissait déjà des propos que les serviteurs de la politique anglaise envenimaient à Londres et au Pardo.

A Londres, le bruit que l'Espagne allait envahir le Portugal passait pour fondé dans les sphères politiques. On disait qu'elle dirigeait des régiments sur sa frontière; qu'une guerre européenne allait en surgir; que l'Angleterre, dès lors, avait plutôt lieu de ne pas calmer

OSCILLATIONS ET CALCULS DE LA COUR DE MADRID. 433

la cour de Lisbonne et d'utiliser son hostilité que de chercher à l'amoindrir. Le prince de Masserano lui-même donnait des raisons de croire à ces dires. Il contenait si peu son sentiment national, blessé par la déloyauté diplomatique de M. de Pombal, qu'il avait amené un jour lord Suffolk à lui répondre que « le Portugal savait qu'alors il « ne serait pas abandonné de l'Angleterre [1] ». Notre chargé d'affaires devenait hésitant, par suite, dans la médiation qu'il avait à suivre et il transmettait à Versailles des avis s'inspirant plus que de raison de ces rumeurs dissolvantes. Mais la pensée, à tout prendre, de faire servir un jour prochain l'accord commun au relèvement de la France animait trop les conseillers de Louis XVI pour qu'ils laissassent ainsi troubler leurs plans. Ils affirmaient fermement à Garnier « les véritables dis- « positions du Roi Catholique et de ses Ministres »; ce prince, lui écrivait-on le 25 mai en réponse à un rapport du 15, tout inspiré des suppositions faites pour affaiblir l'union des deux Couronnes,

Ce Prince, en même tems qu'il veut soutenir les droits et la dignité de sa

1776.

---

[1] Rapport de Garnier, du 15 mai. Le chargé d'affaires avait notamment fait connaître le 3 la conversation suivante de l'ambassadeur avec lord Weymouth : « M^r l'Ambassadeur d'Espagne « fatigué du silence du Ministre Anglais sur cette « affaire avait le même jour essayé de rompre « la glace avec le Lord Weymouth, en mar- « quant à ce Ministre que comme il ne lui disait « rien des affaires du Portugal, il ne lui en par- « lait pas non plus. Le Lord Weymouth répon- « dit qu'il n'avait rien à lui dire là dessus; « à quoi, l'Ambassadeur répliqua dans les « mêmes termes. Néanmoins la conversation « s'engagea et M^r le Prince de Masseran ne né- « gligea rien pour faire sentir au Ministre An- « glais que Mr de Pombal trompe la Cour de « Londres ainsi que celle de Madrid, qu'il ne « cherche par ses offres de médiation et d'arbi- « trage qu'à jetter de la poudre aux yeux, sans « autre intention que de gagner du tems, et que « le seul moyen qu'ait l'Angleterre de le déter- « miner à faire la satisfaction convenable, est « de lui signifier qu'elle l'abandonnera s'il a « l'injustice de s'y refuser plus longtems. L'Am- « bassadeur attribua la modération du Roi son « maître en pareille circonstance à la seule « crainte de troubler le repos de l'Europe, « ajoutant que si Sa M^{té} Cath^{que} suivoit le vœu « de ses sujets, elle écraserait le Portugal. » (Angleterre, t. 516, n° 7.) — Dans son rapport du 15 juin, il disait encore : « Cet Ambas- « sadeur m'a plus d'une fois répété le même « discours. Il m'a dit de plus que l'Espagne « avoit quelquefois fait la guerre seule, enfin « que c'étoit aussi trop de patience, et qu'il trou- « voit de la bassesse à souffrir les outrages d'une « petite Puissance comme celle du Portugal. « J'étois d'autant plus porté à croire que ces « sentimens ne lui étoient pas particuliers que « je n'ai jamais entendu un Espagnol parler « sans aigreur de Mr de Pombal et des Portu- « gais. » (Ibid., n° 90.)

1776. Couronne, désire autant que nous le maintien de la paix; il ne cesse de nous en donner les assûrances les plus positives; et nous devons les croire d'autant plus sincères que sans doute il ne présume pas devoir nous entrainer dans une guerre à notre insu, ou qu'il ne se propose pas d'en suporter seul le fardeau et les dangers. Telle est, M., la façon de penser du Roi et de son Conseil sur les vues et sur la politique de la Cour de Madrid; si vous avez des indices qui doivent affoiblir notre sécurité à cet égard, votre exactitude et votre zèle vous porteront sans doute à nous les communiquer; je vous invite en particulier à me transmettre les notions sur lesquelles vous fondez les intentions secrètes que vous suposez à S. M. C. par raport au Portugal, cette connoissance devant nous éclairer sur la marche qu'il nous conviendra de tenir à l'égard de ces deux Puissances. J'ajouterai, M., que malgré la supériorité incontestable des forces de l'Esp^e sur celles du Portugal je ne les crois pas disposées de maniere a ce que le Roi C$\widetilde{\text{que}}$ put vouloir tenter seul avec succès linvasion et la conqueste du Royaume de Portugal.

Angleterre, t. 516, n° 63. (Minute de Gérard.)

Cela était dit à Garnier pour sa gouverne personnelle, « pour lui « seul », écrivait-on : « vous n'avez absolument aucun usage à en faire « vis-à-vis de qui que ce soit. » Mais le 15 juin, le ministre, de sa main, reprend le thème officiellement. Relevant avec le chargé d'affaires les griefs qu'on alléguait contre l'Espagne, il approvisionne ce dernier de raisons pour défendre le gouvernement de Madrid comme s'il se fût agi de celui du roi lui-même :

Cest une idée asses generalement receûe en Ang^{re} et dans plusieurs autres Cours que le Roi C$\widetilde{\text{que}}$ et son Ministere inclinent plus a la guerre qua la paix; lentreprise sur les isles Falkland avoit donné lieu a cette prevention qui sest soutenûe sans quon voye trop sur quel motif car on ne peut pas prendre pour un germe d'inquietude dangereuse pour l'Europe la tentative que l'Esp^e fit l'année derniere contre Alger. Il est sensible que si elle avoit eu des vûes cachées contre toute autre puissance elle n'auroit pas été usér aussi inutilement quelle le fit ses forces dans cette contrée sauvage.

L'inertie du règne de Ferdinand VI avoit fait considerér lEspagne comme incapable d'aucun effort; Charles III son successeur voulant changér cette opinion a senti que ce netoit que sur la mer quil pouvoit rencontrér ses vrais ennemis. Bien pénetré de cette verité il a porté toute son attention a se montrér sur cet élement dans un etat de force et de puissance. Les progrès qu'il y a faits et ceux dont il continue a soccupér ne pouvoient pas plaire aux Anglois qui se sont attachés a faire envisagér a la partie de lEurope la plus disposée a acceuillir leurs prejugés, la sage prevoyance du Roi C$\widetilde{\text{que}}$ comme leffet dune inquietude allarmante pour ses voisins et pour toutes les puissances interressées au maintien de la tranquilité generale.

1776.

Cest moins dans les raisonnemens que dans les faits quon doit cherchér les principes qui animent les conseils des grands princes. Si on examine impartialement toute la conduite du Roi C$\widetilde{\text{que}}$ on n'y decouvrira rien dont on doive inférer que la guerre flatte de preference son inclination. Pouvoit il voir tranquillement et avec indifference les Anglois former leurs etablissemens de Falkland dou ils se seroient rendús aussi incommodes en paix par la contrebande quils auroient versée dans la mer du Sud, que nuisibles en guerre par les entrepost quils y auroient pû etablir pour leurs escadres? Qu'a fait depuis ce Prince qui ait pû causér de lombrage? Sil plait a la Cour de Lisbonne de regarder comme une declaration de guerre les manifestes que les officiers espagnols ont publiés dans lAmerique Meridionale pour reclamér des terrains au moins litigieux? Sils ont fait avancér quelques forces dans cette partie pour soposér aux incursions et aux devastations des Portugais? le Roi d'Esp^e a usé en cela du droit qui compete a chaque souvrain de prevenir lusurpation de ses domaines et de protegér ses sujets contre lopression etrangere. Il suffit d'ailleurs de lire les memes manifestes pour se convaincre quils ne disent pas a beaucoup près ce que le Portugal veut leurs faire dire; ajoutons que si le Roi d'Espagne avoit le dessein dexpulsér de vive force les Portugais des terrains quils lui detienent, il auroit soutenû sa resolution par les mesures les plus effectives. Cependant il est notoire quil n'a point encore augmenté son etat militaire dans la partie de Buenos aires, quoi quil nignore pas lui meme et quil soit a la connoissance de toute lEurope que depuis deux ans le Portugal n'a cessé de s'y renforcér, et quil y est maintenant dans un etat de superiorité a inquietér lEspagne si elle ne trouvoit dans sa puissance la sureté que son voisin naura pas la temerité de linsultér.

On objectera peut etre M. que lEspagne a pour le present de grandes forces maritimes en activité. La conclusion la plus naturelle est que voiant un violent incendie allumé dans son voisinage, et la mer couverte de nombreux armemens qui sous pretexte d'y porter secours pourroient bien avoir une autre destination, elle croit de sa sagesse de faire voir quon ne tenteroit pas impunement de la surprendre. D'ailleurs les Anglois nont ils pas etabli meme pendant la paix une escadre dobservation sous le nom de vaisseaux de garde? Si l'imitation de ce quils pratiquent les inquiete, quils se reprochent donc d'avoir donné un exemple quils devoient sattendre qui seroit suivi.

Il retraçait après cela l'attitude de l'Espagne depuis le début de la querelle, il la montrait prête, d'elle-même, aux moindres indications d'arrangement qu'on avait fait entrevoir, se contenant devant les faux-fuyants du Portugal quoique son impatience eût été excusable. Il ajoutait :

Jaurois pu mepargner tout ce detail, M., mais je lai crû necessaire a votre instruction. Vous avés sous les yeux la suite et lenchainement des faits; je ne suis pas embarrassé que vous nen fassiés usage dans loccasion pour rabattre les preventions qu'on se plait a nourrir contre le genie belliqueux du Roi dEsp^e. Il sera bon que vous mettiés les Ministres B$\widetilde{q}$ues en garde contre les suppositions hazardées des Portugais. Ceux ci qui nont dexistence politique que dans leur union avec l'Ang^{re} cherchent par tous les moiens possible a reveiller son interest et a exciter ses inquietudes. Ce ne peut etre que dans cette vûe qu'on a repandû que lEsp^e faisoit marcher 28. ou 29. regimens vers la frontière du Portugal. Je ne sais pas ce qui arrivera par la suite, mais jusqua present le Roi C$\widetilde{q}$ue na fait aucune demonstration menaçante contre son voisin, et sil avoit eû le projet de lattaquér, çauroit eté moins en Europe que sur le vrai theatre de la querelle.

A Versailles le 15 juin 1776.

Angleterre, t. 516, n° 118.

A Madrid, c'était la défiance et les sentiments défavorables que l'on s'efforçait d'inspirer contre nous. La pensée que l'état de nos forces et de nos finances ne nous permettait pas d'appuyer l'Espagne, que nous la retenions pour cela, en était l'expression la moins désavantageuse, et M. de Grimaldi la répandait ouvertement. Il en résultait parfois une amertume qui aurait plus que refroidi les deux cours si M. de Vergennes, tout en ne dissimulant pas à l'ambassadeur le froissement qu'il en ressentait, eut autrement répondu aux malveillances qu'en montrant combien les adversaires en profiteraient. Aucune occasion ne lui échappait de rappeler le ministère espagnol au sang-froid à l'égard de Lisbonne et à la préoccupation des évènements dans lesquels les deux Couronnes pourraient se voir un jour intéressées. Il écrit à Ossun le 14 juin :

1776.

Le Roi a donné trop de preuves de sa fidelité à remplir ses engagemens et de son amitié pour le Roi C$\tilde{\text{que}}$ pour qu'on puisse jetter le moindre doute sur son exactitude a cet egard lorsque l'occasion le requerera. Il ne m'est pas nouveau cependant que le Ministere Espagnol en laisse percér toutes les fois que ne nous livrant pas a son impetuosité nous ne cumulons pas des mesures qui etant prises sans necessité peuvent avoir le double inconvenient d'attirer l'orage qu'on veut éviter et d'intercepter les efforts postérieurs qu'on pourroit se trouver dans la necessité de faire. Nous avons pourvù l'année derniere à mettre nos isles dans un etat quelconque de deffense en y faisant passer un renfort de six bataillons lesquels joints aux troupes coloniales forment un total de plus de huit mille hommes. Si la sureté des etablissemens espagnols ou des notres exigeoit une plus grande force il seroit indispensable de la faire soutenir par une escadre. Vous sentés M. que dans le moment ou nous ferions partir celle-ci les Anglois en enverroient une autre a sa suite au moins de force egale, et que le resultat le moins desavantageux seroit que cette aparance de diversion les porteroit à brusquer un accomodement avec leurs Colonies sauf a se dedomager du mauvais marché quils feroient aux depens de qui ils pourroient. Peut etre le ministere Anglois nous sauroit il gré de lui fournir le pretexte pour se tirer du facheux engagement dans lequel il se trouve embarqué.

Si on peut prendre confiance dans les nouvelles que nous recevons de Londres le siege de Quebec est levé et les Americains ont eté mis en deroute dans le Canada. Les Anglois acquierent par ce succès un pié a terre d'ou ils pourront suivre les operations de la guerre. Ce nest pas un inconvenient pour nous. Ce que japrehendois principalement etoit que naiant aucun endroit ou setablir le desespoir et la honte ne les jettassent sur nos possessions ou sur celles d'Esp^e ne les troublons point dans leur acharnem^t p^r combattre leurs concitoyens. Laissons les sepuiser dans cette guerre civile et reservons nos efforts pour ne les employér qu'apropos et utilement; peut etre dans ce moment lEspagne a telle des moiens plus abondans que nous pour lautorisér a sacrifiér a des demonstrations exterieures; mais la guerre qui ressereroit necessairement ses moiens elargiroit les notres. Cela peut paroitre paradoxal, rien nest plus vrai cependant; la guerre autorise chez nous des crües dimpositions quon ne pourroit etablir en tems de paix sans trop faire murmurér. Au reste les travaux que je vous ai annoncé qui avoient ete ordonnés dans nos chantiers se suivent avec succès; ils ne se borneront pas à l'objet indiqué.

A Versailles le 14 juin 1776.

Espagne, t. 580, n° 171.

Et cependant, on avait à Versailles de légitimes causes d'impressions fâcheuses, à l'égard du cabinet de Madrid. Un incident, qui s'était produit de la part de la marine espagnole, sur la côte barbaresque, en fit déborder le trop-plein. Le navire français *le Septimane*, ramenant de Constantinople à Alger, où il était allé le prendre un peu avant, un ambassadeur du Dey, s'était vu visiter par deux frégates de guerre espagnoles et amener à Carthagène. Il était retenu prisonnier sous le prétexte que des fers, des toiles, des objets de mâture, que l'ambassadeur disait être des présents, constituaient une contrebande de guerre destinée aux Algériens. Un échange animé de réclamations, de notes, de réfutations avait eu lieu par suite [1] et l'Espagne y avait apporté le désir de ne pas avoir tort jusqu'aux limites extrêmes de la bonne foi. Notre situation chez les Barbaresques exigeait que nous fissions respecter leurs droits. Le consul français à Alger présentait l'affaire ainsi avec insistance et ainsi l'avaient traitée les deux départements des Affaires étrangères et de la Marine. Le cabinet

---

[1] *Espagne*, t. 580, n°^{s} 89 à 196.

OSCILLATIONS ET CALCULS DE LA COUR DE MADRID.

crut reconnaître là des difficultés calculées. M. de Vergennes eut à rétablir, dans une dernière et minutieuse réplique, le sens exact des faits et celui des traités. Il dut préciser ensuite au marquis d'Ossun l'appréciation que portait le gouvernement sur cette manière d'être d'un allié à qui notre intérêt constant aurait dû en dicter une tout autre. Sa dépêche laisse mesurer tout ce que le gouvernement du roi sacrifiait déjà de froissements intimes à l'utilité de l'alliance; elle était le second de trois plis que le ministre faisait partir le même jour et qu'il avait minutés de sa main en les numérotant en tête. Il convient de la reproduire ici. La fierté digne qui anima la politique de M. de Vergennes avec l'Espagne, la sincérité et l'émotion de ses sentiments dans l'œuvre du relèvement de la couronne de France se sont rarement mieux révélées :

A Versailles le 29 juin 1776.

Jai lhonneur de vous envoyer M. une lettre du 17 juin que M. de Sartine m'a ecrite et les copies de deux lettres du Conseil du Roi a Alger. Celles ci vous instruiront de notre position dans ce pais la et des dangers qui l'accompagnent. Ces pieces sont pour votre instruction particuliere et ne doivent point etre communiquées; cepend^t si dans le nombre des faits et des reflexions quelles contiennent vous en trouviés que vous jugeriés propres a faire une impression salutaire, rien ne doit empecher que vous nen fassiés usage soit dans vos conversations soit dans les offices que vous pourres etre dans le cas de passer par ecrit.

Je ne puis trop vous recommander M. de prendre la lettre de M. de Sartine dans la plus serieuse consideration, elle presente une vue admirable et dune sure politique. Elle est infiniment mieux detaillée que lorsque je vous chargeai il y a deja plusieurs mois de la présenter.

Si le ministere d'Esp^e vouloit bien calculér ses vrais interest et sil savoit faire ceder son ressentiment jusquici impuissant contre Alger a une convenance aussi superieure que celle dexclure les Anglois de la Mediterannée, il nhesiteroit pas d'adopter l'idée qu'on lui propose et nous pourrions espérer d'atteindre bientot au but qui occupe la prevoyance et les soins du Conseil du Roi. Mais les prejugés paroissent avoir plus dinfluence dans celui dEsp^e que

1776.

les interets qui meritent le plus detre sentis et profondement reflechis. Cette nation trop enflée de son antique grandeur et de laparance de ses forces qui ne sont que representatives se croit dans la possession de donner des loix a lunivers. Parens amis comme rivaux, tout selon elle doit respectér ses caprices. Nous en faisons M. une triste experience. Le Roi la sent vivement, sil la dissimule ce nest que parce quil est bien convaincû que le Roi Cq̃ue est plus tost entrainé par precipitation a l'injustice dont nous nous plaignons que determiné par son propre sentiment a la commettre et a la soutenir. D'ailleurs la voix du sang qui se fait entendre au fond du co'ur de Sa M^{té}, y fait taire le cri de sa gloire outragée et de ses interests essentiels blessés. Cepend^t les liens du sang que nous avons formés a si grand prix et auxquels nous faisons fidelement honneur sont sans correspondance; car enfin il est notoire que notre condition en Esp^e est fort au dessous de ce quelle etoit du tems de la dinastie autrichienne et fort inegale a celle des Anglois. Ces liens du sang ne seront donc bientot plus M. que des mots vuides de sens si lon croit que d'une part lon peut tout se permettre et que de lautre on doit tout soufrir. Nous naurons jamais l'injustice de formér une pareille pretention mais nous ne pourrons aussi jamais y souscrire.

Le Roi fidele a ses principes de justice et de magnanimité remplira fidelement M. toutes les obligations des traités et tous les engagemens de son amitié envers la maison d'Esp^e qui est un rameau de la sienne; il ira meme au dela lorsquil sagira de lui donner des preuves de sa tendre affection. Mais si des sentimens si propres a exciter lemulation de les imiter ne sont payés daucun retour; si des decisions arbitraires, si des actes de prepotence sont le prix et le salaire de nos complaisance et de notre attention vigilante pour tous les interets d'un allié cheri; je ne dirai pas comment soutenir une intimité qu'a dieu ne plaise qui cesse detre indissoluble, mais comment en maintenir lopinion et la representation; ce sont elles cependant qui constituent la force habituelle dune union qui ne peut se montrér toujours armée. Vous etes trop eclaire M. pour ne pas sentir quelles peuvent et doivent etre les conséquences dun refroidissement entre parens qui cessent davoir les memes interets.

Nous nignorons pas M. que les sentimens qui sont gravés dans le co'ur du Roi notre maitre le sont egalement dans celui du Roi Cq̃ue, mais qu'importe si des surprises en detournent l'effet et portent sur nous dune maniere par

OSCILLATIONS ET CALCULS DE LA COUR DE MADRID.

trop humiliante. Il est un premier devoir des Rois, celui dont ils sont comptables; la justice. Ils la doivent a leurs egaux qui peuvent se la faire rendre et a leurs sujets qui ne peuvent que l'implorer; c'est la baze essentielle de toutes les vertus Royales, sans elle il nest plus de veritable grandeur plus de lien social. Le Roi qui etablit la gloire de son regne sur sa justice doit suport et protection a ses sujets lorsquon la leurs denie. Il lui seroit sensible de devoir plus insister en Esp^e pour lobtenir qu'auprès de toute autre nation dont il lui seroit libre de se faire raison. On nous juge bien a Madrid si lon se persuade que nous ne voulons pas en venir a cette extremité, mais en rendant justice a nos intentions peut etre se meprend on sur leurs motifs. On y presume peut etre trop et de la prosperité aparente dont on y paroit jouir et de lepuisement dans lequel on nous supose et quon se plait a exagerér. Quon ne sy trompe pas, la France quoi que chargée dune dette considerable est encore en etat de faire front a toute puissance qui oseroit la bravér; si le Roi cherit la moderation, sil la prend pour baze de sa conduite et de ses conseils, cest quil la croit preferable a une jactance qui ne fut et ne sera jamais bonne a rien; cest quil pense que le sang et les trezors de ses peuples ne doivent pas etre sacrifiés inutilement a des demonstrations et a des guerres sans interest et sans objet, si Sa M^{te} insinue quelques fois et recommande sa facon de pensér a lEsp^e cest par ce quelle la croit analogue a ses vrais interets. Au reste nous napretions les ressources de personne, les notres sont en nous memes, et le Roi trouvera toujours dans la bourse et dans le co'ur de ses sujets toutes celles qui lui seront necessaires pour vanger lhonneur de sa Couronne offensée, pour soutenir une guerre juste et pour remplir avec fidelité tous ses engagemens.

Vous sentirés M. que cette instruction nest pas faite pour etre livrée au ministere Espagnol, c'est ce qui me fait prendre le parti de vous ladressér par un courrier, en vous faisant connoitre les vrais sentimens du Roi; je vous indique le ton que vous devés desormais prendre. Nous avons eu trop longtems celui de suplians et l'Esp^e celui de la domination; il est facheux quon ait permis cette difference; il est tems de revenir a legalité. Vous connoissés le co'ur du Roi C$\widetilde{que}$, les mouvemens dont il est susceptible et les ressorts qui le determinent. Cest a vous a les mettre en o'uvre et a le premunir contre les surprises dans lesquelles on pourroit lentrainér. Il nest pas facile de se persuadér que l'inconsideration seule a presidé a la redaction de la lettre a M. le Cte d'Aranda que M. le Mis de Grimaldi vous a remise; vous connoisses la jalousie de lAng^re contre le pacte de famille, l'objet unique de son inquietude, le desir quelle a de le rompre, les efforts quelle y fait constament, et ce qui est plus facheux encore linfluence quelle a parmi les subalternes en Esp^e et peut etre lapui quelle y trouve pour toutes ses vûes. Tout cela vaut bien la peine que nous nous en occupions serieusement. Mais ce pacte aussi cher au Roi quil est interressant pour la sureté et pour la prosperité des deux monarchies ne se soutiendra qu'imparfaitement et manquera son effet si l'Esp^e ne se pretant pas a redressér la balance, se croit et veut paroitre larbitre souvraine et prepotente de lunion.

Vous mavés fait dire M. par M. le Bon de Grandpré que si lon vous laissoit plus de liberté pour reprendre le ton convenable trop longtems negligé vous sauries en imposer par le Roi C^que lui meme a larbitraire de ses ministres. Je vous sers la bale que vous avés desiré de jouer, et je ne suis point inquiet que vous ne la jouiés avec autant de prudence que de dexterité. L'intention du Roi nest point que vous emploiés ni le ton de reproche ni celui de la menace mais que profitant des accès faciles que vous aves auprès de S. M. C^que, du gout quelle a pour sentretenir daffaires et du desir quelle a quon croie que rien ne se fait que par elle vous la prepariés par vos reflexions a formér elle meme la consequence qui doit derivér de linjustice de la saisie et de la confiscation des effets sequestrés a bord du navire françois le Septimane. Lentreprise est faite a la face de lEurope et de lAfrique; la violation des traités est aussi publique que manifeste, elle ne peut echaper a quiconque veut bien prendre la peine de lire; le refus perseverant de la main levée mettroit donc le dernier sceau a la violence. Le Roi C^que dont lame est sensible, noble et juste demeslera bientost a laide de ses propres sentimens et du fil dirigeant que vous lui tendrés le point extreme ou de pareilles entreprises trop souvent repetées et jamais reparées aboutiroient que deviendroient les traités si celui qui a constitué des droits au trône dEspagne a la maison qui y regne peut être sans force et sans vigeur.

Ces considerations ont parù dune si grande force au Roi que Sa M^té pense que Si M. le Mis de Grimaldi sobstine a se refusér au redressement que nous reclamons, vous ne devés pas hesitér a demandér une audiance particulière au Roi C^que. Apres lui avoir communiqué un extrait succint et bien fait de ma lettre cottée 1ᵉʳᵉ et avoir employé toutes les raisons victorieuses que fournit le traité des Pirennées pour pulverisér les subtilités et les sophismes quon nous opose, vous vous attacheres a emouvoir son ame par toutes les considerations de dignité, de justice et delevation que nous vous suggerons. Peignés lui notre union reputée si intime ebranlée dans lopinion publique et des lors denuée de cette force imposante qui seule l'auroit fait respectér independament de tous autres moiens. Rendes lui sensible le tableau comparatif de notre situation dans son Royaume et de celle des Anglois, ceux ci facilités avantagés en tout, prevenûs meme sur tout, tandis que la vexation, lopression, linjustice souvent meme le mepris le plus insultant sont le partage que les sujets du Roi eprouvent dans les tribunaux, les douânes et dans tous les endroits qui sont hors de la vûe de S. Mᵗᵉ Cq̃ue. Qui mieux que vous M. pourroit representér avec energie cette difference vous en avés tous les jours lembarras et le degout. Ce nest pas ainsi que les Espagnols sont acceuillis et traités en France, ou lon a pour eux les plus grands egards et ou on les traite avec les menagemens convenables entre de vrais amis.

Si tout cela ne fait pas sensation, il faudra sabandonner au cours des evenemens et nous repliér sur le temoignage que nous nous devrons a nous meme que nous naurons rien negligé pour detournér les sinistres augures qui peuvent menacér lunion des deux Couronnes.

Voila M. une ample matiere pour lexercice de votre zele de votre prudence et de votre dexterité. Nous pourrions etre inquiets de lissue dune commission aussi delicate si elle etoit remise a un ambassadeur moins sage moins habile et moins rompu aux grandes affaires. Vous naves rien a desirer M. de la confiance du Roi et de la justice quil vous rend Sa Mᵗᵉ a vu et aprouve ce que je vous ecris.

Vous voudrés bien M. regarder la lettre de M. de Sartine comme une addition d'instruction, c'est ce qui me dispense de vous recommandér louverture pour la paix entre l'Espᵉ et Alger dont la convenance ne devroit pas echapér a la premiere. Il sera bon cependᵗ d'attendre que lidée soit goutée et adoptée avant de rien insinuér touchant les donatives que M. de Sartine propose.

Apres ce qui a eté remarqué de linfluence des subalternes a la Cour ou vous etes, nous avons peut etre a nous reprocher de lavoir negligée. Comme ce nest pas par des raisonnemens quon les gagne et que nous ne voulons rien

1776. omettre pour raffermir sil est possible le sisteme ebranlé de lunion, marqués nous ceux que vous croiriés interressans a acquerir et quels seroient les moyens que vous estimés quon pourroit y employer.

Jai lh^r d'etre, etc.

Espagne, t. 580, n° 197.

Trois mois auparavant, dans un grand débat à la chambre des lords sur les conventions passées par les ministres anglais avec la Hesse pour la location de ses troupes, milord Sandwich, rappelant qu'il avait signé beaucoup de traités au nom de son souverain, avait dit qu'il « s'était « plus d'une fois aperçu que les puissances auxiliatrices n'abusent que « trop des circonstances favorables à leurs intérêts et que les besoins « indispensables d'un allié forment pour elles une raison de vendre « chèrement à celui-ci les services et les secours qu'elles lui prêtent. » Le souvenir de ces paroles vint peut-être à l'esprit de M. de Vergennes, déjà aux prises avec l'égoïsme de l'Espagne. Il devait bientôt avoir de plus regrettables occasions de se les rappeler. Sa dépêche semblait reconnaître que, de l'avis du cabinet, plus de soins et d'autorité chez l'ambassadeur éviteraient au roi de trouver à la cour de Madrid l'hésitation qu'elle mettait à être un allié sincère. M. de Vergennes jugea pourtant qu'il fallait encore voiler ce sentiment à Ossun; il enveloppa tout ce courrier du 29 juin dans un pli privé où il ne cherchait qu'à obtenir de l'ambassadeur, en le réconfortant, l'effort qui aurait été nécessaire :

Quoiqu'apres trois depeches aussi volumineuses M^r, que celles que jai eu l'honneur de vous adresser, je ne doive pas avoir rien à y ajouter, je ne veux pas cependant laisser partir ce courrier sans qu'il vous porte un témoignage de tout l'interet que je prends a la triste besogne dont vous etes chargé. J'en sens toute l'amertume et combien elle doit vous paroitre degoutante; mais ce qui doit vous rafermir est la confiance que le Roi a dans vos lumières et la justice qu'il rend a votre zèle. J'espere n'avoir rien omis dans mes differentes depeches de ce qui pourroit vous assurer la victoire si vous n'aviès a combattre que la raison. Je ne crois pas me faire illusion en jugeant le Traité des

Pyrennées decisif en notre faveur. Comme aux grands maux il faut de grands remedes et que l'evenement de ceci decidera de l'opinion de notre union et fera connoitre a l'univers si elle est exemte de nuages, c'est le cas M. de deployer toute l'energie d'un aussi bon et fidele Serviteur du Roi que vous l'etes.

Je me flatte que les considerations renfermées dans ma depeche cottée 2eme, presentées avec le ton de verité et de persuasion qui est le propre de la vertu feront impression sur le coeur vertueux du Roi Cath^e, et le disposeront a retablir cette balance de procedés qui est dans l'ordre de la nature et des convenances. Que ce Prince juge des sentimens du Roi pour lui par la franchise de toute sa conduite, et la sureté de tous ses conseils. Qu'avons nous omis de proposer a S. M. Cath^e, qui fut dans l'ordre de ses interets, et que lui avons nous proposé qui y fut contraire? Si notre vigilance s'etend a tout ce qui l'interesse, pourroit il croire que le vil appât du fret d'un batiment françois ou quelque complaisance deplaçée pour Alger determineroit nos reclamations. Nous les faisons, parceque nous les croions fondées en justice, et que c'est une baze dont nous ne nous ecarterons jamais pour quelque consideration que ce puisse etre.

Je ne puis vous exprimer M^r toutes les angoisses de mon ame; elle seroit bien soulagée si je ne devois considerer tout ceci que comme une tracasserie, mais j'y vois plus, et sans apercevoir la main qui agit, je distingue aisément le motif qui la dirige. Comptés que l'affoiblissement du Pacte de famille est plus interessant pour les Anglois que la soumission de l'Amerique; et quand sa destruction leur couteroit autant que la presente campagne de l'Amerique, ils ne croiroient pas l'acheter trop cher.

A Versailles le 29 juin 1776.

Espagne, t. 580, n° 200.

Tandis que le ministre prenait la peine que l'on vient de voir, les nouvellistes l'accusaient de décourager l'Espagne au point de faire souhaiter par cette puissance le retour du duc de Choiseul aux affaires[1].

---

[1] *Mémoires secrets de la République des Lettres.* — Ce sont ces bruits que reproduisaient la correspondance de Beaumarchais et celle du comte de Lauraguais. Ils venaient en partie du comte d'Aranda, à qui son ardeur faisait colporter ces propos chez Metra et ailleurs.

A toute époque, les contemporains qui se donnent pour être près des sources se satisfont de renseignements pareils sur le fond de la politique. Frédéric II, ayant à Versailles et à Londres des représentants avisés, jugeait mieux ce qui se faisait et répondait à l'un d'eux par un petit sarcasme qui est l'opposé de ces propos : « La France me paraît « ressembler beaucoup à un malade qui sort d'une griève maladie et « qui veut cependant faire le vigoureux; mais le vrai est que, vu son « état de faiblesse, elle n'impose à personne par ses airs de vigueur et « de forces[1]. » C'était un sentiment trop bien connu de M. de Vergennes. « La foible opinion dont la France jouissait au dehors », comme il l'écrira plus tard à Louis XVI[2], lui pesait plus qu'à tout autre. Mais il ne lui importait guère de s'employer à faire changer cette opinion pour l'avantage actuel de sa réputation; il ne pensait qu'au résultat final, et le moment présent érigeait en première vertu d'État, à ses yeux, la patience.

---

[1] A M. Sandoz Rollin, à Paris; 1ᵉʳ juillet 1776. (A. de Circourt, *Histoire de l'action commune*, etc., t. III.) — [2] Dans son mémoire, déjà cité, de 1782.

CHAPITRE XIII.

LA FRANCE ET L'ANGLETERRE EN ARRÊT L'UNE SUR L'AUTRE.

Équilibre instable de nos rapports avec l'Angleterre. — Garnier croit celle-ci désireuse de la paix par-dessus tout, afin de terminer ses affaires d'Amérique avant que nous puissions nous en mêler. — Les accidents à redouter; instructions et propensions de la marine anglaise; le peu de dispositions de la nôtre à dévorer les affronts. — Ferme résolution du cabinet de Londres de soumettre les Colonies par la force; peu de fonds qu'il faisait sur notre amitié; débats des chambres des lords et des communes; l'hostilité prochaine de la France et de l'Espagne pronostiquée par les orateurs; réponses rassurantes des ministres, qui n'y croient pas et n'y font pas croire. — Erreur où restait l'ambassade de mesurer les affaires de l'Amérique aux rivalités des partis ou des personnes. — Opinion de M. de Vergennes; il croit à de sérieux embarras de l'Angleterre et se laisse d'autant moins intimider. — Utilité d'avoir des raisons de se plaindre et des arguments à opposer; le ministre réveille nos anciens griefs de Terre-Neuve et des Indes. — Jalons jetés au sujet de la contrebande de guerre; langage raide indiqué à Garnier; lord Suffolk ne répond pas moins fermement. — M. de Vergennes fait annoncer à Londres le nom du successeur de M. de Guines pour inspirer confiance et réfute avec ironie les prétentions de l'Angleterre. — Les ports de l'Amérique fermés aux navires anglais et la course décrétée contre eux par le congrès de Philadelphie; importance qu'en reçoit la police maritime; dépêche du ministre sur les prises que les corsaires amèneront. — Efforts continués, pendant ce temps, pour convaincre le Portugal de satisfaire l'Espagne; hésitation un peu systématique de celle-ci à dire positivement ce qu'elle voulait; prix que mettaient le ministre et ses collègues à l'empêcher ou à la retarder d'entrer en guerre. — Ce que pensait M. de Vergennes des guerres que leur cause ne justifiait pas; doutes qu'il avait maintenant de pouvoir contenir l'Espagne.

Nos rapports avec la cour de Londres étaient dans une sorte d'équilibre instable, au moment où notre ancien agent, Garnier, rentra à l'ambassade. On venait de s'arrêter sur un froissement au sujet de Terre-Neuve, on avait donc lieu de ne pas entamer d'autre affaire; on s'apprêtait, cependant, à fournir beaucoup d'occasions d'en soulever. Tant que les circonstances n'amèneraient pas entre les deux cours des rapports différents, la conduite d'expectative et d'observation tracée au successeur de M. de Guines avait toute raison d'être. Le premier

1776.

mois du retour de Garnier se passa dans ces conditions. Sa correspondance d'alors fait d'autant mieux connaître l'idée qu'à l'ambassade et à Versailles on se formait de la situation de l'Angleterre, le terrain sur lequel on voulait maintenant se placer à l'égard de ce pays et la position qu'il prenait, lui, par rapport au nôtre.

Garnier se réservait autant que son prédécesseur s'était répandu. Le comte de Lauraguais en tire cette conséquence que M. de Guines « lui a fait fermer toutes les portes et qu'il vit dans un désert[1] ». La vérité est, simplement, qu'il avait pris une manière d'être conforme à son rôle et qu'on ne le voyait pas autant que ce prédécesseur dans les salons de Londres ou chez les personnages de l'opposition parlementaire. Il était revenu à Londres avec les impressions des Affaires étrangères. L'Angleterre lui paraissait impuissante à soutenir une autre guerre simultanément avec celle qu'elle avait engagée contre ses Colonies; il la croyait même assez inquiète de voir surgir cette autre guerre-là pour n'être pas attentive à en dissiper les menaces. Il le mande presque en arrivant, le 8 mars : « Le ministère n'est point en situation de faire la guerre; elle serait l'époque de sa chute comme de celle de son pays, en sorte qu'il désire la paix par-dessus toute chose. » Il n'aperçoit pas d'autre intention sinon d'obtenir quelque avantage éclatant et de traiter après avec honneur; on a la pensée que nous interviendrons dans la querelle un jour ou l'autre et l'on se presse de profiter de nos dispositions actuelles afin de consommer une entreprise qui, sans cela, serait insoutenable :

> On rassemble, on multiplie, on épuise toutes les forces de l'état, écrit Garnier en conséquence, on en achète d'étrangères à tout prix; on prodigue l'argent et le crédit. C'est le plan d'une campagne qu'on ne veut pas répéter, et non celui d'une guerre systématique calculée sur les moyens, les intérêts et les rapports des deux pays.
>
> Angleterre, t. 515, n° 14.

---

[1] Lettre du 22 mars à M. de Vergennes. (Angleterre, t. 515, n° 38.)

Un mois après, le chargé d'affaires tient encore le même langage, en rapportant un propos de lord North sur la nécessité où serait le cabinet « de donner carte blanche aux Américains si la France levait le doigt ». A son idée, ce pays « n'a pas l'intention, à moins d'y être contraint, de s'exposer à l'usage que les Américains feraient de cette carte blanche, mais il n'est pas à Londres un homme sensé, y compris lord Germaine, qui ne songe en tremblant à l'idée d'une guerre étrangère[1] ». La médiation venait alors d'ouvrir aux deux gouvernements un champ de rencontre permettant mieux à notre agent de juger d'après les entretiens[2]. Ces entretiens deviennent fréquents, car nous étions le seul intermédiaire de l'Espagne, son ambassadeur devant rester écarté; et les fluctuations, les détours ou les embûches de M. de Pombal, plus ou moins secondé par le *Foreign office*, en multiplient les occasions.

Le cabinet de Louis XVI ne se sentait pas plus pressé que celui du roi George de voir naître cette guerre « étrangère » dont parlait Garnier. Il ne voulait pas, surtout, qu'elle surgît d'accidents, étant sur le point de donner aux accidents beaucoup de carrière. Aussi les cas fortuits le préoccupaient-ils. Mais c'était pour des raisons qu'il n'avait pas confiées à son représentant. Être empêché le moins possible de suivre la conduite qu'il s'était tracée, et prémuni le mieux possible contre les hasards qu'elle présenterait l'intéressait avant tout. La première entrevue de Garnier avec lord North avait roulé justement sur ce sujet des hasards à craindre; il en rendait compte dans ce rapport du 8 mars et disait du cabinet britannique :

Aussi oiseux dans ses désirs qu'imprudent dans ses démarches, nous ne pouvons faire aucun fond sur sa prévoyance; nous ne devons mettre nulle confiance dans sa conduite. Il emploiera des amiraux, des généraux dont le caractère, les dispositions, les intérêts se trouvent en contradiction avec son

---

[1] 13 avril. (*Angleterre*, t. 515, n° 77.)
[2] C'est le 30 mars que M. de Vergennes donne à Garnier toute latitude d'entrer en pourparlers (*Angleterre*, t. 515, n° 61); il lui avait minutieusement fait l'historique du litige et de ses phases dans une dépêche précédente.

système pacifique. Il n'aura ni le crédit de leur en imposer, ni la faculté de les punir. Ces officiers pousseront peut-être la témérité jusqu'à provoquer par des insultes les puissances qu'ils devroient le plus respecter, et nous serons déjà en pleine guerre que les ministres se consumeront encore avec autant d'inutilité que de sincérité en assurances de leurs intentions pacifiques.

C'est ce que je n'ai pas dissimulé au Lord North dans un entretien assez long que j'ai eu l'honneur d'avoir chez ce ministre. Il est impossible de faire plus d'accueil qu'il n'en a fait à mes observations. Il m'a dit qu'il regardoit tout ce que je lui disois à cet égard comme un office d'amitié, et qu'il avoit si bien senti la solidité des représentations que je fus chargé de faire dès l'origine des hostilités, qu'il vouloit bien me confier qu'elles l'avoient déterminé dès lors à refuser les lettres de marque que sollicitoient vivement les armateurs anglois, naturellement un peu flibustiers (c'est le terme dont il s'est servi) : qu'ils avoient évité par là que la sûreté des pavillons étrangers fût exposée à l'avidité ingouvernable des corsaires particuliers. Il m'assura que leurs officiers de marine avoient des instructions si précises qu'il étoit parfaitement tranquille à cet égard et que, si contre toute apparence, il survenoit matière à grief, on en auroit bientôt justice.

Mylord North m'a paru on ne peut plus satisfait du ton et de la vérité de tout ce que j'ai pris la liberté de lui dire.

Il m'a promis qu'il ne partiroit pas un officier qui ne reçût les ordres que nous pouvions désirer, et m'a beaucoup invité à venir le voir à la ville et à la campagne.

Angleterre, t. 515, n° 14.

Les ordres dont les officiers à la mer pouvaient être munis donnaient lieu d'inquiéter, en effet, en présence des précautions rigoureuses de l'Angleterre pour intercepter tout commerce de l'Amérique avec le reste du monde. Des navires anglais ayant arrêté deux vaisseaux danois sur un simple soupçon, lord Suffolk avait répondu à la cour de Danemark « que l'on n'avait agi que par son ordre ». Suivant M. de Guines, qui informait de ce fait M. de Vergennes au commencement de janvier [1], il fallait « se flatter que peut-être on ferait un

---

[1] Rapport du 12 janvier 1776. (*Angleterre*, t. 514, n° 26.)

peu plus d'attention aux vaisseaux français et espagnols »; mais M. de Guines avait plus raison d'ajouter que « le danger d'une rupture éclatante était toujours subordonné au premier capitaine anglais qui pourrait trouver jour à favoriser sa cupidité à l'abri de ses instructions ». Un autre motif de craindre, c'était que si la marine anglaise avait le caractère avoué à Garnier par le chef du cabinet de George III, il serait malaisé d'obtenir de la nôtre de se contenir devant les provocations de sa rivale. Toute une génération de marins, élevée depuis les réformes apportées dans la construction, l'avancement, les écoles, par M. de Maurepas lors de son premier ministère, se sentait impatiente de venger son aînée et d'abaisser la hautaine supériorité qu'avait value aux flottes de l'Angleterre la destruction des nôtres. On avait eu déjà des indices de ces dispositions mal endurantes. A Saint-Pierre-Martinique, l'année précédente, la population avait poursuivi les matelots d'un navire anglais qui venait de visiter des vaisseaux français dans la rade même, et l'officier général qui commandait dans ces parages, écrivant à l'amiral britannique de désavouer de telles prétentions de la part de sa marine, ne lui dissimulait pas qu'une nouvelle tentative le « mettrait dans le cas de fermer les ports aux bâtiments de guerre anglais et de repousser par la force ceux qui feraient quelque entreprise contraire aux droits et à l'honneur de la nation ». A la fin de mars, une autre preuve pareille fut donnée dans le même lieu. Le comte d'Argout, alors gouverneur, écrivait au ministre de la marine :

> J'ai l'honneur de vous prévenir qu'il y a continuellement des frégates angloises à croiser sur nos côtes et qu'il en vient même mouiller très-souvent dans la rade de St Pierre, sous prétexte d'avoir besoin de rafraîchissements, ou de remplir quelque mission auprès du Gouvernement. Cependant il est certain que les croisières fréquentes de ces frégates n'ont pour objet que de nous intercepter les bateaux de la nouvelle Angleterre, qui nous apportent ici des subsistances, et ce qui s'est passé avant mon installation le prouve évidemment. On m'apprit, à mon arrivée ici, que le capitaine Keeler, commandant la frégate angloise le Lynx, mouillée à la tête de la rade de St Pierre, s'étoit

permis d'y prendre deux bateaux de sa nation qui étoient à l'ancre, et qu'il avoit fait enlever par son canot, le mercredi 13 de ce mois à 4 heures du matin un brigantin venant de la Caroline, chargé de ris et de mill, au moment où il alloit mouiller... J'ai pris les plus grandes précautions pour empêcher de semblables insultes à l'avenir. J'ay donné ordre, à cet effet, d'armer les batteries de l'intérieur et de l'extérieur de la rade, afin de protéger les bateaux qui se trouveront à portée du feu de notre canon. J'ay recommandé en même temps de faire mouiller tous les bâtiments du Roy Anglois qui viendroient dorénavant à St Pierre, auprès du commandant de la rade pour être à portée de veiller à tous leurs mouvements. J'ay annoncé également la ferme résolution où j'étois de faire respecter le pavillon du Roy, mon Maître, et de me roidir contre tout ce qui y seroit contraire.

De la Martinique, 26 mars 1776.

Angleterre, t. 515, n° 49.

Le gouvernement anglais, lui, s'était très ouvertement engagé, par le discours du roi au début de la session du Parlement, dans la résolution de soumettre de force les Colonies avant d'écouter aucun accommodement avec elles[1]. La harangue royale avait été à cet égard aussi nette qu'elle était dure pour les fauteurs et les soutiens du mouvement. Ayant acheté des princes d'Allemagne des troupes pour se former une armée en Amérique, ayant obtenu que les deux Howe, presque ses adversaires politiques, dirigeraient avec pleins pouvoirs, l'un comme généralissime, l'autre comme amiral, cette expédition qu'il pensait rendre décisive, le cabinet de Londres tenait notre hostilité pour à peu près inévitable à court délai. Les ministres donnaient bien publiquement les assurances contraires que comportait l'état de paix actuel des deux pays, mais on peut douter qu'ils y crussent. L'ambassade leur tenait un langage trop conditionnel pour les persuader beaucoup. « Toutes les fois que l'on me parle de cet objet, écrivait Garnier

---

[1] 26 octobre 1775. Cette harangue avait appelé « un acte de sagesse et par ses effets un acte de clémence », le parti qui avait été pris de mettre promptement fin au désordre par les efforts les plus définitifs. La traduction s'en trouve : *États-Unis*, t. I, n° 20.

le 11 mars, je réponds que les Américains n'ont ni bien ni mal à attendre de nous; que la politique du Roi est fondée sur la justice, qu'il examinera moins la situation de ses voisins que leurs procédés; ils auront lieu de se louer de sa modération tant que Sa Majesté aura lieu de son côté de ne pas se plaindre de leur conduite.[1] » C'était là des énigmes et les hommes politiques du Parlement ne se cachaient point pour exprimer ce qu'ils y découvraient. A la chambre des lords, dans le débat solennel dont les traités avec les princes allemands avaient été l'objet, ils avaient catégoriquement indiqué que les Colonies trouveraient de leur côté, contre l'Angleterre, la France et l'Espagne appuyées par la Prusse[2]. L'amitié « naturelle » de la France et de l'Espagne, leur intention positive de profiter des circonstances pour faire la guerre à l'Angleterre, des tableaux inquiétants de l'état militaire et naval ainsi que de l'activité déployée par le gouvernement dans les deux pays, avaient défrayé les orateurs[3]. Les ministres avaient bien

---

[1] *Angleterre*, t. 515, n° 18.

[2] Séances du 5 et du 14 mars, dont Garnier fait l'analyse dans ses rapports du 11 et du 15 et dont il envoie, en outre, le compte rendu développé. (*Ibid.*, n°ˢ 18, 21, 23.)

[3] Orateurs de l'opposition, il est vrai : lord Shelburne, lord Grafton et d'autres; mais des hommes qui avaient été aux affaires, aspiraient à y revenir et y reviendraient ou y auraient leurs amis; leurs paroles portaient. Un discours de lord Temple appuyant le gouvernement fut significatif. M. de Vergennes vit, avec raison, dans l'intervention de ce dernier l'indice du sentiment intime de Chatham; il le fait dire à Garnier par Gérard dans sa dépêche du 17 mars (*ibid.*, n° 29); il prévit sans doute ce jour-là que l'Angleterre, à un moment, pourrait devenir unanime pour la guerre.

La tribune anglaise eut beaucoup d'éclat dans les débats de 1775 et de 1776 sur l'Amérique. Ils sont à recommander aux esprits curieux d'étudier le tempérament propre à la politique parlementaire. Ils en donnent un remarquable exemple dans le pays même où elle est née. On voit l'élite de l'aristocratie européenne mettre beaucoup de talent au service de mesquines passions ; elle prodigue les accusations outrées, l'usage des faits non vérifiés et l'indiscrétion la moins patriotique, à un degré qui n'a pas été dépassé depuis. Les ministres, lord Suffolk, lord Darmouth, lord Sandwich, répliquent à leurs adversaires avec non moins de supériorité oratoire que ceux-ci n'en montraient et avec un remarquable esprit de gouvernement, soit dans ces séances du mois de mars, soit un mois après, quand le débat s'engage sur l'évacuation de Boston (*ibid.*, t. 516, n°ˢ 21 et 28), débat qui ressemble bien à d'autres plus modernes sur la communication des dépêches au Parlement. Lord Mansfield parla à la fin de la première discussion et en dégagea la moralité en montrant le tort qu'elle faisait à l'Angleterre; son intimité avec le roi donnait un poids particulier à son langage. En

répondu que les intentions pacifiques des deux cours de France et d'Espagne ne faisaient pas doute pour le roi et que l'on ne découvrait chez ces puissances aucune apparence contraire; mais les impressions étaient restées. Garnier écrit le 15 mars :

> ..... Le Duc de Grafton fit hier à la Chambre Haute la motion dont j'ai eu l'honneur de vous prévenir par mon expédition du 11 de ce mois. Elle tendoit à présenter conjointement avec la Chambre Basse une adresse au Roi pour supplier Sa Majesté d'arrêter les hostilités, de montrer par une proclamation publique des dispositions à redresser les griefs, ainsi qu'à conserver les droits de ses sujets. Elle avoit en même temps pour but d'autoriser Sa Majesté à assurer les Américains que leurs petitions seroient examinées, et qu'on feroit droit à leurs plaintes, dans le cas où ils les présenteroient au commandant en chef, ou au commissaire nommé à cet effet, quelque temps avant ou après l'arrivée des troupes. Vous croirez aisément, Monseigneur, qu'une démarche par laquelle le Roi d'Angleterre demanderoit la paix à ses sujets n'étoit pas faite pour être adoptée à la Chambre des Pairs. Elle y a été rejetée par une majorité de 71 voix contre 28. Je compte vous envoyer sous peu de jours le détail de ce qui s'est passé dans cette séance. Je me contenterai de vous en rapporter aujourd'hui quelques traits que je tiens par la voie la plus sûre.
>
> Le Duc de Grafton et le Lord Cambden ont assuré tous deux être bien informés qu'en dernier lieu deux François, présentés et admis chez le Général Washington, s'étoient rendus ensuite à l'Assemblée du Congrès avec recommandations de ce même général; qu'il étoit plus facile de deviner que de savoir le motif qui les avoit portés en Amérique, et que si le ministère

---

dernier lieu lord Weymouth, au sujet de prétendus envoyés français au congrès de Philadelphie, reproduisit presque textuellement les explications de M. de Vergennes, le ministère ne trouvant qu'avantage à marquer ainsi toute confiance dans les explications du cabinet de Versailles.

Il n'est pas sans intérêt de lire ce que disaient de nous à ce moment, à propos de leurs affaires, ces parlementaires anglais si animés entre eux. Lord Shelburne, notamment, n'aurait pu mieux remplir la mission de confirmer les appréciations de l'état de l'Europe sur lesquelles les ministres de Louis XVI avaient réglé leurs vues. Nous transcrivons, à l'annexe I du présent chapitre, les parties nous concernant de ces discours passionnés, tels que les donne le compte rendu envoyé à Versailles.

vouloit faire part des informations qu'il a de nos desseins, on verroit que le projet de la France et de l'Espagne étoit de profiter des circonstances pour faire la guerre à l'Angleterre tandis qu'ils concluoient avec les membres de la minorité à la nécessité de se reconcilier avec les Américains; les Lords Mansfield et Sandwich ont argué de ces mêmes circonstances pour prouver combien il est instant de réduire et de soumettre les Colonies, attendu que s'il survenoit quelque orage, ce qui étoit assez probable dans le cours des choses, l'Angleterre auroit besoin de toutes ses forces combinées avec celles des Colonies pour y résister. Vous jugerez, Monseigneur, lequel des deux partis a le mieux raisonné, mais vous pouvez compter sur l'exactitude de ces paroles des Lords Mansfield et Sandwich comme si vous les aviez entendues. Elles montrent, du moins, que le ministère est bien déterminé à conclure de tout ce qu'on peut lui objecter, qu'il faut subjuguer l'Amérique. Comme il a été question aussi de nos armements et de notre prétendu envoi de troupes à l'Ile de France, le Lord Weymouth a répondu que, quelque fût la puissance de la France et de l'Espagne, Sa Majesté Britannique avoit reçu les plus fortes assurances des intentions pacifiques de ces deux Cours, et qu'il croyoit parce qu'elles étoient confirmées par des faits, attendu qu'il n'y avoit chez elles nulle apparence d'intentions hostiles, et qu'il n'en avoit aucune espèce d'informations.

1776.

Le Duc de Manchester et le Lord Sandwich ont différé diamétralement sur l'état actuel de la marine angloise, ou plutôt sur la facilité ou la difficulté des armements en raison du nombre de matelots. Il est du moins échappé de cette discussion, sur laquelle je crois superflu de m'étendre jusqu'à ce que je sois parvenu au vrai, que si le vaisseau le Romney destiné pour Terre Neuve n'a pas encore son équipage, c'est que ne devant partir que dans quelques mois, il seroit fort inutile de le compléter dès à présent. Le Lord Shelburne a fortement recommandé de prendre en considération la défense de l'Irlande et de meilleurs moyens d'équiper la flotte. Il a rappelé, pour faire sentir la nécessité de veiller à cet article, que lors de l'armement pour l'affaire de Falkland, la France s'étoit trouvée plutôt prête que l'Angleterre.

Angleterre, t. 516, n° 23.

Garnier, néanmoins, ne mettait pas d'hésitation à dire encore, un mois plus tard, que tout Anglais sensé envisageait une guerre étrangère en tremblant, qu'il n'y avait donc de conflit à craindre que du fait des accidents, des « mille accidents inséparables d'une aussi « grande agitation, de l'inconduite du ministère et surtout de celle des « officiers de marine ». Attribuer aux rivalités des partis à l'intérieur soit les mesures prises à l'égard de l'Amérique, soit les critiques dont elles étaient l'objet, restait sa manière de voir. On ne se doutait encore, à l'ambassade, ni de la volonté suivie qui présidait à ces mesures, ni des sentiments dont elles imprégneraient bientôt toute la nation anglaise. On n'y était guère attentif qu'à la lutte des personnes. Avant tout on cherchait l'intérêt ministériel dans les actes du cabinet. L'année d'après, seulement, Garnier dut trouver étranges ses appréciations de ce moment-là, quoiqu'il eût son excuse dans les discussions du Parlement; car aux Communes comme à la chambre haute on accusait les ministres avec la même acrimonie, et Fox n'y fut ni moins véhément ni moins injuste que ne l'avaient été lord Shelburne ou lord Campden, ni moins affirmatif quant aux forces de la France et de l'Espagne ou à l'appui que les deux cours prêteraient aux Américains[1].

[1] « En général, écrit Garnier le 18 mars, les « membres de la minorité exposent avec autant « de force que de vérité le danger de la situa-« tion où va se trouver l'Angleterre, la fausseté « du principe, l'inconvénient des moyens, et « l'imprudence de l'objet qui dirige toutes les « mesures du Gouvernement. Le Ministère, « décidé à suivre avec fureur le parti qu'il a « embrassé avec témérité, ne veut entendre à « rien qui l'interrompe dans sa marche. Il brave « toutes les difficultés de l'entreprise, sans « s'arrêter aux conséquences quelque sinistres « qu'elles puissent être, et l'impulsion qui le « mène est si violente, si déterminée qu'on ne « peut s'empêcher d'y reconnaître l'empreinte « d'une volonté supérieure à laquelle il faut « obéir à tout prix. Il rend cependant justice « à la modération de notre conduite, et paroit « fonder l'espoir de son salut sur la certitude « de nos vues. Mais quand il penseroit différem-« ment, je crois qu'il dissimuleroit ses craintes « plutôt que de lâcher prise contre les Colonies. « S'il peut parvenir par des victoires à une paix « glorieuse, il se soutiendra en place; et, si le « mauvais succès de la campagne détermine sa « chute, il aura du moins par sa persévérance « dans les mesures qu'on lui fait suivre, pro-« longé son existence d'une année. Les affaires « de la nation seront à la vérité en mauvaise « posture, mais il en résultera cet avantage pour « les Ministres actuels, que la situation de leurs « successeurs sera d'autant plus embarrassante. » (*Angleterre*, t. 515, n° 31.)

Beaumarchais, dans sa lettre du 26 avril, rendait compte ainsi du débat des Communes :
« Pourquoi les Français, dit l'un, ont-ils

M. de Vergennes avait-il ces idées au même degré que son auxiliaire? C'est peu probable; mais il faut dire qu'elles étaient partagées bien ailleurs qu'à notre ambassade de Londres ou à Versailles. Le roi de Prusse, plein de rancune à la vérité pour l'abandon de ses intérêts par l'Angleterre à la fin de la guerre de Sept ans, jugeait à peu près de même. Dès le commencement de 1776, sa correspondance avec son ministre à Londres témoigne qu'il regardait le gouvernement de George III comme fourvoyé dans des embarras faits pour se compliquer, durer et le rendre incapable de se mêler d'autre chose[1]. Il était bon, du reste, que le ministre ne montrât pas qu'il pensait autrement; il aurait, sans cela, laissé reprendre empire autour du roi à la politique d'attente dont Turgot n'avait donné que trop de raisons. Il se plaisait donc à dire dans sa correspondance que, financièrement et militairement, la Grande-Bretagne assumait des charges excessives et que le parti de l'opposition traçait fort justement un

---

«7,500 hommes à l'Ile de Bourbon? A cela, pas «un mot.

«Pourquoi, dit l'autre, les Espagnols ont-ils «à Hispaniola 9 vaisseaux de guerre, avec les-«quels ils protègent sans doute le commerce «du continent? Rien.

«Le gouverneur Jonshon se lève. Pourquoi «les Espagnols, indépendamment de la flotte «d'Amérique, ont ils a Cartagène et a Cadix «deux flottes prêtes à mettre à la voile? Et «comment ne repondés vous rien, quand je «suis certain, moi, de la guerre prochaine «entre la France et l'Angleterre? Un silence «absolu.

«Charles Fox appuye en disant : quelles «forces entendés vous donc employer contre «une flotte de 45 corsaires américains, bons «voiliers, actifs, vaillans soldats, protegés par «20 rades et dix ports, protégés par 20 vais-«seaux de guerre etrangers, toujours prêts a «les aider de munitions; protegés par deux «nations puissantes, bientôt prêtes à les se-

«courir ouvertement et à les reconnaitre pour «alliés? Rien, constamment rien.

«Pourquoi, dit Mr Barré, le Lord Howe, «qui devrait commander la flotte, ne la com-«mandera t-il point? Rien.

«L'orateur des communes, voyant le mi-«nistre sans réponse, a répliqué, mais sans «repondre a la question de Mr Barré, que «celui ci a renouvellée avec chaleur.

«Alors Charles Fox, d'un ton d'inspiré, in-«voque, interroge l'honneur des ministres, et, «se répondant à lui mesme, depuis longtems, «dit il, l'honneur des ministres est une chimère, «il est nul, et n'entre plus pour rien dans les «malheureuses affaires publiques de l'Angle-«terre.»

[1] On voit très bien cela en parcourant avec attention les extraits qu'a donnés de cette correspondance M. Bancroft dans son appendice, et que M. de Circourt a reproduits ou traduits dans le troisième volume de l'*Histoire de l'action commune*, etc., p. 186 à 205.

1776. sombre tableau de la situation dans laquelle s'engageait le gouvernement[1]; il lui était d'autant plus facile, ensuite, de ne pas croire aux démonstrations que des rumeurs prêtaient à ce gouvernement, par exemple à l'envoi d'une flotte anglaise dans les mers des Indes sur le bruit de quelques renforts par nous expédiés à Bourbon[2], ou à une nouvelle demande de troupes que le cabinet de Londres aurait faite à l'impératrice de Russie[3], et il devait paraître naturel à l'ambassade qu'il ne s'émût pas des récriminations contre l'assistance prêtée à l'Amérique. Le 20 avril il répond au chargé d'affaires sur cette prétendue expédition d'une flotte aux Indes et sur l'affaire du *Dikinson* :

> Le ministere anglois doit etre trop avisé pour se decider sur des bruits controuvés a l'envoi d'une escadre dans les Indes Orientales; il nest pas dans le cas de multiplier sans necessité ses depenses. Cependant il sera bon d'y

---

[1] Dépêche du 17 mars. (*Angleterre*, n° 29. — Minute de Gérard.)
Le 10 mai encore, Garnier fait écho comme il suit à ces manières de voir du ministre : « Vous aurez appris par ma dépêche du 8 dont « M⁺ de Polignac a bien voulu se charger que « le Gouvernement n'a pas éprouvé beaucoup « de difficultés a obtenir le million de crédit « qu'il avoit demandé. Dans le train ruineux « où il est, il en trouvera encore moins à le « dépenser, car vous pouvez compter, Monsei- « gneur, que les frais de cette campagne excè- « deront de plusieurs millions les sommes déjà « votées. Ainsi le Lord North est bien loin de « trouver dans le tableau de ses moiens de quoi « fournir à une guerre étrangère. Si nous n'a- « vions pas plus à redouter les incidens que les « projets du Ministère Britannique, je pense « que nous aurions lieu d'être bien tranquilles, « car ce n'est pas une guerre de calcul qui nous « menace, du moins de la part de l'Angleterre. « Je ne saurois même me persuader qu'on pousse « l'imprudence jusqu'à entreprendre une troi- « sième campagne en Amérique, et comme il « n'y a pas grand'chose à attendre de celle-ci, « soit par la voie de négociation, puisqu'il fau- « droit pour premier pas que les Ministres ac- « tuels annullassent tout ce qu'ils ont fait, soit « par celle des armes, vû le délai des opérations « militaires et le défaut de tous points d'appui « pour les commencer, la chute du Ministère « paroît l'issue la plus favorable qu'on puisse « envisager pour Sa Majesté Britannique. Mais, « comme vous l'observez, Monseigneur, la pré- « voiance humaine ne sauroit calculer jusqu'où « iront les effets d'une situation aussi compli- « quée dans un pays aussi fertile en révolutions. » (*Ibid.*, t. 516, n° 29.)

[2] Dépêche du 20 avril. (*Ibid.*, n° 89.) Ce bruit avait beaucoup ému; à la chambre des lords on avait donné le fait comme certain; Garnier dit dans son rapport du 15 mars (*Angleterre*, t. 515, n° 23) : « On répand depuis « quelques jours que nous faisons passer des « forces aux Iles de France et de Bourbon. Ce « bruit a même fait tomber les fonds des Indes « de 5 o/o. »

[3] Dépêche du 15 juin. (*Ibid.*, n° 118.)

veillér, car le parti le plus raisonable nest pas toujours celui quon a adopté ou vous etes. Je vois avec plaisir M. que lascendant du Lord Germaine sur le Roi d'Ang^{re} nest pas aussi decidé qu'on nous lavoit suposé. Nous ne pourrions pas prendre dans son caractere et dans ses sentimens la meme confiance que nous avons dans les principes du Lord North qui connoit trop bien letat interieur de sa nation pour regardér une guerre etrangere comme un remede aux maux qui la travaillent. Il nest aucun Anglois sensé qui ne doive plus tost benir la providence que, dans un moment ou il seroit si facile de portér un coup mortel a sa puissance, la France et lEspagne soient gouvernées par des princes qui prennent pour baze de toute leur conduite la justice la plus exacte et la plus scrupuleuse. Mais quoi que toute leur tendance soit pour assurér la durée de la paix je vous avoue que je ne suis pas tout à fait tranquille quand je considere la foule des accidens independans des volontés des souverains qui peuvent confondre leur prevoyance et rendre inutiles leurs bonnes intentions . . . .

1776.

M. de St Paul m'a parlé dans la conference du 16 de lavanture de ce navire Americain destiné pour Nantes et conduit a Bristol; je ne vois rien dans les details que vous nous aves envoyés et dans ceux des gazettes qui nous compromette ni meme le negociant Francois auquel cette expedition étoit adressée. Il paroit dautant plus que cetoit une tentative de commerce quil est recommandé au Cap^{ne} de raportér en argent la valeur de sa cargaison sil ne peut obtenir des armes et de la poudre. Sans doute on n'imagine pas en Ang^{re} de pouvoir exigér de nous de fermér nos ports aux Americains et de nous privér de celles de leurs denrées qui peuvent nous convenir. Le Roi a ordonné dans tous les ports quon ne leurs fournit point de munitions de guerre cest tout ce que son amitié pour le roi de la G^{de} Bretagne pouvoit faire, car si les armes et la poudre font un objet de contrebande relativement a la position des Anglois avec lAmerique elles sont pour nous un objet de commerce. Quelques positifs que soient les ordres du Roi a cet egard je ne repondrai pas plus cependant quil ne sort pas de munitions de guerre que les Ministres B$\widetilde{qu}$es pourroient affirmer quil nen passe point d'Ang^{re} dans les Colonies. Lesprit des commercans est le meme par tout, determinés par l'avidité du gain les loix ne leurs en imposent pas, ils sont ingenieux a trouvér les moyens de les eludér. Il est tres possible ainsi qu'on le dit qun Francois de la Martinique soit arrivé a Philadelphie chargé de contrebande; c'est un risque quil a bien voulu courrir et dont assurément nous ne laurions pas redimé sil etoit tombé dans les mains des gardes cotes Anglois.

M. de St Paul pretend qun des deux Francois qui se sont fait produire au Congrès comme des especes de deputés de notre part doit etre en chemin pour revenir. Jignore ce qui peut etre, vraisemblablement ou quelque commis de marchand qui aura ete mandier les commissions du Congrès ou quel qu'avanturier. Cest une graine dont nous ne manquons pas, et que nous verrions sans regret habiter tout autre pays que la France. Je suis curieux de decouvrir celui dont on nous annonce le retour et de savoir quel a pû etre lobjet de son voyage. Vous pensés bien que sil sest donné a Philadelphie pour un homme autorisé, il naura pas a se feliciter de cette supercherie.

A Versailles le 20 avril 1776.

Angleterre, t. 516, n° 89.

C'était le moment de faire revivre les griefs que nous avions contre le cabinet de Londres. M. de Vergennes les avait repris peu à peu. En face des prétentions ou de la brutalité possible des croisières anglaises et des dispositions de la marine britannique en général, il fallait se ménager des sujets de plaintes, d'arguments, de répliques. Depuis janvier, l'ambassade était munie d'un mémoire sur les vexations que notre commerce éprouvait de la part de la compagnie des Indes. M. de Guines avait différé d'en parler, étant si mal parti sur Terre-Neuve[1]; mais on venait d'engager Garnier à ramener tout au moins en conversation les deux affaires, et celui-ci avait aussitôt sondé le terrain. Dans cette même dépêche du 11 mai citée tout à l'heure, en approuvant au nom du roi la manière dont notre représentant s'y était pris, le ministre posait des jalons pour les interpellations et

---

[1] Il l'expliquait dans son rapport du 26 janvier (*Angleterre*, t. 514, n° 72), où il en accusait ainsi réception au ministre : « Je n'ai pas « encore eu le tems de le lire avec attention, « et je n'ai pas cru devoir en parler aujourd'hui « au Lord Weymouth, pour ne pas l'occuper « de deux choses à la fois qui lui donneroient « le prétexte de n'en faire aucune. Il est possible que par cette même raison je ne lui en « parle pas encore lundi ce sera la tournure « que prendra l'affaire de Terre-Neuve qui me « déterminera. »

les débats que susciterait bientôt la participation des ports et des navires français à la contrebande de guerre. Il avait été vu à ce sujet par le chargé d'affaires anglais à Versailles; il en informait Garnier ainsi qu'il suit :

Le Roi a fort aprouvé la tournure que vous aves prise pour rappeller au Lord Weymouth les plaintes que nous sommes dans le cas de formér des procedés violens et meme outrageans de quelquns de leurs employés dans les Indes orientales, nous ne pouvons qu'aplaudir a la sagesse et a lhoneteté que vous aves mises dans la maniere dont vous vous etes expliqué a ce sujet; vous seres obligé d'y revenir plus dune fois, la justice est toujours lente dans le pays que vous habités; vous voudrés bien ne pas perdre de vue cette affaire non plus que le redressement des torts dont quelques sujets du Roi ont a se plaindre a Terre Neuve. Il faut que loreille des ministres anglois souvre a nos plaintes. Je prevois que nous serons dans le cas den formér de frequentes par raport a la conduite peu mesurée de leurs croiseurs; dieu fasse que nous ne soions pas dans le cas de faire plus, mais on sent certainement a Londres que des inadvertances et des mesures trop repetées sembleroient acquerir le caractère d'insultes. Nous ne violenterons jamais le sens pour nous faire des pretextes de ressentiment; les intentions du Roi pour le maintien de la paix et de la bonne intelligence avec lAng^{re} sont telles que vous aves eu ordre de les declarér et que je lai repeté en tant d'occasions. Je les ai confirmées encore en dernier lieu a M. de St Pol. Il sest repandu ici un bruit que nous allions armér une nombreuse escadre. Ce ministre aiant jugé devoir m'en parlér sans cependant avoir lair de minterrogér, je lui ai dit tres franchement quil netoit pas question pour le present de cet armement, et que sil en etoit effectivement question je le lui dirois avec la meme franchise parce que nous ne nous dissimulons pas quil allarmeroit a juste titre la cour de Londres et quil nest pas dans les principes et dans les vues du Roi de lui donnér de linquietude. Je lui ai renouvellé a cette occasion les assurances données en tant dautres occasions et je lai assuré que nous ne manquons pas aussi de confiance dans celles qui nous viennent de la part du Roi de la Grande B$\widetilde{g}$ne et je lui ai ajouté que comme nous nignorons pas que le Ministere Anglois nest pas le maitre de la nation et meme de la conduite des particuliers et qui

1776.

1776. peut arriver au moment quon sy attendra le moins, contre le vœu et la volonté expresse des deux Cours qu'il se formera un engagement quil ne sera pas au pouvoir du Ministere B̃que d'arretér et de reprimér convenablement; le souvenir de ce qui sest passé dans des tems anterieurs est un avis pour se precautionnér a lavenir; et quon ne doit pas donnér un motif plus etendu au travail quon peut remarquér dans nos ports; il n'en a point dautre en effet et cest ainsi que vous vous en expliquerés, M., si les ministres vous mettent a portée de le faire. Vous pouves meme les assurér que la conservation de la paix quant a nous est dans leurs mains, et que leur conduite reglera la notre. Nous sommes justes et honnetes, mais nous exigeons quon le soit avec nous.

Angleterre, t. 516, n° 30 *bis*.

M. de Vergennes, au reste, ne voulait pas être réduit à se défendre; il tenait à se plaindre, à provoquer les explications. Il se fait adresser par M. de Sartines les rapports de la marine sur les procédés des Anglais à la mer et il les envoie à Garnier avec invitation d'en saisir le cabinet. Il s'agissait des vaisseaux en station près de nos colonies. Ils gênaient le commerce déguisé auquel celles-ci nous servaient déjà et que nous nous apprêtions à augmenter encore. « Vous verrez, écrit-on le 1er juin au chargé d'affaires, qu'ils ne se bornent pas à croiser en pleine mer, mais qu'ils s'approchent des côtes ou des ports et interceptent le commerce de nos propres bâtiments [1] : »

Nous ne pretendons pas soustraire nos navigateurs à l'obligation de se rendre à l'appel des vaisseaux de guere lorsqu'ils sont en pleine mer; mais nous pensons que les Anglois pèchent contre toutes les règles, et blessent la souveraineté du Roi, en s'approchant de nos côtes comme ils font, et en croisant jusques sous le canon de nos forts. L'intention du Roi est que vous fassiez confidentiellement à ce sujet des représentations au Ministère B^que et que vous l'invitiez à prescrire plus de ménagements, d'égards et de circonspection aux commandants anglais. Vous lui defererez particulièrement le cap^e Kéeler dont la conduite est raportée par M. le Cte d'Argout; vous luy ferez

[1] Minute de Gérard. — L'envoi de Sartines est du 26 mai. (*Angleterre*, t. 516, n° 64.)

sentir les inconveniens majeurs qui peuvent en résulter si elle étoit répétée et vous laisserez à sa discretion de punir cet officier pour un fait qui ne seroit tollerable qu'en tems de guerre. Vous voudrez bien me renvoyer tous les papiers relatifs à cet objet, après que vous en aurez fait l'usage que je vous indique.

Angleterre, t. 516, n° 85.

Langage à coup sûr très nettement ferme; mais les ministres anglais allaient désormais répondre de même. Le 6, Garnier aborde lord Suffolk et celui-ci l'oblige tout de suite à passer de la plainte à la défensive. Le chargé d'affaires en rend compte ainsi le lendemain :

« Je sais, M^r, reprit à l'instant ce ministre, qu'il sort une grande quantité de « poudre de vos Iles pour l'Amérique, que les vaisseaux américains la trans-« portent sous pavillon françois; je le sais positivement et à n'en pouvoir dou-« ter. » Le Lord Suffolk, quoique les yeux baissés, mit dans ce propos un ton remarquable de dignité.

Je répondis qu'il pouvoit très-bien se faire que les Américains tirassent de la poudre de nos Iles ainsi que des autres, et que j'étois également persuadé que l'Angleterre n'étoit pas plus stérile pour eux à cet égard que tout autre pays où il se trouve des gens intéressés à faire cette contrebande; que quant au pavillon, les frégates angloises font usage du nôtre aussi bien que les vaisseaux Américains, d'où je concluois que c'étoit apparemment une ruse de guerre emploiée par les deux partis; qu'au surplus la conduite du Roi envers Sa Maj^é Britannique étoit assez amicale et marquée par des complaisance d'un assez grand prix pour exciter toute la reconnoissance du roi d'Angleterre et de son administration; que c'étoient là les sentimens qu'il m'avoit témoignés plus d'une fois lui-même. J'ajoutai que je ne supposois pas qu'il eût l'intention de nous faire un reproche; mais je lui demandai clairement s'il me tenoit ce propos comme un motif qui pût servir d'excuse à la conduite dont nous avons à nous plaindre.

Plus diplomate parce qu'il était le chef du cabinet, lord North, à qui le chargé d'affaires en touche ensuite un mot, assure que « des ordres avaient été donnés de nouveau, mais que la distance apportait

1776. des délais à leur exécution ». Ce n'était certainement pas qu'il pensât différemment de son collègue. Si d'ailleurs M. de Vergennes avait pu méconnaître tant soit peu ce qu'on devait appréhender de l'esprit de la marine britannique, Garnier le lui rappelait dans ce même rapport :

> Nous ne pouvons, Monseigneur, voir sans de justes alarmes les actes de témérité dont les officiers de marine angloise sont capables. Ils deviendront plus dangereux à mesure que la guerre s'échauffera, et avec elle l'ardeur du butin, enfin à mesure qu'ils se familiariseront avec les coups de canon.
>
> Si les Anglois sont généralement fiers et avides d'argent on peut dire que chez eux l'orgueil maritime est encore de plusieurs dégrés au dessus de la fierté nationale, et que la classe des marins est aussi la plus avancée et en même tems la plus prodigue de toutes celles qui composent le peuple anglois. Le nom du Lord Howe commandant les forces navales sur une aussi grande étendue de côtes est plus propre à exalter qu'à tempérer cet orgueil.
>
> *Angleterre*, t. 516, n° 92.

Mais le ministre était bien fixé; avant de commencer sérieusement l'intervention indirecte, il préparait ses thèmes. Il avait autorisé Garnier à donner à la cour de Londres le nom du successeur de M. de Guines, sachant qu'il serait bien venu, et, de soi, éloignerait un peu les soupçons[1]. A la décision de sa correspondance on sent la force qu'il tirait du concert établi avec le roi d'Espagne et des difficultés qui lui semblaient amoncelées dans la politique anglaise. Il est de

---

[1] C'est à la fin de la dépêche tout à l'heure citée, du 11 mai, qu'il se décide à donner ce nom au chargé d'affaires. Il lui écrit à ce sujet : « Le Lord Weymouth vous aiant demandé par « forme de conversation sil y avait un Ambas- « sadeur de nommé pour lAng^re vous lui an- « nonceres que le Roi a déclaré M. le Mis de « Noailles pour en remplir les fonctions. Nous « ne doutons pas que le choix ne soit tres « agreable a S. M. B^que, M. le Mis de Noailles « reunit toutes les qualités du cœur et de lesprit « qui concilient lestime et lamitié. » — M. de Vergennes annonce au marquis de Noailles sa nomination le 21 mai. L'ambassadeur entra en rapports avec lord North par une lettre personnelle le 13 juillet. Il n'alla définitivement à son poste que trois mois après. (Voir *Angleterre*, t. 520.)

plus en plus persuadé que la Grande-Bretagne s'est créé en Amérique des obstacles destinés à peser lourdement sur elle et qu'il ne faut pas les diminuer nous-mêmes. A propos du Portugal, il écrit là-dessus à Garnier, le 11 mai :

1776.

> Nen deplaise a M^r le P^cc de Masseran (et ceci doit etre pour vous seul M.) j'aimerois fort quil fut moins avide dentrer en matiere avec les ministres dAng^re sur tout ce qui a trait a laffaire pendante entre sa Cour et celle de Lisbonne. Il a un ton de roideur qui est peu propre a la conciliation et qui pourroit tres bien alterér la confiance dans laquelle il convient dentretenir lAng^re que ce ne seroit que malgré nous et l'Esp^e que la querelle de lAmerique Meridionale pourroit prendre une tournure plus serieuse et aboutir a la guerre. Ne detournons pas les Anglois de lattention quils portent a leurs affaires de lAmerique septentrionale, cest le moins que nous leurs devons en reconnoissance du soin genereux quils prennent de se faire a eux memes tout le mal que nous pourrions etre dans le cas de leurs desirér.
>
> *Angleterre*, t. 516, n° 30 *bis*.

Il venait d'être entretenu par M. de Saint-Paul sur nos armements, dont on faisait tant d'état dans les débats du Parlement. Il avait répondu en des termes qui accusent le parti bien pris de ne pas être intimidé. Le 14, il en écrit comme il suit à Ossun, afin que cela soit connu à Madrid :

> Je vous ai informé dernierem^t M. des précautions que le Roi a ordonnées pour se trouvér dans un etat de resistance convenable sil prenoit fantaisie au ministere anglois de changér de sisteme. Cette prevoyance a transpiré dans le public et y a eté bientost travestie dans des projets offensifs qui ont attiré lattention generale. Le ministre d'Ang^re comme le plus interressé est venù men parlér avec asses de discretion cependant pour ne me pas faire presumér quil se croiroit en droit de minterrogér. Ma reponse a eté franche et honnete; je lai rassuré sur le fait des armemens; je lui ai renouvellé la declaration des intentions du Roi qui desire sincerement de maintenir la paix et lintelligence qui subsistent entre les deux Couronnes; mais je lui ajoute que quoi que nous

'eussions toute confiance dans les assurances de reciprocité de S. M. B^que cependant comme nous nignorons pas quil peut etre entrainé contre sa volonté et que des subalternes au moment quon s'y attendra le moins peuvent formér des engagemens quil ne sera pas dans son pouvoir de reprimér, le souvenir de ce qui est arrivé dans dautres tems nous rend plus vigilans a nous tenir en état de netre plus pris au depourvû, que c'est la le motif du travail qu'on pourra remarquer dans, nos ports, mais qu'il est au pouvoir de l'Ang^re de le rendre inutile puisque sa conduite reglera la notre. Cette explication, quoique tres honnete ne plaira pas sans doute à la cour de Londres qui aimerait mieux sans doute que nous nous en rapportions entierement à sa bonne foi, mais ce seroit par trop demander de la notre.

Espagne, t. 580, n° 95.

Il se donne la satisfaction, qui plus est, de raisonner avec une certaine ironie sur les prétentions du gouvernement britannique. On l'a vu notamment dans sa dépêche du 15 juin, à propos de la surprise qu'on éprouvait à Londres de ce que l'Espagne sortait du sommeil politique. Il répondait dans ce même document à un autre rapport de Garnier, et ce n'est pas sans se plaire à tirer argument des anciens procédés de la Grande-Bretagne envers la France qu'il s'efforce d'établir le droit, pour nous, non seulement d'échapper aux visites, mais d'abriter dans nos ports les navires de commerce de l'Amérique :

Nous ne pouvons mieux marquér au roi d'Ang^re le desir de perpetuér la bonne intelligence qui existe qu'en lui deferànt comme nous le faisons les entreprises des subalternes qui peuvent la troublér. Les croiseurs anglois se donnent des licences bien propres a formér des engagemens contre le vœu et la volonté des deux Cours. Je crois bien que ce nest pas sur un ton de reproche que le Lord Suffolck vous a parlé de quelques munitions de guerre que les Americains peuvent avoir tiré de nos isles et quil ne veut pas sen faire un argument pour justifier les imprudences de ceux de leurs marins qui ont voulu se permettre des visites dans nos rades et sous notre canon. Les Anglois ont encouragé les commerces prohibés tant que cela leurs a convenû, ils voudroient bien les restraindre maintenant quils tournent à leur desavantage, mais la cupidité sera toujours plus forte que toutes les precautions et les loix humaines. N'en avons nous pas eu lexemple pendant les troubles de la Corse. Avec quelle publicité les marchands anglois n'y portoient ils pas armes, munitions de guerre etc., nous avons toujours bien compris que cetoient des entreprises particulieres independantes repugnantes meme au Gouvernement. Le Roi verroit avec deplaisir que ses sujets se permissent de porter aux Americains aucun genre de secours offensif, et sils etoient surpris par des armateurs Anglois dans un commerce prohibé ils nauroient aucun suport et apuy a se promettre de notre part. Mais je ne puis m'empechér d'observér M. que le Lord Suffolck en vous parlant de leurs nombreuses croisieres sest expliqué de maniere a faire entendre quelles veillent egalement sur ceux de nos vaisseaux qui vont dans nos isles ou qui en reviennent et qui pourroient avoir a bord des armes et dautres munitions de guerre. Il y a cependant une difference bien essentielle a faire et quil sera bon que vous fassies remarquér; je conçois que des batimens sortans du canal de Bahama sous pretexte de revenir en Europe avec une asses grande quantite de contre bande pour faire suposér un commerce prohibé peuvent paroitre asses supects pour etre arretés et soumis a la perte de leurs effets, mais je ne comprens pas sur quel fondement on pourroit se permettre de limitér notre commerce direct avec nos isles n'importe de quel genre soient les cargaisons. Ce qui peut etre contrebande dans la circonstance presente relativem^t a lAng^{re} est tres licite dun domaine de France a un autre domaine de France, et je suis persuadé que si cette question étoit portée a quelque tribunal que ce soit d'Ang^{re}, la decision seroit favorable, mais nous comptons trop sur la sagesse du Gouvernem^t B$\widetilde{que}$ pour croire quil veuille elever une question aussi delicate. Aureste la mer est libre, nous ne nous oposons point à ce que les Anglois y saisissent les Americains meme ceux qui arboreroient notre pavillon; quils les empechent d'arrivér dans nos ports ou de retournér dans les leurs; mais notre territoire doit leur pocurér un azile inviolable.

Angleterre, t. 516, n° 118.

A cette date du 15 juin, justement, le projet dont Beaumarchais devait être la cheville ouvrière s'exécutait; cela motivait de soi les raisonnements auxquels s'était livré le ministre. Il les reprend le 21. Un fait nouveau s'était produit alors et pouvait les rendre plus nécessaires. On venait d'apprendre que le congrès de Philadelphie avait ouvert les ports des Colonies à tous les vaisseaux du monde, les avait fermés à ceux de l'Angleterre et que, bien plus, le Congrès avait décrété la course sur ces derniers. La police maritime devenait donc un intérêt imminent. Dans quelles conditions naviguerions-nous désormais et quelle conduite devions-nous suivre au sujet des prises qui seraient amenées par les corsaires américains? Une dépêche du 21 juin eut principalement en vue ces deux points importants. Elle était écrite de Marly, où la cour se trouvait. Elle disait à Garnier :

> Il y a dejà du tems, M., que je vous ai mandé que les ministres anglois jugeant de ce que nous faisons par ce quils feroient sils etoient a notre place, se persuadent que toutes les especes de secours que recoivent les Americains partent de France. Je ne disconviendrai quil ne puisse en sortir de chez nous. Nos negocians aiment autant a gagner de largent que ceux des autres nations; et je suis persuadé que les negocians anglois eux meme ne sen font pas faute malgré les prohibitions bien plus strictes aux quelles ils doivent etre assujetis. D'ailleurs il n'y a point de contrebande a terre, tout y est marchandise, ce nest qu'a la mer et suivant le lieu de la destination que telle sorte de marchandise peut etre qualifiée contrebande. Nous ne protegeons point ceux qui en portent, nous ne nous oposons point a ce que les Anglois les saisissent, nous ne reclamerions pas des François qui seroient surpris dans le commerce deffendu, bien entendu que ce ne seroit pas dans leur traversée de France a nos isles et vers aucun port de la domination du Roi. Je me suis suffisament expliqué avec vous a ce sujet, M., par ma derniere depeche. Au reste si les Anglois craignent que les Americains ne trouvent chez nous des secours par la voie du commerce nos marchés sont ouverts a ceux la comme aux autres, celui qui paiera le mieux peut etre assuré de la preference.
>
> J'ai vu la resolution du Congrès du 6. avril dernier pour ouvrir les ports des treize Colonies unies aux vaisseaux et aux marchandises de toutes les nations les Anglois et le thé exceptés. Je ne crois pas quils y ait beaucoup de curieux de tenter cette avanture, les risques a courir ne seroient pas compensés par les avantages qu'on pourroit sen promettre, etant tres vraisemblable

que les Anglois qui n'ont pas encore reconnû l'independance de lAmerique arreteroient indistinctem^t tous les vaisseaux entrans ou sortans de ses ports comme surpris dans un commerce illicite. Ce qui paroit exiger plus d'attention est lordre que le Congrès vient de donnér a ses armateurs de courrir sus a tous les batimens anglois indistinctement et dans toutes les parties du monde. Lenvie de faire des prises plus facilement pouvant attirér des corsaires dans les mers d'Europe ou les Anglois sont moins sous leurs gardes il sera asses embarrassant de savoir quel parti prendre sils veulent les deposér dans nos ports. Les Americains ne sont encore relativement a toutes les nations civilisées que dans un etat de revolte ouverte vis avis de leur maitre legitime. Cela nempeche pas quils ne puissent trouver dans nos ports azile pour eux, leurs navires et leurs effets; nous continuons a les considérér comme des sujets Anglois et nous les laissons jouir de tous les droits attachés a cette qualité, mais les prises qu'ils feront si elles sont réclamées (et elles le seront certainement), sous quel point de vûe les envisagerons nous? Comme il nest gueres possible que ce futur contingent si probable n'ait pas deja fait le sujet des raisonnemens des Anglois vous mobligerés M. de me marquér ce que vous aures entendu de plus sensé et de plus raisonable sur ce sujet.

À Marly le 21 juin 1776.

Angleterre, t. 516, n° 134.

En attendant, le ministre tâchait de rendre efficace la médiation du roi. Il s'efforçait d'amener le Portugal aux satisfactions que l'Espagne était en droit d'obtenir. Malgré une insistance réitérée, il n'avait pu voir encore le gouvernement de Charles III formuler nettement celles qu'il se croyait dues. Dans ces négociations où il avait tout pour lui, ce gouvernement apportait une hésitation à parler dont plus d'une autre fois il donnera la preuve. M. de Vergennes faisait vainement dire « qu'il fallait une base certaine, qu'il était nécessaire de connaître le but auquel Sa Majesté Catholique désirait que l'on conduisît l'Angleterre et la cour de Lisbonne »[1], que M. de Pombal pouvait être soupçonné de chercher à gagner du temps et qu'il était de l'intérêt

---

[1] Rapport d'Ossun, du 13 mai.

de l'Espagne de terminer pendant que les Anglais se trouvaient hors d'état de secourir utilement leur allié[1]; vainement il pressait son ambassadeur d'agir sur M. de Galvès, dont ces vues avaient l'assentiment[2]. A la fin de juin, encore, on se trouvait dans le vague comme au début : « Les choses, écrit-il à Ossun ce jour-là, seraient peut-être plus avancées si l'Espagne avait bien voulu nous faire connaître ce qu'elle désire; elle prefere d'être devinée, cela n'est, je vous assure, ni commode ni aisé », et c'est avec de véritables instances qu'il demande à son subordonné de s'efforcer d'aboutir[3]. Le roi et M. de Grimaldi éludaient ou donnaient des prétextes. La pensée qu'ils seraient plus heureux avec les propres forces de l'Espagne que par ses médiateurs, la crainte de ne pas demander autant que l'on pourrait obtenir pour elle les tenaient à la fois tentés et indécis. Tempérament politique affaibli, dont la France ne devait pas tarder à faire l'épreuve à son détriment! Mais, aux yeux de M. de Vergennes et de ses collègues, il

---

[1] Rapport d'Ossun, du 27 mai.
[2] Dépêche du 31 mai.
[3] ..... « Nous sommes bien persuadés M. « que vous y feres de votre mieux et que vous « vous y conduirés avec votre prudence ordi- « naire. Vous connoisses nos liaisons avec l'Esp⁹ « et notre interest inseparable de tout ce qui la « regarde; vous connoisses aussi le desir que le « Roi auroit de voir la paix, lamitié et la con- « fiance retablies entre les deux puissances voi- « sines et amies. Cest sur ces deux points de « vue que vous deves regler vos demarches, « votre langage et toute votre conduite. » (*Espagne*, t. 580, n° 199.) Le ministre avait déjà écrit à l'ambassadeur le 12 avril (*ibid.*, n° 29) : « ..... Si linterest de l'Ang^re comme « celui du Portugal sont de prevenir les suites « de cette contestation, lEspagne en a elle « meme un tres principal de profiter de la « seule occasion qui se presentera peut etre « dans le cours de plusieurs siecles ou elle « pourroit compter sur limpartialité de lAng^re.

« Celle ci est en effet dans de tels embarras « relativement à lissue que pourront avoir ses « demeslés avec ses Colonies que si lon ne perd « pas un tems pretieux et quelle nait pas celui « detre rassurée par des evenemens plus favo- « rables quelle nose peut etre se les promettre « il faudra bien quelle fasse ceder sa partialité « pour les pretentions exagerees de son allié a la « justice de la cause et des moiens de lEspagne. « Cest dans cette vûe que rien na pu etre plus « sagement prevû et combiné que la demande « qui a eté faite dun terme peremptoire pour « lexercice de la mediation, et cest aussi en « apretiant toute lutilité de cette condition que « je vous ai prié M. dinsinuer a M. le Mis de « Grimaldi sil ne jugeroit pas a propos de nous « confier lultimatum dont le Roi son maitre « voudroit bien se contenter afin que bien in- « struits du point extreme ou le Prince trouvera « bon de sarrêter nous puissions regler nos de- « marches preparatoires et finales selon les vues « de Sa M^té Cq̃ue. »

y avait surtout du prix à retarder l'explosion de la guerre, si l'on ne pouvait l'éviter. C'est pourquoi ils avaient souhaité de voir l'Espagne assez forte, au Brésil, pour empêcher M. de Pombal d'y prendre des avantages que l'on ne pourrait plus lui enlever que par les armes. L'histoire reprocherait injustement au ministre des Affaires étrangères de Louis XVI de n'avoir pas eu, pour la guerre, l'éloignement d'un politique avare des ressources de son pays et du sang de ses soldats; il était imbu au contraire de la morale politique qui s'inspire de ce sentiment-là. Écrivant à Ossun le 14 mai sur cet interminable sujet des manœuvres portugaises, il n'était préoccupé que de faire représenter au roi Charles combien les chances de la guerre méritaient peu d'être courues, quand elle n'avait pas pour cause des intérêts supérieurs.

> Si l'interet du Portugal est de prévenir que la contestation présente ne puisse devenir le sujet d'une guerre dans un moment où il ne peut pas espérer une grande assistance de la part de son allié, celui de l'Esp^e l'invite à profiter de la même circonstance pour trancher radicalement la difficulté par une composition amiable. Independamment que l'humanité sollicite de preférer cette voye, l'expérience dépose que la guerre ne fut presque jamais un moyen efficace pour terminer péremptoirement les querelles de cette espèce. Les dépenses immenses qu'elle occasionne même lorsqu'elle se fait le plus heureusement, amènent bientôt la lassitude et l'épuisement. On finit parce qu'on ne peut plus continuer les mêmes efforts; et le plus souvent le nœud de la dificulté n'est pas même effleuré! C'est presque toujours à recommencer. Il n'est pas possible que cette considération présentée à propos ne fît l'impression la plus victorieuse sur le Roi C$\tilde{\text{que}}$ et son ministère dont les principes honnetes et vertueux doivent les porter à envisager la guerre même la plus juste comme la plus grande des calamités.
>
> Espagne, t. 580, n° 95.

Le cabinet de Versailles continuait donc avec patience sa négociation stérile, s'évertuant par Ossun à retenir le ministère de Madrid qui était prompt à tirer argument de tout, et, par Garnier, pressant celui de Londres de peser sur M. de Pombal. C'est pour préciser une fois de plus à l'ambassadeur le point où il paraîtrait naturel que le roi d'Espagne obéît à ses ressentiments, qu'il écrivait cette dépêche du 29 juin rapportée plus haut. Il avait alors à peu près perdu confiance dans le résultat. Huit jours auparavant, la cour de Portugal ayant remis un projet de déclaration pour satisfaire celle de Madrid, il disait déjà à Garnier, à ce sujet, qu'en Angleterre on n'en devait pas en être à s'apercevoir que M. de Pombal se jouait et de l'Espagne et des médiateurs; « la patience échappera au Roi Catholique, ajoutait-il, et il en arrivera ce qu'il pourra[1]. » Il entrevoyait déjà le prochain changement de la scène et, renouvelant les conseils par lui inutilement donnés, il exprimait le regret que l'Espagne eût différé de les suivre.

[1] 21 juin : « Je ne me chargerai surement « pas, M., continuait-il, de communiquér en « Espagne cet amphigouri qui ne pourroit « qu'aigrir les esprits qui ne le sont deja que « trop. Je souhaite que M. de Pombal ne soit « pas asses mal conseillé pour faire presenter a « Madrid ce nouveau projet dune satisfaction « vraiement illusoire, ou s'il a cette imprudence « de s'y attachér comme un dernier effort de sa « condescendance. Je crains fort que les Ministres Anglois n'agissent trop mollement sur un « allié qui peut tres aisement sacrifiér l'interest « le plus grand comme le plus pretieux a sa « morgue et a sa ridicule vanité. Il semble que « M. de Pombal prenne a tache de mettre en « evidence que la saisie des navires marchands « Espagnol a eté faite de son ordre. Sa reticence « a articulér le fait et sa repugnance a le desavoüér semblent autoriser cette deduction. » (*Angleterre*, t. 516, n° 134.)

ANNEXES DU CHAPITRE XIII.

DÉBATS DU PARLEMENT ANGLAIS.

EXTRAITS EMPRUNTÉS À CEUX JOINTS PAR GARNIER À SES RAPPORTS DU 11 ET DU 15 MARS*.

(*Angleterre*, t. 515, n°⁵ 4 et 21.)

SÉANCE DU 5 MARS.

Milord Shelburne..... J'insiste, Milords, sur la restoration de nos forces militaires, parce que le tableau militaire de l'Europe, qui s'offre dans ce moment a mon esprit, fait naitre mes terreurs et mès allarmes. En France un jeune Roi introduit dans son état une reforme generale; et un ministre grand homme de guerre lui prépare des soldats digne de leur souverain. L'Espagne n'est occupée que de mouvemens guerriers. Une partie considerable de ses citoyens commence a lui former une puissance militaire si respectable, qu'il faut remonter jusqu'à Charles quint, pour qu'il s'en offre un exemple. Elle a ete batue devant Alger? erreur. Ses troupes se sont aguéries; elle a triomphé, du moins s'est elle préparée a vaincre : fruit suffisant de ses militaires essais. L'Autriche voit sur son trone un jeune prince guerrier, ambitieux, puissant, tout occupé a former des troupes, a les encourager par ses exemples et par

---

* [Ces extraits ont visiblement été composés en anglais et traduits pour être envoyés à Versailles. Roubaud sans doute les fournit, car Garnier l'employait encore à cette date. Les parties reproduites ici le sont telles que la minute les présente. — Roubaud était, parait-il, l'auteur ou l'un des auteurs d'un pamphlet intitulé : *Lettres de Monsieur de Moncalm*. Lord Shelburne maltraita tellement ce pamphlet qu'en entendant parler l'orateur Roubaud se trouva fort troublé, se sentant désigné peut-être. Garnier, probablement pour amuser M. de Vergennes sur le personnage, termine sa dépêche en lui racontant cet incident : « Il (lord Shelburne) a parlé avec beaucoup de violence contre un ouvrage publié en dernier lieu sous le titre de lettres de Mʳ de Moncalm, affirmant qu'il étoit faux, ignorant et méprisable. Je suppose que son auteur ne me rendra pas bien exactement cette sortie. Je suppose même qu'elle lui a fait un mauvais effet, car en s'excusant de ne pouvoir m'envoyer les débats pour aujourd'hui, il m'a écrit qu'il avoit été malade toute la nuit. J'aurai l'honneur, à la première occasion de vous parler plus amplement sur son sujet. »]

ses bienfaits. Le héros qui regne en Prusse a le premier donné en Europe l'exemple de former dans le grand et le solide le militaire d'un etat. Le modele a été copié, egalé peut etre, mais jamais surpassé. Un nouveau regne en Suede : ses heureux commencemens semblent annoncer qu'il fera revivre bientot les regnes des Gustaves et des Charles douze. La Russie a marché sur les plans que son premier fondateur le czar Pierre lui avoit legués par ses exemples et ses dernieres volontés. Ses derniers succes annoncent tout ce qu'elle est. Le Danemark se releve de sa foiblesse. Voila l'Europe. Est-il rien de plus capable de donner a penser a des conducteurs de l'etat? Qu'est l'Angleterre vis-a-vis de ce tableau? Je me tais. Ma vanité est trop mortifiée du personnage, qu'elle y joue. Mais au milieu de cet appareil militaire que l'Europe etale de toutes parts, du moins, pouvons nous compter sur des alliances capables de suppléer a notre foiblesse, et de nous relever de notre impuissance. La France est notre ennemi naturelle. L'Espagne connoit nos sentimens; elle ne voit que trop ce qu'on lui prépare. Puisse t-elle dans un moment malheureux ne pas prevenir nos desseins par notre ruine. Je suis trop ami de ma patrie pour m'expliquer davantage; et je parle devant des senateurs trop eclairés pour ne pas me comprendre a demi mot. L'Autriche autrefois si amie de l'Angletere ne nous voit plus qu'avec des yeux indifferens. La France par des alliances de sang, peut être de politique, n'a que trop su l'enlever a nos interets. La Prusse nous prépare quelque vengeance d'autant plus dangereuse, que les eclats s'annonceront par des coups. Elle n'a pas oublié notre ingratitude lors de la conclusion de la derniere paix; elle repete de nous des sommes que nous ne sommes que trop hors d'etat de débourser. C'en est trop pour un monarque du caractere de celui qui y regne, pour ne pas nous attendre un jour a ses ressentimens. La Suede est devouèe a nos ennemis, qui ont su l'art de la gagner et de la servir; des malheurs domestiques nous ont ravi l'amitié du Danemark; enfin nous avons dégoutè la Russie, et je ne balancerois pas a prononcer que dans le choix c'est du coté de la France, qu'elle se tourneroit de préférence à nous. Que reste t-il donc a la Grande Bretagne? la Hesse, dont nous avons acheté l'alliance plus cher, j'ose le dire, que nous auroit coutè l'alliance d'une des premieres puissances de l'Europe. Au moins puis-je assurer que 17,000 soldats anglois epargneroient a la nation, sur les calculs les plus justes, 350,000 livres sterling par an. Quelles puissantes raisons de nous en tenir a nos propres citoyens pour en composer nos soldats, que la politique devroit encourager par une augmentation de paye, par des récompenses accordées aux vétérans, par une limitation de leurs services a l'imitation de la France, en un mot par quelques autres bienfaits que la prudence peut mediter. Rendez le soldat riche, heureux, vous n'en manquerez nulle part, et moins en Angleterre qu'ailleurs. Vos manufactures et les diverses occupations de l'etat n'en souffriront pas. C'est par une méthode si sage que l'administration pourroit former un corps de militaires, adaptés aux besoins publics. Qu'on n'hesite donc pas de suspendre la marche de ces Allemands, quand même il faudroit sacrifier les avances déjà faites. Dans les grands dangers, dans les circonstances de grande crise, ce n'est pas a l'economie qu'il faut s'arreter; c'est alors le moment de la générosité, en s'élevant au dessus de la dépense. Mais se condamner a cette dépense pour en acheter une source de malheurs, c'en est trop.

Milords, pardonnez la longueur de mon discours, un homme pénétré des malheurs et des dangers de l'etat ne s'imagine jamais en avoir assez dit pour les prévenir, ou les guérir. Au moins est-ce le cœur, un cœur conduit par l'amour de sa patrie, qui vient de s'exprimer. Daignez pardonner les erreurs de l'esprit en faveur des sentimens du premier. Voila, Milords, la priere apres laquelle je finis : vos décisions rectifieront tout.

SÉANCE DU 14 MARS 1776.

LE DUC DE GRAFTON..... Milords, l'administration a tellement varié jusqu'ici dans les vœux, qu'elle nous a énoncés tantôt pour une conciliation avec les Amèricains, tantôt pour une soumission générale et sans aucune condition, que ses inconséquences n'annoncent que trop son peu de sagesse, en manifestant l'instabilité et l'incertitude des principes, sur lesquels elle guide sa marche. Plût au ciel au moins que dans ce cercle versatile de variations, elle se fut attaché au parti le plus humain et le plus utile! Mais non, l'esprit de vertige, qui l'entraine et l'aveugle, l'a fixée aujourd'hui aux dernieres extrémités, ressources toujours les plus condamnables et les plus mauvaises, parce qu'elles sont celles du désespoir.

Quelle politique de risquer ici sans nécessité toute la fortune de l'etat! Car il n'est question ici de rien moins que de savoir, s'il existera a l'avenir une Angleterre, ou si elle ne cessera pas d'etre. Quel garant certain avons nous de réussir a finir, la conquête de l'Amérique. Si elle est une fois detachée de notre empire, quelle figure jouera dans l'Europe parmi les grandes puissances l'Angleterre isolée et confinée dans son isle? Mais non, la victoire nous a couronnés; voila l'Amérique a genoux, qui nous demande des fers. Mais que sera cette Amerique? cette contrée aujourdhui si peuplée, si riche en véritables richesses, si distinguée par les qualités commerciales et militaires de ses habitans? Non, elle ne renfermera alors qu'une poignée de malheureux echapés au massacre général, et enragés au fond de leurs cœurs contre cette marâtre de patrie, qui le fer a la main aura fait couler le sang de leurs freres et de leurs amis. Quels services pourra t-on se promettre de ces hommes ruinés et depouillés de tout, et d'ailleurs si envénimés contre nous? Sera ce alors la peine de les avoir vaincus? et nous rendront ils la centieme partie, de ce que nous aura couté leur rèduction?

Je tourne a prèsent mes regards tout a fait vers l'Angleterre. Les ministres pouroient ils nous assigner au juste la durèe des expèditions qu'ils mèditent? Nous connoissons les dépenses énormes, qu'elles nous coutent aujourd'hui ; nous en sommes aux expèdiens pour trouver les fonds. Où les trouverons nous pour une, deux, ou trois campagnes, qu'apres tout la consommation de cette grande affaire pouroit requèrir? Que deviendra en attendant l'Irlande, qui ne fleurissoit que par son commerce avec l'Amérique? Que deviendra t-elle surtout, si l'Amérique vient a nous echapper? Unie depuis longtems d'interêt et d'affection avec les colonies ne chercheroit-elle pas a se procurer la même sorte d'independance et de souveraineté personelle? Et les puissances voisines, nos rivales naturelles, si jalouses de notre grandeur actuelle, de l'immensité de nos richesses, et de la supèriorité de nos forces, n'appuyeroient elles pas de leurs efforts les essais, que feroit l'Irlande pour secouer le joug? Milords, j'avoue que l'aspect, sous lequel la France s'offre aujourd'hui, merite nos plus sérieuses considerations. C'est un jeune monarque, qui y regne, juste, appliqué, laborieux, jaloux de la prospérité de son empire. Le ministere choisi de la main du Monarque, ne pense que d'apres le maitre, et n'agit que sous sa direction. Les ressources de la France sont connues. Si l'Angleterre n'a pas a trembler comme en effet elle n'est pas dans le cas encore elle a du moins de grandes raisons de refléchir et de se précautionner.

Mais les ministres se rassurent sur l'assurance des dispositions pacifiques de la France. Est il de la sagesse de faire trop de fond sur la parole d'un ennemi, et d'un ennemi qui a peut etre plus d'un titre pour justifier un manque d'une rigide probité? Ce qui me feroit pencher pour la négative, c'est l'intelligence, qui m'est survenue. Deux Francois de considèration ont abordé sécretement sur le continent de l'Amèrique. Ils y ont été accueillis avec distinction. Conduits a Philadelphie, ils ont été admis a des confèrences secretes avec le Congrès. Quel a été le résultat de cette ambassade secrete? est il bien difficile de le deviner? Le ministere s'endort pourtant, mais nos rivaux veillent; et la vigilance de ceux-ci jointe a notre assoupissement, et a la léthargie profonde, dans laquelle nous sommes ensevelis, pouroit bien être les prèsages de notre ruine. Quel different aspect n'offriroit pas une rèconcilation honorablement menagèe? L'Amerique se peupleroit, s'enrichiroit. L'Irlande accroitroit son commerce, ses manufactures, que l'on pouroit favoriser par de sages règlemens. Mais non, le ministere veut tout abattre, tout ècraser, tout anèantir.

Le duc de Manchester..... Dans cet etat de notre foiblesse, sur quel pied se montrent nos ennemis naturels? La marine de France s'offre sous un aspect tres

ANNEXES DU CHAPITRE XIII.

respectable. L'Espagne, depuis Charles quint et Philippe second, n'a pas vu ses ports regorger ainsi de marins et de vaisseaux. Aucune de ces deux Puissances ne laisse dans l'inaction ses ressources maritimes. On arme a force en France, on en fait de même en Espagne. Le rendez vous de ces deux flottes rèunies est assigné à Carthagenes. Est-ce a la conquête d'Alger, qu'elles sont destinées? Les ministres peuvent le croire : mais j'aurois de grandes raisons de les présumer designées pour une invasion contre le Portugal. Si mes informations sont vraies, nous voila engagés dans deux guerres a la fois. Comment nous en tirer avec honneur? Mais mes informations s'étendent plus loin. Dans les deux Indes ces deux Puissances comptent des armemens considerables, qui doivent presque nous faire trembler. Dans le cas d'une double guerre, comment en fournir les frais? Le parlement a déja voté 6 millions sterling; 4 millions et au dela sont encore demandes en supplement. Il est évident que nous ne saurions supporter la guerre en Amérique l'espace seulement de deux ans. Que seroit-ce, si une double guerre venoit a nous tomber sur les bras? La banqueroute de la nation n'en seroit-elle pas la consèquence infaillible? C'est cependant a cette double guerre, c'est à dire a notre ruine que nos ministres nous exposent aujourdhui par leur opiniatretè a se roidir aux voies de force et de violence contre l'Amérique. Cette guerre intestine nous dépouille pour la défense du royaume de la plus grande partie de nos forces, sans compter les ressources commerciales et pécuniaires qu'elle éteint au dedans. Milords, se montrer dans un état de foiblesse, c'est inviter nos ennemis a mettre en usage des momens si heureux et si favorables a leur ambition pour nous écraser : réflexion qui devroit occuper les ministres. Hélas! il sera peut etre un jour trop tard d'y venir, lorsque les calamités fondant à grands flots sur nos têtes, ne nous donneront plus le loisir de les prévenir. Milords, voila ce qui me rend cheres les mesures douces proposees par le Noble Duc, le premier auteur de la question. Elles tendent a rapprocher les Américains de nous, en nous rapprochant d'eux c'est a dire qu'elles visent a amener une réconciliation plus avantageuse, plus honorable, plus souhaitable, que les succes les plus multiples et les triomphes les plus brillans. Elles préviennent l'éffusion du sang, la dissipation de nos finances, la suspension de notre commerce, la ruine avanturée au moins de la nation.

Milord Sandwich..... Je ne dis rien des dépenses de la présente guerre, qu'on exagere, et de l'etat pytoiable de nos finances, que l'on rabaisse sans fondement. Dix millions st ne sont rien pour une puissance telle que la notre. Une guerre avec la France et l'Espagne couteroit cinq et six fois au dela, et nous serions en etat de supporter ces charges, sans en etre ecrases. On affecte de meconnoitre les rèssources, et l'affluence de la nation. Mais cette ignorance prétendue n'attaque en rien notre florissante situation. Elle ne préjudicie qu'a l'honneur de ceux, qui s'en parent pour intimider les simples et les sots. Mais voici, Milords, une réflexion qui m'a toujours frappé, toutes les fois qu'elle s'est présentée a mon esprit. Nous manquons de vaisseaux, de matelots, d'argent, en un mot de tout : si ce denument etoit effectif, ne seroit-il pas d'un fidele patriotisme de le dérober a la connoissance publique, afin de prévenir l'abus qu'en pourroient faire des ennemis et des rivaux? Mais pourvu que l'on porte quelque atteinte aux ministres, on s'embarasse peu que le contre coup en rejaillisse sur l'etat. Patriotisme de nouvelle fabrique, qui ne sera jamais marqué dans la liste des vertus des véritables citoyens. On s'écrie hardiment que nous sommes hors d'etat de supporter deux ans les dépenses de notre guerre en Amérique. Quelle idée, apres une si capitale déclaration, la France et l'Espagne peuvent elles concevoir de notre grandeur, ou plutot de notre foiblesse? Heureuse l'Angleterre que cette imputation, comme toutes les autres, n'est fondée ni en justice ni realité! Je ne souhaite pas que nos ennemis essayent de s'en convaincre par l'expérience. Assez d'embaras nous oppressent, sans en souhaiter de nouveaux. Mais si les malheurs des temps venoient jamais a enfanter cette addition de charges et de travaux, heureuse encore une fois l'Angleterre, Milords, d'etre en passe de faire face a tout et de s'en tirer avec honneur.

Milord Camden..... Cette politique doit avoir lieu surtout, quand pour agrandir nos souverains, on met en balance et en compromis toute la fortune de l'etat. Le détail de tout ce, qui peut lui en couter, a été fidèlement exposé, Milords; un point sur lequel j'insiste de nouveau, ce sont nos risques du coté de nos voisins. Ils ont ramassé des forces considérables a St Domingue; l'isle Maurice y cache de puissans renforts. Il est certain que deux Francois ont abordé à Rhodes island, d'où ils ont èté conduits a Philadelphie et admis avec distinction a de scretes conférences avec le Congrés. Tant de misteres, tant d'honneurs accordés a deux étrangers, connus pour gens de marque et de considération, n'annoncent que trop quelque complot, quelque confédération secrete, quelque mine sourde, qui pouroit bien èclater tout a coup, et nous écraser. Mais du coté de cette rivale éternelle de l'Angleterre, un plus frappant objet reveille excite mes allarmes. Un jeune Roi, se refusant a la licence des passions pour etre tout a fait a la réforme de son royaume, un ministere que la main de la brigue n'a plus placè, que le choix du mèrite seul a forme, tout occupé a seconder les vues d'un tel maitre. Milords, avec un épouvantail si formidable pour l'avenir, la bonne politique dicteroit de penser a renforcer l'Angleterre, au lieu de l'asservir et de l'épuiser par une guerre, qui ne présage que des désastres. Victorieuse ou vaincue, l'Angleterre aura dissipé ses trésors, sacrifié ses plus belles troupes, ruiné ou perdu une des plus belles portions de son empire.

Voila, Milords, le fondement, sur lequel j'opine en faveur des mesures conciliatrices, que le Noble Duc soumet aujourdhui à nos délibérations. C'est le dernier effort du patriotisme, pour arreter la patrie qu'on précipite a sa ruine.

Milord Mansfield. Milords j'avois pris la résolution de me condamner pour jamais au silence dans la discussion des affaires d'Amérique. Une réflexion remarquable d'un Noble Lord (le Lord Temple dans le dernier débat) m'avoit convaincu de la sagesse de cet unique parti a embrasser. Nous en sommes venus dans les affaires Américaines a un tel période, qu'il reste tres peu a dire, et beaucoup a faire. Le tems de raisonner, de calculer est passé; c'est aujourdhui le moment marqué pour agir. Pourquoi donc perdre ici le tems a revenir sur ses pas, a agiter des questions mille fois rebatues et deja decidées...... Dans tous nos débats politiques on ne cesse de se rabattre sur des objets étrangers, et on perd de vue la question principale, qu'il seroit de la sagesse d'approfondir. On a exercé son eloquence, tantot sur l'acte du timbre, tantot sur celui du thé, l'un sur nos vaisseaux, l'autre sur la qualité ou le nombre de nos matelots. Mais, Milords, dans la question proposée il ne s'agit ni de timbre, ni de thé, ni de matelots, ni de vaisseaux. On a parcouru une partie de l'Europe, la France, l'Espagne, l'Allemagne; on s'est rabatu sur l'Irlande; mais la question proposée n'est liée ni de pres ni de loin a ces differens royaumes. Le marquis de Montcalm, la compagnie des Indes, la situation de nos manufactures, de notre commerce, de notre milice ont passé successivement sur la scène, mais assurément ce n'est pas la question principale qui y a appelé tant de sujets si disparats. Ces écarts ces digressions mal amenées ne donnent pas un grand air de dignité a nos assemblées; elles ne font pas beaucoup d'honneur a la justesse de nos réflexions; mais le plus grand malheur, cest qu'elles n'avancent pas le succes de la cause de l'etat.

Il est de notoriété publique que le résultat de nos délibérations vole sur les ailes des vents jusques en Amérique. Des canaux fideles, non pas a la patrie, lui transmettent perfidement la plus légere reflexion, qui nous échape ! et c'est cette intelligence, contre laquelle nous devrions nous munir des armes de la précaution, parce qu'elle ruine totalement le succes de nos affaires. Un parti allègue la foiblesse du royaume, son impuissance a fournir longtemps aux dèpenses de la guerre, l'injustice de cette guerre, l'usurpation du parlement en s'arrogeant le droit de taxation, la répugnance des citoyens à tirer l'épée contre des freres, et mille autres suppositions favorables a l'Amérique : la conséquence, que doivent naturellement entrainer toutes ces allégations et ces représentations, c'est de doubler la résistance des Américains, de les inviter à s'armer de courage et de patience dans l'espérance présagée du succes. D'un autre coté on a fait tonner bien haut la révolte de l'Amérique, son indèpendance, sa tirannie, sa cruauté, ses divisions intestines, et tant d'autres appellations diffamantes. A quoi doit aboutir tout cet etalage pompeux de crimes et d'imputations capitales? A aigrir les esprits des colons, a empoisonner leurs sentimens par un surcroit de haine et d'horreur, dont le levain ne fermente dèja que trop dans leurs cœurs..... Je m'arrete, Milords, et je finis : les mesures, qu'on nous propose aujourdhui ne sont ni sérieuses, ni bien concertées, ni ajustées au besoin de l'etat. L'épèe est tirée, il faut frapper. Gémissons de la nècessité; mais ne faisons pas a notre gloire et a celle de l'état le deshonneur de reculer et de trembler, puisque nous sommes en état de faire trembler les autres.

MILORD WEYMOUTH. Je ne dirai que deux mots sur un point capital laissé jusquici sans rèponse. Que prétendent les deux Nobles Lords par leur déclaration de ces deux Francois admis avec tant de distinction pour conférer avec le Congrès? Veulent-ils nous les représenter comme des émissaires de la cour de France, et nous armer de soupçons contre une puissance respectable, qui jusqu'ici ne nous a donné que des preuves authentiques de sa droiture, de sa justice, et de sa générosité ? Ces chefs de l'Opposition viseroient ils a nous susciter de nouvelles affaires, comme si nos foibles mains n'en etoient pas assez surchargèes ? Ces deux Francois ne peuvent etre que quelques contrebandiers, qui se sont glissés furtivement en Amèrique, pour le lucre et les profits de leur commerce subreptice, peut etre quelques mècontens de la cour, qui vont sous les auspices du Congrès imprimer quelque livre, et déclamer sans risque contre le gouvernement de leur patrie. Enfin ce pourroit bien etre quelques fugitifs, echapés aux loix de leur pays, et qui vont réclamer une impunité aupres de rebelles comme eux. Si les deux Lords sont munis de quelque information plus particuliere sur la commission de ces deux Francois, ils en doivent la communication a l'etat, et ils ne sauroient la lui dènier sans trahison et sans crime. S'ils n'ont la dessus aucune plus ample information a nous fournir, c'est une imprudence en eux, pour ne rien dire de plus, de jetter des soupçons sur la justice d'un gouvernement étranger, par la dèmarche furtive de deux ètrangers inconnus, sans mission publique sans caractere, et dont la cour, a qui ils appartiennent ignore les actions et les vues.

CHAPITRE XIV.

L'ENVOYÉ DU CONGRÈS À PARIS.

Le chargé d'affaires anglais et le mouvement qu'il croyait voir dans nos ports; motifs que M. de Vergennes en donne; réalité qu'avait ce mouvement. — Emploi de Barbeu Dubourg par le ministre; officiers et intermédiaires que ce docteur procure. — Le « négociant fidèle et discret » chargé de dissimuler la participation du Gouvernement à l'armement des Colonies; vues sur Beaumarchais pour ce rôle; la maison Roderique Hortalès et Cie; combinaison sur laquelle elle est fondée. — M. de Grimaldi envoie le million promis par le roi d'Espagne; utilité de faire opérer ensemble Beaumarchais et Barbeu Dubourg; résistance de ce dernier; haute opinion qu'il avait de son importance. — Silas Deane en Espagne et en France; ses instructions; mission qu'il avait de voir M. de Vergennes, langage qu'il devait lui tenir. — Dubourg se considère comme l'agent en pied des Colonies, il s'efforce d'accaparer Deane; sa lettre à M. de Vergennes pour écarter Beaumarchais; sa déconvenue. — Pourquoi l'envoyé de Philadelphie était très attendu; l'espion Édouard Bancroft. — Entretiens de M. de Vergennes avec Silas Deane; excellente attitude de celui-ci; l'entretien est « agréable » au ministre. — Facilités accordées aux Américains dans les ports; la Marine et le Contrôle général. — M. de Vergennes adresse Beaumarchais à Deane; protestation de Dubourg; nouvelle déception de celui-ci. — Intérêt que présentaient en leur temps ces détails, aujourd'hui minimes pour l'histoire. — Efforts de Dubourg pour rester en tiers; il promène partout Silas Deane; tout ce qu'ils avaient commencé ensemble est repris par l'Américain avec Beaumarchais; traité définitif de Silas Deane avec Hortalès et Cie; Dubourg se fait faire une petite part. — Ce qu'on pensait en Angleterre.

Ce n'était pas quand les conjonctures semblaient si près de se compliquer que M. de Vergennes aurait retardé les projets concertés au profit de l'Amérique. Comme en *post scriptum* à sa dépêche de Marly, il écrivait que « l'inquiétude avait repris M. de Saint-Paul, que celui-ci voyait dans nos ports des armements de flottes et tout ce que la vivacité de son imagination naturellement exaltée lui pouvait suggérer ». Il ajoutait bien qu'il n'y avait rien là de fondé; mais il laissait deviner la vérité par les raisons qu'il donnait, disant que « nous voulions être « prêts à tout événement, et que notre prévoyance n'avait pas d'autre « but sinon notre sûreté dans tous les cas possibles ».

Les faits, effectivement, justifiaient les renseignements du chargé d'affaires d'Angleterre. Un mouvement que l'on n'aurait pas aperçu auparavant était sensible. Nous avons indiqué que les moyens organisés par Franklin pour tirer de France du matériel de guerre trouvaient, chez M. de Vergennes, l'appui propre à les rendre efficaces. Dès le mois de mai 1776, le ministre est en rapport direct avec Barbeu Dubourg. Celui-ci l'a mis au courant des opérations commencées, du bénéfice personnel qu'il y trouve, du traité passé avec le *Comité de correspondance secrète* par ce Penet que les orateurs de la chambre des lords transformaient en un envoyé de la France. Dubourg a même trouvé assez d'accueil aux Affaires étrangères pour ne pas craindre de demander, en vue de sauvegarder ses intérêts, que le Gouvernement prenne des informations sur l'honorabilité de Penet, et M. de Vergennes n'a pas jugé hors de propos de lui répondre par des conseils[1]. Il l'utilise d'ailleurs tout de suite. Il s'agissait de faire sortir des arsenaux des armes dont on ne se servait plus, de les expédier en Amérique et de recruter des officiers disponibles, artilleurs ou ingénieurs surtout. Après lui avoir écrit : « On peut dissimuler certaines choses, « mais on ne veut pas les autoriser, » le ministre s'efforce de diriger ce « docteur » de manière à ne rien laisser découvrir. Celui-ci est adressé au chef du matériel de la Guerre, M. de Gribeauval, que M. de Saint-Germain a prévenu; il concerte tout avec lui; il a bientôt découvert et présenté les officiers que l'on demande; il désigne déjà, notamment, pour directeur général de l'artillerie et du génie américains M. Tronson du Coudray, que l'on verra bientôt partir et qui courait, en attendant, les arsenaux pour y faire le triage du vieil armement et le diriger sur les ports. On avait besoin de quelqu'un se chargeant d'emballer, de conduire à Nantes, de livrer contre le prix convenu ce matériel de guerre; c'est Dubourg encore qui le procure.

---

[1] Voir à l'annexe I du présent chapitre la lettre de Dubourg du 31 mai, à laquelle M. de Vergennes répond de sa main le 1ᵉʳ juin. — Une lettre interceptée de Penet, du 20 août (*États-Unis*, n° 48), et une autre sans signature, du 27, indiquent aussi l'association de Dubourg aux bénéfices des fournitures qui seraient faites aux Américains.

Cependant M. de Vergennes ne se servait que provisoirement du « cher bon ami » de Franklin. Il comptait sur quelqu'un de plus avisé et de plus remuant pour les opérations importantes, c'est-à-dire quand il en serait à instituer le « négociant fidèle et discret » chargé de dissimuler, sous les dehors d'une entreprise privée, la participation effective du Gouvernement à l'armement des Colonies. Dans les données auxquelles on s'était arrêté, ce négociant devait être une maison de commerce en relation avec les ports de France, de Hollande, d'Angleterre même. On laissera assez vite ce cadre s'élargir lorsque le crédit des États-Unis sera établi; mais à cette heure on le trouvait suffisant. Quoique Beaumarchais, dans ses séjours de l'autre côté de la Manche, eût préparé le terrain sur d'autres vues, ce qu'il avait fait pouvait servir. En tout cas, on tenait à le voir devenir ce négociant prétendu. Lors de son retour de Londres, à la fin de mai, il parut opportun de commencer[1]; on le mit en mouvement et peu après il avait établi la maison Roderique Hortalès et Cie, autrement propre que celle des Pliarne et Penet à couvrir de l'apparence d'un grand commerce intéressé, les envois des deux Couronnes. La maison devait remplacer les armes déclassées qu'on lui fournirait par des armes neuves ou les solder pour leur valeur arbitrée; les Américains donneraient comme argent les denrées ou les marchandises qu'ils apporteraient et, suivant les exigences du moment, c'est-à-dire selon que l'Angleterre serait abusée ou menaçante, que la situation ou l'intérêt commanderait une attitude ou l'autre, le Gouvernement

---

[1] Il était rentré à Paris le 24. Il annonce ce jour-là son retour à M. de Vergennes : « Paris « ce vendredi 24 mai 1776. — Monsieur le « Comte, j'arrive, bien las, bien harassé. Mon « premier soin est de vous demander vos ordres « et l'heure à laquelle vous voudrés bien me « donner audience. Il est trois heures du matin. « Mon negre sera a Versailles a votre lever. Il « sera de retour pour le mien; et j'espère qu'il « m'apportera la nouvelle que j'attens avec le « plus d'impatience c'est la permission de vous « aller assurer du tres respectueux devouement « avec lequel je suis, Monsieur le Comte, votre « très humble et très obéissant serviteur. — « BEAUMARCHAIS. »
« Je signe car je suis si las que vous ne reconnaitrés peut etre pas mon écriture. » (Angleterre, t. 516, n° 57.)

faciliterait ou contrarierait la sortie des ports, le chargement des navires, les livraisons à effectuer, sauf à compter à la fin avec le « négociant fidèle », à l'indemniser des pertes ou à le tenir quitte des sommes dues [1].

Entre Beaumarchais et Arthur Lee, il ne s'était agi que de secours d'argent à faire parvenir, dès lors d'intermédiaires qui s'en chargeraient, et Lee aurait gardé, aux yeux du comité de Philadelphie, tout le mérite de cette assistance financière qui semblait devoir être gratuite. L'agent du gouvernement français dut se dégager, par suite, envers l'Américain. C'est ce qu'il fait le 12 juin, dans un billet attribuant à des ordres qui n'admettaient pas de résistance la rupture de leurs conventions. Il entreprend ensuite secrètement une tournée dans les ports[2]; les derniers jours du mois il est à Bordeaux, nouant, de cet important côté de l'Océan, les fils de l'affaire. Il avait reçu alors le million accordé par Louis XVI, et M. de Vergennes ayant rappelé à Madrid les engagements qu'on y avait pris, le million ajouté par Charles III lui fut bientôt compté[3]. Plus libre, en effet, et son souverain aussi, dans cette politique secrète que dans celle qui se traduisait en délibérations de cabinet et en dépêches officielles, M. de Grimaldi envoyait le 27 juin au comte d'Aranda la lettre de crédit nécessaire; il le faisait en ces termes, qui non seulement attestent

---

[1] L'auteur de *Beaumarchais et son temps* a expliqué avec soin tout cela.

[2] Assez secrètement pour qu'il dût s'en cacher même à M. de Lauraguais, dont l'ardeur excessive faisait craindre les indiscrétions. Le 16 juin, sur le point de commencer son voyage, il écrit au ministre : « ..... Mʳ de Lauragais, « avant de partir pour la Normandie pourait « bien aller à Versailles et mesmes à Marly « montrer à M. de Maurepas et a vous toute son « humeur sur votre inaction..... Je me suis « tenu, avec lui sur la négative de toute espèce « d'action en faveur des Américains, tant par « les principes du Roi, que par le danger que « les insurgens ne se vantassent de nos secours « et n'engageassent une querelle générale. Je « pars dans deux heures pour revenir vous offrir « de nouveau mes respects dans quinze jours si « rien ne m'arrête. » (*Angleterre*, t. 516, n° 121.) — Rentré à Paris le 3 juillet au matin, il prévient aussitôt M. de Vergennes de son retour. (*Ibid.*, t. 517, n° 4.)

[3] La lettre à Arthur Lee et les deux quittances (la première du 10 juin, la seconde du 10 août 1776) se trouvent aux Affaires étrangères; elles ne sont pas reproduites ici, M. de Loménie les ayant données dans *Beaumarchais et son temps*.

l'entente dans les agissements, mais expriment une confiance en M. de Vergennes dont il faudrait douter encore, à cette date, si l'on n'avait que la correspondance diplomatique pour en juger :

Madrid le 27 juin 1776.

J'ai rendu compte au Roi de la dépêche réservée de V. E. du 7 juin, dans laquelle elle me fait part de ce que M. de Vergennes lui a confié sous le plus grand secret, comme cela etoit necessaire, relativement aux secours que la cour de France se propose de fournir aux Insurgens des Colonies angloises, et à ceux qu'elle leur procure en cachette par differens moyens. Ce sage ministre atteint par là au but politique de contribuer à affoiblir reciproquement les Anglois pour les détruire, et les Colons pour les mettre à la raison dès le principe de leur indépendance.

Sa M^{té} a applaudi à ces mesures de la cour de France et les trouve très convenables aux vues que doivent toujours avoir l'Espagne et la France; et comme cet intérêt est commun aux deux Monarchies le Roi sent qu'il est juste que la démarche que l'on fait pour maintenir les Insurgens dans leur état de résistance, soit commune aussi. En consequence le Roi m'ordonne de vous envoyer la lettre de credit ci-jointe d'un million de livres tournois pour être employées au même objet. Nous n'avons pas nous autres les moyens de l'exécuter directement et avec le secret necessaire; mais V. E. se concertera avec M. le Cte de Vergennes sur le genre de secours auquel il conviendra d'employer cette somme, et sur les moyens de la faire parvenir à sa destination, soit en suivant la même route deja ouverte par la France, soit en en prenant une plus courte, suivant ce que M. de Vergennes et V. E. croiront le plus convenable.

Pour ne donner lieu à aucun discours ni a aucun soupçon j'ai supposé au Ministre des finances que cette somme est destinée à un achat dont V. E. est chargée par ordre du Roi, et j'ecris cette dépêche toute entiere de ma main, pour que ce secret ne soit communiqué à personne.

Espagne, t. 580, n° 193. (Traduction.)

Afin de donner tout son effet à ce mécanisme mi-partie politique et mi-partie de trafic[1], il restait à faire opérer ensemble Barbeu Dubourg et Beaumarchais. Au commencement de juillet, celui-ci fut donc adressé à l'autre pour combiner leurs moyens. Mais cela pouvait d'autant moins s'effectuer sans résistance qu'à l'heure même l'arrivée à Paris de l'envoyé de Philadelphie venait donner à Dubourg une très haute idée de son personnage. Parti en mars, l'Américain Silas Deane était arrivé en France à la fin de juin. Il avait passé par les Bermudes et l'Espagne. C'était la route la plus sûre, car les croisières anglaises ne pouvaient pas encore ne la point respecter, et c'était la plus avantageuse qu'il pût prendre, les petits ports espagnols paraissant très propices à un commerce de guerre qu'il avait mission d'organiser. Parvenu de ce côté-ci des Pyrénées, Deane avait employé une semaine en pourparlers avec des armateurs à Bordeaux, une autre à visiter la fonderie d'Angoulême et les grandes villes se trouvant sur sa route; il était à Paris le 5 juillet. Franklin avait rédigé les instructions de l'envoyé. Ses antécédents le désignaient naturellement pour cela à ses collègues du « Comité de correspondance secrète ». Franklin était convaincu d'avoir laissé son lit fait, en quittant l'Europe, de telle sorte que rien ne l'aurait déformé depuis, et il avait trouvé utile d'y coucher tout simplement l'émissaire. Celui-ci avait une lettre de l'ancien agent des Colonies pour M. Leroy de Chaumont, au Louvre, une pour le docteur Barbeu Dubourg; ses instructions lui prescrivaient expressément de regarder ce dernier comme le meilleur guide à rechercher et à suivre.

Les instructions du comité conduisaient littéralement Deane par la main[2]. Ses démarches et ses paroles lui étaient indiquées comme au mandataire le plus novice et le moins avisé : « Il s'occuperait osten-

---

[1] « Cette affaire politico-commerçante », disait Beaumarchais. (Lettre à M. de Vergennes, du 16 août.)

[2] Le gouvernement des États-Unis a publié ces instructions, avec beaucoup d'autres pièces des commencements de son histoire : Jared Sparks, *Diplomatic correspondence of the american revolution*, Boston, 1829. — Les instructions données à Silas Deane sont signées par tout le comité, mais M. G. Bancroft fait positivement connaître qu'elles étaient de Franklin, ce que tout rendait d'ailleurs probable.

siblement du commerce des Indes; la cour de France n'aimerait pas à laisser savoir au public qu'il y avait un représentant des Colonies à Paris; il devait donc se donner toutes les apparences d'un négociant véritable. Il se tiendrait d'ailleurs en rapports fréquents avec les deux destinataires de ses lettres, afin d'apprendre à devenir un français de Paris[1]. » On redoutait pour lui l'attrait de cette grande ville et l'on s'était empressé de l'en mettre en garde : « Il ne s'agira pas de satisfaire la curiosité qui amène tant de monde à visiter cette cité renommée, mais d'entretenir le plus tôt possible M. de Vergennes, ministre des affaires étrangères. Le docteur Dubourg le mettra à même d'être reçu; à défaut, il demandera une audience en expliquant que, sous les dehors d'un négociant, il est en France pour le compte du congrès américain et qu'il a à faire des communications de nature à être utiles à la France et aux Colonies à la fois. » Le langage à tenir dans la première audience, dans une seconde, dans d'autres si elles avaient lieu, est tracé ensuite à l'émissaire : « Sa commission une fois exhibée et reconnue, il devait exposer que le Congrès, ne pouvant pas trouver les moyens de fournir son pays d'assez d'armes et de munitions pour sa défense, par le fait des obstacles qu'y apporte le ministère anglais, l'a envoyé pour demander à cet égard le concours d'une puissance européenne. Le Congrès a pensé à la France la première; l'amitié de la France est, en effet, celle qui lui sera le plus utile si la séparation définitive d'avec la Grande-Bretagne arrive; mais c'est la France aussi qui est appelée à profiter le plus du commerce des Colonies, auquel l'Angleterre a dû non seulement une partie de sa richesse, mais beaucoup de ses moyens dans les dernières guerres. L'Amérique a besoin d'équipements et de matériel de guerre pour 25,000 hommes, d'une centaine de pièces de canon; les traites qu'elle fera pour les payer seront très sûres si son commerce peut être protégé par elle-même ou par ses alliés; elle achètera aussi des toiles, des lainages

---

[1] « Acquiring Parisian French. » (*Diplomatic correspondence*, t. I, p. 6.)

1776. et d'autres articles pour lesquels le crédit ne lui est pas nécessaire; mais le tout formerait une cargaison méritant d'être accompagnée par deux ou trois navires de guerre[1]. »

Évidemment Bonvouloir n'avait pas parlé à des oreilles sourdes[2]. C'était le premier pas des Américains dans les relations politiques avec le continent : on voit qu'ils tenaient déjà le langage d'une nation véritable, et d'une nation bien anglaise, regardant son intérêt comme si prédominant que personne ne pouvait être supposé ne pas l'avoir pour principal. Il était prescrit à l'envoyé de « ne se point rebuter de la froideur possible ou de la réserve du ministre; le cas arrivant, il se retirerait en priant M. de Vergennes de réfléchir, lui dirait qu'il restait encore à Paris un peu de temps et s'y tiendrait à ses ordres; les dispositions devenant plus coulantes dans une audience nouvelle, il tâcherait de savoir si, le jour où les Colonies se constitueraient en Etat indépendant, la France les reconnaîtrait, recevrait leurs ambassadeurs, ferait avec elles un traité de commerce, voire une alliance, et quelles conditions à peu près elle y mettrait; il insinuerait alors que, bien que pas encore prêt à retourner en Amérique pour porter des réponses d'un si délicat caractère, il lui était aisé de transmettre en attendant, d'une manière secrète et très sûre, des avis au Congrès ». Si minutieusement que l'on eût ainsi tracé à l'envoyé ses faits et gestes, il fallait bien supposer quelque imprévu et penser qu'il ne

---

[1] Voir une note du 22 août, de la main de Gérard, *sur le contenu du mémoire fourni par M. Deane*. (*États-Unis*, t. 1, n° 50.)

[2] Disons ici que l'on n'eut plus de nouvelles de Bonvouloir jusqu'au mois de juin 1776. Il avait mal continué sa mission si bien commencée. Mal pour lui seulement, car il n'avait rien compromis de ce qui lui avait été confié. Il s'était vu maltraité par les Anglais. Il avait été jeté dans le Canada à leur suite, il y avait souffert du besoin. Au mois de juin, le duc de Guines demanda qu'on le tirât de peine. M. de Vergennes fut d'abord assez dur pour lui, puis s'adoucit peu après. Nous reproduisons à l'annexe II du présent chapitre la correspondance qui s'échangea à ce sujet. Au mois de septembre un jeune officier français, M. de Saint-Aulaire, fait prisonnier par les Anglais dans le Canada, fut ramené à Londres et remit à l'ambassade un mémoire que Bonvouloir envoyait sur ce pays. Ce mémoire fait le sujet d'un rapport de Garnier du 27 septembre et d'une réponse de M. de Vergennes du 5 octobre. (*Angleterre*, t. 518, n°ˢ 60 et 76.)

serait pas incapable d'y faire face; les instructions se terminaient donc par ceci, que « tout cela serait à développer dans les entretiens « subséquents, suivant l'occurrence et selon que le lui suggérerait « son patriotisme et son zèle[1] ».

Une partie de « tout cela » conservait à peine de l'à-propos à la date où Franklin l'écrivait, à plus forte raison n'en avait plus quand Silas Deane eut à s'en servir. Barbeu Dubourg voyant M. de Vergennes ou lui écrivant librement, traitant avec les hauts employés de la Guerre, correspondant à Londres avec Arthur Lee et les agents dont celui-ci faisait ses intermédiaires, non inconnu, très probablement, du comte d'Aranda, se regardait déjà comme l'agent en pied des Colonies; il en fut tout à fait persuadé quand il eut reçu Silas Deane. La missive de Franklin lui valait un brevet. L'envoyé lui parut un auxiliaire qui lui était adressé pour assurer d'abord ses affaires (car l'Américain explique longuement au comité, dès son premier rapport, que le « docteur » était encore fort perplexe par le fait des opérations de Penet[2]) et aussi pour les agrandir. Afin de mieux assigner ce rôle à Silas Deane, il essaya de lui persuader tout de suite que les ministres ne le recevraient point, dans la crainte qu'on ne le sût et que lord Stormont n'en fît un grief auquel ils seraient embarrassés de répondre. Il le tenait comme au secret pour mieux rester chargé de tout. Beaumarchais venant soudain prendre à Dubourg ses opérations de la part de M. de Vergennes, faisait donc tomber ce « docteur » de bien haut. Il se débattit, naturellement, et, pensant ramener le secrétaire d'État des affaires étrangères, il lui adressa le soir même la lettre suivante, dans laquelle il disait de son compétiteur imprévu, au sujet duquel les mauvais propos abondaient, le mal que l'on en pouvait dire, espérant

---

[1] *Diplomatic correspondence*, t. I, p. 8.

[2] *Ibid.*, p. 10 et 11. — Penet, en négociant peut-être un peu aventurier, s'était empressé de se couvrir du nom de Franklin auprès de Barbeu Dubourg sans y être sérieusement autorisé, et avait profité de la crédulité du docteur pour l'associer à de considérables achats de munitions de guerre et de vivres dont le remboursement n'était rien moins qu'assuré. Silas Deane eut à s'engager sur cette affaire dès le lendemain de son arrivée, non sans en redouter assez la responsabilité future.

ainsi le faire écarter. C'est un document à citer, parmi les pièces auxquelles ont donné occasion ces efforts interlopes du gouvernement du roi en faveur de l'Amérique :

A Paris ce 13° juillet 1776.

Monseigneur,

J'ai vu ce matin M. de Beaumarchais, et m'y voyant expressément autorisé par vous, j'ai conféré volontiers avec lui sans réserve. Tout le monde connoit son esprit, ses talens, et personne ne rend plus de justice que moi à son honneteté, sa discretion, son zèle pour tout ce qui est grand et bon; je le crois un des hommes du monde les plus propres aux négociations politiques, mais peut etre en même tems un des moins propres au négoce mercantile. Il aime le faste, on assure qu'il entretient des demoiselles, il passe enfin pour un bourreau d'argent, et il n'y a en France ni marchand, ni fabricant qui n'en ait cette idée, et qui n'hésitât beaucoup à faire la moindre affaire de commerce avec lui. Aussi m'étonnat'il bien lorsqu'il m'apprit que vous l'aviez chargé non seulement de vous aider de ses lumières, mais de concentrer en lui seul l'ensemble et les détails de toutes les opérations de commerce, tant en envois qu'en retours, soit des munitions de guerre, soit des marchandises ordinaires, de la France aux Colonies unies, et des Colonies en France, la direction de toutes les affaires, le règlement des prix, la conclusion des marchés, les engagemens à prendre, les recouvremens à faire, les dettes a acquitter etc. Je convins avec lui qu'il pourroit en resulter l'avantage de faire toutes ces opérations un peu plus secretement, mais je lui représentai qu'en s'emparant de tout cet immense trafic, et en excluant absolument des gens qui avoient fait tant de frais, essuyé tant de fatigues et couru tant de dangers depuis un an pour le service et par ordre du Congrès, ce seroit leur donner lieu de crier au monopole et leur faire un tort réel, lorsqu'ils ont mérité un sort tout différent; il me dit que cela ne leur porteroit aucun préjudice et déploya son éloquence pour me le prouver tellement quellement. J'avoue que ces motifs particuliers ne suffiroient pas pour balancer celui du secret nécessaire dans une conjoncture aussi critique; mais qu'il me soit permis de douter s'il n'y a pas d'autres moyens, s'il n'y en auroit pas meme de meilleurs pour assurer cet important secret, parce que assurément M. de Beaumarchais, avec toutes les ressources de son génie, ne pourroit se dispenser d'employer tout à la fois beaucoup d'agens subalternes, toujours moins discrets que des marchands dont l'objet capital est de bien cacher leurs spéculations et d'être continuellement en défiance de tout le monde. Mais je reviens à ma premiere et principale réflexion, et vous supplie, Monseigneur, de la bien peser. Peut etre est il cent, peut etre mille persones en France qui avec des talens fort inférieurs à ceux de M. de Beaumarchais, pourroient mieux remplir vos vues, en inspirant plus de confiance à tous ceux avec qui ils auroient à traiter d'affaire de commerce, soit François, soit Américains, dans les villes, dans les ports, dans les manufactures..........................

Angleterre, t. 517, n° 26.

A Paris depuis une semaine sans pouvoir approcher de Versailles où il avait mission formelle de parler, Silas Deane comprit que Barbeu Dubourg serait peut-être une gêne au lieu de l'homme essentiel que Franklin avait dépeint. Relisant ses instructions, il lui déclara qu'il allait demander une audience. Dubourg se décida alors à s'annoncer avec lui chez le ministre, convaincu de démontrer par là à l'Américain qu'il ne pourrait rien faire sans lui. C'était le 15 juillet. Le surlendemain, 17, il conduisit l'envoyé à Versailles. Mais M. de Vergennes lui donna le démenti cruel de faire voir combien il attendait celui-ci; il n'avait pas encore vu la lettre de Dubourg et ne les reçut pas moins sur l'heure[1]. Le ministre, en effet, n'ignorait pas la présence de Silas Deane à Paris. Dubourg la lui avait aussitôt apprise, car, à la fin de la lettre tout à l'heure reproduite, il indiquait la précaution qu'il prenait de le tenir claquemuré, lui et un autre personnage, un certain Édouard Bancroft, dont il aurait bien fait, on le verra, de se garder et de garder l'émissaire davantage[2]. Au moment où la « recherche » des Colonies, suivant l'expression de M. de Vergennes,

---

[1] Tout cela est raconté fort en détail par Deane, dans son premier rapport au comité de Philadelphie. (*Diplomatic corresp.*, pièce 1.)

[2] Sa lettre, en effet, se terminait par ceci : « J'ai conseillé à Mrs Deane et Bancroft de se « communiquer peu, et meme de changer de « nom; et je dirai à tout le monde, et même « à M. de Lauraguais et Le Roy, que je ne les « ai pas revus, et qu'on les a apparemment fait « repartir subitement et à petit bruit. »

1776. se réalisait ainsi, il devait peser au ministre d'en être réduit encore, à leur sujet, à de pures intrigues. Il venait justement de se laisser aborder par ce Bancroft, une épave des anciens agissements de Franklin, qui exploitait l'inconsistance d'Arthur Lee. C'était encore un docteur, un physicien ou naturaliste en tout cas. Franklin s'en était servi pour composer des brochures en faveur des Colonies, pour écrire des articles dans les feuilles anglaises[1], et il croyait si bien l'avoir à sa dévotion qu'il avait mis expressément dans les instructions de Deane de l'appeler auprès de lui pour profiter de ce qu'il savait, user de ce qu'il pouvait faire et non seulement de l'attirer à Paris, mais de l'emmener ailleurs s'il y allait. Or, la grande confiance que l'agent des Colonies à Londres montrait à Bancroft avait valu à celui-ci de passer aux gages du *Foreign office*. On le dirigea sur Paris pour s'y trouver le même jour que l'Américain[2], lequel était suivi, d'ailleurs, depuis l'Espagne, par des compatriotes de même emploi qui vinrent frapper à sa porte aussitôt son retour de Versailles[3]. Voilà comment Bancroft avait vu le comte de Vergennes avant que l'envoyé du Congrès fût encore annoncé. En donnant des indications qu'il lui était facile de préparer pour qu'elles fussent bien reçues, il s'était assuré le moyen de se tenir informé et de mettre exactement le cabinet de Londres au courant, comme il le fit en effet.

Le ministre pressentait assurément des pièges pareils et se savait

---

[1] Dans la *Monthly Revew* en particulier.

[2] Deane fait connaître, en effet, qu'ils étaient arrivés le même jour. — A l'égard de ses rapports avec ce personnage, ses instructions étaient si formelles, que l'idée de ne pas les suivre n'aurait pu venir à qui que ce soit. « Vous « vous efforcerez de vous procurer une ren- « contre avec M. Bancroft, en lui écrivant sous « le couvert de M. Griffiths à Turnham Green « près Londres, et lui exprimant le désir qu'il « vienne avec vous en France ou en Hollande à « cause de ses anciennes relations..... »

L'historien G. Bancroft avait oublié ce passage du rapport de l'envoyé, lorsque, reprenant contre lui des imputations très imméritées, dont Lee s'est fait plus tard l'auteur avec toute l'acrimonie de son insuccès personnel, il reproche à Silas Deane de s'être trop fié à cet ancien mercenaire de Franklin. Deane a été défendu depuis dans un livre : *Silas Deane in France*. — M. G. Bancroft parle comme s'il avait vu les rapports de son homonyme au *Foreign office* dans les documents du gouvernement anglais.

[3] Deane les nomme; il avait d'ailleurs connu leur présence à Bordeaux pendant qu'il s'y trouvait.

exposé à y tomber tant qu'il ne serait pas en face d'un émissaire sérieux ; il devait donc trouver qu'il était temps d'y échapper, et attacher d'autant plus de prix à recevoir Silas Deane. Il ne savait pas l'anglais. Son intermédiaire avec l'envoyé de Philadelphie fut Gérard, à qui cette langue était familière. L'entretien dura deux heures. « Beaucoup d'interrogations furent faites, mande Deane à Philadelphie, beaucoup d'explications données. » Questions et réponses, toutefois, sortirent aussitôt de l'ordre qu'avait indiqué Franklin. Les avantages commerciaux que la France enlèverait à l'Angleterre en aidant les Colonies à l'emporter sur leur métropole étaient chose rebattue pour les interlocuteurs de Silas Deane ; ils l'arrêtèrent tout de suite en l'assurant « que l'on appréciait bien l'importance de ce commerce, l'intérêt qu'y trouveraient ensemble la France et l'Amérique, que le Gouvernement lui ouvrait déjà librement les ports au même titre qu'au commerce de l'Angleterre, qu'en raison des bonnes relations existant avec la cour de Londres, on ne devait pas attendre de lui d'encourager ouvertement l'embarquement d'approvisionnements de guerre (*the shipping of warlike stores*), qu'aucun obstacle n'y serait mis, toutefois, et que s'il s'en présentait le ministre les lèverait dès qu'on lui en porterait l'avis ». Il n'y avait dès lors pas lieu d'attendre une nouvelle audience pour pousser plus avant ; l'éventualité de la déclaration d'indépendance fut immédiatement abordée. Le ministre lui-même amena la conversation sur ce sujet. Il le fit incidemment, se donnant garde de paraître y attacher de l'importance. Comme par occasion, il dit que c'était « un évènement encore dans les secrets du temps, qu'il ne se sentait pas capable d'en parler tant qu'il ne se serait pas produit », puis il rompit aussitôt, prévenant Deane que « l'ambassade anglaise était avisée de sa présence, observait ses démarches et qu'il eût à rester très prudent dans ses relations avec des Anglais », ouvrant même, afin de s'écarter davantage, une longue parenthèse sur les dispositions et les intérêts des Bermudes, où l'envoyé avait touché ; sur quoi il posa soudain cette question : « Si les Colonies déclarent

1776. « leur indépendance, ne se diviseront-elles pas après? (*Would not differ among themselves?*) »

Sur ce point, d'où dépendait en partie le succès de sa mission, Silas Deane, il faut ici le dire pour l'Amérique, qui ne l'a guère payé de reconnaissance, remplit les intentions de ses mandants non avec l'intelligence seulement qu'ils avaient sans doute pensé trouver en lui, mais avec la fécondité d'arguments et de raisons qui ne se tire que d'un patriotisme vigilant. Toute l'impression qu'il devait souhaiter de produire et que l'on espérait de sa mission découla de ses réponses. Le ministre dit à Gérard « de prendre note du logement de l'envoyé et à celui-ci qu'il serait enchanté de le voir souvent si, pour de telles affaires, le cabinet d'un ministre n'était pas un lieu trop public; mais qu'il voulût bien en entretenir le premier commis, collaborateur absolument sûr à qui il pouvait se fier comme au ministre lui-même; que si d'ailleurs un fait important survenait, il le ferait appeler dès qu'il serait prévenu[1] », et l'entretien prit fin. L'Américain tourna quelques mots bien trouvés pour excuser ses manières, « mal con-« formes peut-être aux usages des cours, mais que M. de Vergennes « pardonnerait à l'envoyé d'un peuple encore récent ». Il avait su, on le voit, devenir « un Français de Paris ». Il eut cette réponse de M. de Vergennes, que « le peuple et sa cause étaient très respectables aux « yeux de toute personne sans passion, et que l'entrevue avait été très « agréable[2] ». Deane était déjà formé aux procédés de la diplomatie comme à l'urbanité française, car plus apte à se conduire que la puérilité de ses instructions ne le ferait croire, il pensa qu'il était bon

---

[1] « ...though he should be glad to see me « often, yet as matters were circumstanced, his « house was too public a place, but that I might « put the same confidence in his secretary as « himself, to whom I might apply for advice « and direction, but that whenever any thing « of importance occurred, I need upon him, « and he would see me; but on common occa-« sions, I must address the secretary, which « would be every way more convenient as he « understood the English language well, and was « a person in whom the greatest confidence « could be placed. »

[2] « That the people and their cause was very « respectable in the eyes of all desinterested « persons, and the interview had been agreable. »

de laisser trace de ce qu'il avait dit; il en remit quelques jours après à Gérard les résumés par écrit[1].

Les Colonies demandaient donc ouvertement l'appui de la France. Elles le demandaient avant d'en rechercher aucun autre. Elles proclameraient leur indépendance, elles la soutiendraient ensemble, elles voulaient résolûment la faire triompher : c'étaient bien les assurances qu'il fallait entendre exprimer par un Américain ayant mandat de les fournir. On peut supposer que, par là surtout, l'entretien fut « agréable ». Le ministre avait d'autant plus lieu de promettre les faveurs de la Marine et des Douanes qu'il les avait déjà prescrites. C'était un des facteurs de l'entreprise Hortalès. On faisait émaner ces faveurs à la fois du ministre de la marine et du contrôleur général, si bien que Beaumarchais écrivait le 13 juillet de se borner au premier pour ne pas mettre tant de monde dans la confidence[2]. Mais M. de Vergennes n'entendait pas laisser ses prescriptions lettre morte. Quelques jours auparavant, à propos de navires arrivés de Boston, les fermiers généraux, qui trouvaient ces tolérances contraires à leurs intérêts, avaient transmis au contrôleur général un mémoire exposant que les Anglais y verraient peut-être de sérieux sujets de plaintes. Le successeur de Turgot était M. de Clugny. Nouveau dans la politique du ministère, il avait été embarrassé de répondre. Il venait, le 8 juillet, de consulter le secrétaire d'État des affaires étrangères avant de prendre les ordres du roi[3], et Gérard, immédiatement chargé de lui

---

[1] *États-Unis*, t. 1, n°ˢ 40, 47, 66.

[2] *Angleterre*, t. 515, n° 118. Il disait à cet égard à M. de Vergennes :

« . . . . . J'oubliai, avant hier au soir, en quittant M. le Comte de Maurepas à 9 heures et demie, d'aller vous prier de sa part d'écrire au controlleur G^ᵃˡ, que si son ordre secret n'était pas parti pour les ports, il le retint. Puisque Mr de Sartines y envoye un ordre exprès, il est inutile de multiplier les confidens. Je vous « rends grace de ce que je ne vais pas faire « cette course fatigante moi mesme. M^r de « Maurepas me dit que cela venait d'être ar-« rangé entre vous. J'ai des affaires si instantes « à Paris, et elles vont tellement à rebrousse-« poil dès que je les quitte, que je ne puis que « vous remercier du fond du cœur de m'avoir « évité le désagrément de les abandonner au « fort de la crize. »

[3] *Ibid.*, t. 517, n° 15.

écrire de manière à augmenter, loin de les affaiblir, les facilités par lesquelles on voulait attirer les Américains, l'avait fait comme il suit:

Il me semble, M., que notre interêt politique comme notre intérêt mercantile demande que nous traitions favorablement les Américains qui fréquentent nos ports; en effet s'ils réussissent à établir la liberté de leur commerce ils auront d'avance contracté l'habitude de traiter avec nos négocians, et s'ils succombent, nous aurons entretenu avec eux, au moins momentanément, un commerce d'échange dont l'avantage est évidemment de notre côté. Je pense donc, M., que nous sommes dans le cas de faire éprouver la plus grande faveur aux bâtiments Américains, et que les circonstances où ils se trouvent doivent les exemter de la rigueur de l'arret de 1701 et de la décision du Conseil de 1742. Ce dernier point offre d'autant moins d'inconvéniens que les Colons Anglais ne peuvent importer chez nous que des denrées de leur crû, et qu'ils n'ont à peu près aucune marchandise, aucun objet d'industrie à nous fournir; mais quelles que puissent être leurs importations dans ce genre, j'opine que non seulement il ne faut pas les leur interdire mais qu'il convient au contraire de lâcher la main par raport aux droits qu'on se trouvera dans ce cas d'exiger d'eux. Je suis également d'opinion, M., qu'il seroit à propos de permettre aux Américains d'exporter par d'autres bâtiments étrangers les objets qui ne pourroient être admis chez nous : c'est là la méthode qu'on suit en Ang^{rc}; outre la faveur qu'elle présente aux Américains, elle pourra contribüer à l'établissement d'un entrepôt entre les Colonies Anglaises et les nations Européennes qui ont besoin de leurs productions. Tel est, M., mon sentiment sur les différens objets sur lesquels vous avez bien voulu me consulter; et je desire beaucoup qu'il soit conforme au vôtre; si vous le trouvez fondé, et s'il influe sur les ordres que vous vous proposez de demander à S. M., je pense qu'il seroit nécessaire de prendre toutes les précautions que la prudence pourra suggérer pour que nos motifs et nos vûes et même s'il est possible nos procédés demeurent cachés aux Anglais : Je ne puis a cet égard que m'en raporter entièrement aux ordres que vous jugerez à propos de donner.

Angleterre, t. 517, n° 18 [1].

---

[1] Les ordres ne manquèrent pas. Le contrôleur général, à qui il en a été donné, annonce ainsi, peu après, leur exécution : « Je reçois dans « l'instant, Monsieur, la lettre que vous m'avés

M. de Vergennes ne s'était guère inquiété des soupirs de Barbeu Dubourg, au sujet du rôle donné maintenant à Beaumarchais. Il envoya celui-ci chez Deane le lendemain même de l'audience, pour offrir à l'Américain les services d'Hortalès et Cie. Deane raconte qu'il supputait avec quelque perplexité dans son esprit la manière la plus efficace de mettre à profit les bonnes dispositions témoignées à son pays[1], quand Beaumarchais lui proposa par lettre de suffire à tout ce qu'il cherchait (*whatever should be wanted*)[2]. Ils se virent le 19; le jour suivant ils auraient été d'accord, si Dubourg n'eût regardé comme étant à lui l'envoyé de Franklin et toutes les affaires que cet envoyé pouvait nouer. Il n'était pas encore sans inquiétude, d'ailleurs, pour celles qu'avait engagées Penet; il s'agissait de les faire prendre toutes par Deane au compte des Colonies[3]. De là une compétition des plus vives. Sans voir qu'à l'usage sa correspondance et lui avaient perdu leur poids, Dubourg en écrivit au ministre, obligé ainsi de trancher le débat. Gérard les amena de nouveau, par suite, à M. de Vergennes, qu'ils entendirent expliquer avec qui les franchises nécessaires au commerce américain étaient assurées et avec qui aléatoires[4]. Un mot de Gérard fixa d'ailleurs Silas Deane. Comme ce dernier était au courant de l'existence, dans les arsenaux, de l'ancien matériel dont M. de Saint-Germain les débarrassait au profit des associés

1776.

« fait l'honneur de m'écrire hier, et je donne sur « le champ les ordres nécessaires pour qu'il ne « soit aporté aucun obstacle de la part du direc- « teur des fermes à l'armement que vous faites « faire à Nantes pour l'Amérique, en recom- « mandant de garder le secret. — J'ai l'honneur « d'être avec le plus inviolable attachement, « Monsieur, votre très humble et très obéissant « serviteur. — CLUGNI. — A Paris le 8 aout 1776. » (*États-Unis*, t. 1, n° 45.)

[1] On lit dans sa dépêche à ce sujet : « While « I was casting in my mind, how best to im- « prove the present favorable crisis for sup- « plying the colonies. »

[2] Cette lettre est reproduite dans *Beaumarchais et son temps*.

[3] Deane explique au comité qu'il se décida à ce parti. (*Diplomatic correspondence*, p. 10 et 11.)

[4] « We... had a conference with his excel- « lency, from whom I had fresh assurances of « the utmost freedom and protection in their « ports and on their coasts; that in one word, « I might rely on whatever Mons. Beaumarchais « should engage in the commercial way of sup- « plies, which, indeed, was all I wished for, as « I was on the safe side of the question, viz. on « the receiving part. »

de Dubourg, il ne laissa pas finir cette seconde audience sans parler des armes qu'il avait mission d'acheter, sans produire ses instructions mêmes à cet égard, sans exposer qu'il était urgent de faire aussitôt des expéditions de cette nature en vue de la campagne d'hiver. Ayant reçu sur tout cela la plus satisfaisante réponse, il s'entendit sans retard avec Hortalès. Ce fut réglé le 25; deux lettres écrites à Beaumarchais avaient fixé leurs accords[1]. Deane réclama cependant des précautions, à cause de l'ambassade anglaise dont il redoutait la surveillance et à cause de Barbeu Dubourg. Beaumarchais mande immédiatement à M. de Vergennes que Deane l'a prié « de ne pas dire à « Dubourg qu'ils se fussent vus, parce que celui-ci voulait lui donner « des fournisseurs de ses amis[2] ». Mais, dès ce jour, ils n'opèrent plus qu'ensemble. Deane, préoccupé sans doute d'abandonner l'ami du docteur Franklin, explique au comité de Philadelphie, dans sa première lettre, comment il a dû « décourager ses amis en voyant où était la confiance de M. de Vergennes, à moins de manquer à l'accueil cordial qui lui avait été fait[3] ».

Ce sont là des détails minimes pour l'histoire; mais ils importaient, à leur date, par l'intérêt politique qui s'agitait au fond. Les pièces en sont restées comme celles des faits essentiels. Silas Deane ne put méconnaître que le « docteur » Dubourg comprenait autrement que le ministre les affaires de son pays, « qu'avec les meilleures intentions du monde il risquait de les contrarier, de n'être pas en état d'aider, de causer peut-être de l'embarras »; aussi prit-il conseil, désormais, du cabinet de M. de Vergennes, où l'on mettait les millions à son service, et de plus en plus rarement du correspondant de Franklin. Dubourg tâche de rester en tiers. Il est le 2 août chez Gérard, à qui il propose

---

[1] Les 20 et 24 juillet.

[2] Avec la gaieté dont il assaisonnait les affaires et qu'il mit particulièrement dans celle-là, il ajoute : « De tout mon cœur, lui ai-je dit. » — L'auteur de *Beaumarchais et son temps* a retracé par le menu tous ces incidents et reproduit presque toutes les pièces. Il n'y a pas à refaire le récit très attrayant qu'il en a donné; nous ne transcrivons guère ici que les documents qu'il n'a pas rapportés.

[3] *Diplomatic correspondence*, p. 28 (lettre du 15 août).

un partage entre Beaumarchais et lui. Pour se donner l'air d'être le vrai gardien des projets à suivre, il écrit le 3 au ministre sous le prétexte de lui rafraîchir la mémoire des commissions que Penet avait rapportées de Philadelphie[1]. Beaumarchais ne pouvait pas s'arranger de cette ingérence et il la croyait très indiscrète. Il s'en plaint aussitôt, non sans en prendre occasion d'exercer sur le docteur la causticité de sa plume :

Je ne puis m'empêcher de vous dire que pendant que nous etions ensemble ce matin, le Docteur Du Bourg, ce cruel bavard, était chez Mʳ Gérard avec Mʳ Deane qu'il traine partout. Il a été faire, dit-il, une séparation de ses droits et des miens, en proposant à Mʳ Gérard de me laisser toute la partie politique de l'affaire des Américains et toutes les fournitures de munitions prohibées se réservant à lui et sa Compagnie toute la correspondance pour les affaires de Commerce etc..... Vous jugés quel bon effet tout ce radotage, et mon nom, et la politique et les Américains ont fait sur Mʳ Gérard qui sûrement ne savait pas un mot de tout cela. J'ai manqué de battre ce docteur quand il me l'a rendu; mais je me suis réprimé et lui ai tourné le dos sans réponse. C'est à vous, Monsieur le Comte, à nous délivrer de ce funeste et brouillon agent. Pour moi, je renoncerais à tout s'il fallait tous les jours essuyer de telles contradictions. Remédiés comme vous pourrés à son indiscrétion auprès de Mʳ Gérard, et pour le radoteur médecin je vous le recommande et pour mon compte et pour le votre.

Je suis avec le plus profond respect, Monsieur le Comte, votre tres humble et tres dévoué serviteur.

Angleterre, t. 517, n° 89.

L'« indiscrétion », celle-ci du moins n'importait guère; mais le

---

[1] Voici sa lettre : « A Paris ce 3 août 1776.
« — Monseigneur, je pense qu'il est de mon
« devoir de vous rappeller aujourdhuy un article
« des plus importans de la commission donnée
« par le Congrès à M. Penet qui s'en étoit dé-
« chargé sur moi. Il s'agissait de procurer a nos
« bons amis :
« Two engineers well recommended,
« Two founders of cannon iron and brass,
« Six gun lock makers.
« Je vous supplie instamment de donner vos
« ordres pour qu'on ne neglige pas cet objet.
« J'ai l'honneur d'être avec le plus profond
« respect, monseigneur, votre tres humble et
« tres obeissant serviteur. — DUBOURG. » (*États-Unis*, t. 1, n° 42.)

1776.   ministre évitait assez soigneusement, on le voit, d'en laisser commettre aucune pour que Beaumarchais ne sût encore rien de la participation de Gérard. Toujours est-il que Dubourg s'efforçait de se servir de Silas Deane. Au commencement, il avait essayé de lui faire cacher son logement et changer son nom, pour le soustraire, disait-il, aux espions ou aux amis de trop de zèle[1], en réalité pour le river à lui plus sûrement et lui faire endosser ses affaires. L'Américain ne trouvait pas digne de sa mission ni de l'estime que lui avait montrée M. de Vergennes de se rapetisser ainsi; mais Dubourg avait fait intervenir encore le ministre et, une fois de plus, il avait perdu sa peine[2]. S'y prenant maintenant d'autre manière, il promenait l'Américain pour se donner du crédit. Son compétiteur, lui, faisait plus de besogne; il écrivait peu après au ministre : « Avec du secret, du courage « et de la célérité, il n'y a rien dont on ne vienne à bout en politique[3], » et il en donnait vivement la preuve. D'abord on ne tarde pas à intercepter la correspondance de Penet et des autres intermédiaires de Dubourg[4], dont M. de Vergennes a pris évidemment au sérieux l'intempestive démarche. En même temps, et malgré l'étroite surveillance dont l'ambassade anglaise l'entoure, l'Américain se rencontre assidûment avec Hortalès et Cie. Édouard Bancroft ayant rempli son rôle, l'ambassade et le *Foreign office* étaient au fait de tous les agissements;

---

[1] Il y en avait, naturellement, et en particulier le comte de Lauraguais. Il fut l'un des premiers qui arriva chez Silas Deane. Cela allait de soi, vu les rapports du comte avec Lee. M. de Vergennes met tout de suite Silas Deane en garde contre l'esprit ardent et insuffisamment discret du comte. (*Dipl. corr.*, p. 16 à 19.)

[2] M. de Vergennes fit répondre qu'une telle précaution était sans nécessité, et à la fois inhabile parce qu'elle fortifierait les soupçons (*ibid.*, p. 17); à quoi Dubourg cherche à se faire un mérite de se rendre, car il adresse au ministre ce billet sans date ni signature : « M. Deane a pensé que son changement de « nom feroit plus de sensation parmi ceux qui « pourroient le voir. Ainsi il n'en prendra point « d'autre, mais il aura d'ailleurs toute la circonspection possible sur lui-même et sur tous « ses alentours.

« Si Monseigneur jugeoit nécessaire que « j'allasse demain matin a Versailles, je suis « toujours à ses ordres. » (*Angleterre*, t. 516, n° 152.)

[3] Le 13 août.

[4] Une lettre de Penet, de Nantes, du 20 août, est la première provenant de cette source, parmi celles qui se trouvent aux *Affaires étrangères*.

les papiers publics de Londres divulguaient comme venant de Deane lui-même ses relations avec le gouvernement de Versailles. Deane n'avait parlé de ses démarches qu'à Bancroft. A la vérité, il lui avait tout dit ou laissé tout écouter; il l'avait même rendu porteur d'une lettre pour Garnier, avec qui ses instructions lui commandaient d'entrer en rapports directs[1]; mais il se croyait bien assuré du secret et il chargeait Beaumarchais d'expliquer à M. de Vergennes que rien ne venait de lui[2]. Quoi qu'il en soit, Hortalès et Silas Deane avaient recommencé ensemble tout ce qui s'était entrepris avec Dubourg. Beaumarchais voit les bureaux de la Guerre, le ministre lui-même pour les mêmes objets; il montre à Deane la lettre du 10 juillet au contrôleur général[3]. Un accord à soumettre à la sanction du Congrès est promptement concerté; Beaumarchais en instruit le 16 M. de Vergennes; il l'informe même qu'ils sont convenus du traitement « d'un officier général d'artillerie et génie », qui est du Coudray, « et « de tous les lieutenants ou gens destinés à ce service » ; à sa table, le

---

[1] « You will endeavour to obtain acquaintance with M. Garnier, if now in France, or if returned to England, a correspondence with him, » etc. (*Diplomatic correspondence*, t. I, p. 9.)

[2] Beaumarchais écrit le 13 août à ce sujet : « Monsieur le comte, M⁽ʳ⁾ Deane m'a prévenu, « hier au soir, que son correspondant de Lon- « dres lui mande que le ministère anglais sait « fort bien qu'il est à Paris et qu'il est parti des « ordres exprès à Mylord Stormont de vous faire « de vives représentations à son égard. Son cor- « respondant l'avertit que les papiers publics de « Londres le font parler, lui Deane, sur ses « prétendues relations avec le ministère fran- « çais, etc.

« M⁽ʳ⁾ Deane ajoute qu'il a un espion à ses « trousses, qui ne le quitte pas ici; mais il vous « supplie, si quelque chose de ces papiers an- « glais vous revenait, de ne pas croire qu'il ait « jamais donné lieu à ces propos par la moindre « légèreté. Il m'assure qu'il n'ouvre jamais ici « la bouche devant les Anglais qu'il rencontre; « il en faut conclure qu'il est l'homme de France « le plus silencieux, car je le défie de dire six « mots de suite devant les Français. On lui « mande aussi que Milord Rochfort est parti « pour Paris; il le croit mesme arrivé d'hier ou « d'avant hier. Je vais faire chercher son adresse, « fort pressé que je suis de savoir quelle est la « commission dont il est probablement chargé. « Attendés vous donc, Monsieur le Comte, aux « remontrances du très sincère Milord Stor- « mont; je ne suis nullement inquiet de la ré- « ponse. » (*Angleterre*, t. 517, n° 118.)

[3] Il le dit au ministre en *post scriptum* à sa lettre du 13 : « Je reçois à l'instant la lettre pour « M. de Clugny et celle dont vous m'honorez. « J'envoie chez M. Deane, je l'aurai dans une « heure chez moi. »

1776. lendemain, les derniers pourparlers auront lieu[1]. Le 18, en effet, le contrat avec les Colonies, pour l'organisation de leur commerce de guerre, est remis à Silas Deane sous la forme d'une lettre de Roderique Hortalès et Cie au comité de Philadelphie et envoyé par un sloop américain qui se tenait à Bordeaux.

Les issues étant ainsi murées devant lui, Barbeu Dubourg se décida à lâcher prise moyennant une apparente satisfaction. « Ce docteur veut en être à quelque prix que ce soit, » écrit Beaumarchais à M. de Vergennes le 21 septembre, et effectivement il le laissa « en être », malgré le peu de prudence de ses démarches et malgré ses mauvais propos sur « les demoiselles qu'il entretenait », propos dont le ministre n'avait pas fait mystère et que Beaumarchais releva très plaisamment, du reste, dans une lettre dont l'ami de Franklin ne dut pas se vanter auprès de beaucoup de monde[2]. On lui fit une petite part[3]. Il put

---

[1] « J'ai vu le controlleur général, les fer-« miers généraux, Mr Deane, écrit Beaumar-« chais; tout est arrangé. M. Deane est persuadé « que les vaisseaux en question n'arrivent que « pour lui remettre des fonds pour la vente de « leurs salaisons. Un nouveau député du Mary-« land, et son ami, vient d'arriver de Hollande. « Il me l'a bien vite ammené. Ces M^{rs} font « partir de Paris un courrier par Bordeaux, « pour le Congrès, dans une Chaloupe excelente « voilière. Nous sommes d'accord sur le traite-« ment d'un officier général d'artillerie et génie, « et de tous les lieutenans ou gens destinés et « nécessaires à ce service. C'est le fruit de plu-« sieurs conférences chéz moi entre eux et M^r du « C... Pour résultat, les deux députés, l'artil-« leur et le courrier, dinent demain chéz moi. « Chacun y apportera le travail qu'il a fait pour « le Congrès, les uns leurs dépêches, l'autre « l'assurance de son départ avec les officiers « qu'il emmène; moi la lettre renfermant tout « le plan du commerce actif, réciproque et per-« pétuel de la maison Hortalez avec le Congrès, « d'une écriture qui n'est pas la mienne. Enfin, « le courrier se mettra bien dans la teste l'es-« prit de tout ce qu'il emporte, afin qu'en cas « de nécessité de tout jeter à la mer dans la tra-« versée, il puisse au moins remplir verbalement « sa commission à son arrivée. » Le reste de sa lettre est reproduit à l'annexe III du présent chapitre, avec une seconde, du 29, attestant encore les relations de Beaumarchais avec le comte de Saint-Germain.

[2] M. de Loménie a publié cette lettre; elle est fort connue depuis.

[3] Beaumarchais avait cru que Dubourg se rendrait plus tôt, car après leur première entrevue, le 18 juillet, il envoyait à M. de Vergennes sa lettre sur les « demoiselles » en lui écrivant : « Je compte vous instruire demain « matin des détails de mes conférences avec le « docteur. Il a commencé avec moi par des hos-« tilités : mais il finit par des confidences; et « comme je me fais une loi de marcher toujours « sous vos yeux, je vous envoye, pour en rire « un moment, la copie de ce que j'ai répondu

continuer ses affaires d'Amérique comme une sorte de courtier d'Hortalès et Cⁱᵉ, ou bien d'une manière directe s'il y trouvait plus d'avantage, et Silas Deane suivre les siennes activement avec le *Barbier de Séville*. Dubourg ne menait cependant pas ses opérations sans inconvénients pour le secret dont elles avaient besoin. Le désir d'en trouver le portait à en parler à tout le monde. Nombre de coureurs d'aventures ou de courtage affluaient autour de lui et rendaient publics les projets qu'il aurait fallu cacher, surtout la participation qu'y prenait le ministère. La lettre de Beaumarchais du 21 septembre avait particulièrement pour objet de signaler à M. de Vergennes ces écarts du « docteur » pour qu'il les arrêtât : « Si pendant que nous fermons la « porte d'un côté, disait-il, on ouvre la fenestre de l'autre, il est bien « impossible que le secret ne perce pas[1]. »

Dans le fait, le détail de ces menées était connu presque jour par jour de l'ambassade anglaise. Elle s'en plaignait sans cesse, mettant singulièrement à l'épreuve la facilité que le ministre avait de donner le change par des faux-fuyants, des ambiguïtés, ou de se tirer momentanément d'embarras au moyen de railleries, quelquefois de raideurs. Aussi l'Angleterre ne pouvait-elle plus s'abuser beaucoup sur les dispositions de la France. Ses politiques les pressentaient très clairement. Il circulait en ce moment à Londres une déclaration que lord Chatham aurait remise à son médecin, pour témoigner de ce qu'il pensait sur l'affaire d'Amérique, si la mort le surprenait avant qu'il eût pu le dire. Cet écrit, plus ou moins apocryphe et de polémique, mettait dans la bouche de Pitt que la politique de la France était probablement d'attendre quelque temps, avant de déclarer ouvertement la guerre, « pour voir l'Angleterre s'engager plus avant dans la guerre ruineuse qu'elle faisait contre elle-même en Amérique et jusqu'où

« à son invitation de dîner, lorsqu'il vous a eu « écrit que j'entretiens des filles. Le bon doc- « teur voyant qu'il n'avait pu me fâcher, a pris « le parti de se confier à moi. C'est ainsi que les « femmes turques, ne pouvant tromper leurs « maris, s'amusent à l'aimer, faute de mieux. »

[1] Voir l'annexe III, n° 12, du présent chapitre.

les Américains, soutenus indirectement, pouvaient porter la résistance[1] ». L'auteur n'aurait pas autrement parlé si les délibérations des « comités » de Versailles et les correspondances du ministre avaient été dans ses mains.

[1] Garnier envoie, comme il suit, l'analyse de cet écrit avec son rapport du 6 décembre 1776 (*Angleterre*, t. 517, n° 85) : « *Déclaration faite par écrit de milord Chatham au docteur Adington au mois de juillet 1776.* — Il dit qu'il con- « servait au sujet de l'Amérique les mêmes sen- « timens où il avait toujours été, et dont faisait « foi l'acte provisionnel qu'il avait présenté à la « Chambre des Pairs. Se reposant sur l'amitié « du docteur Adington, il le prie de conserver « cet écrit en mémoire de ce qu'il avance, afin « que dans le cas où il succomberait à la longue « maladie dont il était tourmenté le docteur lui « rendît la justice de témoigner qu'il avait per- « sévéré invariablement dans la même opinion. « Il ajoutait à cela, qu'à moins qu'on ne prît « promptement des mesures efficaces de recon- « ciliation avec les Colonies, il est pleinement « convaincu que dans peu d'années la France « aurait un pied en Angleterre. Que dans le mo- « ment présent la politique de la France était « probablement d'attendre pour voir, » etc.

ANNEXES DU CHAPITRE XIV.

I

CORRESPONDANCE DE BARBEU DUBOURG.

1. DUBOURG AU COMTE DE VERGENNES.

A Paris le 31ᵉ may 1776.

Monseigneur,

Permettez moi de vous communiquer mes inquietudes par rapport à notre grande affaire, et surtout à l'homme qui en est chargé. Vous avez vu le contrat passé entre le commité secret des Colonies et ratifié par le Congrès general d'une part et les Sʳˢ Pliarne et Penet de l'autre; ainsi nous ne saurions douter des intentions du Congrès; mais il paroit assez vraisemblable que connoissant très nouvellement et très peu ces deux hommes qui se sont offerts à eux dans une occasion où ils n'etoient pas à même de choisir, ils ont accepté leurs propositions de bon cœur, sans pourtant y avoir une pleine confiance, et qu'ils ont avisé comme ils ont pu aux moyens de tenir en bride celui qu'ils faisoient passer en France chargé de leurs commissions. Quoique ces idées me fussent venues d'abord, elles étoient trop vagues pour vous en etourdir les 1ʳᵉˢ fois que j'ai eu l'honneur de vous voir, et même hier ce n'a été qu'à mon retour de Versailles qu'elles ont pris assez de consistance pour me faire croire que je ne dois pas tarder davantage à vous les communiquer. La circonstance seroit trop embarrassante pour moi si je n'étois pas dirigé par vos lumières superieures.

[Dubourg explique après cela que Penet, qui avait pris en partant 600 fusils à crédit, a été très long à les payer; qu'il dit avoir, dans des ballots dirigés sur Anvers, des lettres de Franklin et de Rush (Rush avait été agent des Colonies en France lorsque Franklin était à Londres), qu'il a du crédit chez le banquier nantais Swenghausen; Dubourg demande par suite de faire prendre des renseignements en Alsace sur la personne de Penet, à Nantes sur le crédit qu'il possède, et qu'on tâche de faire venir les ballots de Hollande; tout cela très amalgamé avec la préoccupation de porter secours à l'Amérique, mais visiblement avec celle de son intérêt propre.]

..... En attendant cet homme cy me marque le plus grand desir de se lier avec moi par un traité de societé pour partager ensemble à compte et demi tous les benefices du commerce immense dont la plus heureuse perspective paroit s'offrir à lui seul, d'où il me semble pouvoir conclure qu'il se sent besoin d'etre un peu plus etayé..

..... Et dans la supposition qu'on ne pût s'en rapporter qu'avec beaucoup de réserve et de circonspection au Sr Pennet, comment pourroit on y suppléer, pour ne pas laisser les Colonies dénuées des ressources les plus necessaires à leur défense, à laquelle la France a un si grand interêt. Je leur suis très devoué, regardant presque ce nouvel Etat comme ma seconde patrie : Je me flatte qu'ils m'honorent d'une singulière confiance, et aimerois mieux mourir que d'en abuser en aucune façon, mais j'ai les bras trop courts pour embrasser un objet de cette consequence. J'implore votre bienveillance pour eux, votre protection pour moi.

J'ai l'honneur d'etre avec un profond respect, Monseigneur, votre tres humble et tres obeissant serviteur.

DUBOURG.

États-Unis, t. 1, n° 29.

2. LE COMTE DE VERGENNES À DUBOURG.

A Versailles le 1er juin 1776.

M. Barbeu Dubourg docteur en médecine rue Copeau à Paris.

Je reçois M^r la lettre d'hier que vous avés bien voulu m'ecrire pour m'informer de vos inquietudes au sujet de la personne qui s'est presentée a vous comme recommandée par vos amis, et qui ne peut pas aujourdhuy vous produire son titre justificatif. Le jugement le plus favorable qu'on puisse porter sur l'homme en question, est qu'il est un de ces chercheurs de fortune qui veulent s'enrichir à tout prix; que dans cette vue il aura été offrir ses services ou vous savés qu'ils ont été agrées, et que comptant trouver ici des gens egalement audacieux et entreprenans, il se sera peut etre engagé a fournir dans des regions eloignées ce qu'il cherche a se procurer ici pour n'en recevoir le prix qu'après la delivrance. Un parti aussi hazardeux n'etant pas fait pour trouver des associés, je crois que vous ferés tres bien Monsieur d'enrayer sur les facilités que vous paroissés disposé a procurer a cet homme, et surtout de ne pas repondre pour quoi que ce soit. Une recommandation que je ne puis encore me dispenser de vous faire, est d'inspirer la plus forte circonspection a cet homme et a ses adherans dans la maniere de traiter ou d'expedier. Vous sentez que si l'objet de son commerce acqueroit assés de publicité pour qu'il nous revint des plaintes directes et bien articulées, nous ne pourrions nous dispenser d'y porter remede et de tout arreter. Rappellés vous je vous prie ce que je vous ai dit, qu'on peut dissimuler certaines choses, mais qu'on ne veut pas les autoriser. Les enquestes ou questions que vous proposés, M^r, seroient au moins inutiles. C'est le titre constitutif dont vous devés exiger la production. A deffaut, refusés vous à tout ce qui pourroit vous engager et par consequent vous compromettre.

Je suis, etc.

États-Unis, t. 1, n° 30. (Minute de Vergennes.)

3. DUBOURG AU COMTE DE VERGENNES.

A Paris ce 19° juin 1776.

Monseigneur,

J'ai vu ce matin M. de Gribauval qui, s'interessant beaucoup au sort de nos amis d'Amerique, aux secrets desquels il a eté initié par M. le comte de St Germain, est fort inquiet pour eux a raison de la marche des Anglois sur le Canada; il craint qu'ils ne soient obligés de fléchir sous le joug de la Métropole, s'ils ne sont promptement et efficacement assistés. En conséquence ayant speculé sur cela, il pense qu'il seroit tres possible de leur faire passer ce dont ils ont le besoin le plus urgent pour faire face à leurs ennemis, et il est persuadé que je n'y trouverois point ou peu de difficulté de la part du ministre de la Guerre, pour peu que je trouvasse des ressources d'ailleurs pour subvenir aux fraix de transport. Il y a dans les arsenaux du Roi en canons du calibre de 4, qui sont les plus nécessaires dans leur position, plus de 3 a 400 pieces de nul usage actuel, pour le service de l'Etat, que l'on pourroit vendre à l'Espagne pour faire passer a la Havane, et que quelques negocians racheteroient a la Havane pour le continent voisin; il ne seroit question que de limer les fleurs de lys ou les doubles L. On les remplaceroit bientot par de nouvelles fontes, et les negocians feroient venir pour s'aquiter le plus tôt possible une quantité suffisante, ou surabondante de denrées du cru du nouveau continent, par exemple pour 4 ou 5 millions de tabac dont le debit est assuré d'avance par mes arrangemens avec la ferme generale. Il vouloit donc que j'en fisse la demande immédiatement a M. le comte de St Germain, ne pouvant quant a lui se charger que de la bien appuyer. N'ayant point l'honneur d'etre connu de ce Seigneur, je n'ai d'espoir qu'en vos bontés, Monseigneur, si vous daigniez l'en prevenir, pour que je fusse admis a lui presenter mon humble supplique à ce sujet, on pourroit trouver moyen d'applanir toutes les difficultés; nous ne manquerions point d'officiers pour le service de cette artillerie, M: de Gribauval, deja autorisé a leur donner des congés ad hoc, en feroit lui-même le choix, et je ne crois pas M. Penet assez denué de moyens pour ne pas fournir aisement a tous les faux fraix. Je lui en ecrirois des demain.

J'ai l'honneur d'etre avec le plus profond respect, Monseigneur, votre tres humble et tres obeissant serviteur.

BARBEU DUBOURG.

États-Unis, t. 1, n° 32.

4. DUBOURG AU COMTE DE VERGENNES.

1776. (Sans date de mois [1].)

Monseigneur,

L'impossibilité absolue de se procurer par toute autre voye de bonnes armes pour la défense de nos amis, m'oblige d'implorer votre puissante protection. Je vous supplie instamment d'intercéder en leur faveur auprès de Mgr le comte de St Germain afin d'obtenir la grace que demande le Sr de la Tuillerie pour venir à leur secours dans une occasion aussi décisive et aussi urgente. J'ai l'honneur de vous envoyer son mémoire cy joint. Si je ne craignois d'abuser de vos bontés je vous supplierois encore de demander au même ministre un congé pour voyager pendant 3 ou 4 ans, au Sr de Boisbertrand, que son courage et son zèle ne conduiront constamment que dans les voyes de l'honneur.

Je suis avec le plus profond respect, Monseigneur, votre très humble et très obéissant serviteur.

BARBEU DUBOUR.

Ces quinze mille fusils seront tirés des magazins de Lion, ou autres aussi éloignés de la mer, et descendront la Loire bien encaissés, ils seront déposés à Nantes dans des magazins hors de la ville, et embarqués enfin sans faire la moindre sensation extraordinaire.

Ibid., n° 109.

[Les fusils en question devaient être tirés du « magasin du roi » et remis par la Tuillerie à Pliarne et Penet qui les lui payaient. Il en avait été fourni 15,000 à la fin de juillet. Dans une lettre du 4 aout à M. de Vergennes,

---

[1] Probablement de la fin de juin, c'est-à-dire postérieure de peu au commencement des relations de Dubourg avec M. de Gribeauval et avec le ministre de la guerre.

ANNEXES DU CHAPITRE XIV.

Saint-Germain justifie La Tuillerie, que l'on accusait de faire par fusil un bénéfice excessif. Celui-ci devait remplacer les fusils sortis par des armes neuves. (*États-Unis*, t. 1, n° 43.) Le 8 août, le contrôleur général Clugny fait savoir à M. de Vergennes qu'en vertu de la lettre de celui-ci, de la veille, il vient de donner ordre « qu'aucun obstacle ne soit apporté de la part du directeur des fermes à l'armement que l'on fait faire à Nantes pour l'Amérique, en recommandant de garder le secret ». (*États-Unis*, t. 1, n° 45.)]

5. DUBOURG AU COMTE DE VERGENNES.

A Paris ce 6° juillet 1776.

Monseigneur,

J'ai depuis quelques jours un pressentiment dont je ne puis me defendre, que malgré le besoin que nous avons de la paix il ne vous sera pas possible de la maintenir encore longtems. Il ne m'appartient pas de pénétrer les secrets de l'Etat, mais si mon pressentiment ne vous sembloit pas tout a fait vain, il est un point que je vous supplie de prendre spécialement en considération. Ce de quoi mes bons amis ont le plus urgent besoin, plus même que d'armes, d'armuriers et de fondeurs, c'est d'un bon directeur général d'artillerie et de genie, tel que seroit surtout M. Tronson du Coudray sur qui M. de Gribauval a jetté les yeux, et de qui M. le comte de St Germain ne pense pas moins avantageusement. J'ai écrit en Amérique a son sujet, et je ne puis rien faire de décisif en attendant la reponse, et quand arrivera-t-elle? De l'instant donc que vous pourriez prévoir une rupture avec l'Angleterre, je pense qu'il seroit important de subvenir à mon incapacité à cet égard, et pour cela, il ne s'agiroit que de faire donner à ce M. du Coudray pour le déterminer a partir immédiatement, un grade convenable et la croix de St Louis en partant, avec une médiocre somme pour ses fraix de déplacement, supposé que je n'aye pas encore reçu de remises pour y fournir. Il emmeneroit avec lui quelques subalternes s'il le pouvoit sans que cela retardat d'un jour son départ. Si non, on les feroit suivre par les premières occasions.

J'ai cru devoir vous proposer ces idées en l'air. Je ne demande point à savoir si vous les aurez jugées dignes de quelque ou de nulle attention.

J'ai l'honneur d'etre avec un profond respect, Monseigneur, votre trés humble et tres obeissant serviteur.

BARBEU DUBOURG.

Angleterre, t. 517, n° 12.

II

BONVOULOIR[1].

1. LE COMTE DE VERGENNES AU DUC DE GUINES.

A Versailles le 13 juin 1776.

J'ai reçu, M. le D., la lettre que vous m'avez fait l'honneur de m'écrire le 11 de ce mois. Vous vous rapellez certainement que ce n'est pas nous qui avons sollicité M. de Bonvouloir de se rendre en Amérique; qu'au contraire cet officier s'est présenté à vous de son propre mouvement, que c'est vous qui avez fait l'offre de ses services, et que le Roi n'a agrée sa correspond^{ce} avec vous qu'en lui faisant déclarer très expressément qu'il ne devoit sattendre à aucune protection de sa part s'il venoit à s'attirer l'animadversion du Gouvernement Anglois. Nous n'avons jamais traité ni directement ni indirectement cet objet avec la famille de M. de Bonvouloir; elle ne nous a ni remis ni confié cet officier, et loin que nous ayons pris le moindre engagement avec elle, nous étions au contraire persuadé quelle ignoroit le voyage et les vües de M. de Bonvouloir. Dans ces circonstances vous sentirez de vous-même, M. le D., que je ne puis entrer avec elle dans aucun éclaircissement sur tout ce qui a raport à cet officier, ni la tranquiliser sur son sort et encore moins men rendre garant. Mr de Bonvouloir s'est rendu volontairement chez les Insurgents; il y a été abandonné à sa propre conduite, il en a été prévenu avant de s'embarquer il a bien voulu en courir la chance; ainsi personne ne peut ni ne doit répondre de lui que lui-même.

Je souhaiterois fort qu'il fut assés avisé pour prendre le parti de revenir. Jusquici il a bien imparfaitement rempli l'objet de curiosité qui avoit fait consentir a son voyage. La lettre que vous maves remise a votre retour d'Ang^{re} est la seule que nous aions reçue de sa part. Si vous aviés quel que voye Monsieur le Duc, pour lui faire insinüer de revenir, vous lui rendriés service. Je ne puis absolument pas à m'hazardér à lui ecrire.

Je crois devoir vous renvoyer la lettre de M^r son frère que vous avez bien voulu me communiquer.

J'ai l'honneur d'etre avec un très parfait attachement, Monsieur le Duc, etc.

DE VERGENNES.

[1] Le nom véritable était : Achard de Bonvouloir.

ANNEXES DU CHAPITRE XIV.

2. LE DUC DE GUINES AU COMTE DE VERGENNES.

à Paris le 16 juin 1776.

..... Si j'avois été instruit plutot de la disposition ou vous paroissés etre a son egard, je la lui aurois apprise par le retour du vaisseau que les Américains avoient expédié à Nantes et par lequel M. de Bonvouloir m'avoit écrit, ou bien par la voie de M. de Lotbiniere qui maintenant doit etre embarqué. Aujourd'hui je n'ai plus de moiens que par l'Angleterre, cela est difficile mais nullement impossible et je ne demande pas mieux que de m'en charger. Mais je pense, Monsieur le Comte, que vous trouverés juste d'envoier a M. de Bonvouloir le paiement de la seconde année de ses appointemens de deux cent louis qui doit lui etre paiée davance le premier de septembre, sur laquelle il compte ne fut ce que pour son retour quil trouvera beaucoup de peine a effectuer d'un moment a l'autre, dont il sera peut etre obligé d'attendre un an la possibilité, et pour lequel il est surement sans ressource. Vous jugeres, Monsieur le Comte, qu'on ne pourroit lui refuser ces deux cent louis sans manquer vis-a-vis de lui aux engagemens que j'ai été autorisés a prendre, et dont je me suis rendu en consequence personellement garant et responsable.

J'ai l'honneur de vous demander 1° cet article, 2° de me renvoier les dernieres lettres que je vous ai remises et qui m'indiquoient la voie par laquelle je pourrois lui adresser les ordres du Roi a Philadelphie. 3° de me faire authoriser par M. le C. de St Germain a envoier sur le champ en Angleterre M. le Chv. de Bonvouloir lieutenant dans le regiment composé du dedoublement de Lyonnois qui est a Arras, et du departement de la Division qui m'est confiée. 4° que la depense du voiage de cet officier lui soit remboursée.

Je le chargerai d'écrire a son frere par la voie de Quebec, je lui en indiquerai les moiens certains par des négocians anglois qui ont des correspondances en Canada, lesquelles depuis la derniere affaire de Quebec et l'arrivée des renforts qui doivent y etre rendus sont assurées. Ces négocians meme ignoreront ce dont il sera question et écriront que c'est d'*un négociant d'Anvers* dont il s'agit, dénomination dont je suis convenu avec M. de Bonvouloir. M. son frere sera d'ailleurs repondant du secret vis-a-vis du Roi, et de sa conduite vis-a-vis de lui-meme puisque lui et M. son frere sont toujours dans le cas d'etre désavoués s'il résultoit quelque inconvenient de leurs demarches.

Le detail des mesures que je compte prendre, Monsieur, seroit trop long a vous exposer, mais j'ose vous repondre de leur succès si vous acquiescés a mes demandes. J'ai seulement l'honneur de vous faire observer que le temps presse, et qu'il faudroit que j'eusse avant mon départ fixé a la fin de la semaine ou nous entrons les ordres du Roi, tant sur les objets que je propose, qu'a l'egard du remboursement dont il sera necessaire que je me pourvoie sur M. d'Harvelay.

J'ai l'honneur d'etre avec un très parfait attachement, Monsieur le Comte, votre très humble et très obeissant serviteur.

Le Duc DE GUINES.

Angleterre, t. 516, n° 120.

3. LE DUC DE GUINES AU COMTE DE VERGENNES.

La famille de M. de Bonvouloir ignore, Monsieur le Comte, la vraie destination de cet officier, M. son frere officier au Rg^t de Lyonnois etoit a Londres au moment ou jeûs l'honneur de vous proposer ses services et ou ils furent acceptés; il a pu concevoir quelques soupcons sur les projets de M. de Bonvouloir, mais il n'en a eu aucune certitude : ainsi l'objet du secret a été rempli autant qu'il pouvoit l'etre. J'esperois que celui de la mission le seroit également, et j'avois d'autant plus lieu de le croire que vous m'aviés paru, Monsieur le Comte, trés content du début. Il est vraisemblable que M. de Bonvouloir aura continué d'après les memes principes, mais que les vaisseaux chargés de ses paquets auront été interceptés, ce dont on ne peut lui faire un crime. (16 juin.)

[L'ancien ambassadeur insistait dans cette seconde lettre pour que le ministre tirât Bonvouloir de peine en lui faisant payer une deuxième année de ses appointements à Philadelphie, où il était dans le besoin. M. de Vergennes y consentit. Gérard fut chargé d'en informer le duc le 19 comme il suit :]

4. LE COMTE DE VERGENNES AU DUC DE GUINES.

A Versailles 19 juin 1776.

J'ai recu, M. le D., la lettre que vous m'avez fait l'honneur de m'écrire le 16 de ce mois; je ne fais aucune difficulté de vous remettre les 200 louis que vous demandez pour Mr de Bonvouloir, et il dépend de vous ou de les faire toucher chez M. d'Harveley, ou de les recevoir chez vous contre votre quittance. Quant a la voye par laquelle il conviendra de faire passer cette somme à sa destination elle dépend entièrement de vous, et je ne puis que m'en raporter à ce que votre prudence vous suggèrera à cet egard. Mais je crois devoir vous prevenir que si vous vous déterminez a envoyer pour cet objet le frère de M. de Bonvouloir en Angleterre le Roi ne juge pas devoir se *charger des frais* de son voyage. Je pense au surplus, M. le D., que la personne qui fera toucher les 200 louis à M. de Bonvouloir lui fera passer en même tems vos instructions sur son retour en France.

DE VERGENNES.

Angleterre, t. 516, n° 126. (Minute de Gérard.)

III

BEAUMARCHAIS ET SILAS DEANE.

1. BEAUMARCHAIS AU COMTE DE VERGENNES.

Vendredi 16 aoust 1776.

Monsieur le Comte.

Vous pouvés etre surpris de n'avoir point de mes nouvelles, depuis les deux derniéres lettres dont vous m'avés honnoré. La seule raison de mon retard est de n'avoir pu trouver une heure pour remplir ce devoir. Les travaux de la ville et du cabinet se sont succédés avec tant de rapidité, qu'ils m'en font perdre haleine. Voila vos lettres et copies relatives à l'ambassadeur d'Espagne que je vous envoye, affaire finie, plus la lettre et la notte de M^r le Cte de St Germain.

..... Arrêté que tous les vaisseaux venant d'Amérique dans nos ports seront adressés à la maison Hortaléz, et que les cargaisons demandées par cette maison seront préférées à tout autre.

Je vous porterai la copie de ma lettre au Congrès. Une chose assés étonnante est que ni Mr Deane, ni moi, n'ayons reçu aucune nouvelle directe de ces 5 vaisseaux; quoi que j'aye une lettre du 10 aoust de Bordeaux qui m'annonce que trois vaisseaux américains sont au port; que deux arment en guerre, et que le 3° est indécis comment il chargera. Ils attendent, dit-on, des vaisseaux partis après eux, la n^{lle} Londres dont on n'a encore nulle nouvelle.

Par quelle voye donc M^r le Cte de Maurepas a-t-il reçu la sienne?

J'aurai l'honneur de vous envoyer au plutot mes lettres de demande pour l'artillerie, adressées à M^r le Cte de St Germain. Il sera nécessaire que je confère avec ce ministre pour les détails, et surtout pour une demande de fusils de Charleville à charge de remplacement, que j'ai à lui faire. Mes lettres de demande d'artillerie ne partiront que quand j'aurai bien assis ce que je désire et les lieux ou je veux les prendre, Strasbourg et Metz sont si loin qu'il ny a que la Hollande qui puisse les recevoir, et le Rhin les porter. Du reste je m'entendrai avec le fournisseur général des voitures et convois d'artillerie pour l'extraction. J'ai rendéz-vous ce matin avec Mr de la Porte pour les salures. Mais tant de choses qui doivent marcher ensemble, sans compter les manufactures de draps et de toiles, me forcent à prendre de nouveaux travailleurs. Cette affaire *politico-commerçante* va devenir immense, et je me noyerais dans les détails, moi et le peu de commis que j'ai employés jusqu'à présent, si je ne prenais promptement des aides. Les uns voyageront, les autres résideront aux ports aux manufactures, etc. J'ai promis du tabac à la ferme générale et j'en demande aux Américains. Leurs chanvres me seront d'un assés bon débit. Enfin je commence à voir clair en mes affaires.

La seule où je ne voye goute est celle de ces fatales lettres patentes, dont je n'ai vent ni nouvelle; quoique juges, avocats, amis, parents, gazetiers mesme, s'empressent à venir me demander si tout cela n'est encore qu'un faux bruit. En trois jours ils m'ont baclé le procès qui me tuait au Conseil, et, depuis six semaines, je ne puis parvenir à avoir la première pièce nécessaire au procès de ma résurection!

Mr de Maurepas me dit toutes les fois qu'il me voit, *cela est fait, tout est fini*. Dimanche, ces lettres, disait-on, étaient chéz Mr Amelot à l'expédition; je devais les avoir mardi. Voilà vendredi arrivé, mais les lettres ne le sont pas. A la fin du Parlement ce retard de trois jours me fait perdre 3 mois, à cause des vacances.

Je n'ai point d'humeur, mais beaucoup de chagrin, de voir toujours mon état équivoque et son retour incertain.

Angleterre, t. 517, n° 128.

2. BEAUMARCHAIS AU COMTE DE VERGENNES.

Paris 29 aoust 1776.

Monsieur le Comte,

J'ai eu l'honneur de voir hier M^r le Cte de St Germain. L'erreur est venue beaucoup moins de lui que de M^r Du Coudrai qui a la bonne foi d'en convenir lui mesme. Je me suis assés expliqué pour que cela n'arrive plus désormais. Vous ne mettés pas, Monsieur le Comte, plus de grâce et de bienveillance avec moi dans vos procédés que je n'en ai reçu de M^r le Cte de St Germain. C'est assés vous dire que j'en ai été trés bien reçu; et lorsqu'il a su par moi que j'étais ce mesme infortuné courageux, dont il a lu, dit-il, les défenses avec tant de plaisir, il est entré dans les détails les plus flateurs, a retrouvé en moi l'ami de son ancien ami Mr Duverney, et après une conversation de deux heures a voulu me retenir à dîner. Mais est ce que les malheureux qui courent après la solution de leurs procès ont le tems de dîner?

Je l'ai quitté, mais j'ai pu espérer que j'avais acquis un protecteur de plus. Si tout n'est pas bien, tout n'est donc pas mal! J'ai minuté une lettre propre à réparer la faute commise sur l'artillerie; je la lui ai montrée; il a jugé qu'elle était nécessaire. C'est votre réponse à sa lettre. Pardon, Monsieur le Comte, si j'ai pris la liberté de vous servir de secrétaire en cette occasion. Il y a longtems que je vous suis attaché à tous les titres possibles. Si vous aprouvés la lettre il n'y a qu'une signature et une enveloppe a y ajouter.

Angleterre, t. 517, n° 148.

3. BEAUMARCHAIS AU COMTE DE VERGENNES.

Londres ce mercredi 8 mai 1776.

Monsieur le Comte.

..... Je dis donc que le tems approche, ou les Américains seront maitres chéz eux; et il approche d'autant plus que le général Lée, après avoir laissé 7000 hommes dans New York fortifiée, est parti avec les 15 mille hommes qui lui restent, pour se rendre droit à Québec. Si les Américains ont le-dessus comme tout invite à le croire, n'aurons nous pas infiniment à regretter, Monsieur le Comte, de n'avoir pas cédé à leurs instances? Alors, loin d'avoir acquis, comme nous le pouvions, à peu de frais et sans risques des droits sur la reconnaissance de ces voisins de nos iles, nous les aurons aliénés pour jamais. Comme ils auront vaincu sans nous, ils feront une bonne paix, mais contre nous : Ils se vangeront, de notre dureté, sur nous. Eh! qu'est-ce que deux ou trois millions avancés, sans se compromettre? Car je puis vous engager ma foi sacrée de leur faire parvenir, de la seconde main, mesme par la Hollande, tous les secours que vous voudrés, sans risques et sans autre autorisation, que ce qui existe entre nous.

L'air d'un effort mesme suffit peut etre; car je sais que les Virginiens ont maintenant une manufacture de salpêtre abondante; et que le Congrès, depuis la réunion de la Caroline Méridionale, a décidé que la poudre qui se faisait seulement à Philadelphie, se fabriquerait sur tous les lieux mesmes. Au reste les Virginiens ont 7000 hommes de troupes réglées et 70 mille soldats de milice; du fer en abondance et font presque autant d'armes que toute l'Amérique ensemble. Mais, des ingénieurs, des ingénieurs, et de la poudre! ou de l'argent pour en avoir; voilà le résultat de toutes mes conférences. J'attens donc de vos nouvelles, de celles de M. de Sartines. Je vous prie, et lui aussi, de sentir que la Banque de Londres faisant seule le commerce d'or, soit à livres, sols et deniers, qu'elle concurrence j'établis sur ces matières. La publicité mesme de son mécontentement à cet égard est ce qui doit fonder ma sureté. Si vous m'entendés bien vous concevrés pourquoi il m'est si important d'être reconnu ici pour un véritable marchand d'or. Et voilà ce que j'ai mandé à M. de Sartines.

DE BEAUMARCHAIS.

(J'ai fait porter cette lettre à Calais par un homme sûr, à moi.)

Angleterre, t. 516, n° 18.

4. LE COMTE DE VERGENNES À BEAUMARCHAIS.

A Versailles le 10 may 1776.

J'ai reçu, Monsieur, la lettre que vous m'avés fait l'honneur de m'écrire le 3 de ce mois. Vous êtes difficile, si vous ne regardés pas comme une nouvelle importante celle de l'évacuation de Boston, quoique j'ignore encore pourquoi et comment elle s'est faite. Je ne puis croire que c'est par plaisir et sans nécessité que le général Howe a abandonné cette place d'armes. Je ne vous demande pas ce qu'en pensent et en disent les Ministres. Très certainement ils tâcheront de faire bonne mine à mauvais jeu; c'est leur rôle vis avis le public. Mais je ne me persuaderai pas pour cela qu'ils en soient interieurement plus contents. C'étoit à Boston que devoit se porter la plus grande partie de leurs forces; c'étoit de là que devoient partir les plus grands coups. Sans doute que les Insurgens ne seront pas assés généreux pour leurs en laisser les portes ouvertes. Voilà donc un nouveau plan de campagne à faire dans le tems précisément où les opérations doivent s'entamer. Le résultat de cet événement que vous regardés avec tant d'indifférence, pourra bien être, que si la campagne n'est pas absolument manquée, elle ne se fera du moins que bien mollement et l'on croira avoir beaucoup fait si l'on parvient à s'assurer de quelques points pour tomber avec plus de succés une autre année sur les Insurgens. Je ne sais pas si ceux-ci manquent de quelque chose pour leur deffense, mais j'ai connoissance qu'ils ont eu l'art de tirer d'un pays voisin de celui-ci une immense quantité de munitions de toute espèce et, quelques précautions que l'on prenne de partout pour leur intercepter les secours, ils n'en manqueront pas tant qu'ils pourront les payer aussi bien qu'il me revient qu'ils l'ont fait jusqu'à présent. Si vous me demandés où sont leurs mines, je vous répondrai trés-ingénuement, M^r, que je n'en sais rien; mais il faut qu'ils ne manquent pas de ressources, puisque le commerce est si ardent à les servir.........

DE VERGENNES.

Ibid., n° 26.

ANNEXES DU CHAPITRE XIV. 517

5. BEAUMARCHAIS AU COMTE DE VERGENNES.

Londres ce 17 mai 1776.

Monsieur le Comte.

J'ai recu, hier au soir, la lettre dont vous m'avés honoré, en datte du 9 de ce mois, ainsi que celle de Mʳ Hugalis, qu'elle renfermait. Je n'avais besoin d'aucune nouvelle recommandation pour mettre une grande prudence, et pousser la prévoyance aussi loin que mes lumières le permettent, dans les choses que vous paraissés sincèrement désirer. Je vois, aux termes de la lettre d'Hugalis, que mon projet ne lui est pas mesme tombé dans l'idée. Je n'en serai glorieux que lorsque deux personnes l'auront bien approuvé, le Roi et vous.

Depuis votre lettre du 9, vous en avés reçu de moi qui vous prouvent du reste que je n'attache pas moins d'importance que vous à l'évacuation de Boston. Elle est telle, que j'ai regretté d'avoir dit dans une maison, lorsqu'on en donna la nouvelle, une mauvaise plaisanterie qu'on a trop retenue, la voici : « Les Anglais avaient le « mal de Boston. Les Américains leur ont procuré une évacuation, qui, loin d'être « salutaire, n'est qu'un flux de sang mortel. » Le lendemain, cette pensée fut traduite ainsi dans les papiers. *The case of Boston is not evacuation, but a bloody flux*. Heureusement on ne m'a pas cité. Cela m'apprendra, néanmoins à tourner ma langue sept fois, puis qu'on regarde d'aussi près à ce qui m'échappe.

Les nouvelles de France du 12, sont l'objet de l'attention générale; mais la sensation qu'elles excitent dans le haut public est triste et mesme funeste. Ils disent publiquement que Mʳ de Choiseul va rentrer en place, et par conséquent la guerre est prête à se faire. Je ne sais pourquoi ils ne peuvent détacher l'idée de guerre du nom de Choiseul. Je parierais que les fonds publics en baisseront demain. Ce qui donne aux Anglais une apréhension aussi vive de M. de Choiseul, est l'illustration de M. de Guines, et le choix de M. de Cluni, qu'on sait être deux créatures de Mʳ de Choiseul. Ils envoyent déjà Mʳ de Guines à Vienne et en ramènent Mʳ de Breteuil s'asseoir à votre bureau. C'est, disent-ils, un arrangement parfait, et qu'on leur a mandé dès longtems.

Que le Diable emporte les pronostics ! je n'en crois pas un mot, et ne vous en parlerais pas, si je ne savais bien que livré tout entier au travail que vous remplissés si bien, vous ne voyés dans votre place que le bonheur d'être utile à un bon Maitre, sans vous soucier des intrigues, vraies ou fausses, qui placent ou déplacent tout le monde autour de vous.

Encore un coup, je n'en crois pas un mot : Mais je suis affligé que ces gens-cy se donnent le ton de savoir d'avance tous les secrets du cabinet de France. Cela donne un air de commérage et de légèreté à tout ce qui se fait chéz nous ! Au moins, Monsieur le Comte, est-ce à vous seul que je confie ce radotage, qui pourtant fait un grand effet ici, par la persuasion où est le Ministère que Mr de Choiseul a toujours fait ou voulu la guerre pour se maintenir en place. Il y a huit jours qu'un paquebot de Virginie envoyé par le Lord Dunmore a apporté des nouvelles au Gouvernement. Mais on les a trouvées si mauvaises qu'on a pris le parti de dire que la malle était tombée dans la mer par un gros tems. Ruse admirable ! effort de génie supérieur ! Hier un autre vaisseau est arrivé du Canada. Il avait ordre de tirer un coup de canon sans entrer dans le port. Une barque en est sortie, s'est aprochée du vaisseau. Un homme a sauté dans la barque, et le navire a poussé au large. Cet homme est accouru à Londres sans s'arreter. Mais l'on ne peut pénétrer l'objet de sa dépêche. De là le refrain usité. *Les nouvelles sont donc bien funestes, puis qu'on y met tant de mystère !*

Je compte partir mardi matin, et vous renouveller avant samedi, Monsieur le Comte, les assurances de mon tres respectueux dévouement.

DE BEAUMARCHAIS.

Angleterre, t. 516, n° 43.

6. BEAUMARCHAIS AU COMTE DE VERGENNES.

Paris ce mercredi 5 juin 1776.

Monsieur le Comte,

J'ai l'honneur de vous prévenir que j'aurai celui de vous voir aujourdhui dans l'après midi, pour terminer, avant mon départ, l'article de mes fonds, ou plutot des votres. Je n'avais pas encore fini l'arrangement de mes piastres avec Mr de Sartines, et ce retard m'eut donné un concurrent dans mes achats à Londres, ce qui eut excité un surhaussement de prix fort à mon désavantage; je le lui ai fait sentir, et tout s'est accomodé.

Je désirerais que vous voulussiés bien m'obtenir une courte audience de Mr de Maurepas. Je vous dirai tout bas quel en est l'objet, et vous serés le maitre de l'ignorer ou de le savoir, à votre choix.

Ma reconnaissance égale mon tres respectueux attachem^t.

Ibid., n° 89.

7. BEAUMARCHAIS AU COMTE DE VERGENNES.

Versailles ce jeudi 13 juin à 6 heures du soir.

Monsieur le Comte,

L'objet du petit voyage que je fais à Versailles, était de vous prier de m'obtenir de M^r le comte de Maurepas une audience particuliere avant mon départ, que je fixe pour dernier terme à dimanche; si toutes fois j'ai obtenu de Mr de Maurepas l'audience, dont je vous prie de me faire parvenir le jour et l'heure; car le lieu me semble etre constamment Marly. Il s'agit de l'objet secret sur lequel je l'ai entretenu l'autre fois si long tems : Mais, comme c'est objet est au secrèt, mesme pour vous, qui avés consenti de l'ignorer, je vous suplie donc de vouloir bien solliciter pour moi cette audience que je dis etre importante, et sans en spécifier l'objet. En me faisant passer ses ordres, je vous serai obligé de me renvoyer mon petit essai sur les Rois de France, et ma lettre d'Angleterre, à la quelle je ne puis répondre faute de l'avoir. J'ai le livre traduit de l'anglais sur lhistoire de Charles 2. J'aurai l'honneur de vous le remettre en revenant à Marly : Mon projet étant de repasser par Versailles, et de vous y rendre compte de tout, comme nous en sommes convenus. Je ne vous ai pas envoyé ma lettre en chiffres, parce qu'elle ne doit partir que demain par votre courrier de Londres; et maintenant que je suis à Versailles, je m'aperçois que j'ai fait l'ânerie d'oublier de la prendre dans mon portefeuille secrèt. Je m'en punis en me privant du plaisir de vous faire ma cour ce soir. Vous la recevrés demain avec sa traduction française par votre courrier du matin. Comme je crois votre communication avec Mr de Maurepas de plusieurs couriers par jour, j'espère recevoir ses ordres et les votres samedi matin, et vous en faire mes remerciemens samedi au soir en sortant de le voir. Vous connaissés mon tres respectueux attachement, il durera autant que mon âme sera susceptible du doux sentiment de la reconnaissance.

8. BEAUMARCHAIS AU COMTE DE VERGENNES.

Paris ce 21 7bre 1776.

Monsieur le Comte,

Je viens d'adresser le Sr Suinton à M^r D'Ogny avec une lettre que M^r D'Ogny vous communiquera probablement demain matin et relative à l'arrangement de ses frais de poste de ses paquèts Anglais. Quant à la lecture qui servira de censure à chaque courrier, avés vous décidé quelque chose? où voulés vous que le paquet m'arrive, et que je vous en rende compte à mesure? Cet homme parait le désirer. Je ne le veux ni ne le refuse; votre ordre seul décidera cet objet. Autre plus important.

Nous cherchons bien loin qui fait éclater l'affaire des munitions, et j'apprens dans l'instant que le docteur fait sans cesse des travaux publics sur cet objet. Le baron de Rullecourt qui sort de chez moi, et qui, par parenthèze, voudrait mener aux insurgens un corps bien discipliné de 600 hommes qu'il tient sous sa main, a été envoyé ou à M^r *Le Rai de Chaumont* ou a *Dubourg*, a son choix; il a été chez le 1er et y a trouvé le second. Ils luy ont assuré que non seulement le ministère de France trouverait excelent qu'il passat à ce service, mais qu'on lui donnerait par écrit dans sa poche l'assurance de cette adhézion. Si pendant que nous fermons la porte d'un côté on ouvre la fenestre de l'autre, il est bien impossible que le secrèt ne perce pas. Ce sont ces bavards là qui, semblable au chien de Lafontaine, ne font pas et nuisent à qui veut faire, à qui il faut imposer silence. Qu'ils se mettent en avant s'ils veulent, mais qu'ils n'y mettent point le ministère. Au reste, Monsieur le Comte, c'est à vous que je demande ce que c'est que le baron de Rullecourt, et si je puis tout discrèttement l'aboucher avec Deane. Je ne lui ai rien dit. Promesse seulement de le voir mardi matin. Ce docteur veut en être, à quelque prix que ce soit, et son agent est ce *Pénèt* dont vous devés arrêter les envois proscrits pour faire un exemple. Il n'y aurait pas grand mal que vous lui imposassiés de nouveau la loi du repos, car il me parait que les *Val croissant, les Planta* etc. etc..... à qui ma porte est fermée, se retournent tous de ce côté là. Je me hâte de vous faire part de ma découverte en me recommandant toujours à votre précieuse bienveillance. Je vais passer chés M^r le Cte de St Germain lui dire que rien n'est changé sur les déplacemens des arcénaux de terre dans les magazins des ports et qu'il veuille bien ne rien changer lui-même sur les ordres donnés à cet égard. Si je ne le trouve pas à Paris je laisserai à son Suisse à l'arcénal. Communiqués, je vous prie, la circonstance de l'union de Dubourd et de Le Rai de Chaumont à Mr de Maurepas et la nécessité de leur imposer silence.

Angleterre, t. 518, n° 50.

IV

MM. MONTAUDOIN.

MONTAUDOIN FRÈRES AU COMTE DE VERGENNES.

Monseigneur,

La depêche dont vous nous avés honoré le 22 nous est parvenue par l'ordinaire d'aujourdhuy. Nous aprîmes mardi l'aventure du Dikenson par un buletin de nouvelles de Londres quun de nos amis nous envoia de Paris. Le lendemain nous reçumes de Bristol la copie de la lettre que le capitaine avoit pour nous, et la gazette de Bristol qui est copiée successivement par toutes les autres gazettes. Nous jugeons que c'est le capitaine qui nous a envoié le tout. Nous n'avions eus aucun avis de cette expedition. Nous avons eus, Monseigneur, il y a 3 ou 4 ans des relations avec ces negocians de Philadelphie; et avec d'autres de ce pâis là dans le tems que la disette donnoit des inquietudes en France, et nous en avons reçus de la farine, et du riz qui ont êtés d'un grand secours contre la disette. Nous n'avons, Monseigneur, aucune connoissance des deux François quon dit avoir passé dans l'Amerique angloise. S'il vient dans nos ports quelque batiment de ce pâis la, nous mettrons tout en œuvre avec la circonspection convenable pour savoir le detail de cette histoire ou de ce roman, et nous aurons l'honneur de vous le communiquer. Si le fait est réel, nous pensons que ces voiageurs pouroient être venus de St Domingue, parce qu'il y a des relations fréquentes entre ces deux pais, au grand préjudice du commerce de France. Ces voiageurs auront cherchés a se donner de limportance, ou peût être le Congrès continental aura crû convenable a ses interests de les annoncer sur ce pied, pour exciter de plus en plus le peuple a persister dans le plan qui a été adopté.

Nous sommes aussi reconnoissans, Monseigneur, qu'honorés de la justice que vous daignés nous rendre. Nous ne nous permettons jamais aucune operation qui put n'être pas analogue aux vues bienfaisantes du Gouvernement pastoral, et paternel sous lequel nous avons le bonheur de vivre, et dans les cas qui pouroient paroître susceptibles de differentes interpretations, nous ne manquerions pas pour les resoudre de nous addresser aux sages depositaires de l'autorité de nôtre divin Monarque.

Permettés nous, Monseigneur, de profiter de cette occasion pour rendre à vos lumieres, et a vos vertus lhommage qui leur est dû, et que notre cœur vous rend depuis long tems.

Nous sommes avec le plus profond respect, Monseigneur, vos très humbles très obéissans serviteurs.

Nantes 27 avril 1776.

MONTAUDOÜIN FRÈRES.

Angleterre, t. 515, n° 110.

CHAPITRE XV.

COMPLÈTE INTIMITÉ DES DEUX COURS.

Prétendue opposition du comte de Maurepas aux efforts de M. de Vergennes. — Ce qui pouvait retenir le premier ministre ou le bien disposer; il fait connaître au comte d'Aranda les informations de Silas Deane et les apprêts de la France. — L'Espagne surprise au Brésil par le Portugal; conseil de cabinet à Marly; M. de Vergennes y expose que la guerre est probable et indique les moyens de l'affronter. — Approbation des vues du ministre; dépêche qui les fait connaître à Ossun. — La cour de Madrid est convaincue de la complicité des Anglais; nouvelle insistance de M. de Grimaldi pour que la France augmente sa marine et défende Saint-Domingue. — Soins que prend M. de Vergennes : à Londres, pour justifier les mesures du gouvernement espagnol; à Madrid, pour retenir et rassurer le cabinet; avec lord Stormont, pour que l'Angleterre désapprouve le Portugal. — Résolutions définitives de Charles III; le comte d'Aranda les notifie à M. de Vergennes; garanties que les mesures indiquées paraissent offrir, satisfaction qu'elles procurent, gratitude qu'on en exprime. — Impression ressentie de la mauvaise volonté des administrations espagnoles à notre égard; affaire du *Septimane*, projets politiques qu'elle dérange; la question de la paix avec Alger. — Faiblesse reconnue du marquis d'Ossun et fautes qu'on lui reproche; comment il défend ses actes; il réussit au sujet du *Septimane* et espère réussir pour la paix avec Alger. — Avantages fondés par M. de Vergennes sur cette paix; intérêt qu'il voyait à la procurer, obstacles qu'elle rencontrait, instructions qu'il adresse. — Gratitude du roi envers son oncle et du Gouvernement pour le cabinet de Madrid. — Rumeurs venues d'Amérique; à-propos qu'elles donnaient à l'intimité des deux cours.

1776.   Le chef du cabinet de Versailles ne passait pas pour regarder d'un œil bien épris l'active assistance dont le secrétaire d'État des affaires étrangères s'efforçait de doter les Colonies. On lui prêtait même des idées assez contraires et la pensée que ces Colonies n'avaient pas besoin d'être aidées, qu'elles étaient plus fortes que l'Angleterre. L'envoyé du Congrès, d'après les conversations qu'il avait ou qu'il lui arrivait d'entendre, mandait cela au *Comité de correspondance secrète* le 15 août[1]. Il ajoutait que tous les regards se tournaient vers M. de Choiseul et qu'il attendait beaucoup de ce dernier. L'opinion générale était déjà très ardemment portée à la guerre contre l'Angleterre et les adver-

[1] *Diplomatic correspondence*, t. I, p. 28.

saires du cabinet, depuis leur insuccès dans l'affaire de Guines, avaient pris contre lui le thème qu'il avait peur de cette guerre, tandis que le duc l'engagerait.

1776.

Ce qui semble certain c'est que M. de Maurepas montrait plus de retenue, parfois, que ne l'aurait souhaité M. de Vergennes ou qu'on ne le désirait autour de lui. Dans la lettre du 13 août, que nous citions tout à l'heure, Beaumarchais écrit à ce dernier en parlant du premier ministre qu'il vient de voir : « Il me paraît absolument dans les dispo-
« sitions où vous l'avez tant désiré. Allons donc ! Si *tout n'est pas bien,*
« *tout n'est pas mal non plus,* et c'est la devise que j'ai envie d'adopter
« désormais. » Le chef du cabinet, qui s'en servait souvent, avait donc été dans des idées différentes. On le regardait en effet comme désireux surtout de la paix. Le corps diplomatique lui prêtait ces propensions. Il existe assez d'indices qu'il en avait d'autre nature pour dire que ce jugement était inexact. M. de Maurepas réglait sur les circonstances ses dispositions, inspirées par un grand désir de faire remonter la France à son rang; voilà la vérité. Les circonstances venaient de paraître favorables, c'est pourquoi il avait pu, dans un entretien privé surtout, reprendre le courant avec entrain. Le concert avec l'Espagne, dans ces premiers jours d'août, avait la meilleure tournure; c'est sans doute ce qui donnait lieu à Beaumarchais d'ajouter : « Jamais je n'ai
« vu M. le comte de Maurepas aussi gai qu'il l'était en sortant du con-
« seil. Que Dieu vous conserve, lui dis-je, ce vert courage, Monsieur
« le Comte, et battez ce fer-là pendant qu'il étincelle. C'est là ce qu'on
« appelle de bonne besogne [1]. »

---

[1] Beaumarchais écrivait alors à M. de Vergennes avec beaucoup de liberté. Témoin ce billet du 13 juillet 1776 : « Monsieur le Comte, « je vous supplie de vouloir bien remettre vous-« mesme, a la 1ᵉʳᵉ vue, ce projet de lettres à « M. le comte de Maurepas. Comme je suis de-« venu un marchand de tems, et que cette mar-« chandise est précieuse, j'en perds le moins « que je puis. Et comme votre médiation m'est « toujours infiniment chere, la 1ʳᵉ chose qui me « tombe a l'esprit, est de vous prier d'accélérer, « en remettant ce mémoire à Mʳ de M.....
« l'inestimable effet de ses bontés et des vôtres.
« Mʳ de Sᵗ Germain, à voir.
« L'artillerie, à décider.
« L'ambassadeur d'Espagne, à soutirer.
« Et votre serviteur, à constamment protéger. »
(*Angleterre*, t. 517, n° 28.)

1776.   Les ministres de Louis XVI, effectivement, « battaient le fer » tandis que les propos contraires circulaient. M. de Maurepas avait reçu le comte d'Aranda, un de ceux qui propageaient ces propos. Il lui avait fait connaître, pour en informer Madrid, les indications apportées par Silas Deane sur les forces des Colonies, sur les espérances qu'elles concevaient de leur volonté de se défendre, sur les moyens qu'elles voulaient prendre, et il l'avait assuré que le gouvernement du roi s'occupait de mesures vigoureuses pour répondre à l'appel qui, peut-être, allait survenir. Une dépêche de M. de Grimaldi, en suite de la communication que le comte d'Aranda lui avait faite de cette audience, sur laquelle nous reviendrons plus loin[1], précise ces dispositions du cabinet de Versailles et de son chef :

V. E. rapporte dans sa lettre n° 806. la conversation qu'Elle avoit eû avec M. le comte de Maurepas sur la situation actuelle de l'Angleterre engagée avec ses colonies, et sur les suites graves qu'on doit craindre, soit qu'elle parvienne a les soumettre, soit qu'elles parviennent à secouer le joug; car dans l'un et l'autre cas l'Angleterre voudra entreprendre une guerre contre la maison de Bourbon pour se dédommager des pertes ou des depenses qu'elle aura fait.

Par les discours de ce ministre V. E. comprit, que le cabinet de S. M. T. C. pensoit serieusem[t] à ces suites, et s'occupoit de mesures vigoureuses comme l'unique expedient aujourdhuy pour contenir les Anglois dans leurs projets ambitieux. Ainsy il paroit qu'il travaille au retablissement de la marine, et à faire d'autres dispositions dans differentes branches.

En continuant la conversation le même ministre instruisit V. E. de l'etat des forces, dans lequel se trouvoient les colons americains, suivant ses dernieres nouvelles, et des grandes esperances qu'ils ont de resister à la puissance britannique; que cependant ils sollicitoient pour qu'on tachat d'occuper l'Angleterre d'un autre côté, afin de l'obliger a diviser ses forces.

Espagne, t. 581, n° 109.

Mais est-il besoin de rappeler combien le gouvernement de Madrid

---

[1] Voir *infra*, chapitre XVI, p. 579.

COMPLÈTE INTIMITÉ DES DEUX COURS.   525

s'était montré décourageant jusqu'alors. La veille encore, la manière 1776. dont il comprenait sa situation en face du Portugal donnait des sujets de préoccupations faits pour inspirer de nouveau la réserve au mentor très réservé du roi, bien que ces préoccupations ne parvinssent pas à rebuter M. de Vergennes. Quand celui-ci exprimait au marquis d'Ossun la crainte que les manœuvres de M. de Pombal ne donnassent cours au ressentiment du roi d'Espagne juste au moment où les Portugais auraient sur lui l'avantage des forces au Brésil, M. de Maurepas, lui, devait naturellement s'inquiéter; ou bien il ne pouvait laisser voir que de la froideur pour des liaisons qui nous exposeraient beaucoup trop tôt. A la fin de la dépêche du 29 juin, M. de Vergennes « déplorait » que l'Espagne se fût refusée aux mesures « propres à en imposer au Portugal en lui faisant perdre l'idée de la supériorité de ses forces en Amérique »; il manifestait l'appréhension qu'une guerre « opiniâtre » ne résultât de ce « manque de prévoyance ». Les navires qui faisaient voile en ce moment même vers le continent apportaient la confirmation en partie de cet horoscope. M. de Pombal avait « dénaturé l'état des choses », pour emprunter l'expression dont le ministre se servira[1]. Le 23 juin, le gouvernement espagnol apprenait par ses lettres de Buenos-Ayres que les Portugais, le 1er avril, avaient attaqué en nombre et gravement défait ses garnisons et ses navires sur le Rio Grande. Avant que M. de Galvès entretînt le roi de ces informations, M. de Grimaldi les révélait en gros à Ossun et lui disait « qu'il voyait avec peine qu'on ne pouvait pas se dispenser « de s'égorger ». Ossun s'était hâté d'en aviser M. de Vergennes dans un pli privé, par le courrier ordinaire, et d'envoyer quelques jours après un rapport officiel détaillé[2].

Les Portugais, en effet, avaient fait capituler un fort et enlevé tous les postes avancés; à l'embouchure du fleuve une bataille navale favorable à leurs vaisseaux avait eu lieu; on pensait que Montévideo,

---

[1] Dépêche à Garnier, du 20 juillet, reproduite à l'annexe I du présent chapitre (n° 2). —
[2] *Espagne*, t. 580, n° 190.

1770. Buenos-Ayres et toute la province étaient menacés; dès le mois de mars le Paraguay avait été envahi. Avec raison, l'ambassadeur écrivait que M. de Pombal « avait endormi et trompé l'Espagne et ses mé- « diateurs ». Une irritation très vive régnait à la cour de Madrid, une partie des ministres était vraiment en effervescence; les autres se contenaient, le roi surtout, mais celui-ci se disait très résolu à reprendre « son bien ». Il évitait de se plaindre de la France, de rejeter tout haut sur les ménagements dont elle avait entouré les négociations le dommage qu'il éprouvait; mais M. de Grimaldi donnait des sentiments ou des paroles du monarque ce commentaire, emprunté à des impressions précédentes dont il aurait dû ne plus rester de traces, que « le Roi Catholique, quoique intimement persuadé de la bonne volonté de la France et de la fidélité de Sa Majesté à remplir ses engagements, sentait néanmoins que nous n'étions pas en état d'entrer en guerre[1] ». On allait préparer un corps assez considérable et une escadre pour Buenos-Ayres, appeler des recrues; on remplacerait les vaisseaux de cette escadre lors de son départ par l'armement d'un nombre de bâtiments égal; on ferait marcher des régiments «jusqu'aux portes des frontières du Portugal pour être en état d'y rassembler promptement 25,000 hommes et, à la fois, pour empêcher ce pays d'envoyer de nouveaux renforts[2] ».

La lettre personnelle de l'ambassadeur était arrivée la première. Bien que « confuse » dans ses informations (l'expression est de lui), elle avait suffi pour « changer le tableau du blanc au noir[3] », écrit M. de Vergennes, et appeler immédiatement les délibérations du gouvernement du roi. Un conseil s'était tenu sur l'heure à Marly, le 7 juillet. Dans une note de sa main, le secrétaire d'État des affaires étrangères avait exposé la situation nouvelle et tracé la conduite qu'elle paraissait prescrire. Cette situation était tout simplement que la France se verrait imposer la guerre avec l'Angleterre par celle de l'Espagne

---

[1] Le 27 juin (*Espagne*, t. 580, n° 194), et le 1ᵉʳ juillet (*ibid.*, t. 581, n° 1). — [2] Du 1ᵉʳ juillet. (*Ibid.*) — [3] C'est l'expression du ministre.

contre le Portugal, et qu'il fallait aviser à soutenir avantageusement cette guerre :

Lu au Conseil à Marly le 7 juillet 1776[1].

Si la guerre entre l'Espagne et le Portugal devient indispensable, ce que la situation présente des affaires entre les deux puissances ne donne que trop sujet d'appréhender, il est inévitable que la guerre avec l'Angleterre en sera la suite et que la France ne pourra pas se dispenser d'y prendre la part la plus directe.

Il seroit inutile de rechercher ce qui peut déterminer le Portugal à une conduite aussi insensée que celle qu'on lui voit tenir; s'il y est excité par le ministère anglais qui se prépare ce moyen afin de se tirer avec moins d'humiliation pour sa nation et moins de dangers pour lui-même des embarras de l'Amérique; ou, si au contraire, il y est encouragé, comme on en a eu de forts soupçons, par le parti de l'opposition qui joint, au dessein de faire abandonner la guerre d'Amérique contre laquelle il n'a cessé de déclamer, celui de supplanter le ministère, que ce soit l'une ou l'autre de ces suppositions; si la guerre en est le résultat commun, c'est à la soutenir sans désavantage s'il est possible, et à la concentrer sur la mer que doit se tourner la prévoyance de la maison de Bourbon. Il seroit prématuré de former un plan de campagne qui doit être nécessairement soumis aux circonstances du moment. C'est de mesures préliminaires et provisoires qu'il convient de s'occuper.

Une guerre de terre ne pouvant que nous faire perdre de vue l'objet principal de notre intérêt qui

---

[1] Cette mention en marge est écrite, comme la note elle-même, de la main du ministre.

doit être d'affaiblir le seul ennemi que la France puisse et doive redouter, nos soins doivent donc se concentrer à l'éloigner. C'est le fruit que nous recueillerons de notre alliance avec Vienne si elle veut en remplir fidèlement l'esprit et la lettre : nous n'avons d'autre secours à lui demander que celui de son influence; c'est en Russie qu'elle doit la faire servir, soit pour détourner cette cour de profiter de la circonstance pour tomber sur la Suède, soit pour l'empêcher d'entendre aux offres que les Anglais pourront lui faire pour l'entraîner dans leurs mesures. Il conviendra également de travailler en Hollande pour ranimer les cendres du parti républicain que l'on a trop négligé, et pour profiter de la soif des richesses dont les individus de cette république sont dévorés pour leur faire chérir une neutralité qui deviendra pour eux une source de richesses; elle pourra leur paraître d'autant plus attrayante, qu'armée à la faveur des querelles avec Maroc, la Hollande se trouve plus en état de faire considérer et respecter sa neutralité qu'elle ne l'étoit dans la précédente guerre. Une 3e mesure politique qui me paroit bien essentielle est de faire prévenir les Américains de l'état présent des choses et des suites qu'il présage, et sans s'engager avec eux, leur faire envisager tout l'avantage qu'ils pourront trouver dans les nouvelles circonstances s'ils ont la fermeté et la patience d'en attendre le développement.

Voilà ce que la politique semble conseiller pour le moment et qu'on ne doit mettre en œuvre qu'en raison de la nécessité déterminée par les événements. Il est d'autres mesures qui tiennent à l'administration intérieure dont on ne peut se permettre que d'en esquisser quelqu'unes : armés comme les Anglais le sont dans l'Amérique septentrionale nous ne pouvons plus laisser nos colonies dépourvues, car elles le sont de tous moyens de résistance. L'Espagne, obligée à porter de grandes forces au sud de cette région, exigera infailliblement que nous la couvrions au Nord. Il sera difficile de le lui refuser, il faudra donc faire passer une escadre et des troupes dans l'Amérique. Les îles de France et de Bourbon demandent la même prévoyance. Les Anglais relèvent cet automne leur escadre de l'Inde, c'est un moyen de la doubler*. On connoit l'état de leurs forces dans la péninsule et avec quelle facilité ils nous chasse-

---

* Ils n'y ont présentement qu'un vaisseau de 50 canons et 2 ou 3 frégates; ils y envoient deux vaisseaux de ligne, 2 autres sont annoncés pour renforcer l'escadre de la Jamaïque; ils peuvent faire une autre route.

roient de Pondichéry et de nos îles si nous ne nous mettons pas en état de résistance.

Le temps est précieux, chaque instant mérite désormais d'être compté et mis à profit si l'on ne veut être surpris et écrasé dans le débat. Il faut redoubler d'activité et de vigueur pour garnir nos ports de matières premières propres à la construction et à l'armement. Nous pouvons avoir encore six ou huit mois de répit, ne les perdons pas. Les deux points ci-dessus indiqués mis en sûreté, ce qu'il y aura à faire de plus consistera plus dans des armements de ports et des démonstrations pour diviser les forces des ennemis que dans l'action de nos propres forces. Je pense que nous trouverons mieux notre compte à vouloir lasser les Anglais qu'à vouloir les battre.

Il est facheux de devoir présenter un tableau effrayant de dépenses lorsque tout démontre la difficulté des moyens, mais la prévoyance du Roi n'a rien négligé pour prévenir le mal qui menace; il ne faut pas encore désespérer de le conjurer, mais s'il arrive, il seroit trop pusillanime de se laisser abattre, les conséquences n'en seroient que plus fatales. En même temps qu'on s'occupe des moyens de faire tête à l'orage qui s'approche en grondant, il ne faut pas renoncer à en détourner l'explosion si la chose est possible, ou à en rendre les effets moins nuisibles. Ils se feroient au plus haut dégré si l'Espagne se livrant à toute la vivacité de son ressentiment ne laissoit plus d'espoir de détourner la guerre. L'intérêt de sa défense reconnue indispensable, celui de la sûreté de ses établissements sur la rivière de La Plata sont des motifs naturels et plausibles des envois de troupes et des vaisseaux qu'elle va sans doute faire à Buénos-Aires. La modération, si cette puissance veut bien s'en montrer susceptible, donnera le temps d'aviser à la sûreté des îles et du continent de l'Amérique Occidentale, et gagnera celui de faire rentrer nos pêcheurs de Terre-Neuve. Jusque-là il seroit bien dangereux de faire envisager à l'Angleterre la guerre comme certaine. Ces considérations paraissent d'un assez grand poids pour devoir faire impression sur le Roi Catolique, et il n'y a pas un moment à perdre pour le disposer à ne rien précipiter.

Espagne, t. 584, n° 18.

Se préparer sans délai, envisager nos alliances et tirer le parti que chacune offrait, ouvrir avec les Américains des relations qui nous les attachassent, se garder de se laisser abattre, sans renoncer, cependant, à détourner l'explosion ou à la rendre moins nuisible tout en voyant bien la nécessité pour le roi d'Espagne de pourvoir à la défense de ses domaines, voilà donc ce que proposait le ministre; ce serait nous donner le temps d'aviser à la sûreté de nos îles de l'Amérique occidentale et ne pas laisser venir à l'Angleterre la dangereuse pensée que la guerre était certaine. Fallait-il de nouveau appuyer, autant que cette note le ferait croire, sur les considérations qu'elle reproduisait? Ce n'est guère probable. L'induction à en tirer, plutôt, c'est que des dépenses d'armement étaient nécessaires, que là résidait la difficulté et que, pour obtenir ces armements, M. de Vergennes revenait une fois de plus sur des raisons politiques qui semblaient pourtant, à cette heure, bien définitivement communes à tout le cabinet. Cette note, toutefois, rend bien visible qu'avant d'être assez en mesure nous avions encore beaucoup à faire. Les avis de M. de Vergennes avaient acquis un empire souverain et il ne paraît pas s'être élevé d'opinion contraire à la sienne. La sagesse en était trop sensible, le sentiment patriotique trop évident. Le roi ordonna de suivre le plan du ministre. Le lendemain, celui-ci écrivit à Ossun pour lui communiquer ce plan; sa lettre, personnelle comme celle à laquelle elle répondait[1], mais faite pour être montrée au premier ministre d'Espagne, tâchait d'arrêter les effets du ressentiment de Charles III. Elle le reconnaissait légitime, mais elle montrait l'avantage qu'il y aurait à ce que le monarque nous donnât le temps de l'aider, qu'en attendant il se mît sur un grand pied militaire en Amérique et qu'il avisât les Colonies de l'appui préparé pour elles par les deux Couronnes :

A Versailles le 8 juillet 1776.

Je me livrois avec confiance, Monsieur le Marquis, a lespoir que votre depeche n° 53 permettoit de concevoir que l'affaire de la satisfaction exigée par lEspagne alloit prendre une fin promte et heureuse. En effet la difficulté qui

---

[1] Sur papier à lettre carré du temps; le marquis d'Ossun en avait fait une copie; elle vient quelques folios après l'original (n° 98) dans le registre des Affaires étrangères.

restoit a resoudre etoit si peu considerable quil y avoit lieu de se flattér quelle seroit aplanie, dans une p^ne conference. Mais la lettre particuliere dont vous maves honoré Monsieur le 24. du mois dernier change le tableau du blanc au noir. Nous ne pouvons pas apretier le grief dont lEspagne est dans le cas de se plaindre et de se ressentir, vous naviés vous meme aucun detail qui vous eclairat et ceux qui nous sont venus de la cote de Galice sur les raports des gens du paquet bot expedié de Buenos Aires sont trop confus et indigestes pour fixer notre jugement, mais lamertume avec laquelle M. le Mis de Grimaldi sest expliqué avec vous doit nous faire presumér quil ne sagit plus dune suite de querelle de frontiere mais dun fait tres grave et dune violence manifeste.

Dans lobscurité ou nous sommes; si nous ne devons pas cherchér a aigrir le ressentiment du Roi Cq̃ue nous navons rien a dire aussi pour lapaiser, mais je pense quil vous sera agreable de savoir ce que nous avons reflechi hier dans le Conseil et que le ministere dEsp^e nous saura gré de lui communiquér avec confiance toutes nos pensées.

Plus son ressentiment est juste et plus il importe den assurér les effets. Si l'Esp^e se decouvre trop tost sur ses projets de vangeance, elle avertira son ennemi que son salut consiste a la gagnér de vitesse. Un aviso portugais arrivera plus tost au Brezil qune flotte espagnole dans la Plata. Nous penserions donc Monsieur, quelque parti que le Roi Cq̃ue veuille prendre quil seroit convenable de ne pas fermer toutes les voies a la negociation et de ne pas retranchér toute esperance de pardon, mais comme après ce qui doit etre arrivé il nest plus possible de prendre confiance dans la parole perilleuse dun voisin qui paroit nen tenir pas grand compte lui meme, Sa M^té Cq̃ue ne pouvant plus devoir qu'a elle même la sureté de ses etablissemens et de ses frontières, sautoriseroit de ces motifs pour colorer l'envoi des forces de toute espece qu'il est instant de faire passér a Buenos Aires. En suivant cette marche lEspagne assureroit ses precautions et lexercice de sa vangeance. Les Anglois qui croient voir prospérér leurs affaires dans lAmerique septentrionale ne sexagerant pas la proximité dune guerre generale, se haterônt peut etre moins de fraper les coups redoutables quils ne sont que trop en position de portér. Je ne sais pas ce que lEsp^e peut avoir dehors de batimens et de matelots. Nous avons actuellement sur le banc de Terre Neuve et dans ces parages plus de 20^m matelots occupés a la peche. Il nest pas possible dispersés co^e ils le sont de les rassemblér dun coup de siflet et d'assurér leur retour. Mais si la chose etoit possible co^e elle ne lest pas il y auroit peut etre raison dhesitér; ce seroit donnér prematurement leveil. Nous aurons d'ailleurs quelques mesures politiques a prendre pour empechér que le feu qui pourra sallumér sur la mer setende sur le continent, mais nous ne pourrons nous en occupér que lors que lEsp^e nous aura confié le parti quelle veut prendre. Il en est une Monsieur, dont elle pourroit soccupér elle meme; ce seroit de faire connoitre aux Colonies angloises letat present des affaires, les suites probables quelles presentent, et sans former aucun engagement leurs faire envisager lavantage quelles en recueilleront si elles ont la patience den attendre le developement. Nous y coopererons dans le tems, mais nous ne ferons rien jusqu'a ce quon nous en donne le signal de Madrid.

Angleterre, t. 581, n° 13.

Dans l'intervalle, les conversations de M. de Grimaldi avaient mis Ossun à même de mander les mesures que prenait le gouvernement de Charles III. L'ambassadeur écrivait le 1er juillet que le 3 août des troupes suffisantes partiraient pour chasser les Portugais de Buenos-Ayres; une escadre supérieure en nombre à leurs forces maritimes en Amérique porterait ces troupes; en même temps, sans éclat, sans précipitation, les provinces d'Espagne limitrophes du Portugal seraient garnies de régiments pour former, au premier besoin, le noyau d'une armée respectable; le roi d'Espagne voulait d'ailleurs éviter, autant que possible, de provoquer une guerre générale dans le continent; il communiquerait toutes ses résolutions et n'attaquerait qu'avec l'approbation et le concert de la France. Mais le premier ministre trouvant là l'occasion de revenir sur la nécessité de défendre Saint-Domingue, sur l'opportunité d'y voir pour cela des forces françaises sérieuses, l'avait saisie tout de suite. La complicité de l'Angleterre ne lui semblait plus douteuse, disait l'ambassadeur, quoiqu'il se fût jusqu'ici refusé à y croire et même l'eût niée contre M. de Galvès, dans les conseils du roi; toutes les probabilités étaient à ses yeux, maintenant, pour une attaque des Anglais contre les possessions des deux Couronnes ; ils avaient bien un pressant intérêt à éviter une guerre, mais un grand avantage aussi à faire occuper assez l'Espagne par le Portugal tandis qu'ils tomberaient avec succès, à l'improviste, sur les possessions des deux Couronnes, soit que l'Angleterre réussît contre ses Colonies, soit qu'elle s'accommodât avec elles, soit qu'elle en fût repoussée. M. de Grimaldi avait donc ravivé dans l'esprit du monarque l'idée d'obtenir de la France, comme un gage, la protection de cette île, dont il redoutait la perte.

Ce ministre, écrivait le marquis d'Ossun à ce sujet, a considéré que la conquête la plus aisée a faire quoiqu'en même temps d'un avantage immense pour les Anglois et d'un dommage infini pour la France seroit celle de l'isle de St Domingue. Il a insisté de nouveau avec force sur l'importance dont il etoit que la France y fit passer un renfort de troupes suffisant pour en assurer la conservation. J'ai fait alors usage M. des reflexions contenues dans la dépêche dont vous m'avez honoré le 14 du mois d^{er} n° 29. Mais M. de Grimaldi a prétendu entre autres choses qu'il n'etoit pas necessaire que la France fit passer une escadre en Amerique pour favoriser l'envoy de ses troupes ou pour les soutenir la bas. Il a observé que l'Esp^e en envoyoit souvent sur de simples batimens de transport, et sans escorte; il m'a dit a cette occasion que S. M. Cath^e alloit envoyer incessamment six bataillons de plus pour renforcer les garnisons de Porto-Rico, de la Havanne et de la Vera Crux; que si les choses se pacifioient ils serviroient a relever une partie des troupes qui y sont, que dans le cas contraire ils en augmenteroient le nombre. Enfin apres une longue conférence M. de Grimaldi m'a pressé de vous communiquer ses idées et ses doutes en m'assurant que le Roi son Maitre pensoit de même et que ce Monarque croyoit ne pouvoir pas donner un conseil plus salutaire et plus prudent a Sa Majesté que celui qu'elle fît travailler avec chaleur et sans perte de tems au retablissement et a l'augmentation de sa marine, qu'elle prit des mesures suffisantes pour la conservation de l'isle de St Domingue dont la perte seroit d'une conséquence infinie pour l'Esp^e.

Espagne, t. 581, n° 1.

Il était urgent de prévenir l'effet que produiraient sur le ministère anglais des résolutions qui, de la part de l'Espagne, semblaient visiblement prochaines. M. de Vergennes, malade en ce moment à ne pas tenir la plume, avait fait envoyer sur l'heure à Garnier un extrait du rapport d'Ossun du 27 juin et prescrire au chargé d'affaires d'expliquer que, de bonne foi comme il l'avait été, Charles III ne saurait mettre d'arrière-pensée aux précautions qu'il allait prendre. Garnier devait montrer « toute l'atrocité et toute l'indignité de la conduite du Portugal », et l'on était « persuadé d'avance que l'Angleterre, qui ne devait rien désirer comme le maintien de la paix dans toutes les parties du globe, emploierait ses efforts à raccommoder encore les choses si cela était possible [1] ». Pour bien marquer l'intérêt de la situation, le ministre avait fait ajouter ce *post-scriptum* :

> P. S. Je suis bien impatient, M., de savoir si le Portugal voudra excuser ce qui est arrivé au Sud du Brésil, et comment on le prendra à Londres. Si le ministère anglois a été de bonne foi, comme je n'en doute pas, dans tout ce qui s'est passé entre nous pour concilier les parties, il ne peut pas se dissimuler que son allié s'est rendu coupable envers lui, comme envers l'Espagne, de la plus noire perfidie. C'est trahir l'intérêt de l'Angleterre que d'allumer une guerre étrangère dans un moment où une guerre intérieure l'occupe tout entière. Je crois voir dans ce qui vient d'arriver la main de l'opposition, ce soupçon ne doit pas être nouveau au Min^{ere} Britannique, il y a longtems que nous l'en avons prévenu.
>
> A Versailles le 13 juillet 1776.
>
> *Angleterre*, t. 517, n° 29.

Mais les circonstances pouvaient se compliquer rapidement. C'est pourquoi le ministre récrit lui-même à Ossun le 19 et fait écrire de nouveau à Garnier le 20[2]. Avec le premier, il prend acte des sentiments de modération du gouvernement du roi d'Espagne en présence de causes d'irritation si légitimes; il l'informe que lord Stormont a paru les apprendre de sa bouche avec une satisfaction vive, et il ne saurait supposer la complicité des Anglais dans les procédés du Portugal;

---

[1] 20 juillet (minute de Gérard). Voir l'annexe I du présent chapitre (n° 2). — [2] Les deux dépêches sont reproduites à l'annexe I du présent chapitre (n°⁵ 1 et 2).

sur Saint-Domingue, il a soin de ne pas décourager M. de Grimaldi; de dire simplement que « c'est matière à délibération, que l'on ne formera pas de résolutions avant de voir plus certainement la tournure que les conjonctures pourront prendre »; quant à l'accroissement de notre marine, il écrit : « Nous ne nous relaschons ici sur « rien, nous travaillons sans ostentation dans nos arsenaux mais avec « beaucoup d'activité et de suite. » La dépêche à Garnier porte principalement sur l'opinion qu'en Angleterre on pourrait se faire des évènements, sur les dispositions qui en seraient sûrement la suite, sur la nécessité qu'il y a, dès lors, de « nous mettre en état de prendre avec connaissance de cause les précautions et les mesures nécessaires, soit pour prévenir la guerre, soit pour la faire avec succès ». Gérard avait fondu dans cette dépêche les deux qu'il venait d'adresser à Ossun; le ministre, en la revoyant, fait appuyer sur le *post-scriptum* de celle du 13 et, de sa main, en modifie ou en complète ainsi la minute :

> J'ai crû devoir, M., entrer dans tous ces détails, afin de vous mettre en état de répondre aux ministres anglois dans le cas où ils jugeront devoir vous entretenir sur l'objet dont il est question. Il est probable qu'ils chercheront à connoitre à cet égard notre façon de penser ainsi que celle du Roi C^{que}; vous vous expliquerez à l'égard de ce P^{ce} dans le sens que je l'ai fait vis-à-vis de M^d Stormont. Pour ce qui nous regarde vous direz avec franchise que quelque répugnance que nous puissions avoir a porter un jugement rigoureux nous ne pouvons nous empecher de voir dans le procédé du Portugal un manque de foi caractérisé que rien ne peut justifier; cependant quelque juste que puisse être le ressentiment du roi d'Espagne nous sommes bien éloignés de vouloir attiser le feu, et que nous employrons volontiers nos bons offices pour calmer le ressentiment de ce Prince dans la supposition ou nous sommes que l'Ang^{re} de son côté s'employera de bonne foi et fera usage de toute l'influence qu'elle a à Lisbonne pour obliger cette fois à donner à S. M. C. une satisfaction promte et proportionnée à l'injure qu'elle vient d'éprouver. Il est une pierre de touche à laquelle on reconnoitra le veritable alloi des intentions du Portugal, cest si ses commandans au Brezil lorsquils devront avoüer avoir reçû

les ordres qui avoient été annoncés, ofriront ainsi que M. de Pombal l'avoit fait declarér de faire remettre toutes choses au meme état ou elles etoient le 17 juillet de lannée derniere.

Il est donc sensible qu'à Versailles on souhaitait avec impatience de voir les forces de l'Espagne se mettre en mouvement. On craignait les hésitations et les retours, le double jeu de l'Angleterre, les efforts qu'elle laissait déjà poindre pour faire reconnaître inutiles les préparatifs de Madrid. Le Portugal, en effet, s'était hâté de rétablir favorablement son terrain dans l'esprit de son allié; il feignait l'étonnement, il alléguait des malentendus que répareraient des ordres arrivés postérieurement. Aussi cet allié, après avoir eu sur la conduite de M. de Pombal le même sentiment que la France[1], semblait l'excuser de nouveau. Lord Stormont, ramené en France par ces évènements, était venu soutenir chez le ministre les raisonnements de son collègue portugais pour justifier la cour de Lisbonne. M. de Vergennes ne s'était pas contenté de rétablir avec lui la vérité des faits, la légitimité des desseins de l'Espagne, l'intérêt qu'avait l'Angleterre à les appuyer; d'autant plus inquiet des lenteurs, il avait informé aussitôt Ossun de son entretien avec l'ambassadeur pour qu'il en redît les termes à Madrid ou afin qu'il sût s'en servir, et il reprenait avec lui, comme s'il la voyait en danger d'être écartée, la thèse de l'envoi de forces en Amérique, de la nécessité pour l'Espagne d'y maîtriser promptement son ennemi par la supériorité des moyens. Sa dépêche était une instruction étendue, motivée sur « les réflexions du conseil »; Ossun devait y trouver les arguments définitifs[2].

---

[1] Dépêche de Versailles à Ossun, du 26 juillet. On y lit : « Je vous envoye un extrait du « compte que le Sr Garnier a rendu de lentre- « tien qu'il a eu sur cet objet avec M^d Weymouth; « vous y verrez que ce ministre pense absolu- « ment comme nous sur la conduite inconce- « vable de M. le Mis de Pombal, ainsi que sur « la nécessité ou est le Portugal de donner au « roi d'Espagne une satisfaction aussi prompte « qu'éclatante. »

[2] 2 août. (Voir l'annexe II du présent chapitre, n° 1.) Une dépêche suivante du 9, dont la minute est de Gérard, réduit ces instructions à ceci, que, même si M. de Pombal s'exécutait, l'Espagne devait se mettre au Brésil « au moins en égalité de forces » avec le Por-

COMPLÈTE INTIMITÉ DES DEUX COURS. 537

Pendant ce temps, le ministère d'Espagne arrêtait à Saint-Ildefonse 1776.
ses résolutions définitives. Ossun n'avait guère reçu que le 18 juillet
la lettre de M. de Vergennes du 8; il en avait remis aussitôt un extrait
à M. de Grimaldi[1]. Le 22 celui-ci expédiait au comte d'Aranda le pli
suivant pour en donner connaissance à Versailles; il résumait les points
essentiels touchés par le ministre français et y répondait catégoriquement[2] :

A St Ildefonse le 22 juillet 1776.

Monsieur,

. L'ambassadeur de France en cette cour a reçu dernièrement une lettre particulière de M. le Cte de Vergennes dont je remets copie a V. Ex^{ce}. On y voit la grande sensation qu'avoit fait sur le ministre de Versailles l'avis confus que le Mis d'Ossun venoit de lui donner des nouvelles insultes commises par les armes portugaises dans l'Amérique Méridionale, malgré les protestations amicales et réitérées au moyen desquelles la cour de Lisbonne a abusé si longtems de la tolérance du Roi; et par cette première impression nous pouvons juger de l'étonnement où aura été la Cour de France en apprenant les circonstances des dites hostilités.

M. le Cte de Vergennes sent toute l'iniquité d'un tel procédé et la justice du ressentiment qu'il doit nécessairement avoir excité dans l'ame de Sa M^{té}, puisqu'il s'agit à présent de l'honneur et de la gloire de la Monarchie, objet bien plus grave et plus essentiel que l'est une dispute de limites : et ce ministre desirant nous donner un nouveau témoignage du vif interet que le cabinet de Versailles prend a nos affaires, fait part au Mis d'Ossun des reflexions qui ont été faites dans le conseil sur l'etat actuel des choses.

M. le Cte de Vergennes dit, entre autres observations, que, quelque parti

tugal. « C'est là, M., porte cette dépêche, le
« résultat des réflexions que le roi et son con-
« seil ont faites sur cette matière importante.
« — A Versailles le 9 août 1776. » (*Espagne*,
t. 581, n° 74.)

[1] « J'en ai tiré, écrit-il le 22, un extrait con-
« venable que j'ay communiqué à M. de Gri-
« maldi, afin qu'il le mît sous les yeux de sa
« Majesté Catholique. » (*Ibid.*, n° 42.)

[2] La copie de cette dépêche, qui se trouve
aux Affaires étrangères, porte l'intitulé : *Traduction d'une lettre de M. le Mis de Grimaldi à M. le Cte d'Aranda*; elle fut transmise par Ossun le 29 juillet. Par un motif quelconque M. de Grimaldi avait retardé jusque-là d'en donner le texte à l'ambassadeur français. A cette date à peu près elle était remise à Versailles par le comte d'Aranda.

que le Roi veuille prendre, l'exécution exige la plus grande célerité qui seule peut en assurer le succès, étant bien plus aisé au Portugal d'envoyer un avis à ses commandans du Brésil, pour qu'ils se tiennent sur leurs gardes, qu'à nous d'expedier de nos ports un convoi suffisant pour chatier d'aussi graves attentats. Ce ministre ajoute que pour ne pas trop allarmer la cour de Lisbonne et son alliée, il conviendra de ne pas fermer toutes les voies à la négociation et de ne pas retrancher toute espérance de pardon, surtout les entreprises des Portugais autorisant l'envoi d'un renfort considerable de troupes. M. le Cte de Vergennes regarde aussi comme indispensable que nous informions sa cour des mesures que nous prendrons dans cette occasion, afin qu'elle puisse y conformer ses démarches politiques, dans la vüe d'éviter que la guerre ne s'étende jusqu'au continent de l'Europe. Il observe que, quand même il seroit possible de rassembler d'un coup de siflet le grand nombre de matelots françois qui se trouvent dispersés dans les mers, il seroit à propos de s'en abstenir, pour ne point donner prématurément l'éveil à l'Angleterre. Enfin ce ministre nous exhorte à faire connoitre aux Colonies angloises l'état présent des affaires et le grand avantage qu'elles pourroient retirer de ne point précipiter l'arrangement de leurs différens avec la Métropole.

J'ai lû au Roi la dite lettre confidentielle de ce ministre et Sa M^{té}, qui l'a entendue avec complaisance a senti tout le prix de la cordialité et de l'intérêt que cette cour a manifesté dans les circonstances actuelles. Le Roi a aussi approuvé en tout la substance des réflexions de M. le Cte de Vergennes.

La saison n'est pas propre à faire sortir un convoi de nos ports, et nous ne saurions en préparer un suffisant en peu de jours; mais nous prennons les mesures les plus efficaces pour embarquer un corps d'environ 8. mille hommes avec les forces de mer et les autres secours nécessaires pour nous procurer en Amérique une supériorité décidée sur les Portugais et les chatier d'un seul coup de leur arrogance inconsidérée. De plus nous fesons marcher quelques régimens vers la frontière de Portugal, non dans la vüe de l'attaquer à présent dans cette partie, mais pour y attirer ses troupes et empêcher qu'il ne puisse envoyer de nouveaux renforts au Brésil.

Quant à la convenance de laisser subsister l'espoir d'une negociation, il est difficile que, dans la situation présente des choses, l'Espagne puisse, sans compromettre sa dignité, entrer dans aucun pourparler; mais, comme d'un autre côté, nous n'avons pas déclaré ministérialement le nouveau ressentiment que nous ont causé les dernières hostilités commises sur le Rio Grande de S^n Pedro, il semble que ce qui conviendroit le mieux seroit de laisser les choses dans le silence où elles se trouvent aujourd'hui, et que les cours mediatrices ne nous pressassent pas de rompre.

Il seroit sans doute à propos de faire aux Colonies angloises les insinuations indiquées par M. le Cte de Vergennes; mais je crois qu'il est plus aisé aux François qu'aux Espagnols de remplir cet objet, qui d'ailleurs exige les plus grandes précautions.

L'Angleterre se trouvant trop occupée de ses propres affaires, il ne paroit point a craindre que, par le seul fait de la juste satisfaction que l'Espagne prendra en Amérique pour l'honneur de sa Couronne, la guerre soit très près de s'allumer en Europe, et par conséquent la cour de France aura le tems de disposer les mesures politiques dont parle M. de Vergennes.

Espagne, t. 581, n° 40.

Tous les ministres espagnols avaient participé à ces résolutions, donné individuellement et par écrit leur avis : elles étaient donc décidément acquises. Ossun mande que « le roi s'est rendu au conseil de ne point fermer les voies à la négociation » comme, dès le début, il avait consenti à « ne pas relever sa parole par rapport à la médiation de la France et de l'Angleterre et à en faire instruire milord Grantham »[1]. Un autre point encore est définitivement emporté : la guerre sera « évitée sur le continent, concentrée dans l'Amérique méridionale »; M. de Grimaldi en a donné l'assurance à notre ambassadeur, qui la transmet le 25[2]. L'amiral Cevallos commandera l'expédition; ce ne seront plus les renforts qui devaient partir le 3 août, mais 10,000 ou 12,000 hommes, une escadre; en septembre ou octobre seulement ils pourront prendre la mer. On est rassuré dès lors à Versailles et l'on s'empresse de faire connaître à l'ambassadeur la satisfaction qu'on en éprouve; elle est assez vive pour faire dire que

---

[1] 22 août. (*Espagne*, t. 581, n° 42.) — [2] *Ibid.*, n° 44.

si les Portugais avaient progressé, depuis le 1ᵉʳ avril, de telle manière que l'arrivée des secours fût tardive ou insuffisante, le Roi Catholique croirait peut-être devoir les punir en Europe de leurs perfidies dans le Nouveau Monde, mais que, quoi qu'il arrivât, Sa Majesté trouverait l'assistance de la France[1].

Des préoccupations qui rapprochaient ainsi les intérêts faisaient sentir encore plus qu'auparavant le prix d'une union vraiment effective entre les deux pays. On ne pouvait qu'éprouver des impressions pénibles à avoir des indices du contraire. La lenteur de toutes les affaires avec l'Espagne, la rudesse de son ambassadeur lorsqu'il semblait y avoir une concession à nous faire, le peu de résultats que paraissait obtenir le marquis d'Ossun, faisaient encore regarder par les conseillers de Louis XVI le commerce français et les intérêts français comme sacrifiés de parti pris au profit des Anglais à Madrid. La prise du *Septimane*, arrivée lorsqu'on semblait agir en tout de concert, s'en présentait comme une preuve patente. A un moment où il s'agissait de s'engager ensemble, elle ne permettait pas seulement de supposer des dispositions défavorables, elle portait le trouble dans

---

[1] La dépêche porte : «..... pourvu que « les Portugais nayent pas, depuis l'époque du « 1ᵉʳ avril, fait des progrès si considérables que « les secours que la cour de Madrid se propose « d'envoyer au Paraguay, ne soient ou tardifs « ou insuffisants..... dans l'un comme dans « l'autre cas il sera a craindre que le Roi Cque « ne croye devoir punir les Portugais en Eu- « rope des perfidies qu'ils ont commises dans « le nouveau monde. Mais quel que soit le parti « auquel les circonstances forceront S. M. Cque « ce Prince peut etre assuré qu'il recevra de la « part du Roi l'assistance qu'il doit attendre « d'un bon parent et d'un allié fidele. La seule « chose, M. que S. Mᵗᵉ desire, c'est que le Roi « son oncle ne prenne aucune détermination « avant de la lui avoir communiquée et de l'avoir « concertée avec Elle. » (*Espagne*, t. 581, n° 74.) — A quoi Ossun répond le 22 août : « J'ai eu « l'honneur, Monsieur, de répéter a S. M. C. « conformément a ce que vous avez daigné me « mander, que quel que soit le parti que les « circonstances la forcent de prendre, elle pou- « voit etre assurée qu'elle recevra de la part du « Roi l'assistance qu'Elle doit attendre d'un bon « parent et d'un allié fidele et que Sa Mᵗᵉ desi- « roit seulement que le Roi son oncle ne prit « aucune détermination avant de la lui avoir « communiquée, et de l'avoir concertée avec « Elle ; le Roi Catholique, Monsieur, s'est mon- « tré extremement sensible à cette assurance, « et m'a dit qu'il se conformeroit très exacte- « ment à ce que desiroit Sa Majesté. » (*Ibid.*, n° 102.)

un travail politique caressé de loin par M. de Vergennes pour amener les Algériens à faire la paix avec Madrid, grâce aux bons offices de la France, et, suivant les plans du duc de Choiseul, frapper ainsi d'un coup sensible le commerce de l'Angleterre dans la Méditerranée, en même temps en écarter les Russes prêts à y introduire leurs vaisseaux. Cette violence contre l'envoyé du dey montant un navire français, donnait au ministre une amertume qui ouvrait le champ, dans son esprit, à des suppositions excessives. Il ne peut s'empêcher d'y revenir dans sa dépêche du 8 juillet. Après avoir fait garantir si complètement à l'Espagne l'appui éventuel du cabinet au Brésil, il lui en coûte d'entrevoir une perspective contraire :

Il serait bien dur, écrit-il, qu'à la veille de nous trouver engages dans la guerre pour le compte de l'Esp^e nous eussions a en soutenir une contre Alger pour le fait de la Septimane. Nous nexpliquerons pas nos traités, nous les executerons lorsquil sera question de faire honneur a nos engagemens avec le Roi Cq͞ue, il est bien etonnant que le meme esprit de justice nanime pas le conseil dEsp^e et quil se permette de dechirer le traité des Pirennées la baze cependant des droits de la maison regnante.

Et c'est à « la justice et à l'amitié » de Charles III envers le roi, autant qu'aux « représentations » dont sa dépêche du 29 juin avait muni l'ambassadeur, qu'il en appelle pour obtenir en cela satisfaction du gouvernement espagnol. Chacune de ses dépêches ramène Ossun à cette affaire irritante[1]. Or, s'il est vrai que le gouvernement de

---

[1] Il écrit encore le 19, dans une dépêche sur le Portugal : « Je nai rien a ajouter M. a ce « que renferme mon expedition du 29 juin « dernier au sujet du vaisseau le Septimane. Les « Algeriens ont de lhumeur, ils lexhalent dune « maniere qui pourra avoir des suites. Nous « sommes meme deja dans le cas de prendre « des precautions; voila lobligation que nous « aurons a lEspagne. Seroit il possible que ce « vaisseau françois eut ete signalé co^e le seul « que les croiseurs espagnols devoient guetter, « on nous le reproche hautement a Alger, on « le confirme a Cartagen, la conduite des com-« mandans des fregates ne le dement pas puis-« que contens de cette capture ils sont bien vite « rentrés avec le trophée ; les Algeriens ajoutent « que lEsp^e se garderoit bien d'arreter un An-« glois ; levenement semble lindiquer ; les Fran-« cois portoient des toiles du bois et du chan-« vre on les saisit et on ne veille point sur les « Anglois qui etoient chargés de contrebande. » (*Espagne*, t. 581, n° 36.)

Madrid avait l'apparence des torts, dont se plaignait le cabinet de Versailles, il n'en avait pas à vrai dire l'intention. Il n'était point vigoureux, voilà tout, et l'impulsion qu'il donnait se perdait en chemin. D'autre part, les aptitudes diplomatiques dont nous aurions eu besoin à la cour de Charles III manquaient peut-être, maintenant, au marquis d'Ossun. Un peu diminué par l'âge, depuis trop longtemps habitué aux personnes pour ne pas subir l'influence de leurs idées et de leurs points de vue, habitué aussi au relâchement des ressorts dans ce pays, l'ambassadeur était bien pour quelque chose dans la mollesse des dispositions qu'on nous montrait. La contrariété que l'on en ressentait, toutefois, portait jusqu'à lui reprocher de ne point savoir acheter à la cour et dans les administrations publiques les services qui nous auraient été efficaces, de supporter de M. de Grimaldi des écarts de paroles qui seraient allés jusqu'à atteindre M. de Vergennes lui-même. On lui avait écrit au sujet de ces griefs contre le cabinet espagnol et contre lui; il y répond le 2 août dans une lettre personnelle à M. de Vergennes, et cette fois victorieusement. De fait, il avait justement mis beaucoup de diligence et de soins à obtenir, dans l'affaire du *Septimane,* la solution demandée. Dès le 25 il avait pu écrire qu'après une attente de trois semaines, il espérait une parole favorable à cet égard, bien plus, une sur la paix avec Alger, et que l'on se faisait à la cour de France des opinions non justifiées de l'état et des sentiments de l'Espagne; qu'il avait bien entendu des paroles vives de M. de Grimaldi, mais non sous le règne présent, sous le présent ministère ni au sujet du secrétaire d'État, pour lequel, au contraire, M. de Grimaldi « témoignait à toute occasion son admiration et sa grande estime »; les commerçants anglais, expliquait-il, n'étaient pas plus protégés, mais plus actifs et plus ingénieux que les Français; plus attentifs à satisfaire les goûts des Espagnols ou leurs besoins, ils faisaient rechercher davantage leurs marchandises et s'ils se plaignaient moins des tribunaux de justice, c'est qu'ils n'étaient pas nombreux comme les Français, qu'ils travaillaient en gros et de loin; d'autre part, il n'y avait pas de subalternes qu'il fût intéressant d'acheter : dans le bureau politique, aucun de corruptible; dans les juntes du commerce ou des finances, de l'ignorance, des dispositions contraires à la France, des lenteurs interminables, mais non des personnes vénales. Si opportun qu'eût pu être le rajeunissement de notre ambassade de Madrid, le marquis d'Ossun parlait de ses services avec quelque droit, et des dispositions véritables de la cour d'Espagne non sans beaucoup de vérité, en disant :

Il y a près de 17 ans, Monsieur, que je travaille ici avec toute l'application, le zèle et le desir de bien servir le Roi et la France qu'il soit possible d'avoir. Si j'ai mal vû ou si je vois mal ne l'attribués pas au défaut de bonne volonté. Si les affaires contentieuses trainent, ne croyés pas que ce soit par negligence ou mollesse de ma part; et je vous assure que quelqu'honorable que soit la place que j'occupe, et quoique je jouisse ici d'une consideration flatteuse, ma patience y est souvent exercée, la vie que je mène, pénible, et mes satisfactions mêlées d'amertume; mais je ne manque encore ni de santé ni de zèle...
..... Ne croyés pas, Monsieur, que l'Angleterre ait ou puisse acquerir une influence qui ébranle le sistème établi par le Pacte de famille. Le Roi Catholique et son ministère regardant les Anglois comme les ennemis naturels de l'Espagne, ils connoissent leurs vües dangereuses sur les Indes, leur peu de sincerité, leur cupidité insatiable. Les Anglois sont craints par l'Espagne et rien de plus. Voilà le vrai.

Espagne, t. 580, n° 61[1].

Du reste, le marquis touchait au but; le rapport officiel qui suivait sa lettre justifiait, au moins pour cette fois, le maintien de la confiance du roi. Il annonçait et le succès de l'affaire du *Septimane* et la presque certitude de réussir dans les négociations pour Alger; ces négociations rencontraient « des oppositions religieuses et poli- « tiques »; M. de Grimaldi s'efforçait déjà d'en triompher et « le Roi

---

[1] Nous reproduisons le surplus de cette lettre à l'annexe II du présent chapitre (n° 1). Un ordre royal du 1ᵉʳ août avait prescrit la restitution de la cargaison du *Septimane.* (*Espagne,* t. 580, n° 50.) A la vérité l'ordre ne fut pas suivi d'une exécution bien rapide.

Catholique accepterait probablement les bons offices de la France pour conclure la paix dans la Méditerranée ». Les deux cours n'avaient donc plus qu'à se féliciter. C'est probablement dans un de ces jours de satisfaction que Beaumarchais avait trouvé à M. de Maurepas l'entrain de si bon augure dont il faisait part le 13 août à M. de Vergennes. Le 16, ce dernier adresse à Ossun, dans un pli privé qui lui marquait la gratitude la moins équivoque[1], une lettre du roi remerciant le roi son oncle[2], et il envoie à l'ambassadeur l'expression officielle de la satisfaction du cabinet en tête d'une longue dépêche sur cette question spéciale de la paix algérienne.

L'idée de négocier en vue de rendre l'Espagne libre du côté des Barbaresques par des traités de paix, n'avait guère été jusque-là qu'indiquée par M. de Vergennes. Savoir cette puissance assez forte en face de M. de Pombal pour empêcher que celui-ci ne créât une diversion sérieuse au Brésil lorsqu'il faudrait engager les deux Cou-

---

[1] M. de Vergennes écrivait : « A Versailles le « 16 aoust 1776. — J'ai reçû Monsieur, la lettre « particuliere que vous mavez fait lhonneur de « mecrire le 2 de ce mois. Jen joins ici une du « Roi pour le Roi son oncle. Elle renferme l'ex-« pression de la parfaite sensibilité qu'a causé a « Sa Majesté la decision intervenûe dans laf-« faire du capitaine Seren. Vous voudres bien « remettre cette lettre a Sa M^{té} Cque en lui « renouvellant les assurances les plus positives « de lamitie du Roi et du plus tendre interest « qu'il ne cessera dans aucun tems de prendre « a tout ce qui le regarde. Les expressions ne « vous manqueront pas pour rendre ces senti-« mens demonstratifs; vous deves etre aussi con-« tent Monsieur, du succès de votre besogne que « nous le sommes ici de la sagesse avec laquelle « vous laves conduite. Cest avec bien du plai-« sir que je vous en fais mon compliment, et « que je vous assure de toute la satisfaction « du Roi. Vous ne vous defies pas je me flatte « du veritable interest que je prens a tout ce « qui vous regarde. » (*Espagne*, t. 581, n° 88.)

[2] Voici cette lettre : « 15 août 1776. — « Monsieur mon frère et oncle j'ai reçû avec le « plus grand plaisir la nouvelle que le marquis « d'Ossun m'a mandée de la justice que V. M. a « rendue au capitaine Seren. Je ne lui dissimu-« lerai pas que cette affaire me peinoit extreme-« ment par les mauvais propos que ne manquent « pas de répandre nos ennemis dans un mo-« ment surtout, où il faut que l'aspect de forces « unies en impose à leur mauvais desseins. Mais « plein de confiance dans l'équité connûe de « V. M. j'attendois avec tranquilité l'effet de « sa justice. Je n'ai point été trompé dans mon « attente et je l'ai vu avec d'autant plus de « plaisir que cette justice rendue aux yeux de « l'Europe ne peut qu'influer avantageusement « sur nos affaires communes. V. M. sait l'inte-« rest que je prens à tout ce qui la regarde et « la vive amitié avec laquelle je suis, » etc. [*Archives nationales*, K 163, n° 3, année 1776, n° 15. (Copie.)]

ronnes contre l'Angleterre, et vouloir l'assurer sur la Méditerranée contre des hostilités qui détourneraient ses flottes des Antilles où elles pouvaient se trouver nécessaires, étaient deux buts corrélatifs. S'emparant donc aussitôt du résultat obtenu, il proposait ouvertement d'entreprendre ces arrangements pacifiques. Il envisageait comme un grand avantage moral pour la France, dans ses rapports avec les États barbaresques, d'en être l'auteur. Sa dépêche le montre un peu préoccupé de voir arriver cela par d'autres. Il entrevoyait d'ailleurs certains résultats à une telle entremise amiable, si elle avait une issue heureuse. Il pensait « multiplier ainsi les moyens de diminuer la présence du pavillon de l'Angleterre dans la Méditerranée » (il disait même « de l'exclure »); il croyait empêcher cette nation de continuer à se servir, comme elle le faisait trop, des pavillons barbaresques, à se donner par suite une influence prépondérante, à se former en même temps une pépinière de matelots dévoués, en sorte, disait-il, « que si sa marine était réduite à ne faire emploi que des matelots de sa nation elle ne serait pas au point où elle se montrait ». Le 2 août, Ossun, rendant compte de ses pourparlers à ce sujet, avait fait connaître que le marquis de Grimaldi « ne se sentait pas en état de donner une réponse avant que chacun de ses collègues eût remis son avis par écrit; qu'il regardait personnellement cette paix comme utile, mais qu'elle irritait infiniment tout le clergé séculier et régulier d'Espagne et même la nation en général; que Sa Majesté Catholique y résistait encore par ces considérations; qu'au reste il savait que le dey d'Alger y était incliné, l'ambassadeur embarqué sur *le Septimane* ayant fait quelques ouvertures à ce sujet aux religieux espagnols qui résident à Alger ». Ainsi, ajoutait-il, « soit que le roi d'Espagne ne soit pas encore décidé, soit que ses ministres se flattent qu'ils sont à portée de traiter cette affaire directement, il n'est pas question quant à présent de l'acceptation ou du refus des offres que j'ai faites à cet égard. Je ne perdrai pas la chose de vue ». Presque aussitôt ce rapport reçu, le 16 août, le ministre, après avoir exprimé avec une vive effusion

1776. les sentiments du roi pour le roi son oncle et ceux du Gouvernement pour le cabinet de Madrid, revenait ainsi qu'il suit à cette affaire :

L'Espagne naiant encore repondu que dune maniere dilatoire aux insinuations que vous lui avés faites touchant la convenance dun traité de paix avec Alger nous voudrions en inferér M. quavant de profiter des bons offices que le Roi est tres disposé a lui rendre, elle veut attendre lissue de quelques ouvertures qui peuvent lui avoir eté faites dailleurs. De quelque maniere et par quelque canal que la chose se fasse elle nous sera tres agreable, parceque nos desirs nont pour objet que lutilité de l'Espagne. Ce nest pas que nous ne vissions plus de sureté pour la paix quelle pourroit etre disposée a conclure avec cette regence, si elle se faisoit sous le sceau de la mediation de la France. Ces Barbaresques nous regardans alors comme interessés a soutenir un ouvrage a la confection duquel nous aurions eu part seroient sans doute plus réservés a se permettre les infractions dont la situation des cotes d'Espagne peut leurs donner de frequentes tentations. Je ne suivrai pas plus loin cette vüe parce quon pourroit la raportér a d'autres intentions que celles que nous avons effectivement. Les notres sont developées dans les instructions que je vous ai adressées avec mon expedition du 29 juin dernier. Notre objet nest dune part que la tranquilité des sujets de l'Esp^e qui malgré les precautions cumulées pour les derober a l'esclavage des Algeriens ne sont que trop souvent exposés au malheur de ne pouvoir levitér, et de lautre de multiplier les moiens de diminuer et meme dexclure le pavillon anglois de la Mediterrannée. Les Algeriens en paix avec l'Esp^e ils seroient plus susceptibles detre eclaires sur labus que les Anglois font de leur pavillon que le gouverneur de Mahon donne a tous ceux qui veulent bien le lui payer. Cette branche de navigation interceptée, ce qui resteroit d'Anglois dans la Mediterranée seroit bien peu de chose. Peut etre napretie ton pas asses a Madrid lavantage quils retirent de la facilité avec laquelle ils communiquent leur pavillon; elle leur donne une influence preponderante chez les nations auxquels ils se rendent utiles par ce moien en meme tems quelle leurs forme une pepiniere de matelots devoües dont ils se servent dans le besoin. La marine de l'Ang^{re} ne seroit pas au point ou nous la voions si elle etoit reduite a ne faire emploi que des matelots de sa nation.

Je ne suis pas surpris M. que le clergé et le peuple espagnols se montrent opposés a la paix avec Alger, et presque tout le monde est peuple. Les peuples en general tiennent bien plus a des prejugés qu'a des verités senties; mais ce ne sont point des preventions qui decident les Gouvernemens; d'ailleurs si le clergé repugne tant aux mesures de paix quon pourroit prendre pour préservér leurs freres et leurs ouailles de la captivité, il devroit par ce sentiment de la pieté de son Etat se chargér de brisér les fers de tous les Espagnols qui gemissent dans lesclavage ou qui pourront y tomber; je crois, si on lui faisoit cette proposition quil conviendroit bien vite que la paix meme avec les infideles est selon les vües de lEvangile. La cour de Rome ne se montreroit surement pas plus difficile pour la continuation des Bulles lucratives qui font partie des revenûs du Roi C$\overline{q}$ue. Leur institution si je ne me trompe a eu pour objet la conservation et lentretien des presides d'Afrique. Ce dont il ne peut etre question de se desistér, quand bien meme lAfrique se soumettroit aux loix du Christianisme; la politique de lEspagne est au moins autant interressée que sa religion a ne jamais se dessaisir de Ceuta; et les papes seront toujours tres flattés que les Rois C$\overline{q}$ues croient avoir besoin de leur influence pour continuer la levée dune imposition dont on a fait dans des tems moins eclairés que celui ci un acte de religion. La seule objection qui me semble de quelque poids est la repugnance du Roi C^{que} pour faire une paix avec Alger dans laquelle le roi de Naples ne seroit pas compris. Mais si les Algeriens sont disposés a traiter avec lEspagne il ne sera peut etre pas impossible de les amenér a comprendre dans le traité le royaume des Deux Siciles, cest ce dont on pourroit sassurer sil y avoit lieu a une negociation, et nous continuons a pensér que le moment peut etre favorable pour sen occuper. Alger nest pas encore revenû de la terreur que lui a causé lattaque de lannée dernière, et quoiquil ait echapé au danger il craint quil se renouvelle. Les forces de lEsp^e doivent faire cette impression, Alger sera sa conqueste lorsquelle le voudra determinement. Mais si elle considere les trezors immenses et les flots de sang quelle devra y sacrifiér, elle sentira que l'objet ne merite pas ce sacrifice. Car enfin Alger rasé et detruit jusquaux fondemens renaitra de ses cendres et se relevra si ce nest dans le meme emplacement peut etre dans un autre mieux choisi et par consequent plus favorable a son institution, et ce sera toujours a recommencer dans un climat devorant.

Vous feres M. lusage que vous trouveres convenable de ces considerations que je ne vous expose que pour ne vous laisser rien a desirer du concours que vous aves droit d'attendre de ma part.

Jai lhr detre avec un sincere et fidele att. M.

A Versailles le 16 aoust 1776.

Espagne, t. 581, n° 89.

Tout cela, du reste, est précédé des démonstrations les plus propres à établir l'intimité des sentiments : « La confiance que l'on avait dans l'équité de S. M. Catholique et de son conseil n'a jamais permis de douter qu'ils ne reconnussent la solidité et la justice des titres sur lesquels nous fondions nos représentations; mais le roi n'en est pas moins sensible au procédé du roi son oncle qu'il regarde comme une nouvelle preuve de la tendre amitié qui ne peut être trop inviolable entre leurs augustes personnes, et trop manifeste aux yeux de l'univers. Sa Majesté recommande bien expressément à l'ambassadeur de profiter de la première occasion qu'il aura pour en faire tous ses remerciements à Sa Majesté Catholique, et pour lui renouveler toutes les assurances, qu'il a été si souvent autorisé a lui donner, que le roi, ne séparant point les intérêts de sa Couronne de ceux de l'Espagne, ne variera jamais dans la disposition où il est de remplir envers le roi son oncle tous les devoirs d'un bon parent, d'un allié fidèle et de l'ami le plus zélé. » De la part du premier ministre et de ses collègues, c'est la montre d'une entente précieuse des intérêts des deux cours; l'ambassadeur témoignera de même à ces conseillers du roi la reconnaissance de la France :

Vous voudres bien aussi M. témoigner a M. le Mis de Grimaldi et a tous ceux de Mrs les Ministres d'Espagne qui ont concourru a la resolution qui excite notre reconnoissance, combien nous sommes flattés de les voir aussi penetrés que nous le sommes de la necessité decarter jusqu'a lombre des nuages qui pourroient faire suposer que lunion et la parfaite intelligence des deux Couronnes peuvent etre susceptibles d'alteration. Il suffira M. que vous exprimiés verbalement nos principes nos dispositions et nos sentimens; nous

nous flattons quils sont connûs a Madrid et nous ne vous désavouerons pas lorsquil sera question de les justifier par les effets.

Espagne, t. 581, n° 89[1].

Les deux cours étaient donc arrivées à l'union qui résulte de la même conception politique et du concert dans les moyens, à l'union, pour autrement dire, qui peut avoir des conséquences effectives. L'Angleterre, elle, engageait vigoureusement sa campagne. Le cabinet de George III pressait les armements dans tous ses ports. Il faisait soutenir son jeu par le Portugal, qui interdisait toute entrée aux Américains dans les siens[2]; il n'allait pas craindre de demander la même mesure à l'Espagne[3] et d'essayer de l'imposer à la France. L'intimité de l'Espagne et de la France se produisait ainsi à l'heure opportune. Des nouvelles des Colonies, encore vagues mais bien ressemblantes à celles que l'on souhaitait, donnaient à cette union tout son prix. L'annonce d'évènements qui créeraient des obligations soudaines transpirait d'Amérique. On connaissait bien alors, à Versailles, la tentative faite dans le Congrès, au mois de mai, de déclarer la séparation formelle d'avec la métropole et d'établir une confédération. On avait vu là un premier pas, mais non encore l'acte qui était de nature à mettre debout les deux cours. Silas Deane le faisait savoir à Philadelphie en ce moment même, assurant qu'il ne pourrait guère aller plus loin si l'indépendance ne s'affirmait pas bientôt absolument. Mais le bruit se répandait déjà que la dernière borne était franchie. Le lendemain même du jour où M. de Vergennes expédiait à Ossun son courrier sur Alger et les Barbaresques, il apprenait par un rapport de Garnier, du 13, que, d'après les dépêches du général Howe, le Congrès avait proclamé l'indépendance et déclaré la guerre à l'Angleterre.

---

[1] Nous reproduisons à l'annexe II du présent chapitre, comme pièces essentielles à l'histoire des rapports des deux cours avant leur union définitive, non seulement cette dépêche dans sa partie principale, mais celles qui s'y rattachent et en sont le complément naturel.

[2] Rapport de Garnier, du 24 juillet. (*Angleterre*, t. 517, n° 68.)

[3] Dépêche de Grimaldi à Aranda, du 19 août. (*Espagne*, t. 581, n° 95.)

ANNEXES DU CHAPITRE XV.

I

L'ESPAGNE ET LE PORTUGAL.

1. LE COMTE DE VERGENNES À OSSUN.

A Versailles le 19 juillet 1776.

Nous ne pouvons quaplaudir a ce que vous continués a nous mandér des dispositions du Roi Cque pour obvier a ce qui vient de se passér de la part du Portugal. Après un manque de foi aussi caracterisé il est naturel et personne ne peut en etre surpris que ce prince ne veuille sen raportér qu'a la force de ses propres mesures pour la deffense et la sureté de ses etablissemens dans lAmerique meridionale. Mais cette prevoyance pourroit etre fautive si lEspagne ne prennoit pas en meme tems des precautions assés marqués en Europe pour imposér a son voisin et lempecher de faire de nouveaux envois de troupes au Brezil. Le grand point M. est quil ne puisse alimenter la superiorite quil est parvenû a s'y donnér. Nous avons toujours pensé et nous pensons encore que le moien d'amenér le Portugal a traitér de bonne foi est de lui faire perdre lespoir que la superiorité de sa position en Amerique a pu lui inspirér.

Nous sommes impatiens et curieux de savoir ce que M. de Pombal pourra alleguér pour justifiér la scene atroce qui sest passée sur le Rio grande le 1er avril. Peut etre suposera til que ses ordres du mois de decembre de lannée derniere netoient pas encore arrivés, cette excuse peut etre plus vraie que vraisemblable; d'ailleurs ce seroit une negligence bien coupable de nenvoyer de pareils ordres que par une seule main, cest le cas de multiplier les expeditions. Je naime pas M. a precipitér mes jugemens encore moins a affirmér le mal mais mon indulgence nimagine rien a la decharge de M. de Pombal en relisant tout ce qui sest passé depuis deux ans; maintenant queclairé par les faits on est plus en etat dapretier la valeur des assurances, il est difficile je l'avoüe de prendre une opinion favorable de la sincerité et de la franchise du ministre portugais. On voit de sa part une attention etudiée a eludér de sexpliquér sur la proposition de la suspension des hostilités. Ce nest qu'a la fin et pressé par les menaces de lEsp^e quil larticule, mais il ne l'a fait sans doute ou que conditionnellement, ou dans la supposition que ses dispositions pour rentrér en possession de tout le terrain contentieux auroient deja eu leur effet. M. de Pombal ne setoit pas persuadé que les affaires des Anglois en Amerique prendroient la tournure quelles y ont prise, et ce nest probablement que lors quil a eté bien convaincu quil navoit plus a attendre que cette puissance epousa sa querelle qu'etonné peut etre de son audace, il a crû rectifiér sa temerité en requerant notre mediation et celle de lAng^{re} et meme en ofrant de nous deferér larbitrage de toutes les contestations. Le Lord Stormond auquel je nai pas dissimulé ma facon de pensér na fait aucun effort pour la combattre. Il ne condamne pas absolument M. de Pombal, mais il est bien eloigné de vouloir le justifiér. Ce qui ma paru le plus loccupér est la crainte que le Roi C$\tilde{\text{que}}$ ne precipite son ressentiment, et ne lui donne trop détendue, je nai voulu ni le rassurér entierement ni le desesperér. Je ne lui ai pas dissimulé que S. M. C. sentoit vivement une injure aussi grave, mais que je voiois que son ressentiment etoit temperé par la moderation et par la sagesse, et que je netois pas sans esperance qu'en meme tems que ce prince ne negligeoit aucune des precautions qui peuvent faire la sureté de ses possessions, il ne fermeroit pas tout accès a la conciliation. Ce peu de mots a parû calmer cet ambassadeur. Si je juge de la facon de pensér de sa cour par lembarras extreme ou je lai vû je ne dois pas la suposér la complice du Portugal. Je suis bien eloigné detre le champion de la bonne foi des Anglois, vous saves ce que jen pense M. Je vous en ai dit plus dune fois mon opinion; mais une trahison ne se fait pas sans un grand interest, et je nen vois pas meme un mediocre qui ait pû porter lAng^{re} a vouloir partagér lodieux de la perfidie dont le Portugal vient de se souiller. Si la guerre quelle peut entrainér etoit un moien de calmér les troubles de lAmerique Septentrionale nul doute que le ministere B^{que} ne lembrassat avec ardeur, mais cette diversion seroit tout a lavantage des insurgens, elle leurs donneroit des protecteurs qu'ils nont pas.

Je ne vous dis rien M. sur le nouvel envoi de troupes a St Domingue dont M. le Mis de Grimaldi vous a fait instance, cest matiere a deliberation et lon ne pourra former de resolutions a ce sujet que lors quon verra plus certainement la tournure que les conjonctures pourront prendre. Nous ne nous relaschons ici sur rien, nous travaillons sans ostentation dans nos arsenaux mais avec beaucoup d'activité et de suite.

Espagne, t. 581, n° 36.

2. LE COMTE DE VERGENNES À GARNIER.

A Versailles le 20 juillet 1776.

A Monsieur Garnier.

Vous avez vû par ma dernière depêche, M., qu'il n'est plus question de négocier sur la satisfaction que le Portugal doit à l'Espagne; que la perfidie de M. le Mis de Pombal a dénaturé totalement l'état des choses, et que nous nous trouvons maintenant dans une position dont il est impossible de prévoir encore l'issüe. Plus nous réfléchissons sur la conduite du ministre portugais, plus elle nous paroit incompréhensible. En effet, il ne tombe pas sous les sens qu'il ait été assez aveugle pour croire le roi de Portugal en mesure, avec ses propres forces, de lutter avec avantage contre l'Espagne; il devoit donc avoir quelques raisons secrètes pour hazarder la levée de bouclier qu'il a osé se permettre. Je n'en entrevois que deux; j'ai touché la première dans le post scriptum de ma d^{re} depêche; la seconde est le résultat de l'opinion que M. de Pombal pouvoit avoir de la situation des affaires dans l'Amérique septentrionale; ce ministre se flattoit sans doute que la cour de Londres termineroit facilement sa querelle avec ses Colonies, et que libre de ce côté-là elle pourroit donner à son allié l'assistance la plus facile et la plus efficace. Il y a beaucoup d'aparence que c'est en considérant les choses sous ce point de vüe que M. de Pombal a eludé avec une attention étudiée, toute explication sur la proposition de la suspension des hostilités, et que s'il a enfin articulé cette suspension, au commencement du mois de x^{bre} d^{er} il n'y a été déterminé que sur les menaces de l'Espagne, et par l'espérance secrète qu'il avoit sans doute que ses dispositions pour recouvrer tout le terrain contentieux auroient déjà produit leur effet. Mais l'aspect défavorable qu'ont présenté depuis les affaires de l'Amérique en faisant connoitre au ministre portugais l'erreur de ses calculs, luy aura découvert l'abime ou il alloit se précipiter, et il est probable que c'est par la frayeur que lui aura causée son audace, qu'il s'est hâté de recourir à notre médiation et à celle de la Grande Bretagne.

Telle est, M., l'opinion que nous avons de la politique et de la marche de M. le Mis de Pombal; je ne l'ai pas dissimulée à M^d Stormont; et cet ambassadeur, quoiqu'il ne pût l'adopter ouvertement, n'a fait aucun effort pour la combattre, et encore moins pour justifier le ministre portugais. Le seul sentiment qui m'a paru l'affecter, c'est la crainte que le Roi C^{que} ne précipite son ressentiment, et qu'il ne luy donne trop d'étendüe; je n'ai voulu ni rassurer entièrement M. de Stormont, ni cependant le désespérér; je lui ai avoué que S. M. C. sentoit vivement l'injure qu'elle venoit d'éprouver mais que je voyois que son ressentiment étoit tempéré par la modération et par la sagesse, et que je n'étois pas sans espérance qu'en meme tems que ce P^{ce} ne négligeroit aucune des précautions que peut exiger la sûreté de ses possessions, il ne fermeroit pas tout accès à la conciliation. Je juge par le calme que ces assûrances ont donné à l'ambassadeur d'Ang^{re} que sa cour n'est nullement la complice de celle de Lisbonne; et je le juge ainsi, non pas que je fasse un grand fond sur la bonne foi des Anglois, mais parce qu'en politique une trahison ne se fait pas sans un grand intérêt, et que je n'en vois pas même un médiocre qu'ait pu porter l'Ang^{re} à vouloir partager l'odieux de la perfidie insigne dont le Portugal vient de se souiller. Mais cette manière d'envisager les choses ne doit pas nous empêcher d'avoir l'œil le plus attentif sur la conduite et sur les vûes de la cour de Londres; les ministres anglois, ainsi que l'expérience le prouve journellem^t ne prennent pas toujours les règles de la prudence et d'une saine politique pour baze de leur conduite, et il est possible qu'ils envisagent sous un autre point de vûe que nous la démarche de M. de Pombal ainsi que leur position actuelle en Amérique, et qu'égarés par des esperances trompeuses, ils soient moins portés que leur intérêt ne paroit l'exiger, à prévenir les progrès de l'incendie que le Portugal vient d'allumer dans le Paraguay. Cette considération, M., a frappé la prévoyance du Roi, et lui a fait sentir la nécessité de connoitre à fond la façon de penser du roi d'Ang^{re} et celle de ses Ministres sur l'incident qui fait la matière de cette dépêche. C'est donc à acquérir cette connoissance importante que vous devez employer tout votre zèle et toute votre sagacité, en fixant nos idées à cet égard, vous nous mettrez en état de prendre avec connoissance de cause les précautions et les mesures nécessaires, soit pour prévenir la guerre, soit pour la faire avec succès.

M. le Mis de Pombal a si peu de moyens pour colorer les hostilités qui viennent d'être commises sur le Rio Grande, qu'il se rabattra vraisemblablement à dire que ses ordres du mois de x^{bre} d^{er} n'étoient pas encore arrivés au Brézil à l'époque du 1er avril. Cette excuse peut être plus vraye qu'elle n'est vraisemblable; en effet, il faudroit des accidens particuliers pour que 4 mois de navigation ne fussent pas suffisans pour arriver dans cette partie de l'Amérique. Ce seroit d'ailleurs une négligence bien affectée et bien coupable que de n'envoyer de pareils ordres que par une seule voye : c'étoit certainement le cas de multiplier les expéditions. Mais en admettant même cette excuse, comment M. de Pombal se disculpera-t-il des conséquences qui resultent de l'assûrance qu'il a donnée dès le mois d'août de l'année d^{re} que les secours envoyés au Brézil étoient de pure deffense, et qu'il n'étoit aucunement question de les employer offensivement...

J'ai cru devoir, M. entrer dans tous ces détails............... Tel est, M., le langage que le Roi vous autorise de tenir dans le cas où les ministres anglois vous provoquent : S. M^té s'en raporte à votre prudence sur le moment où il sera utile d'en faire usage, ainsi que, sur la tournure qu'il conviendra de luy donner.

Angleterre, t. 517, n° 58 [1].

3. LE COMTE DE VERGENNES À OSSUN.

V^lles le 2 août 1776.

M.

J'ai reçu les trois depeches n° 62 a 64 que vous maves fait lhonneur de mecrire les 15 et 18 du mois d^er et la copie de lexpedition de M. le Mis de Pombal a son ambassadeur a Madrid les 6 et 8 du meme mois. Son frere qui reside ici m'a communiqué les depeches de sa cour du 6 venûes par lAng^re. Cest la repetition de partie de ce que vous nous aves envoyé. On navoit encore a Lisbonne d'autres nouvelles que celles arrivées en Esp^e. On y etoit consterné de l'evenement ; enfin on se flattoit que la plus prompte restitution qui doit suivre larrivée dès ordres envoyés respectivement dissiperoit les nuages que le contre-tems si facheux pouvoit elevér sur la bonne foi du Portugal. Lambassadeur a retourné cette preuve dans tous les sens pour la rendre peremptoire, je navois rien a lui contestér, je me suis contenté de lui faire observér que suivant la lettre même de M. de Pombal, les ordres quil avoit fait declarér avoir été expediés au commencement de decembre, ne l'ont eté reellement que dans le mois de janvier ; et que cest a ce retard si peu naturel quon ne peut se dispensér d'attribuer tout ce qui sest passé au sud du Brezil.

J'ai vu ensuite lambassadeur d'Ang^re armé des memes argumens que celui du Portugal et cherchant a leurs donnér la plus grande valeur. Il avoit deux objets, lun de justifier son allié du reproche de mauvaise foi et de perfidie, et lautre bien plus interressant pour sa cour, de me faire entendre par forme dinsinuation que la restitution ne paroissant pas equivoque les preparatifs de lEsp^e pouvoient paroitre superflus, peut etre comptoit il aussi seclairér par mon moien sur ce que le Roi C^que peut se proposér effectivement contre le Portugal. Il y auroit peut etre autant dinconvenient M. a calinér qua aigrir les inquietudes que peut avoir lAng^re ; si elle etoit parfaitement rassurée sur les intentions et les vües du Roi C^que elle se montreroit moins zelée et plus froide pour porter son allié aux satisfactions que lEsp^e peut pretendre. Jai pris une route mitoienne et sans mexpliquer sur ce que le Roi C^que peut avoir dessein de faire, je me suis attaché a demontrér a cet ambassadeur que linteret de sa cour se rencontroit avec celui de lEsp^e dans les mesures que celle ci prend pour

---

[1] Minute de Gérard.

ne devoir qu'a elle meme la sureté de ses possessions dans lAmerique meridionale. En effet si lAng^{re} veut de bonne foi coupér le no'ud dun differend qui doit lui etre tres importun puisqu'il peut la distraire dun moment a lautre de ses interets les plus essentiels, il faut commencér par retranchér a M. de Pombal les esperances facheuses quil peut fonder sur la superiorité quil sest procurée dans cette region pour le rendre plus flexible et plus coulant dans la negociation qui doit operer la conciliation.

Je vous rens sommairement M. une consideration que jai exposée avec plus de detail; elle a parû faire quelque impression sur le Lord Stormond. Sil ne l'a pas adoptée intimement il n'a rien trouvé de solide a y objectér.

A envisagér la conduite de M. de Pombal dans le sens le plus favorable, en suposant meme la restitution deja effectuée, nous continuons a penser M, que le Roi C$\widetilde{que}$ ne peut mettre trop de diligence a lenvoi des forces quil destine soit pour la conservation de sa province de Buenos Aires soit pour le recouvrement de ce qui vient de lui etre enlevé si la restitution navoit pas eu lieu. Nous ne voions pas sans quelqu'inquietude que le Roi C$\widetilde{que}$ veut attendre de nouveaux avis de lAmerique pour reglér ses envois suiv^t lexigeance des circonstances. Nous y reconnoissons les vües dune saine economie et toute la moderation qui est dans le caractere de S. M. C$\widetilde{que}$, mais quand nous reflechissons que celui de M. de Pombal ne peut etre maitrisé que par la crainte; que si on lui laisse la perspective dun dangér plus eloigné, son audace renaitra et avec elle tous les artifices dune politique tortueuse, sûr que lEsp^e ne voudra pas lattaquér parce quelle naura pas des forces suffisantes pour le faire, il embarassera la negociation par toute sorte de difficultés, genre dans lequel il excelle, tandis quil prendra sous main et a la faveur de ses denegations habituelles toutes les mesures convenables pour maintenir et fortifier sa superiorité en sorte quil restera le maitre de la paix et de la guerre, ainsi lepargne que lEsp^e aura compté faire deviendra une occasion de dépenses immenses; car une guerre pour peu quelle soit prolongée lui coutera infiniment plus que les demonstrations quil paroit necessaire de faire et sans le moindre delai, toutes dispendieuses quelles puissent etre. Après cela si le Roi C$\widetilde{que}$ deferant aux sentimens pacifiques dont il est si sincerement animé veut mettre les plus grandes formes de la moderation de son coté, rien nempêche M. que ce prince ne puisse faire connoitre amicalement et confidement aux puissances mediatrices quen meme tems quil ne neglige aucune des mesures convenables pour se faire raison et justice du Portugal sil ne la lui fait pas promtement et entierement; son intention n'est pas si la restitution a eu lieu dune maniere convenable, de decidér par lepée ce quil avoit consenti de soumettre a une negociation amiable. Que ses intentions sont toujours les memes qu'il les a fait connoitre lors de louverture de la mediation; et que ses troupes resteront sur la plus exacte deffensive aussi longtemps qu'il n'y aura pas lieu a de nouvelles provocations. Vous feres de ces reflexions M. lusage que vous trouveres convenable.

Espagne, t. 581, n° 63.

II

LES SENTIMENTS DE L'ESPAGNE, LA PAIX AVEC ALGER.

1. OSSUN AU COMTE DE VERGENNES. (LETTRE PRIVÉE.)

A S' Ildefonse le 2 août 1776.
Monsieur,

....

Au reste, Monsieur, soyés persuadé que je n'ai jamais employé vis-àvis du Ministere espagnol que le ton d'égalité dont l'ambassadeur du Roi ne doit jamais se départir, pour quelque motif que ce soit, et dans quelque cour qu'il réside. Il est vrai que M. le Mis de Grimaldi, qui est extremêment vif, s'est quelquefois emporté jusqu'à proférer des paroles peu décentes, mais qui ne m'étoient pas adressées : j'avoüe que je n'ai pas cru devoir l'imiter, et que je me suis borné à le ramener par des raisons solides. Cela n'est pas arrivé sous le regne présent et sous votre ministère. Je puis même vous assurer que ce ministre m'a témoigné dans toutes les occasions de l'admiration pour l'etendüe et la sagesse de vos vües, et l'estime la plus distinguée pour vos qualités personnelles.

Je ne suis pas dans le cas, Monsieur, de rendre sensible à Sa M^{té} Catholique le tableau comparatif de notre situation dans son Royaume avec celle des Anglois, au moins sous le point de vüe que vous paroissés l'envisager. On ne peut pas dire que les Anglois soient facilités, avantagés en tout, prévenus même sur tout en Espagne. Ce n'est le sistème ni du Roi Catholique ni de son ministère. Il est certain que quelques marchandises angloises, dont l'évaluation n'a pas été fixée par les anciens tarifs, payent de moindres droits, proportion gardée, que d'autres de France qui sont dans le même cas, parce que, selon l'usage établi dans ce Royaume, les étoffes de nouvelle invention et dénomination sont taxées par des officiers établis dans chaque douane d'entrée qu'on nomme *Vistas*, et que ceux ci gagnés par des présens, ou peut être plus inclinés pour les Anglois que pour les François, favorisent les premiers et chargent les derniers dans leurs estimations. Mais l'industrie francoise multiplie les étoffes nouvelles pour la qualité et pour le goût, tandis que les Anglois se bornent pour ainsi dire, à introduire en Espagne des draps et différentes étoffes de laine qui comparées avec celles dont les droits sont fixés par les anciens tarifs, n'offrent pas, quoique de nouvelle invention, des différences aussi sensibles que nos marchandises en soie, en dorure ou de mode. Les Anglois enlèvent aussi presque tous les vins qu'on recueille à Xeres et à Malaga et les fruits qui croissent en abbondance dans le royaume de Valence et ailleurs, comme raisins secs, prunes sèches, amandes, oranges, citrons, etc. etc., et, par une suite naturelle, ils sont mieux vus dans ces provinces que les François. Le corps des marchands de Madrid, autrement dit *Los Gremios*, qui est tres puissant, tire d'Angleterre presque tous les lainages venants de l'étranger; et conséquemment ce corps est plus incliné pour les Anglois que pour les Francois. Toutes ces choses sont inévitables.

Pour ce qui est, Monsieur des tribunaux, des justices inférieures, des juges subalternes, ils ne ménagent pas plus les Anglois que les François et ils sont également redoutables à leurs nationnaux; c'est de l'argent qu'ils veulent; et sur ce point ils ne distinguent ni ami ni ennemi. De là naissent les lenteurs dans les procédures, les procès injustes et les décisions arbitraires. Les François en souffrent plus que les Anglois, parce qu'il ne réside peut être pas dans toute l'Espagne cent négocians anglois et qu'il y en a des milliers de françois, sans compter un nombre infini d'ouvriers, d'artisans, de domestiques et d'avanturiers. Il est aussi à remarquer que ce petit nombre de commercans anglois negocie en gros et avec des fonds considérables; que lorsqu'ils font la contrebande, ce qui arrive souvent, ce n'est pas pour des objets mediocres; que le grand profit qu'ils en retirent leur offre le moyen de corrompre les gardes : nos fortes maisons de commerce en usent de même, et il n'y a que les petits fraudeurs qui soient découverts et poursuivis : or la nation françoise en fournit une infinité de cette espèce..

Je ne connois, Monsieur, personne dans les subalternes qu'il soit interessant d'acquerir. S'il s'agit du sistème politique de l'Espagne, le Bureau d'état n'y influe pas; les sujets qui le composent sont honêtes et certainement incorruptibles. S'il est question du Commerce et des Douannes, c'est le Conseil des finnances, la Junte suprême du commerce et les directeurs généraux des Rentes qui sont consultés. Il est certain que ces tribunaux, par ignorance ou par préjugé, semblent n'être occupés que de la destruction du commerce étranger et peut être plus particulièrement de celui de la France. Mais les magistrats qui le composent ne sont pas susceptibles d'être gagnés. Il n'y a que le fiscal de la Junte du commerce qui a la reputation de prendre de l'argent. Les directeurs généraux des Rentes qui dirigent les Douannes ne sont que deux; ils ont des appointemens considérables : J'ai lieu de les croire mal intentionnés pour la France; mais je suis moralement sûr qu'ils ne sont pas capables de recevoir de l'argent. Le Bureau des finnances est assés mal composé, il n'y a pas un sujet qui puisse influer sur les resolutions du ministre. On dit que ces Messieurs vendent les emplois et sont intéressés dans les entreprises des fournitures pour le Roi; enfin que leurs places sont fort lucratives; cela peut être; mais je ne crois pas qu'ils se laissassent corrompre par une Puissance étrangère; d'ailleurs ils ne seroient pas à même de rendre des services bien importans. Il n'y auroit donc que les officiers des Douannes d'entrée qu'on pourroit chercher à acquérir, particulièrement ceux qu'on nomme *Vistas* : Mais qui chargeroit-on de ces négociations secrètes et locales? Ce seroit risquer de dépenser de l'argent en pure perte. Le ministre des finnances, Monsieur, est timide et d'une lenteur insuportable; il ne veut rien décider sans consulter ou la Junte du commerce ou le Conseil des finnances, ou les Directeurs généraux : Je le soupçonne aussi d'être imbu du préjugé que de la diminution du commerce étranger dépend la prospérité des manufactures espagnoles. J'ai eu plus d'une fois des discutions vives avec lui et je l'ai pris par la douceur. J'ai remarqué que cette dernière méthode étoit la plus utile à suivre, soit vis-à-vis de ce ministre, soit en général avec les Espagnols ....

Espagne, t. 580, n° 61.

2. OSSUN AU COMTE DE VERGENNES.

A St Ildefonse 2 aout 1776.

Monsieur,..

..... Je passai ensuite au second motif, celui d'exclure les Anglois du commerce du Levant et de la Barbarie. J'exposai la situation heureuse et brillante ou se trouvoient les choses lorsque l'arrêtement du capitaine Seren étoit venu tout déranger, et mettre les Anglois dans le cas d'acquérir un credit dominant au Levant et chez les Barbaresques, d'y anéantir le commerce et l'influence de la France. J'observai qu'il étoit bien douloureux qu'un coup aussi sensible et aussi fatal fut porté à la France par son meilleur et plus fidelle allié. Je fis considerer à M. le marquis de Grimaldi que l'amitié des Algeriens étoit nécéssaire et decisive pour la prospérité du commerce dans le Levant et avec l'Affrique. Je conduisis ce ministre au point de devoir conclure que tout seroit racommodé si l'Espagne nous restituoit les effets du chargement de la Septimane. Alors je lui fis envisager que pour mettre la derniere main à l'exécution du projet qu'avoit la France de porter les derniers coups au commerce anglois dans la Mediterranée, il seroit essentiel que l'Espagne fut en paix avec la regence d'Alger. Je lui dis que si cette idée étoit goutée par Sa Majesté Catholique, M. de Sartine, sans néanmoins l'assurer, ne desespereroit pas de pouvoir engager le dey d'Alger, a demander la mediation de la France pour parvenir a un traite de paix avec lEspagne; j'ajoutai que j'étois autorisé a faire ici cette ouverture amicale. Je finis par informer M. le Mis de Grimaldi de ce que j'avois eu l'honneur de dire la veille à Sa Majesté Catholique, et de ce qu'elle m'avoit répondu; il me temoigna que le roi d'Espagne le lui avoit communiqué en présence de M. le prince des Asturies. Ce ministre qui m'avoit écouté avec beaucoup d'attention, commença par me parler des grands menagemens auxquels il étoit obligé par l'opinion qu'avoit la nation espagnole qu'il étoit trop attaché à la France, que cette même nation étoit imbüe que les François avoient donné les avis les plus salutaires aux Algeriens lorsque l'Espagne préparoit une expedition contre cette regence, qu'on venoit d'apprendre dernierement, et que la nouvelle étoit publique, que deux navires françois et un anglois étoient entrés à Alger chargés de poudre, de canons et de boulets; qu'on savoit que le Dey avoit fait venir de France un maitre fondeur pour fondre de l'artillerie; que les Espagnols étoient singulierement animés contre Alger et persuadés que la France protegeoit cette Regence; qu'il ne me cacheroit pas que le Roi Catholique avoit adopté et fait adopter pour maxime invariable à Mgr le prince des Asturies de ne jamais perdre de vüe la destruction d'Alger, et que plus tôt ou plus tard, l'Espagne porteroit certainement quelque coup fatal à cette ville. Je refutai convenablement, Monsieur, les imputations faites contre la France, et je dis que pour ce qui concernoit les batimens françois qui portoient aux Algériens des munitions de guerre prohibées par les traités, il faudroit que ceux qui donnoient des avis à ce sujet au ministère espagnol l'informassent en même tems des noms des batimens et des capitaines; qu'alors leur conduite étant absolument contraire aux réglemens et aux ordonnances de notre marine, aux intentions et aux ordres de Sa Majesté, elle feroit punir les contrevenans, et que quelques exemples arrêteroient de pareils abus. Le ministre espagnol n'eut rien a repliquer, et il me dit qu'il rendroit compte à Sa Majesté Catholique du contenu de mon office et de tout ce que je lui avois communiqué verbalement, entre autres sur la paix avec Alger; il ajouta, en souriant, que ce seroit un bon moyen d'arranger l'affaire de la Septimane; je lui répondis qu'elle devoit précéder, et que l'une ne devoit pas être liée avec l'autre. Enfin je l'assurai en le quittant que j'attendois de son équité, de sa droiture et de ses bonnes intentions, le succès de ma demande, et que je le desirois avec d'autant plus d'ardeur, que je voyois ma cour très affectée de cet objet; que je craignois de plus qu'un refus de la part de Sa Majesté Catholique ne fît naître une espèce de doute sur la sincerité des dispositions de l'Espagne à l'égard de la France, ce qui ne pourroit jamais avoir que des conséquences desagréables. Deux jours après je demandai à M. le Mis de Grimaldi ou en étoit cette affaire, il me dit que Sa Majesté Catholique avoit ordonné qu'elle fut examinée par ses ministres et que chacun donnat séparément son avis par ecrit, et il m'avoüa qu'il n'avoit pas voulu se charger seul d'influer sur la determination du Roi son maitre. Je ne negligeai pas d'entretenir chaque ministre en particulier et de lui exposer avec précision et force les raisons de droit et de convenance qui établissoient la justice des réclamations de la France; j'eus lieu d'être satisfait de la façon de penser de la plus part de ces Messieurs, principalement de celle de M. de Galvès; mais accablés d'affaires et d'importunités à la veille de quitter la capitale pour passer à St Ildefonse, aucun d'eux ne put rediger son avis à Madrid; ils ne s'en sont occupés qu'ici; et comme mes offices à ce sujet ont passé successivement de l'un à l'autre, la marche a été fort lente sans qu'il m'ait été possible de la faire accelerer; M. de Castejon, entre autres, a différé dix jours de répondre, et ce n'est que sur les vives instances que je lui en fis avant hier qu'il y a satisfait. M. le marquis de Grimaldi rendit compte hier au soir de cette affaire à Sa Majesté Catholique. Elle a bien voulu décider que tous les effets saisis sur la Septimane seroient restitués sans exception quelconque au capitaine Seren; les ordres conséquens partent aujourdhui pour Cartagene; M. le marquis de Grimaldi m'en a remis ce matin une copie dont je vous envoie la traduction.....

....

Espagne, t. 581, n° 6o.

CHAPITRE XVI.

LE COMTE DE VERGENNES PROPOSE LA GUERRE.

Peu d'effet produit à Londres par la déclaration d'indépendance des États-Unis. — Réflexions qu'elle inspire bientôt à Garnier et pronostics qu'il en tire. — Réponse de M. de Vergennes; le ministre avait déjà pris le parti de proposer la guerre. — «Comité» du 31 août; le dogmatisme de M. de Vergennes; point de départ de son exposé; les avantages de la guerre démontrés par lui supérieurs à ses inconvénients; rôle probable des autres puissances; idée de faire commencer la guerre par l'Espagne; urgence de se décider; l'abstention et ses suites. — L'exposé est communiqué au comte d'Aranda qui l'expédie à Madrid. — Dispositions de la cour d'Espagne; M. de Grimaldi et son ambassadeur. — Réponse adressée à ce dernier au sujet de l'entretien de M. de Maurepas sur les renseignements de Silas Deane; médiocres présages qu'elle devait laisser concevoir au cabinet. — Les actes de l'Espagne; son refus d'expulser les navires américains; sa volonté d'armer à proportion des armements de l'Angleterre. — Hésitation et défiance à la fois de M. de Vergennes au sujet de cette dernière puissance; comment il s'exprime néanmoins avec Garnier sur la présence d'un délégué américain en France.

L'acte qui proclamait devant le monde civilisé l'institution de la république américaine et qui était destiné à ouvrir une autre phase de la civilisation, ne fut pas annoncé autrement en Europe que comme un accident secondaire de la résistance des «rebelles». Le gouvernement anglais n'avait pas même voulu y regarder et cet acte solennel ne produisait à Londres aucune émotion visible. Au premier abord, Garnier n'en est pas impressionné davantage. Il en donne la nouvelle, dans son rapport du 13 août, de cette manière sommaire :

Le général Howe mande que le Congrès a déclaré l'indépendance des Colonies unies. On sait aussi que le Congrès a déclaré formellement la guerre à la Grande Bretagne, et que cette déclaration est motivée dans vingt trois articles où il déduit les raisons qui l'ont déterminé à prendre ce parti. Mais le Gouvernement n'a pas cru devoir en prendre connoissance, et en effet je ne vois pas que cette levée de bouclier fasse ici aucune nouvelle à sensation.

Angleterre, t. 517, n° 116.

Le cabinet du roi George armait des vaisseaux avec fièvre, laissait annoncer des *acts* prochains pour la presse des matelots, était dans la persuasion que l'on allait rapidement voir paraître un autre tableau. Aussi les conséquences lointaines de l'appel que faisait le congrès des Colonies au sentiment des peuples ne l'occupaient aucunement. Bien mieux, il narguait les espérances fondées sur ce manifeste sonore. Lord Germaine avait tout de suite dit au prince de Masserano que « maintenant les autres puissances pouvaient faire des traités d'alliance et de commerce avec les États-Unis, mais qu'il attendait incessamment des nouvelles qui leur feraient changer de ton [1] ». Les mesures du gouvernement anglais, effectivement, paraissaient décisives. Lorsque Garnier a pris le temps de réfléchir, les conséquences très différentes qui, pour la France et d'autres pays, pouvaient résulter de la résolution des Colonies n'échappent pas à son esprit. Il vient de voir lord Suffolk au sujet des agissements de M. de Pombal; il rapproche le résultat de ses entretiens des considérations que la situation lui suggère, il envoie la traduction du document américain, il en tire des pronostics et des raisonnements qui seront à coup sûr à l'unisson de ceux du ministre; cependant il commence par écrire :

Quand je quitte ce ministre, j'ai toujours lieu de penser que l'Angleterre ne désire rien tant que le maintien de la paix, et ce vœu me paroît si essentiellement lié avec sa situation que je suis bien tenté d'y ajouter foi. Lorsque je sors au contraire de chez le Lord Weymouth, j'ai des nuages, des soupçons, et en les combinant avec les préparatifs maritimes de l'Angleterre, j'éprouve des mouvemens d'inquiétude que je suis cependant plus porté à rejeter sur les mauvaises intentions particulières du Lord Weymouth et du Lord Sandwich que sur aucun plan combiné par le ministère en général. Dans cette perplexité je pense, Monseigneur, ainsi que vous, que nous ne saurions mieux faire que de n'en croire qu'aux faits, sans nous arrêter plus que de raison à leurs discours. Je porte toute l'attention dont je suis capable à ce qui se passe, et dans

---

[1] Lettre de Garnier à M. de Vergennes, du 16 août; nous la transcrivons à l'annexe I du présent chapitre.

quelque tems que je reçoive des informations qui me paroissent de quelque conséquence, vous pouvez compter, Monseigneur, que je ne perdrai pas un instant pour vous les transmettre. Il est assez naturel, comme vous l'observez, Monseigneur, que les travaux qu'on fait dans nos ports aient déterminé la cour de Londres à augmenter le nombre de ses vaisseaux de garde. Mais il ne le seroit pas qu'on eut recours à la presse, et si cette mesure avoit lieu, ce ne seroit plus, à mon avis, le tems de négocier; il n'y auroit plus qu'à agir.

Angleterre, t. 517, n° 122.

Il faut dire que le chargé d'affaires parle ainsi dans un pli qui est personnel à M. de Vergennes; mais il n'est pas autrement frappé que le cabinet de Londres par la page de philosophie politique mise en exergue à la déclaration du Congrès, qui retentira profondément dans le pays de Voltaire et de l'*Encyclopédie*. Quand il aborde la résolution de cette assemblée, les perspectives immédiates attirent seules son attention, et le fait en soi lui suffit pour les envisager toutes. Il est impressionné du peu de crainte que le déploiement des forces envoyées contre elles a inspiré aux Colonies, du fond qu'il y a dès lors à faire sur l'espérance qu'elles ont de résister et de réussir : « C'est entre deux armées et devant une flotte formidable qu'elles ont pris leur résolution; où est cette soumission immédiate que le gouvernement regardait comme l'effet immanquable de ses menaces ? Si l'Amérique est victorieuse, l'époque est à jamais mémorable, la considération de la France en Europe remplace celle de l'Angleterre; si elle est soumise, au contraire, la sûreté des possessions du roi se trouvera dans un danger continuel. Si l'acte que je mets sous vos yeux peut se réaliser ce sera l'évènement le plus désirable pour nous; une fois consommé, le roi deviendrait pour longtemps l'arbitre de la durée de la paix[1]. »

Garnier soumettait « très humblement ces idées aux lumières du ministre ». Elles ne pouvaient que plaire. Celui-ci s'empresse d'autant plus de répondre que le chargé d'affaires l'avait avisé des ouvertures

[1] Rapport du 16 août. (Voir à l'annexe I du présent chapitre.)

dont Bancroft venait de l'entretenir de la part de Silas Deane; il importait de le prévenir contre cette ingérence au moins intempestive si déjà le danger n'en était pas connu. La réponse non plus n'est pas officielle; elle contient même, à la fin, un détail tout à fait privé. Le ministre laisse inaperçu, comme son subordonné, l'exposé doctrinal du congrès de Philadelphie. Les suites de l'évènement, la conduite qu'il doit inspirer l'occupent uniquement et l'on sent qu'elles l'occupaient ailleurs. Cette réponse, en effet, indique qu'il faut se tenir plus encore que jamais en défiance contre l'Angleterre, qu'on est impatient de savoir l'Espagne sur pied, que l'on veut couvrir la contrebande de guerre de l'égide du droit des gens, que l'on souhaite vivement de voir les Colonies s'affranchir et que la prudence dans les rapports, le soin dans les informations en prennent, maintenant, une importance particulière. Mais il n'y avait là rien de bien nouveau pour Garnier et c'est sous les lignes qu'il dut chercher le sens ou deviner l'esprit qui les avait dictées :

A Versailles le 24 aoust 1776.

J'ai reçu Monsieur votre lettre particuliere du 16 de ce mois et la copie de celle qu'un americain qui se dit chargé a Paris d'affaires importantes pour son Pays vous a ecrite, vous demandant une correspondance particuliere. Vous avés fait tres prudemment Mr de vous y refuser, votre mission en Angleterre n'ayant d'autre objet que de travailler à maintenir la bonne intelligence qui subsiste entre les deux nations, ce ne seroit pas tendre a ce but d'entrer dans des pratiques qui y seroient diametralement contraires. Je pense bien que les Anglois seroient moins delicats si l'occasion se presentoit aussi belle a eux, mais il faut etre honnête pour soi meme independemment de toute reciprocité. Cependant comme il ne faut pas etre dupe, il sera bon d'avoir les yeux constamment ouverts sur tout ce qui peut se passer autour de vous. Vous etes la sentinelle sous la vigilance de laquelle nous nous reposons avec d'autant plus de confiance, que nous avons la sureté que vous ne dormés pas. Les ministres anglois doivent voir avec un sentiment plus fort que celui de la colere le peu de progrès de tous leurs efforts menaçans, et le peu de compte que les insurgens en tiennent. La declaration de leur independance a la vue du Lord Howe n'annonce pas que la terreur soit prête a s'emparer de leur ame. On pretend que le ministere anglois honteux de sa meprise, se flatte de pouvoir la reparer par une conciliation dont les Americains seroient les Dictateurs. Si ceux ci n'y faisoient pas prononcer la reconnoissance de leur independance la plus absolue, tout ce qu'ils ont fait jusqu'a present seroit en pure perte. C'est le point de la difficulté qui se resoudra très difficilement. Mais s'il devoit se resoudre a la satisfaction des Americains ce seroit le cas d'aviser et tres promtement a notre sureté. Les Anglois voudroient sans doute la compensation de leurs pertes, et ce n'est qu'a nos depens ou a ceux d'Espagne qu'ils pourroient en trouver.

Vous ne serés pas edifié M^r des justifications de M. de Pombal; elles me semblent plus offensantes que le fait même du Rio Grande; lizez attentivement ce fatras, et vous ne saisirez pas encore les contradictions sans nombre dont il fourmille; d'ailleurs le ton me paroit peu propre a adoucir le Roy Catholique. On continüe à preparer dans les ports d'Espagne l'armement destiné pour la Plata; il me tarde de le savoir a sa destination, persuadé que c'est le seul moyen de rendre le ministre portugais flexible et honnête. Je ne cherche pas a aprofondir jusqu'où les ministres britanniques sont d'intelligence avec lui, mais ils sont bien zelés pour faire valoir ses raisons toutes pitoyables qu'elles sont. J'ai eu une longue bordée à essuyer de la part du Lord Stormont dans la derniere conference; j'aurois pû le battre en ruine, mais je ne voulois pas paroitre instruit. Je me suis contenté a la fin de lui repondre que je scrois moins blessé d'une offense que d'une mauvaise raison, parce que l'une laisse au courage la liberté de se ressentir, tandis que l'autre n'annonce que du mépris. J'avoue que si j'etois ministre d'Espagne, je serois etrangement piqué du verbiage de M. de Pombal.

Il est possible M^r qu'il parte de chez nous de la contrebande pour les Colonies, mais c'est de la marchandise sur notre terrain. En mer, et pourvû que ce ne soit pas sous notre pavillon avec une destination pour nos possessions, nous ne nous en meslons pas. Je crois cependant que les Hollandois profitent mieux que nous de l'occasion, ils sont plus adroits que nos negocians.

J'apprends que le Lord Shelburne est a Paris ou il ne s'arretera probablement que peu. Je ne le crois pas plus content qu'un autre de la resolution des Americains. Que devient la grande influence qu'il croioit avoir sur eux?

La lettre que vous m'avés adressée M^r, a été remise a sa destination. En voici deux que je vous recommande, plus une troisieme pour M. de Lauraguais que vous voudrez bien ne lui remettre qu'a son retour d'Yorck. S'il vous communique toutes ses idées, elles doivent vous paroitre bien vives et bien ardentes.

Je suis etc.

P. S. Voudrez vous bien M^r faire payer les deux livres de thé que je vous ai prié par le dernier courrier de faire passer a mon adresse, je serai exact a vous rembourser.

Angleterre, t. 517, n° 141.

A la date du 24 août, cependant, le parti de M. de Vergennes était tout à fait arrêté. A ses yeux le moment était venu d'appeler les gouvernements de Versailles et de Madrid à se prononcer enfin sur les résolutions qu'ils avaient à prendre. Seulement, il ne voulait point que cela pût se savoir à Londres, s'y supposer même. Il avait fait fixer un «comité» au 31 août, et ce jour-là il mit formellement en demeure son souverain et celui d'Espagne de dire s'ils entendaient ou non porter à l'Angleterre le coup que les circonstances semblaient commander de frapper.

Les mêmes conseillers du roi qui avaient déjà délibéré la politique des deux Couronnes au sujet de l'Amérique formèrent le comité : le comte de Maurepas, les secrétaires d'État de la marine et de la guerre, le contrôleur général. Dans un rapport très étendu, destiné à être envoyé en Espagne si l'examen ne lui était pas contraire, M. de Vergennes exposa les considérations de nature à éclairer toutes les faces de la grave interrogation à laquelle on se trouvait amené à cette heure par les évènements. La minute de ce rapport est tout entière de la main du ministre, texte, ratures, surcharges, une main plus ferme et plus nette peut-être que dans d'autres pièces, semblant attester la parfaite possession de ce sujet émouvant et le prix qu'il attachait à le faire regarder comme il l'envisageait lui-même. Cette minute présente en plus d'un endroit la répétition de documents précédents;

LE COMTE DE VERGENNES PROPOSE LA GUERRE.   567

il ne faut pas moins la reproduire dans son entier. Elle est le point de départ de la politique d'action des deux cours, comme les *Réflexions* de 1775 et les *Considérations* avaient été celui de l'entente qui venait de conduire à la commune assistance financière de l'Amérique et aux pourparlers avec son représentant.

M. de Vergennes a le dogmatisme de son temps. Il considère les faits du haut des principes, sous le prisme des idées morales. Avant de conclure à agir, il établit la raison philosophique de l'action. Un court préambule sur le but des États, qui est d'être rendus prospères, sur les obligations que ce but impose, sur les maux qui leur viennent de la guerre sert d'introduction à son mémoire. Le voici tel qu'il l'avait écrit. D'abord l'entrée en matière[1] :

Lu au Roy dans le Committé tenû le 31 aoust 1776.
M. le Cte de *Maurepas*
M. de *Sartine*
M. de St *Germain*
M. de *Glugny*
M. le Cte de *Vergennes faisant raport.*

31 aoust 1776
Considérations sur le parti qu'il convient à la France de prendre vis avis de l'Ang^{re} dans la circonstance actuelle.

Le but de toute institution sociale est son utilité et sa conservation, cest sur cette baze que les societes ont ete etablies, et ce nest quen agissant dans cette vûe quelles se maintiennent et quelles prosperent.

Le devoir de toute administration est donc de veiller attentivement a procurer les avantages de la societé qui lui est confiée et a detourner le mal qui peut la menacér.

De tous les maux qui peuvent afligér la Société la guerre en est un des plus gravès; mais elle en est un destructeur lorsquelle surprend un Etat qui se reposant trop sur sa bonne foi et sur celle de ses envieux, a negligé les precautions dou dependoit sa sureté et a dedaigné les occasions de mettre son ennemi habituel dans limpuissance de lui nuire.

---

[1] Il en existe une copie au net qui semble être de la main du fils de Vergennes (*États-Unis, Mémoires et Documents*, t. I, n° 11); elle porte à la marge : *Lu au Roy dans un Comitté tenu en sa présence le*, etc., au lieu de : *Lu au Roy dans le Comitté tenû le*, etc.

Cela dit, le ministre partait de l'animosité native de la Grande-Bretagne, si souvent montrée par lui comme suspendue sur la France. Il en détaillait les preuves, en rappelait le continuel danger, en montrait la menace toujours latente sous les spécieux dehors d'amitié imposés à l'Angleterre par son impuissance actuelle. Il concluait en disant que notre paix avec elle n'était qu'une trêve sans durée et que si l'effort auquel l'obligeaient les Colonies demeurait infructueux, elle se jetterait sur nos îles et sur celles de l'Espagne :

> L'Ang^re est incontestablement et hereditairement l'ennemie de la France : jalouse de sa grandeur, des avantages naturels de son sol et de sa situation, tous ses efforts et toutes les ressources de sa puissance ont constamment été employés a attaquér celle de la France, a lui susciter des ennemis et a soulevér lEurope contre elle. De la les guerres longues et sanglantes dont nous ressentons encore les tristes effets.
>
> Si la politique de lAng^re se montre aujourdhui moins malfaisante, si elle voile son ancienne jalousie des dehors specieux de lamitié, ce nest pas quelle ait changé de volontés et de principes, mais pressée par ses malheureuses circonstances dont elle ne prevoit pas encore le denouement, elle redoute que la France ne profite dune occasion veritablement unique pour se vanger des injustices, des outrages et des perfidies quelle n'a que trop souvent eprouvés et pour la mettre hors dEtat den commettre de long tems.
>
> On pourroit sabusér si on se flattoit que lAng^re sensible a la moderation bien faisante du Roi, se montrera disposée dans des tems plus calmes a y conformér sa conduite. Mais ou en est la sureté? Ce ne peut être dans le caractere national pour qui la plus legere lueur de prosperité de la France est un grief insupportable. Si lAng^re se tait a la vue des mesures quelle nous voit prendre pour retablir notre marine et pour remonter notre consideration maritime, elle ne regarde pas moins cette precaution si naturelle comme une atteinte portée a lempire exclusif quelle sarroge sur les mers, et son ressentiment n'est contenu que par le dangér ou limpuissance de lui donnér une libre carrière.
>
> Sa maxime constante est de nous faire la guerre des quelle nous voit vouloir nous mettre en mesure sur mer et lon peut hardiment predire que rendûe

a elle meme lAng^{re} se jettera sur notre marine en prenant les memes avantages quen 1755.

Que doit on attendre dune nation qui dans ses plus pressans besoins et a la veille dune crise peut etre fatale, dedaigne de repondre aux plaintes et de faire justice a un voisin quelle a le plus grand interest dans ce moment ci a menager. Quelle reparation avons nous obtenû jusquà ce moment des afronts quon nous fait essuyer avec affectation dans lInde, et de la lezion habituelle de nos droits a Terre Neuve? Cest au tribunal dune societe de marchands juge et partie quon renvoye les plaintes dun Grand Roi. Voila comme on nous satisfait pour lInde. Quant a Terre Neuve on cumule les contradictions les equivoques et dans le besoin les desaveux pour eluder lexecution dun traite solemnel dont la stipulation est claire et precise. Ne peut on pas aussi regarder comme un grief les croisieres que les Anglois ont etablie avec affectation a lembouchure de nos ports dans lAmerique et les violences quils sy sont permises au mepris du respect du a la souvrainete et au pavillon du Roi?

LAng^{re} menage telle d'avantage lEsp^e que la France? Elle vient d'avoir une preuve que les Anglois dans le sein de la paix travaillent a se former des etablissemens et a soulever contre elle les nations sauvages au centre de ses possessions. Une querelle seleve dans le midi de l'Amerique; le Portugal couvrant sa perfidie des dehors de lamitie et du desir de conciliation, attaque ouvertement l'Esp^e et envahit ses domaines et sen justifie dune maniere aussi insultante qu'insidieuse. Dans letat de crise ou se trouve l'Ang^{re} cette guerre etrangere prete a sallumer devroit lallarmer et toute son activité se concentrer a la detourner. Elle ne peut abandonner un allié plus interressant a conserver q'une riche province; si elle veut la soutenir il faudra partager ses efforts et elle pourra se trouver foible par tout, cependant on ne voit qu'ambiguité dans sa conduite comme dans son langage. Dune part elle augmente le nombre de ses vaisseaux de garde. Cest un epouvantail imposant quelle croit presenter : de lautre si elle n'ose pas avoüer la conduite de son allié elle la justifie et lexcuse par tant de mauvaises raisons quon peut mettre raisonablement en doute si elle veut serieusement pacifier cette querelle, ou plus tost en nourrir le germe pour en diriger dans la suite des tems le developpement et la croissance au gré de son ambition et de sa convenance.

Une consideration qui a deja ete exposée dans d'autres occasions, et quil est indispensable de rappelér ici. LAng^{re} est puissament armée en Amerique par terre et par mer, elle y'a une armée et une flotte nombreuses munies de tout le necessaire pour agir rapidement. Malgré cela si elle ne maitrise pas les evenemens, si la bonne contenance, si la resolution et le courage des Americains rendent ses tentatives et ses efforts inutiles, ne doit on pas craindre que forcée a renoncér a soumettre l'Amerique les chefs de ladministration ne croient compensér cette perte ou en adoucir le sentiment en prenant un dedomagement ailleurs; ce nest quaux depens de la France ou de l'Esp^e quils peuvent le trouvér, et il ne seroit pas difficile d'etablir dune maniere solide que la conqueste de nos isles en seroit un tres reel.

La guerre paraissant ainsi imminente, fallait-il la préférer tout de suite à la paix? C'est ce que l'exposé examinait maintenant. Il comparait un à un les avantages et les inconvénients de la guerre. Le parallèle était à peine nécessaire, aux yeux du ministre, tant les avantages l'emportaient, tant il était évident qu'il n'y aurait pas de moment plus beau « pour effacer, disait-il, la honte de la surprise odieuse de 1775 », et de tous les désastres qui en étaient devenus la suite, tant il y avait d'utilité, d'ailleurs, à voir une union commerciale se former avec l'Amérique :

Si differens traits de la conduite de l'Ang^{re} rendent sensibles jusqu'a levidence le peu de fond que lon peut faire sur la sinserité de ses dispositions et sur la droiture de ses intentions, on ne se permettra pas pour cela de conclurre qu'avec une puissance dune foi aussi douteuse la guerre est préférable a une paix precaire et qui ne peut être comparée qu'a une treve de la durée la plus incertaine. Le but de ces reflexions nest point d'anticipér sur une resolution qui ne peut emaner que de la haute sagesse de lautorité suprème; mais seulement de présentér les motifs qui peuvent leclairér.

Sil etoit question de balancér les avantages et les inconveniens dune guerre entreprise dans les conjonctures presentes contre lAng^{re}, il seroit facile de demontrer que les premiers lemportent si eminement sur les autres quil n'y a pas lieu a la comparaison. En effet quel plus beau moment la France pourroit elle choisir pour effacér la honte de la surprise odieuse qui lui fut faite en 1755 et de tous les desastres qui en furent la suite que celui ou lAng^re engagée dans une guerre civile a mille lieues de sa metropole, a eparpillé les forces qui seroient necessaires a sa deffense interieure. On peut objectér que sa grande marine militaire est en reserve en Europe, rien de plus vrai, mais les matelots qui devroient la faire mouvoir sont en Amerique. Le calcul seroit imparfait si on letablissoit seulement sur 70. armemens de guerre de differentes grandeurs quelle employe dans cette partie; il faut mettre encore en compte plus de 400. batimens de transport qu'elle ne pourroit rappeler et desarmér sans exposér son armée de debarquement a manquér de retraite et dazile dans les revers et bientost de subsistance. Supleera telle a la disette de matelots par la presse; le commerce devra sarretér. Cest peut etre de tous les hazards que lAng^re ait a redouter le plus funeste a sa tranquilité et a. sa sureté interieures.

Apres la demarche que les Colonies unies viennent de faire de declarér leur independance, il y'a peu d'aparance a la conciliation a moins que des evenemens en quelque sorte surnaturels ne changent la disposition des choses et des esprits et ne reduisent les Americains a pliér sous le joug ou les Anglois a reconnoitre cette independance contre laquelle ils sont armés. La guerre continuant entre les insurgens et les Anglois, tous les moiens qui ont concourru si eminement dans la derniere guerre à la rapidite des conquestes de ceux ci tournent contre eux et agiront quoi qu'indirectement pour la France. Ce ne sont pas les forces des Anglois ce sont celles des Americains leurs matelots leurs soldats qui ont fait ces conquestes enormes dont la France a ressenti si vivement l'humiliation dans le tems et dont elle eprouve encore en partie la privation.

La connexité que la guerre formeroit entre la France et lAmerique septentrionale ne seroit pas une de ces liaisons passageres que le besoin du moment fait naitre et evanouir. Nul interest ne pouvant divisér deux peuples qui ne communiquent entre eux qu'a travers de vastes espaces de mer, les raports necessaires de commerce qui setabliroient entre eux formeroient une chaine si non eternelle du moins dune tres longue durée, laquelle animant et vivifiant lindustrie francoise apelleroit dans ses ports ces denrées plus necessaires que pretieuses que l'Amerique produit, quelle versoit auparavant dans ceux d'Ang^re et qui en alimentant lindustrie de cette nation ont tant contribué a lelever a ce degré etonnant de richesses ou nous la voions arrivée. Cest faire un double benefice lorsque laugmentation du travail national tient a la diminution de celui de la puissance rivale.

Les dispositions des autres puissances étaient beaucoup à considérer; le ministre en faisait un sommaire rapide. A l'égard de la conduite probable de l'Europe, à l'égard des alliances ou des concerts que nous aurions à mettre en jeu, il posait des jalons qu'il deviendra curieux, plus tard, de le voir relever. La France, l'Espagne et l'Angleterre, pensait-il, pouvaient seules en Europe alimenter de longues guerres; les armes tombaient bientôt des mains des autres nations par épuisement. Si le roi saisissait une circonstance que jamais plus, peut-être, les siècles ne ramèneront, il porterait à l'Angleterre un coup qui abattrait son orgueil et réduirait cette puissance aux justes bornes; il deviendrait l'arbitre de la paix et le bienfaiteur de toutes les nations en même temps que celui de son peuple :

Un inconvenient capable de contrebalancér tous les avantages que lon pourroit se promettre dans les circonstances presentes de la guerre contre l'Ang^{re} seroit quelle put se communiquer au continent. Cette consideration est dun assez grand poids pour meritér detre discutée.

Les seules puissances qui pourroient rendre ce bon office a lAng^{re} dans la supposition quelle seroit en pouvoir comme en volonté de les soudoiér, sont la maison d'Autriche le roi de Prusse et la Russie. Celle ci ne viendra pas attaquer la France ni l'Espagne avec ses nombreuses armées de terre; peut etre feroit elle la vaine parade denvoyér quelques vaisseaux; mais constitués co^e ils le sont ils feroient plus de bruit dans les gazettes que deffet contre les ennemis de lAng^{re}. La diversion la plus incommode et la plus nuisible que cette puissance pourroit tenter seroit de faire la guerre a la Suede. Mais a quelque epoque quelle sy determine il faudra nous resoudre nous meme a avoir la guerre avec lAng^{re}. Si nous voulons portér du secours a notre ancien allié. Jamais lAng^{re} tant quil lui restera quelqu' existance ne permettra q'une flotte francoise aille prescrire des loix dans la Balthique.

LE COMTE DE VERGENNES PROPOSE LA GUERRE. 573

L'alliance toujours subsistante entre la France et l'Autriche sans que rien en ait preparé jusquici linterruption, semble nous repondre si non de la cooperation de notre allié du moins de sa neutralité.

Lamour illimité de limperatrice reine pour la paix fortifie cette induction. Ce sentiment qui l'a rendue complice de l'injustice des envahissemens faits sur les Polonois et sur les Turcs contiendra lardeur ambitieuse de lempereur tant quelle vivra.

Un plus sur garant peut etre que la maison dAutriche ne violera pas la neutralite est letat d'observation ou elle est vis avis du roi de Prusse. La defiance respective qui sest ranimée entre les cours de Vienne et de Berlin semble devoir les contenir lune par lautre et les empechér de s'immiscér dans la guerre qui pourroit selevér entre la maison de Bourbon et lAng^{re}. Cette position semble amenér une reflexion aussi decisive que seduisante. La France, lEspagne et lAng^{re} sont les seules puissances de lEurope qui par leurs richesses peuvent ameutér les autres et alimentér de longues guerres. Les autres puissances peuvent se battre entre elles, mais bientost lepuisement des moiens si elles ne sont soudoiées les oblige a rallentir leurs efforts et leurs fait tombér les armes des mains. Dans les principes ou est le Roi, son objet le plus cher etant d'asseoir la gloire de son regne sur la justice et sur la paix, il est certain que si sa maj^{té} saisissant une circonstance unique que les siecles ne reproduiront peut etre jamais, reussissoit a portér a l'Ang^{re} un coup assez sensible pour abattre son orgueil et pour faire rentrér sa puissance dans de justes bornes, elle maitriseroit pendant bien des années la paix et ne deployant plus sa puissance que pour faire regnér par tout lordre et la justice, elle auroit la gloire si pretieuse a son coeur de netre pas seulement le bienfaiteur de son peuple mais celui de toutes les nations.

On ne compte pas la Hollande dans le nombre des puissances qui pourroient appelér le feu de la guerre sur le continent. Cette Repub^e bien dechûe de la consideration quelle setoit acquise dans les dernieres guerres de Louis 14. paroit netre plus occupée que d'interets mercantiles aiant plus qu'aucune autre a se plaindre de la tirannie des Anglois dans toutes les parties du globe, on ne doit pas presumér quelle voie avec inquietude ou avec crainte leur humiliation. Elle apercevroit bientost que cette guerre seroit plus tost une guerre de conservation et de raison de la part de la France qune guerre d'ambition et

1776.

de conquestes. D'ailleurs les benefices quelle se prometteroit de cette guerre la rendroient vraisemblablement peu susceptible des vûes politiques que lAng^re pourroit cherchér a lui inspirér.

On ne fait mention ici des casualités qui peuvent arrivér en Europes, telles que la mort de limperatrice Reine, celle de lElecteur Palatin ou de lElecteur de Bavïere quoi quon ne se dissimule pas quelles pourroient opérér de notables changemens dans le sisteme continental. Quant au 1er de ces evenemens ce qui a eté dit ci dessus de la defiance respective des cours de Vienne et de Berlin y repond. Quant aux deux autres, ils ne tiennent a la France que par des raports politiques quil est dans son choix de raprochér plus ou moins selon sa convenance. Mais dans la supposition que ses interets soufriroient a cette occasion quelque lezion pour vû quon parvienne a afoiblir la puissance de lAng^re et a lui arrachér la dictature quelle a ravie, ce prejudice seroit facile a réparér.

Ici M. de Vergennes ouvrait une perspective qu'il n'avait encore jamais indiquée : c'était de mettre en avant l'Espagne, de faire engager la guerre par elle, de n'y paraître qu'à titre de son allié, si l'on craignait que la France ne réveillât les jalousies de l'Europe et n'allumât une guerre générale. L'Espagne n'avait ni moins de motifs ni moins d'intérêt que nous; à son égard le continent serait sans défiance. Aperçu passager, toutefois; le ministre ne développait pas cette idée davantage. Peut-être ne voulait-il que l'émettre, la jeter dans les esprits, savoir ce qu'elle dirait à la cour de Madrid et peser ensuite les objections ou les conditions que cette cour viendrait à faire :

On peut encore craindre que la jalousie dont la France a toujours eté lobjet venant a se reveillér, elle n'allume une guerre generale. Mais si la guerre est jugée convenable et necessaire, pourquoi ne la feroit on pas venir par lEsp^c. Elle n'a ni moins d'interest, ni moins de motifs ni moins de raisons que la France pour la faire. Sa querelle avec le Portugal; ses griefs pour la contrebande et pour les empietemens progressifs des Anglois au nord et au sud de la ligne recoivent ils plus de justice a Londres que nos plaintes.

Depuis longtems le roi dEsp^e paroit convaincu que la guerre quil feroit a lAng^{re} seroit avoüée par la raison et justifiée par le droit des gens. D'ailleurs lattaque du Portugal peut devenir indispensable, et des lors il est indubitable que lAng^{re} se declarera.

LEspagne moins en vûe que nous de lEurope; aiant moins dinterest avec les puissances du continent doit excitér moins de jalousie et dinquietude et par consequent moins d'ardeur pour limiter ses progrès. La France ne se montrant alors qu'a titre d'auxiliaire jouë en multipliant ses efforts le role dune puissance fidele et exacte a remplir ses engagemens. Ceux qui l'unissent a lEspagne demandent dans leur progression le jeu et lemploi de tous ses moiens. Nous aurions d'autant moins a regretter de les rendre sensibles au Portugal comme a lAng^{re} que nous navons pas moins a nous plaindre de la cour de Lisbonne que de celle de Londres quoique nous aions bien moins a en craindre.

Dans tous les cas, le ministre demandait que l'on se résolût sans retard. Les délais pouvaient produire des dangers, jeter dans des erreurs irréparables. La conduite pour la guerre ou pour la paix ne saurait être la même; il fallait une base fixe, une direction certaine. Quoiqu'il eût assez pris soin de dire qu'il ne faisait qu'exposer des raisons et éclairer l'examen, il s'était visiblement efforcé d'amener le gouvernement du roi à un parti préconçu. Les arguments transparents étaient d'abord venus sous sa plume, puis les motifs formels; en terminant, il écrivait presque des conclusions positives. L'abstention et ses effets ont des conséquences non moins graves, pour le sort des nations, que l'action et ses suites. Regardant donc aux suites possibles de l'abstention, il en tirait des raisons d'agir autrement fortes que celles de préférer la paix. Avec un patriotisme éloquent, avec la fierté du rôle d'homme public et de la responsabilité qui s'y attache, il disait que, les efforts fussent-ils inutiles, on devrait peut-être au roi, au pays, à l'honneur, de les faire quand même sous peine de « s'afficher aux yeux de l'univers pour trahir l'intérêt national », et il appelait le secrétaire d'État de la marine à compléter, par les détails particuliers à sa charge, le tableau des moyens qu'il conviendrait de mettre en jeu :

La fidelité d'un ministre zelé, son serment meme lobligent dexposér sinserement et sans detour les avantages et les inconveniens des differens partis que les circonstances peuvent invitér a prendre. Tel est lobjet du present memoire. Ce devoir rempli il ne reste plus qu'a attendre dans un respectueux silence ce quil plaira a la haute sagesse du Roi de prononcér. Cependant sil pouvoit jamais etre permis dinsister sur une promte resolution cest dans les cas ou les delays peuvent etre tres dangereux et donnér lieu a des erreurs qui quoi qu'involontaires pourroient etre irremediables.

La conduite pour la guerre ou pour la paix ne peut etre la meme, il faut une baze et une regle de direction invariable. La guerre exige des combinaisons et des preparatifs qui ne peuvent etre laffaire de peu de momens. Dabord un concert et des plans formés avec lEspagne, et successivement des modifications ou des changemens dans les instructions des ministres du Roi dans les principales cours. On ne parle pas ici de lassemblage des differens moiens qui doivent contribuér au succès des mesures quil sagiroit d'effectuér, quoiquils ne soient pas etrangers a la politique puis que dans tous les tems ils en sont le principal ressort, ils le sont cependant a son ministere.

Si au contraire Sa Majté prefere la paix quoique douteuse et mal assurée a une guerre que la necessité et la raison peuvent justifier, il reste a examinér ce quil y' a a faire pour maintenir cette paix sans compromettre sa dignité, la gloire du Roi et la sureté de ses possessions d'outremer. Il nest personne je pense qui veuille avancér quil faut nous abandonnér nuement au cours des evenemens, et faire reposér une des branches essentielles de la fortune de cet Etat sur des peut etre. Laisserons nous nos isles du vent et dessous le vent a la merci et a la discretion des Anglois, maitres de sen emparér quand le desespoir les forcera a abandonnér le continent de lAmerique. Quand il seroit demontré aussi clair que le jour que leur deffense et leur conservation sont impossibles, si nous ne prenons pas le parti de les abandonnér volontairement, nous devons a notre fidelité au Roi, a notre zele pour notre nation a notre honneur même de faire des efforts quoi qu'avec la certitude de leur inutilité pour les soutenir. En agir autrement ce seroit safnchér aux yeux de sa nation

LE COMTE DE VERGENNES PROPOSE LA GUERRE.

et de lunivers entier pour trahir linterest national. Une administration ne peut etre responsable des evenemens, mais elle est comptable de sa prevoyance, et elle nest pas pardonnable si elle n'a pas prevenû ce quelle pouvoit et ce quelle devoit prevoir. Si nous nous bornons a nous garder dans nos possessions, leur conservation exigera des envoys de vaisseaux et de troupes et cet etat de deffense exigera presque autant de depenses que letat de guerre sans nous procurér aucune des aisances et des ressources quelle autorise. Spectateurs passifs de la revolution qui sachemine dans l'Amerique septentrionale pouvons nous demeurér impassibles a la vue de celle qui se prepare dans lIndostan et qui seroit aussi fatale pour nous que celle de lAmerique semble devoir letre a lAng^{re}. Celle la une fois consommée elle se consoleroit de ses pertes en decuplant ses moiens et ses richesses. Nous pouvons encore la prevenir, les Indiens ne connoissent encore les Anglois que par la tirannie de la compagnie et par les opressions de ses agens. Mais le terme aproche ou ces memes Indiens pourront sentir la difference quil y a detre abandonné a lavidité dune société de marchands ou regi par un gouvernement doux et modéré. 1780 est lepoque de lexpiration de la charte de la comp^{ie} angloise. Le gouvernement a deja fait connoitre lintention ou il est de retirer et de s'aproprier toutes ses acquisitions. Il seroit bien desirable d'intercepter leffet de ce projet. M. de Sartine exposera a V. Maj^{te} letat des choses au vrai et les mesures quil semble exiger.

1776.

États-Unis, t. I, n° 157.

L'enchaînement des raisons et l'accent, l'accent du politique à qui les choses, patiemment et passionnément surveillées, ont donné le désir de réaliser ce qu'il sait être nécessaire, disaient assez le parti où tendait le secrétaire d'État des affaires étrangères. C'était la préparation de la guerre, dans un délai prochain que les évènements détermineraient. Le roi ni aucun des collègues de M. de Vergennes ne firent aux éventualités que laissait pressentir ce mémoire aucune objection dont il soit resté trace. Il n'y avait qu'à fixer rapidement la conduite des deux cours. On pouvait, dès lors, s'occuper de soumettre au roi d'Espagne le mémoire qui résumait ce parti. Le comte d'Aranda en entendit la communication chez le ministre même et il reçut de lui des détails complémentaires; le 7 septembre, il expédiait le tout au marquis de Grimaldi.

Le gouvernement de Madrid aurait-il souhaité autant de promptitude? Les documents n'en laissent pas juger d'une manière exacte. Les deux ministres échangèrent des lettres privées qui nous manquent. La correspondance officielle permettrait de penser que l'évènement trouvait la cour d'Espagne, ainsi qu'on l'avait bien prévu à Versailles, trop occupée de ses dispositions tardives contre le Portugal. Il faut dire que des préventions très défavorables au comte d'Aranda étaient progressivement entrées dans l'esprit de M. de Grimaldi et que, par le désir de faire échec aux avis de l'ambassadeur, les dépêches pouvaient être écrites avec une froideur qui se modifiait dans la correspondance personnelle. Le comte d'Aranda n'avait jamais accepté la suprématie de son successeur. Il trouvait sa politique contraire en tout aux intérêts de l'Espagne. L'échec de l'expédition contre Alger lui en avait fourni de nouvelles raisons, le peu d'écho que ses propositions belliqueuses contre le Portugal et l'Angleterre rencontraient à Madrid en ajoutait de plus vives et les rapports s'en ressentaient. C'était devenu assez sensible pour qu'Ossun, le 1ᵉʳ août, crût opportun de le faire savoir à M. de Vergennes; ce ministre en était maintenant à une entente complète avec Aranda et devait d'autant moins s'expliquer le peu de poids que le gouvernement de Charles III accordait à ce représentant[1]. En tout cas, le courrier de Madrid qui

---

[1] « Je ne doute pas, Monsieur, écrit l'ambassadeur, que vous n'ayez été à portée de démêler que M. le Mⁱˢ de Grimaldi et M. le Cᵗᵉ d'Aranda ne sont pas liés par les sentimens d'une estime et d'une amitié reciproques; j'ai compris qu'ils ne se ménagent pas trop dans leurs correspondances; la malheureuse expedition d'Alger et la negligence d'envoyer à temps des renforts à Buenos Aires, ont donné assez beau jeu à M. lambassadeur d'Espagne et il n'a pas ménagé son ministre qui est oblige de lire ses depêches au Roi Cathᵉ en presence de M. le prince des Asturies. Il faut esperer que les affaires des deux cours ne souffriront point de leurs tracasseries personnelles. » (*Espagne*, t. 580, n° 55.) A quoi M. de Vergennes, revenu de ses anciennes impressions, répond le 16 août (*ibid.*, n° 91) : « Il est possible M. que M. le Mⁱˢ de Grimaldi et M. le Cᵗᵉ d'Aranda ne soient pas interieurement dans la meilleure intelligence, mais je dois à celui ci la justice qu'il

LE COMTE DE VERGENNES PROPOSE LA GUERRE. 579

était en route pendant qu'au « comité » du 31 août on écoutait M. de Vergennes, apportait à Aranda la réponse de son supérieur sur les confidences de M. de Maurepas après les informations de Silas Deane, et si les ministres de Louis XVI n'avaient pas d'autres indices quand l'ambassadeur donna connaissance de cette réponse à Versailles, ils durent augurer assez mal de l'effet que la communication du mémoire leur permettait d'attendre. Le pli de M. de Grimaldi était du 26; Aranda l'apporta sans doute à l'audience du 7 septembre. La première chose qui s'y voyait, nous l'avons dit plus haut, c'est que M. de Maurepas avait parlé du cabinet français comme très décidé. Mais une seconde chose, la principale maintenant, était aussi évidente : l'ambassadeur s'était senti contraint de ne signaler à sa cour la vive satisfaction éveillée en lui par cette circonstance qu'à titre d'opinion personnelle, nullement au nom du roi. M. de Grimaldi, en approuvant particulièrement cette réserve de son subordonné, lui donnait une importance qui ne laissait pas présager des dispositions aussi nettes que celles de la cour de France. Nous avons transcrit déjà une partie de cette dépêche[1]; elle continuait ainsi :

V. E. répondit a ces raisonnemens dans les termes qui luy parurent les plus convenables; et en protestant qu'Elle ne parloit pas comme ambassadeur, mais comme particulier, Elle ajouta plusieurs reflexions pour persuader à M. le comte de Maurepas combien il seroit avantageux à nos communs interets de profiter dès a present de l'occasion du grand embarras dans lequel la nation britannique se trouve, sans attendre que debarassée dans quelques mois elle fasse agir tout a coup ses forces de mer et de terre contre ces possessions de l'Amerique espagnole; ne devant pas douter, qu'alors elle fera fort peu de

1776

« ne sexplique jamais sur le compte de lautre
« quavec beaucoup de menagement et degards.
« Naturellement vif et ardent il a paru vive-
« ment piqué des evenemens du Rio Grande,
« peut etre sen sera til expliqué trop fortement
« a sa cour, et aura til appuyé sur ce quon
« avoit negligé lavis quil avoit proposé lannée

« derniere de faire passer des renforts dans
« cette partie; sil en a parlé avec nous, ça eté
« bien moderement, et des le premier jour nous
« avons eté parfaitement daccord quil importoit
« moins de rapeller ce quon auroit du faire que
« de penser a ce quil y avoit a faire. »

[1] Voir *supra*, chap. xv, p. 524.

cas de l'excessive condescendance avec laquelle l'Espagne et la France la traitent, pourqu'elle s'occupe uniquement de l'objet de soumettre ses Colonies.

Le Roy a lû cette lettre et il est très aise, de ce que la cour de France pense et agit avec vigueur dans la persuasion que les craintes d'une guerre prochaine sont très fondées malgré nos desirs et nos efforts pour l'eviter. En effet le moment est critique, et nous sommes à la veille de voir la decision favorable, ou contraire, des affaires pendantes entre l'Angleterre et ses Colonies; car suivant toutes les apparences dans la presente campagne on doit decouvrir jusqua quel point on peut compter sur la resistance des Americains, en cas que la guerre ne finisse pas.

Les reflexions de V. E. etoient d'assez grand poids, mais dans une matiere de cette importance Elle fit très bien de les produire comme des raisonnements d'un simple particulier.

Le parti sur est, qu'en Espagne et en France on agisse dans les préparatifs et les dispositions avec autant d'activité que si nous etions assurez d'une prochaine rupture, et qu'on veille extraordinairem^t sur toutes les demarches de la cour de Londres, afin que les deux Monarques prennent leur derniere resolution dans le moment qui conviendra le mieux.

A Ste Ildefonse le 26 aout 1776.

Espagne, t. 581, n° 109. (Traduction.)

On le voit, le cabinet espagnol retenait tout au moins son opinion. Ses actes, cependant, restaient encore conformes à la politique commune. C'était peu de jours auparavant que l'ambassadeur d'Angleterre avait essayé d'obtenir de M. de Grimaldi l'expulsion des navires américains de tous les ports d'Espagne. Ce ministre transmettait au comte d'Aranda sa réponse à cet égard le 19 août, pour qu'il la fît connaître à M. de Vergennes; il avait opposé un refus très formel sous des raisons évasives, en attendant d'arriver, disait-il, à une « négative absolue ». A cet égard il ne variera point. Un mois plus tard, le 19 septembre, il en reparle dans le même esprit à son ambassadeur, sur l'avis qu'a donné celui-ci de diverses conversations de M. de Vergennes; il charge en outre Aranda et il met en même temps Ossun en situation de prévenir ce ministre « qu'indépendamment de vingt vaisseaux de ligne déjà armés dans ses ports, l'Angleterre venait d'en mettre en armement six autres et de faire partir une frégate pour Terre-Neuve; que ces mesures laissaient beaucoup de place aux suppositions; qu'avec la politique anglaise, toujours dirigée par son intérêt sans s'arrêter aux considérations et qui savait commencer une guerre sans aucune déclaration, il n'y avait point de crainte qui ne fût fondée, si étrange parût-elle; qu'il souhaitait, dès lors, de savoir la façon de penser du cabinet français pour combiner à tout évènement avec lui les mesures et les démarches ». Ossun, qui écrit de son côté, ajoute que Charles III lui-même lui a annoncé « des ordres pour faire armer quelques vaisseaux de plus en raison de ces six de l'Angleterre, lui a dit qu'il avait en outre un navire de cent dix canons et cinq de quatre-vingts pouvant être prêts en trois semaines, qu'à cet égard il avait l'intention de suivre les Anglais, qu'il n'avait donné et ne donnerait aucun sujet de rupture, mais que si l'Angleterre, sous prétexte de secourir et de protéger le Portugal, lui manquait, il voulait être en état de se défendre[1] ».

Huit jours après, encore, l'ambassadeur rend compte de la manière la plus favorable des sentimens du roi et de son gouvernement en recevant les témoignages de gratitude qu'il était chargé de leur transmettre[2]. Les avis qu'il donne ensuite successivement confirment d'ailleurs l'activité des armements maritimes ou militaires : M. de Cevallos partira avec une flotte et un corps de troupes respectables; il restera encore quatorze vaisseaux de ligne armés dans le port de Cadix; d'autres le seront après; tout est en mouvement pour compléter l'armée de terre sur le pied de guerre[3]. On devait donc croire le gouvernement espagnol bien réellement engagé et M. de Vergennes pouvait

---

[1] Traduction des dépêches à Aranda, des 19 août et 19 septembre 1776. (*Espagne*, t. 581, n°ˢ 95, 96, 158.) Dépêche d'Ossun au comte de Vergennes, en date du même jour. (*Ibid.*, n° 97.) — Nous reproduisons à l'annexe II du présent chapitre les deux premiers de ces documents.

[2] Rapport du 29 août. (*Ibid.*, n° 120.)

[3] Rapport du 16 septembre notamment. (*Ibid.*, n° 155.)

s'applaudir de son ouvrage. Il répond à tout cela que « nous n'avions aucun avis d'Angleterre nous éclairant sur l'objet des armements extraordinaires préparés dans ses ports, ni sur l'expédition d'une corvette à Terre-Neuve, mais que nos yeux étaient bien ouverts sur tous les mouvements de cette nation et qu'on continuait à travailler avec activité pour nous trouver prêts à tout événement »[1].

C'est le 7 septembre que M. de Vergennes écrivait cela. Il venait de donner au comte d'Aranda la lecture et les commentaires de la délibération du 31 août. Avec Garnier, toutefois, il continuait simplement à se montrer incertain du côté des Anglais et à tenir celui-ci en grande défiance à leur égard. Le 31 août même il lui avait fait écrire dans ce sens par son cabinet. « Pouvons-nous nous reposer sur les dispositions pacifiques que nous marque sans cesse le ministère britannique? mandait-on au chargé d'affaires. En examinant sans prévention la situation de l'Angleterre, nous sentons toute la nécessité où elle est d'éviter une rupture entre l'Espagne et le Portugal; mais l'intérêt le plus certain n'est pas toujours le mieux senti. Les ministres anglais nous autorisent à leur appliquer cette vérité par la fluctuation qui paraît régner dans leurs démarches et dans leur langage, et surtout par la résolution d'équiper douze vaisseaux de ligne dans un moment où la guerre civile épuise leurs ressources. Cette circonstance doit nous donner quelque soupçon sur la droiture des intentions de la cour de Londres, nous mettre en garde contre ses assertions; elle doit principalement réveiller toute notre attention sur ses démarches et sur la nature de ses préparatifs secrets; » et l'on exhortait Garnier à ne pas cesser de mettre à cette attention tous ses soins et toute sa dextérité. « Il serait surtout d'une utilité majeure pour le service du roi, ajoutait-on, que vous pussiez d'avance avoir connaissance des ordres donnés pour la presse, dans le cas où la cour de Londres aurait recours à cet expédient; cette connaissance nous servirait de

---

[1] *Angleterre*, t. 517, n° 139.

LE COMTE DE VERGENNES PROPOSE LA GUERRE. 583

boussole pour la direction de notre propre conduite; au lieu qu'en n'apprenant les ordres dont il s'agit qu'au moment de leur exécution, ils pourraient avoir produit leur effet avant que nous nous fussions mis en état d'y opposer des moyens de défense[1]. » La cour de Londres ne ménageait pas les représentations sur les entretiens avec les Affaires étrangères prêtés à Silas Deane par les gazettes anglaises. Le ministre n'avait d'ailleurs aucune propension à s'en troubler. Dans le même pli, il répondait sur ce point à Garnier, qui l'avait informé de paroles un peu menaçantes du ministère de George III, dont se faisait porteur un M. Hartley, une connaissance de Franklin, se disant un Anglais très attaché à la France et qui prendra d'autres fois, voire avec ce dernier, le rôle de donneur de conseils. La réponse était de nature à ne pas laisser poser ouvertement la question sans une rupture positive entre les deux pays :

> Les propos que vous a tenus M. Hartley, ne méritent en aucune manière d'être relevés et nous sommes très persuadés que jamais le ministère anglais ne les avoüera, encore moins croira-t-il devoir nous les répéter. Il sent certainement que le Roy est le maitre chez lui, qu'il n'a de compte à rendre à qui que ce soit des étrangers qu'il juge à propos d'admettre dans ses Etats, et que S. M. fait tout ce que la Grande Bretagne pourroit demander à titre de grace, en ne recevant pas patemment un représentant de la part des Colonies angloises.

Du reste, lord Weymouth se faisait aimable. Le Gouvernement tout entier était à la campagne, y restait avec persistance[2]. Sous cette

---

[1] *Angleterre*, t. 517, n° 156.

[2] Garnier, qui déjà avait écrit le 2 août qu'il n'avait pu entretenir lord Suffolk parce que ce ministre était parti pour la campagne et que « cette espèce d'évasion » les étonnait, le prince de Masserano et lui, mande le 7 septembre : « Il n'y eut point de conférence hier chez le « Lord Weymouth, qui n'a paru ici qu'un jour ou « deux, après quoi il est parti pour ses terres. « Nous faisions compte hier, M' l'ambassadeur « d'Espagne et moi, qu'il y aura jeudi six se- « maines que nous n'avons vu les ministres. « Quoi qu'il soit assez ordinaire aux ministres « anglois de passer la plus grande partie de « l'été à leurs campagnes, on ne sauroit empê- « cher de remarquer la continuité de leur ab- « sence dans des circonstances aussi épineuses « que celles où nous nous trouvons. Est-ce pure

apparence d'affabilité et d'oubli de tout souci ne cachait-il pas des échecs, et les échecs ne seraient-ils pas le signal d'agir? Les conseillers de Louis XVI se posaient ces questions avec une certaine inquiétude et M. de Vergennes ne la dissimulait pas à Garnier, en attendant de savoir l'accueil qui serait fait par la cour d'Espagne aux propositions du 31 août.

« négligence? On ne sait comment s'accoutu-
« mer à cette idée en affaires d'État, quelque
« frappans que soient les exemples qu'ils en ont
« donnés dans plus d'une occasion importante.
« Auroient-ils un pressentiment de quelque
« changement prochain dans l'Administration?

« Ou ne seroit-ce pas plutôt que ne sachant ni
« que dire, ni que faire, ils attendent des évè-
« nemens décisifs pour prendre un parti et tenir
« un langage qui y soit analogue? C'est ce que
« le tems nous apprendra. » (*Angleterre*, t. 517,
n° 68.)

ANNEXES DU CHAPITRE XVI.

I

LA DÉCLARATION D'INDÉPENDANCE DES ÉTATS-UNIS.

GARNIER AU COMTE DE VERGENNES.

à Londres le 16 aoust 1776.

..... J'ai l'honneur de vous envoier, Monseigneur, la traduction de l'acte du 4 juillet par lequel les Colonies se sont déclarées indépendantes sous le titre d'Etats Unis de l'Amérique. D'autres apprécieront mieux que moi la valeur des motifs sur lesquels cette déclaration est fondée. Le fait est, ce qui me paroît nous intéresser davantage. C'est entre deux armées et à la vue d'une flotte formidable que les Colonies déclarent unanimement la guerre à la Grande Bretagne; car c'est ici l'acte dont on vouloit parler par la déclaration de guerre. Il faut convenir, Monseigneur, que ceci est bien différent de cette soumission immédiate dont s'est toujours bercé le Gouvernement, et qu'il regardoit comme l'effet immanquable de l'étalage de ses forces. Nous avons vu successivement tous les étages de cette chimère. Cette erreur n'a fait que changer de gradation jusqu'à ce qu'enfin on ait pris le parti d'envoier toutes les forces qu'il a été possible de rassembler, en abandonnant ce pays-ci à la bonne foi des puissances voisines. Aujourd'hui le foureau est brisé de part et d'autre, et l'affaire est autant engagée qu'elle puisse l'être. Si la résistance des Américains est victorieuse, cette époque à jamais mémorable réduit l'Angleterre au point de n'en plus faire un sujet d'inquiétude pour la France dont la considération sur le continent de l'Europe doit augmenter en proportion de l'affoiblissement de l'Empire Britannique. On pourroit démontrer que c'est par les secours que l'Angleterre a tirés de l'Amérique dans la dernière guerre qu'elle est parvenue à s'emparer du Canada, de l'Ile Royale de la Martinique, de la Guadeloupe et de la Havane. Ces îles seront toujours dans la situation la plus précaire, tant que les forces du continent de l'Amérique seront aux ordres de la Grande Bretagne; et si cette puissance venoit à soumettre les Américains par la force, l'armée qu'elle y entretiendroit sous prétexte de les tenir en respect, mettroit nos propres Colonies dans un danger continuel. Je puis me tromper, mais sous quelque face que je considère la sûreté des possessions du Roi dans cette partie du monde, je crois qu'elle dépend essentiellement de l'alliance ou de la neutralité du continent qui les avoisine, et de tout ce qu'un avenir incertain peut faire redouter de l'Amérique indépendante, je ne vois rien qui n'appuie encore avec plus de force dans la supposition de l'Amérique soumise à l'Angleterre et dirigée par elle. Je penserai donc, Monseigneur, en soumettant très-humblement mes idées à vos lumières, que, si l'acte que je mets sous vos yeux peut se réaliser, ce seroit l'évènement le plus désirable pour nous, et qu'une fois consommé, le Roi deviendroit pour longtems le maître et l'arbitre de la durée de la paix.

Je ne dois cependant pas vous dissimuler que, si nous en croyons le langage des ministres anglois, ils conservent la même confiance que ci-devant dans le succès de leurs opérations. Ils attendent d'heureuses nouvelles, et ils se flattent qu'elles seront décisives. Le Lord Germain disoit hier ironiquement à l'ambassadeur d'Espagne en parlant de l'acte d'indépendance des Etats d'Amérique que maintenant les autres puissances pouvoient faire des traités de commerce et d'alliance avec eux, mais qu'il attendoit incessamment des nouvelles qui leur feroient changer de ton. En attendant, il feroit, ce me semble, très bien lui-même d'en prendre un différent, car si nous venions à effectuer cet innocent badinage, il me semble que l'Angleterre n'y trouveroit pas le mot pour rire. Les ministres jouent le rôle qui leur convient en affectant de la sécurité; mais ce qui me paroît inconcevable, c'est l'apathie dans laquelle est tombée la Nation elle-même. Elle se déchire, elle s'épuise avec autant d'indifférence que si elle n'avoit mis en jeu que des Allemands contre des Suisses, et elle lit peut-être l'arrêt de sa destruction comme un article ordinaire de gazette..............
....

GARNIER.

Angleterre, t. 517, n° 122.

II

ADMISSION DES VAISSEAUX AMÉRICAINS DANS LES PORTS D'ESPAGNE.

1. GARNIER AU COMTE DE VERGENNES.

A Londres le 26 juillet 1776.

.... Vous savez sans doute, Monseigneur, le décret publié en Portugal pour fermer aux Américains tout commerce avec le Portugal. Il est à présumer que

ANNEXES DU CHAPITRE XVI. 587

s'il avoit des isles considérables a nourrir dans le voisinage de leur continent, il ne se seroit pas déterminé à une pareille démarche qui va lui procurer un ennemi dangereux, sans augmenter le nombre de ses amis. En rapprochant la date de ce fameux décret de celle de la réception des nouvelles de Buenos-Aires arrivées à Madrid le 23. du mois dernier, on peut facilement deviner le motif qui a décidé M. de Pombal à cet acte de complaisance dont le Portugal pourra se repentir. La politique de Mr de Pombal est de tout sacrifier à l'intérêt du moment. Il a senti qu'il alloit avoir un besoin extrême de l'Angleterre. Il n'a pas hésité à se porter à tout ce qui pourroit la contenter. Pourvu qu'on lui fasse conquérir le Paraguai, il fera d'ailleurs tout ce qu'on voudra. Peut-être aussi s'est-il flatté que cet exemple encourageroit l'Angleterre a requérir de notre part une conduite semblable et que notre refus amèneroit quelque brouillerie.

J'ai peine à croire que le Ministère Britannique pousse la confiance au point de faire chez nous une semblable ouverture. Si le Roi se gouvernoit par l'exemple et qu'on pût décemment, surtout en pareille circonstance, lui citer celui du Portugal, l'Angleterre voudroit-elle que nous le prissions en tout pour modèle? Ce seroit assurément pour elle le plus périlleux que nous puissions suivre. S. M^{té} B^{que} a pu faire cette demande à un allié de qui elle est en droit d'attendre des condescendances en proportion de l'utilité dont elle lui est elle-même. Chez nous ce n'est pas la même chose. Nous ne requérons rien de l'Angleterre que justice sur la mauvaise conduite de ses sujets aux Indes et à Terre Neuve. Voilà ce qu'il faut vuider avant de demander des faveurs que d'ailleurs nous ne pouvons pas accorder, le commerce des Américains étant si nécessaire à nos îles que, loin de le défendre, peut-être serons-nous à la fin obligés de le protéger, et c'est ce que je me flatte que les ministres anglois doivent se dire à eux-mêmes, s'ils veulent prendre la peine d'y réfléchir. Mais, comme vous le dites si bien, Monseigneur, et comme le disoit le maréchal de Bassompierre en 1626 lorsqu'il etoit ambassadeur ici, « vous n'avez point « à faire à des Espagnols considérés et prudens, mais à de fiers et téméraires qui « agissent plutôt par orgueil que par mûre délibération. » Toute leur conduite le prouve assez, et je ne doute pas que leurs espérances sur l'issue de l'affaire d'Amérique n'aillent au delà de toute expression. Quoi qu'il en soit je reviens à mon objet. De deux choses l'une, où les Américains sont encore Anglois, ou ils ne le sont plus. Dans la première supposition ce n'est pas à nous à faire de distinction entre eux, ni à l'Angleterre à nous prescrire qui nous devons admettre et qui nous devons exclure. Dans la seconde, les Américains sont nation ennemie de l'Angleterre, et nous nation neutre dans la guerre actuelle. Dira-t-on que ce sont des pirates? Ils n'exercent aucune piraterie contre nous, et c'est à nous à juger comment nous devons les traiter. Voilà, Monseigneur, ce qui, sauf erreur, me paroît s'offrir en matière de droit. Si delà nous passons à notre intérêt politique, nous trouverons sans doute qu'il nous importe essentiellement d'affoiblir une puissance qui prétend dominer dans trois parties du monde, et qui, après s'être arrogé l'empire de la mer, exerce tiranniquement celui du commerce*. Il ne s'agit pas moins aujourd'hui que de rompre en deux la puissance britannique. Mr de Montesquieu n'avoit vu d'autre moyen de l'opérer que de rendre l'Irlande indépendante. Il n'avoit pu prévoir ce qui se prépare. Jamais peut-être un plus grand événement ne s'est présenté aux spéculations de la France. Le point est surtout de ne pas le manquer et de l'effectuer, s'il est possible, sans troubler le repos des autres Etats. Le ministre qui pourra remplir ce double objet aura la satisfaction d'avoir bien mérité de son pays, et recevra l'honneur de la postérité.

Un des partisans des Américains m'adressa, il y a quelques jours, la question sur laquelle vous m'avez, Monseigneur, demandé des éclaircissemens. Il prétend que les Américains qui préparent beaucoup de vaisseaux à mettre en mer pendant l'hiver prochain, désireroient savoir s'ils peuvent déposer en sûreté dans nos ports les prises qu'ils pourront faire. J'ai répondu que c'étoit une question nouvelle dont je ne pouvois prévoir la solution..

GARNIER.

* Nota. Pour vous donner, Monseigneur, une idée de la manière dont ces gens ci pensent et s'expriment, il n'est peut-être pas inutile de vous en rapporter un trait fort recent. Le Lord North parloit l'autre jour devant moi des Hollandois, et tournoit leurs prétentions en ridicule, lorsqu'ils se mettent sur les rangs avec l'Angleterre et qu'ils disent, *nous autres puissances maritimes.* C'est, ajouta le Lord North, comme le cordonnier qui logeoit à côté du Lord Maire et qui disoit, *mon voisin et moi.* Le Lord Barrington m'a dit souvent que nous ne pouvions pas être une puissance maritime, et que plus nous dépenserions d'argent pour y parvenir, plus il en seroit aise, bien assuré que c'étoit autant d'argent perdu. Je lui ai demandé quelquefois sur quoi il fondoit une opinion aussi étrange en parlant d'une puissance qui a un grand commerce, une grande population, et dont les côtes s'étendent sur les deux mers de Dunkerque à Antibes. Il a toujours persisté dans son opinion sans vouloir me dire son secret.

Angleterre, t. 517, n° 68.

2. LE MARQUIS DE GRIMALDI AU COMTE D'ARANDA.

(Traduit de l'Espagnol.)

A St Ildefonse le 19 aoust 1776.

L'ambassadeur d'Angleterre m'a parlé, en me prevenant qu'il le faisoit de son propre mouvement, et sans ordre de sa cour, de la frequentation dans nos ports des vaisseaux de leurs colonies, ou l'on les admettoit au commerce, comme on l'avoit toujours pratiqué; indiquant combien il seroit convenable dexpedier des ordres pour qu'ils ne trouvassent pas cet azile, de la même facon que le ministere portugais l'avoit fait relativement à ce royaume. Je luy repondis en disant, que je croyois qu'il en venoit fort peu; qu'on les regardoit tous icy comme sujets de la Grande Bretagne, n'etant pas possible de distinguer quels sont ceux d'un parti et ceux de l'autre; quils venoient continuer un commerce licite etabli depuis longtems et qu'il ne paroissoit pas regulier de le leur empecher, surtout lors qu'ils ne portoient et n'exigeoient point en echange de marchandises offensives a l'Angleterre; que le cabinet britannique luy même s'opposa a la proposition que M. le prince de Masseran luy fit l'année precedente, que quelques uns de nos vaisseaux allassent chasser de nouveau du Port Egmont certains Americains qu'on pretendoit y avoir passé a linsçu du Souverain; et il se fondoit sur ce que ce seroit insulter le pavillon anglois, ce que la nation trouveroit très mauvais; et enfin que ne pouvant me persuader qu'ils se presentassent avec un pavillon inconnu, et n'en ayant aucune notion, je prendrois sur cela les informations convenables.

Je communique a V. E. ce resumé de ma conversation, afin qu'elle en fasse part à M. le comte de Vergennes, et qu'Elle entende les reflexions de ce ministre sur ce fait, qui aura peut etre eû lieu egalement en France; et j'ajouterai seulement, que ma reponse au Lord Grantham a tendu a gagner du tems, et a ne pas me compromettre quant a present sans la nécessité de donner une negative absolue.

Espagne, t. 581, n° 95.

3. LE MARQUIS DE GRIMALDI AU COMTE D'ARANDA.
(Traduit de l'Espagnol.)

St Ildephonse le 19 7bre 1776.

V. E. dans sa lettre du 7 de ce mois agite la question de recevoir ou non dans nos ports, les batimens des Colonies angloises. Elle m'en parle relativement a la reponse que j'avois faite à Milord Grantham, lorsqu'il me demanda comme de son propre mouvement et sans ordre, que nos ports fussent fermés à ces batimens.

V. E. M. le Cte de Vergennes et moi nous nous sommes rencontrés parfaitement sur cet objet, et comme c'est aussi ce que pense et desire le Roy nous sommes assurés du succès.

S. M. aprouve entierement que V. E. ait traité de cette affaire avec le ministre de France pour que nos résolutions et nos motifs soyent uniformes. Celui de dire qu'il n'est ni juste ni prudent de se mettre dans le cas que les colons troublent la tranquilité et la sureté de notre navigation, est d'un si grand poids, qu'il ne peut manquer de satisfaire les Anglois eux mêmes, puisque ce ne seroit point encore une compensation des prejudices que nous souffririons sils nous offroient de nous indemniser des prises que feroient les corsaires americains, offre que d'ailleurs ils ne feront pas.

Nous avons deja rassemblé les réponses des commandants des ports du Royaume aux ordres qui leur avoient été donnés pour connoitre la navigation et le trafic que les Americains Anglois font avec l'Espagne, et je les montrerai à l'ambassadeur d'Angleterre pour qu'il se convainque par lui même de leur peu d'étendüe, mais en même tems je lui dirai que nous ne pouvons nous empêcher de continuer à admettre le commerce de provisions qui est celui qu'ils font principalement, et qui est de convenance reciproque.

Le Roy a ordonné en même tems d'expedier des ordres secrets aux gouverneurs pour quils admettent sans difficulté, tout vaisseau des Colonies angloises qui entrera dans les ports, soit avec pavillon americain, soit avec pavillon anglois, comme aussi tout corsaire des Colonies qui amenera des prises angloises pourvû que les prises portent le même pavillon que celui qui les amenera, comme c'est l'usage; et nous recevrons de même tous les Anglois qui ameneront des prises americaines.

Les mêmes ordres ont eté expediés aux ports de l'Amérique, parce que par leur etablissement general ils soient fermés à tout pavillon étranger, il faut dans les cas indispensables de relaches forcés traiter les colons anglois, comme toutes les nations avec lesquelles nous sommes en paix.

Je fais part de tout ceci à Votre Excellence pour qu'elle en informe M. le Cte de Vergennes.

Espagne, t. 581, n° 158.

CHAPITRE XVII.

LES CONDITIONS DE L'ESPAGNE ET LA DÉFAITE DE LONG-ISLAND.

Question de la paix de l'Espagne avec Alger; Charles III accepte les bons offices de la France. — Succès de la politique de Versailles; avances que Frédéric II fait faire au cabinet; mobile qui animait ce prince. — Concours spontanément offert par l'Autriche pour porter le ministère de Londres à peser sur le Portugal; dépêche de M. de Vergennes à l'ambassadeur à Vienne. — Inquiétude croissante de l'Espagne au sujet des armements de l'Angleterre; comment Garnier signalait ces armements; préoccupations qu'ils devaient causer et raisons qu'ils donnaient à Versailles d'attendre impatiemment la réponse de Madrid à l'exposé du 31 août. — Pourquoi cette réponse tardait; entrain des Espagnols pour la conquête du Portugal. — M. de Grimaldi fait connaître à Aranda l'opinion du Pardo; lettre privée à M. de Vergennes; l'Espagne veut garder ce qu'elle prendra; résumé de son programme. — Changements survenus pendant que l'Espagne délibérait; fond qu'avait fait M. de Vergennes sur les bruits de victoire des États-Unis; la défaite de Long-Island, rapport de Garnier qui l'annonçait. — Idées que l'on devait concevoir de cet évènement; comment il ramenait en arrière; incertitude de l'histoire sur le retour qui va se produire. — Lettre de M. de Vergennes au roi lui communiquant la réponse de Madrid, peu de place qu'il donne aux faits de l'Amérique; « rien ne presse plus »; urgence de discuter avec l'Espagne; avis et instructions du monarque. — Autre lettre envoyant au roi le projet de dépêche du cabinet de Versailles; sentiment auquel obéissait ce cabinet en renonçant aux résolutions de guerre. — Données nouvelles du problème posé par les colonies anglaises; il passe dans le domaine des impressions publiques.

Du moment où, sans aucun voile, le cabinet de Versailles mettait sur le tapis à Madrid la proposition d'attaquer la Grande-Bretagne, une autre question prenait beaucoup d'importance, la question de la paix de l'Espagne avec Alger. M. de Vergennes trouvait aussi urgent de pousser à fond les projets indiqués par lui à cet égard, qu'essentiel de surveiller de près, en ce moment, les mesures de l'Angleterre. Sur ce point-là il faisait particulièrement éveiller de nouveau la surveillance du chargé d'affaires[1]. C'était, à ses yeux,

1776.

---

[1] Gérard écrit à Garnier le 14 septembre, en réponse aux remarques de celui-ci sur l'absence des ministres : « Les ministres anglais « prolongent leur absence sans doute parce qu'ils « sont incertains sur le langage qu'ils doivent « tenir soit sur les affaires du Brésil, soit sur

un complément nécessaire, capital, de l'intimité des deux cours, que d'asseoir leur sécurité et leur empire dans la Méditerranée avant de s'engager sur l'Océan. D'après ce que mandait Ossun le 29 août, M. de Grimaldi n'avait pas reparlé de l'affaire; l'ambassadeur se contentait de dire « qu'il ne différerait point de mettre sans affectation ce ministre à portée d'y revenir et n'omettrait pas, pour peu que celui-ci y donnât lieu, de placer sous ses yeux les considérations dont il était muni ». Il paraissait ainsi croire qu'il ne fallait pas se presser. L'ambassadeur ayant appuyé sur les objections dans deux rapports postérieurs, le ministre se sentit obligé d'y répondre abondamment. Sa dépêche ne rend pas seulement visible l'utilité de résultats immédiats, elle en indique de plus lointains qui ne sont pas sans intéresser l'histoire :

A Versailles le 20 7bre 1776.

J'ai recû M. les deux lettres n° 80 et 81 que vous maves fait lhonneur de mecrire les 2 et 3 de ce mois.

Je concois que la position de M. le Mis de Grimaldi exige de grands menagemens de sa part. En but a lanimadversion dune nation qui le jalouse et semble vouloir le rendre responsable de toutes les resolutions du cabinet, je sens qu'il ne peut etre trop circonspect a faire prevaloir son avis quelque convaincu quil soit de sa superiorité : aussi ne sommes nous pas surpris M. que quoique penetré de la convenance de la paix avec Alger, il hesite a sen declarér le patron, et sa circonspection nous paroit d'autant plus louable que suivant ce que vous nous marqués il na pas seulement a lutter contre lopposition mal raisonnée de la nation espagnole contre toute liaison avec les Barbaresques

« celles des Colonies; les premières sont suspen-
« dues en attendant des nouvelles de Buenos-
« Ayres, et les secondes ont un trop mauvais
« aspect pour être un objet d'entretien. Il est
« possible aussi que le ministre actuel craigne
« quelque révolution avant la rentrée du Parle-
« ment, et qu'il juge de sa prudence de n'en pas
« être le témoin. Enfin, M., il est très-croyable
« ainsi que vous le présumez, que la cour de Lon-
« dres ait des vūes secrètes dont il est essentiel
« qu'elle nous dérobe la connoissance. Ces deux
« dernières conjectures méritent l'attention la
« plus sérieuse de notre part, et doivent être
« l'objet principal de votre zèle et de votre acti-
« vité. Les armemens qu'on fait successivement
« rendent le ministère trés suspect; et s'il est
« changé, nous devons naturellement nous at-
« tendre au développement d'un nouveau sis-
« tème de la part de ceux qui le remplaceront. »
(*Angleterre*, t. 518, n° 31.)

mais encore contre les vues de son maitre qui paroit navoir pas renoncé a une nouvelle entreprise sur Alger lorsque les circonstances le permettront. Puissent elles ne se presentér jamais car je les regarderois comme une des époques les plus funestes pour l'Esp^e. Ce nest pas que je regarde la conqueste d'Alger comme absolument impossible, mais sans connoitre le plan de M. le Cte d'Aranda, je ne crains pas d'avancér que cette conqueste a moins de hazards extraordinaires ne sera jamais le prix que dune guerre lente et par consequent ruineuse en hommes et en argent. Ce ne seroit probablement pas dans une premiere campagne quelle sopereroit, il en faudroit au moins une seconde, et lon ne peut pas se dissimulér en Esp^e la cruelle influence de ce climat devorant. Lobjet du Roi C$\widetilde{\text{que}}$ dans la destruction d'Alger ne pouvant etre que d'afranchir ses sujets de la piraterie de cette regence pourquoi ne pas soccupér de la limiter par des moiens plus doux et peut être plus effectifs q'une guerre qui en la suposant heureuse ne rempliroit peut etre qu'imparfaitement et p^r peu de tems la vue quon se propose. Le Roi C$\widetilde{\text{que}}$ peut prendre et detruire Alger, mais sil ne peut subjuguér et conservér le pays ce sera toujours a recommencér.

Jai traité avec tant de detail M. dans quelqunes de mes precedentes depeches les motifs qui doivent engagér ce prince a conclurre la paix avec cette regence que je ne pourrois que vous repetér ce que je vous ai deja mandé. Jai insisté principalement sur linterest que les deux Couronnes ont a resserrér linfluence des Anglois dans la Mediterrannée. Un objet de prevoyance non moins pressant pour nous est dobviér a celle que les Russes paroissent vouloir s'y procurér. On nignore pas sans doute a Madrid quils viennent dintroduire cinq fregates dans la Mediterrannée dont trois chargées en marchandises sont destinées pour lItalie et le Levant. Cette escadre doit etre renforcée de deux autres fregates qui etoient restées depuis la paix à Livourne. Cest sans doute a la faveur de cet apareil imposant quon se flatte de donner du mouvement a la negociation que cette puissance cherche a liér avec les regences sous la mediation de l'Ang^{re}. Deja elle a fait des tentatives a Tunis qui ne s'expliquera que lorsqu'Algér aura donné lexemple.

L'Esp^e connoit trop bien ses vrais interets pour que nous aions besoin de leclairer sur lintroduction de ce commerce des Russes qui inonderoit la Mediterrannée de munitions de guerre et navales.

Si la regence d'Alger comme il est revenu par le canal des religieux espagnols, ne vouloit traitér de la paix avec lEsp^e quautant que celle ci seroit elle meme en paix avec la Porte je ne vois pas ce qui pourroit empechér la cour de Madrid de cherchér a formér cette liaison avec les Turcs. Le Roi seroit tres disposé a l'y servir mais en meme tems que Sa M^té vous autorise M. a vous en expliquér avec M. le Mis de Grimaldi, elle ne pense pas quil fut sans inconvenient de prendre pour baze de la negociation les vûes dont on setoit occupé sur la fin du ministere de M. le duc de Choiseul. Jai vecù trop longtems avec les Turcs pour ne pas connoitre le fort et le foible de leur politique. Cette nation concentrée en elle meme et dont les vûes ne depassent jamais les limites de ses frontieres n'a pas la moindre idée dinterests relatifs. Vouloir formér avec elle une alliance deffensive ce seroit contractér un engagement inegal et meme illusoire puis quon ne pourroit compter dans aucun cas sur la reciprocité de sa part. Je sens tout linterest dont il est pour nos deux Couronnes que lEmpire ottoman en Europe ne devienne pas la proie de lune des deux imperatrices, cest un objet quil convient de ne pas perdre de vue mais cette prevoyance toute interressante quelle est affecte bien moins les Turcs quelle ne sembleroit devoir les affecter. Livrés a une incurie qui tient a leur caractere la vue de lavenir nest pas capable de les emouvoir et de les disposér a un sisteme de précaution et de vigilance. Ce sera aux deux puissances lorsque levenement menacera a prendre les mesures que leur sagesse leur inspirera et que les circonstances autoriseront. Si le roi d'Espagne vouloit former des no'uds avec la Turquie je pense quil ne devroit pas leurs donnér plus detendue qua ceux quil ayoit formés lorsqu'il etoit sur le throne des Deux Siciles. Un traite de paix d'amitié et de commerce est tout ce quil y a de mieux a faire avec une nation qui ne sachant pas saidér elle meme pourroit encore moins aidér les autres. Si cette idée peut agréer a M. le Mis de Grimaldi et quil souhaite de la voir mieux digérée, j'attens notre ambassadeur a Const^ple dans le courant du mois prochain et nous pourrons formér un plan quon deferera a ce ministre.

Espagne, t. 581, n° 161.

Toutefois, l'affaire était déjà gagnée lorsque M. de Vergennes écrivait; le marquis d'Ossun allait le faire savoir. Elle était même gagnée autant que l'avait dernièrement annoncé l'ambassadeur, plus complètement dès lors que le ministre ne l'espérait. Ossun mande, le 23, que « Sa Majesté Catholique était déterminée à accepter les bons offices de la France pour conclure la paix avec les Algériens, et que M. de Grimaldi devait adresser bientôt au comte d'Aranda des instructions en vue de s'expliquer et de se mettre d'accord d'une façon positive d'après les idées et les désirs du roi d'Espagne sur ce sujet ». Selon ce qui avait été dit à notre représentant, Sa Majesté Catholique entendait : « 1° que le dey d'Alger rechercherait la médiation de la France pour engager l'Espagne à traiter de la paix; 2° que le royaume des Deux-Siciles y serait compris. Ce monarque était disposé aussi à faire, conjointement avec la France, un traité de paix et d'alliance défensive avec la Porte ottomane, traité d'après lequel les deux Couronnes s'engageraient à tenir prêts un certain nombre de vaisseaux pour la défense des possessions turques dans l'archipel et celle de la ville de Constantinople, au moyen d'un subside annuel et proportionnel que le Grand Seigneur leur payerait. » C'était, en réalité, la reprise de la négociation entamée entre la France et la Porte vers la fin du ministère de Choiseul et dans laquelle l'Espagne devait entrer comme partie contractante. « Le Roi Catholique souhaite encore, ajoutait Ossun, que sa paix avec Alger puisse le conduire à la faire avec Tunis et Tripoli, et il la fera aussi avec le roi de Maroc, qui paraît toujours la désirer. Enfin comme il sera nécessaire que la France dépense quelque argent pour amener le succès de ses démarches conciliatrices à Alger, M. le marquis de Grimaldi m'a fait entendre que l'Espagne rembourserait les avances que la France ferait à cette occasion[1]. »

Tout souriait d'ailleurs à Versailles, en ce moment. Marie-Thérèse allait au-devant de la politique du cabinet, et le représentant du roi de Prusse avait des prévenances que l'on pouvait prendre pour des offres de concours. Les États-Unis d'aujourd'hui, que l'immigration

[1] *Espagne*, t. 581, n° 165.

allemande a germanisés, croient à une action considérable de l'Allemagne protestante et de Frédéric II dans l'établissement de la République américaine. A cette opinion, inconnue des générations précédentes, l'historien Bancroft a pensé donner la sanction de preuves positives. La vérité est uniquement que Frédéric poussait jusqu'à l'inimitié, à l'égard de l'Angleterre, la rancune de s'être vu abandonner par cette puissance à la fin de la guerre de Sept ans et de n'avoir pu, conséquemment, tirer de son alliance tout le profit qu'il en espérait. A cause de cela il épiait depuis 1774 la conduite des deux Couronnes en face de la Grande-Bretagne embarrassée, pour trouver jour à les appuyer contre elle. M. de Vergennes, au sujet de nos rapports avec l'Autriche, écrira prochainement à Louis XVI : « Le roi de « Prusse, considéré par rapport à la morale, peut ne pas paroitre fort « intéressant à ménager; mais vu dans l'ordre politique, il importe à la « France, peut-être plus qu'à une autre puissance, de le conserver tel « qu'il est. » Le ministre sut, en effet « conserver » Frédéric II et l'utiliser; voilà pourquoi ce prince ne fut pas sans prendre une certaine part à l'établissement des États-Unis de l'Amérique. Pour le moment, il commençait à recommander à ses représentants à Versailles de faire des invites à notre adresse, dans la pensée de nous détacher de l'Autriche en vue de ses ambitions personnelles. Déjà le 1ᵉʳ juillet il avait marqué à son chargé d'affaires le désir d'entrer en rapports intimes : « L'occasion ne s'était pas encore montrée de s'avancer », disait-il, et il se demandait avec un peu d'anxiété « si la cour voudrait la lui fournir[1] ». Il écrit plus explicitement, le 25 août, à M. de Goltz, son ministre, que « cette cour servirait peut-être elle-même à ache-

---

[1] *A M. Sandoz Rollin.* — « Potsdam le 1ᵉʳ juillet 1776............ La cour où vous « êtes, je sais à n'en pouvoir pas douter qu'il « existe des tracasseries et des chipoteries entre « elle et l'Autriche, et que l'une et l'autre me « prêtent des vues et des desseins que je n'ai « point. Elles vont même si loin que si jamais « la France s'en explique avec moi, je pourrai « lui confier des anecdotes bien plus intéressantes qu'elle ne saurait m'en apprendre. « Jusques ici l'occasion ne s'est point présentée « encore de m'avancer jusques à ce point, et il « reste à savoir si elle me la fournira dans la « suite. »

miner des ouvertures de sa part que sa défiance actuelle ne lui permettait pas de faire[1] ». Dans un pli du 3 octobre et dans un autre du 17, il devenait plus pressant; impatient, même du résultat, il malmenait avec la mauvaise humeur la plus vive M. de Goltz de n'avoir pas encore abouti. Peu après, le 17 janvier, il était plus communicatif encore; plus désireux d'arriver, il s'offrait ouvertement; il fera *tout au monde* (c'est lui qui souligne) dans l'intérêt qui n'est pas celui de l'Angleterre; il veut que son ministre « profite de toutes les occasions et ajoute toutes les insinuations pour faire voir à l'œil que la France ne le trouvera pas sur son chemin, qu'elle n'aura jamais aucun sujet de se plaindre de sa façon d'agir[2] ».

M. de Vergennes n'envisageait assurément pas sans plaisir que les représentants du roi de Prusse lui tendissent ainsi la main. Ce devait être encore un sentiment fort intime chez lui et tenu secret, mais il se trouvait à coup sûr encouragé par la perspective séduisante de liens ultérieurs à former dans l'Europe continentale. En attendant, il avait de l'Autriche un témoignage présent. Il venait de recevoir un rapport de notre ambassadeur à Vienne, qui, de lui-même, avait entretenu M. de Kaunitz des craintes causées pour la paix générale par la conduite ambiguë de l'Angleterre dans les affaires du Portugal. Le baron de Breteuil avait parlé sans l'intention de rien demander; mais M. de Kaunitz était allé au-devant de ses désirs, disant que « l'impératrice n'avait besoin ni de permission ni de prières quand il s'agissait de faire connaître son amitié particulière pour nous, et

---

[1] « Il va sans dire, ajoutait-il, que mon unique « but en tout ceci est de voir plus clair dans ses « sentiments et dispositions et surtout de juger, « sur la réponse de ses ministres, s'il n'y a pas « moyen de l'entretenir dans mes idées, parti- « culièrement au sujet de la cour de Vienne et « de ses vues d'ambition et d'agrandissement. » (Neisse, 25 août 1776.)

[2] *A M. de Goltz.* — Potsdam, 7 janvier 1777. — Il est facile, avec les fragments de la correspondance de Frédéric II empruntés par M. Bancroft aux archives de Berlin, de ramener à la mesure réelle la participation du roi de Prusse à l'établissement des États-Unis. Nous analysons à l'annexe I du présent chapitre la partie de cette correspondance qui va jusqu'au moment dont il est ici question. Nous en prenons le texte dans l'ouvrage de M. de Circourt (*Action commune de la France et de l'Amérique,* etc. t. III).

qu'elle ferait tenir à Londres un langage conforme au vœu de son gouvernement pour le repos de l'Europe[1] ». Cette assurance spontanée du concours de l'Autriche pouvait gêner un peu par l'interprétation qu'on y donnerait; le ministre s'empresse d'en amoindrir la portée avec Garnier, prévoyant que l'ambassadeur d'Espagne s'en inquiétera[2]. Elle n'avait pas moins son prix au moment où étaient délibérées des résolutions si sérieuses; la réponse de M. de Vergennes laisse voir qu'il était loin de la dédaigner. Tout en ayant l'air de souhaiter que le représentant de Marie-Thérèse sache ne pas paraître avoir été mis en mouvement par nous, il n'a garde de rejeter la démarche. Elle lui fournit en effet l'occasion de bien expliquer, d'abord, l'attitude du Gouvernement dans cette question du Portugal, ensuite de manifester avec force l'intimité des deux Couronnes. Il y trouve aussi celle d'encourager encore Madrid. Il fait aussitôt connaître au gouvernement de Charles III l'offre d'appui de l'Autriche et il écrit au baron de Breteuil, le 28 :

La conduite des Portugais dans l'Amerique Meridionale justiffie l'opinion que nous avons prise de la valeur des assurances de M. le Mis de Pombal et que je vous ai communiquées dans le tems.

---

[1] Rapport de M. de Breteuil, du 14 septembre 1776. (*Espagne*, t. 581, n° 154.)

[2] C'est en effet ce qui a lieu tout de suite. M. de Vergennes mande à Garnier le 19 octobre : « Je crois devoir vous informer, M., « mais pour votre seule instruction, que le P^{ce} « de Kaunitz doit avoir chargé le Cte de Beljio- « joso d'exhorter l'Ang^{re} à porter le Portugal « aux réparations qu'il doit à l'Espagne. Cette « démarche est gratuite de la part de la cour « de Vienne, nous ne l'avons ni provoquée ni « acceptée. Nous n'avons besoin d'aucune entre- « mise étrangère pour donner de la valeur aux « démarches que nous faisons nous mêmes pour « le maintien de la paix et la tranquilité géné- « rale. » (*Angleterre*, t. 518, n° 93.) — A la même heure le prince de Masserano écrivait à Madrid : « Il m'est revenu que la cour de Vienne « a chargé son ministre ici de dire à ceux de « S. M. B. qu'elle seroit fàchée que la guerre « s'allumât entre l'Espagne et le Portugal. Je « ne sais si le Cte de Belgéoioso l'a fait, ni « ce qu'on peut lui avoir répondu, parceque « ces Messieurs ne nous en ont pas dit le mot. « Cette démarche de la cour de Vienne est bien « étrange, et je n'en conçois pas le motif, à « moins que ce ne soit un nouveau stratagème « du Mis de Pombal pour retarder notre expé- « dition, ou pour embrouiller davantage les « affaires. Si cette nouvelle est vraie, V. E. la « saura déjà, mais je crois devoir lui rendre « compte de tout ce qui vient à ma connois- « sance; et que je crois pouvoir intéresser le « service du Roi. » (*Ibid.*, n° 92.)

Suivant les nouvelles de Buenos Aires du 14 juin d[er] non seulement il n'etoit pas question de restitution, mais les commandants portugais ne repondaient pas même aux offices que le gouverneur espagnol leur avoit passés pour presser la suspension des hostilités convenue en Europe. Ce qui nous revient de Lisbonne et de Londres ne laisse presque plus d'esperance que le ministère portugais veuille condescendre aux justes satisfactions que l'Espagne est en droit d'exiger. Il croit avoir des avantages dont il ne veut pas se dessaisir, et qu'il se flatte peut etre de pouvoir etendre. Dans cet etat de choses, il est plus qu'apparent que les bons offices que M. le P[ce] de Kaunitz vous a temoigné vouloir passer a Londres, ne produiroient pas l'effet qu'il peut en attendre. Quoique le langage parfois amphibologique du ministere anglois ait pû faire suspecter ses intentions, son interet cependant nous a rassurés, et nous ne doutons pas qu'il n'ait fait et qu'il ne fasse encore de bonne foi ce qui est dans son pouvoir, pour conjurer une guerre qui ne peut lui convenir. Comme le Roi ne s'interesse pas moins, qu'on peut le faire à Vienne au maintien de la tranquilité generale, S. M. a fait de son côté ce qui dependoit d'Elle, soit pour disposer le Roi son oncle a des partis de modération, et à cet égard Elle ne peut trop applaudir à la façon de penser de S. M. C. soit aussi pour amener le Portugal a mettre plus de franchise et de bonne foi qu'il n'en a mis jusqu'à present dans la négociation. Toute esperance semblant perdue à cet égard, c'est à l'Ang[re] à voir s'il lui convient de se devouer pour le soutien d'un allié qui provoque evidemment à la guerre. Pour ce qui est de nous les engagemens du Roi avec l'Esp[e] sont connus, S. M. les regarde comme sacrés et lorsqu'elle en sera requise, elle les remplira avec la même fidelité que le feu Roi son Grand Père a rempli ceux qui nous lient avec la Maison d'Autriche.

Nous ne pouvons manquer d'aplaudir au zèle de M. le P[ce] de Kaunitz pour porter les Anglois à ne rien negliger pour prevenir l'incendie prêt a s'allumer ; mais nous avons lieu d'esperer qu'il dirigera les insinuations qu'il jugera à propos de faire, de maniere a ne pas donner lieu au plus leger soupçon que nous les aurions recherchées ni concertées. Ce ministre connoit la nature de nos engagements avec l'Espagne la jalousie que les Anglois ont de l'union des deux Couronnes et le desir qu'ils ont de la troubler. Je m'attends qu'ils chercheront à abuser de la demarche que M. le prince de Kaunitz se propose, c'est pour y obvier que je vais faire passer à Madrid l'extrait de votre lettre et celui de ma reponse.

Espagne, t. 581, n° 154.

A ces dates, l'escadre espagnole embarquait ses troupes. Elle pourrait bientôt sortir de Cadix. Mais Charles III et M. de Grimaldi cachaient encore moins qu'auparavant à notre ambassadeur l'inquiétude que leur causait la vigueur apportée par l'Angleterre à ses armements. Les rapports du prince de Masserano à ce sujet avaient tout lieu de fixer l'attention. L'Angleterre mettait en armement dix vaisseaux de ligne. C'était une marine qui ne pouvait pas servir aux Colonies, le gouvernement du Pardo s'en préoccupait donc vivement. Le roi et son premier ministre étaient amenés d'autant plus à regarder du côté du Portugal. Ils inclinaient à penser que, tout en désapprouvant la conduite de M. de Pombal, le ministère britannique était bien aise d'y trouver « un prétexte pour le jour où une issue malheureuse de sa guerre contre les Colonies le déterminerait au parti violent de tenter en Amérique quelques conquêtes considérables en faisant passer promptement des forces supérieures et décisives dans ce pays ». Quelques semaines plus tard, entretenant l'ambassadeur de France à ce sujet, le roi considérait la conduite de l'Angleterre comme indiquant assez à la France et à l'Espagne « la nécessité de mettre leur marine dans le meilleur état possible et même d'armer des vaisseaux pour tout ce qui pouvait arriver »[1].

Ce langage trouvait assurément de l'écho à Versailles car, dans quelques courriers déjà, Garnier avait appelé l'attention sur ces armements des Anglais. Il disait bien qu'ils ne visaient qu'à « essayer de « faire peur », mais il ajoutait : « si la cour de Londres n'a pas des vües « secrètes [2] ». C'était en dire assez et ces « vües secrètes » occupaient de plus en plus. D'autre part, les corsaires américains commençaient

---

[1] Rapport d'Ossun, du 26 septembre. (*Espagne*, t. 581, n° 172.) — [2] Rapport du 10 septembre, notamment. (*Angleterre*, t. 518, n° 21.)

à alarmer le commerce anglais et les îles anglaises qui vivaient de ses importations[1]; le gouvernement de George III ne publiait aucune nouvelle d'Amérique, ce qui donnait créance à un mauvais état de ses affaires devant New-York, où ses troupes se trouvaient; enfin, il arrivait par Nantes des bruits de victoires des Américains sur l'armée du général Howe[2]. La même incertitude persistant d'ailleurs dans l'attitude du cabinet de Londres au sujet du Portugal, il n'était pas excessif d'en inférer « que l'entreprise du roi Très Fidèle ne déplaisait pas à ce cabinet autant qu'il le donnait à entendre », et M. de Vergennes exprimait non sans raison cette opinion à Garnier. En outre, les réclamations ou les plaintes de diverse nature portées à Londres par le chargé d'affaires, les plaintes contre la compagnie des Indes notamment, n'amenaient que des réponses dilatoires; le ministre disait qu'il fallait « bien de la patience pour se faire à une pareille allure », et ce n'était pas se montrer exigeant. Dans cette situation, on devait attendre avec impatience, à Versailles, les résolutions du gouvernement espagnol sur l'exposé du 31 août.

L'exposé avait produit beaucoup d'effet au sein du cabinet de Sa Majesté Catholique. Devant des ouvertures si catégoriques, ce cabinet avait décidé de déterminer nettement les intérêts de l'Espagne et de faire ses conditions. C'est pourquoi sa délibération tardait. Le 8 octobre seulement, le marquis de Grimaldi manda au comte d'Aranda « l'opinion du roi et de son conseil » pour en informer les ministres de Louis XVI. Il avait joint à sa dépêche une lettre pour M. de Vergennes. Cette lettre n'a point été conservée, mais le sens en est fixé par le destinataire lui-même. Aussitôt nanti des documents, en effet, M. de Vergennes les traduisit de sa main et les adressa au roi. Il les lui transmit avec un billet dont on lira tout à l'heure les termes, et ces termes donneraient à penser que le vrai mot du gouvernement de

---

[1] Rapport de Garnier, du 24 septembre. (*Angleterre*, t. 518, n° 56.) — [2] Dépêches à Garnier, des 24 septembre et 5 octobre. (*Ibid.*, n°ˢ 66 et 76.)

1776.   Charles III était dans le pli particulier du premier ministre, non dans la dépêche dont Aranda laissa copie.

Cette dépêche ouvrait sans hésiter la discussion sur les aspirations de l'Espagne. En étaient-elles le but principal? Le désir d'échapper plausiblement aux engagements pris ou de les éloigner ne l'avait-il pas plutôt dictée? On peut hésiter à répondre. Du moins le pli montrait-il visiblement que désormais l'Espagne mettrait à son concours un prix déterminé d'avance. Il introduit d'une manière formelle cet élément dans les rapports diplomatiques ultérieurs des deux pays. Les documents espagnols, si jamais on les publie, feront sans doute reconnaître que les esprits s'étaient montés beaucoup, à la cour de Madrid, par le fait des préparatifs militaires et maritimes de Cevallos; qu'en voyant la cour de France si décidée, l'idée de conquérir le Portugal s'était ranimée et que l'emportement politique du prince des Asturies dominait, dans le sein du conseil, les intentions sages de Charles III et du premier ministre. L'art déployé par celui-ci en répondant au cabinet de Versailles le révélerait à lui seul. On sent dans sa dépêche et la difficulté qu'il y avait, pour le conseiller du roi, à faire si nettement ces aveux d'ambition au moment où il s'agissait d'agir, et l'obligation où il était, cependant, de les déclarer pour obéir à une opinion supérieure.

Au premier abord, le Pardo ne semble pas avoir eu d'autre but que celui d'exprimer en principe les conditions de l'Espagne. Ce pli n'élève d'objection contre aucun des motifs de faire la guerre exposés par le ministre de Versailles; il trouve même que l'on gagnerait à « anticiper » cette guerre. Seulement, il y met ouvertement la réserve que les entreprises de l'Espagne sur le Portugal seront ratifiées. Mais la seconde interprétation a aussi du fondement. Charles III, à cette heure, ne pouvait plus refuser son concours. Trouver que l'heure de le donner n'était pas venue restait un moyen à sa portée; toutefois ne lui était-il permis de dire cela que sous des voiles, et n'était-ce pas là le voile dont il voulait couvrir sa pensée? Assez de fois M. de Grimaldi et le roi avaient exprimé qu'ils croyaient impossible à la France de faire en ce moment la guerre; en proposant « d'anticiper » cette guerre ils n'ignoraient pas, à coup sûr, qu'ils refroidiraient le gouvernement de Versailles. Ils n'ignoraient pas davantage l'effet que ferait sur ce gouvernement la perspective des conquêtes de l'Espagne du côté de Lisbonne. Une autre chose à remarquer, c'est l'attention avec laquelle ils constataient que la pensée de faire la guerre restait le terrain commun aux deux Couronnes, déduisaient les motifs qu'elles en avaient et prenaient acte de la parité des manières de voir à cet égard, mais, en même temps, avaient la précaution de faire observer qu'il s'agissait d'un plan de M. de Vergennes, somme toute, que ce plan avait bien été soumis au cabinet de Versailles, que néanmoins on n'avait pas fait connaître le jugement porté par le conseil. N'était-ce pas pour infirmer l'autorité du plan lui-même et se donner plus de liberté dans la réponse?

Il faut transcrire ici cette réponse. Les points de vue en sont élevés comme l'étaient ceux du ministre français et elle a un grand cachet dans la forme. Elle résume d'abord les raisonnements de l'exposé du 31 août, et, dans ce résumé, elle indique clairement que si M. de Vergennes n'avait pas ménagé au comte d'Aranda les compléments explicatifs, après cette date, l'ambassadeur s'était peu retenu de les transmettre. Elle condense avec une rare justesse, effectivement, les motifs donnés par le ministre de Louis XVI; ils acquièrent, il semble, une force de plus. La traduction est tout entière de la main du secrétaire d'Etat de Versailles, et il y avait marqué d'un trait divers passages que, sans doute, il voulait signaler :

TRADUCTION DE LA LETTRE DE M. LE Mis DE GRIMALDI À M. LE COMTE D'ARANDA.

(St Ildefonse le 8 8bre 1776.)

Le principal et même l'unique objet de lexpedition ext^e que vous maves faite le 7 septembre est exprimé dans votre lettre n° 826; il est un des plus graves qui puissent se présenter; aucun ne pouvant intéresser autant l'humanité que la paix ou la guerre.

V. E. raporte en substance les conferences quelle a eues avec le Cte de Ver-gennes sur le contenu de differentes de mes dépeches qui avoient raport à l'etat present des puissances de lEurope, et vous me rendes c^te en consequence de la derniere dans laquelle ce ministre vous avoit donné communication du memoire qu'il avoit porté au conseil de S. M. T. C. tendant a demontrer non seulem^t le grand avantage qu'il y auroit pour la France et pour lEspagne dentreprendre des apresent une guerre contre lAng^re, mais encore la necessite absolue et lobligation indispensable pour LL. MM. T. C. et Cq̃ue de prendre ce parti avant que la nation Bq̃ue ne le prenne elle meme et nous cause de tels dommages que la reparation en seroit impossible.

V. E. setend en discours et en reflexions sur tous les points essentiels que le ministre touche avec tant de justesse et de clareté dans cet ecrit, et elle ajoute quil lui en avoit remis une copie pour me la faire passer ce qui en effet a eu lieu.

On a reellement deduit dans cet ecrit avec la plus grande force les circonstances critiques ou se trouve actuellement lEurope; la perspective que presentent les evenemens, les maux que lon doit en aprehendér et les remedes que pourroient y oposér les souvrains amis de la maison de Bourbon pour vous faire connoitre que le Roi et les ministres ont pesé avec beaucoup de reflexion et de maturité tous les objets importans que cet ecrit traite, je les resumerai en peu de mots et je vous expliquerai ensuite le jugement que S. M^te en a porté.

Le Cte de Vergennes ne dissimule pas que la guerre est le plus grand de tous les maux et que les souvrains etant les peres de leurs peuples ils doivent levitér autant que leur honneur et la sureté de ces memes peuples le permettent; mais il manifeste en meme tems que quand le parti n'est plus une affaire de choix et quasses dindices demontrent que le fleau quon desire eviter éclatera avant peu et causera les plus grands prejudices si on laisse a lennemi la liberte de commencer la guerre quand il lui conviendra, il est absolument indispensable de le gagnér de la main; aplicant ensuite les maximes constantes et generales a letat present et a la situation politique ou la France et lEsp^e se trouvent relativement à lAng^re et au Portugal le d^t ministre cherche à prouvér quil ny a plus d'autre parti a prendre que celui de la guerre. Que lAng^re soit lennemi naturel et constant de la maison de Bourbon; que l'ambition et la mauvaise foi du gouvernement Bq̃ue sont sans bornes : que cette orgueilleuse nation dissimulant actuellement ses vûes fachees soit determinee à nous faire la guerre au moment qui lui conviendra le mieux ; que la moderation excessive avec laquelle nous nous sommes conduits jusqu'a present ne sera pas un exemple qui la contiendra : et enfin que malgré toute sa dissimulation elle nous a donné et nous donne encore journellement de grands motifs de ressentiment ; ce sont la autant de verités notoires dans lidée du Cte de Vergennes qui nont pas besoin de preuves ; neantmoins le ministre rend sensibles chacune delles par les argumens et les reflexions les plus convaincans, et en deduit des consequences tres justes sur les dangers qui nous menacent. Il prevoit ensuite que la G^{de} Bretagne a lexemple de ce quelle pratica en 1755 commencera les hostilités par semparér indistinctement et sans aucun avis prealable des batimens francois et espagnols qui a raison de commerce ou de peche navigueront sous la foi de la paix encore subsistante et que ce coup sera dune si grande consequence quil influera tres certainement sur tous les evenemens ulterieurs de la guerre. Ce ministre établit encore que la même puissance profitant des forces considérables de terre et de mer quelle a en Amerique pourra se jetér sur quelq̃une des riches possessions de lEsp^e et il fait observer que deja le cabinet anglois travaille sur ce plan malgré les embarras que lui causent ses colonies, qu'il envoie des armes et quil travaille a soulevér les esprits des Indiens nos frontaliers pour les disposér a prendre son parti dans loccasion.

Le Cte de Vergennes releve encore le manege artificieux de la cour de Londres dans sa negociation avec la France par raport a la peche de Terre Neuve ; tantost niant les faits les plus positifs ; eludant d'autres fois les raisons et la justice qui militent pour les sujets francois, et refusant toujours l'accomplissement des traités, il raporte en complement de preuves ce qui se passe de la part de lAng^{re} par raport aux Indes orientales ou sagissant de quelques droits du Roi T. C. et de plaintes tres fondées qu'il fait ; le ministere Bq̃ue veut en renvoyer le jugement a une comp^e de marchands quil rend par la juge et partie de ces differens.

Quant a ce qui concerne la querelle actuelle entre les cours de Madrid et de Lisbonne la conduite de lAng^{re} est si caracterisée et si peu impartiale quelle donne des motifs plus que suffisans de croire quelle est pleinement d'accord avec le Mis de Pombal sur toutes les dispositions qu'il a faites et les artifices dont il sest prevalu depuis plusieurs années jusquici quoique les choses soient arrivées à leur point de crise plus tost quelle ne s'y attendoit; et le Cte de Vergennes remarque avec beaucoup de prudence toute la malice que renferme lart avec lequel les ministres anglois evitent de reconnoitre la justice de lEsp^e et cherchent avec affectation à disculpér la cour de Portugal au lieu de la contraindre a donnér une juste satisfaction pour eviter un incendie general en Europe.

Les nouveaux armemens que la cour Bq̃ue fait dans ses ports independament du grand nombre de batimens quelle a en mer suffiroient pour nous inquieter si lon supose quelle a deja un plan fait pour le moment ou elle termineroit dune maniere ou d'autre ses disputes avec ses Colonies, aussi le ministre ne met pas en doute que l'Ang^re tentera de se remettre de ses pertes et de ses depenses aux depens de la France et de lEsp^e en commencant ses operations au moment ou elle le trouvera plus convenable a ses interets et a son agrandissement. Apres avoir etabli que la guerre est inevitable parce que l'Ang^re est determinée a la faire au moment quelle jugera le plus favorable et consequement, que suivant toutes les probabilités il nest plus au choix des rois de France et dEsp^e de levitér, ce ministre passe a calculer les avantages que nous obtiendrions si nous prevenions et surprenions en certaine maniere nos ennemis.

La G^de Bretagne est dans son interieur sans places fortifiees; elle a peu de troupes reglées pour se defendre; elle manque de matelots pour equipér les v^x de guerre quelle doit tenir dans ses ports pour sa propre sureté; il lui seroit donc presqu'impossible d'armér d'autres escadres pour nous attaquér sur d'autres mers, et celles quelle armeroit absorberoient les matelots employes au service de la navigation marchande ce qui seroit une perte tres grave pour cette nation. Les forces considerables de terre et de mer quelle employe en Amerique, soufrent et diminuent journellement par les accidens reguliers de la guerre active quelle soutient contre les colonies rebelles.

A la faveur de ces antecedens le Cte de Vergennes conclut que lAng^re ne peut de plusieurs mois rien entreprendre de consequence contre les possessions francoises et espagnoles au lieu que ces deux puissances pourroient, si elles profitent de loccasion, porter un coup mortel à sa marine, surtout lorsque toutes les aparances sont que la guerre des Colonies doit durér; lAng^re ne pouvant sans leur secours faire par elle seule aucune conqueste.

Ce ministre concoit que la guerre dont il est question pourroit setendre sur le continent d'Europe, et il entre dans differens details et raisonnemens sur les mesures que la France devroit prendre. Je me dispenserai de les raportér parcequils n'ont pas une connexité avec la guerre de mer contre les Anglois dont je traite.

'Ce ministre conclut enfin par recommandér une promte decision afin demployér utilement le tems en preparatifs, en mesures combinées et en projets bien digérés afin que quand on arrivera au moment d'opérér on puisse le faire avec sureté, avec celerité et avec une bonne direction.

Cest a cela que se reduit lecrit travaillé par le ministre sage et zélé[1] et quoiquil paroisse quil la soumis au conseil de Sa M^té T. C. et que cest de sa connoissance quil nous le communique, on ne nous indique point la determïnation de ce meme conseil ou le jugement quil en a porté, connoissance qui nous auroit eté tres interessante pour eclairér celui de cette cour.

Malgré cela apres vous avoir repeté que le Roi et son ministere ont examiné soigneusement la matière, je vais vous instruire de ce qui en a resulté.

Les éloges, on le voit, ne faisaient pas défaut. Ils paraissent visiblement cherchés; c'était un moyen pour mieux abordér les points délicats. Le ministre espagnol reconnaissait d'abord la justesse des raisons données par son collègue de Versailles : M. de Vergennes a « rendu « sensible par les arguments et les réflexions les plus convaincants » que l'Angleterre, malgré toute sa dissimulation, « a donné et donne « journellement aux deux Couronnes de grands motifs de ressenti- « ment »; il a déduit « des conséquences très justes » au sujet des dangers qui les menacent toutes les deux; « on est parfaitement d'accord sur les principes : on doit faire la guerre pour éviter de se la voir faire; mais il convient de fixer d'avance le rôle et les intérêts de chacun. L'Espagne ne serait embarrassée ni de châtier seule le Portugal en Amérique ou sur le continent, ni de se battre contre l'Angleterre; il faut,

---

[1] Il y a ici une omission, probablement celle des mots : de S. M. T. C., ou : de Versailles.

1776. toutefois, regarder quel avantage les deux Couronnes retireront de la guerre. Si l'on envisageait les risques, ceux de l'Espagne seraient au-dessus de la comparaison. D'autre part l'Espagne, en tout, est en situation d'agir; il faut que la France établisse si elle s'y trouve de même; de là dépendent les opérations à entreprendre. Avoir beaucoup de forces en Amérique, compléter son armée avec une activité incroyable, donner à sa marine le plus grand essor et pourvoir à toutes les précautions utiles, cela est à la portée de l'Espagne sans qu'elle augmente ses finances; il est nécessaire que la France donne de bonne foi les mêmes éclaircissements en ce qui la regarde : »

Que la guerre soit inevitable et que lAng^{re} soit resolue a nous la faire un mois plus tost ou plus tard, au moment quelle jugera favorable, ce sont deux points de la plus grande evidence et meme avant davoir eu connoissance des armemens extraord^{res} de cette puissance, et de la conduite fallacieuse quelle tient en aprouvant secretement les detours du Mis de Pombal, je vous lai deja insinué dans mes depeches anterieures. Il est egalement demontré que les rois de France et dEsp^e se trouvent dans la situation critique de devoir veiller a la sureté de leurs sujets et a la conservation de leurs possessions respectives. Dou il suit quen conscience et en justice LL. MM. sont obligées demployer tous les moiens les plus propres a eloigner de leurs Etats tous les dangers qui les menacent, et il n'y en a point d'autres que daller au devant de leurs ennemis.

La cour dEsp^e est parfaitement daccord sur les principes avec le ministere de S. M. T. C. mais la premiere difficulté qui se presente est de convenir de bonne foi si nous sommes les uns et les autres en etat de faire la guerre, de fixer avec precision le moment de la rupture, et de convenir distinctement de toutes les operations que les deux puissances devront entreprendre.

Quant a ce qui touche a lhonneur de lEsp^e pour les insultes que les Portugais lui ont faites dans ses possessions d'Amerique, il sera suffisament vangé lorsque lexpedition aux ordres de d^n Pedro Cevallos arrivera a Buenos Aires ses troupes unies a celles quil y trouvera deja rassemblées lui donneront une si grande superiorité quil pourra chatier serieusement lorgeuil portugais. De cette maniere sil vous convient de rester en paix en Europe, nous pourrons nous bornér a ce qui est deja fait; au contraire si nous voulons commencer la guerre par linvasion du royaume de Portugal, nous avons assés de motifs et de raisons dans les tromperies continuelles avec lesquelles la cour de Lisbonne nous a amusés.

On peut dire a peu pres la meme chose pour lAng^{re} par consequent si la guerre nous est necessaire, cette puissance nous a donné asses de fondemens pour la lui faire, mais si la conservation de la paix nous importe tout se reduit a dissimulér encore quelque tems notre juste ressentiment.

Il resulte de ce qui vient detre dit que les Rois T. C. et Cath^e bien assurés quils peuvent faire la guerre avec justice a leurs ennemis naturels, ils doivent porter toutes leurs reflexions a examiner si elle leurs seroit avantageuse ou non et en quels termes. Les choses reduites a ce point il faut observer que le but de toute guerre est de conserver son bien propre et de semparer de celui dautrui, en sorte que les pertes quon peut soufrir soient inferieures aux avantages, autrement la guerre seroit ruineuse et devroit par consequent seviter.

Il nest pas douteux que si les Couronnes de France et d'Esp^e commencoient les hostilités quelques mois avant que lAng^{re} put executer ce quelle peut avoir projetté, et surtout pendant quelle emploie ses troupes, ses vaisseaux et ses capitaux contre ses colons de lAmerique, cette seule anticipation nous seroit très avantageuse quand bien meme nous ne ferions d'autre operation que de nous emparer du grand nombre de leurs matelots distribués sur leurs batimens de commerce. Mais il paroit dune autre part que nous ne sommes pas precisément dans le cas de formér un jugement positif sur la fin que pourra avoir l'engagement de la G^{de} Bretagne avec ses colons, et par malheur si dans le temps que nous commencerions les hostilités, elle faisoit la paix en Amerique, elle porteroit incontinent sur les possessions espagnoles toutes ses forces unies aux renforts quelle tireroit de ses vassaux nouvellement reconcilies. Dans ce cas les risques de lEsp^e ne seroient pas comparables avec ceux de la France, dont les isles ne peuvent pas faire dans une proportion egale lobjet de la cupidité de lAng^{re} et surtout si la tempete alloit fondre sur une partie ou sur l'autre des d^{es} possessions le coup seroit fatal et inevitable, et de ce moment la balance de la guerre qui nous presente maintenant une si belle perspective seroit entierement contre nous.

Pour se decider a commencer les hostilités il faut etablir deux suppositions, la 1re que les places et les ports principaux des domaines des 2 souvrains soient en bon etat de deffense. La 2e quon sera deja convenû des operations quon devra entreprendre ensemble ou separement et que lon a préparé tous les moiens pour soutenir avec vigeur les campagnes quil sera necessaire de faire. Quant a ce qui regarde lAmerique Espagnole je ne vous cacherai pas que depuis plusieurs années on y envoie toutes les especes de renforts et de secours en g^{de} quantité. Qu'il y a des places presqu'inexpugnables; malgré cela il ne seroit pas etonnant dans une aussi g^{de} etendue de terrain quil se trouva quelques postes incapables de resistér aux efforts de lAng^{re} si elle y emploioit toutes les forces quelle a dans ces regions. Pour ce qui est des mesures interieures on y procede avec une activité incroiable; on complette larmée; on donne le plus grand essort à la marine; et lon prend toutes les autres precautions dont cette puissance est susceptible dans les circonstances actuelles, en sorte qu'au printems prochain on aura pret un corps d'armée raisonable; et toutes les places d'Europe, d'Afrique et d'Amerique seront bien pourvûes. Pour ce qui est de largent on n'a pas eu besoin de mettre de nouvelles impositions, et le Roi se flatte quil ne seroit pas dans la necessité de le faire quand meme il entreroit en guerre.

Il sera necessaire davoir sur les objets dont je parle les memes eclaircissemens de la part de la France et nous ne mettons pas en doute que le ministre les donnera de bonne foi puisque cest de la que depend la sureté des operations qu'il s'agit de combiner.

Sur ces opérations à « combiner » la dépêche était brève, mais fort précise quant à la principale, c'est-à-dire quant aux entreprises éventuelles en Portugal. Elle avait posé le point de départ : « On fait la guerre pour conserver ses possessions ou pour gagner celles des autres »; elle en tirait aussitôt cette déduction, sans autre développement : « Il n'y a pas d'opération plus convenable pour la monarchie que la conquête du royaume de Portugal; la nation et le roi regarderaient comme « indécente » une guerre de pure diversion contre ce pays, « qui leur appartient par le droit du sang »; la navigation et le commerce français auraient eux-mêmes de l'avantage aux conquêtes qu'y feraient les armes royales. » Tout le reste, après cela, n'était visiblement écrit qu'à titre secondaire : l'Espagne contribuera volontiers au soulèvement de l'Irlande, mais comme on désire détruire le commerce anglais dans la Méditerranée et que dans cette vue il faut prendre Minorque, la France seule peut le tenter; plus tard il faudra chasser les Anglais de la Jamaïque, rien pourtant ne presse à cet égard, de même au sujet de l'utilité à tirer des colons américains, le cas échéant :

Il n'est point d'operation plus convenable pour le bien de cette monarchie et pour la satisfaction generale de la nation que la conqueste du royaume de Portugal ou de quelq'une de ses provinces. Ce seroit une chose facile a demontrer que lutilité qui resulteroit pour les interets de la maison de Bourbon de la d^e conqueste. Mais comme les bornes dune lettre ne permettent pas d'aprofondir une matiere de cette etendue, j'indiquerai en passant lavantage que la navigation et le commerce des sujets francois en retireroient en se substituant a celui qu'y font actuellement les Anglois. Ainsi les deux cours doivent convenir dans ce point essentiel et decidér si une armée espagnole doit entrer en Portugal : bien entendû que le Roi et la nation regarderoient co^e indecente une guerre purement de diversion contre un Royaume qui lui apartient par le droit du sang, et que Sa M^{te} nemploieroit ses troupes dans ce Royaume voisin qu'avec lintention bien decidée dy conservér les conquestes quil y feroit.

Le demembrement du royaume dIrlande pour le laisser au pouvoir de ses propres habitans seroit une des entreprises les plus interessantes que les deux Couronnes pourroient faire; et le Roi mon maitre contribueroit volontiers pour sa part a une action aussi glorieuse par tous les moiens quon jugeroit les plus convenables, dautant plus que dans le nombre des precautions quelle a determinées comme necessaires pour tenir lAng^{re} en respect, une est dentretenir en Galice un corps de troupes avec un train d'artillerie correspondant, et un autre respectivement a Cadix.

Comme les cabinets de Versailles et de Madrid desirent principalement de detruire le commerce anglois dans la Mediterrannée, il est facile de comprendre combien la conqueste de Minorque y contribueroit mais la France seule peut la tentér. Il est inutile den raporter ici les differens motifs.

Une fois que nous aurions legalité ou la superiorité sur mer que nous desirons gagner sur les Anglois, on pourroit penser a les chasser de la Jamaique. Mais le projet ne presse pas, il dependra principalement du succès de nos premières operations et de letat ou nous verrons les colons americains; mais sils se maintenoient en forces et sils continuoient la course sur les batimens de la G^{de} Bretagne ils nous donneroient bien de laisance pour cette entreprise et pour d'autres.

Parvenu à ce point, M. de Grimaldi se résumait dans une suite de chefs distincts. Au dernier, M. de Vergennes arrêta sa traduction par des *et cætera,* ne supprimant sans doute que des parties inutiles au fond même :

Jai dit a V. Ex^{ce} combien le Roi et ses ministres ont reflechi sur letat actuel des affaires, combinant autant quil a ete possible toutes les circonstances, afin que d'apres leur aperçû cette cour sans doute celle de France manifeste sa derniere determination et que nous puissions parvenir au plus tost a un arrangement final pour ce qui concerne le moment de declarer la guerre et les operations dont chacune des deux puissances se chargera.

Pour plus de clareté je resumerai ici en peu de mots le jugement que S. M. et son ministere ont formé.

Quil est clair co^c le jour que la guerre seroit juste soit contre les Anglois soit contre les Portugois.

Que nous devons la supposer inevitable au plus tard à l'epoque de la reconciliation ou de la séparation totale des Colonies.

Que si nous l'anticipons de quelques mois en prevenant les Anglois engagés contre leurs colons rebelles nous devons nous promettre une grande superiorité.

Que l'Espagne adoptera le parti qui paroitra preferable à la France.

Que malgré la belle perspective qui se présente l'issue de l'affaire des Colonies est incertaine et par consequent que le moment de nous declarer doit l'être.

Que si l'Angleterre est maintenant foible, elle le sera d'avantage dans deux ou trois mois par les pertes que lui aura causé la guerre civile.

Que l'honneur de l'Espagne offensé par le Portugal sera suffisament vangé par les seules opérations de l'Amérique. Ainsi rien ne presse à cet égard.

Que la guerre dans le moment étant un objet de choix et non d'une nécessité absolue, il convient d'examiner si nous sommes de toute part en bon état de deffense afin qu'il ne nous en coûte pas quelque province d'Amérique.

Que l'invasion du Portugal jetteroit nos ennemis dans de grands embarras, mais qu'on ne pourroit l'entreprendre que dans la vue déterminée qui a déja été exposée.

Enfin que dans cette guerre l'Espagne risque infiniment plus que la France eu égard à ses vastes et riches possessions des Indes. En conséquence de quoi elle ne peut faire moins que d'exposer les susdites considérations afin que les deux souverains conviennent des mesures qui seront les plus analogues à la gloire des deux monarchies.

Etª. etª.

Espagne, t. 582, n° 21.

Mais lorsqu'on lut à Versailles ces conditions et cette sorte de programme du gouvernement espagnol, les choses avaient changé de face. La pièce arrivait en même temps que les nouvelles annonçant la défaite de Washington à Long-Island. Dans les évènements qui les tiennent le plus en suspens, les nations ont souvent cette déception que le bruit des victoires souhaitées se répand, tandis que la réalité est le contraire. Nous disions tout à l'heure qu'à la fin de septembre on apprenait par le port de Nantes que l'armée de Howe, dont on s'étonnait de ne rien savoir encore, avait essuyé dans cette île, le 12 ou le 13 août, de grandes pertes et s'était vue forcée de se rembarquer. Sans accorder une foi entière à ces rumeurs, M. de Vergennes n'était pas éloigné de faire un peu fond sur elles. Il en rapprochait l'attitude des ministres britanniques avec nous et elles ne lui paraissaient pas assez improbables pour qu'il ne le laissât point pressentir à Garnier, le 28, en tête d'une dépêche de Gérard qu'il complétait de sa plume[1].

---

[1] « Il est trés naturel que les commandants « anglais en Amérique n'expédient des vaisseaux « de guerre en Europe que pour des objets ma- « jeurs, écrit M. de Vergennes le 28 septembre; « et comme il n'en arrive point, il est à pré- « sumér où quils nont pas trouvé moien de rien

Le 5 octobre il lui en reparlait encore dans une autre, toute de sa main, y trouvant sans doute des possibilités de plus[1]. Mais un rapport du chargé d'affaires, daté du 11, qui parvenait à Versailles cinq ou six jours après, c'est-à-dire à l'heure où le comte d'Aranda recevait le pli de M. de Grimaldi du 8, était venu faire évanouir l'illusion. Non seulement Howe avait enlevé Long-Island cinq jours après son arrivée, le 27 août, mais l'armée américaine était en fuite, New-York près d'être pris et la résistance des Américains désormais impossible aux yeux de la plupart des Anglais; les amis des insurgents ou les adversaires de la politique de George III à Londres se voyaient réduits à reporter dans le domaine des pronostics ou des conjectures les espérances qu'ils avaient conçues. Les conseillers de Louis XVI durent tomber de très haut en lisant le pli suivant du chargé d'affaires :

« entreprendre de considerable contre les in-« surgens, ou que s'ils ont tenté quelque entre-« prise, le succès ne leurs a pas été favorable. « La question seroit decidée si l'on devoit re-« garder comme autentique la nouvelle que l'on « dit avoir eté aportée à Nantes par un batiment « parti de Nantuket le 26 aoust; elle porte que « le 12 ou le 13 du même mois il y auroit eu « une action très meurtriere, à Long Island, « entre les Royalistes et les Insurgents, que le « total des tüés de part et d'autre seroit de « 11 à 12000 hommes, et que les troupes de « la Couronne auroient été forcées de se rem-« barquer. Cette nouvelle se combine asses « avec l'avis arrivé à Londres des dispositions « des commandans anglois pour attaquér à la « meme epoque, et toutes les circonstances « semblent se réunir pour la rendre croyable. « Si nous etions disposés à y ajouter une foi en-« tière nous aurions la clef du ton affectueux et « empressé avec lequel M. Weymouth vous a « parlé des affaires du Portùgal, et de nos griefs « contre la compagnie des Indes. » — Le ministre avait rectifié de sa main les neuf premières lignes, Gérard les ayant, nous semble-t-il, rendues trop affirmatives. La dépêche partait de ces données pour se bercer de la pensée que l'Angleterre ne pouvait plus vouloir et ne voudrait plus qu'une politique de paix, qu'elle amènerait au moins le Portugal à satisfaire l'Espagne si elle ne faisait pas répondre favorablement la compagnie des Indes à nos réclamations. (*Angleterre*, t. 518, n° 66.)

[1] « Il peut être vrai que la cour de Londres « soit co^e elle le dit sans nouvelles de son armée « devant New Yorck, mais la chose est peu vrai-« semblable, et l'on seroit plus tost tenté de « croire quelle en a mais quelles sont de na-« ture a ne devoir etre pas publiées. Je vous ai « fait part de celles qui se sont repandues ici « sur la foi d'un patron americain que l'on dit « venir de Nantuket. Je les crois hazardées, « mais j'y trouve plus de probabilité que dans « l'inaction pretendue de Mr Howe. Suivant tout « ce que vous nous marqués, M. et qui est con-« firmé par les papiers publics il n'y a pas la plus « legere aparance a une negociation, il ne reste « donc que l'emploi des moiens de force pour « ramener a la soumission ce peuple indocile. » (*Ibid.*, n° 76.)

à Londres le 11 octobre 1776.

Monseigneur

L'armée royale en Amérique est en possession de l'Ile-Longue. Les lettres ci-jointes du géneral Howe détaillent ses opérations depuis le 22 août jour du débarquement de l'armée à l'Ile-Longue jusqu'au 30 du même mois que ce général a été en pleine possession de cette isle.

Tous les militaires donnent les plus grands éloges aux dispositions qu'il a faites pour parvenir à son but et vous serez sans doute étonné, Monseigneur, qu'il l'ait rempli à si peu de frais, puisqu'il ne compte qu'environ 400 hommes tant tués que blessés, ou pris dans son armée, tandis qu'on évalue la perte des Americains à 3.300 hommes y compris mille prisonniers parmi lesquels trois de leurs généraux. Ils ont aussi perdu 32 pièces de canon.

Vous pensez bien qu'on parle avec le dernier mépris de la défense de ces derniers. On prétend que leurs retranchements étaient mal faits, et qu'ils ont laissé surprendre la redoute où ils auraient pu se défendre avec le plus d'avantage. Le Lord Amherst m'a dit qu'a l'approche de l'armée ils sont sortis en avant de leurs retranchemens pour défendre les hauteurs, où ils n'ont pas eu le tems de se fortifier, que, quand chassés de ces hauteurs ils ont voulu gagner leurs lignes, ils avaient essuyé le feu de la redoute même qu'ils avaient laissée derrière eux, et qu'ils avaient été attaqués avec tant d'énergie et de rapidité que leur retraite s'était faite avec beaucoup de confusion et de perte.

Cette affaire qui est la principale s'est passée le 27. Le reste du détachement américain posté à l'Ile-Longue se trouvant pressé de tous côtés par une armée de plus de 25. mille hommes n'a rien eu de mieux à faire que de passer le bras de mer qui sépare l'île de la ville de New-York, ce qu'il a effectué dans la nuit du 29, heureux d'avoir pu conserver cette communication malgré la flotte.

Nous avons toujours cru que ce détachement ne consistoit qu'en cinq mille hommes. Il avoit été renforcé puisque le général Howe le porte à dix mille. Il paroît aussi que cet officier attribüe en partie le succès complet qu'il a eû au mouvement de la flotte vers la ville de New-York..................
.... A entendre les conséquences qu'en tirent les partisans du Gouvernement, il semble que tout soit fait et que l'Amérique entière fût

renfermée dans l'Ile-Longue. Les Américains ne peuvent plus tenir nulle part, et il faut qu'ils se soumettent. L'imagination érige déjà des forteresses dans les diverses provinces, et on lève à leurs frais une armée pour contenir ces peuples rebelles. Le parti contraire ne voit dans ce 1er succès qu'un malheur de plus en ce qu'il soutiendra l'illusion de l'Angleterre, en encourageant la poursuite d'une guerre qui, selon eux, ne doit finir que par la séparation de l'Amérique et ne peut se prolonger que pour augmenter la détresse de ce païs-ci. Vous déterminerez mieux que moi, Monseigneur, la plus solide de ces deux opinions, dont j'avoue que la d^{re} me paraît la plus probable. Il me revient même d'assés bon lieu que depuis la prise de l'Ile-Longue le général Sullivan, un des prisonniers, a été à la sollicitation des commissaires anglais, trouver le général Washington pour lui faire de nouvelles offres de paix, et que ce d^{er} lui a dit de retourner où il était prisonnier et de dire aux commissaires qu'il fallait que l'épée décidât de cette grande querelle. Je serais d'autant plus porté à croire à cette nouvelle démarche de la part des commissaires qu'elle sied mieux à l'Angleterre après une victoire. On s'attend généralement que la prise de New-York aura été le 1er fruit de celle-ci et des lettres du 9 de septembre, apportées par le batiment chargé de la relation ci-jointe, font mention des préparatifs pour l'attaquer.

L'artillerie était déjà disposée sur le rivage opposé à New-York dont il n'est éloigné que de trois quarts de mille. J'ai toujours oui-dire que la rive de l'Ile-Longue opposée à New-York dominait la ville de manière à en rendre la défense impossible. On craint seulement qu'elle ne soit brûlée par les Américains.

....

Angleterre, t. 518, n° 79.

Le 18 septembre, M. de Goltz mandait de Versailles au roi de Prusse, qu'on y attendait « avec la dernière impatience, comme d'ailleurs à Londres, la nouvelle de la maniere dont l'amiral Howe aurait débuté à la Nouvelle-York[1] »; on était fixé maintenant. Le premier engagement des États-Unis contre l'armée anglaise était une déroute,

[1] Voir de Circourt, *ubi supra*, t. III, p. 67.

les combinaisons fondées sur leur résistance perdaient toute autorité. Eût-on su, même, ce que la ténacité et le sang-froid de Washington recélaient de force, on ne pouvait qu'être ramené fort en arrière. Les suppositions consolantes de Garnier, si M. de Vergennes les partagea, n'empêchaient point de se trouver revenu, en fait, au temps tout au moins où l'on raisonnait sur l'hypothèse de la déclaration d'indépendance. Le tempérament politique du cabinet aurait-il admis plus de hardiesse? Dans l'entourage du roi, combien ne durent pas trouver que ne point reculer davantage était déjà de la témérité? Au prix surtout où l'Espagne s'offrait, cette opinion-là ne pouvait que faire du chemin. Aussi les points de vue vont-ils paraître très modifiés. Le furent-ils réellement autant qu'ils le sembleront, ou du moins eut-on l'intention qu'ils le fussent? L'absence de témoignages de la part des acteurs ou des contemporains eux-mêmes ne permet de faire à cet égard que des suppositions. Les correspondances et les documents sont muets, il faudra en interpréter les termes. Cette remarque, dans la réponse de l'Espagne, « que M. de Vergennes avait bien soumis au conseil de S. M. T. C. les propositions du 31 août, mais qu'il n'indiquait pas l'opinion conçue par ce conseil, laquelle aurait été très intéressante pour éclairer le jugement de celui du Roi Catholique », n'est-elle pas un indice que ces propositions avaient plus d'un adversaire, qu'elles venaient plutôt du ministre personnellement que du Gouvernement à vrai dire et que ce fait n'était pas ignoré? D'après les dépêches de Frédéric II à ses représentants à Paris et à Londres, c'est le comte de Maurepas surtout qui redouta alors d'agir, et les écrivains du temps indiquent, en général, ce ministre comme personnifiant dans le Gouvernement les idées contraires à la guerre.

Toujours est-il qu'une solution de continuité s'opère à cette heure. La politique ne change pas, mais on modifie les instructions qui tracent la conduite. Le secrétaire d'État des affaires étrangères va parler maintenant de paix avec la même insistance qu'il avait mise à diriger le courant vers la guerre. Pour justifier cette attitude différente il développera des raisons qui n'existaient pas moins auparavant, mais qu'il négligeait de voir ou qu'il se dissimulait à lui-même. Il se fondera sur des appréciations de l'état des finances ou des moyens qui n'auraient pas été moins à leur place alors et auxquelles il ne s'était pourtant point arrêté.

Ce qu'il est permis de penser, c'est que M. de Vergennes se rendit compte tout de suite des sentiments que l'évènement de Long-Island ferait naître, des points de vue qui allaient en surgir et qu'afin de réduire à sa moindre portée l'effet qui devait se produire il s'empressa de prendre les devants sur des impressions inévitablement défavorables. Dès que le cachet des dépêches de Madrid fut rompu, il prévint le roi sans délai. On était à Fontainebleau; il lui envoie aussitôt ces dépêches dans un pli qui les commentait d'une façon sommaire. Toutefois, ce n'est point aux faits relatifs à l'Amérique qu'il donne le pas, c'est à la réponse du cabinet espagnol. Les évènements d'Amérique lui servent uniquement à dire que « rien ne presse plus ». Il indique même que si New-York était perdu, l'échec de Long-Island serait une raison de nous rassurer; nous n'aurions plus à craindre une irruption de l'Angleterre et nous ne risquerions rien si elle avait encore des succès pareils, car ils étaient pour elle des pertes. A son avis, il convient essentiellement de continuer les précautions, mais il importe surtout de discuter avec l'Espagne et c'est à quoi il avise. Il écrit au monarque :

Fontainebleau 17 8bre 1776.

Sire.

J'ai lhonneur d'envoyer à Votre Majesté une lettre particuliere que M. le marquis de Grimaldi m'a ecrite et la traduction de sa depeche à M. le comte d'Aranda, servant de reponse au memoire que Votre Majesté m'avoit ordonné de lui communiquer.

Le roi d'Espagne s'en raporte à Votre Majesté de la résolution a former, mais il paroit qu'une resolution dilatoire ne lui deplairoit pas. Rien ne presse plus en effet; si je ne me fais pas illusion, l'evenement qui vient de se passer à Long Island, quand meme il seroit suivi de la prise de New Yorck rend les circonstances moins allarmantes pour nous.

Les Anglois, avec un etablissement en Amerique pour leurs quartiers d'hiver, me semblent moins à craindre qu'errans sur la mer, et ne sachans ou prendre un azile. On ne risque donc rien à les laisser s'engager toujours plus dans une guerre, où les avantages mêmes qu'ils célebrent sont des pertes reels. Si le parti semble preferable, quand bien meme la guerre devroit etre inevitable, il est bien essentiel, Sire, de ne pas discontinuer les precautions de toute espece que Votre Majesté a ordonnées avec tant de prevoyance en sorte que se trouvant partout dans un etat respectable elle puisse prendre le role qui apartient a sa couronne, celui d'arbitre de la paix et de la guerre.

Je suplie V. M. de me renvoyer les papiers que j'ai l'honneur de lui adresser. Je n'ai pas encore conferé sur leur contenu avec M. le comte d'Aranda, et j'ignore s'il a quelque chose de plus particulier à communiquer. Lorsque je me serai entretenu avec lui je suplierai Votre Majesté de vouloir bien nous accorder un committé pour discuter la reponse à faire à cet ambassadeur et à M. le marquis de Grimaldi.

Il est un article bien délicat, c'est la reserve que l'Espagne voudroit faire de ses conquestes sur le Portugal, si elle l'attaquoit, rien ne conviendroit moins aux interets de Votre Majesté pour l'objet en lui-meme, et pour les suites qui en resulteroient.

J'ai lhonneur de joindre ici une lettre de l'infant duc de Parme, il m'a fait l'honneur de m'écrire pour me temoigner la crainte qu'il a de perdre M. le comte de Flavigny.

Je suis......

Arch. nat., K 164, n° 3; année 1776, n° 16.

Dès le lendemain 18, une lettre du roi informa le ministre qu'il pensait comme lui et détermina les éléments de la réponse qu'il convenait de faire. M. de Vergennes reçut aussitôt le comte d'Aranda pour lui annoncer dans quel esprit cette réponse serait conçue. Huit jours après, s'étant bien entendu avec M. de Maurepas, il envoyait au souverain le projet de l'exposé qu'on chargerait l'ambassadeur de transmettre à sa cour. Le pli suivant accompagnait ce projet; il constate

620   LES CONDITIONS DE L'ESPAGNE

1776. ou il permet de supposer les circonstances que nous indiquons ici. Il donne par suite à l'histoire un témoignage positif, bien que non absolument explicite, des sentiments dans lesquels furent Louis XVI et ses conseillers quand la défaite de Long-Island écarta les résolutions de guerre immédiate qu'ils avaient examinées le 31 août. Ces sentiments ne sont pas tout à fait ceux qui leur ont été prêtés depuis[1].

Fontainebleau, le 26 8bre 1776.

Sire,

J'ai l'honneur de mettre sous les yeux de V. M. le travail que j'ai rédigé sur la depeche de M. le Mis de Grimaldi à M. le Cte d'Aranda. Les p̃pes et les vues que V. M. a daigné me communiquer dans sa lettre du 18 de ce mois ont servi de baze à mon raisonnement. Je désire, Sire, metre conformé à ses intentions. Je ne propose rien d'actif et en cela je ne crois pas m'eloignér de celles de l'Espagne, qui ne me semblent pas aussi guerrières que son ambassadeur le suppose. Celui-ci voudroit une déclaration immediate, elle est bien moins instante qu'elle ne pouvoit le paroitre il y a deux mois, et tout ce que la circonstance semble exiger de la prévoyance de V. M. et de celle du Roi Cq̃ue est de pourvoir à ce que les Américains ne succombent pas faute de moiens pour resistér.

M. le Cte de Maurepas, qui a eu mon travail entre les mains paroit penser uniformément, il est facheux, Sire, que son indisposition eloigne le committé que je dois avoir l'honneur de demander à V. M. pour arrêter définitivement la reponse à faire à l'Espagne.

Arch. nat., K 164, n° 3; année 1776, n° 17.

Nous retrouverons plus loin cette réponse à l'Espagne. On y verra comment M. de Vergennes, qui venait de faire presser si instamment

---

[1] M. G. Bancroft, notamment, les leur a reprochés. Le premier, il a regardé aux documents de nos archives; mais, à cet égard, il ne nous parait pas les avoir vus d'assez près. Ils ne justifient point le jugement qu'il porte sur les actes et sur les personnes, dans le 3e chapitre de son 9e volume. La légèreté timorée (*the timorous levity*) dont il gratifie M. de Maurepas, l'inintelligente hésitation (*the dull reluctance*) par laquelle il caractérise Louis XVI, ne ressortent pas, au degré qu'il lui semble, des pièces que nous avons successivement analysées ou reproduites ici. Ces pièces ne présentent pas non plus M. de Vergennes comme tranchant sur ses collègues, en ce qui concerne les résolutions à prendre, autant que l'auteur américain l'indique.

cette puissance, sut atermoyer avec elle. Auparavant, d'autres faits doivent prendre ici leur place. Dès que la résolution du Congrès s'était trouvée connue, le problème posé par les évènements de l'Amérique avait passé du domaine de l'examen secret, du domaine du gouvernement dans celui des impressions publiques. Un élément nouveau venait dès lors compliquer ce problème. L'opinion y ajoutait pour ainsi dire des termes. D'autres mobiles que ceux de la politique réfléchie et calculée commençaient nécessairement à y exercer de l'empire, d'autres personnages que les ministres à y avoir leur rôle ou à en chercher un. Il faut regarder à ce changement produit dans les choses avant d'exposer la suite des négociations entre les deux pays.

ANNEXES DU CHAPITRE XVII.

I

FRÉDÉRIC II ET LES ÉTATS-UNIS.

[La correspondance que M. G. Bancroft a reproduite à l'appendice de son *History of the United States*, met à nu les vues et les mobiles du roi de Prusse quant à l'intérêt porté par lui au soulèvement de l'Amérique. Elle les fait voir un peu différents de ce qu'ils ont apparu à cet historien, désireux d'établir pour l'Allemagne des droits à la reconnaissance de son pays.

Frédéric II a une profonde rancune de l'égoïsme de l'Angleterre. On ne le reprendra plus à se fier à elle. Dès 1774 il l'écrit au comte de Maltzan, son ministre à Londres : « . . . . . J'en ai fait malheureusement l'expérience; et je vous proteste « qu'il me paraîtrait plutôt possible qu'un bon chrétien se liât avec le diable que moi « avec l'Angleterre » (3 janvier 1774). La leçon est pour lui définitive; elle devient la raison et le point de départ de ses sentiments et de ses actes. Il regarde d'abord avec une curiosité maligne les embarras que les colonies anglaises causent à la cour de Londres : « Je suis curieux de voir la fin de l'héroïsme bostonien et vous y « prêterez votre attention » (27 juin 1774). Même recommandation, par le même motif, le 31 octobre. De plus en plus il s'y plaira, à mesure que les faits se développeront. Déçu quand leur cours se ralentit, il se console en raillant. A prétendre que s'il pouvait compter sur la cour de Londres il n'aurait pas une autre attitude, ne se verrait-on pas démenti par l'évènement? Mais actuellement le fruit est sans saveur et il s'en moque. « Oh! l'heureuse nation et digne d'envie, écrit-il le 8 dé-« cembre; son administration actuelle est son expression parfaite; les principes des « Torys sont son unique guide dans les affaires; elle renferme tous ses soins dans « l'enceinte de son île et toute son ambition dans son alliance avec le Portugal. » N'accepterait-il pas d'être le Portugal? la question ne serait peut-être pas illusoire. En attendant, il se berce de ce qu'il espère : les mesures de rigueur votées par le

Parlement augmenteront les dispositions à la résistance; à ses yeux il sera « très difficile au Gouvernement de trouver une porte pour sortir du labyrinthe où il s'est engagé » (29 décembre). En janvier 1775, Maltzan écrit de Londres que les affaires empirent; il répond qu'elles lui deviennent « intéressantes ». Intéressantes par leur influence sur celles de l'Europe : « plus elles occuperont et embarrasseront la cour « britannique, dit-il, moins pourra-t-elle se mêler des affaires des autres puissances, « et c'est toujours un grand point de gagné. » A ce moment-là l'Autriche faisait, vers la Moldavie, des opérations militaires qui le tenaient singulièrement en éveil sur l'aide qu'on pourrait y donner de Londres; il voudrait savoir la nation anglaise assez mal disposée contre le ministère de lord Bute pour pendre au premier jour ce dernier; sur le premier avis qu'en transmettrait Maltzan, il serait prêt à lui envoyer « la plus belle corde pour honorer son supplice ». Du reste, en politique avisé, il juge que le gouvernement anglais s'engage fort maladroitement. Il s'en applaudit à chaque lettre. Il souhaite « qu'il y trouve de la besogne pour longtemps » et soit empêché de « s'ingérer dans les affaires des autres » (16 janvier 1775). Quant à lui « il ne se mêlera pas de la querelle, il veut qu'on le sache bien. Il n'éprouve nulle peine d'apprendre par les dépêches les progrès des brouilleries avec les Colonies. Bien au contraire, il en est bien aise par les motifs qu'il a déjà allégués. » Il recommande à Maltzan de lâcher quelques propos dans le public à cette fin, faisant d'ailleurs le vœu que l'Angleterre lui rende « un parfait réciproque et ne s'occupe point de lui » (6 février 1775).

Voilà comment Frédéric II s'apprêtait à porter appui au triomphe de la république américaine. Maltzan a la simplicité et la flatterie de lui dire que les Colonies, si elles l'emportent, feront comme jadis l'Angleterre, « choisiront une autre branche « de la famille pour leur souverain » et se donneront à lui (10 février). Il s'en faut que le roi voie de ces yeux-là. N'ayant ni troupes ni généraux, les Colonies, à son idée, n'iront pas loin; « elles ne sauraient guère se flatter de quelque succès, et il est à présumer que leurs différends se borneront à beaucoup de rumeurs et non à une révolution parfaite »; dans tous les cas, il renonce d'avance à toutes les offres : « Je « cède sans hésiter tous mes droits à l'Angleterre, » écrit-il (21 février), se souciant beaucoup de voir celle-ci pleine d'embarras et pas du tout de l'avenir des Colonies en lui-même. Maltzan, que la pensée de le servir rend changeant, voudrait lui faire faire une avance au gouvernement de Londres, rien que dire une parole encourageante pour les mesures que celui-ci prend et caresser, par là, l'amour-propre de lord North, l'assurant que ce gouvernement y serait très sensible. Avec quel dédain Frédéric s'y refuse! Il n'a qu'un souci, c'est que l'Angleterre ait assez d'affaires chez elle pour ne pas se mêler de celles des autres : « plus leurs affaires s'embrouilleront

« et moins y aura-t-il à appréhender pour la tranquillité de l'Europe; l'issue de ces
« bisbilles lui est fort indifférente » (13 mars 1775).

A la fin de 1775, encore, il en est à observer, simplement, et à souhaiter mal à
l'Angleterre : « La tournure que les affaires des Colonies prennent, écrit-il le 23 oc-
« tobre, me les rendent plus intéressantes que par le passé. Quoique dans le fond je
« puisse toujours les regarder comme fort étrangères à mes propres intérêts, je serai
« cependant bien aise qu'étant sur les lieux où se forment les différents plans qu'on
« imagine pour les reduire à l'obéissance, vous me fassiez connaître vos idées sur
« l'issue apparente de ces brouilleries. » Le 7 décembre il écrit de Potsdam à Maltzan,
au sujet du différend de l'Espagne avec le Portugal, « que la conduite du ministère
britannique ne le surprend point, qu'il ne serait nullement étonné de voir dans cette
occasion l'Angleterre abandonner le Portugal à son sort. L'intérêt propre, continue-
t-il, a été de tout temps le premier principe de la politique de cette cour. Elle n'a
de ménagements pour ses alliés que pour le temps qu'elle croit en avoir besoin ; ce
besoin cesse-t-il, alors il ne lui coûte rien de les négliger et même de les abandonner
entièrement. L'Autriche l'a éprouvé dans la guerre de succession, et s'il vous faut un
exemple plus frappant et récent, souvenez-vous des procédés indignes qu'elle a tenus
vis à vis de moi dans la dernière guerre. » Un peu plus de prévoyance de la part de
la Grande-Bretagne et l'on entrevoit que Frédéric II n'eût pas pensé à servir la politique de la cour de Versailles en faveur des États-Unis.

Les soins que prennent la France et l'Espagne de renforcer leurs armées et leurs
flottes attirent son attention dès 1776. Il voit là le prélude d'une nouvelle guerre :
« Le tour que prennent les affaires ne me permet plus de douter qu'à la fin la France
« se commette avec l'Angleterre, et une année plus tôt ou plus tard, la guerre entre
« les deux puissances sera inévitable », écrit-il le 20 juin à M. de Goltz à Paris, et il
l'avise de se tenir bien informé : « Je suis très impatient d'apprendre de quel œil on
« envisagera en France les affaires d'Amérique,..... et quel parti on pourroit, en
« conséquence, y prendre conjointement avec l'Espagne. » Il considère que cette
dernière puissance « à moins d'être stupide et de mal entendre ses intérêts devrait
profiter de l'occasion pour remuer ». Il a écrit à son ministre, le 25 août, de voir s'il
n'y a pas moyen d'entretenir la cour où il est dans ses idées, particulièrement au
sujet de la cour de Vienne, et pour mieux disposer celle-ci il s'empresse de lui faire
savoir que l'Angleterre a sondé le terrain pour obtenir de ses troupes, mais qu'à
l'instar de la Russie il a refusé tout de suite (23 septembre). Le 28 il ne peut se retenir de montrer la crainte que « les sentiments du roi de France et de son ministère », la « situation délabrée des finances » ne nous laissent pas suivre l'impulsion
des gens qui pensent que ce serait le bon moment, pour nous, de prendre notre

ANNEXES DU CHAPITRE XVII. 625

revanche de l'Angleterre, qu'un tel moment ne se retrouvera peut-être plus, et c'est peu après qu'il écrit à M. de Goltz de faire désirer avec adresse ses services : « Quant « à votre conduite vis-à-vis du ministère de Versailles, vous faites très bien de ne pas « faire trop l'empressé, ni de le cajoler au point de lui faire accroire que j'avois « besoin de sa cour ou que je cherchais à me lier avec elle. Il suffira et vous vous « bornerez soigneusement de vous concilier sa confiance par toutes sortes de poli- « tesses; sans toutefois faire de basses flatteries, afin de le désabuser simplement du « préjugé qu'on a tâché de lui inspirer de mes dispositions peu favorables et enne- « mies même pour la France, et d'une certaine aigreur et animosité qui me restait « contre elle, et qui faisait que je me plaisais dans tout ce qui pourrait lui être con- « traire » (Potsdam, 3 octobre 1776). Quinze jours après, il invective presque son ministre pour avoir encore si peu réussi : « Votre dépêche du 6 m'est bien parve- « nue, mais elle appartient à la classe de celles qui ne méritent pas le port qu'on en « paie. Elle ne contient que des répétitions et allégations ennuyantes, et il ne m'im- « porte point du tout d'apprendre ce que vous avez dessein de faire, mais bien au « contraire ce que vous avez effectivement fait pour satisfaire à mes ordres. D'ailleurs « vous y faites le vrai perroquet, en répétant tout ce que je vous ai appris par mes « lettres précédentes, et je n'y ai absolument rien trouvé qui méritât mon attention, « ou dont j'eusse pu tirer quelque parti. En effet, il ne s'agit pas tant de savoir en « détail ce que vous avez dit aux ministres, mais bien plutôt quelle impression vos « insinuations ont faite sur leur esprit. C'est là l'essentiel; tout le reste n'est que ver- « biage, et votre dépêche susmentionnée excelle véritablement dans ce style diffus et « vide de sens » (17 octobre 1776). Deux mois plus tard, les succès de Howe lui font craindre de voir fuir l'occasion qui lui souriait. Il avait presque compté « que l'Angleterre allait être mise hors d'état de se mêler désormais de ses affaires; mais ces succès lui font redouter le contraire; ils pourraient bien favoriser dans le cabinet de Versailles le système pacifique du comte de Maurepas; les cours de Bourbon paraissent avoir laissé échapper le moment favorable » (Berlin 31 décembre 1776). L'espoir lui revient cependant bientôt. Alors il écrit de nouveau à M. de Goltz pour que celui-ci avance ses affaires à Versailles : « D'ailleurs vous savez qu'il n'existe « aucun engagement entre moi et l'Angleterre qui m'obligeât à m'intéresser en sa « faveur, de sorte que, tout comme je suis persuadé que la France ne lèvera pas son « bouclier sans des raisons bien urgentes, elle peut être tout aussi assurée que je « ferai *tout au monde* pour conserver la tranquillité. Vous ne manquerez pas de pro- « fiter des occasions qui se présenteront encore pour convaincre le ministère de Ver- « sailles de tout ce que dessus, et d'y ajouter même toutes les autres insinuations « que vous jugerez propres pour lui faire voir à l'œil que la France ne me trouvera

« nulle part dans son chemin, et qu'ainsi elle n'aura jamais aucun sujet légitime de
« se plaindre de ma façon d'agir » (Potsdam, 7 janvier 1777).

Les efforts du roi pour nuire à l'Angleterre et être utile à lui-même vont continuer avec le cours des choses; mais il n'est aucunement question de sa part, jusqu'ici, de porter un intérêt quelconque aux États-Unis. En trouverait-on un indice dans cette lettre du 9 décembre 1776 à M. de Goltz : « Vous ferez très-bien, selon votre
« dépêche du 28 novembre dernier, d'exécuter de la manière proposée les ordres
« que je vous ai donnés au sujet des insinuations à faire au ministère de Versailles.
« Leur succès ne m'est rien moins qu'indifférent, quoiqu'il ne s'agisse pas d'une
« alliance, il est cependant bon d'être en bonne intelligence avec cette puissance.
« Quand on parvient à écarter toute aigreur des esprits, on éloigne en même temps
« toute animosité, et on se prépare la voie de se rapprocher plus facilement en cas
« de besoin. Dans les conjonctures actuelles, vous ne sauriez même me rendre un
« service plus important et plus agréable... » Frédéric II tient à se rapprocher de la France, c'est assez évident et les États-Unis pourront en être cause; mais ce n'est point le désir de faire quelque chose pour eux. On verra bientôt comment M. de Vergennes le fit servir à ses vues, et il ne sera pas difficile de constater que c'est grâce à cela seulement qu'il fut utile à l'Amérique.]

II

LES ARMEMENTS DE L'ANGLETERRE.

1. GARNIER AU COMTE DE VERGENNES.

A Londres le 2 août 1776.

..... Vous savez, Monseigneur, que le Lord Weymouth ne m'a parlé qu'une fois et très-légèrement de nos armemens. Plus il y a mis de légèreté apparente, plus j'ai conçu qu'il y mettoit d'importance réelle. Depuis ce moment il ne m'en a fait nulle mention. Les autres ministres ne m'en ont jamais parlé, et le silence en matière délicate est toujours suspect, ce qui fait que je redouble d'attention sur tous les mouvemens de la marine angloise. J'ai eu l'honneur de vous donner avis précédemment de quatre vaisseaux de force nouvellement ordonnés pour servir de vaisseaux de garde, on vient d'en ordonner six autres pour le même objet, savoir le *Sandwich* de 90, le *St Albans* de 64 pour Portsmouth; le *Queen* de 90, et le *Bienfaisant* de 64, pour Plymouth; le *Prince George* de 90, et l'*Augusta* de 64 pour Chatham. On envoie une grande quantité de cable, de mâts et d'agrès à Halifax. On a ordonné la construction de trois nouvelles frégates. Enfin, on nous mande de Plymouth que le *Belle-Isle* de 64 est destiné pour les Indes Orientales, que la Corvette le *Spy* qui avoit été amenée dans ce port par les matelôts appartenant aux yachts de Deptford, a formé son équipage de plusieurs détachemens de ceux à bord des vaisseaux de garde; qu'on y a joint 20 soldats de marine, et qu'elle a fait voile le 25 du mois dernier pour Terre Neuve. Vous vous rappellez en outre, Monseigneur, l'information que j'ai eu l'honneur de vous transmettre de 50 bâtimens qu'on arme en guerre pour transporter des vivres en Amérique. Le Gouvernement a aussi acheté un gros vaisseau de la compagnie des Indes nommé l'*Union*. On lui a donné le nom d'*Eléphant*, et on l'arme de 16 canons pour aller en Amérique.

Je ne vois plus qu'une manière d'expliquer toutes ces dispositions maritimes. C'est qu'on se prépare ici de longue main à un grand armement dans le cas où on le jugeroit nécessaire. Parmi les vaisseaux qu'on met en état, il y en a deux qui aiant besoin de réparations prendront nécessairement du tems. D'ailleurs il faut des hommes pour armer, et pour le présent ils sont en Amérique. Ainsi ce ne seroit guere que vers la fin de cette année que cette flotte seroit en état de mettre en mer, et ce ne sera jamais sans le secours de la presse; mais si une fois elle a lieu, quelque prétexte qu'on y puisse donner, le parti le plus soudain et le plus vigoureux, si vous me permettez, Monseigneur, d'en dire mon avis, sera de notre part le seul qui puisse pourvoir à notre sûreté.

Le *Belle-Isle* en armement pour les Indes en addition à la petite escadre dont nous avons déjà connoissance, mérite aussi quelque attention de notre part, d'autant plus que si l'on se détermine à renforcer l'escadre, il est assez vraisemblable qu'on n'en restera pas là. L'Angleterre sent combien il lui est important de défendre les possessions de l'Indostan devenue sa plus grande ressource. Mais de toutes ces dispositions, j'avoue que la plus imperceptible est celle qui me frappe davantage. Je veux parler de la corvette le *Spy* pour Terre Neuve. L'escadre qui croise dans ces mers étant partie depuis longtems, je ne puis concevoir l'objet de l'envoi de ce bâtiment dans ce tems-ci. Il peut être trés-naturel mais l'état de foiblesse où nous sommes dans cette partie, l'importance dont il est pour l'Angleterre de s'emparer dans le début d'une guerre de nos meilleurs matelôts, la facilité de le faire, enfin la funeste expérience que nous en avons faite, me donneront toujours les plus vives inquiétudes. Il peut se faire aussi que notre correspondant de Plymouth soit mal informé, car le Bureau de la Marine ne l'avoit désignée que pour l'Amérique. Je m'applique autant qu'il est en moi à constater le fait, c'est-à-dire la destination de cette corvette, et à découvrir l'objet de sa mission. Les frégates le *Persens* et le *Richmond* sont parties le 30 du mois dernier de Portsmouth avec 15 vaisseaux de transport chargés de recrues et de munitions de guerre et de bouche pour l'Amérique.

GARNIER.

P.-S. Selon les informations prises aujourd'hui même au bureau de la Marine on n'y connoît d'autre vaisseau ordonné pour les Indes Orientales que le *Rippon* de 60 canons et la corvette le *Cormorant*, qui ont tous deux complété leur armement. Vous les trouverez, Monseigneur, avec cette destination sur le tableau de la Marine. Je n'ai encore aucun éclaircissement sur la corvette le *Spy*.

Angleterre, t. 517, n° 90.

2. LE MARQUIS DE GRIMALDI AU COMTE D'ARANDA.

A St Ildefonse le 19 aoust 1776.

Dans une de ses dernieres lettres M. le prince de Masseran communique deux choses qui exigent la plus grande attention de notre part. L'une est, qu'outre 20 vaisseaux de ligne qui se trouvent armez et prêts dans les ports d'Angleterre, on venoit de donner ordre d'en armer six autres, et parmi eux quelques uns de 90 canons. L'autre, que la fregate la Spy etoit partie pour Terre Neuve, sans qu'on put decouvrir les ordres qu'elle portoit.

Il se presente plusieurs reflexions, et comme elles sont tres naturelles, je ne m'arrette point a les exposer, bien persuadé que ce ministere aura eû les mêmes nouvelles, et leur aura donné tout le poids qui convient.

Il n'est pas facile de deviner la destination de ce nouvel armement; car il n'est pas propre pour etre envoyé en Amerique et dans les ports de la Metropole on n'en avoit pas besoin pour sa sureté, y ayant déja les 20 autres vaisseaux prêts. On ne peut pas non plus croire, quil soit dirigé contre les forces que nous preparons pour Buenos Aires, car il n'arriveroit pas a tems pour en empecher l'envoy; il ne suffiroit pas pour y parvenir; il ne pourroit point l'entreprendre sans s'engager dans une guerre ouverte; et enfin il n'y auroit point de vûes de raison pour un pareil attentat.

Dans de semblables confusions, nous avons imaginé, que peut etre la Cour Britannique pensera a envoyer une escadre au Tage, soit pour contenir reellement les mesures qu'elle juge que l'Espagne songe a prendre dans son ressentiment actuel, ou au moins pour remplir ses engagemens a l'egard de son allié le Portugal, ne pouvant aujourdhuy l'aider avec de plus grandes forces.

Pour ce qui regarde le batiment envoyé à Terre Neuve, il n'est pas non plus facile d'en deviner l'objet; mais comme la politique angloise a toujours suivi les regles de son interet sans s'arrêter aux considerations, et que l'experience nous a montré, qu'elle sçait commencer une guerre sans aucune declaration, s'emparant inopinément des batimens françois employez a la pesche, il n'y a point de crainte, quelque etrange qu'elle paroisse qui ne soit bien fondée et si le ministre anglois avoit resolu de rompre avec la Maison de Bourbon, il commenceroit probablement par là.

Je fais ces reflexions pour qu'elles servent de baze a V. E. dans ses conversations avec ces ministres; et j'espere que V. E. me communiquera leur façon de penser sur chacun de ces objets pour qu'a tout evenement nos demarches et nos mesures soient combinées.

Espagne, t. 581, n° 96.

ANNEXES DU CHAPITRE XVII.

3. GARNIER AU COMTE DE VERGENNES.

A Londres le 23 août 1776.

Monseigneur,

....

Il n'y eut point de conférence hier chez le Lord Weymouth qui n'est pas encore de retour de ses terres. Vous savez, Monseigneur, combien je me défie des intentions de ce ministre que je crois peu d'accord avec celles du ministère en général. C'est, si je ne me trompe, ce contraste des vues particulières des différens ministres qui occasionne la perplexité où nous nous trouvons. En effet, si leur plan étoit fixe et qu'ils se portassent unaniment, soit vers la paix, soit vers la guerre, il seroit impossible que nous ne vissions pas dans les faits, ainsi que dans les discours un enchaînement, un rapport essentiel par lequel tout s'expliqueroit, quelque peine qu'ils prissent pour couvrir le sistème qu'ils auroient adopté. Ce n'est pas là ce que nous éprouvons aujourd'hui. Non seulement les discours se contredisent, mais les faits même se contrarient. Quand on voit les armemens qui se préparent, on soupçonne que c'est pour un objet offensif, et la qualité des vaisseaux fait juger que c'est contre nous qu'ils sont dirigés. Mais lorsqu'on sait d'un autre côté que le Gouvernement continue à épuiser tous ses moyens contre les Américains, et qu'à peine a-t-on rassemblé cent hommes de recrues qu'on les fait partir sur le champ pour l'Amérique, il est bien difficile de penser qu'on ait aucun projet présent d'une guerre étrangère qui exigeroit la suppression subite et totale de la guerre civile.

Vous savez, Monseigneur, par ce qui se passe chez nous, si nos mesures sont de nature à ne faire regarder les armemens actuels de l'Angleterre, c'est-à-dire l'augmentation de dix vaisseaux de garde, que comme une précaution défensive. Je suis très porté à croire que c'est sur ce principe seulement qu'on a ordonné cet armement additionnel; et en rapprochant tous les objets de comparaison que je puis avoir pour former un jugement, je ne vois rien jusqu'ici que la presse des matelôts, si elle arrive, qui puisse me faire changer d'opinion. Mais peu importe ma façon de penser. Ce surquoi, Monseigneur, vous pouvez faire fond, c'est sur toute la vigilance et tout le zèle dont je suis capable pour acquérir et pour vous transmettre sans aucun délai toutes les informations qui pourront concerner le service du Roi, et spécialement tous les mouvemens qui se font dans les ports de la Grande Bretagne, où il ne s'est rien passé de nouveau depuis ce que j'ai eu l'honneur de vous écrire, sinon que la frégate le *Richmond* qui avoit fait voile pour l'Amérique a trouvé à Plymouth des ordres de revenir à Portsmouth où elle est rentrée le 14 de ce mois, sans que nous en sachions le motif..................................

GARNIER.

Angleterre, t. 517, n° 138.

4. GARNIER AU COMTE DE VERGENNES.

A Londres le 10 septembre 1776.

Monseigneur,

Vous aurez remarqué depuis quelque tems que chaque courier porte l'avis du progrès des préparatifs maritimes de l'Angleterre. Ma dernière dépêche vous a informé de trois vaisseaux de 74 dont l'amirauté avait nouvellement ordonné l'armement. Je dois par celle-ci vous instruire de trois autres qui viennent également d'être ordonnés, savoir le *Burford* de 70 canons, l'*Intrépide* et le *Trident* de 64 chacun. Tous ces vaisseaux sont désignés dans les ordres pour être de garde. Il y a néanmoins dans ces préparatifs une affectation digne de remarque, en ce que plusieurs des vaisseaux désignés pour ce service ont besoin de réparations qui exigeront six ou huit mois de travail. Les trois d^{rs} sont notamment dans ce cas-là. Il serait, ce me semble, aussi utile et plus dans l'ordre de procéder à la réparation de ces vaisseaux avant d'en annoncer l'armement. Si tout cela est sérieux et que l'on ait des intentions hostiles, on doit chercher à les couvrir, et le meilleur moyen pour cela n'est pas d'étaler avant le tems une liste des vaisseaux dont l'amirauté sait que plusieurs ne pourront être armés que dans 6 ou 8 mois d'ici. Enfin il est d'une si grande imprudence d'exposer tout ce qu'on n'est pas absolument nécessité à laisser pénétrer dans un plan de guerre, qu'on ne saurait en supposer les ministres capables, et tout ce qui est étalage ou affectation en fait de préparatifs militaires indique qu'on ne veut qu'essayer de faire peur. Daignés vous rappeller, Monseigneur, le propos que le Lord Sandwich tenait, il y a quelques mois au commissaire de la marine de Portsmouth à qui il annonçait un armement pendant l'été pour faire voir aux puissances voisines que, malgré toutes les forces employées en Amérique, il restait encore à l'Angleterre de quoi se défendre chés elle.

Nous ne tarderons pas à savoir si tous ces vaisseaux doivent être employés additionéllement, ou si c'est seulement pour remplacer ceux qui sont de garde depuis quelques années. Les 1ers dont on a ordonné l'armement devant bientôt être prêts, nous verrons si on désarmera les anciens, à mesure qu'il s'en présentera de nouveaux pour prendre leurs places. Si l'on en use ainsi pour les 1ers, ce procédé nous éclairera sur le but de leurs dispositions et nous aurons du moins la satisfaction de n'en avoir pas été la dupe. Si au contraire les vaisseaux nouvellement armés ne font que se placer à côté des anciens sans opérer aucun changement parmi ces d^{rs}, il sera clair que l'intention des armemens est d'avoir une flotte sur le pied de guerre, soit pour attaquer, soit seulement pour en imposer, soit enfin pour se défendre.

Je penche toujours pour le d^{e} sistème. Mais l'alternative est trop délicate pour s'en rapporter à mon opinion. Je crois de mon devoir, Monseigneur, de vous l'établir et de vous la motiver en soumettant mes observations à vos lumières. J'ajouterai que les Anglais les plus éclairés n'ont aucun soupçon que le ministère ait des vües hostiles contre nous. Je n'en rencontre pas un qui ne rejette cette idée avec le plus grand dédain et qui ne la traite de ridicule et d'impossible. Tous croyent, et ce me semble, avec grande raison, que les ministres doivent se trouver trop heureux que nous ne profitions pas des circonstances où se trouve l'Angleterre pour tomber sur elle, comme elle fondrait sur nous, si notre situation était aussi facheuse que la sienne. Mais j'ai vu depuis quelque tems tant de choses traitées d'absurdes et qui sont cependant arrivées que je me défie même de ce que je crois le plus, c'est-à-dire que, tandis que je suis autant persuadé qu'on puisse l'être que ce païs-ci veut aussi sincèrement la paix qu'il est démontré qu'il en a le plus grand besoin, je ne voudrais pas répondre que les ministres ne prîsent à cet égard l'inverse de tous les calculs. Pour me résumer sur cette recherche des vues du Gouvernement par la simple discussion des faits, vous voyés, Monseigneur, qu'elle nous offre deux moyens de les pénétrer. Le 1er qui n'est pas loin de nous consistera à vérifier si l'on désarmera les anciens vaisseaux de garde à proportion de l'armement des nouveaux, et cette vérification ne peut nous manquer. Elle sera promte et sûre. Le second est la presse. C'est à mon gré le seul décisif, et celui qui en nous ôtant toute autre sûreté qui résulte de celle de l'emploi de nos propres forces, sera du moins pour nous le mot de l'énigme. Je mets en usage tous les moyens dont je puis m'aviser pour être en état de vous donner, Monseigneur, le plus promt avis de cette détermination si elle a lieu. Je suis trop pénétré de son importance pour rien négliger à cet égard............

GARNIER.

Angleterre, t. 518, n° 21.

CHAPITRE XVIII.

LES ÉVÈNEMENTS DES ÉTATS-UNIS ET L'OPINION.

Effet produit sur le sentiment public par la déclaration d'indépendance des colonies anglaises. — Ignorance où l'on était de la politique du Gouvernement; reproches d'inertie que l'on faisait au ministère et particulièrement à M. de Vergennes. — Est-ce ce ministre qui avait voulu enrayer? Responsabilité qu'il en a prise devant l'histoire; raisons par lui données de rentrer dans l'expectative. — Les jeunes gentilshommes d'alors; leur détachement des choses existantes; leur participation morale à la révolution des Colonies en attendant une participation effective. — Le comte de Broglie; ses motifs personnels de souhaiter que la monarchie tentât de reprendre son rang en Europe; quels indices on a de son association aux plans qui occupaient le cabinet. — Anciennes liaisons des deux Broglie avec le Prussien baron de Kalb; démarches du comte en sa faveur; rôle qu'on semblait réserver à cet officier; menées personnelles auxquelles le comte va le faire servir. — Ce qui s'était passé au diner du duc de Gloucester à Metz; La Fayette est l'unique témoin qu'en ait l'histoire; motifs qu'il y a de croire son témoignage sincère. — Pourquoi ce jeune marquis se trouvait à Metz; intérêt que lui portait le comte de Broglie. — La conversation du duc de Gloucester; ses propos à Londres antérieurement; effet que ses paroles devaient produire; elles n'entraînent pas seulement La Fayette, mais le comte de Broglie lui-même; celui-ci conduit Kalb chez Silas Deane. — Développement qu'avaient pris les agissements de l'Américain avec l'appui des Affaires étrangères; affluence des demandes d'enrôlement chez lui; qualités qu'il avait pour son rôle; traitement favorable que les intérêts de son pays trouvaient en France; armements dont on faisait charger ses navires. — Biais sous lequel le comte de Broglie présente Kalb à Silas Deane; comment celui-ci continue le stratagème en amenant, le lendemain, le marquis de la Fayette, le vicomte de Noailles son beau-frère, et Ségur leur oncle, pour être enrôlés. — Vérité probable du récit qu'a laissé La Fayette en disant que, passionné pour aller en Amérique, il n'avait plus pensé qu'à y entraîner ses amis.

1776.

Lorsque la déclaration d'indépendance et d'union des colonies anglaises fut connue, elle produisit l'impression la plus vive qui pût naître, il y a un siècle, des moyens de publicité existants. A voir la puissance de la Grande-Bretagne menacée à ce point, dans un moment où elle semblait inébranlable, les esprits étaient entrés en fièvre. Le penchant général pour les idées politiques rendait d'autant plus profond le retentissement de la répudiation de ce pays à la face du monde, sous l'inspiration de la philosophie sociale, avec l'accent ému de citoyens résolus à combattre au prix de leurs biens et de leur vie pour se constituer sous un gouvernement librement formé par eux. La présence à Paris du délégué des *insurgents* imprimait à ces sentiments plus d'animation encore. On n'entendait parler que d'officiers enrôlés par lui, de navires frétés pour les conduire, d'approvisionnements de guerre qu'ils emportaient de l'autre côté de l'Atlantique. A l'envi on exprimait la pensée que c'était le moment de prendre une revanche signalée sur l'Angleterre, qu'une occasion pareille ne se retrouverait jamais plus. Les représentants des autres États à Versailles l'écrivaient à leur cour respective. C'est à porte close que se traitait alors la politique. Les Anglais seuls avaient des assemblées. Même à la cour, près des informations, à portée des confidences indiscrètes, on ignorait les vues du gouvernement du roi, les négociations des Affaires étrangères, les projets qui se poursuivaient; l'histoire ne connaîtrait pas l'existence du travail que l'on vient de voir occuper si assidûment le cabinet de Louis XVI, si le temps ou toute autre cause en avait fait disparaître les documents écrits.

Tel fut le courant de l'opinion, que l'on reprochait ouvertement aux ministres l'inertie, l'oubli des intérêts de la Couronne. On imputait avec passion à M. de Vergennes de commettre ces fautes d'État. C'était à cette heure l'aliment de l'intrigue formée autour du duc de Choiseul. Le ministre rappellera plus tard au roi, en lui offrant de nouveau de sortir des affaires, « les clameurs indécentes qui l'atta-« quaient plus directement que tout autre »[1]. Si ce n'est pas lui qui avait trouvé bon d'enrayer, si le changement d'allure qui se produisit, pendant que le gouvernement de Charles III dressait sa réponse au mémoire du 31 août, lui fut imposé par un affaissement des dispositions chez Louis XVI ou chez M. de Maurepas, il a sans hésiter

---

[1] *Mémoire au roi*, de sa main, en 1782. (*Mémoires et Documents*, t. 446, n° 32.) A cette dernière date, il est vrai, se produisait le fait, nullement nouveau, on le voit, que les mêmes bouches accusaient le ministre d'avoir exposé la Couronne à la guerre.

couvert devant l'histoire la volonté supérieure à laquelle il aurait cédé. Dans le mémoire où on lit ce qui précède, il revendique pleinement la responsabilité du retour à la politique expectante, et l'on ne va pas tarder à le voir saisir, en écrivant aux ambassadeurs, les occasions d'en indiquer les motifs. Pour lui c'est un point de départ, l'obligation supérieure d'une politique raisonnée. Il ne jugeait pas que les Colonies fussent vaincues parce qu'elles avaient perdu une bataille, ne doutait point de les retrouver ultérieurement pour appoint contre l'Angleterre; c'est pourquoi il conseilla d'attendre que l'heure fût moins dangereuse. A ses yeux, c'est une des causes qui ont assuré le succès. « Les détracteurs du ministère », écrit-il dans ce document qui est de 1782,

Les détracteurs du ministere, ceux qui par passion, par interest ou par desoeuvrement se font une habitude de blamer ou de decrier toutes les operations du Gouvernement, quelquns meme de ceux qui sensurent aujourdhui le plus publiquement et le plus indiscretem^t la guerre dans laquelle V. M. se trouve engagée avec l'Ang^{re} nepargnoient pas alors la mollesse et l'incurie de votre ministère. Ils ne comprenoient pas Sire qu'il ne profita pas dune occasion unique pour se vanger dune puissance qui n'avoit perdu aucune occasion dhumilier la France et pour la resserrer dans de justes bornes. Leur zele patriotique les emportoit jusqu'à rendre suspecte lintegrité de vos ministres. Malgré leurs clameurs indecentes qui mattaquoient plus directement que tout autre, jeus lhonneur de representer dans le tems a V. M. que je ne croiois pas que le moment fut venú de prendre un parti tranchant; je fondois cette opinion sur ce que la situation des affaires dans l'Amerique septentrionale étoit assez balancée pour que dune part la cour d'Ang^{re} ne crut pas devoir ceder a la pretention des Colonies pour leur independance, et de lautre que celles-ci ne s'en relachassent pas si elles n'y étoient reduites par une suite de disgraces plus pesantes que celles qu'elles avoient encore essuiees. Je pouvois être dans lerreur Sire, mais je ne regardois pas comme un mal reel pour la France la soumission de ces memes Colonies opérée par la force des armes angloises, parce que, des quelle neut pas été volontaire le principe de liberté qui avoit determiné la premiere revolution, continuant a germer, l'Ang^{re} devroit

employer de si grands moiens pour contenir ces peuples quelle auroit sub-
jugués, qu'ils l'auroient rendue incapable, au moins pendant un certain tems
de toute autre entreprise, je ne craignois Sire qu'une reconciliation que rien
nannoncoit alors pouvoir etre prochaine et qui identifiant dans un même interest les nouveaux et les anciens Anglois, les auroit rendus redoutables a votre
tranquilité et à la sureté de nos possessions en Amerique.

1776.

Quoi qu'il en soit, l'opinion était telle que M. de Vergennes le constate, et elle régnait dans la jeune cour autant que dans le monde des
esprits spéculatifs et dans celui des gazettes ou des affaires. A aucune
date, peut-être, une génération des classes élevées n'atteignit sa majorité avec un fonds d'idées ou d'impressions plus opposé à celui de ses
parents, que les fils de la noblesse française lors des premiers temps
de Louis XVI. Par tradition on tenait ces futurs acteurs de la politique
éloignés du Gouvernement parce qu'ils étaient jeunes[1]; or ils n'étaient
pas seulement impatients d'action, après quinze années d'une paix
pleine de tristesse, ils avaient grandi pendant qu'on écoutait Voltaire
et Diderot, quand Rousseau écrivait, quand on commentait Montesquieu et qu'on cherchait le juste, quand Raynal attachait tout le
monde à ses tableaux passionnés, Beaumarchais à la hardiesse de ses
critiques : les institutions dont ils devaient vivre, les choses qu'il leur
eût été naturel de regarder comme liées à leur existence avaient perdu
le prestige à leurs yeux. On a vu qu'au mois d'août 1775 le comte
de Gloucester, passant en France, avait dîné à Metz chez le comte de
Broglie, commandant le département des Évêchés et gouverneur intérimaire de Lorraine. Des faits dans lesquels cette jeune génération
de la cour se complut à prendre un rôle, et dont il est admis que ce
dîner avait été l'origine, allaient maintenant se produire et manifester la participation morale de la France à la révolution des Colonies,
tandis que les politiques du Gouvernement cherchaient avec timidité

---

[1] Le comte de Ségur, dans ses *Mémoires*, le constate à l'occasion de l'affaire américaine, avec
le vif regret que lui en inspirait l'expérience à l'époque où il écrivait.

peut-être, avec circonspection tout au moins, l'heure de rendre cette participation effective.

Les faits dont il s'agit ont pu, en effet, prendre naissance dans cette soirée du quartier général de Metz. Parmi les serviteurs de la monarchie qu'animait le désir de la voir recouvrer en Europe le rang dont elle était destituée et saisir tous les moyens de le tenter, le comte de Broglie, Charles-François de Broglie, avait tous les titres à être un de ceux qui le souhaitaient le plus. Il en avait des motifs propres outre ceux que le sentiment national lui inspirait comme au grand nombre, et par leur opportunité les évènements de l'Amérique devaient tenir ces motifs particulièrement en éveil chez lui. Frère du maréchal-duc à qui était confié le gouvernement de Lorraine, chef de la correspondance secrète de Louis XV, il avait dirigé jusqu'aux moindres détails d'exécution l'étude de cette invasion en Angleterre dont, malheureusement, il était en partie cause que le secret avait été confié au chevalier d'Éon, et celui-ci en faisait payer très cher les preuves restées dans ses mains, par l'inquiétude qu'il ne les livrât au roi George. Les haines de cour, nous l'avons dit, avaient abreuvé le comte de Broglie de disgrâces à cause de cette participation supérieure à la politique intime du feu roi. Louis XVI lui-même ne la lui pardonnait pas. Les soins de M. de Vergennes, des enquêtes que ce ministre avait demandées tout de suite et dont, à la fin, il s'était désigné pour juge avec le comte du Muy, avaient fléchi le monarque jusqu'à lui faire rappeler le comte à l'activité, mais non à la faveur. Le commandement provisoire des Évêchés lui avait été conféré par suite, le 1er novembre 1774, en attendant que le marquis de Conflans, qui l'occupait, le quittât tout à fait, ce qui était arrivé au mois d'avril suivant; depuis le 1er juin il en était le titulaire[1]. Cependant, à la fin de mai 1775 encore, les deux ministres chargés de prononcer sur sa conduite dans la *Correspondance secrète* insistaient vainement auprès

---

[1] Archives du Dépôt de la Guerre.

de Louis XVI pour avoir l'autorisation de lui donner décharge des imputations dont il était l'objet et pour que le roi ne lui refusât pas le témoignage, de sa main, d'avoir vraiment répondu aux intentions du feu roi dans cette mission politique[1].

Le comte, toutefois, se supposait plus rentré en grâce qu'il ne l'était. Quelqu'un de bien placé pour le connaître l'a dépeint comme un homme chez qui « l'habileté se trouvait associée à une ardeur irré- « fléchie »[2]. Ses commandements dans la dernière guerre faisaient de lui un des généraux les mieux qualifiés. Ayant au gouvernement ses amis, il voulait rouvrir devant lui l'horizon auquel lui donnaient droit d'atteindre le rôle qu'il avait rempli et le rang conquis par sa famille. Les documents manquent pour indiquer exactement l'heure à laquelle le comte de Broglie avait envisagé les évènements de l'Amérique comme l'occasion qui réparerait les mécomptes de sa destinée, ou bien celle où l'on lui en avait fait concevoir l'espérance. Avant l'automne de 1776, il ne paraît point prendre part aux préparations qui occupaient le cabinet. L'intérêt que lui portait M. de Vergennes permet de penser qu'il y entra de bonne heure, mais aucune correspondance du ministre ne le nomme. Un indice seulement se présente à la fin de 1775, quelque temps après la soirée que passa chez lui le frère du roi d'Angleterre.

D'ancienne date le comte et son frère avaient dans leur état-major un officier allemand, un Prussien, le baron de Kalb, que le duc de Choiseul, en 1769, avait envoyé étudier sur les lieux mêmes les

---

[1] Leur rapport à Louis XVI, du 27 mai 1775, est, dans la *Correspondance de Vergennes*, aux Archives nationales (K 164, n° 3), avec d'autres lettres montrant combien M. de Vergennes avait particulièrement à cœur cette réhabilitation. — S'il faut en croire le Journal de Métra, le roi avait considéré le commandement des Trois-Évêchés comme un avantage assez grand pour se croire tout à fait quitte envers le comte et aurait dit que celui-ci « devait se contenter d'avoir les intérim de son frère ». En effet, le comte n'eut, malgré tout, rien de plus que cela.

[2] C'est M. le duc de Broglie qui lui donne ces traits, dans *Le chevalier d'Éon*, complément du *Secret du roi*. — Il est regrettable de voir passé sous silence, dans ces deux ouvrages, tout ce qui tient à la participation du comte de Broglie aux affaires de l'Amérique en 1776 et 1777.

dispositions des colonies anglaises à se déclarer indépendantes et à rechercher ou à accepter dans cette vue l'appui, l'assistance peut-être de la France. Le comte l'avait utilisé en Pologne. Kalb était placé à côté de lui à Rosbach et sous ses ordres à Bergen. Le duc et lui l'avaient fait aide-major général des logis (lieutenant-colonel[1]) en 1762. Le grade de brigadier, paraît-il, lui aurait été promis par Choiseul, donné plusieurs fois en perspective depuis, et il était de sa part l'objet d'une vive ambition que MM. de Broglie souhaitaient ouvertement de satisfaire. On jugeait le baron de Kalb aussi favorablement qu'eux, on lui reconnaissait même les aptitudes politiques; mais aucun secrétaire d'État de la guerre ne consentait, à cause de sa qualité d'étranger, à le comprendre dans les cadres, surchargés déjà par le fait des influences de cour et que l'on pensait surtout à réduire. Malgré les démarches dont il devenait l'objet, il entrait en inactivité après chaque emploi que l'on faisait de lui. C'est ainsi que, distingué trois ans après son retour des colonies anglaises par le duc de la Vrillière, qui pensait le donner à la noblesse polonaise comme un général précieux dans sa lutte contre la Russie, il n'était pas moins resté aide-major général. A la date où le comte de Broglie fut appelé au commandement de Metz, un ordre obligea tous les officiers d'état-major à passer un temps dans les régiments; Kalb fut attaché à l'un des corps de ce commandement, et comme il voulait quitter le service français pour chercher dans un autre pays le complément de sa carrière, le comte insista de nouveau en vue de le faire pourvoir du grade désiré. C'était au moment où le secrétariat de M. de Vergennes rédigeait les *Réflexions* sur la conduite que la France avait à suivre, celui où le ministre préparait le « mémoire de considérations » par lequel les points de vue politiques furent peu après fixés. Peut-être s'enquérait-on déjà à qui donner un rôle de confiance dans l'assistance que l'on cherchait à porter aux « insurgents ». Le baron de Kalb paraît

---

[1] C'est sous ce dernier titre qu'une lettre du ministre de la guerre le désigne.

avoir été indiqué comme l'agent naturel de la mission nouvelle. Le comte de Saint-Germain fit répondre par son cabinet que le grade ne pouvait être attribué, mais de sa main il ajouta en *post-scriptum* : « Nous verrons, Monsieur le comte, à votre retour, de quelle manière « nous pourrons employer Kalb[1]. »

C'est le biographe allemand de Kalb qui fait connaître ce détail, d'après les pièces authentiques. Il assure que, « par ces mots mystérieux, Saint-Germain faisait allusion à l'Amérique, et que, lorsque le comte de Broglie vint à Paris, il saisit avec empressement la proposition d'envoyer l'Allemand dans ce pays ». On aurait alors décidé celui-ci à rester au service de la France et à recevoir un congé de deux ans pour l'employer aux colonies anglaises, avec la promesse de toutes les récompenses ou distinctions justifiées par l'entreprise et du grade de brigadier à la première occasion[2]. Si des preuves n'appuient pas positivement tous ces détails, la suite les rend très probables. Lord Stormont, parfaitement servi par ses espions, écrit à Londres, les premiers jours de décembre 1776, que « Kalb a été mandé à Fontainebleau et y est resté plusieurs jours, qu'on lui offrait de le nommer brigadier s'il voulait aller à Saint-Domingue, de là dans l'Amérique du Nord, qu'il recevrait neuf à dix mille livres pour la durée de son service et qu'après quelques hésitations, il accepta ces offres »[3]. Quelques mois après, en mars 1777, une fort longue lettre du successeur de Saint-Germain, Saint-Priest, expliquera à quelqu'un qui ne peut guère être que le comte de Broglie, car il y est question de services paraissant rendus à la correspondance secrète, pourquoi

---

[1] La lettre est du 10 décembre 1775. — Aux archives du Dépôt de la Guerre, on assure n'avoir pas de traces des menées dont le comte de Saint-Germain fut, avec M. de Sartines, la cheville ouvrière, soit en 1775 au sujet du comte de Broglie et de Kalb, soit en 1776 relativement aux opérations de Beaumarchais et de Silas Deane.

[2] *Leben des Amerikanischen Generals Johann Kalb*, von Friedrich Kapp; Stuttgart, 1862 (*Vie du général américain J. Kalb*, chap. v). La lettre de congé se trouve à l'*Appendice*. — L'ouvrage a été composé sur les pièces et notes remises à l'auteur par Mme la vicomtesse d'Abzac, petite-fille de Kalb.

[3] Kapp transcrit la dépêche de lord Stormont.

le roi, « en conseil », après une « mûre délibération » dans laquelle les titres ont été rappelés, a dû refuser encore d'admettre à l'activité de son grade de brigadier dans l'armée de France un étranger dont le nom est laissé en blanc jusqu'aux dernières lignes, où l'initiale en est écrite par inadvertance sans doute; le ministre le fait engager à « attendre le commencement d'une guerre quelconque qui *faciliterait* « *son admission simple et naturelle au service militaire du roi* [1]. » Or il n'est question nulle part d'une autre personne que du baron de Kalb, placée dans la situation d'avoir eu la promesse ou même le titre de brigadier du roi et d'en réclamer les avantages [2].

Que le comte de Broglie se rattachât ou non par le baron de Kalb aux menées cachées qui avaient leur centre au cabinet de M. de Vergennes, il en conduisait en tout cas de personnelles, dans les derniers mois de 1776. On n'est pas autorisé par des pièces formelles à les dire approuvées ou même connues du ministre, mais il n'y a point de raisons non plus pour les regarder comme ignorées par lui et moins encore désavouées. Il faut revenir ici au dîner du duc de Gloucester à Metz. Voici l'heure où ses conséquences prirent dans les faits la place que nous indiquions à sa date. Un seul témoin a parlé de ce qui s'y passa. Depuis, tout le monde, historiens, écrivains, biographes français ou autres, a reproduit son récit. Ce témoin unique est l'auteur même des conséquences dont il s'agit, le marquis de la Fayette [3]. Dans des fragments écrits vingt-cinq ans après, il a briè-

---

[1] Nous reproduisons en annexe cette lettre trop étendue pour être transcrite en note. Elle paraît être de la main même du ministre; en marge, une autre main, pour en constater la provenance, a écrit : M. de Saint-Priest.

[2] Kalb, d'après son biographe, aurait reçu réellement ce titre pour l'armée des îles. La confirmation du fait ne se trouve pas aux archives de la Marine. Kalb n'y a pas de dossier. Les archives de la police auraient peut-être permis d'avoir cette confirmation si les registres du cabinet n'avaient pas été brûlés dans l'incendie de 1871. M. de Sartines n'était que secrétaire d'État provisoire à la Marine; il restait en même temps chargé de son ancienne fonction. Il est probable qu'il gardait dans ses cartons de lieutenant de police ce qui était relatif à l'affaire d'Amérique, dont il a été avec M. de Saint-Germain la cheville ouvrière, en quelque sorte, pendant qu'elle est demeurée secrète.

[3] Nous écrivons ainsi ce nom, en deux mots,

vement noté les circonstances de cette soirée au quartier général de Metz et les impressions qu'il en ressentit. Vingt ans encore plus tard, en 1828, il en développa un peu plus le récit pour l'historiographe de la révolution américaine, Jared Sparks, venu lui en faire confirmer les détails comme des documents essentiels à la *Vie de Washington*[1]; personne alors, en Amérique, ne doutait que, dans la reconnaissance et la mémoire publiques, La Fayette ne dût être à côté du premier et grand président des États-Unis et nul ne s'était avisé que l'Allemagne ou le roi de Prusse y eussent sérieusement des titres. Ni une autre relation ni aucun écrivain n'a jusqu'à présent contredit La Fayette. On l'a critiqué ou blâmé, trouvé inconsistant, ambitieux de renommée, intempestif, on ne l'a pas redressé. Disons qu'à distance il a confondu les années dans ses deux récits, transporté en 1776 le passage du duc de Gloucester, très certainement arrivé en 1775; mais, sauf cette confusion, sauf aussi un peu de mise en scène, assez naturelle dans des souvenirs que colorait le prisme d'une popularité universelle, l'exactitude de ses notes est tout à fait probable. Bien peu des grands figurants de l'histoire, à toute époque, ont été aussi sincères que lui[2].

1776.

conformément à son orthographe naturelle, La Fayette étant un nom de lieu, celui d'un petit fief d'Auvergne. Le marquis et d'autres de sa famille avant lui avaient néanmoins pris l'habitude d'écrire et de signer «Lafayette».

[1] Cette note est insérée dans l'appendice de la *Vie de Washington*, t. V, probablement telle que le général La Fayette l'avait remise à Jared Sparks. Il ne lui était d'ailleurs resté aucune pièce se rapportant à son entreprise d'Amérique. Tous ses papiers personnels étaient à Chavaniac; ils furent dispersés lors de la vente du mobilier de cette résidence par les autorités révolutionnaires du département de la Haute-Loire, en 1793.

[2] La Fayette, en dehors des lettres de lui qui ont été publiées, n'a d'ailleurs écrit que quelques mémentos fort brefs des commencements de sa vie, savoir : les *Mémoires écrits de ma main jusqu'en l'année 1780*, qui paraissent être de 1784 à 1789, la *Notice sur la vie américaine du général Lafayette*, les *Observations sur quelques points de l'histoire américaine*, données en extrait à la suite des *Mémoires*, en tête des correspondances; tout cela très rapide, peu développé, destiné à sa famille ou à quelque ami plutôt qu'au public. Lors de l'inauguration de la statue du général au Puy, un amateur très laborieux de cette ville, M. Henry Mosnier, a publié dans le *Journal de la Haute-Loire* (1883) un fragment d'une autobiographie manuscrite que les éditeurs de ses *Mémoires et Correspondances* avaient eu tort de ne pas comprendre dans leur ouvrage. Toutes ces relations sont postérieures aux évènements, écrites de souvenir, mais sans complaisance bien sensible.

1776.   Le marquis achevait ses dix-huit ans dans l'été de 1775. Il faisait à Metz quelques mois de garnison au régiment de Noailles, sous les ordres de son cousin le prince de Poix, à peine plus âgé que lui. Le comte de Broglie avait été le camarade de son oncle, mort au siège de Milan, et avait commandé son père tué la veille de Rosbach ; lui, officier depuis un an, était le gendre de la maison de Noailles : le comte accueillait avec affection l'héritier d'un nom qu'il avait vu vaillamment porter, autant que le fils d'une maison placée aux premiers rangs de la cour. La Fayette se trouva donc à la table servie pour le duc de Gloucester. Aussi bien que son frère Cumberland, le duc était contraire à l'opinion de George III relativement à l'Amérique. Il s'éloignait pour un temps d'Angleterre par suite de cette dissidence [1]. On ne parla que des *insurgents,* de l'état de leurs affaires, de la mauvaise politique qui avait causé leur soulèvement, de la gravité qu'elle lui donnerait en étant continuée. Avec les libéraux du Parlement, avec ses premiers orateurs et la moitié de son pays, le duc penchait vers les Américains : c'était assez pour monter un peu plus les têtes françaises. Le récit de La Fayette n'a là-dessus rien que de croyable, quand on lit dans la correspondance du comte de Guines les propos que le duc tenait à Londres. Une quinzaine de jours auparavant, l'ambassadeur écrivait au ministre :

Puisque j'en suis, Monsieur, aux aveux extraordinaires, je ne quitterai point ce chapitre sans vous instruire d'une confidence très-particulière que M. le duc de Gloucester fit il y a quelques jours à M. le comte de Pignatelli, ministre de Naples. Ce Prince le trouva à Vauxhall, et lui parlant de la flotte espagnole, il lui dit : « Nous espérons que M. O'Reilly la conduira dans sa patrie en Ir- « lande. » M. de Pignatelli se répandit en protestations, en justification de la

---

L'inclination à composer son personnage, qui est toujours l'écueil de ceux qui se racontent, n'y joue qu'un bien petit rôle.

[1] Lord Mahon dit : « des froissements de « cour », dans son *Histoire d'Angleterre depuis la paix d'Utrecht jusqu'à la paix de Versailles ;* à moins d'un mécontentement personnel fondé sur des faits intimes, en effet, on ne pouvait guère avouer, de son temps, qu'un frère du roi pensât, sur un grand intérêt politique, comme le faisaient les hommes éminents de son pays et non comme le roi pensait.

conduite amicale de la cour d'Espagne qui étoit bien éloignée de vouloir pro- 1776. fiter des embarras où se trouvoit celle de Londres pour lui en susciter de plus fâcheux encore. « Tant pis pour sa politique, reprit M. le duc de Glou-
« cester, car je vous réponds que si l'Espagne se trouvoit dans la position où
« nous sommes, nous ne manquerions pas d'aller visiter Cuba ou quelque
« autre possession espagnole. »

A Londres le 14 juillet 1775.

Angleterre, t. 511, n° 29.

Dans des dispositions pareilles, l'hôte du comte de Broglie ne pesait sans doute guère ses paroles. La note de Sparks a dû se tenir près de la vérité en disant que « le marquis écoutait avidement et interrogeait beaucoup, que chaque réponse provoquait de sa part des interrogations nouvelles, que l'enthousiasme ne se fit guère attendre et qu'avant la fin du repas, le jeune homme avait décidé en lui-même d'aller se battre pour les États-Unis ». A dix-neuf ans on court, sans regarder, où les impressions vous portent. Elles furent telles, ce jour-là, que non seulement un gentilhomme jeune, prompt comme La Fayette a montré toute sa vie qu'il l'était, mais quelqu'un de rassis comme le comte de Broglie, devait se voir entraîné par elles. Si l'on n'a point de traces d'une part que ce dernier aurait prise aux menées politiques du cabinet, on sait du moins qu'il alla deux fois chez Silas Deane, à Paris, le 5 novembre 1776, pour lui amener le baron de Kalb, porteur, depuis la veille, de son congé de deux ans du service de la France.

M. de Vergennes n'avait pas seulement exprimé au roi et fait passer à Madrid l'avis « d'empêcher les Colonies de succomber faute de moyens ou faute de se sentir soutenues »; cet avis était mis activement en pratique. Des rapports presque quotidiens avec le secrétariat des Affaires étrangères imprimaient aux opérations de l'envoyé du Congrès presque autant d'autorité qu'elles en auraient eu d'un appui véritable, de sorte qu'elles avaient pris toute l'animation possible. Le monde des traitants en quête d'affaires, celui des militaires ayant besoin d'emploi

1776.   affluaient chez lui, même d'autres pays que la France, d'Allemagne notamment, de la Suisse, de la Prusse; c'est lui-même qui le fait connaître[1]. En octobre il avait été nécessaire qu'Arthur Lee lui envoyât de Londres un de ses secrétaires[2] pour suffire au travail. Une légation véritable n'eût pas eu plus de pied. Silas Deane avait à la fois le jugement et le zèle que demandait son rôle; il s'en servait au mieux. Très vite il s'était donné l'éducation diplomatique. Quand il se trouva à même, notamment, de porter la déclaration d'indépendance à la connaissance de Versailles, il prit sur lui de le faire dans les formes des pays d'Europe, contrairement à la manière fruste qui était encore celle de ses mandants, et l'on peut supposer que M. de Vergennes, particulièrement, y fut sensible, car la correspondance de ce ministre avec Garnier laisse voir qu'il s'étonnait du délai dont le Congrès usait pour faire remplir ce devoir à Versailles[3]. Deane, en rendant compte à Philadelphie de la notification qu'il avait faite[4], écrivait qu'à moins

---

[1] *Diplom. corr.*, t. 1, p. 71 et 72.

[2] Ce fut un Américain du Maryland, Carmichaël, qui montra à côté de lui des mérites très semblables aux siens.

[3] Au milieu de septembre déjà, M. de Vergennes manifestait au chargé d'affaires la surprise que ce délai lui causait. Celui-ci l'avait fait savoir chez Arthur Lee, en sorte que, soit avisé par ce dernier, soit de son initiative propre, Deane s'en était peu après entretenu avec M. de Vergennes. En réalité, le *Comité* avait expédié le 8 juillet la déclaration d'indépendance, en prescrivant à Silas Deane d'en informer le gouvernement français et les autres gouvernements de l'Europe (*to make it known to this and the other powers of Europe*). Ce pli ne parvint jamais, et un second, du 7 août, qui contenait la copie du précédent, n'arriva que le 7 novembre. Attentivement préoccupé en toute occasion de ne pas laisser prendre, même par le chargé d'affaires à Londres, si en possession de sa confiance, trop d'idée de ses intentions, M. de Vergennes s'empresse de lui écrire le 5 octobre : « Quand je vous ai « parlé, M., de la surprise que me causoit le « peu dempressement des Americains pour no-« tifier leur independance aux cours de lEurope « ce netoit point avec le desir de nous attirer « une confidence de cette nature a laquelle « nous serions tres embarrassés de repondre, « nous ne pouvons rien contester aux Ameri-« cains, mais nous ne devons aussi rien leurs « accorder qui contredirait les termes d'amitié « et de bonne intelligence dans lesquels nous « vivons avec la G^{de} Bretagne. » (*Angleterre*, t. 518, n° 76.) — Une fois en possession de la dépêche de Philadelphie, Silas Deane fit sa notification officielle dans des termes que n'eût pas mieux trouvés un ambassadeur de carrière. (Voir *États-Unis*, t. 1, n° 36.)

[4] Il écrit le 28 novembre, en donnant l'analyse de son pli et en expliquant, au préalable, que les États du continent sont habitués à des procédés dont les intérêts des États-Unis se

de déclarer ouvertement la guerre à la Grande-Bretagne en faveur des États-Unis par la formelle reconnaissance de leur indépendance, ceux-ci avaient en France tous les bénéfices de cette reconnaissance, que les ports étaient librement ouverts à leur commerce, leurs navires protégés, nulle autre nation l'objet d'un traitement meilleur. C'était la vérité. On ne leur facilitait pas seulement tous les moyens de s'armer, on les armait activement soi-même. L'adjudant-général Tronson du Coudray, par mission positive, vidait de l'ancien armement de guerre les magasins de l'État à Metz, à Maubeuge, à Charleville, à Strasbourg, à Besançon, à Saint-Étienne, le dirigeant sur Dunkerque, sur le Havre, sur Nantes, sur Bordeaux, où se chargeaient les navires d'Hortalès et Cie ou ceux qu'avait frétés Silas Deane. Ce dernier était assailli (c'est son mot) par des militaires de tout rang cherchant des grades en Amérique. Dubourg d'un côté, Beaumarchais de l'autre ne cessaient de lui en recruter. « Aurais-je dix vaisseaux, écrivait-il le 3 décembre, je pourrais les remplir [1]. »

C'est dans ces circonstances que le comte de Broglie amena à l'Américain le baron de Kalb. Il le présenta comme un officier dont il pouvait répondre et qui voulait entrer au service des États-Unis. Silas Deane écrit à Philadelphie le lendemain :

La rage, si je peux dire ainsi, pour entrer dans le service américain (*into*

trouveraient mal de ne pas suivre les exigences. « Vos ordres, disait-il, étaient d'informer cette cour comme d'une affaire ordinaire. A coup sûr, j'aime la simplicité du langage comme des manières, mais il est dû quelque chose à la gravité d'anciens et puissants États et, puisque les États-Unis, par leur *Déclaration*, se placent parmi les États existants, ceux-ci attendent certainement qu'en le leur annonçant, ils prennent plus de solennité et de convenance, une forme plus authentique que ne peuvent présenter deux ou trois lignes. Ne serait-il pas opportun même d'avoir un sceau ? C'est un usage ancien dans toute affaire importante publique et même privée. » (*Diplom. corr.*, t. I, p. 68.) Il exposait d'ailleurs au secrétaire d'État des affaires étrangères qu'« ayant affirmé avec cet éclat leur indépendance et, résolus qu'ils étaient à la défendre et à la maintenir, ils avaient une milice nombreuse, qu'ainsi les conditions attendues d'eux étaient remplies, qu'ils avaient droit dès lors à l'appui de l'Europe, surtout à celui de la France; le Congrès, ajoutait-il, désirait une alliance avec elle et il avait déjà jeté les bases d'un traité ».

[1] *Ibid.*, p. 93.

1776. *the american service*) s'accroit et la conséquence est que je suis assailli par des offres et des propositions dont beaucoup émanent de personnes de premier rang et élévation dans l'armée de mer et de terre. Le comte de Broglie (*count Broglio*), qui commandait l'armée française dans la dernière guerre, me fit l'honneur de sa visite deux fois hier avec un officier qui avait servi sous ses ordres comme quartier-maître général, et qui, actuellement, commande un régiment, mais un allemand[*], ayant voyagé il y a plusieurs années en Amérique et qui désire vivement entrer au service des États-Unis de l'Amérique du Nord. Je ne pouvais, pour aucune raison (*by no means*), laisser échapper une occasion d'attacher (*of engaging*) une personne d'aussi grande expérience et qui est recommandée par tout le monde comme un des plus capables et des plus vaillants officiers du royaume, encore que je sois privé de vos instructions particulières pour les cas de cette nature.

[*] Le baron de Kalb.

Diplomatic correspondence, t. I, p. 62.

Ce n'est pas pour lui-même que Kalb était conduit chez Deane par le commandant du département des Évêchés, ni en raison de son amour de la liberté civile et religieuse, comme l'envoyé de Philadelphie l'écrivait, sincèrement séduit[1]. Des projets lui étaient confiés, ils devaient se bien trouver de cette apparence d'entraînement personnel et tout avait été fait en vue de la lui donner. Dès le lendemain, 6 novembre[2], il présenta, pour être engagés avec des grades importants, trois jeunes officiers dont le rang à la cour ne pouvait qu'imposer tout de suite à l'Américain et le convaincre qu'il avait bien affaire à quelqu'un cherchant, effectivement, à associer à son dévouement pour la cause des États-Unis ceux qui pouvaient y être utiles. Ces jeunes gen-

[1] « M. de Kalb a une fortune indépendante « et une perspective certaine d'avancement ici; « mais, ami zélé de la liberté civile et reli-« gieuse, il est mu par les principes les plus « désintéressés et les plus nobles en offrant ses « services aux États-Unis d'Amérique. »

[2] Une lettre de Silas Deane à M. de Vergennes, d'avril 1777, qui sera transcrite ultérieurement, précise cette date du 6 novembre; c'est à tort que le biographe de Kalb a reporté au commencement de décembre cette présentation. Il n'a d'ailleurs pas vu que l'enrôlement définitif de Kalb et celui de La Fayette, quoique datés du 7 décembre, eurent lieu en fait, ainsi que nous l'expliquerons, trois mois plus tard seulement.

LES ÉVÈNEMENTS DES ÉTATS-UNIS ET L'OPINION.   647

tilshommes étaient le marquis de la Fayette, le vicomte de Noailles,   1776.
son beau-frère, et le comte de Ségur, leur cousin, déjà près de devenir leur oncle. Les deux derniers comptaient très peu plus d'âge que les dix-neuf ans révolus de leur ami.

C'est la suite de la soirée de Metz, qui se déroulait là. A ce sujet encore il n'y a d'autre document que le récit donné par La Fayette dans ses courts *Mémoires* ou dans la note de Jared Sparks. Ségur en a corroboré les détails, complété quelques-uns; mais nul autre renseignement n'existe. A la condition de mettre entre le dîner du duc de Gloucester et les circonstances qu'a retracées le marquis l'intervalle d'une année et d'ajouter à ce qu'il raconte ce qu'il n'a pas su ou ce que les choses rendent probable, la substance de ce récit ne présente rien qui n'ait dû se passer réellement. Passionné par l'idée de partir pour l'Amérique, le marquis n'avait plus pensé qu'à y entraîner ses amis. Les jeunes gens de la cour cherchaient souvent, en temps de paix, à servir à l'étranger; il y aurait d'autant plus d'attrait à le faire cette fois qu'il s'agissait de servir contre l'Angleterre. Qui était cet enfant, si pressé de se montrer un homme? Que pouvait-on attendre de lui? Le rôle qu'il va jouer dans la participation de la France aux affaires américaines demande que nous le disions ici avec quelque développement. Nous avons cherché avec soin les documents qui étaient de nature à le faire exactement connaître.

ANNEXE DU CHAPITRE XVIII.

LETTRE SUPPOSÉE RELATIVE AU BARON DE KALB[1].

M. de Saint-Priest.   Versailles ce   mars 1777.

  Je repons, Monsieur, à la lettre que vous m'avés fait lhonneur de m'ecrire le   du mois dernier, portant demande d'une decision relativement à   . A la suite des differentes explications que vous m'aves donné de vive voix à son sujet, apres avoir mis l'objet sous les yeux de Sa Majesté, et à la suite d'une mure deliberation, je vais par son ordre reprendre avec vous differentes hipoteses que vous avies etabli avec M.   sur sa position à notre egard; vous verres dans la discussion que jen ferai, mes principes de conduite et ce sera à luy à les apreciser et à en tirer les consequances qu'il croira en resulter. Le roy desire faire pour luy tout ce qui est praticable, il croit aussi lui devoir de s'expliquer avec franchise sur ce qui ne l'est pas.

  La premiere donnée est qu'on admette   immédiatement purement et simplement au service militaire du roy, dans l'activité de son grade militaire de brigadier, avec la jouissance de ses apointemens et pensions, et la certitude que ce sera sans aucun verni defavorable.

  La seconde, qu'au cas que le roy desira quelque tems encore la continuation des services deja rendus, cela ne fut pas prolongé plus loin que trois ans, tout au plus, pendant lesquels . . . serviroit le roy, comme ci devant; bien entendu que S. M. donneroit sa parole royale de se charger de tout risque de decouverte quelconque, sans que cela soit obstacle à l'admission   à son service dans les conditions ci dessus durant le dit terme de trois ans.

---

[1] Les passages laissés en blanc dans cette reproduction se trouvent dans le manuscrit, les soulignés également.

ANNEXE DU CHAPITRE XVIII.   649

La troisième donnée enfin est, que si le roy n'admettoit aucune des deux premieres, *le passé soit regardé comme non avenu   remis dans son etat naturel au service de ses maitres, sans aucune correspondance ulterieure avec nous.*

Avant de commencer cet examen, le roy me charge de vous assurer que dans les trois cas, les pensions et apointemens continueront à être fidelement paiés, et jay ordre de prendre avec vous sur cela tous les arrangemens que vous proposerés pour la sureté et le secret de la chose, ainsi ce point doit etre mis de coté. Je voudrois que l'admission au service militaire fut susceptible des memes facilités; vous conoisses trop bien le militaire françois, pour ne pas juger ainsi que moi, qu'un etranger admis à un grade superieur, sans aucun service de guerre connu, exciteroit d'abord une grande curiosité et ensuite des reclamations, des plaintes, et peut etre enfin quelques scenes facheuses, d'ailleurs dans la suposition du préalable indispensable que   auroit quitté de bonne maniere le service de ses maitres, nous seroit-il possible de l'introduire immediatement dans notre militaire, et de le comprendre sur la liste imprimée des brigadiers? Vous sentes que l'importance des secrets confiés à   ne permetroit pas à sa cour de le voir avec indifference entrer dans un autre service, et quoiqu'elle fut sans motif positif de s'en plaindre, elle ne s'en plaindroit probablement pas moins, comme d'une connivence et d'une seduction, ce qui pourroit amener sur la personne de   ce vernis desagreable qu'à bon droit il veut eviter.

Dans la seconde hipotese les inconveniens que je viens de developer, prennent une toute autre force eu egard à la condition *sine qua non*, d'une espece de cautionnement du roy, et d'une protection couverte pour tous les cas d'accidens et de decouverte de secret. C'est, selon vous, *l'engagement qu'auroit pris le feu roy, quoiqu'à vrai dire, je ne le trouve pas exprimé avec une preuve suffisante;* peut être ce prince avoit il des raisons particulieres que nous ignorons, mais il est de fait que notre liaison avec   a requis des devoirs plus delicats, et que nous devons etre bien plus circonspects en egards reciproques. Je ne vous conduis pas au tableau facheux du scandale qui resulteroit de l'éclat suposé; vous le voies d'un coup d'œil; mais ne vous semble-t-il pas, Monsieur, que nous nous arretons en vain à une supposition presque chimerique.

Le faict de cette correspondance n'a pas été penetré jusqu'icy, malgré nombre d'accidens qui y ont introduit trop de confidens; ne peut-on regarder comme une certitude qu'il ne le sera pas desormais; au moien des mesures justes et precises que nous pouvons prendre à cet egard?

A present, de l'engagement de ne plus admettre en aucun cas de nouveaux agens dans le secret, même en cas de mort ou de deplacement des depositaires actuels, et en n'exigeant rien   que ce qu'il voudra nous dire et estimera ne pouvoir le compromettre, chose que nous craindrions autant qu'il doit le craindre lui-même, en continuant de servir le roy avec le zele, la fidelité et la superiorité de lumieres qui eclatent en lui, et dont nous avons si utilement profité pendant tant d'années. M. K... verroit venir les evenemens, et tout au plus tard attendroit le commencement d'une guerre quelconque, *qui faciliteroit son admission simple et natarelle au service militaire du roy,* c'est à quoi S. M. s'engageroit en ce cas sans aucune *difficulté*. Soyes assuré, Mr, quelle recherchera en tout tems avec le plus grand soin l'occasion d'acquitter les promesses de son ayeul et les bons services que   a rendu avant et depuis son règne, mais il faut y mettre des formes convenables, elle nous autorise à les proposer indefiniment.

La troisieme donnée de l'abandon que   feroit du service du roy, affligeroit sensiblement S. M. Vous etes plus que personne à même d'en juger relativement aux circonstances politiques actuelles, et plus encor au deplaisir de perdre un si bon et si utile serviteur, mais elle m'ordone de vous repeter encor que les graces pecuniaires accordées ne lui seroient pas moins conservées.

Je sens, Monsieur, que ce détail doit etre mis sous les yeux de   et que l'eloignement exige de lui envoyer un duplicata de cette depeche pour que le simplificata reste entre mes mains. La voie de Monsieur le baron de Breteuil est egalement sure et convenable pour cet envoi, vous l'accompagnerez d'une lettre à   avec priere de supprimer le tout immediatement.

Je suis etc.

Arch. nat., K 164, n° 3; année 1777, n° 2. (Minute.)

CHAPITRE XIX.

LE MARQUIS DE LA FAYETTE.

Lieu d'origine des La Fayette; leur ancienneté; leurs deux branches; leur établissement aux châteaux de Saint-Romain et de Vissac. — Substitutions testamentaires qui avaient fait durer leur nom; lustre qui lui était acquis. — Ascendance féminine du marquis de la Fayette; sa naissance au château de Chavaniac, sa mère; il est le dernier héritier mâle de sa famille. — Son enfance; sa grand'mère et ses tantes; sa première éducation. — Alliances de la maison; le marquis est amené au collège du Plessis; grande fortune qu'il recueille. — Son incorporation aux mousquetaires noirs; sa disgrâce physique et sa grâce d'esprit; les familles de la cour recherchent son alliance; son mariage dans la maison de Noailles. — Éducation d'homme de La Fayette; le duc d'Ayen; la duchesse; comment celle-ci élevait ses filles. — La « société de la « cour » et le *Cabaret de l'Épée de bois*; aspirations des jeunes gentilshommes. — Effet que les évènements devaient produire sur ces adolescents; sentiments communs à La Fayette, au vicomte de Noailles et à Ségur; leur résolution d'aller en Amérique. — La Fayette confie ce projet au comte de Broglie; résistance puis consentement de ce dernier; il abouche le marquis avec le baron de Kalb; but qu'il avait en vue. — Silas Deane et les trois amis; grades promis, départ convenu, indiscrétions qui s'ensuivent, ordre d'abandonner le dessein. — Contrariété que les éclats de cette nature devaient faire éprouver à M. de Vergennes; il saisit toutes les occasions de détourner ou de désavouer ceux qui veulent aller servir chez les *insurgents;* lettres dans ce sens de son cabinet et de lui-même; lettre au lieutenant de police. — Ce que cachaient ces précautions; nécessité où était le ministre de les employer; comment l'amour de la France les inspirait.

Le berceau des La Fayette fut dans cette partie de la France que la géographie d'avant la Révolution appelait la Basse-Auvergne. Ils remontent très loin. On a trouvé les Washington en Angleterre dès le XIIIe siècle; eux, à cette date, comptaient déjà parmi les très vieilles familles de leur province. Ils formèrent alors deux branches : l'aînée, la branche des Gilbert Motier de la Fayette, dans laquelle le maréchal célèbre qui aida Charles VII à reconquérir la France fut Gilbert III, et la branche des Roch Motier de Champetières, branche cadette, qui n'eut longtemps d'autre rôle que son importance locale. Ensemble les deux branches constituaient la descendance de Pons Motier de la Fayette, marié vers 1240 à Alix Brun de Champetières. Ce Pons

1776.

Motier était devant Saint-Jean-d'Acre en 1250. Un de ses auteurs figure plus de deux siècles auparavant dans le *Cartulaire de Sauxillanges*, comme donateur d'une dépendance de sa terre de La Fayette (*villa Faya*) à cette abbaye sous l'abbé Odilon, aux environs de l'an 1000[1].

Cette ancienne maison avait ses seigneuries du côté du Forez, près des sources de la rivière de Dore. Elle y habita jusqu'à la seconde moitié du xve siècle. A ce moment, la branche aînée fut attirée plus au midi, vers le Velay. Gilbert IV, qui avait épousé en 1473 Isabeau de Polignac, vint habiter le château de Saint-Romain (ou Siaugues-Saint-Romain), sur la lisière montagneuse qui sépare cette enclave languedocienne et le petit district auvergnat connu sous le nom de *Chaliergue* dans les dénominations du pays[2]. Il s'y fixa, ses descendants y restèrent et ceux-ci ne tardèrent pas à y faire venir leurs cousins. Jean Motier de Champetières, en effet, qui s'était marié d'abord avec Anne de Montmorin, puis en seconde alliance avec Jeanne de Polignac, baronne de Vissac, vit le puîné de ses fils, du même nom, épouser en 1632 Gabrielle de Murat, dame de Saint-Eble et de Fargettes. Celui-ci paraît avoir acheté de son frère la baronnie de Vissac; sa branche y succéda bientôt à la branche des Motier de la Fayette, qui s'éteignit dans une femme au commencement du xviie siècle[3].

Les La Fayette ne quittèrent plus ces parages, où se voient encore

---

[1] L'abbé Odilon fut prieur de 994 à 1049. C'est la charte 523 du *Cartulaire de Sauxillanges* (édition publiée par moi pour l'Académie de Clermont) qui porte cette donation.

[2] Du nom d'un ancien *pagus* carolingien: *Pagus Canlariensis* ou *Calariensis* du *Cartulaire de Sauxillanges*.

[3] Une partie de ces détails et de ceux qui suivent sur la famille et la première jeunesse de La Fayette a été lue, il y a dix ans (1876) à l'Académie des sciences morales et politiques. Le sujet m'attirait déjà par l'intérêt qu'il avait pour ma province et par les souvenirs qu'il me rappelait. Les sentiments politiques rapprochèrent étroitement M. Georges La Fayette et mon père. La mémoire du général était pour celui-ci, comme pour nombre d'hommes de sa génération, l'objet d'une vénération véritable. Il écrivit en 1833 quelques pages contre les jugements injustes portés alors par l'école républicaine sur les actes du grand Auvergnat qui a personnifié l'attachement à la liberté politique. J'ai été le condisciple d'Oscar et d'Edmond de la Fayette à Fontenay-aux-Roses, de 1830 à 1834 (institution Morin, puis de Cournand), j'étais reçu dans leur maison, je suis resté leur ami. Leur père se plaisait à rappeler à ma mère, fille d'un de Murat, que ce nom était de sa famille.

les murs pittoresquement démantelés de Saint-Romain et la ruine informe de Vissac : celle-ci touchant presque la voie ferrée, sur une arête exposée à l'âpreté des vents maintenant que les bois au milieu desquels le château avait été bâti n'existent plus, et celle de Saint-Romain à quelque distance au sud, sur un escarpement volcanique mieux protégé. Cette maison avait pris grand soin de faire durer son nom[1]. Les frères germains, les collatéraux même furent attentivement appelés à la succession directe quand les fils manquèrent. C'est ainsi qu'en 1486 le fils du maréchal, n'ayant point d'héritiers, légua à l'un de ses frères germains son nom, ses armes et les terres sur lesquelles reposait ce nom, en lui substituant ses enfants mâles et les enfants mâles de son autre frère à défaut les uns des autres. Les dispositions insolites portées dans cette vue par son testament donnèrent lieu à beaucoup de procédures et occupèrent longtemps les juridictions. Précautions non inutiles, au reste; plusieurs fois, avant le dernier siècle, on eut à invoquer les effets de la substitution de 1486, et il fallut en préparer de nouveaux en 1692. Les biens dont le nom dépendait et le nom avec eux auraient passé aux La Trémoïlle, très nouvellement alliés, si le fils cadet du célèbre auteur de *La Princesse de Clèves* et de *Zaïde*, René-Armand, comte de la Fayette, n'y avait pas substitué son cousin, Charles Motier de Champetières, baron de Vissac, et ses enfants mâles, à l'exclusion de Marie-Madeleine de la Fayette, duchesse de la Trémoïlle, sa fille, et de son frère à lui, l'abbé Louis de la Fayette. Mme de la Trémoïlle, à son tour, légua en 1717 à son petit cousin, Jacques-Roch Motier, qui allait avoir six ans, le marquisat de la Fayette qu'elle avait hérité de son père; la mort de ce dernier le fit échoir au frère cadet, qui était le père du marquis[2].

1776.

---

[1] La Fayette a reproduit des souvenirs de famille inexacts, en attribuant au maréchal de la Fayette la construction du château de Saint-Romain. C'est Gilbert IV et non Gilbert III qui s'établit dans cette partie du Chaliergue.

[2] Ces indications complètent celles qui sont données dans une note des *Mémoires et Correspondances de La Fayette* (p. 90 de l'édition de 1838), note qu'a reproduite à peu près Mme de Lasteyrie, sa fille, dans une note aussi de la *Vie* de sa mère. Mais ils rectifient cette dernière en un point : Mme de Lasteyrie indique que

654   LE MARQUIS DE LA FAYETTE.

1776.   Le lustre s'était ajouté de bonne heure au rang que la maison occupait. Ils justifiaient ensemble la sollicitude avec laquelle on s'efforçait de ne pas la laisser effacer. En 1356, Jean Motier de la Fayette succombait à la bataille de Poitiers. Les grands services du maréchal auraient été difficilement dépassés, mais ses successeurs en avaient entretenu le souvenir, les uns dans de hautes charges, les autres morts bravement à l'ennemi. Son fils, Charles Motier, fait chevalier au siège de Rouen en 1449, et qui commande cinquante lances pendant les guerres d'Auvergne en 1466, est député aux États de Tours en 1468; Gilbert IV est écuyer de Louis XI, puis de Charles VIII; Antoine de la Fayette est grand-maître de l'artillerie; Louis, gouverneur de Boulogne, commande sous Graville le siège de Therouënne; René-Armand, capitaine au régiment du roi en 1659, colonel à celui de la Fare en 1680, est brigadier d'infanterie en 1693. Le jour où cette branche aînée fait défaut, celle des Champetières apporte une sève nouvelle. Jean Motier de Champetières est fait sénéchal d'Auvergne en 1604; ses deux petits-fils, Jean-Marie et Claude Motier, sont des militaires marquants : celui-ci, le « chevalier de Vissac », lieutenant-colonel en 1656 au royal d'infanterie, mort à Troyes en 1692 après 38 années de services, 65 sièges et plusieurs batailles; celui-là, « le baron de Vissac », brigadier des armées du roi, qui, dans l'expédition des Barbaresques, en 1664, sous M. de Beaufort, commanda les dernières troupes embarquées après la défaite de Giger et, sans cesse aux camps, ensuite, de 1672 à 1692, finit lieutenant de roi à Strasbourg. Les La Fayette étaient réputés pour tomber tous sur les champs de bataille et de bonne heure[1]. Sans remonter plus haut que l'ascendance presque immédiate du marquis, la belle carrière de son grand-

---

l'auteur de *La Princesse de Clèves* avait laissé une fille qui aurait été Mme de la Trémoïlle; celle-ci fut seulement sa petite-fille. L'auteur de *La Princesse de Clèves* eut deux fils seulement.

[1] « On y comptait, a écrit très légitimement « le général en parlant de sa famille, dans l'auto- « biographie manuscrite dont nous avons parlé « précédemment, on y comptait une si grande « proportion de gens tués de père en fils, sur « les champs de bataille, que c'était devenu, « dans notre province, une espèce de pro- « verbe. »

père, Édouard, blessé brillamment à Philipsbourg, à Mons, à Spire, était déjà un titre que beaucoup auraient envié. Son père et le frère aîné de son père venaient d'être tués à leur tour avec honneur, tout jeunes. Pour compléter ces chevrons de famille, deux femmes dont le souvenir restera y avaient ajouté le renom de la beauté et de l'esprit, presque aussi précieux en leur temps : la charmante Louise Motier de la Fayette, objet de l'amour de Louis XIII, et cette Mme de la Fayette, Madeleine Pioche de la Vergne, dont il était parlé tout à l'heure, à qui ses romans font une place dans les lettres[1].

Par les femmes, le marquis descendait, à date récente, de deux sources dont les érudits de sa province familiers avec l'histoire locale reconnaissent aisément les traces en lui : les Suat de Chavaniac et les d'Aurelle. Édouard Motier avait épousé, en 1708, Marie-Catherine de Chavaniac, unique enfant du dernier fils des Chavaniac d'Auvergne et d'une d'Aurelle, d'Aurelle de la Freydière. Les d'Aurelle, sous ce nom, sous celui de Saint-Hérem, sous celui de Montmorin, avaient fait preuve, dans des rôles marquants, d'une trempe solide que Mme de Chavaniac rappelait particulièrement[2]. Les Suat de Chavaniac étaient d'ancienneté aussi, sur ces confins du Velay et du Gévaudan; plus d'un avait fait du bruit par son humeur batailleuse à l'époque des guerres de religion et depuis. Au mariage d'Édouard Motier, leur château devint la résidence des La Fayette. C'était un grand et lourd manoir fortifié du XIVe siècle, à peu de distance, vers la plaine, de

---

[1] Nous donnons à l'annexe du présent chapitre la généalogie des La Fayette depuis l'établissement des Motier de Champetières dans la baronnie de Vissac, ainsi que la généalogie des Chavaniac. Nous devons ces documents à l'obligeance de M. Paul Le Blanc, de Brioude, érudit aussi distingué qu'empressé à mettre au service d'autrui ses recherches, ses connaissances de l'histoire locale, et apportant des soins minutieux à les rendre précises et exactes. Le tableau généalogique du Père Anselme s'arrêtant en 1711, ces renseignements sont littéralement nouveaux.

[2] Elle s'était mariée à douze ans. La Fayette a dit d'elle, dans l'autobiographie déjà citée, qu'elle était « du plus haut mérite, respectée « dans toute la province », qu'on venait « la con- « sulter de vingt lieues sur tout ce qui intéressait « les familles », que « sa bonne tête, l'élévation de « son âme et son existence dans le pays étaient « fort remarquables ». Le souvenir public corroborait encore ces jugements il y a quarante ans.

ceux de Vissac et de Saint-Romain. Les couronnements en pigeonnier de ses tours, qui avaient perdu leur caractère dans la réfection de la toiture à la suite d'un incendie, et la terrasse crénelée de son donjon le signalaient au regard. Avec le petit village bâti derrière ses murailles, sur un escarpement de vallon, il formait une paroisse de la collecte de Saint-Georges-d'Aurat, dans l'élection de Brioude, en la province et généralité d'Auvergne. De ses fenêtres, qui dominaient au loin, on voyait l'Allier vers Langeac, Paulhaguet du côté du nord, des hameaux et des châteaux voisins bâtis au pied de petits cônes volcaniques. Rehaussé par le vert des prairies, encadré par les profils étagés des chaînes de l'Auvergne et, de plus près, par d'assez hauts sommets que de grandes plaques de sapins ombraient çà et là avec ampleur, le paysage avait l'attrait particulier des aspects sévères quand ils sont relevés par la coloration des terrains et l'étendue des lignes.

C'est dans cette ancienne « maison forte », comme l'appellent plusieurs titres d'autrefois, que naquit le 6 septembre 1757, de race militaire s'il en fut par son père et, par sa mère, de race très policée, le marquis de la Fayette. Il était le premier et le seul fruit d'une union datant de trois années seulement, mais dont la mort avait déjà brisé le lien. Le 22 mai 1754 son père avait épousé Marie-Louise-Julie de la Rivière qui n'était pas beaucoup plus riche en biens que lui, qui avait toutefois beaucoup d'entourage, fille du marquis de la Rivière et petite-fille du comte de la Rivière et de Plœuck, lieutenant-général, capitaine de la 2ᵉ compagnie des mousquetaires du roi[1]; mais dans la petite victoire sanglante de Hastembeck, qui fut suivie de si près par nos défaites à Rosbach et à Minden, le 26 juillet de cette même année 1757 où le marquis était venu au monde, ce père avait péri colonel des grenadiers de France, ayant à peine vingt-cinq ans[2]. Son

---

[1] Mousquetaires noirs.

[2] La Fayette, dans la même pièce manuscrite, retrace ainsi la mort de son père, en se trompant toutefois sur le nom de la bataille :

« C'était, à ce qu'il paraît, un caractère des « plus distingués et plein de bonté. Il fut tué « à Minden, colonel dans les grenadiers de « France. Ce corps, composé de grenadiers

fils entrait donc orphelin dans la vie. Il était, de plus, le dernier héritier mâle de sa maison; le frère aîné de son père tué, nous l'avons dit, dans la guerre du Milanais[1], n'était pas marié et les autres enfants étaient des filles. On baptisa à l'église de Chavaniac sous les prénoms de Marie-Joseph-Paul-Yves-Roch-Gilbert[2], ce dernier représentant du glorieux maréchal de la guerre de Cent ans. Charles Motier de Champetières, par qui la branche cadette prit la tête de la maison aux termes de la substitution de 1692, avait dû tenir à consacrer la confusion dans sa personne d'une hérédité si soigneusement perpétuée, en introduisant parmi les prénoms de ses petits-enfants ceux de Gilbert et de Roch sous le patronage desquels elle semblait avoir grandi.

Rien n'a beaucoup changé dans ce berceau du marquis, depuis qu'il y prit naissance. Le village est le siège d'une commune dans le canton de Paulhaguet, au centre du département de la Haute-Loire et de l'arrondissement qui a pour chef-lieu cette ville de Brioude, autrefois celui de l'élection. Des chemins de fer passent auprès; les stations de Saint-Georges-d'Aurat, de Rougeac et de la Chaux, sur la ligne de Langeac au Puy et à Saint-Étienne, en sont voisines. Mais,

« choisis dans l'armée, fut exposé bêtement « par un lieutenant-général, M. de Saint-Pern, « commandant général de cette troupe. On « l'avait postée dans un ravin, il la plaça par « bravade sur la crête de ce ravin. Elle fut « abîmée sans aucun fruit par les batteries enne-« mies. Le prince de Chimay, ami intime de « mon père, fut tué à la tête du premier ba-« taillon. Mon père devait lui succéder. Il se « mit à sa place, et fut emporté d'un coup de « canon tiré d'une batterie anglaise. »

[1] Cet oncle du marquis de la Fayette était mort plus malheureusement que son père, raconte-t-il aussi; il avait été tué par derrière, à dix-huit ans, de la main d'un commandant ennemi qu'il venait de faire prisonnier dans une charge et à qui il avait laissé ses armes en le plaçant en arrière de lui.

[2] On pourra lire à l'annexe du présent chapitre la reproduction de l'acte baptismal de La Fayette, tel qu'il fut produit lors de l'inscription du jeune marquis sur les contrôles de l'armée en 1773, d'après les registres de la paroisse de Chavaniac. Ces registres n'ont pu être retrouvés. M. Augustin Chassaing, érudit fort au courant de tout ce qui concerne le département de la Haute-Loire, s'est assuré pour moi qu'ils n'existent ni à Saint-Georges-d'Aurat, paroisse principale où ceux de l'église de Saint-Roch de Chavaniac auraient pu être apportés, ni au greffe de Brioude. Ils sont sans doute aux archives de la cour de Riom, archives non inventoriées ni, à vrai dire, classées. Les registres paroissiaux, en effet, étaient déposés aux greffes des sénéchaussées, et la Haute-Loire dépendait de la sénéchaussée de Riom.

quoique modifié par endroits pour les besoins ou par le temps, le manoir a conservé sa construction massive, et, pas plus que les tons bistrés des pouzzolanes, les sapinières qui l'entouraient n'ont cessé de répandre leur couleur austère sur le vaste horizon ouvert devant lui. L'enfance de La Fayette se passa dans ce vieux castel et cette campagne agreste. Elle les lui rendit très chers. Il avait eu pour marraine sa grand'mère de Chavaniac. Il grandit autour d'elle et de la sœur aînée de son père, Marguerite-Magdeleine du Motier[1]. Sa mère habitait à Paris le plus souvent. Il avait quatre ans lorsque, en 1761, l'autre sœur, devenue veuve aussi de Guérin de Chavaniac, des Chavaniac du Gévaudan, vint avec sa fille, seule enfant de son mariage, s'abriter chez sa mère, n'ayant plus de résidence par suite des mauvaises affaires de son mari.

Ces dames élevèrent les deux enfants ensemble et le marquis fut l'objet de leur affection comme de leurs espérances. Elles l'élevèrent avec cette religion du nom qui était l'hérédité de la famille, redoutant sans cesse le destin qui semblait se faire un jeu d'éteindre sa maison à mesure qu'on travaillait à la rétablir, et lui laissant prendre, pourtant, ou lui enseignant elles-mêmes les goûts et les sentiments qui en avaient fait l'honneur, au risque d'en devenir encore le péril.

---

[1] Le nom primitif s'est modifié ainsi au siècle dernier. Nous adopterons l'orthographe *Motier* et non *du Motier* ou *de Motier*, comme on le trouve écrit depuis cette époque. Nous y sommes autorisé par une pièce authentique de 1680, le testament de Gabrielle de Murat, la veuve de Jean Motier de Champetières, dressé le 24 août devant Crozmarie, notaire royal à Brioude. Le mari et les enfants de Gabrielle de Murat n'y sont appelés que *Motier* (pièce due à l'obligeance de M. Paul Le Blanc). Il y eut, d'ailleurs, de constantes variations dans les actes concernant ce nom; on trouve même *du Moutier, de Moutier, de Moitié*. — Nous écrivons aussi *Chavaniac*; cette orthographe a toujours été employée par le marquis et par les siens. On trouve néanmoins dans les titres *Chavanhac, Chavaignac, Chavagnac, Chavaniac-le-Château, Chavainat, Chavaingnat*. — Ces orthographes diverses de noms de lieux ou de noms propres ne sont dues qu'au degré d'aptitude des baillis et tabellions, écrivains des titres, des curés de paroisses qui couchaient sur leurs registres les actes de naissance, de mariage ou de décès, à exprimer par des lettres la phonétique tantôt de basse latinité, tantôt patoise, tantôt française de l'appellation, suivant qu'ils étaient plus ou moins familiers avec l'usage du patois, du français ou du latin.

Il y avait fort peu de biens. Terres maigres, climat froid, les seigneuries donnaient un mince revenu. Les charges de cour manquant, la maison vivait sur ce revenu minime, c'est-à-dire modestement, eu égard aux obligations de son rang; le marquis ne connut que des habitudes rustiques. Elles le firent robuste de bonne heure. Une grande ardeur native le portait à rechercher les exercices osés et il aimait à en imaginer d'audacieux[1]. Mme de Chavaniac était devenue sa vraie grand'mère, l'âge ayant bientôt affaibli celle qui l'était effectivement. Sa tante se plut à entourer de ses soins ce fils unique du frère perdu sitôt de la même manière que l'aîné. Malgré les présages pleins d'alarmes que le passé lui rappelait, elle le forma pour l'action, la maison ne pouvant revivre que par lui seul.

Les La Fayette avaient beaucoup d'alliances : les Polignac, les Bourbon-Busset, les Marillac et d'autres encore. Les grand'tantes paternelles du marquis, Magdeleine et Louise Motier de Champetières, étaient Mme de Bouillé et Mme de Montboissier; Mme de Lusignem-Lezay, une La Rivière, était celle de sa mère. Les La Trémoïlle portaient encore à son nom tout l'intérêt que lui avaient montré leur grand'mère. Le père du marquis avait reçu à vingt-deux ans le régiment des grenadiers de France et la croix de Saint-Louis pour épouser Mlle de la Rivière. Des faveurs pareilles pouvaient donc être espérées de nouveau. Afin d'en ménager les chances à son fils, Mme de la Fayette avait rompu son veuvage; elle s'était fait présenter à la cour en 1762[2]; dès que l'enfant eut atteint onze ans, elle l'avait emmené à Paris et mis, sous la garde d'un abbé, son premier précepteur[3], au collège du Plessis où l'on plaçait de préférence les écoliers de son rang. Elle était morte peu après, son beau-père de la Rivière avait succombé presque en même

---

[1] Il n'avait encore que huit ans quand une bête fauve effraya tellement le pays que la légende en est restée : « la bête du Gévaudan » a occupé d'elle toute la France. Il a écrit dans un de ses *Mémoires* que « l'espoir de la ren- « contrer animait ses promenades ». Ce détail peint ce qu'il était et l'on pouvait en augurer son caractère futur.

[2] Par sa tante Mme de Lusignem-Lezay, le 28 février 1762.

[3] L'abbé Fayon, dont les lettres de La Fayette citent le nom plusieurs fois.

temps[1]; le marquis s'était trouvé, tout jeune, maître d'une grande fortune. Mais si l'enfant était ardent de nature, les choses sérieuses l'attiraient comme la dissipation en aurait attiré d'autres. Mme de Chavaniac et l'abbé Fayon n'avaient pas eu de peine à le retenir au Plessis. Il recherchait les succès de classe, allait en vacances à Chavaniac une année sur deux. L'indépendance de son esprit avait tiré de ce qu'il apprenait un fonds au-dessus de son âge. Le comte de la Rivière l'avait tout de suite placé sur le chemin des grades. Incorporé aux mousquetaires, il sortait des bancs pour prendre part aux revues, et, comme les portes des salons ne lui étaient pas moins ouvertes, il eut précocement l'éducation aimable qui y brillait alors. De grande taille, la figure osseuse, il était décontenancé et gauche quand il fallait paraître, c'est lui-même qui l'a dit; mais déjà il avait, dès que les rapports devenaient intimes, un ton gracieusement spirituel et aisé qu'il tenait de sa mère; il ne le perdit jamais.

Les yeux des familles de la cour s'étaient bientôt fixés sur cet héritier de grande maison. On mariait ces héritiers-là très jeunes, pour leur fortune ou leur situation, sauf à les envoyer, après, se former au régiment et donner prétexte aux grades qu'ils avaient déjà ou ne tarderaient pas à recevoir. Il ne comptait guère plus de seize ans et demi lorsqu'il épousa la seconde fille du duc d'Ayen, qui en avait quinze[2]. Le jour où, chez le comte de Broglie, la conversation du duc de Gloucester l'enflamma pour l'Amérique, il y avait donc quinze mois à peine qu'il avait enté le renom que sa maison possédait sur

---

[1] Contrairement à ce qu'ont indiqué La Fayette dans ses *Mémoires* et, d'après lui, ses biographes, c'est bien le beau-père et non le père de Mme de la Fayette qui enrichit le fils de celle-ci, en mourant après elle. Le marquis de la Rivière, son père, était déjà mort en 1762, le *Calendrier de la noblesse*, de La Chenaye, est positif à cet égard; il ne resta plus, après cette date, que le comte de la Rivière et de Plœuck (Charles-Yvon-Thibaut), capitaine des mousquetaires, qui est porté par La Chenaye comme n'ayant plus d'enfants. Le *Calendrier* explique qu'une de ses filles, mariée au marquis de la Rivière, n'a laissé que Mme de la Fayette. La mère de celle-ci avait donc épousé son cousin, de sorte qu'elle eut pour beau-père son oncle. La Fayette, quand il a écrit sur sa famille, a dû confondre dans ses souvenirs d'enfance les grands-pères et les oncles.

[2] Le 11 avril 1774.

l'illustration et les alliances des Noailles. Le duc d'Ayen, à qui il ne restait que des filles, l'avait voulu pour un de ses gendres au point de rester visiblement en froid avec la duchesse, qui refusait de l'agréer[1]. M%%me%% de Lusignem, sa tante, avait décidé le mariage et c'est à Chavaniac, dans ses vacances de 1772, presque le jour anniversaire de sa quatorzième année, qu'on le lui avait fait connaître[2].

Nous indiquions plus haut avec quel détachement des anciennes choses la génération à laquelle appartenait Louis XVI entrait dans la vie quand il devint roi. Il suffit de voir, pour s'en rendre compte, ce gentilhomme adolescent à l'hôtel de Noailles, avant et après le jour de son union précoce. Il y avait été comme un enfant de plus dès le jour où le mariage se décida et c'est là que s'était achevée son éducation d'homme. Les classes finirent pour lui tout aussitôt; son apprentissage militaire commença à l'école noble qui s'appelait l'Académie de Versailles. En place de l'abbé Fayon, il eut un ancien officier pour lui répéter les cours avec quelques notions pratiques. Mais l'intérieur dans lequel il se trouva était autrement fait pour préparer une carrière

---

[1] M%%me%% de la Fayette raconte ce détail dans la *Vie* de sa mère, où sont retracées avec l'émotion de son âme simple et tendre les joies de son existence, comme les poignantes épreuves dont elle fut abreuvée. C'était vingt ans après; elle ressentait ainsi qu'au premier moment l'attrait que son mari inspirait dès qu'on l'avait pu connaître : « Nous avions à peine douze ans, « dit-elle, qu'on lui proposa (à sa mère) M. de « la Fayette pour l'une de nous; lui-même « n'avait que quatorze ans. Son extrême jeu-« nesse, l'isolement où il se trouvait, ayant « perdu tous ses parents proches et n'ayant « aucun guide qui pût avoir sa confiance, une « grande fortune, et toute acquise, ce que ma « mère regardait comme un danger de plus, « toutes ces considérations la décidèrent d'abord « à le refuser malgré la bonne opinion que tout « ce qu'elle en avait appris lui donnait de son « personnel. Elle persista plus d'un mois dans « son refus. Mais mon père ne se découragea « point et..... lorsqu'on lui eut promis de « différer le mariage encore de deux ans et pris « plusieurs précautions pour finir l'éducation « de M. de la Fayette, elle accepta celui que « depuis elle a toujours chéri comme le fils « le plus tendrement aimé, celui dont elle a « senti le prix dès le premier moment qu'elle « l'a connu. Son consentement la raccommoda « avec mon père qui, pendant quelque temps, « avait été réellement brouillé avec elle. Notre « joie à cette réconciliation ne peut être expri-« mée. Le souvenir de ce jour (21 septembre « 1772) ne s'effacera jamais de ma mémoire « ni de mon cœur. »

[2] C'est lui qui a consigné cela dans la pièce manuscrite indiquée précédemment et dont M. Mosnier a publié un fragment.

féconde. La duchesse d'Ayen était une mère d'élite, et le duc, après avoir acquis par ses services militaires l'intimité du roi, comme ses ancêtres celle des monarques précédents en participant à de grandes affaires, continuait à remplir les obligations de sa naissance en grand seigneur de son époque par le goût qu'il montrait pour les sciences et pour la philosophie. Tout en secondant son mari dans la vie du monde ou dans les exigences de la cour, la duchesse prenait le temps de former ses cinq filles de manière à ce qu'elles apportassent bien à leurs époux tout le reflet de leur nom. Petite-fille de d'Aguesseau, lui ressemblant au moral, elle était de ces natures qui font aimer le devoir en animant la vie de sa lumière. Ses filles l'ont montrée à l'envi élevant ses enfants elle-même, achevant le soir, dans un entretien intime, l'enseignement que leur maîtresse avait donné le matin. Là, dans sa propre chambre à coucher[1], s'isolant avec elles, elle écoutait chacune, mesurait leur caractère, les redressait et les dirigeait doucement dans le sens qu'indiquaient leurs inclinations personnelles. Religieuse sans idolâtrie, elle pénétrait ce cher troupeau de la piété forte qui dérive de la raison et ne trouve qu'une aide de plus dans la culture de l'esprit. C'était l'éducation chrétienne en sa plus féconde conception, un souvenir de Port-Royal et des Arnaud trop vite effacé de nos éducations françaises sous les dévotions superstitieuses et les passions d'église, mais gravé si profondément chez la duchesse que Mme de la Fayette, par qui elle a été si supérieurement dépeinte, lisant quelques pages de Pascal dans une des conjonctures poignantes dont sa vie a été semée, ferma le livre d'émotion croyant, dit-elle, « entendre parler sa mère ».

Après le mariage du dauphin, autour de la future reine, enjouée, charmante et, par les contrastes avec la vieille cour, plus pleine d'at-

---

[1] « C'était une grande chambre de damas « cramoisi galonné d'or, avec un lit immense », dit sa plus jeune fille, l'auteur de la *Vie de Mme de Montagu*. « La duchesse s'asseyait dans « une bergère près de la cheminée, ayant sous « la main sa tabatière, ses livres, ses aiguilles; « ses cinq filles se groupaient autour d'elle, les « plus grandes sur des chaises, les plus petites « sur des tabourets, disputant doucement à qui « serait le plus près de la bergère. »

traits encore, un cercle de jeunes gens s'était formé dans lequel se rencontraient Monsieur et le comte d'Artois des premiers, le vicomte de Noailles dont la mère était dame d'honneur de la dauphine, les Ségur, les deux Dillon, des dames de leur âge non moins attirées qu'eux par les bals et les divertissements[1]. On appelait ce cercle : « la société de la « cour ». La Fayette y fut dès son mariage. L'atmosphère intellectuelle du moment rendait infiniment sensibles à ces adolescents les tristes conséquences du règne près de finir. Il en résultait chez eux des allures très libres. Ils prenaient plaisir à les montrer par des railleries, même par de l'irrévérence envers les anciens de la cour en attendant d'être à même d'en donner d'autres preuves[2]. Attentive à faire aimer leur intérieur aux maris de ses filles, la duchesse d'Ayen ramenait cette jeunesse souper à l'hôtel de Noailles après les bals de la reine, ou bien les invitait à dîner. Ils se plaisaient chez elle et ils y accouraient[3]. Les hommes, toutefois, suivaient les impressions du moment et, trop contraints dans le cercle de la reine, ils avaient pris réunion habituelle à Paris, dans un restaurant dont l'enseigne était : *A l'Épée de bois*. Ils devinrent si osés dans ces rencontres qu'au moment où le rappel des parlements occupait tout le monde, ils faisaient la parodie de ces assemblées ressuscitées, que les gens graves tenaient pour le don de joyeux avènement de Louis XVI. Le premier président fut un des princes, qui plus est, La Fayette un jour le procureur général, et il paraît que les mercuriales et les arrêts n'avaient rien d'orthodoxe, car le secret ayant été mal gardé le scandale fut fort grand.

---

[1] Ségur, qui raconte cela dans ses *Mémoires*, ajoute MM. d'Havré, de Croy, de Poix, de Coigny, de Guéménée, de Durfort (t. I, p. 45 et suiv.).

[2] Ils affichaient ces dispositions par des révolutions d'étiquette ou de costumes, composant des modes nouvelles et se concertant pour les imposer. Ils obligèrent un moment les graves personnages à ne venir aux fêtes de la reine que sous les habits du temps de Henri IV, et ce fut pour tous, jeunes femmes, jeunes gens, une joie véritable que de voir l'étrange apparence de quelques-uns sous ces modes oubliées. (Ségur, *ubi supra*.)

[3] Les liens formés dans ce petit cercle devinrent pour le marquis un souvenir plein de prix; dans ses lettres écrites en mer ou d'Amérique à sa femme, en 1777, on le voit rappeler ces rencontres comme s'il leur avait dû tout ce qu'il se sentait être.

1776. Un signe du temps, c'est que le roi en rit beaucoup, déconcertant les plaintes. La réserve qu'il fallut apporter après ce petit éclat fit éloigner les princes; mais les sentiments restèrent, enchantant ces jeunes têtes par l'idée de la liberté, de l'égalité même et leur faisant devancer les jours avec l'imagination de leur âge. La vie entière de presque tous s'est ressentie de ce premier feu; il n'a jamais cessé d'animer La Fayette[1].

Si les évènements de l'Amérique devaient retentir dans le cœur de gentilshommes français, c'était bien chez ces convives de l'*Épée de bois*. Avec le vicomte de Noailles et Ségur, La Fayette n'avait pas uniquement les goûts et les sentiments communs; ensemble ils recherchaient les mêmes actes. Qu'il ait voulu leur proposer de le suivre et qu'ils s'en soient réjouis, on peut en croire son dire. Mais des officiers de fortune pouvaient s'en aller d'eux-mêmes; il en était parti déjà des

---

[1] Il était devenu, lui, rebelle à la plupart des préjugés sociaux ou des habitudes sur lesquels vivait le monde où sa place se trouvait marquée. Le duc d'Ayen avait voulu lui ménager, dans la maison de Monsieur, une de ces attaches de haute dépendance ambitionnées par les familles de cour et non étrangères à la fortune des Noailles. Avec une respectueuse douceur, il évita de contrarier en refusant, mais prit soin de déplaire au prince par un mot qui écarta le projet. Les situations de ce genre semblaient serviles aux héritiers des courtisans de Mme du Barry, tant leurs idées ou leurs impressions différaient de celles de leurs pères; Ségur dit « un servage brillant » d'une pareille qu'il rejeta dans le même moment. C'est lui qui a le mieux connu le marquis, à cette aurore de leur longue carrière; il dépeint exactement le La Fayette de la « société de la cour » en disant que « cette « enveloppe si froide aux regards cachait l'esprit « le plus actif, le caractère le plus ferme et « l'âme la plus brûlante. » (*Mémoires*, t. I, p. 61.) Cette enveloppe, en effet, trompait alors absolument et le faisait juger craintif ou sans passion aucune. Son beau-père souhaitait tout haut que quelqu'un vînt fondre cette glace, y jetât le ferment (Ségur, p. 123). Sa jeune femme seule l'avait pénétré et lui voua tout de suite un amour que rien ne put éteindre. Entre autres détails qui donnaient créance à la nature qu'on lui supposait, on fut frappé par un fait arrivé lors de la mort de Louis XV. Le duc d'Ayen ayant le commandement du château de Saint-Germain, était capitaine des chasses de la forêt, et ses gendres y suivaient souvent la cour. La Fayette, au moment de son mariage, assista à celle où le roi, pris soudain du mal dont il mourut, eut le grand effroi dont les historiens ont parlé et qui consterna l'entourage. Lui y resta si indifférent que, rentré à l'hôtel de Noailles, il n'en fit part en rien et, quand, le soir, des effarés apportèrent la nouvelle, on ne revenait pas d'étonnement de ce qu'il avait pu s'en taire.

îles et même des ports de France[1]. Avec un nom de la cour et des alliances élevées c'était moins facile. Le départ, s'il n'avait lieu fort en secret, devenait un fait politique, le consentement positif était obligé; d'ailleurs, officiers et l'effectuant sans cela, c'était la désertion. Pour réaliser le dessein il fallait donc le confier à quelqu'un qui pût le servir. La Fayette explique qu'il le confia au comte de Broglie et qu'il n'aurait pas, sans son insistance, rendu celui-ci favorable à son projet. « Après de vains efforts pour m'arrêter, le cœur du comte me suivit « avec une tendresse toute paternelle », lit-on dans ses *Mémoires*, et la note de Sparks fait voir le comte essayant de retenir le jeune officier : « Son âge, son mariage si récent qui le plaçait tout près du roi, étaient des empêchements sérieux; il restait seul de son nom, des hasards comme ceux qu'il voulait courir lui étaient interdits et le comte se refuserait à permettre que le dernier héritier de gentilshommes si précocement morts à la guerre s'y jetât de lui-même; « j'ai vu périr votre « oncle dans la guerre d'Italie, j'étais présent à la mort de votre père, « je ne veux pas contribuer à la ruine de la seule branche de la famille « qui survit. » Sparks ajoute que cette sollicitude demeura vaine, que la résolution du marquis ne put être ébranlée et que, changeant alors de dispositions, le comte de Broglie, en l'approuvant, lui expliqua qu'il ne pouvait l'aider personnellement, mais qu'il allait le mettre en relations avec le baron de Kalb, en quête, justement, d'une occasion pour passer en Amérique[2].

Les efforts du comte de Broglie pour l'arrêter, dont parle La Fayette, n'ont rien que de probable. Outre les considérations très naturelles qu'il rapporte, le comte avait au moins besoin de trouver le marquis au-dessus de toutes les faiblesses, même des faiblesses

---

[1] M. de Kermoran partit de France au mois d'avril 1776 pour servir en volontaire; M. de Bois-Bertrand, avec un grade, au mois de juillet. Ce sont les premiers Français dont les Américains aient inscrit le nom sur la liste de leurs défenseurs. Ils furent faits prisonniers, maltraités par les Anglais et le Gouvernement fut obligé de refuser de les protéger.

[2] « . . . . . said, as he could render him any « service, he would introduce him to the baron « de Kalb, who he knew as seeking an oppor-« tunity to go to America. »

excusables comme celle de la durée de son nom, si chère à sa famille. Quant à lui avoir donné Kalb pour l'aboucher avec l'agent de l'Amérique de la manière la plus efficace, il y a plutôt lieu de dire qu'il le donna à Kalb, lui et ses deux amis, pour les comprendre dans la négociation dont celui-ci était chargé. Le poids de leur situation et de leur nom n'y pouvait avoir que beaucoup d'avantage. La Fayette, à son âge, n'a pas dû chercher à discerner le fond de l'apparence. Aussi est-ce l'affaire de ces enthousiastes de grande maison que le baron prussien traita d'abord avec Silas Deane. Réussissant, ils prenaient place avec d'autres dans les combinaisons qu'on verra se dérouler; manquant, ils étaient venus à propos servir d'occasion à ces combinaisons et donner un moyen de les mettre en œuvre.

Les relations qu'a laissées La Fayette et celle de Ségur ont été assez reproduites pour nous permettre ici d'être bref. Le visage d'enfants de ces recrues de cour n'empêcha point l'Américain de les accueillir comme s'ils étaient des hommes. Il ne consentit pas tout de suite, ne voulant rien cacher; il énuméra les difficultés de la lutte ouverte par les Colonies, la rude existence et les risques qui attendaient leurs défenseurs. Tout cela ne fit qu'accroître les désirs. Il promit alors des grades. On convint même d'aviser à rendre le départ commun à d'autres, après quoi il fut arrêté que l'on se tiendrait prêt pour le jour opportun : « Nous nous promîmes tous les trois le secret, dit « Ségur, afin de nous donner le temps de sonder les dispositions de « notre cour et de rassembler les moyens nécessaires. » La Fayette était maître de sa fortune, très libre d'agir dès lors; c'était le contraire pour ses compagnons. Ils avaient à trouver l'argent pour leur entreprise. Noailles ne vit rien de mieux que de s'adresser au duc d'Ayen, même de faire demander par lui une commission d'officier pour l'Amérique. D'autres indiscrétions survinrent; à se chercher des camarades il ne pouvait que s'en produire. Alors les familles s'émurent, le Gouvernement fit de même; les trois gentilshommes, avec une vive réprimande, reçurent l'ordre formel d'abandonner leur dessein.

Rien, en ce moment, ne pouvait contrarier davantage M. de Vergennes que ce petit éclat. Il ne ménagea pas les remontrances. Inquiets de se voir aventurés à ce point, n'étant pas plus instruits que d'autres des démarches secrètes des conseillers du roi, les Noailles furent les plus empressés à réclamer des défenses[1]. Le ministre ne laissait point passer l'occasion de dire, d'écrire même à qui pouvait le répandre, qu'il n'encourageait ni n'autorisait personne à aller servir chez les *insurgents* et qu'il n'était pour rien dans ce qui s'ourdissait en leur faveur. La lettre d'un jeune officier, fondé, paraît-il, à se réclamer personnellement de la bienveillance du secrétaire d'État, et demandant à être compris parmi ceux qu'on désignait pour l'Amérique, se trouve dans les pièces de son secrétariat avec la réponse qu'il y a faite. On est au 20 décembre. Il s'agit d'un chevalier de Falquières, pleinement convaincu, ainsi que tout le monde, que M. de Vergennes a créé le courant de recrues militaires et d'embarquements dont le bruit remplit les lieux publics, et qu'il le conduit en réalité. Ce chevalier de Falquières écrit au ministre pour bénéficier du mouvement; il n'a besoin que d'un grade et « juste de quoi faire le voyage », protestant d'ailleurs de son silence sur une intervention qu'il comprend devoir être soigneusement cachée, mais dont il ne saurait faire doute. Son intention n'est pas, dit-il, « de chercher à surprendre ou à explorer le secret; mais il voit tant de choses qu'il y a de quoi l'autoriser à offrir ses services; son arrangement sera bientôt fait s'il vient de la part du ministre, même indirectement ». Il supplie donc celui-ci « de le nommer à qui il appartient », de le faire appeler par celui-là et employer n'importe comment, « pourvu que ce soit pour le service

---

[1] Voir Ségur, *ubi supra*. — Dans le flot de malveillances jeté sur ceux des membres de l'ancienne noblesse dont les propensions ou les sentiments, sans parler des actes, s'accordèrent, si peu que ce fût, avec les idées de la Révolution française, les Noailles se sont entendu accuser d'avoir poussé leurs gendres en Amérique pour recueillir les avantages du succès. Les avantages étaient bien trop douteux à cette date pour qu'ayant les plus hautes situations à la cour, ils recherchassent de tels hasards. Plus ou moins fondé peut-être une fois la guerre décidément ouverte, le reproche ne saurait aucunement l'être en 1776.

direct ou indirect de sa patrie[1] ». Une réponse, dictée peut-être, du même jour et de la plume intime que nous avons déjà signalée, traitait avec une défaveur extrême le parti pris par « plusieurs particuliers de courir les aventures » en allant servir chez les *insurgents;* ce parti, dans les conjonctures présentes, paraissait être « une véritable équipée suscitée par le désœuvrement et par l'ennui de n'être rien »; il n'avait pas été possible d'en détourner les auteurs, n'ayant pas demandé de conseil et s'étant « en quelque manière évadés » sous des prétextes que l'on n'était guère à portée de vérifier; « mais puisque l'on s'adressait au ministre avec confiance, il ne croyait pas devoir dissimuler sa façon de penser ni le regret qu'il aurait de voir des gens de mérite se jeter dans un service qui ne paraît pas fait pour eux ». M. de Vergennes trouva sans doute ce premier jet trop fort et, de sa main, il écrivit en marge cette autre minute, probablement celle qui fut expédiée :

[1] (*États-Unis*, t. 1, n° 100.) « Les insurgents, « Monsieur le Comte, m'offrent de beaux « champs de bataille; je meurs d'envie d'aller « y faire mes premières armes, j'y feray l'essay « de mes petites connaissances. Je peux peut « etre me rendre utile à leur service, surtout « pour la partie des avants-gardes, et des « attaques dont j'ay fait une étude particu- « lière. — Mon intention n'est pas, Monsieur « le Comte, de chercher à surprendre ou a « explorer votre secret, je le respecte, et dans « l'occasion je me tais; mais je vois tant de « choses que je suis tenté de croire qu'il y a « de quoy m'autorizer a vous offrir mes services « et a vous supplier de les faire employer, n'im- « porte comment pourvû que ce soit pour la « gloire et pour le service directe ou indirecte « de ma patrie; si tout cecy convient a vos « vûes, Monsieur le Comte, mon arrangement « sera bientot fait, pourvû qu'il vienne de votre « part même indirectement; je sens a merveille « que l'état des choses ne vous permettra pas « de vous montrer ouvertement, mais je me « borne à vous supplier de me nommer a qui « il appartient et de me faire appeller a luy; je « ne suis ny mercenaire ny avide d'argent; je « n'ay pas de fortune, mais je n'en veux ac- « quérir que par la bonne voye; dans l'occa- « sion présente, je ne demande que tout juste « de quoy a faire le voyage et a subsister dans « le paÿs suivant mon grade; si j'y fais bien, « c'est a dire si les occasions secondent les « petits projets que ma tête et mon cœur ont « déja conçù, je seray payé comme je le desire « et de la monnoye dont mon cœur est avide, « et a la fin de tout cela si les insurgents me ju- « gent dignes d'une autre récompense, je verray « si ma délicatesse me permettra de la recevoir. « Daignez voir, Monsieur le Comte, combien « tout cecy pourrait me mener a rendre dans la « suitte mes services plus utiles a ma patrie, « on saura de quoy ils sont capables, et peut « être donneront ils de quoy mériter quelque « confiance. »

Je desirerai toujours M. de contribuér au succès de vos vues, mais je ne puis en aucune maniere coopérér a celle que vous me confiés. Si vous voulés mon avis, je pense qu'avec vos talens et les connoissances que vous avés l'Europe est le champ sur lequel vous devés vous fixér. L'Amerique peut tenter ceux qui doivent se servir de tous moiens pour arrivér a une fortune quelleconque. Le Gouvernement netant point dans l'intention d'autorisér les officiers a passér chés les insurgens, je vous crois trop prudent M. pour risquér de vous comprometre en vous y rendant sans espoir d'etre avoüé.

Reconnoissés dans la franchise avec laquelle je m'explique la sinserité des sentimens que vous m'aves inspirés et avec lesquels j'ai l'h^r detre etc.

A Versailles le 20 décembre 1776.

États-Unis, t. 1, n° 101.

Un mois plus tard encore, le 29 janvier 1777, le ministre rédigera la minute du pli suivant à l'adresse de M. Lenoir, chargé du service du lieutenant de police :

Je recois, Monsieur, la lettre que vous m'avés fait l'honneur de m'ecrire le 28 de ce mois par laquelle vous me prevenés que M. de la Balme ci-devant sous aide major de la Gendarmerie vous a demandé un passeport pour se rendre a Philadelphie avec quatre officiers quil y conduit. Le Gouvernement ne pouvant avoüer ceux qui veulent aller tentér fortune dans cette partie de l'Amerique ne peut absolument donnér un titre qui constateroit quil a connoissance de leurs projets; je ne puis que vous remercier, Monsieur, de vous etre refusé a la demande de M. de la Balme, et je vous prie de vouloir bien perseverér dans votre refus pour toute autre demande de la meme espece.

J'ai l'honneur d'etre avec un tres sincere attachement M., etc.

États-Unis, t. 2, n° 33.

Précautions prises pour être montrées, simplement, et cacher le contraire. On multipliait les dénégations, les désaveux; c'était la nécessité présente, le ministre ne balançait pas d'y céder. On va même voir gêner un peu les moyens jusque-là offerts à l'Amérique de se fournir de matériel, la facilité de continuer ses enrôlements; mais il s'en fallait que ces moyens fussent retirés et déjà l'on étudiait de plus près qu'auparavant les plans d'une action commune. Eût-il été permis de s'employer autrement à relever la Couronne? On doit émettre ce doute pour juger les hommes de ce temps. A pratiquer ces procédés peu chevaleresques, ils dépensèrent autant d'amour de leur pays qu'en des moments meilleurs d'autres purent en consacrer à de plus nobles.

ANNEXES DU CHAPITRE XIX.

ACTE DE NAISSANCE ET GÉNÉALOGIES DE LA FAYETTE.

1. ACTE DE NAISSANCE.

Extrait, en date du 14 mai 1773, des registres des batêmes de la paroisse de Chavaniac, éveché de St Flour.

L'an mil sept cents cinquante sept et le six septembre, est né très haut et très puissant seigneur Monseigneur[1] Marie-Joseph-Paul-Yves-Roch-Gilbert Dumotier de Lafayette, fils légitime à très haut et très puissant seigneur Monseigneur Michel-Louis-Christophle-Roch-Gilbert Dumotier, marquis de Lafayette, baron de Vissac, seigneur de Saint-Romain et autres places et à très haute très puissante dame Madame Marie-Louise-Julie Delarivière, et a été baptisé le sept du meme mois. Son parrein a été très haut et très puissant seigneur Monseigneur Joseph-Yves-Thibaud-Hiacinte Delarivière, seigneur de Kerauffrets et autres places, et en son absence a été tenu sur les fonts baptismaux par messire Paul Demurat, grand vicaire de Sens, aumônier de Madame la Dauphine, abbé de Mauriac; sa marraine a été très haute et très puissante dame Madame Marie-Catherine Dechavaniac, dame dudit lieu, et de cette paroisse. En présence de Mre Antoine Bonnefoy, prêtre et curé de la parroisse de Vissac, et d'André Cortial, soussignés. Et sur le registre sont signés : Demurat, Chavaniac de Lafayette, Bonnefoy, curé de Vissac, Courtial[2] et Vidal, curé.

Archives du ministère de la guerre.

2. GÉNÉALOGIE DES MOTIER DE LA FAYETTE.

[Les seigneurs de Champetières sont issus de Pons Motier, mort avant 1307. Celui-ci était le 2e fils de Pons Motier, seigneur de la Fayette, trisayeul de Gilbert de la Fayette, le maréchal de la guerre de Cent ans.

Le descendant au xe degré de Pons Motier, Jean [Motier] de Champetières, seigneur dudit lieu, le Bouis, de Paulin et de la Garde, chevalier des ordres du roi,

---

[1] L'original portait sans doute m^{ire}, abréviation de messire qui a été traduite par Monseigneur.
[2] On lit bien dans la pièce : *Cortial* et *Courtial*.

gouverneur de la ville et château de Monistrol en Velay, se maria en 1578 avec Anne de Montmorin, après la mort de laquelle il prit en seconde alliance Jeanne de Polignac, baronne de Vissac, veuve de puissant seigneur Marc de Giorand, seigneur et baron dudit lieu, seigneur de Soubrey, de St-Vincens, de Montaigut-Le Blanc, dont il n'eut pas d'enfants; de son premier mariage il laissa entre autres enfants : Charles, l'aîné, seigneur de Champetières, et Jean, le puîné, auteur des barons de Vissac qui, en vertu du testament de René-Armand Motier, comte de la Fayette, du 11 mai 1692, relevèrent le nom de La Fayette. Ils suivent :

XI. Noble Charles [Motier] de Champetières, seigneur dudit lieu, Le Bouis, de Paulin, de Lagarde, fut institué héritier par le testament de son père en 1696 et épousa par contrat du 12 mai 1601, reçu Teissier, notaire royal du nombre des reduits en la sénéchaussée du Velay, damoiselle Anne de Giorand, fille de la seconde femme de son père. Le seigneur de Champetières donna à son fils 500 écus de revenu annuel à prendre sur les places et seigneuries de Champetières et du Bouis, et le droit et faculté de prendre et de porter le nom et armes de la maison et seigneuries de Champetières. Il laissa Jean-Gabriel, qui suit :

XI. Puissant seigneur messire Jean Motier de Champetières, chevalier, seigneur et baron de Vissac et autres places, capitaine au régiment de Chevreuse le 19 février 1617; il fit probablement, de son frère, l'acquisition de la terre baronnie de Vissac; il en prit la qualité par son testament du 31 mars 1646, reçu Bringier, notaire royal à Limagne, paroisse de Siaugues, diocèse de St-Flour; il donna tous ses meubles et toute sa vaisselle d'argent à sa femme, l'établit tutrice de ses enfants, et nomma pour son héritier Charles de Champetières, son fils aîné.

Il avait épousé par contrat du 8 novembre 1632, reçu Gros, notaire royal à Langeac, noble damoiselle Gabrielle de Murat, dame de St-Eble et de Fargettes, baptisée à St-Eble le 16 7bre 1613, fille de feu noble Jean de Murat, seigneur de St-Eble et de Fargettes, et de noble Jeanne de Lastic sa tutrice.

Gabrielle de Murat testa à Brioude le 24 août 1680 devant Crosmarie, notaire royal.

De ce mariage sont provenus :

1. Charles de Motier qui suit;
2. Jean-Marie Motier de Champetières, dit le baron de Vissac, brigadier des armées du roi et gouverneur de Landau où il mourut en 1693 à l'âge de 57 ans, S. A. après avoir institué héritier de tous ses biens son frère Fulcran-Antoine par son testament du 6 février 1693.

3. Claude Motier de Champetières, dit le chevalier de Vissac, lieutenant-colonel du régiment royal infanterie, mort à Troyes le 24 février 1692, après 38 ans de service, s'étant trouvé à 65 sièges et à 5 batailles rangées.

4. Fulcran-Antoine Motier de Champetières prit dabord le parti des armes, puis entra dans les ordres et mourut abbé prieur de Saint-Martin-d'Alpeuch en Rouergue. Par acte du 28 février 1701 il remit l'hérédité de Jean-Marie à son neveu Édouard de Motier de la Fayette.

5. Antoinette Motier de Champetières mariée, par contrat du 28 7bre 1643, reçu Bringier, notaire royal, à Jacques de Bouchard, écuyer, seigneur et baron de St-Privat, seigneur de Jalasset et de Vergezac.

XII. — Messire Jean-Gabriel [Motier] de Champetières, baron de Giorand, seigneur de Champetières, qui épousa par contrat du 28 février 1639, reçu par Symphorien Michelet, notaire apostolique et royal de la ville d'Avignon, damoiselle Marie de Reymond de Modène, fille de feu haut et puissant seigneur messire François de Reymond, seigneur dudit lieu de Modène, au comté de Venisse, conseiller du Roi en ses conseils d'état et privés, prevôt de l'hôtel, et

XII. Haut et puissant seigneur Charles de Motier de Champetières, chevalier et baron de Vissac, seigneur de Vedières, Fargettes, Jax, le Bouschet, etc., fut substitué, avec ses descendants mâles, au nom et aux biens de la maison Motier de la Fayette, à Marie-Magdelaine Motier, dame de la Fayette, duchesse de la Tremoïlle, et à Louis Motier, abbé de la Fayette, par testament du père de ce dernier, René-Armand Motier, comte de la Fayette, du 11 mai 1692.

Il épousa par contrat du 13 décembre 1665, Marie de Pons de Lagrange de Bar, fille de François de Pons, seigneur de Lagrange, de Bar, du Bouschet, et de Françoise de Douhet de Marlat, dont il eut :

1. Édouard de Motier de la Fayette qui suit;
2. Jean-François de Motier de Champetières,

grand prevôt de France, et de puissante dame Catherine d'Alleman, vivant ledit seigneur citoyen d'Avignon. Elle se remaria à Emmanuel, marquis d'Alègre et mourut en janvier 1688. De cette union étaient provenus un fils, Annet mort S. A. à Paris le 4 x^{bre} 1661, et deux filles dont la plus jeune Gabrielle de Motier, dame de Champetières, épousa le 10 novembre 1667 Melchior, marquis de Vogué, comte de Montlor.

dit l'abbé de Vissac, chanoine comte du chapitre de St-Julien de Brioude, abbé de St-Seyne en 1709, mort en octobre 1721.

3. HENRI-JEAN-JOSEPH DE MOTIER DE CHAMPETIÈRES, chevalier de Malte.

4. JEAN-MARIE DE MOTIER DE CHAMPETIÈRES, chevalier de Malte, capitaine au régiment de Montboissier, tué en Allemagne en 1704, quelques mois avant la bataille d'Hochstet.

5. MAGDELAINE DE MOTIER DE CHAMPETIÈRES, mariée par contrat du 22 février 1694, reçu Crosmarie, notaire royal à Brioude, à messire Antoine de Bouillé, chevalier, seigneur de St-Géron, Alleret, etc., grand-père du lieutenant-général François-Claude-Amour marquis de Bouillé.

6. LOUISE DE MOTIER DE CHAMPETIÈRES, sœur jumelle de la précédente, mariée par contrat du 28 janvier 1690, reçu Richard, notaire royal à Lavaudieu, à haut et puissant seigneur Ignace de Beaufort-Canilhac, chevalier, seigneur vicomte de la Roche, baron de Lardeyrol, Cusse, seigneur de Chassaignes, St-Quentin. Elle fut la mère du lieutenant-général Pierre-Charles de Beaufort-Canilhac, de l'abbé de Canilhac, conseiller d'État, et grand'mère de Charles de Beaufort-Montboissier, marié le 29 avril 1789 à Élisabeth-Pauline de la Rivière, et de Louise-Agnès-Élisabeth de Beaufort-Montboissier, mariée à l'ambassadeur de Portugal, M. de Souza.

7 et 8. MARIE ET GABRIELLE DE MOTIER DE CHAMPETIÈRES, religieuses aux Chazes.

9. Catherine de Motier de Champetières, religieuse au couvent de la visitation de Brioude en 1688.
10. Magdelaine de Motier de Champetières, morte S. A.

XIII. Haut et puissant seigneur messire Édouard de Motier de la Fayette, chevalier seigneur et marquis de Vissac, baron de S¹-Romain, de la Fayette, seigneur de Fargettes, Villeneuve, Chavaniac et autres places, prit le nom de La Fayette en vertu de la substitution faite en faveur de son père par R. A. C¹ᵉ de la Fayette. En 1688, il assista au siège de Philisbourg et trois ans après, à celui de Mons où il fut blessé. Le 4 octobre 1693, il était à la bataille de Marsaille, puis en 1697, sous le duc de Vendôme, aux sièges de Gironne et de Barcelonne. En 1703, il se trouva au combat d'Eckeren en Flandres, et à la bataille de Spire où il reçut une grave blessure en combattant à la tête d'une compagnie de dragons du roi dont il était capitaine. Il épousa par contrat du 9 janvier 1708, Marie-Catherine de Chavaniac, fille de Jacques-Roch de Chavaniac, seigneur de Chavaniac, et de Marguerite d'Aurelle de la Freydière, qui vécut assez pour être la marraine de son petit-fils.

Édouard de la Fayette mourut au château de Vissac le 9 janvier 1740 et fut enterré le 11 suivant au tombeau de ses ancêtres dans l'église paroissiale de Vissac. Ses enfants furent :

1. Jacques-Roch de Motier de la Fayette, né le 11 août 1711. La duchesse de la Trémoïlle, par son testament du 3 juillet 1717, lui donna la terre et seigneurie de La Fayette située en Auvergne dans les paroisses de Fournols et d'Eschandelis. Les registres paroissiaux de Saint-Georges-d'Aurat nous apprennent qu'il fut tué à la guerre le 7 ou le 8 juillet 1734. Il n'avait pas été marié.
2. Marguerite-Magdelaine de Motier de la Fayette morte S. A., à Chavaniac, en 1783.
3. Louise-Charlotte de Motier de la Fayette, mariée le 8 février 1755 à Jacques de Guerin de Chavaniac, baron de Montéoloux en Gévaudan, mort en mai en 1761. Louise-Charlotte mourut à Chavaniac le 6 mai 1811, âgée d'environ 92 ans, ayant perdu avant sa 20ᵉ année une fille unique, Marie-Louise-Jeanne de Chavaniac, mariée à N..... marquis d'Abos dont elle n'eut pas d'enfants. En mourant elle disposa de ses biens en faveur de sa mère.
4. Michel-Louis-Christophe-Roch-Gilbert de Motier de la Fayette qui suit,

XIV. Très haut et puissant seigneur messire Michel-Louis-Christophe-Roch-Gilbert de Motier de la Fayette, seigneur et marquis de la Fayette, baron de Vissac, seigneur de Siaugues-St-Romain, Fix, etc., colonel des grenadiers de France. Il fut tué en 1757 à la bataille de Hastembeck avant sa 25e année.

Il avait épousé le 22 mai 1754 Marie-Louise-Julie de la Rivière, fille de Joseph-Yves-Thibaud-Hyacinthe de la Rivière, marquis de la Rivière, seigneur de Kerauflets et de Julie-Louise-Céleste de la Rivière, sa cousine, d'une famille ancienne de Bretagne. Elle mourut au palais du Luxembourg, le 3 avril 1770, âgée de près de 33 ans. De ce mariage vint :

XV. Très haut et très puissant seigneur messire Marie-Joseph-Paul-Yves-Roch-Gilbert de Motier de la Fayette, marquis de la Fayette, né à Chavaniac le 6 septembre 1759[1]. Le lundi 11 avril 1774, il épousa, dans la chapelle de l'hôtel de Noailles, rue St-Honoré, mademoiselle Marie-Adrienne-Françoise de Noailles, fille mineure de monseigneur Jean-Paul-François de Noailles, duc d'Ayen, maréchal du camp et armées du Roi, et de madame Henriette-Anne-Louise d'Aguesseau de Fresne. La bénédiction fut donnée par l'abbé Paul de Murat, cousin paternel du contractant, aumonier de madame.

Les La Fayette portaient de gueule, à la bande d'or, à la bordure de vair.

3. Généalogie des Chavaniac.

Les Chavaniac, Suat de Chavaniac, seigneurs de Chavaniac, les Terrisses et autres lieux, qui portaient d'argent à l'aigle éployée de sable, becquée et membrée de gueules, paraissent en 1339 en la personne de Antoine Radulphe Suat, qui

---

[1] A quelle époque et par quelles circonstances la seigneurie de La Fayette est-elle devenue un marquisat? On ne l'a pas découvert. Dans la généalogie donnée par le P. Anselme (t. VII, p. 59 et suiv.), le premier des La Fayette à qui le titre de « Marquis » soit attribué est René-Armand, auteur de la substitution de 1692. On le qualifie d'abord ainsi, puis, quelques lignes plus bas, comte de la Fayette; sa fille Mme de la Tremoïlle est aussi appelée marquise de la Fayette. Édouard Motier reçoit ensuite cette qualité; comme il vivait sans doute à la date de l'ouvrage, ce titre n'est pas donné à son premier fils, Jacques-Roch Motier. Divers actes privés, toutefois, gratifient de ce titre son frère Michel-Louis. Marie-Paul ne fut jamais désigné autrement jusqu'aux décrets du 4 août. Dans un acte de 1736, le notaire qualifie même Édouard Motier de « marquis de Vissac », au lieu de « marquis de la Fayette ». L'incertitude ne s'est pas moins produite dans le monde de la cour, car La Chenaye Desbois, dans le *Calendrier de la noblesse* de 1762 et des années suivantes, appelle Mme Julie de la Rivière tantôt comtesse, tantôt marquise de la Fayette.

ANNEXES DU CHAPITRE XIX.

rend hommage pour une vigne à Pons de Langeac, seigneur en partie de Langeac. En 1388 Pons Suat et sa femme Ysabelle reçoivent des lettres de noblesse. En 1430 Pons Suat, seigneur de Chavaniac, fait une fondation en l'église de N.-D. de Langeac; Armand Suat, prieur de la Bajasse en 1421, et Pierre Suat, prêtre chanoine de Langeac, sont probablement ses frères, et tout porte à croire qu'il fut père de Mathelin Suat, seigneur de Chavaniac, Charraix, Poursanges, compris dans l'aveu et dénombrement des châtellenies de Langeac, d'Aubusson, etc., fait au roi le 26 juillet 1477, par le marquis de Canillac pour sa *maison forte de Chavaingnat*, relevant de la châtellenie d'Aubusson; père aussi de noble Jean Suat, compris dans le même aveu pour un fief indivis avec Mathelin dans la seigneurie de Langeac.

Mais, lors des recherches de 1666, les Chavaniac ne remontèrent leurs preuves qu'à Jean Suat de Chavaniac, seigneur dudit lieu, probablement le fils et le neveu des précédents. Il dut naître aux approches de 1500; il fut père des suivants :

1. JEAN, qui suit;
2. GUILLAUME DE CHAVANIAC, capitaine en 1567 dans le régiment de Beaufort-Canillac;
3. CLAUDE DE CHAVANIAC, chanoine-comte de Saint-Julien-de-Brioude. 1525-1572.

JEAN DE CHAVANIAC, sg^r dudit lieu, de Charraix, des Terrisses; il testa le 7 novembre 1570. De Jeanne de Jozac, qu'il avait épousée par contrat du 11 7bre 1542, il laissa :

1. CLAUDE, qui suit;
2. LOUIS DE CHAVANIAC, auteur des seigneurs de Meyronne;
3. ANTOINE DE CHAVANIAC, sg^r du Pin et du Charraix; en 1602 il vendit sa terre seigneurie de Charraix à Philibert d'Apchier. Par son testament, il institua pour l'un de ses héritiers Antoine de Murat, écuyer, sieur de Cheyssac; ses biens furent partagés entre ses héritiers par acte du 6 mars 1641;
4. FRANÇOIS DE CHAVANIAC;
5. N..... DE CHAVANIAC, mariée à Vidal Parrin, bourgeois de Langeac.

CLAUDE DE CHAVANIAC, sg^r dudit lieu et des Terrisses, gentilhomme ordinaire de la chambre du roi en 1596; capitaine de 200 hommes à pied, mestre de camp de quatre compagnies d'infanterie sous Mr de Joyeuse. Jean-Louis de la Rochefoucaud, sg^r de Langeac, le nomma capitaine de cette ville en 1585. Il testa le 26 7bre 1586.

Marié par contrat du 22 juin 1576 avec Policienne de Toulon, remariée avec Charles d'Oradour il laissa :

Balthazar de Chavaniac, sg^r dud. lieu et des Terrisses (h^t et p^t sg^r Mis Baltazar de Chavanhac le Chasteau, baron des Terrisses); il épousa, par contrat du 7 janvier 1605, Françoise de la Rochefoucaud, fille de Charles de la Rochefoucaud, seigneur de Langeac et de Françoise de Langeac, dont il eut :

1. François-Roch, qui suit;
2. Jacques-Sébastien de Chavaniac, né le 20 janvier 1609;
3. Françoise de Chavaniac;
4. Louise de Chavaniac.

François-Roch de Chavaniac, seigneur dud. lieu et les Terrisses, fut maintenu en sa noblesse par jugement de M. de Fortia. Il mourut à Chavaniac le 8 7bre 1680. De Marie de Royrand il laissait :

Jacques-Roch de Chavaniac, sg^r dud. lieu, qui, le 6 octobre 1695, assista au contrat de mariage de Jean-Antoine de la Rochefoucaud, Mis de Langeac, et de Marie-Thérèse de Guérin de Lugeac. Il laissa de Marguerite d'Aurelle de la Freydière une fille qui suit :

Marie-Catherine de Chavaniac, dame de Chavaniac, des Terrisses. Elle épousa par contrat du 9 janvier 1708, h^t et p^t sg^r messire Edouard de Motier de la Fayette, chevalier, sg^r marquis de Vissac, Villeneuve, Fix, Saint-Romain, le Bouschet, qui mourut au château de Vissac le 9 janvier 1740.

Étant veuve, le 7 avril 1762 elle acheta d'Yves-Marie Desmarets, c^{te} de Maillobois, m^{is} d'Allegre, sg^r de Flageac, d'Aubusson, d'Aurouse, lieutenant général des armées du roi, l'extinction du fief de la terre de Chavaniac, pour la partie de ladite terre qui relevait à titre de fief, foi et hommage de la baronnie d'Aubusson, et le droit de justice du lieu et paroisse d'Aurat et des villages de Soulages, d'Anglard et de Vernède.]

CHAPITRE XX.

LA RÉPONSE DU CABINET DE VERSAILLES.

Retraite qu'avait à effectuer M. de Vergennes; double écueil qu'elle présentait. — Comment il délimite le but commun; sa dépêche au comte d'Aranda. — Motifs donnés au changement d'attitude; l'insuffisance de nos armements, les amitiés de l'Angleterre en Europe, l'ambition purement morale de la France. — Probabilité que la cour d'Espagne ne s'attendait pas à autre chose. — Transports causés à Londres par les victoires de Howe sur Washington; activité des préparatifs anglais; ce que le Gouvernement en pense. — Lettre particulière et dépêches officielles à Ossun lui expliquant le sentiment du roi et du conseil; mêmes indications envoyées à l'ambassadeur à Londres. — Dispositions dans lesquelles le marquis de Noailles était venu prendre son poste; peu d'encouragements à changer de manière de voir qu'il trouvait dans Garnier et dans le prince de Masserano; impression que lui font lord Weymouth et lord Suffolk; comment il rend compte de son début. — Le cabinet de Louis XVI effectuait-il un retour ? Coup d'œil rétrospectif sur sa politique; allure plus fière qu'elle avait inspirée à la France; rôle supérieur de M. de Vergennes dans ce résultat; phase nouvelle ouverte à sa carrière de ministre.

1776.

C'était une retraite délicate qu'avait à effectuer le secrétaire d'État des affaires étrangères, en répondant aux vues dévoilées par le cabinet de Madrid à la suite des propositions du 31 août. Il ne fallait ni perdre les points acquis ni compromettre l'intimité des deux cours, et cependant ne point cacher que l'on écartait les visées de l'Espagne. Autrement dit, il s'agissait de ramener les projets communs aux points où ils pouvaient rester communs, et d'en reprendre la discussion après s'être évertué à démontrer, M. de Grimaldi le marquait justement à son ambassadeur, qu'en ouvrant la guerre contre l'Angleterre pendant qu'elle était engagée dans ses colonies rebelles les deux monarques se donneraient une supériorité considérable.

La tâche demandait toute la souplesse d'esprit et de raisonnement du comte de Vergennes. Sa dépêche est très étendue. Elle suit un à un les chefs successivement visés par le cabinet de Madrid : avantages que l'on aurait trouvés à engager, juste en ce moment, la guerre contre l'Angleterre; idée de l'attaquer soudainement comme elle l'avait fait, elle, en 1755; opportunité de regarder et de montrer des deux parts si l'on était bien prêt à faire cette guerre; conquêtes que l'Espagne tenait à s'assurer; le plus ou le moins de risques à courir par l'une et l'autre des deux nations. En regard de chacun de ces chefs, le ministre oppose des réfutations qu'il appelle des « réflexions », simplement; mais ces « réflexions » ramènent les projets à la situation où l'on était avant l'arrivée de Silas Deane, ce qui constituait déjà un grand recul. De plus, elles en délimitent nettement le but et ce n'est pas d'une manière qui puisse favoriser les espérances de l'Espagne. Il y avait là deux écueils également à craindre. Porter une atteinte, fût-elle minime, à la déférence du roi pour son oncle était le premier; l'autre, non moins dangereux, consistait à blesser l'amour-propre de l'Espagne, qui stipulait son gain si ouvertement en se posant comme bien plus menacée que la France par les conséquences possibles.

Le ministre n'a point d'hésitation. Il s'agit de la portée des actes, des suites de la politique, de l'avenir : il ne laisse pas de place à l'incertitude. Avant tout, il assigne à l'entreprise, pour rester commune, un but désintéressé, des satisfactions toutes morales, rejetant ainsi bien à l'arrière-plan les buts ou les ambitions avoués par le gouvernement de Madrid, et il est visible que M. de Vergennes n'avait jamais conçu ni un autre programme ni une autre conduite pour le gouvernement du roi. L'histoire dira qu'il a laissé l'exemple, s'étant posé ce but, de l'avoir fait atteindre sans le dépasser et sans en laisser dévier un moment. Voici, telle que sa minute la présente, la dépêche qu'il adressa à l'ambassadeur d'Espagne :

A Fontainebleau le 5ᵉ novembre 1776.

M.

Jai mis sous les yeux du Roi la depeche de M. le Mis de Grimaldi du 8 octobre que V. Ex^{cc} a eté autorisée a nous communiquér et je lui ai rendu compte de ce qui sest passé dans nos conferences. Sa Maj^{té} sensible a la confiance du Roi son oncle, croit ne pouvoir y repondre mieux quen faisant exposér avec

LA RÉPONSE DU CABINET DE VERSAILLES.

la meme franchise les reflexions que lui ont fait naitre les considerations si bien deduites dans la depeche de votre cour. Je ne ferai point ici lanalise de cette lettre, cet ecrit est dans vos mains M. Je me contenterai de resumér le corrolaire qui la termine et je vous tracerai dans le meme ordre la maniere dont le Roi envisage la situation presente des affaires generales, et les evenemens qui peuvent en etre la suite.

CONSIDÉRATIONS DE LA COUR D'ESPAGNE.	RÉFLEXIONS.
Quil est clair comme le jour que la guerre seroit juste soit contre lAng^{re} soit contre le Portugal.	Nous pensons uniformement que rien ne seroit plus juste que cette guerre si nos maitres ecoutoient plus la voix rigoureuse de leur justice que celle de leur bienfaisance. Leurs griefs respectifs restés jusquici sans redressement et sans reparation en font la preuve.
Nous devons suposér la guerre inevitable au plus tard a lepoque de la reconciliation ou de la separation totale des Colonies.	Sans vouloir nier cette supposition il est cependant bon d'observer, pour peu que la reconciliation ou la separation tarde a seffectuer quil pourra bien arriver que lAng^{re} epuisée par les depenses presqu'incroyables quelle fait et qu'elle devra continüer pour soutenir cette guerre se trouvera bien peu en etat dattaquer avec espoir de succès les deux Couronnes surtout si celles ci ne se relaschant pas par des mesures de prevoiance dont elles soccupent se munissent asses bien par tout pour quil ne puisse y avoir lieu a la surprise dans aucun point important.
Si nous anticipons de quelques mois en prevenant les Anglois engages contre leurs Colonies rebelles nous devons nous promettre une grande supériorité.	Il est hors de doute que si par une attaque brusque et imprevue les 2 Couronnes surprenoient les Anglois de la meme maniere que ceux ci surprirent la France en 1755, le nombre de prises de tout genre quelles pourroient faire porteroient un coup sensible a leur marine dont ils auroient bien de la peine a se relever; mais ne sen suivroit il qune

guerre entre les 3 puissances? et toutes celles qui jalousent la grandeur de la maison de Bourbon voyant l'Ang^re prete a succombér ne sempresseroient elles pas de lui tendre une main secourable? le feu de l'embrasement gagnant le continent, la guerre seroit bientot generale.

CONSIDÉRATIONS DE LA COUR D'ESPAGNE.

Malgré la belle perspective qui se presente, l'issue de l'affaire des Colonies est incertaine et par consequent le moment de nous déclarér doit letre. Si l'Ang^re est maintenant foible, elle le sera davantage dans quelques mois par les pertes que lui aura causé sa guerre civile.

RÉFLEXIONS.

Rien nest plus juste que cette reflexion et la consequence quon en tire. Quoi de plus incertain en effet que l'issue que pourront avoir les affaires de l'Amerique septentrionale et l'epoque a laquelle elles finiront. Les avantages que les armes angloises viennent de remporter dans cette region quand meme ils seroient suivis de la perte de New Yorck ne semblent pas assez decisifs pour operér une reconciliation dont la soumission seroit la baze. Les esprits des Americains paroissent trop aigris pour croire quils puissent etre si facilement apaisés; d'ailleurs l'interet des chefs qui ont scû les entrainer dans la revolte saura encore les soutenir dans l'entousiasme de la liberté. D'un autre coté le ministere anglois qui trouve dans les succès du moment la sureté et la stabilité quil a cherché a se procurér par cette guerre civile ne voudra surement pas les compromettre en changeant de sisteme et de mesures; en reconnoissant l'indépendance des Colonies contre laquelle il a armé sa nation, ou en leurs accordant une quasi independance ce qui reviendroit au meme dans le fait. Le point jaloux pour les Anglois est le monopole du commerce : croire quils sen departiront facilement et quils estimeront que la substitution dune alliance seroit equivalente aux avantages exclusifs auxquels ils renonceroient, ce seroit mal connaitre le genie de la nation an-

LA RÉPONSE DU CABINET DE VERSAILLES. 683

gloise; sa maniere de calculer est bien plus solide. Sans doute lopposition
deprisant toute autre mesure proposera cette substitution et lembellira par
des sophismes. Son role est de prendre le contrepié du ministere auquel elle
ne veut reellement que se substituer, sauf apres avoir atteint le but a prendre
elle meme les mesures les plus contradictoires au sisteme quelle aura preco-
nisé. Cest ainsi quon a vû le fameux Pitt sintroduire dans ladministration par
les declamations les plus vehementes contre le sisteme continental en etre
ensuite le plus zele partisan et declarér en plein Parlement que cetoit en
Allemagne quil faloit conquerir lAmerique. De toutes les probabilités la continuation de la guerre paroissant la moins equivoque, il y a peut etre bien
moins dinconveniens aujourdhui pour les deux Couronnes quil n'y en avoit
il y a quelques mois a laissér les Anglois sacharnér toujours plus a la destruction de leurs colonies dAmérique. On a du craindre lorsque les premiers
etoient errans sur la mer sans aucun etablissement solide, que le desespoir
de trouvér des quartiers dhiver ne les porta a sen procurér dans les possessions francoises ou espagnoles. Cette aprehension ne peut plus avoir lieu, car
il ne peut tomber sous le sens de suposer que lAng^{re} abandonnera le dessein
de soumettre de gré ou de force ses Colonies lorsque les evenemens commencent a lui rire pour tentér fortune contre la France ou l'Espagne, c'est a
dire pour provoquér les deux puissances quelle a le plus grand interest actuel
a rassurér et a ne pas irritér. Cela considéré loin quil y ait aucun inconvenient a differér de se decidér pour la guerre on y entrevoit plus tost un
avantage reel. LAng^{re} rassurée contre la crainte detre troublée ne se livrera
que plus confidement a poursuivre son entreprise : les depenses enormes quelle
exige la mineront toujours plus, tandis que les deux couronnes restant en
panne et ne se relaschant pas dans leur prevoyance se trouveront au moment
ou il leurs conviendra en mesure de prendre le parti le plus expedient a leur
interest et a leur gloire. Leur plus grand interest dans ce moment, celui qui
doit principalement les occuper est dempechér sil est possible que les Colonies ne succombent, et pour cet effet de leurs donnér sinon des secours ostensibles du moins des moiens de se les procurér ailleurs. Sil pouvoit y avoir
des scrupules a cet egard on ne pourroit mieux les dissipér quen opposant
aux Anglois les maximes que la reine Elisabeth dont la memoire leurs est
encore si chere, etablissoit a decouvert pour sautoriser a secourir les Pais Bas

86.

revoltés contre Philippe 2ᵉ avec lequel elle vivoit cependant alors en paix et en amitié. Voila ce quon estime que les deux Couronnes auroient de mieux a faire jusqua ce que de nouveaux faits donnent lieu a de nouveaux conseils. Si par la suite dautres circonstances exigeoient un parti plus energique elles le prendront dautant plus surement quelles s'y preparent. Mais comme il est de la prudence d'obviér a ce que la guerre ne puisse devenir generale, inconvenient qui peseroit presqu'uniquement sur la France qui a de vastes frontieres a deffendre, on pourroit dans ce cas la, diriger ladministration des secours a accordér aux Colonies de maniere a poussér les Anglois a devenir eux memes les agresseurs : dans cette qualité ils perdroient leurs droits a linterest que diverses puissances pourroient prendre a ce quils ne fussent pas ecrases.

CONSIDÉRATIONS DE LA COUR D'ESPAGNE.	RÉFLEXIONS.
Lhonneur de lEspᵉ offensé par le Portugal sera suffisament vangé par les seules operations de lAmerique ainsi rien ne presse a cet egard.	Le Roi ne doute pas que les sages et vigoureuses mesures que le Roi son oncle a prises pour forcér le Portugal a rentrér dans les voies de la justice naient le succes le plus promt et le plus decisif, et Sa Mᵗᵉ pense coᵉ le Roi Cq̃ue que son honneur sera pleinement vangé lorsque les Portugais auront restitué de gré ou de force ce quils ont usurpé dans le Paraguai, et auront fait les satisfactions de droit.
La guerre dans le moment etant un objet de choix et non dune necessité absolue, il convient dexaminer si nous sommes de toute part en bon etat de deffense, afin quil ne nous en coute pas quelque province d'Amérique.	Ce qui a deja eté dit prouve qu'ici coᵉ en Espagne nous envisageons dans ce moment la guerre plus tost coᵉ une affaire de choix que comme leffet dune necessité bien urgente. Ainsi rien de plus sage que lexamen qu'on recommande. La France depuis près de deux ans est occupée du retablissement de sa marine et de ses colonies. Les progrès quelle y a faits sont considerables, mais tout nest pas fait. Si la guerre etoit resolue ou imminente il seroit indispensable daugmentér le nombre des

troupes qui deffendent nos isles. On ny pourvoit pas pour le present parceque la disette qui se fait sentir a la suite dune secheresse presque sans exemple est si excessive que malgre les efforts du commerce on ne peut les aprovisionnér suffisament, dou il resulte des maladies et une mortalité auxquelles il ne seroit pas prudent dexposér sans une necessité urgeante les troupes quon se proposeroit d'y faire passer. On pourra les supléer par une escadre qui sera tout aussi essentielle a leur conservation et a leur sureté que des troupes. Pour ce qui est de la marine on a lieu de saplaudir des progres du travail de cette année; on le suit et on le suivra avec vigeur. 40 vaisseaux seront en etat a la fin de l'année; les radoubs de lhiver et du printems en donneront encore dix. Il entre journellement dans les arsenaux des bois pour la construction et tout ce qui est necessaire pour lequipement et larmement de la flotte et lon ne discontinuera pas que les magazins generaux et particuliers ne soient remplis.

CONSIDÉRATIONS
DE LA COUR D'ESPAGNE.

Linvasion du Portugal jetteroit nos ennemis dans de grands embarras mais on ne pourroit entreprendre que dans la vue determinée qui a ete exposée dans la lettre de M. le Mis de Grimaldi; savoir que la conqueste du tout ou de la partie *resteroit irrevocablement annexée a lEspagne.*

RÉFLEXIONS.

Il est sensible que rien nembarasseroit plus lAng^{re} dans la crise presente que linvasion du Portugal. Elle ne pourroit que tres difficilement et avec les plus grands risques secourir un allié quelle noseroit pas abandonnér. Ses forces directes et celles quelle emprunte des princes mercenaires qui lui sont le plus devoüés, se trouvant occupées en Amerique, celles qui lui restent ne sont pas même suffisantes a sa sureté interieure. Comment shazarderoit elle a les transporter a Lisbonne sans sexposér elle meme a etre envaye. Sa principale disons meme son unique ressource seroit donc de tenter dattirer la guerre sur le continent; et par cette diversion de divisér les efforts des deux Couronnes et par la de les rendre en quelque sorte inutiles lune a lautre. Rien sans doute ne la serviroit mieux dans le dessein de rendre lembrasement general que lintention ou paroit lEspagne de reunir le Portugal a ses provinces. Le Roi verra toujours sans jalousie comme sans inquietude lagrandissement de la Monarchie espagnole, mais Sa M^té ne peut dissimuler au Roi son oncle que la conqueste du Portugal seroit tres allarmante pour toutes les puissances qui sinteressant au maintien de lequilibre de la balance ne pourroient voir tranquilement la maison de Bourbon sacroitre par la reunion du reste de la peninsule; et le Roi peut encore moins se dissimulér a lui meme que les mesures que cette allarme produiroit, porteroient directement sur la France. Ses Etats sont lavant mur qui couvre les frontieres dEsp^e et si la guerre etoit malheureuse pour la France tandis que lEsp^e reussiroit a soumettre le Portugal, la premiere nauroit donc aucun objet de compensation pour racheter ses pertes, et cependant elle auroit porté le poids de la guerre dans une proportion bien superieure a lEsp^e la guerre contre le Portugal ne pouvant exigér des depenses qui approcheroient de celles occasionnées par une guerre contre des puissances infiniment superieures a celle la. Il ne faut pas perdre de vue cependant que le Pacte de famille porte sur une base de compensation. Cen seroit une bien foible pour la France que lavantage quelle pourroit se promettre dune plus forte participation au commerce du Portugal. Ce commerce isolé de celui du Brezil et des autres possessions d'outre mer seroit bien peu de chose, a moins quon ne supose que Lisbonne a la faveur de son heureuse position attireroit une partie de celui des provinces dEspagne, mais ce ne seroit qun deplacement. On ne peut pas plus presentér a titre de compensation la possibilité de la conqueste tres difficile et bien inutile pour la France de lisle de Minorque de meme que celle de la Jamaique. Si la France avait la premiere ce seroit pour sen arrangér avec lEsp^e. Quant a de nouvelles acquisitions en Amerique si le Roi en desiroit ce ne seroit quautant quelles procureroient plus de facilité et detendue a ses peches.

Si cest une maxime generale, ainsi que lobserve M. le Mis de Grimaldi quon ne fait la guerre que pour gagnér; elle ne doit etre adoptée dans lhipotese presente par les deux Couronnes que dans lidée que ce seroit tout gagnér d'abaissér et de minér la puissance de lAng^re. Assurons sil est possible la separation de ses Colonies de l'Amerique septentrionale; son commerce retreci et diminüé, ses finances plus chargées afoibliront d'autant sa puissance et la rendront moins inquiete et moins orgueilleuse. Cest alors que la France et lEsp^e pourroient se felicitér d'avoir acquis un avantage plus pretieux que ne le seroit la conqueste dune riche province. LAng^re hors detat de souflér et d'alimenter le feu de la division et de la discorde entre les grands Etats de lEurope les deux Monarques ne seront plus genés dans lexercice de leur bienfaisance qui n'aspire qu'a faire jouir leurs sujets respectifs et lEurope entiere des doux fruits dune paix sure et constante.

1776.

CONSIDÉRATIONS
DE LA COUR D'ESPAGNE.

Enfin, dans cette guérre, lEspagne risque infiniment plus que la France eu egard a ses riches et vastes possessions des Indes. En consequence de quoi elle ne peut faire moins que d'exposér les susdites considerations afin que les souvrains conviennent des mesures qui seront les plus analogues a la gloire des deux Monarchies.

RÉFLEXIONS.

On ne disconviendra pas que lEsp^e dans une guerre bornée contre lAng^re seule risqueroit plus que la France, en raison du front immense quelle doit couvrir et protégér dans les deux Ameriques. Cependant si lon considere la position et le produit des etablissemens de la France dans cette meme region plus faciles encore a etre envahis et emportés surtout si une guerre continentale faisoit la distraction de ses plus grands efforts, on ne disconviendra pas aussi que les risques de la France sans presentés autant de surface que ceux de lEsp^e sont tres considerables. Mais cest ce quil importe dautant moins de discutér et declaircir que le Roi penetré de la plus juste confiance dans lexperience et les lumieres du Roi son oncle, est bien eloigné de prononcér dans une question ou S. M. C^que pense que les plus grands risques et les principaux desavantages sont de son coté. Le Roi au contraire veut sen raportér a ce que le Roi son oncle decidera lui meme. Cest en qualité de son auxiliaire que le Roi ofre de se montrér. Cependant si le Roi C^que desire savoir lopinion de Sa M^té, elle pense quil ne peut y avoir aucun inconvenient a voir venir les Anglois et a suspendre une resolution que lon sera toujours a tems de prendre si les circonstances lexigent; bien entendu quon ne se desistera de part ni dautre des mesures de prevoyance qui ont eté si sagement combinées soit pour repousser une injuste attaque, soit pour la prévenir lorsquon ne pourra pas douter quelle se prepare. En attendant que ce sera faire assés de contribuér par tous les moiens indirects a alimentér la guerre allumée dans le Nord de lAmerique en empechant les Americains de succombér et detre forcés a subir le joug. Cette guerre est une de ces circonstances heureuses que la justice nauroit pas permis aux deux Monarques de provoquér mais que la politique ne peut pas leur conseiller de negliger.

Si lon se determine a faire quelque chose pour les insurgens la circonspection ne peut etre trop soigneusement observée, mais comme il nest mistere qui ne se devoile a la longue, il faut quon ne puisse meconnaitre que lunion intime des deux puissances anime et dirige les mesures secretes et communes. Telles sont M. les reflexions que Sa Majesté mordonne de communiquer a V. Ex^{ce} afin quelle veuille bien les transmettre a sa Cour. Sa M^{te} recevra toujours avec un veritable interest celles que le Roi son oncle voudra bien lui faire confier par votre ministere.

Jai lh^r detre avec un tres parfait att.

Espagne, t. 582, n° 98 [1].

Attendre et ne se relâcher d'aucune mesure; se fortifier davantage, au contraire, afin de n'être surpris nulle part; empêcher seulement que « le foyer allumé en Amérique » ne s'éteigne, que les Colonies ne succombent; dans cette vue, leur apprêter les moyens de se procurer des secours si on ne leur en envoyait pas d'ostensibles, voilà à quoi se résume le sentiment du cabinet de Versailles. Jusqu'à ce que de nouveaux faits donnent lieu à de nouveaux avis, ce cabinet ne voit rien de plus à faire; et comme il apaisait ses scrupules, s'il en avait au sujet de ces trames contre l'Angleterre en pleines relations d'amitié, par le souvenir de l'assistance qu'elle avait prêtée contre nous à la Corse

---

[1] Le ministre avait fait une première minute qui se trouve dans le même volume des Affaires étrangères que celle-ci. Elle est classée sous le numéro 69; elle ne contient pas le préambule qui est en tête de la seconde. C'était probablement celle qu'il avait donnée à lire d'abord à M. de Maurepas et au roi; dans le reste, les deux pièces sont semblables, si ce n'est que, dans la pièce n° 69, les *Réflexions* s'appellent: *Éclaircissements.*

dans des conditions analogues, il engageait l'Espagne à agir de même en se rappelant les maximes avouées de la reine Élisabeth, « dont la « mémoire, avait-il soin de dire, était si chère aux Anglais », pour soutenir les Pays-Bas contre Philippe II avec qui elle était cependant en rapports d'union et de paix. Le pli ne put être remis au comte d'Aranda que le 5 novembre, quoique celui-ci fût présent à la cour.

Indépendamment de l'intention, soigneusement déguisée, d'écarter toute conquête en Portugal, plusieurs détails sont à remarquer dans les raisonnements de M. de Vergennes. D'abord, cette première explication de son changement d'attitude : si la France a déjà fait beaucoup, depuis deux ans, pour rétablir sa marine et ses colonies, elle n'a pas encore tout fait. C'est-à-dire que l'on n'était pas suffisamment prêt pour une entreprise telle que la guerre. On ne tardera pas à voir le ministre reproduire ce motif, assurément péremptoire; mais on pourrait s'étonner qu'il ne l'ait point aperçu plus tôt, si le fait des succès de Howe en Amérique n'était pas venu lui fournir un motif naturel d'y regarder de plus près. La guerre avait souri appuyée sur l'insurrection heureuse des Colonies, mais on ne voulait ou l'on ne pouvait point l'affronter cette insurrection étant défaite.

Les autres détails sont les raisons plus particulières découlant des considérations à envisager et de la conduite qui devait s'ensuivre. D'abord celle-ci : l'Angleterre possède en Europe des amitiés ou répond à des intérêts qui ne la laisseraient pas subir trop de pertes, à plus forte raison trop d'abaissement. Évidemment, après la déroute de l'armée du Congrès, le cabinet, pour oser s'engager contre la Grande-Bretagne, a d'autant plus besoin de connaître l'attitude éventuelle de l'Europe. Vient ensuite la raison vraiment dominante, celle que nous indiquions plus haut, celle qui caractérise la politique des conseillers du roi, lui donnera son cachet dans l'histoire et la différenciera de celle de l'Espagne : dans l'entreprise contre la Grande-Bretagne la France est désintéressée de tout accroissement de territoire et recherchera uniquement des satisfactions d'ordre moral. A cet égard il n'y aura pas d'équivoque; le ministre veut être explicite : le roi « serait heureux des acquisitions de son oncle » et M. de Grimaldi n'a pas tort de dire qu'on ne fait la guerre que pour gagner; mais ce serait tout gagner, « ce serait un avantage supérieur à la conquête « d'une riche province », que d'abaisser la puissance anglaise ou de la ruiner. Cela dit, il allait de soi que, désormais, on s'observât plus étroitement encore qu'auparavant dans les démarches, qu'on y fît régner le secret et que, si elles venaient à être connues, les deux Couronnes apparussent bien à l'Angleterre solidement unies; le cabinet avait tout lieu de ne pas laisser clore sa dépêche sans que cela fût écrit une fois de plus.

La cour étant à Fontainebleau, le comte d'Aranda put accuser réception du document le lendemain 6 novembre[1] et, par son courrier le plus prochain, le transmettre à Madrid. Il ne paraît pas que Charles III et son premier ministre s'attendissent à une autre réponse que celle dont l'ambassadeur espagnol était nanti. On ne voit point qu'ils se soient étonnés de celle-là et moins encore trouvés déçus. Le courrier de l'ambassadeur emporta, dans le même pli, une dépêche pour Ossun accompagnée d'une lettre privée du ministre; sous la forme officielle M. de Vergennes répétait au représentant du roi les raisonnements tenus au cabinet de Madrid[2] et il les renforçait sous celle de l'intimité. A ce moment-là, les premiers rapports du marquis de Noailles, récemment installé à l'ambassade de Londres, arrivaient aux Affaires étrangères[3]. Ils annonçaient que les victoires de l'armée de Howe causaient des transports et que l'énergie avec laquelle le Gouvernement armait une nouvelle flotte ou hâtait la presse des matelots était extrême. Évidemment, il y avait nécessité d'instruire confidentiellement Ossun de ces faits et de lui marquer l'opinion qu'en concevaient le roi et son conseil. Ces dépêches paraissent exprimer exactement les impressions du Gouvernement. On sent dans sa pensée

---

[1] *Espagne*, t. 582, n° 99. — [2] Lettre et dépêche des 7 et 8 novembre (*ibid.*, n°ˢ 100 et 101). — [3] Le duc de Noailles avait pris le service des mains de Garnier le 24 octobre.

des sujets de préoccupation, mais le ministre ne trouve pas moins lieu de s'autoriser à ne point s'alarmer encore. Son attention se porte beaucoup plus sur l'encouragement que doit tirer M. de Pombal des succès de l'Angleterre et des préparatifs qu'elle fait pour s'en procurer de nouveaux. Il n'est pas à croire, écrit-il, que les mesures auxquelles cette puissance commence à se livrer « caractérisent un dessein arrêté de faire la guerre; assez de motifs puisés dans les vues d'une sage prévoyance peuvent en justifier l'objet; mais des moyens défensifs pouvant être facilement dirigés à l'offensive, nous ne devons être trop soigneusement sur nos gardes pour éviter la surprise; autant il pourrait être dangereux de s'inquiéter prématurément, autant le serait-il de se reposer dans une trompeuse sécurité ». Aussi se préoccupait-on de l'état des forces et des moyens dans les deux pays : « Je sais qu'il n'y a point de recommandations à faire où vous êtes, disait à cet égard le secrétaire d'Etat; la marine y est *extérieurement* sur un très bon pied; nous ne sommes pas tout à fait aussi avancés et nous sommes moins aisés dans nos moyens de finances. » Toutefois, afin qu'Ossun fût bien à même de confirmer à Madrid les indications données au comte d'Aranda, le ministre appuyait sur les soins mis à nos armements : A la fin de l'année nous aurions quarante vaisseaux de ligne en état, dix de plus dans les six premiers mois de la prochaine; nous faisions entrer de toute part dans nos arsenaux des bois, des chanvres et tout ce qui était nécessaire; nous voulions avoir tous nos magasins bien fournis, « car on n'est jamais plus sûr de la paix que « lorsqu'on est en état de bien faire la guerre »; l'ambassadeur était autorisé à « assurer la cour d'Espagne que nous ne nous relâcherions ni de nos précautions ni de notre vigilance et que nous serions exacts à l'informer de tout ce qui intéressait notre sûreté commune ».

Quant au Portugal, il restait bien, aux yeux du gouvernement du roi, une source d'inquiétudes, à cause des faits auxquels l'audacieuse habileté de M. de Pombal pouvait donner naissance, dans la situation où l'on se trouvait. L'Angleterre, marquait le ministre à

Ossun, avait trop d'intérêt à ne laisser atteindre sérieusement ce pays ni en Europe ni au Brésil, pour qu'il ne crût pas entraîner d'autant mieux celle-ci qu'elle serait plus prête à la guerre. Cependant le cabinet anglais venait de désavouer à Londres devant notre ambassadeur, et devant celui de l'Espagne à Versailles par la bouche de lord Stormont, l'attitude de son allié, ses vues excessives, et M. de Vergennes inclinait à croire ces déclarations sincères; « tant que la guerre de l'Amérique septentrionale durerait, il se persuaderait difficilement que les Anglais fussent tentés de divertir leurs efforts au midi ». Il tenait dès lors comme vraisemblable que, si les premières opérations de M. de Cevallos étaient heureuses, ils s'en prévaudraient pour faire sentir au ministre portugais « la nécessité et la convenance d'un accommodement raisonnable ». Dans ces données, il n'y avait pas, suivant lui, à considérer comme des signes d'une attaque prochaine de la Grande-Bretagne ses préparatifs actuels.

Ce pli personnel à Ossun reflète, sans doute, les conditions qu'au fond on supposait être imposées désormais à la politique, par suite des impressions que les succès de Howe aux États-Unis avaient fait naître. En tout cas donne-t-il la mesure de ce qu'on voulait laisser connaître de ces impressions. Il en résulte, nous semble-t-il, que rester les yeux fixés sur le but, continuer à nous fortifier, ne pas nous montrer inquiets hors de propos des armements de l'Angleterre, paraissait la ligne à tenir, et que le cabinet ne trouvait pas qu'une autre attitude convînt au moment présent. La dépêche officielle présentait comme il suit cette manière de comprendre la situation qui venait de se produire; elle informait l'ambassadeur que tel était le sentiment du roi et du conseil :

A Fontainebleau le 8 9bre 1776.

Je profite, M., d'un courrier de M. le Cte d'Aranda pour vous faire part de nos dernieres nouvelles dAng^{re}. Elle nous aprennent que la presse a été ordonnée le 28 du mois d^r et quelle a été aussitôt exécutée avec la plus grande rigueur. Cette demonstration semble devoir de prim abord indiquer des vües allarmantes pour la tranquilité de l'Europe. Mais en lexaminant de près nous ne pouvons pas encore la considerer comme une détermination ni même comme une tendance à la guerre contre nous et contre l'Espagne.

Deux motifs principaux peuvent avoir porté le Ministere B^{que} a précipiter les mesures dont il s'agit : 1° La cour de Londres est instruite des travaux et des armements qui se font dans nos ports et dans ceux dEspagne. Il est a la vérité croyable que les ministres anglois en ont aprécié l'objet, c'est à dire quils sont convaincus intérieurement que nous n'avons que des vües de prevoyance; mais ils sont souvent obligés de sacrifier leur sentiment à l'opinion générale de la nation, et il est probable qu'elle voit dans nos précautions actuelles un dessein hostile et imminent. Mais cette manière de juger de nos opérations n'a pas encore arraché au peuple anglois le moindre indice quil veut la guerre avec nous. Quant aux ministres ils ont trop d'embarras pour la souhaiter ou, pour mieux dire, pour ne pas chercher à la prévenir; toute autre vüe de leur part seroit une véritable démence. Pour s'en convaincre il suffit de jetter les yeux sur l'Ang^{re}; ce royaume est presqu'entièrement dégarni de troupes; tous ses armements légers sont employés en Amérique, les 36 vaisseaux qu'il arme dune maniere qui pèse tout à la fois sur son commerce et sur ses fonds, sont nécessaires pour couvrir ses côtes, lesquelles, privées de cette protection, seroient ouvertes à l'invasion la plus subite et la plus facile. Cet état de choses, dont vous ferez aisément l'analyse, nous autorise a penser, que les demonstrations presentes de la Grande Bretagne manifestent plus de crainte que de mauvaises intentions.

Le 2e motif qui peut avoir influé sur la determination du ministère B^{que} cest la persuasion ou il est sans doute que ses mesures contre l'Amérique sont insufisantes; il aura reconnu le besoin indispensable d'un plus grand nombre de matelots, et il aura crû devoir mettre en avant un prétexte étranger et assez plausible pour obtenir, sans accuser son défaut de prévoyance, l'augmentation qui luy est nécessaire.

Tel est, M. le sentiment du Roi et de son Conseil sur la conduite et sur les dispositions actuelles de la cour de Londres.

S. M. n'y voit rien qui menace la tranquilité publique pour le moment présent; mais la securité que nous donne cette manière de juger les choses, ne nous empêche pas de porter nos regards sur l'avenir, et n'operera aucun rallentissement dans les mesures de prevoyance que nous prenons pour nous mettre en mesure pour tous les evenements possibles.

Espagne, t. 582, n° 101.

Dans une lettre du 14 novembre, mais en donnant un peu plus d'accent à la nécessité de ne point délaisser cette « prévoyance », le ministre revient de nouveau sur ce sujet avec Ossun[1]. « Je vous ai déjà mandé, lui écrit-il, que nous n'avons aucun motif pour partager la méfiance que la cour de Madrid continue d'avoir a l'égard des dispositions de la cour de Londres relativement aux affaires du Brésil; mais cette façon de penser ne nous empêche pas de suivre pied à pied les démarches du ministère anglais et de prendre des mesures contre les vues secretes qu'il peut avoir le dessein de nous dérober; la vigilance est devenue d'autant plus nécessaire que la marine anglaise fait des mouvements dont on n'a pas encore pu pénétrer le véritable objet. »
Il avait fait alors exprimer les mêmes idées de prudence avisée au marquis de Noailles, notre ambassadeur à Londres. Mais comme elles avaient là beaucoup plus d'importance, il venait de les lui développer de sa main, celui-ci étant porté à envisager beaucoup moins tranquillement les choses que ne les regardait le gouvernement du roi.

Arrivé à son poste le 23 octobre, l'ambassadeur avait vu aussitôt le prince de Masserano. Le lendemain il s'était fait recevoir par les lords Weymouth et Suffolk et avait eu le 25 son audience de Leurs Majestés Britanniques. Il se sentait aussi peu de propension pour l'Angleterre que M. de Guines avait été dominé par elle. Il était, sa correspondance le fera voir, de ceux qui espéraient le plus dans les évènements de l'Amérique pour fournir à la France l'occasion d'une revanche des humiliations passées. Lord Weymouth lui avait paru « plus taciturne et plus renfermé en lui-même » qu'on ne le lui avait dépeint; il lui

[1] *Espagne*, t. 582, n° 116.

fut antipathique dès ce premier moment. Il avait trouvé lord Suffolk plus liant. L'ensemble de ses impressions, toutefois, le portait à une grande défiance. Il gardait d'ailleurs avec lui comme premier secrétaire Garnier, trop habitué à avoir ce sentiment quant à la politique britannique, et, depuis quelques mois, trop engagé à y obéir par les instructions ou la correspondance de Versailles, pour ne pas le fortifier chez l'ambassadeur. Le prince de Masserano devenait naturellement un peu le guide de notre nouveau représentant; il lui donnait parfois de bonnes raisons de ne pas céder à ses impressions trop vite. Seulement, très imbu lui-même de défiance, en réalité, il ne réussissait guère à en détourner son collègue. En rendant compte de son début, le marquis de Noailles indiquait que l'occasion allait prochainement venir de « lui dicter le langage qu'il aurait à tenir au cas où le bruit de nos armements vrais ou faux s'accréditerait »; il rapportait comme un indice des préoccupations régnantes que, parlant de son arrivée au ministre de Naples, lord Marchmont, pair d'Ecosse, avait demandé si l'ambassadeur « apportait la paix ou la guerre ». Sur quoi celui-ci ajoutait :

> Si ce propos était d'un Roi il rappelleroit la réponse que fit dans une circonstance semblable le maréchal de Bassompierre envoié avec la qualité d'ambassadeur de France auprès du roi Charles Ier. « Sire, dit le maréchal, je ne suis point un hérault pour vous déclarer la guerre, mais bien maréchal de France pour vous la faire, s'il plaisoit au Roi mon Maitre de vous la déclarer. » Je ne prétens pas assurément me comparer au maréchal de Bassompierre, si ce n'est pour la fermeté de mon zèle, quels que soient les événemens qui puissent survenir pendant le cours de ma mission.
>
> *Angleterre*, t. 518, n° 100.

Ces réflexions de M. de Noailles indiquaient beaucoup de tendance à rompre. Dans les idées où l'on était à Versailles il s'en fallait que le moment comportât de telles dispositions. M. de Vergennes va ramener à une fierté plus sage le successeur de M. de Guines. Avec lui, comme avec l'ambassadeur à Madrid, on le verra montrer des propensions qui peuvent ressembler à un retour; elles seront plus accusées, même. Cependant, n'est-ce pas trop de dire un retour; ne s'agissait-il pas uniquement d'un temps d'arrêt, du besoin de se reconnaître avant d'aller plus loin, de mieux se couvrir pour se reprendre après? A cet égard la suite fera la lumière. Mais si du point où nous sommes maintenant arrivés on jette un coup d'œil en arrière, on reconnaîtra que la politique du cabinet de Louis XVI, depuis son avènement, n'avait pas été stérile. Le ministre s'en rendait compte, le marquait parfois dans ses dépêches et ce n'était pas sans fondement. La France avait passé de l'attitude effacée et faible qui était la sienne l'année d'auparavant, à l'allure d'une nation qui ne s'intimide plus et se sent près de parler de nouveau comme si elle était forte. Dans cette restauration morale, le comte de Vergennes avait rempli le rôle supérieur, il n'est que juste de le dire. Le roi l'avait appelé, assurait-on, pour ne point replacer dans sa charge Choiseul, dont l'esprit « hardi et audacieux » effrayait. Il y a plusieurs natures de hardiesse et le secrétaire d'État en avait fait voir une que l'on n'avait peut-être pas jugé devoir porter si loin. Il avait eu toute la hardiesse et toute l'audace que peuvent comporter ensemble le sens politique et l'esprit de mesure inspirés par un grand attachement pour son pays; il avait eu la hardiesse d'apporter de la suite dans les précautions et les soins, l'audace de pratiquer cette « dextérité » qu'il conseillait lors des *Considérations*. Cela avait suffi et il ne s'était trouvé dans les moyens de personne de proposer ou de laisser concevoir une conduite de plus d'éclat. Cependant, c'était la première phase seulement de la carrière ministérielle du comte de Vergennes. Une seconde phase s'ouvrait à cette heure. Il allait montrer dans celle-ci qu'en effet la France avait été rendue forte.

FIN DU TOME PREMIER.

TABLE DES CHAPITRES.

Pages.

AVANT-PROPOS.. 1

CHAPITRE PREMIER.

LE GOUVERNEMENT FRANÇAIS ET LES COLONIES ANGLAISES.

Impression produite en France par le soulèvement des colonies anglaises, sentiments qui la motivaient. — Efforts qu'avait faits le duc de Choiseul pour aider à ce soulèvement. — Sa correspondance à cet effet, résultat qu'elle avait eu. — État des choses à l'ouverture du nouveau règne. — Le comte de Vergennes, ministre des affaires étrangères. — Le comte de Maurepas, les autres ministres, le roi. — Caractère et qualités du comte de Vergennes; esprit d'État que le moment comportait........................ 1

CHAPITRE II.

LA SITUATION DE L'EUROPE ET LES ALLIANCES DE LA FRANCE.

Les affaires d'Amérique à l'arrivée de M. de Vergennes; peu de place qu'il leur accorde. — Il est fixé à la politique du Pacte de famille. — Exposé au roi de la situation politique de la France et du parti à prendre; instructions remises à notre ambassadeur à Vienne. — L'éventualité de la guerre... 12

CHAPITRE III.

L'UNION AVEC L'ESPAGNE.

Sentiments communs des cours de France et d'Espagne; pourquoi on les exprime plus chaleureusement à Versailles. — Agression des Portugais contre les possessions espagnoles d'Amérique. — M. de Vergennes et l'Angleterre. — Lord Stormont et lord Grantham représentants de l'Angleterre à Versailles et à Madrid. — Les dispositions de l'Espagne et la guerre générale. — M. de Vergennes s'explique sur le concours que la France peut prêter. — Effets immédiats qu'il demandait à l'alliance. — Idée des Anglais que le soulèvement des Colonies est le fait de l'opposition parlementaire. — Vœux formés à Versailles pour le ministère britannique, dans la même idée; perspective de la rentrée de lord Chatham aux affaires. — M. de Vergennes fait signaler à Charles III les forces que l'Angleterre envoie en Amérique. — Intérêt qu'en prennent les différends avec le Portugal. — Le marquis d'Ossun, notre ambassadeur à Madrid; étalage des forces de l'Espagne. — Les deux pays sont d'accord pour se précautionner; l'Espagne nous invite à remonter notre marine. — M. de Grimaldi propose de faire expliquer l'Angleterre; le comte d'Aranda, ambassadeur à Versailles. — Mémoire de M. de Vergennes en réponse; assentiment qu'il rencontre à Madrid. — Opinion du ministre sur la faiblesse que la guerre contre les Colonies causera à l'Angleterre. — Comment celle-ci justifie les préoccupations des deux gouvernements; son escadre du golfe de Biscaye. — Le prince de Masserano, ambassadeur de Charles III à Londres; son retour à l'ambassade. — Rentrée du comte de Guines à l'ambassade de France.................................... 25

Annexes. — I. Querelle entre le Portugal et l'Espagne. — II. Sur le ministère anglais, lord Chatham et les évènements de l'Amérique. — III. Le comte d'Aranda.......... 58

CHAPITRE IV.

LE CABINET DE VERSAILLES VIS-À-VIS DE L'ANGLETERRE.

Langage rassurant qu'on faisait tenir à Londres par notre ambassade. — Garnier, chargé d'affaires. — Souhaits pour le ministère contre l'opposition. — Craintes que l'on avait de voir revenir lord Chatham. — La réciprocité des procédés. — Indifférence apparente pour les affaires des Colonies. — La question du Portugal et de l'Espagne. — L'ambassadeur comte de Guines. — Sentiments et craintes des ministres anglais; leur erreur au sujet de l'Amérique. — Nouvelles inquiétudes sur la rentrée de Chatham. — M. de Vergennes s'applique à rassurer l'Angleterre et à la fois à se garder. — Soins qu'il met à diriger le comte de Guines. — Comment il élève le ton à mesure que les affaires se compliquent. — Le Gouvernement sera amical et sincère si l'Angleterre l'est de son côté. — Concessions au sujet de Dunkerque. — Nouvelles appréhensions d'une agression soudaine. — Passage du duc de Gloucester en France; son dîner à Metz chez le comte de Broglie; le jeune marquis de la Fayette.. 67

Annexes. — I. Lord Mansfield. — II. Le comte de Guines et Garnier. — III. Le chevalier d'Éon. — IV. Passage du duc de Gloucester en France..................... 99

CHAPITRE V.

PREMIERS PAS VERS L'AMÉRIQUE.

Idée qu'a M. de Vergennes des embarras de l'Angleterre. — Échec de l'Espagne à Alger; comment le ministre en fait consoler Charles III. — Un propos de lord Rochford; rapport qu'en font le comte de Guines et le prince de Masserano. — Comment l'attitude prise à Londres par le cabinet de Versailles donnait le change sur nos dispositions; instruc-

TABLE DES CHAPITRES. 699

tions conformes envoyées par suite nouvellement. — Prévisions montrées à Charles III et conseils qu'on lui demande; première esquisse de l'union avec l'Amérique. — M. de Guines propose d'envoyer quelqu'un à Philadelphie; mission de Bonvouloir; Beaumarchais. — Louis XVI interroge son oncle sur les dispositions de l'Espagne dans l'éventualité de la guerre. — Les relations et les informations de Beaumarchais à Londres; on concerte son *Mémoire au roi;* Louis XVI y fait donner suite. — Bonvouloir part pour l'Amérique. — Réponse de Charles III à son neveu; il l'invite à refaire sa marine; état de celle de l'Espagne. — Vues du gouvernement de Madrid sur les mesures à prendre; M. de Grimaldi les confirme personnellement; il détermine le terrain commun; situation difficile qu'il avait. — A quoi le cabinet anglais bornait alors ses projets; assurances qui lui étaient données par notre ambassadeur. — Billet de lord Rochford sur des secours secrets à l'Amérique; sentiments que le cabinet de Versailles laisse voir à l'ambassade.. 111

ANNEXES. — I. Mission de Bonvouloir. — II. Le mémoire de Beaumarchais. — III. Correspondance du général Lee. — IV. Lettre du marquis de Grimaldi au comte de Vergennes. — V. Le marquis de Grimaldi et le marquis d'Ossun........................... 153

CHAPITRE VI.

L'AMBASSADEUR DU ROI À LONDRES.

Utilité qu'auraient pu avoir les défauts de notre ambassadeur à Londres, dans les rapports respectifs de la France, de l'Espagne et de l'Angleterre. — Sa mobilité d'impressions, sa fatuité; caractère de la correspondance du ministre avec lui. — Les Colonies et leurs partisans sont déclarés « rebelles »; effet que cette détermination produit à Versailles. — Hypothèse d'une négociation entre l'Angleterre et la Russie pour charger celle-ci de soumettre l'Amérique; examen et réfutation qu'en fait M. de Vergennes; variations de M. de Guines. — L'Espagne demande notre médiation entre elle et le Portugal; biais pris à cet effet par M. de Grimaldi. — M. de Vergennes désire associer l'Angleterre à cette médiation; stérilité des négociations qui s'engagent. — Idée conçue par M. de Guines d'une alliance avec l'Angleterre; attitude que cette idée lui inspire; comment elle sert à l'abuser. — Réponses que M. de Vergennes fait successivement à l'ambassadeur; plaintes de l'Espagne. — Surveillance étroite à laquelle nous soumet le ministère anglais; lord Stormont de retour en France. — Audience de cet ambassadeur à Fontainebleau; son entretien avec MM. de Vergennes et de Maurepas. — Changements dans le cabinet de Londres; lord Weymouth. — Méthode différente de M. de Grimaldi et de M. de Vergennes à l'égard de l'Angleterre. — Intérêt attaché par celui-ci à ne pas détourner les Anglais d'user leurs forces. — Langage qu'il veut faire entendre à Londres et objections que l'ambassadeur y oppose. — Comment celui-ci s'y prend et vanité qu'il en tire. — Évènements présagés par l'état des choses à la fin de l'année 1775........ 166

ANNEXES. — I. Alliance supposée de l'Angleterre avec la Russie. — II. La médiation avec l'Angleterre. — III. Le mémoire secret en faveur de l'alliance anglaise. — IV. Retraite de lord Rochford. Lord Weymouth. — V. Proclamation du roi pour supprimer la rébellion et la sédition... 210

88.

CHAPITRE VII.

LE PROGRAMME DE VERSAILLES.

Pages.

Comment le duc de Choiseul avait rompu avec les traditions de la politique commerciale au sujet des Colonies, et avec le sentiment national au sujet du Canada. — Seuls doutes auxquels il suffisait de répondre en se proposant de soutenir les Américains. — Affluence des avis qui le conseillaient; M. de Vergennes fait rédiger des *Réflexions* sur la situation des Colonies et sur la conduite à suivre. — D'où provenait le commencement d'entente avec eux, révélé par ce document; agissements de Beaumarchais à Londres; pourquoi ils donnaient confiance. — Hésitation du roi; M. de Vergennes obligé à la réserve; nouveaux efforts qui sont tentés; Beaumarchais décide le monarque. — L'artisan du mémoire ayant en vue l'alliance avec l'Angleterre est reconnu pour un espion du cabinet de Londres; ménagements forcés de M. de Vergennes pour le comte de Guines; comment, à la fin, le ministre écrit pourtant au roi. — Plaintes de l'Espagne contre l'ambassadeur; elles sont portées au conseil; rappel immédiat de celui-ci; Garnier est désigné comme chargé d'affaires. — Précautions de M. de Vergennes au sujet de ce changement; il se sert de la légèreté de M. de Guines pour faire connaître à Londres les préoccupations des deux Couronnes; prix qu'on y trouvait au maintien de ce dernier...................... 240

Annexe. — Rappel du comte de Guines.. 263

CHAPITRE VIII.

CONSIDÉRATIONS SUR LA CONDUITE À SUIVRE.

Opportunité pour les deux cabinets de délibérer, désormais, sur les projets préparés secrètement jusqu'ici. — On reçoit le rapport de l'émissaire envoyé à Philadelphie. — Le *Comité de correspondance secrète* du Congrès; relations de Bonvouloir avec lui et concours qu'il avait fait entrevoir; l'*insurgent* Silas Deane est délégué en France. — Les secrétaires d'État et les « comités » ou conseils de cabinet. — M. de Vergennes demande au roi un comité pour la question de l'Amérique; son rapport à cet effet; *Considérations* qui l'accompagnent; ministres désignés pour donner leur avis. — Comparaison des *Considérations* avec les *Réflexions* précédemment produites; résumé du document nouveau, dissimulation qu'il conseille, éventualités qu'il engage à braver, secrète inspiration qui l'anime. — La pièce est envoyée aux ministres; avis écrit qui leur est demandé. — Brève réponse du comte de Saint-Germain, ministre de la guerre. — La réponse de Turgot, contrôleur général; effet défavorable qu'elle devait produire; sa théorie des colonies; son tableau des finances et des forces de la France; singularité de ses conseils politiques. — Autre réponse qui est faite; à qui elle peut être attribuée; caractère résolu qui la distingue. — Dispositions plus prononcées qui s'affirmaient dans le cabinet; influence que les liens formés avec l'Espagne avaient exercée pour les produire et qu'ils allaient exercer encore. 265

Annexe. — Rapport de Bonvouloir au comte de Guines......................... 287

TABLE DES CHAPITRES.

CHAPITRE IX.

LES DISPOSITIONS DE L'ESPAGNE ET SES VISÉES.

Pages.

Amour sincère de Charles III pour la paix. — Pourquoi l'Espagne était plus portée aux petites entreprises qu'aux grandes. — Humeur ombrageuse de son gouvernement. — Attachement probable de Louis XVI pour l'union avec son oncle; facilité de M. de Vergennes à s'en faire une loi. — Sentiments de M. de Grimaldi à l'égard du ministre français; Charles III est transporté par la correspondance de ce dernier. — Propension de l'Espagne à conquérir le Portugal; craintes de M. de Grimaldi d'en laisser perdre l'occasion. — Le ministère espagnol avoue cette ambition; il propose de faire effectuer la conquête par les forces des deux pays et de laisser la France s'indemniser au Brésil. — Réponse du cabinet de Louis XVI; principes qu'il assigne à la politique commune et conduite présente qu'il lui trace. — État d'affaiblissement où le dernier règne avait laissé la France; morale du gouvernement du roi. — Soins de M. de Vergennes pour retenir l'Espagne et ne point détourner la Grande-Bretagne de se paralyser elle-même par la guerre contre ses colonies.. 293

Annexes. — I. Le marquis de Grimaldi et M. de Vergennes. — II. Sur l'envoi de forces espagnoles en Amérique.. 321

CHAPITRE X.

EFFET PRODUIT À MADRID PAR LES AGISSEMENTS DU PORTUGAL.

Nouvelles agressions du Portugal à Buenos-Ayres. — Manœuvres de M. de Pombal, qui sollicite la médiation de Versailles et de l'Angleterre. — La cour de Madrid est convaincue de la complicité du cabinet de Londres; elle charge son ambassadeur d'informer Versailles des dispositions qu'elle a prises, des mesures qu'elle propose, et de demander que l'on concerte un projet d'action. — Activité du comte d'Aranda pour exciter la France contre l'Angleterre; ses relations, ses vues, son idée de faire soulever l'Irlande et de la rendre indépendante; l'autorisation lui est donnée d'en proposer le projet et de faire examiner l'imminence de la guerre. — Louis XVI permet des conférences avec l'ambassadeur; réunion du 26 février chez le comte de Maurepas; M. de Vergennes y fait évanouir cette politique en exposant celle des *Considérations;* dépêche conforme écrite à Ossun. — La Louisiane indiquée par M. de Vergennes comme l'entrepôt où les Américains viendraient chercher du matériel de guerre; divergence à cet égard avec M. de Grimaldi; tendance de ce ministre à laisser à la France les opérations délicates. — Nouvelle conférence chez M. de Maurepas; Aranda y appuie par une note les propositions de son gouvernement; le roi décide d'armer à Brest et dans les arsenaux. — Résolution écrite en conseil dans ce sens; l'envoi en est fait officiellement au ministre de la marine et à Ossun. — Contentement éprouvé par les deux cours; prochaine intimité que leur satisfaction préparait avec les colonies insurgentes.................. 330

Annexes. — I. Propositions de l'Espagne pour protéger les deux Couronnes. — II. Projet de soulever l'Irlande contre l'Angleterre... 350

CHAPITRE XI.

LA PAIX OU LA GUERRE.

Pages.

Les adversaires du cabinet. — Mouvement que se donnent les amis du comte de Guines; celui-ci prétend s'expliquer avec le ministre devant le roi. — Lettres de M. de Vergennes à Louis XVI; le ministre offre sa démission; bruits de son remplacement; faiblesse que montre le roi tout en consolidant le ministre. — Ce que Beaumarchais avait fait à Londres; Arthur Lee; le mémoire *La Paix ou la Guerre;* le roi aidera les Américains. — M. de Grimaldi questionné sur des secours secrets à donner aux *insurgents*; sa réponse; premier million demandé à Louis XVI; le copiste intime de M. de Vergennes. — Moyens organisés par Franklin, avant son départ d'Europe, pour procurer du matériel de guerre aux Colonies; les frères Montaudoin; Leroy de Chaumont; Barbeu Dubourg; usage que fait M. de Vergennes de ces auxiliaires. — Nouvelle lettre à Grimaldi en vue d'opérer sur une plus grande échelle; Beaumarchais de nouveau à Londres; prétexte qu'il trouve pour s'y faire tolérer; il est mis à la question par lord Rochford. — Les opérations des Montaudoin sont éventées; opportunité qu'il y a d'exécuter les plans; le comte de Lauraguais et Beaumarchais; leur insistance auprès du ministre. — Avis de l'ambassade de Londres; où nous en étions avec l'Angleterre. — La question de Terre-Neuve; on décide de n'en plus parler. — Pourquoi M. de Vergennes retardait le moment d'agir; explication qu'il en donne à Beaumarchais; celui-ci est traité comme un chargé d'affaires. 359
Annexes. — I. Garnier et le comte de Guines. — Affaire Roubaud. — II. Beaumarchais . . 388

CHAPITRE XII.

OSCILLATIONS ET CALCULS DE LA COUR DE MADRID.

Motifs que l'animation de la cour de Madrid contre le Portugal donnait de ne pas aller trop vite avec l'Amérique; craintes que l'on a de voir cette cour porter son action militaire dans les mers d'Europe et du côté de Lisbonne; ses propensions belliqueuses; elle fait demander à la France 12,000 hommes pour garder Saint-Domingue. — Importance croissante attachée par le cabinet de Louis XVI à écarter la guerre du continent et à savoir des forces espagnoles de l'autre côté de l'Atlantique; M. de Vergennes renouvelle à ce sujet ses premiers conseils; ils sont accueillis par le cabinet de Charles III; M. de Grimaldi et M. de Galvès. — Précautions prises en même temps à Versailles contre l'Angleterre; pourquoi l'on ne voulait que se prémunir; raisons opposées par le ministre à la coopération que demandait l'Espagne; ses efforts pour ramener Madrid à rechercher la conciliation avec Lisbonne. — Ossun insiste sur les désirs de Charles III et engage à ne pas refuser d'envoyer quelques forces à Saint-Domingue; place que cette question va tenir. — Propos envenimés nés de ces divergences et répandus par les soutiens de la politique anglaise; idée que l'on se fait à Londres des dispositions de l'Espagne; M. de Vergennes redresse Garnier à cet égard et défend le gouvernement de Madrid comme s'il se fût agi du sien propre. — Sentiments défavorables pour la France inspirés à ce gouvernement; malveillance de l'administration espagnole; affaire du navire

TABLE DES CHAPITRES.

le Septimane; dépêche dignement amère de M. de Vergennes; les exigences des alliés. — Les nouvellistes et la politique; opinion de Frédéric II sur la France à ce moment; à quoi ne visait pas le ministre, et vertu d'État qu'il recherchait................. 420

CHAPITRE XIII.

LA FRANCE ET L'ANGLETERRE EN ARRÊT L'UNE SUR L'AUTRE.

Équilibre instable de nos rapports avec l'Angleterre. — Garnier croit celle-ci désireuse de la paix par-dessus tout, afin de terminer ses affaires d'Amérique avant que nous puissions nous en mêler. — Les accidents à redouter; instructions et propensions de la marine anglaise; le peu de dispositions de la nôtre à dévorer les affronts. — Ferme résolution du cabinet de Londres de soumettre les Colonies par la force; peu de fond qu'il faisait sur notre amitié; débats des chambres des lords et des communes; l'hostilité prochaine de la France et de l'Espagne pronostiquée par les orateurs; réponses rassurantes des ministres, qui n'y croient pas et n'y font pas croire. — Erreur où restait l'ambassade de mesurer les affaires de l'Amérique aux rivalités des partis ou des personnes. — Opinion de M. de Vergennes; il croit à de sérieux embarras de l'Angleterre et se laisse d'autant moins intimider. — Utilité d'avoir des raisons de se plaindre et des arguments à opposer; le ministre réveille nos anciens griefs de Terre-Neuve et des Indes. — Jalons jetés au sujet de la contrebande de guerre; langage raide indiqué à Garnier; lord Suffolk ne répond pas moins fermement. — M. de Vergennes fait annoncer à Londres le nom du successeur de M. de Guines pour inspirer confiance et réfute avec ironie les prétentions de l'Angleterre. — Les ports de l'Amérique fermés aux navires anglais et la course décrétée contre eux par le congrès de Philadelphie; importance qu'en reçoit la police maritime; dépêche du ministre sur les prises que les corsaires amèneront. — Efforts continués, pendant ce temps, pour convaincre le Portugal de satisfaire l'Espagne; hésitation un peu systématique de celle-ci à dire positivement ce qu'elle voulait; prix que mettaient le ministre et ses collègues à l'empêcher ou à la retarder d'entrer en guerre. — Ce que pensait M. de Vergennes des guerres que leur cause ne justifiait pas; doutes qu'il avait maintenant de pouvoir contenir l'Espagne.......................... 447

Annexe. — Débats du parlement anglais.. 473

CHAPITRE XIV.

L'ENVOYÉ DU CONGRÈS À PARIS.

Le chargé d'affaires anglais et le mouvement qu'il croyait voir dans nos ports; motifs que M. de Vergennes en donne; réalité qu'avait ce mouvement. — Emploi de Barbeu Dubourg par le ministre; officiers et intermédiaires que ce docteur procure. — Le « négociant fidèle « et discret » chargé de dissimuler la participation du Gouvernement à l'armement des Colonies; vues sur Beaumarchais pour ce rôle; la maison Roderique Hortalès et Cie; combinaison sur laquelle elle est fondée. — M. de Grimaldi envoie le million promis par le roi d'Espagne; utilité de faire opérer ensemble Beaumarchais et Barbeu Dubourg, résistance de ce dernier; haute opinion qu'il avait de son importance. — Silas Deane en Espagne et en France; ses instructions; mission qu'il avait de voir M. de Vergennes, langage qu'il devait lui tenir. — Dubourg se considère comme l'agent en pied des Colonies, il s'efforce d'accaparer Deane; sa lettre à M. de Vergennes pour écarter Beaumarchais; sa déconvenue. — Pourquoi l'envoyé de Philadelphie était très attendu; l'espion Édouard Bancroft. — Entretiens de M. de Vergennes avec Silas Deane; excellente attitude de celui-ci; l'entretien est « agréable » au ministre. — Facilités accordées aux Américains dans les ports; la Marine et le Contrôle général. — M. de Vergennes adresse Beaumarchais à Deane; protestation de Dubourg; nouvelle déception de celui-ci. — Intérêt que présentaient en leur temps ces détails, aujourd'hui minimes pour l'histoire. — Efforts de Dubourg pour rester en tiers; il promène partout Silas Deane; tout ce qu'ils avaient commencé ensemble est repris par l'Américain avec Beaumarchais; traité définitif de Silas Deane avec Hortalès et Cie; Dubourg se fait faire une petite part. — Ce qu'on pensait en Angleterre... 481

ANNEXES. — I. Correspondance de Barbeu Dubourg. — II. Bonvouloir. — III. Beaumarchais et Silas Deane. — IV. MM. Montaudoin... 505

CHAPITRE XV.

COMPLÈTE INTIMITÉ DES DEUX COURS.

Prétendue opposition du comte de Maurepas aux efforts de M. de Vergennes. — Ce qui pouvait retenir le premier ministre ou le bien disposer; il fait connaître au comte d'Aranda les informations de Silas Deane et les apprêts de la France. — L'Espagne surprise au Brésil par le Portugal; conseil de cabinet à Marly; M. de Vergennes y expose que la guerre est probable et indique les moyens de l'affronter. — Approbation des vues du ministre; dépêche qui les fait connaître à Ossun. — La cour de Madrid est convaincue de la complicité des Anglais; nouvelle insistance de M. de Grimaldi pour que la France augmente sa marine et défende Saint-Domingue. — Soins que prend M. de Vergennes : à Londres, pour justifier les mesures du gouvernement espagnol; à Madrid, pour retenir et rassurer le cabinet; avec lord Stormont, pour que l'Angleterre désapprouve le Portugal. — Résolutions définitives de Charles III; le comte d'Aranda les notifie à M. de Vergennes; garanties que les mesures indiquées paraissent offrir, satisfaction qu'elles procurent, gratitude qu'on en exprime. — Impression ressentie de la mauvaise volonté des administrations espagnoles à notre égard; affaire du *Septimane*, projets politiques qu'elle dérange; la question de la paix avec Alger. — Faiblesse reconnue du marquis d'Ossun et fautes qu'on lui reproche; comment il défend ses actes; il réussit au sujet du *Septimane*, et espère réussir pour la paix avec Alger. — Avantages fondés par M. de Vergennes sur cette paix; intérêt qu'il voyait à la procurer, obstacles qu'elle rencontrait, instructions qu'il adresse. — Gratitude du roi envers son oncle et du Gouvernement pour le cabinet de Madrid. — Rumeurs venues d'Amérique; à-propos qu'elles donnaient à l'intimité des deux cours... 522

ANNEXES. — I. L'Espagne et le Portugal. — II. Les sentiments de l'Espagne, la paix avec Alger.. 550

TABLE DES CHAPITRES.

CHAPITRE XVI.
LE COMTE DE VERGENNES PROPOSE LA GUERRE.

Pages.

Peu d'effet produit à Londres par la déclaration d'indépendance des États-Unis. — Réflexions qu'elle inspire bientôt à Garnier et pronostics qu'il en tire. — Réponse de M. de Vergennes; le ministre avait déjà pris le parti de proposer la guerre. — «Comité» du 31 août; le dogmatisme de M. de Vergennes; point de départ de son exposé; les avantages de la guerre démontrés par lui supérieurs à ses inconvénients; rôle probable des autres puissances; idée de faire commencer la guerre par l'Espagne; urgence de se décider; l'abstention et ses suites. — L'exposé est communiqué au comte d'Aranda qui l'expédie à Madrid. — Dispositions de la cour d'Espagne; M. de Grimaldi et son ambassadeur. — Réponse adressée à ce dernier au sujet de l'entretien de M. de Maurepas sur les renseignements de Silas Deane; médiocres présages qu'elle devait laisser concevoir au cabinet. — Les actes de l'Espagne; son refus d'expulser les navires américains; sa volonté d'armer à proportion des armements de l'Angleterre. — Hésitation et défiance à la fois de M. de Vergennes au sujet de cette dernière puissance; comment il s'exprime néanmoins avec Garnier sur la présence d'un délégué américain en France............ 561

ANNEXES. — I. La déclaration d'indépendance des États-Unis. — II. Admission des vaisseaux américains dans les ports d'Espagne.................................. 585

CHAPITRE XVII.
LES CONDITIONS DE L'ESPAGNE ET LA DÉFAITE DE LONG-ISLAND.

Question de la paix de l'Espagne avec Alger; Charles III accepte les bons offices de la France. — Succès de la politique de Versailles; avances que Frédéric II fait faire au cabinet; mobile qui animait ce prince. — Concours spontanément offert par l'Autriche pour porter le ministère de Londres à peser sur le Portugal; dépêche de M. de Vergennes à l'ambassadeur à Vienne. — Inquiétude croissante de l'Espagne au sujet des armements de l'Angleterre; comment Garnier signalait ces armements; préoccupations qu'ils devaient causer et raisons qu'ils donnaient à Versailles d'attendre impatiemment la réponse de Madrid à l'exposé du 31 août. — Pourquoi cette réponse tardait; entrain des Espagnols pour la conquête du Portugal. — M. de Grimaldi fait connaître à Aranda l'opinion du Pardo; lettre privée à M. de Vergennes; l'Espagne veut garder ce qu'elle prendra; résumé de son programme. — Changements survenus pendant que l'Espagne délibérait; fond qu'avait fait M. de Vergennes sur les bruits de victoire des États-Unis; la défaite de Long-Island, rapport de Garnier qui l'annonçait. — Idées que l'on devait concevoir de cet évènement; comment il ramenait en arrière; incertitude de l'histoire sur le retour qui va se produire. — Lettre de M. de Vergennes au roi lui communiquant la réponse de Madrid; peu de place qu'il donne aux faits de l'Amérique; «rien ne presse plus»; urgence de discuter avec l'Espagne; avis et instructions du monarque. — Autre lettre envoyant au roi le projet de dépêche du cabinet de Versailles; sentiment auquel obéissait ce cabinet en renonçant aux résolutions de guerre. — Données nouvelles du problème posé par les colonies anglaises; il passe dans le domaine des impressions publiques..................... 591

Annexes. — I. Frédéric II et les États-Unis. — II. Les armements de l'Angleterre......... 622

CHAPITRE XVIII.
LES ÉVÈNEMENTS DES ÉTATS-UNIS ET L'OPINION.

Effet produit sur le sentiment public par la déclaration d'indépendance des colonies anglaises. — Ignorance où l'on était de la politique du Gouvernement; reproches d'inertie que l'on faisait au ministère et particulièrement à M. de Vergennes. — Est-ce ce ministre qui avait voulu enrayer? Responsabilité qu'il en a prise devant l'histoire; raisons par lui données de rentrer dans l'expectative. — Les jeunes gentilshommes d'alors; leur détachement des choses existantes; leur participation morale à la révolution des Colonies en attendant une participation effective. — Le comte de Broglie; ses motifs personnels de souhaiter que la monarchie tentât de reprendre son rang en Europe; quels indices on a de son association aux plans qui occupaient le cabinet. — Anciennes liaisons des deux Broglie avec le Prussien baron de Kalb; démarches du comte en sa faveur; rôle qu'on semblait réserver à cet officier; menées personnelles auxquelles le comte va le faire servir. — Ce qui s'était passé au dîner du duc de Gloucester à Metz; La Fayette est l'unique témoin qu'en ait l'histoire; motifs qu'il y a de croire son témoignage sincère. — Pourquoi ce jeune marquis se trouvait à Metz; intérêt que lui portait le comte de Broglie. — La conversation du duc de Gloucester; ses propos à Londres antérieurement; effet que ses paroles devaient produire; elles n'entraînent pas seulement La Fayette, mais le comte de Broglie lui-même; celui-ci conduit Kalb chez Silas Deane. — Développement qu'avaient pris les agissements de l'Américain avec l'appui des Affaires étrangères; affluence des demandes d'enrôlement chez lui; qualités qu'il avait pour son rôle; traitement favorable que les intérêts de son pays trouvaient en France; armements dont on faisait charger ses navires. — Biais sous lequel le comte de Broglie présente Kalb à Silas Deane; comment celui-ci continue le stratagème en amenant, le lendemain, le marquis de la Fayette, le vicomte de Noailles son beau-frère, et Ségur leur oncle, pour être enrôlés. — Vérité probable du récit qu'a laissé La Fayette en disant que, passionné pour aller en Amérique, il n'avait plus pensé qu'à y entraîner ses amis.................. 632

Annexe. — Lettre supposée relative au baron de Kalb............................ 648

CHAPITRE XIX.
LE MARQUIS DE LA FAYETTE.

Lieu d'origine des La Fayette; leur ancienneté; leurs deux branches; leur établissement aux châteaux de Saint-Romain et de Vissac. — Substitutions testamentaires qui avaient fait durer leur nom; lustre qui lui était acquis. — Ascendance féminine du marquis de la Fayette; sa naissance au château de Chavaniac, sa mère; il est le dernier héritier mâle de sa famille. — Son enfance; sa grand'mère et ses tantes; sa première éducation.

TABLE DES CHAPITRES.

— Alliances de la maison; le marquis est amené au collège du Plessis; grande fortune qu'il recueille. — Son incorporation aux mousquetaires noirs; sa disgrâce physique et sa grâce d'esprit; les familles de la cour recherchent son alliance; son mariage dans la maison de Noailles. — Éducation d'homme de La Fayette; le duc d'Ayen; la duchesse; comment celle-ci élevait ses filles. — La « société de la cour » et le *Cabaret de l'Épée de bois;* aspirations des jeunes gentilshommes. — Effet que les évènements devaient produire sur ces adolescents; sentiments communs à La Fayette, au vicomte de Noailles et à Ségur; leur résolution d'aller en Amérique. — La Fayette confie ce projet au comte de Broglie; résistance puis consentement de ce dernier; il abouche le marquis avec le baron de Kalb; but qu'il avait en vue. — Silas Deane et les trois amis; grades promis, départ convenu, indiscrétions qui s'ensuivent, ordre d'abandonner le dessein. — Contrariété que les éclats de cette nature devaient faire éprouver à M. de Vergennes; il saisit toutes les occasions de détourner ou de désavouer ceux qui veulent aller servir chez les *insurgents;* lettres dans ce sens de son cabinet et de lui-même; lettre au lieutenant de police. — Ce que cachaient ces précautions; nécessité où était le ministre de les employer; comment l'amour de la France les inspirait.. 651

ANNEXES. — Acte de naissance et généalogies de La Fayette...................... 671

CHAPITRE XX.
LA RÉPONSE DU CABINET DE VERSAILLES.

Retraite qu'avait à effectuer M. de Vergennes; double écueil qu'elle présentait. — Comment il délimite le but commun; sa dépêche au comte d'Aranda. — Motifs donnés au changement d'attitude; l'insuffisance de nos armements, les amitiés de l'Angleterre en Europe, l'ambition purement morale de la France. — Probabilité que la cour d'Espagne ne s'attendait pas à autre chose. — Transports causés à Londres par les victoires de Howe sur Washington; activité des préparatifs anglais; ce que le Gouvernement en pense. — Lettre particulière et dépêches officielles à Ossun lui expliquant le sentiment du roi et du conseil; mêmes indications envoyées à l'ambassadeur à Londres. — Dispositions dans lesquelles le marquis de Noailles était venu prendre son poste; peu d'encouragements à changer de manière de voir qu'il trouvait dans Garnier et dans le prince de Masserano; impression que lui font lord Weymouth et lord Suffolk; comment il rend compte de son début. — Le cabinet de Louis XVI effectuait-il un retour? Coup d'œil rétrospectif sur sa politique; allure plus fière qu'elle avait inspirée à la France; rôle supérieur de M. de Vergennes dans ce résultat; phase nouvelle ouverte à sa carrière de ministre... 679

FIN DE LA TABLE DU TOME PREMIER.

www.ingramcontent.com/pod-product-compliance
Lightning Source LLC
Chambersburg PA
CBHW050320020526
44117CB00031B/1258